EQ

EMOTIONALE
INTELLIGENZ
FÜR
MANAGER

ROBERT K. COOPER
& AYMAN SAWAF

EQ

EMOTIONALE INTELLIGENZ FÜR MANAGER

Deutsch von Bea Reiter

WILHELM HEYNE VERLAG
MÜNCHEN

Titel der amerikanischen Originalausgabe: Executive EQ. Emotional Intelligence in Leadership and Organizations.

Die Originalausgabe erschien bei Grosset/Putnam, New York

Umschlaggestaltung: Atelier Ingrid Schütz, München
Satz: Leingärtner, Nabburg
Druck und Bindung: Wiener Verlag, Himberg
Printed in Austria

ISBN 3-453-12349-2

Dem Ziel gewidmet,
die innere Seite von Führungsqualitäten
und erfolgreichem Unternehmertum zu fördern.
Dabei ist nicht nur
das Produkt, das wir produzieren, wichtig,
sondern auch die Art,
wie wir mit unseren Geschäftspartnern umgehen,
nicht nur der Gewinn, den wir erzielen,
sondern auch, wie wir anderen dienen.

Inhalt

Hinweis für den Leser 9

Bedeutung und Wert der emotionalen Intelligenz für Führungskräfte und Unternehmen 11

Vorwort 17

Einleitung – Der Ruf nach emotional intelligenten Führungskräften und Unternehmen 35

Der erste Eckstein: Emotionale Bildung 45

1 Emotionale Ehrlichkeit 47
2 Emotionale Energie 67
3 Emotionales Feedback 87
4 Praktische Intuition 100

Der zweite Eckstein: Emotionale Fitneß 129

5 Authentische Präsenz 131
6 Vertrauensradius 151
7 Konstruktive Unzufriedenheit 179
8 Widerstandsfähigkeit und Regeneration 204

Der dritte Eckstein: Emotionale Tiefe 223

9 Einzigartiges Potential und wahre Bestimmung 226
10 Engagement, Verantwortlichkeit und Gewissen 242
11 Angewandte Integrität 264
12 Einfluß ohne autoritäres Verhalten 288

Der vierte Eckstein: Emotionale Alchimie 321

13 Intuitives Fließen 323
14 Gedankliche Zeitverschiebung 342
15 Gelegenheiten wahrnehmen 358
16 Die Zukunft gestalten 386

EQ Map 411

Nachdruckgenehmigung 455

Danksagung 457

Weiterführende Literatur 461

Anmerkungen 465

Die Autoren 493

Kontaktadressen 495

Hinweis für den Leser

Das Buch *Emotionale Intelligenz für Manager* ist aufgrund einer einzigartigen Zusammenarbeit entstanden. 1989 begann der international bekannte Manager und Unternehmer Ayman Sawaf mit der Erforschung emotionaler Bildung. Er entwarf einen regelmäßigen Informationsbrief zu diesem Fachgebiet und wurde Vorsitzender der gemeinnützigen Organisation Foundation for Education in Emotional Literacy. Dr. phil. Robert K. Cooper erhielt den Auftrag, eine weltweite Untersuchung zu emotionaler Intelligenz in Unternehmen und damit zusammenhängenden Bereichen durchzuführen.

Aus diesem Projekt, das mehrere Jahre in Anspruch nehmen sollte, entwickelte sich schließlich eine neue Firma: Advanced Intelligence Technologies. Cooper und Sawaf entwickelten in Zusammenarbeit mit Esther M. Oriolo, leitende Angestellte von Q-Metrics, und ihrem Forschungsteam unter der Leitung von Dr. phil. Karen Trocki die erste standardisierte und statistisch zuverlässige EQ Map und die Organizational EQ Profiles*. Eine einführende Version der EQ Map für die Selbstbewertung finden Sie am Ende dieses Buches. Zum Zeitpunkt seiner Veröffentlichung ist sie bereits an Tausenden von Führungskräften, Managern und Angehörigen anderer Berufsgruppen in Hunderten von Organisationen aus dem Dienstleistungsbereich, dem technischen Sektor und der Industrie getestet worden.

Das Modell der vier Ecksteine in *Emotionale Intelligenz für Manager* wurde von Sawaf vorgeschlagen. Konzept und ersten Entwurf dieses Buches erarbeiteten Sawaf und Cooper gemeinsam. Als die umfangreichen Recherchen und die Arbeit am Buch selbst begannen, entschieden beide, daß *Emotionale Intelligenz für Manager* von Robert Cooper allein verfaßt werden würde.

---

* *EQ Map* und *Organizational EQ Profiles* sind Trademarks (™).

Bedeutung und Wert der emotionalen Intelligenz für Führungskräfte und Unternehmen

Wir stehen am Anfang einer radikalen Veränderung, die von vielen Fachleuten als die nächste Revolution in der Wirtschaft angesehen wird. Bei dieser drastischen Umgestaltung von alt zu neu wird kein Blut vergossen werden, sondern lediglich eine ganze Menge vorgefaßter Meinungen wegfallen.

Es begann mit einer Reihe von Untersuchungen, die darauf hindeuteten, daß häufig nicht die besonders intelligenten Menschen am meisten Erfolg haben (das gilt für Beruf und Privatleben).[1] Dies läßt darauf schließen, daß eine fachlich kompetente Führungskraft oder ein Experte mit einem hohen EQ bereitwilliger, geschickter und schneller als andere schwelende Konflikte erkennt, die gelöst werden müssen, Schwachstellen in der Gruppe und im Unternehmen, die besondere Aufmerksamkeit erfordern, Lücken, die überwunden werden müssen, verborgene Verbindungen, die Chancen versprechen, und rätselhafte Interaktionen, die sich als goldene – und rentable – Gelegenheit erweisen könnten.

Wie Sie in diesem Buch sehen werden, liefern die neuesten wissenschaftlichen Studien und Berichte aus Managementkreisen immer mehr Beweise dafür, daß es zwischen emotionaler Intelligenz und Erfolg einen Zusammenhang gibt. Aber seit vielen Jahren gehen Management und Führungskräfte von dem Grundsatz aus, daß Statistik, Analyse, intellektuelles »Schürfen«, seelenlose Beziehungen und konzeptionelle Brillanz die Faktoren seien, mit denen ein Unternehmen in die Rentabilität geführt werden kann. Eine solche Betonung des Intellekts mag vielleicht notwendig gewesen sein, um Unternehmen wettbewerbsfähiger zu machen, und sie hat sicherlich auch ihre Vorzüge gehabt. Aber sie geht zu Lasten der Mitarbeiter in den Unternehmen, die Tag für Tag den Preis dafür zahlen – mit einer bröckelnden Vertrauensbasis, hemmender Ungewißheit, zunehmender Distanz zwischen den Managern und jenen, die von ihnen geführt werden, unterdrückter Kreativität, schwelendem Zynismus, zunehmendem Unmut, schwindender Loyalität und mangelndem Engagement.

»Etwas, das wir unterdrückten, schwächte uns ...«

Nicht nur in den Unternehmen, sondern auch in unserem Privatleben haben wir dafür bezahlen müssen, weil wir versuchten, unsere Gefühle von unserem Verstand zu trennen. Das geht einfach nicht, und wir wissen das nicht nur intuitiv. Die moderne Wissenschaft beweist uns Tag für Tag, daß viele unserer besten Entscheidungen, von Dynamik geprägte Unternehmen und ein erfülltes, erfolgreiches Leben auf emotionaler Intelligenz und nicht auf dem IQ oder bloßer Verstandesleistung beruhen. Gehirnforscher liefern die physiologischen Erklärungen für diesen Zusammenhang, und im vorliegenden Buch werden viele wissenschaftliche Studien angesprochen, die einzelne Fähigkeiten der emotionalen Intelligenz mit der gestiegenen Rentabilität eines Unternehmens in Verbindung bringen.

Der amerikanische Dichter Robert Frost hat einmal geschrieben: »Etwas, das wir unterdrückten, schwächte uns, bis wir entdeckten, daß wir selbst es waren.« Jeden Tag geben unzählige intelligente und fähige Manager und Angehörige aller Berufsgruppen das Beste von sich an der Tür ihres Büros ab. Das fordert von allen Beteiligten einen direkten oder indirekten Tribut, menschlich und finanziell. Denn dabei bleibt dieses »Etwas« auf der Strecke, das Frost beschrieben hat – unser Herz. Der Psychologe Robert Sternberg von der Yale-Universität, Experte für erfolgreiche Intelligenz, hat dasselbe etwas weniger poetisch beschrieben: »Wenn der IQ herrscht, dann nur deshalb, weil wir es zulassen. Und wenn wir ihn herrschen lassen, haben wir uns damit einen schlechten Herrn gewählt.«

Emotionale Intelligenz erwächst nicht aus den Überlegungen eines vergeistigten Intellekts, sondern aus dem Wirken des menschlichen Herzens. Sie hat nichts mit Verkaufstricks zu tun oder damit, wie man eine Gruppe von Menschen manipuliert. Es geht weder darum, alles und jedes positiv zu sehen, noch um die Psychologie von Kontrolle, Ausbeutung oder Manipulation. Das Wort *Emotion* kann ganz einfach dahingehend definiert werden, daß auf unsere wichtigsten Gefühle im übertragenen oder wörtlichen Sinne »Bewegung« angewandt wird. Emotionale Intelligenz – nicht unser Intellekt – motiviert uns dazu, unserem einzigartigen Potential und unserer Bestimmung zu folgen. Sie aktiviert unsere innersten Werte und Hoffnungen und verwandelt sie von Phänomenen, über die wir *nachdenken*, in Gefühle, die wir *leben*. Emotionen werden schon seit langem als große Kraft angesehen. Im Lateinischen zum Beispiel werden sie als *motus anima* beschrieben, »der Geist, der uns antreibt«.

Entgegen der herkömmlichen Meinung sind Gefühle an sich weder positiv noch negativ. Genaugenommen sind sie ein Urquell menschlicher Energie und Motivation und intuitiver, kreativer Weisheit. In jeder Minute des Tages liefern uns unsere Gefühle wichtige und potentiell nützliche Informationen. Dieses Feedback – aus dem Herzen, nicht aus dem Kopf – entzündet die kreative Schöpferkraft, läßt Sie ehrlich zu sich selbst sein, formt von Vertrauen geprägte Beziehungen, stellt einen inneren Kompaß für Ihr Leben und Ihre berufliche Laufbahn dar, führt Sie vielleicht zu unerwarteten Möglichkeiten oder bewahrt Sie oder Ihr Unternehmen gar vor einer Katastrophe. Es reicht natürlich nicht aus, lediglich Gefühle zu *haben* – sonst wären wir ja alle Genies. Emotionale Intelligenz verlangt, daß wir Gefühle – unsere und die anderer – *anerkennen* und *verstehen*. Wir müssen richtig auf sie reagieren und ihre Informationen und Energie auf unseren Alltag und unsere Arbeit anwenden. Eine vollständigere Definition lautet: *Emotionale Intelligenz ist die Fähigkeit, die Kraft und den Instinkt von Gefühlen als Quelle für menschliche Energie, Informationen, Verbundenheit und Einfluß zu spüren, zu verstehen und effektiv einzusetzen.*

Unabhängig von seiner Position ist jeder Mensch letzten Endes selbst Chief Executive Officer (CEO) seines Lebens. Jeden Tag treffen wir Entscheidungen – oder versäumen dies –, die unmittelbare, aber auch langfristige Auswirkungen haben. Darüber hinaus dienen viele in der einen oder anderen Form im Berufsleben als Führungskraft und müssen Erwartungen entsprechen, die ständig höhergeschraubt werden. Es geht nicht nur darum, daß wir von Führungskräften und Managern erwarten, die Verantwortung für den anhaltenden Erfolg unserer Gruppe oder unseres Unternehmens zu übernehmen und

Belohnungen und Gewinne gerecht zu verteilen. Wir bestehen auch darauf, daß sie umfangreiche Kenntnisse und analytische Fähigkeiten in so unterschiedlichen Bereichen wie Finanzwirtschaft, Statistik, Ressourcen-Allokation, Technologie, Informationssysteme, Produktentwicklung, Fertigung, Kundendienst und Marketing besitzen. Und das ist erst der Anfang.

Als nächstes setzen wir bei ihnen ausreichende Kenntnisse in Schreiben, Sprechen, Zuhören, Verhandeln, Taktieren und Überzeugungskraft voraus. Darüber hinaus erwarten wir, daß Führungskräfte und Manager so gut wie jede bekannte oder vermutete Führungsqualität, Integrität und Charakter besitzen – einschließlich Ehrlichkeit, Energie, Vertrauen, Intuition, Phantasie, Widerstandskraft, Zielstrebigkeit, Engagement, Einfluß, Motivation, Sensibilität, Empathie, Humor, Mut, Gewissen und Bescheidenheit. Und dann gehen wir noch davon aus, daß sie auf allen Ebenen eines Unternehmens unsere Mentoren, Trainer, Ratgeber, Schutzengel und Freunde sind und immer ein offenes Ohr für die Belange der Firma und unsere persönlichen Interessen haben. Leider tappen wir immer noch weitgehend im dunkeln, wenn es darum geht, wie sie das anstellen sollen – nicht nur ein hervorragender Manager oder eine herausragende Führungspersönlichkeit zu werden, sondern auch ein bemerkenswerter Mann oder eine bemerkenswerte Frau. Eines der fehlenden Stücke in diesem Puzzle ist die emotionale Intelligenz.

Dieses Buch wurde geschrieben, um adäquate Fragen über die charakteristischen Merkmale und den Wert der emotionalen Intelligenz für Führungskräfte zu stellen und näher zu erläutern. Auf den nächsten Seiten werde ich Ihnen ein umfassendes, integriertes Arbeitsmodell dazu vorstellen. Es basiert auf den Erkenntnissen von Führungspersönlichkeiten und Wissenschaftlern in vielen internationalen Unternehmen und soll Ihnen als Ausgangspunkt dienen.

Entgegen einer weitverbreiteten Meinung sind Gefühle nur selten eine Störung unseres Lebens. Sie sind intelligent, einfühlsam, nützlich und sogar weise.[2] Von wenigen Ausnahmen abgesehen, stehen sie nicht im Widerspruch zu gutem Urteilsvermögen und logischem Denken, sondern *inspirieren* und *fördern* beides. Und wie Sie sehen werden, erzeugen alle wichtigen Ereignisse in unserem Leben Gefühle.

Alle.

Die EQ Map

Viele Jahre lang waren ich und einige meiner Kollegen der festen Überzeugung, daß es möglich ist, viele Eigenschaften der emotionalen Intelligenz auf individuelle Art und Weise zu erfassen und darzustellen, die sich von herkömmlichen IQ-Tests deutlich unterscheidet. Um unsere Hypothese zu überprüfen, haben wir zusammen mit Essi Systems, Inc., San Francisco, einer der führenden Unternehmensberatungen im amerikanischen Raum, die erste EQ Map entwickelt. Mit Hilfe modernster Technologie begann ein Forschungsteam unter der Leitung von Esther Orioli und Karen Trocki mit der wissenschaftlichen Arbeit, deren Grundlage eine Kundendatenbank mit mehr als 2000 Firmen darstellte. Aus diesem gemeinsamen Projekt entwickelte sich das Unternehmen Q-Metrics, dessen Ziel die Messung und Darstellung jener menschlichen Intelligenz ist, die zu persönlicher und interpersönlicher Weiterentwicklung, dem Erfolg des Unternehmens und dem Wohle der Menschheit beiträgt.

Als Ergebnis unserer gemeinsamen Arbeit finden Sie am Ende dieses Buches die vorläufige Version der EQ Map, der ersten landesweit standardisierten und statistisch zuverlässigen Bewertungsmethode, mit der Sie Ihre Stärken und Schwächen auf einer umfangreichen Skala charakteristischer Merkmale im Bereich der emotionalen Intelligenz erfassen können. Sie ist in einem Pilotprojekt in den Vereinigten Staaten und Kanada bereits vielfach getestet worden und wird zur Zeit für Großbritannien, Europa, Japan und andere Länder und Regionen der Welt bearbeitet. Wir sind der Meinung, daß die Ergebnisse große Erwartungen zulassen. Bereits jetzt entdecken wir neue Möglichkeiten, um den Zusammenhang zwischen EQ und Gesundheit, Teamarbeit, Innovation, Produktivität und Gewinn zu messen.

Vielleicht überrascht es Sie, was die EQ Map Ihnen zu sagen hat. Vielleicht sehen Sie auch nur etwas bestätigt, was Sie schon lange vermutet haben. Möglicherweise erinnert Sie die EQ Map an längst vergessene Begabungen und Eigenschaften, die Sie wieder auffrischen müssen. Während es sich als effektiv erweisen kann, mit der aktiven Entwicklung Ihrer emotionalen Intelligenz in den Bereichen zu beginnen, in denen Ihre Bewertung eine Schwachstelle ergeben hat, ist es genauso wichtig, auch Ihre Stärken in allen Eigenschaften der emotionalen Intelligenz weiterzuentwickeln und diese als Gewinn für Ihr Leben und Ihre Arbeit anzusehen. Wenn Sie Interesse an einer individuellen, computerberechneten Auswertung Ihrer EQ Map und Informationen zu den neuesten Daten und Erkenntnissen haben, wenden Sie sich bitte an die auf der Kontaktseite hinten im Buch angegebene Adresse.

Vorwort

Das Gefühl kennen wir alle: Gewöhnlich sind wir bei einem Sonnenuntergang am Strand wie verzaubert oder lassen in der Dämmerung oder beim Funkeln der Sterne den Blick verzückt über die Bäume eines schönen Parks gleiten und spüren dabei die Präsenz einer großen Macht. Ich stand auf einem Berg in Tibet. An den Berghängen in der Ferne stürzte das Sonnenlicht auf das Blau der Seen zu, die von steilen Schluchten umringt waren. Die Wiesen unter mir wurden von kristallartigen Felsen, murmelnden Flüßchen und den Büscheln von Wildblumen gesäumt.

Aussicht und Atmosphäre ließen mich ehrfürchtig staunen, wachsende Neugierde über den Sinn unseres Daseins empfinden – das Rätsel, wer wir sind, wozu wir leben und was wir noch erreichen können. Ich erblickte Welten, die jenseits der Grenzen meiner Phantasie lagen, als wäre für diese wenigen Augenblicke auf dem Dach der Welt nichts mehr vor mir verborgen.

Damals, an jenem Tag vor vielen Jahren, konnte ich noch nicht wissen, daß ich bald darauf eine Erfahrung machen würde, die meine Ansichten über Mut und Mitgefühl, Führungsqualitäten und Lernen, Intuition und kreative Umgestaltung für immer verändern sollte.

Kurz bevor wir den Gipfel erreichten, fragte mich mein tibetischer Führer: »Sind Sie bereit?« Bereit für was? fragte ich mich, während ich nach Luft rang und nickte. Für die einzigartige Aussicht? Für das Gefühl der tiefen Befriedigung nach unserem Aufstieg? Ja, ich war bereit.

Aber ich täuschte mich. Für das, was mich dann erwartete, war ich nicht bereit.

An jenem Tag hatte sich meinem tibetischen Führer und mir ein älterer Mann angeschlossen. Als ich ihn zum erstenmal sah, hielt ich ihn für sehr alt. Später erfuhr ich, daß er neunundfünzig war.

Seine Haut war runzlig und faltig und vom Wetter braun gegerbt. Seine leuchtenden Augen waren von einem bläulichen Schwarz, das Weiße darin von roten Äderchen durchzogen, was ihm ein müdes, abgespanntes Aussehen verlieh. Aber beim Gehen und Klettern bemerkte man davon nichts – er bewegte sich mit einer ruhigen Zuversicht und erstaunlicher Ausdauer vorwärts, obwohl er mit dem linken Bein leicht hinkte. Er trug alte Bergstiefel und eine dunkelblaue Jacke aus schwerem Segeltuch über seinen grauen Arbeitshosen und einem roten Pullover, dessen Kragen durchgescheuert war. Die Knöchel seiner Hand waren unterschiedlich stark vergrößert – einige schienen gebrochen zu sein, andere knorrig vom Alter oder der Arthritis. Er trug einen langen Wanderstab aus Eisenholz, den er, wie mir mein Führer sagte, vor vielen Jahren selbst entlaubt, geglättet und eigenhändig geölt hatte, bis er glänzte.

Ich befand mich in Tibet – auf der ersten von mehreren Reisen –, um ein Forschungsprojekt über die innere Seite von Führungsqualitäten zu beenden. Davor hatte ich mehrere Jahre als Berater für Führungskräfte in Unternehmen und Managementgruppen gearbeitet und wissenschaftliche Ergebnisse über außergewöhnliche Leistungen von Menschen unter Streß ausgewertet. Außerdem hatte ich 20 Jahre lang das Leben verschiedener führender Persönlichkeiten der Weltgeschichte untersucht – einige davon sehr bekannt, andere wiederum nur wenig. Seit 1973 hatte mich einer von ihnen ganz besonders fasziniert, ein Mann, der im 7. Jahrhundert in Tibet gelebt hatte und über den man im Westen kaum etwas wußte. Er hatte schwere Zeiten der Not gemeistert und war durch einen einzigartigen Führungsstil in die Geschichte eingegangen, der Herz *und* Verstand, Stärke *und* Mitgefühl in sich vereinte. Aus dem Nichts hatte er ein Weltreich aufgebaut, das wohl größer, ausgedehnter und einflußreicher gewesen sein dürfte als jenes von Cäsar, Attila oder Alexander. Neben seinen militärischen Erfolgen zeichneten ihn viele andere bemerkenswerte Errungenschaften aus: ein Abgeordnetenparlament, ausgedehnter Welthandel, Verteidigung eines Moralkodex und der Menschenrechte, Entwicklung einer Schriftsprache, Programme gegen Analphabetentum in der Bevölkerung, ein Gesundheitsfürsorgesystem, das sich an der weit entwickelten Heilkunde Griechenlands, Persiens, Indiens und Chinas orientierte, und die Förderung einer egalitären Kultur, mit der er die wilden Stämme Zentralasiens einte. Ich war nach Tibet gekommen, um den Spuren dieses Mannes zu folgen, der vor mehr als 1300 Jahren gelebt hatte.

Als wir den Gipfel erreicht hatten, stellte sich der Führer neben mich und den älteren Mann. Zusammen blickten wir auf die uralten, versteckten Täler unter uns. Die Aussicht war wundervoll und atemberaubend. Die Sonne lag warm auf unseren Gesichtern. Es begann zu schneien, trotz des klaren blauen Himmels. Ich drehte mich in die Richtung, aus der der Wind wehte, und sah, woher die Schneeflocken kamen – eine Gruppe weißer Wolken, die am Himmel hingen und von Osten aus auf uns zugetrieben wurden.

»Dort.« Der ältere Mann deutete auf etwas.

»Was ist da?« fragte ich neugierig und trat näher an den Rand des Grats heran.

»Dort. Der Hügel aus Felsbrocken.«

Am Fuße des Berghangs, fast 1000 Meter unter uns, sah ich im schwachen Schein der Nachmittagssonne eine Art kreisförmigen Hügel aus Felsbrocken – als wäre ein großes Loch im Boden aufgefüllt worden. Der ältere Mann starrte den Hügel an, und mir fiel auf, daß seine Arme zu zittern begannen. Verwirrt musterte ich ihn und bemerkte, daß ihm Tränen über die Wangen liefen. Ich warf einen Blick zu meinem tibetischen Führer hinüber. Auch er blinzelte sichtlich bewegt. Weshalb, konnte ich noch nicht verstehen.

»Meine ganze Familie«, sagte der ältere Mann so leise, daß ich ihn fast nicht hören konnte, »ist dort begraben worden ..., bevor sie ihre Leichen mitgenommen haben.«*

»Was meinen Sie damit?« Ich dachte an einen Bergunfall, da ich mich an unseren Aufstieg erinnerte und mir meine Befürchtung wieder in den Sinn kam, bei einem plötzlichen Windstoß oder einem falschen Schritt über den Abgrund des Berghanges zu geraten.

»Wissen Sie, was diese Geste bedeutet?« fragte mich der ältere Mann und legte beide Handflächen vor der Brust zusammen, die Finger zum Himmel gerichtet.

Ich nickte. In ganz Tibet und dem Himalaja war diese Geste ein Zeichen des Respektes, des Grußes und des Gebetes.

Er sah mir in die Augen, bevor er weitersprach. »1959 hat uns die chinesische Armee jede Art von Gebet verboten. Vor der Besetzung durch China wurde ich von den Ältesten als einer der zukünftigen

---

* Um ein Versprechen an meine tibetischen Bekannten einzulösen und die überlebenden Tibeter vor weiterer Verfolgung durch die Armee der chinesischen Besatzer zu schützen, habe ich Daten, Zahlen, Zeiten, persönliche und geographische Einzelheiten und andere Elemente dieser Geschichte verändert.

Anführer der Dörfer ausgewählt.« Er deutete auf die Stelle, an der das Tal enger wurde, und darüber hinaus. »Das war, bevor ich zur Universität ging und bevor die Rote Armee unsere Häuser und Geschäfte, unsere Bibliotheken und Tempel zerstörte, unsere Frauen und Kinder vergewaltigte und uns das Gebet verbot. Mehr als 1000 Jahre lang waren wir fast ausschließlich ein friedliches Volk. Wir hatten eine kleine Armee zu unserer Verteidigung, die es aber nicht mit der Roten Garde aufnehmen konnte. Kein anderes Land kam uns zu Hilfe. Es war eine dunkle Zeit für Tibet, und für jene, die überlebt haben, herrscht noch immer Dunkelheit.« Er wischte sich die Tränen aus den Augen und sprach dann weiter.

»Vor vielen Jahren ging ich einmal auf jener Straße dort.« Er deutete auf eine schmale Straße, die sich wie ein dünner Silberfaden über den Boden des Tales zog. »Ich begegnete einem alten Freund, und rein instinktiv, aus Respekt« – er legte seine wettergegerbten Handflächen vor der Brust zusammen – »begrüßte ich ihn auf die traditionelle Art und sagte: ›Tashi deley‹, was bedeutet, ›Ich ehre die geistige Größe in dir.‹ Dann sprachen wir eine Weile miteinander.«

Er fuhr fort: »Dabei wurde ich von einem Offizier der chinesischen Armee beobachtet. Er sagte: ›Verhaftet diesen Mann. Er betet und verbreitet seine Religion und hat deshalb das Gesetz gebrochen. Wir werden ein Exempel an ihm statuieren.‹ Seit Jahren schon hatte ich dagegen protestiert, wie unser Volk behandelt wurde, aber ich hatte niemanden angegriffen und auch nie eine Waffe in die Hand genommen. Trotzdem herrschte Unruhe im Tal. Die chinesischen Soldaten beobachteten mich seit einiger Zeit. Sie hatten Angst vor einer Rebellion. Am nächsten Tag holte die Armee alle meine Verwandten zusammen, die überlebt hatten – meine Frau, meinen Bruder und meine Schwester, meine Mutter, meinen Vater, meine Großmutter, meinen Onkel und meine Tante und die Kinder und Enkelkinder. Sie zwangen einige Dorfbewohner mit vorgehaltener Waffe zuzusehen, während wir ein Loch ausheben mußten.« Er zeigte auf den Hügel aus Felsbrocken unter uns. »Die Offiziere schrien, daß die Regeln eingehalten werden müßten, egal was passiere. Jeder dürfe nur das denken und fühlen, was ihm die chinesischen Offiziere befohlen hätten. Dann verkündeten sie mein Verbrechen: Ich hatte das Gebets- und Religionsverbot mißachtet und war ein Feind des Volkes und der Regierung. Sie gaben meine Strafe bekannt, während ich von vier Soldaten an den Armen festgehalten wurde.«

Er konnte eine Weile nicht sprechen. Der Wind drehte sich. Mein Führer war sichtlich bewegt, sein Gesichtsausdruck zeigte seine Ergriffenheit. Es dauerte lange, bis der ältere Mann seine Geschichte weitererzählen konnte. »Sie hörten nicht auf meinen Protest. Vielleicht hatten sie es ja schon seit langem geplant. Ich weiß es bis heute nicht. Ich sagte ihnen, daß ich instinktiv gebetet hätte, aus Respekt vor meinem Freund, ihn aber nicht zu missionieren versucht hätte. Es sei kein Akt des Widerstands oder der Rebellion gegen die herrschende Regierung gewesen. Ich flehte sie an, *mich* zu bestrafen, *mich* dafür leiden zu lassen und niemanden sonst. Sie sagten nur: ›Mach dir keine Sorgen, du wirst schon noch genug leiden.‹ Dann wandten sie sich ab, zwangen mich aber zuzusehen.«

Er holte tief Luft und atmete ganz langsam aus, als müßte er sich sammeln. Ich empfand derart intensive Gefühle, daß ich den Eindruck hatte, ich stünde tatsächlich neben ihm, damals, vor vielen Jahren, als er diesen schrecklichen Moment seines Lebens durchmachte. Was geschah dann, fragte ich mich, und wie reagierte er? Was hätte *ich* getan?

Er fing wieder an zu sprechen. Seine Arme zitterten immer noch. »Die Offiziere lachten, als einige Soldaten Baumwollstreifen in Benzin tränkten und meiner Frau und den Verwandten um den Hals legten. Dann zündeten sie den Stoff an und stießen sie alle in das Loch. Die Soldaten begruben sie bei lebendigem Leibe, während sie brannten. Die Kinder, die Kleinen, ihre Schreie, ihre Augen …« Er brach ab und stand völlig regungslos da. Seine Hände zitterten heftig.

Ich spürte, daß das Herz in meiner Brust wie wild klopfte und meine Kehle austrocknete. Ich stellte mir vor, daß meiner Familie so etwas geschähe, und sah meine Frau, meinen Sohn und meine beiden Töchter einen solchen Tod sterben.

Es schneite jetzt nicht mehr so stark, und ich spürte, wie der Wind über die Strahlen der Bergsonne strich, während der Mann neben mir leise seufzte. Ein Mann, von dem ich nun wußte, daß er als einziger seiner Familie überlebt hatte, ein Anführer, den man sich in einer Atmosphäre der Furcht und Unterdrückung herausgegriffen hatte. Dieser Mann hatte das Verbrechen begangen, seine Hände zum Gebet zusammenzulegen, um damit die geistige Größe in einem anderen Menschen zu ehren.

Dieses Bild prägte sich mir unauslöschlich ein.

Wie oft hat es in der Geschichte solches Grauen gegeben? Und wo, fragte ich mich, fand es heute noch statt?

Langsam drehte sich der ältere Mann zu mir um und trocknete die Tränen auf seinen Wangen. Er trug keine Handschuhe, und ich sah, wie der Schnee auf seine Hände fiel und dort nicht sofort zu schmelzen begann, sondern sich auf ihnen niederzulassen schien, als würde er sich an die alten Fingerknöchel klammern. Das Licht fiel auf sein Gesicht, das vom Wetter und vom Leben und von der Sonne gegerbt war, aber seine Augen leuchteten hell und klar. Er sah mich an, nein, er sah durch meine Augen *hindurch*, als würde er bis in meine Seele schauen. Mir fehlen die Worte, um den Blick, mit dem er mich ansah, zu beschreiben.

»Erzählen Sie mir«, seine Stimme wurde lauter, »von Ihrem Leben – und von Amerika.«

Ich konnte es nicht glauben. »Mein Leben? Amerika?« Ich war bestürzt, dann verärgert. »Wie können Sie so etwas tun?«

»Was tun?«

»Jemandem von einem so furchtbaren Verlust erzählen und es dann, einfach so, wieder vergessen!«

Er neigte den Kopf und sah mich mit einem sonderbaren Gesichtsausdruck an. »Vergessen? Ich werde es nie vergessen. Sie haben mir alles genommen. Mit Ausnahme von zwei Dingen, die mir niemand nehmen kann: zum einen das, was für mich wichtig ist und an das ich glaube – was ich *fühle*, ist in meinem Herzen, selbst wenn mein Verstand es nicht beweisen oder erklären kann. Und zum anderen: Obwohl sie mich fast getötet hätten, konnten sie mir doch nicht nehmen, wie ich mich ausdrücke, *wer* ich auf dem Weg meines Schicksals bin. Und das macht mich wirklich und gibt mir Hoffnung.«

»Aber wie …«, setzte ich an.

»Robert«, unterbrach er mich, »es war furchtbar. Es war das Schlimmste, was ich je in meinem Leben erlebt habe. Ich wollte, daß Sie es wissen. Sie können etwas daraus lernen. Außerdem würden Sie mich nicht kennen, wenn Sie es nicht wüßten. Das, was in mir steckt, mein wahres Ich. Ich könnte nie ein Führer für Sie sein. Und Sie könnten nie aufrichtig neben mir arbeiten oder mir folgen. Denken Sie darüber nach – könnten Sie mir vertrauen oder eine Aufgabe oder ein Ziel mit mir teilen, nur weil jemand wie der chinesische Offizier es Ihnen befohlen hat? Nein. Aber jetzt können Sie, wenn Sie wollen, damit anfangen, mich kennenzulernen, mit mir zu arbeiten und mir zu vertrauen. Jetzt bin ich wirklich, ich bin nicht nur ein Name. Ich habe ein Herz und eine Stimme und eine Geschichte.

Ich bin nicht nur irgendein Fremder, der mit Ihnen zusammen auf einen Berg gestiegen ist.«

Jetzt bin ich wirklich, ich bin nicht nur ein Name. Ich habe ein Herz und eine Stimme und eine Geschichte.

»Und was Ihre andere Frage anbelangt«, fügte er hinzu: »Wie ich es fertigbringe, Ihnen von einer solch schrecklichen Erfahrung zu erzählen und dann an etwas anderes zu denken … Ihretwegen. Weil Sie am Leben sind. Sie sind hier. Jetzt. Meine Familie ist tot. Alles stirbt einmal, früher oder später. Man lernt nur schwer, damit fertig zu werden. Aber ich lebe. Das sage ich mir jeden Tag. Und Sie sind hier. Ich kann etwas von Ihnen lernen. Es gibt noch viel Arbeit für mich.«

Ich kann etwas von Ihnen lernen.

Der ältere Mann sah, daß ich verwirrt war. »Robert, Sie müssen verstehen, daß es hier nicht um etwas geht, das«, er zeichnete mit der offenen Hand einen Kreis in die Luft, »mit dem Verstand zu tun hat. Es kommt aus dem Herzen.« Er berührte mit einer Hand seine Brust. »Hier in Tibet nennen wir es ›unverfälschte Präsenz‹. Wörtlich bedeutet es ›Kraftfeld‹. Wenn wir von *hier* heraus leben, aus unserem Inneren, können wir offen und ehrlich miteinander reden und sagen, was wir wirklich empfinden, selbst wenn es uns schwerfällt, davon zu sprechen. Wir glauben, daß wir und alle anderen die Verpflichtung haben, stets das Beste zu geben. Wir suchen nach unserer Bestimmung, nach dem Weg, der bei unserer Geburt festgelegt wurde. Jeder hat eine solche Bestimmung, und jeder kann Not und Probleme bewältigen. Das ist sehr schwierig, aber wir können es, wir können alles beiseite schieben. Dadurch verschwindet es zwar nicht, aber wir dürfen die Chance nicht versäumen, von dem zu lernen, was *jetzt* hier ist.«

Als er das sagte, ertappte ich mich dabei, wie ich an die Regierungsmitarbeiter, Führungskräfte aus der Wirtschaft und Managementgruppen dachte, mit denen ich im Laufe der Jahre gearbeitet hatte. »Aber können wir anderen das auch lernen?« fragte ich. »Und was, wenn wir versuchen, mit Rückschlägen und Schwierigkeiten zurechtzukommen, uns aber nur neuen Problemen gegenübersehen? Wenn wir uns auch noch darum kümmern – werden wir dann nicht von ihnen überrollt? Ist es nicht besser, sich erst einmal *nicht* darum zu kümmern?«

»Nein«, erwiderte er, nachdem er einen Moment überlegt hatte. *Nein.* »Wir müssen uns dem stellen, was kommt, egal, was es ist.«

»Die Brücke«, sagte mein Führer.

»Ja«, stimmte ihm der ältere Mann zu. »An dem Tag, an dem ich meine Familie verlor, sprengte die chinesische Armee eine der Brücken über den Fluß in die Luft. Um uns noch mehr zu bestrafen. Um die Menschen leiden zu lassen. Um dafür zu sorgen, daß jeder einen weiten Umweg machen mußte, wenn er den Fluß überqueren wollte. Die Offiziere sagten: ›Baut sie wieder auf, wenn ihr könnt. Wir werden euch nicht dabei helfen.‹«

Er erzählte, daß er vom Ort des Massakers fortgeführt und mit anderen ans Flußufer gebracht worden war, zu der zerstörten Brücke. Die Dorfbewohner waren erschüttert und weinten, und ihm wurde klar, daß er eine Entscheidung treffen mußte. Entweder mußte er die Soldaten angreifen – und damit sein Leben aufs Spiel setzen – oder auf eine andere Art reagieren. Bedrückt von dem furchtbaren Ereignis, das er gerade erlebt hatte, starrte er auf die rauchenden Trümmer der Brücke. Er ließ sich von seiner Intuition leiten. Er nahm einen großen Felsbrocken. Der Schmerz schnürte ihm die Brust zu, und Tränen liefen ihm über das Gesicht, doch er biß die Zähne zusammen und stieg unter den Schmähungen der Soldaten in den eisigen Fluß, wo er bis zu einem zusammengebrochenen Stützpfeiler der alten Brücke ging, der gerade noch über der Wasseroberfläche zu sehen war. Dort legte er den Felsbrocken ab. Man hatte den feindlichen Offizieren gesagt, daß die Tibeter schon immer Angst vor tiefem Wasser hätten, daher nahmen die Chinesen an, daß sie die Brücke nicht wiederaufbauen würden – oder konnten. Aber die chinesischen Besatzer hatten den emotionalen Mut und den Charakter eines Mannes unterschätzt, der vor 1959 zum Anführer seines Volkes gewählt worden war. Sie hatten verhindert, daß er diese, ihm vorbestimmte Aufgabe erfüllte – bis zu jenem Tag der Gewalt und der Explosionen. Ein Tag, der für jeden Anführer, jeden Menschen eine ungeheure Herausforderung wäre. Was würde *ich* tun? Und Sie, lieber Leser, was würden *Sie* tun?

»Ich werde 100 Steine und Balken für jeden Verwandten tragen, den ich verloren habe«, sagte der ältere Mann zu den Dorfbewohnern. Seine Augen blitzten. »Wie viele werdet ihr tragen?«

Zuerst antwortete niemand. Keiner rührte sich von der Stelle. Sie beobachteten ihn, spürten seine Präsenz, als er seinem Schicksal und der Bestimmung, andere zu führen, Antwort gab. Da wußte er, daß er nicht aufgeben konnte, daß er keine andere Wahl hatte, als in das tiefe Wasser zu waten, sonst würden sie alle sterben. Andere,

Hunderte von Dorfbewohnern würden aufgeben, nicht nur er. Bald schon luden sich auch andere schwere Steine auf und folgten ihm ins Wasser. 18 Felsbrocken trug er an diesem Tag in den Fluß, bis ihn die Dorfbewohner schließlich in Decken hüllten, weil er am ganzen Körper zitterte vor Kälte und unter dem Schock seines Verlustes. In den folgenden Monaten bauten sie die Brücke wieder auf, mit einem hohen Bogen, in traditioneller tibetischer Bauweise. Sie steht heute noch. Als Symbol, schöner noch als zuvor. Ich bin auf dieser Brücke gewesen. Sie ist ein lebendiges Denkmal zur Erinnerung an das Herz eines Mannes und an das Herz seines Volkes.

Den Rest dieses langen Nachmittages sprachen der ältere Mann, der Führer und ich über unser Leben und darüber, was es bedeutete, eine Aufgabe und ein Schicksal zu haben. Ich erzählte ihnen, was Amerika für mich bedeutete. Daß es eine Nation ist, die sich aus dem erbitterten Kampf für Freiheit, Würde und die Rechte des Menschen entwickelt hatte. Aber mir wurde klar, daß der ältere Tibeter eine der erstrebenswertesten Eigenschaften demonstrierte, die ich noch zu lernen oder erneut zu lernen versuchte: *ein zutiefst mitfühlender, echter Mensch zu sein, egal was das Leben brachte, egal welche Herausforderungen und Chancen mir begegneten.* Damals begann ich zu glauben, daß eine solche Fähigkeit nicht nur Intellekt, sondern vor allem emotionale Intelligenz erfordert – einschließlich einer *aktivierenden Energie*, die alles bereichert, was wir fühlen und schätzen. Wir drücken dies auf vielfältige, von Gefühlen bestimmte Weise aus, indem wir zum Beispiel offen, ehrlich, loyal, mutig oder kreativ sind, und verwandeln dadurch selbst die hoffnungslosesten Situationen in etwas Sinnvolles und Wertvolles, während wir gleichzeitig eine neue Zukunft schaffen.

Dies sind einige der Eigenschaften der emotionalen Intelligenz. Wenn Sie über solche Eigenschaften *nachdenken*, sind sie kaum mehr als eine Ideologie, ein Prinzip oder eine gute Idee. Erst wenn Sie sie *fühlen*, werden sie aktiv und wirklich. Sie können sie leben. Jeder Manager will – oder braucht – Eigenschaften wie diese. Jeder Angestellte erwartet sie von seinem Chef, jedes Familienmitglied hofft, daß die Partner, Eltern oder Geschwister sie besitzen. Sie wissen, was ein IQ ist. Der EQ (emotionaler Quotient) ist das emotionale Gegenstück zum IQ.

Jener Anführer in Tibet wurde durch eine verhängnisvolle Wendung in seinem Leben dazu gezwungen, mit wenig Hilfe und wenigen Mitteln von vorn zu beginnen, auf sein Innerstes zu vertrauen und einen Weg zu finden, um beängstigend große Hindernisse zu überwinden.* Führungskräfte sind in ähnlicher Weise gezwungen, in ihrer beruflichen Laufbahn viele Male von vorn zu beginnen oder Mittel und Wege zu finden, Aufgaben zu meistern – angesichts Personalentlassungen, Kürzungen, Gesetzesänderungen, Markteinbrüchen, abnehmender Ressourcen, begrenzter Mittel und ruinösem, weltweitem Wettbewerb.

Im großen und ganzen ist das, was wir in unserem Beruf und unserem Privatleben suchen, nicht *dort draußen*, in den letzten Trends oder der neuesten Technologie, zu finden. Es ist *hier drin*, in uns selbst. Und dort war es schon die ganze Zeit über, aber die meisten haben es nicht zu schätzen oder zu respektieren gewußt oder nicht so gut genutzt, wie es möglich gewesen wäre. Ein sinnvolles und erfolgreiches Leben kann man dann erreichen, wenn man logische Analysen, Angst, Kontrolle und Rhetorik hinter sich läßt und sich dem zuwendet, was sich *in* einem befindet.

Im Herzen.

Nein, das Herz ist nicht nur die Pumpe, für das die Kardiologen es halten. Es ist viel mehr. Wissenschaftler können seine Energie noch aus eineinhalb Metern Entfernung messen.[3] Es strahlt. Es aktiviert unsere wichtigsten Werte, verwandelt sie aus etwas, über das wir nachdenken, in etwas, das wir leben. Es weiß Dinge, die unser Verstand nicht weiß, nicht wissen kann. Das Herz ist der Ort, an dem

* Ich weiß nicht, ob der Offizier, der für diese Tragödie verantwortlich gewesen ist, ein Verbecher war oder mit Zustimmung der Regierung der chinesischen Kommunisten im besetzten Tibet gehandelt hat, noch kann ich sagen, ob er und seine Soldaten später bestraft worden sind. Es ist keinesfalls meine Absicht, durch die Aufzeichnung dieser Tragödie und einiger meiner Erfahrungen mit dem tibetischen Volk das chinesische Volk zu verurteilen. Es hatte weder bei der gesetzwidrigen Invasion des unabhängigen Staates Tibet auf Geheiß seiner Regierung noch bei dem versuchten Völkermord dort und der auf Terrorakten beruhenden Unterdrückung, die noch immer herrscht, ein Mitspracherecht. Ich möchte außerdem darauf hinweisen, daß keine der Führungspersönlichkeiten und Organisationen, mit denen ich zusammenarbeite, in irgendeiner Weise mit meinen Reisen nach Tibet in Verbindung gebracht werden kann. Diese waren rein persönlicher Natur und liegen bereits viele Jahre zurück. Der Nobelpreisträger Elie Wiesel sagte: »Was in Tibet geschah und geschieht, ist ein Verbrechen gegen die gesamte Menschheit.« Informationen hierzu erhalten Sie von: International Campaign for Tibet (1825 K St., N. W., Suite 520, Washington, DC 20006, USA. Tel.: 001-202-785-1515. Web Site im Internet: http://www.peacenet.org/ict).

Mut und Charakter zu Hause sind, Integrität und Engagement. Es ist eine Quelle für die Energie und die tiefen Gefühle, die uns auffordert, zu lernen, zu schaffen, zu kooperieren, zu führen und zu dienen.

Der tibetische Anführer war intelligent. Aber nicht nur, was seinen Verstand anbelangt – er besaß einen hohen Grad an *emotionaler* Intelligenz. In der kurzen Zeit, die ich mit ihm verbrachte, erlebte ich viele kreative, praktische Beispiele für seine Führungsqualitäten. Ich beobachtete ihn bei seiner Arbeit in den Dörfern, bei der Kommunikation mit anderen, dabei, wie er ihnen vertraute, immer an das Beste in ihnen appellierte und trotz der knappen Ressourcen und mit so gut wie keinen finanziellen Mitteln kreative Ideen entwickelte und Zusammenhalt schuf. Immer wieder demonstrierte er das, was als Merkmal des EQ angesehen werden kann: *Er lernte – und lehrte – durch Gefühle statt durch abstrakte Ideen und Analysen, durch Beziehungen statt durch Routine, durch Glaubwürdigkeit statt durch Rollenverhalten, durch tiefgehende Einsicht statt durch Gewohnheit und durch Substanz statt durch Oberflächlichkeit.*

Mit einem Wort, er war die größte, glaubwürdigste Führungspersönlichkeit, der ich je begegnet bin. Welcher Mensch ist Ihre? Nehmen Sie sich etwas Zeit, und rufen Sie sich ins Gedächtnis zurück, was für ein Gefühl Sie empfunden haben, als Sie mit diesem Menschen zusammen waren. Im Laufe der Jahre habe ich eine ganze Reihe außergewöhnlicher Männer und Frauen kennengelernt, die führen und erneuern, die Widerständen getrotzt und sich am Ende meistens durchgesetzt haben. Viele von ihnen werden Sie in diesem Buch kennenlernen. Ich schwor, einen Weg zu finden zu lernen, was dieser Mann gelernt hatte, und es – falls dies möglich war –zu messen. Dieser Entschluß führte zur Zusammenstellung des Teams, das die EQ Map entwickelte. Der Dichter William Stafford sagte einmal, die Arbeit eines Schriftstellers bestehe darin, so tief in seiner eigenen Geschichte zu graben, daß er die Geschichte jedes einzelnen erreiche. Das habe ich bei diesem Buch versucht. Auch das gehört zu den Aufgaben einer Führungskraft. Neben vielen anderen Gründen lesen Sie es deshalb, weil Sie ein Mensch sind, nicht nur ein namenloses Gesicht oder ein Zahlenjongleur mit einem eindrucksvollen Titel.

Es ist an der Zeit für Sie, sich einige Fragen zu stellen: Wie sehen die Geschichten in Ihrem Leben aus? Was ist Ihre persönliche

Bestimmung, was sehen Sie als Grund dafür an, daß Sie am Leben sind? Was macht Sie wirklich und zu einem Menschen, der es wert ist, gekannt zu werden?

Ausgangspunkt für weitere Entdeckungen

Dieses Buch basiert auf einer Kombination aus wissenschaftlichen Untersuchungen und persönlichen Erfahrungen und darüber hinaus auf Erkenntnissen und praktischen Beispielen einzelner Führungspersönlichkeiten, Manager und Angehöriger anderer Berufsgruppen der ganzen Welt. Im wesentlichen geht es darum: Es gibt mehr im menschlichen Leben – inklusive Berufsleben –, als unsere starren, abgedroschenen Theorien zugeben wollen. In unseren Gefühlen liegt viel mehr Tiefe und Weisheit. Unser Herz trägt ein wahrhaftiges Bild unseres einzigartigen Potentials oder Schicksals in sich und ruft uns zu, es anzunehmen.

Um diesen Ruf geht es im vorliegenden Buch.

Einer der unmittelbaren Vorteile besteht für Sie darin, daß Sie Gelegenheit haben, sich von dem ständigen, gefühllos machenden Kampf zu befreien, noch härter, schneller und länger arbeiten zu müssen. Statt dessen können Sie beginnen, für das Wesentliche in Ihrem inneren Leben, Ihrem Beziehungsleben und Ihrem Arbeitsleben einzutreten und es zu verändern. James MacGregor Burns merkte an, daß »Führungskräfte aufgrund von Gefühl und Feedback handeln müssen«.[4] Er hat recht. Ein Unternehmen ist das, wozu wir es machen. Wenn wir es wie einen Altar aus Fakten und Logik behandeln, wie eine Rechenmaschine, ein Gerät oder eine Militärkompanie, dann wird es auch so sein. Aber was wäre, wenn wir es statt dessen als etwas Wertvolles und *Lebendiges* behandelten, als System aus kreativen Ideen und von Vertrauen geprägten Beziehungen, das gehegt und gepflegt werden muß, geachtet und gepriesen, wie eine Familie, ein Dorf oder ein Tempel?

Viele meiner Kollegen in den Unternehmen haben während ihres Studiums mindestens eine Million Zahlen seziert und 1000 Bilanzen analysiert. Aber nicht einmal 30 Sekunden ihrer Unterrichtszeit wurden dafür verwandt, ihnen die Grundzüge über den Aufbau enger, von Vertrauen gekennzeichneter Beziehungen beizubringen. Oder ihnen zu zeigen, wie sie die Wahrheit tiefempfundener Werte und kreativer Intuition – die kombinierte Intelligenz von Herz *und*

Kopf – respektieren und ausdrücken. Oder Glaubwürdigkeit und Integrität bewahren, während sie *mit* Problemen fließen, statt sich von ihnen überwältigen oder aus der Bahn werfen zu lassen.

In den letzten 100 Jahren haben wir akademische Intelligenz und formale Rationalität auf ein Podest gestellt. Moderne Erziehung und Ausbildung waren auf einer vielgepriesenen Geisteshaltung aus Logik und Analyse aufgebaut. Lehrpläne basierten auf Grammatik, Rechnen, reduktionistischer Denkweise, formelbestimmter Analyse und mechanischem Auswendiglernen der neuesten Fakten. Wir haben versucht, diese träge Intelligenz dazu zu benutzen, uns zu perfekten Schülern und Studenten und korrekten Arbeitnehmern zu machen, nicht zu praktisch veranlagten, flexiblen oder kreativen Menschen. Nicht zu *wirklichen* Menschen, sondern zu perfekt *aussehenden* Menschen, mit einem hohen IQ und hervorragenden Leistungen – akademisch gesehen. Wir haben uns dieses Modell als Maßstab genommen. Es war für uns das Nonplusultra.

Doch dann haben wir festgestellt, daß das allein das Leben nicht lebenswert macht und nicht ausreicht.

Bei weitem nicht.

Fast jeder von uns kennt einen Menschen, der in der Schule gut war und dann im Leben versagt hat – oder umgekehrt. Wir alle kennen einen Menschen, der einen gesunden Menschenverstand besitzt und bei den Prüfungen in der Schule immer schlecht abgeschnitten hat. Diese Menschen sind eine ständige Erinnerung daran, daß Erfolg mehr verlangt, als in der Schule gut gewesen zu sein. Trotzdem sieht es so aus, als wären wir blind gegenüber der Vermutung, daß nur 4 % des Erfolges in der »richtigen« Welt auf den IQ zurückzuführen sind.[5] Anders ausgedrückt: Über 90 % können vermutlich auf *andere Formen von Intelligenz* zurückgeführt werden.

Denken Sie einmal über folgendes nach: Überall in unserer Umgebung – trotz Informationsrevolution und einer Bevölkerung, die über beispiellose intellektuelle Fähigkeiten verfügt – zerbrechen Beziehungen, schwindet das Vertrauen, haben Rechtsanwälte Hochkonjunktur, wird der Zynismus immer größer, breitet sich immer mehr Haß aus, ist von der Demokratie als politischem System kaum mehr als ein perfekt inszeniertes Medienspektakel übriggeblieben. Gleichzeitig fühlen sich viele Menschen überarbeitet und zuwenig geachtet. Sie haben ihren Orientierungssinn verloren. Die kreativen Kräfte schwinden. In vielem, was wir tun, erkennen wir keinen richtigen Sinn mehr.

Voltaire hat darauf hingewiesen, daß *sensus communis* für die alten Römer nicht nur »gesunder Menschenverstand« bedeutete, sondern auch »Menschlichkeit« und »Sensibilität«. Das schloß den Gebrauch der Sinne, des Herzens und der Intuition mit ein. Es stimmt, die Wirtschaft funktioniert durch Kopfarbeit. Aber um positiv zu denken und langfristig Erfolg zu haben, müssen wir lernen, mit jedem Aspekt unserer Intelligenz im Wettbewerb zu bestehen, und nicht nur mit dem Teil, der im Kopf sitzt. Außerdem deuten die neuesten neurologischen Forschungsergebnisse darauf hin, daß Gefühle der unverzichtbare »Kraftstoff« für die komplexeren Denkprozesse des Gehirns sind.[6] Dazu später mehr.

Während meines Studiums erfuhr ich, daß ein Erwachsener während seines gesamten Lebens im Durchschnitt nur etwa 10 % seiner Intelligenz nutzt. Jahre später hörte ich, daß die Gehirnforschung diese Schätzung inzwischen korrigiert hat: Im Durchschnitt nutzt ein Erwachsener während seines gesamten Lebens manchmal nur etwa *ein Zehntausendstel* seiner potentiellen Intelligenz.[7] Kurz gesagt, wir haben erheblich mehr ungenutzte Fähigkeiten, als wir uns in der Regel zugestehen. Erfolgreiche Menschen und Organisationen in der ganzen Welt haben erkannt, daß über den IQ hinaus viele Dimensionen praktischer und kreativer Intelligenz existieren.[8] Der Psychologe Robert Sternberg sagt: »Die Menschen verlassen sich immer noch auf den IQ, doch der IQ zählt nicht mehr. Wir dürfen die Tatsache nicht aus den Augen verlieren, daß nicht die inerte Intelligenz das wirklich Wesentliche im Leben ist.«[9]

In welche Richtung sollen wir gehen? Eine mögliche ist die emotionale Intelligenz. Dieses Buch enthält einen vorläufigen Arbeitsplan, anhand dessen Sie mit der Diskussion und der Erörterung des EQ in Ihrem Berufs- und Privatleben beginnen können. Wir bieten Ihnen einen Ausgangspunkt an: ein Modell aus vier Ecksteinen, das die emotionale Intelligenz aus dem Bereich von psychologischer Analyse und philosophischen Theorien herausnimmt und in den Kontext von direktem Wissen, Untersuchung und Anwendung einbindet. Das Modell beginnt mit dem Eckstein *emotionale Bildung*, der Ihr Selbstbewußtsein durch emotionale Ehrlichkeit, Energie, emotionales Feedback, Intuition, Verantwortungsbewußtsein und praktische Intuition aufbaut. Der zweite Eckstein, *emotionale Fitneß*, stärkt Ihre Authentizität, Glaubwürdigkeit und Widerstandsfähigkeit. Dadurch werden Ihr Vertrauensradius erweitert und Ihre Fähigkeiten verbessert, aufmerksam zuzuhören, Konflikte zu lösen

Die vier Ecksteine der emotionalen Intelligenz

Erster Eckstein: Emotionale Bildung

1 Emotionale Ehrlichkeit
2 Emotionale Energie
3 Emotionales Feedback
4 Praktische Intuition

Zweiter Eckstein: Emotionale Fitneß

5 Authentische Präsenz
6 Vertrauensradius
7 Konstruktive Unzufriedenheit
8 Widerstandsfähigkeit und Regeneration

Dritter Eckstein: Emotionale Tiefe

9 Einzigartiges Potential und wahre Bestimmung
10 Engagement, Verantwortlichkeit und Gewissen
11 Angewandte Integrität
12 Einfluß ohne autoritäres Verhalten

Vierter Eckstein: Emotionale Alchimie

13 Intuitives Fließen
14 Gedankliche Zeitverschiebung
15 Gelegenheiten wahrnehmen
16 Die Zukunft gestalten

und das Beste aus konstruktiver Unzufriedenheit zu machen. Bei der *emotionalen Tiefe,* dem dritten Eckstein, lernen Sie Möglichkeiten kennen, Ihr Leben und Ihre Arbeit mit Ihrem einzigartigen Potential und Ihrer Bestimmung in Einklang zu bringen, und dies durch Integrität, Engagement und Verantwortlichkeit zu unterstützen, was wiederum Ihren Einfluß ohne die Demonstration von Autorität verstärken wird. Von hier aus gehen Sie zum vierten Eckstein weiter, der *emotionalen Alchimie.* Sie hilft Ihnen, Ihre kreativen Instinkte und Fähigkeiten zu erweitern, um mit Problemen und Druck zu fließen und auch in der Zukunft wettbewerbsfähig zu sein, indem Sie lernen, den ungeheuren Schatz verborgener Lösungen und entstehender Chancen besser zu spüren und zu nutzen.

Der EQ ist für Ihren Erfolg im 21. Jahrhundert unerläßlich

Wenn die treibende Kraft des 20. Jahrhunderts der IQ gewesen ist, dann werden es im anbrechenden 21. Jahrhundert der EQ und ähnliche Formen praktischer und kreativer Intelligenz sein.[10] Dieses Buch untersucht die Gründe dafür. Es gibt natürlich immer noch Manager in den Führungsetagen, die Gefühle völlig verbannen wollen oder sie als Minenfeld sehen, dem man um jeden Preis aus dem Weg gehen muß. Aber in den meisten Fällen sind dies genau die Führungskräfte, die wegen ihres Beharrens auf kalten, harten Zahlen und Fakten so gut wie jeden Kontakt zur »Herzmaschine« verloren haben – jener Maschine, die das menschliche Kapital vorantreibt und die außergewöhnliche, kreative Arbeit produziert, welche jedes Unternehmen braucht, um inmitten des durch weltweite Marktänderungen verursachten Chaos zum führenden Wettbewerber zu werden.

Die Risiken im Berufsleben sind heutzutage zum Teil sehr hoch. In Amerika können Sie morgen gefeuert werden. Nur Ihre Arbeit zu tun reißt das Steuer nicht herum – Ihre Firma kann bankrott gehen. Dieses Buch will versuchen, Ihnen zu zeigen, daß emotionale Intelligenz eines der wichtigsten Elemente ist, um ein Unternehmen erfolgreich zu machen und ein erfolgreiches Leben zu führen. Sie ist eine primäre Quelle für Motivation, Information (Feedback), persönliche Kraft, Innovation und Einfluß.

Angesichts des immer tiefer werdenden Abgrundes zwischen den Führungskräften und Managern, die sich bemühen, immer die »richtigen« Entscheidungen zu treffen, und den Menschen, deren Leben an diesen Entscheidungen fast zerbricht, suchen wir unsere Zuflucht oft in der heilenden Kraft jener seltenen und kaum definierten Eigenschaften, die »Führungsqualitäten« genannt werden. Wenn auf allen Ebenen eines Unternehmens ausreichend viele dieser Führungspersönlichkeiten arbeiten würden – so wird uns gesagt –, könnten diese als unsere Mentoren, Trainer, Ratgeber, Verbündeten, Vertrauten und Freunde dienen. Sie hätten ständig den Erfolg des Unternehmens im Auge, während sie gleichzeitig unsere persönlichen Interessen förderten.

Aber wenn es ausreichend viele »traditionelle« Manager mit diesen Führungsqualitäten gegeben hätte, um das Problem zu lösen, dann hätten wir sie doch gefunden oder geschaffen oder gekauft – mit den vielen Millionen Dollar, die bis heute in die Entwicklung eben jener Eigenschaften und die Weiterbildung von Führungskräften investiert worden sind. Doch es gibt zu viele Wunden, und diese Wunden sind viel zu tief, als daß sie von einer »gewöhnlichen« Führungskraft geheilt werden könnten. Natürlich kann ein traditioneller Führungsstil in manchen Momenten sinnvoll und effektiv sein, aber ähnlich wie bei der rationalen Denkweise sind dem Erfolg hier Grenzen gesetzt.

Ich glaube, es gibt einen besseren Weg.

Es hat sich herausgestellt, daß Gefühle entgegen der herkömmlichen Meinung an sich weder positiv noch negativ sind. Genaugenommen sind sie ein Urquell innerer Energie und intuitiver, kreativer Weisheit. Jedes Gefühl dient als eine Art Weckruf, der unsere wichtigsten Werte und Ziele aktiviert und Ihnen zu jeder Minute des Tages potentiell nützliche Informationen anbietet. Dieses Feedback – aus dem Herzen, nicht aus dem Kopf – entfacht innovative Schöpferkraft, läßt Sie ehrlich zu sich selbst sein, formt von Vertrauen geprägte Beziehungen, stellt einen inneren Kompaß für Ihr Leben und Ihre berufliche Laufbahn dar, führt Sie vielleicht zu unerwarteten Möglichkeiten oder bewahrt Sie oder Ihr Unternehmen vor einer Katastrophe.

Sie werden feststellen, daß emotionale Intelligenz und nicht der Intellekt allein es Ihnen ermöglicht, glaubwürdig zu sein und Ihrem wahren (und »besten«) Ich treu zu bleiben, sich zu befreien und voranzukommen, die Hand auszustrecken und befördert zu werden, Chancen zu spüren und die Zukunft zu gestalten. Emotionale Intelligenz hat nichts mit Verkaufstricks zu tun oder damit, wie man einen Raum voller Menschen »bearbeitet«. Es geht weder darum, alles und jedes positiv zu sehen, noch um die Psychologie von Kontrolle, Ausbeutung oder Manipulation. Emotionale Intelligenz enthüllt die innere Wahrheit, die unter der akademischen Intelligenz, dem mechanischen Gedächtnis und der unflexiblen Analyse verborgen liegt. Sie aktiviert Ihre grundlegenden Werte und ermöglicht es Ihnen durch die Authentizität Ihrer Bestimmung und Gespräche sowie Ihres Bewußtseins, von anderen zu lernen und diese zu beeinflussen. Und sie zwingt Sie dazu, das einzigartige Potential zu erkennen und zu entwickeln, das Ihr persönliches und soziales Schicksal gestaltet.

Der Gehirnforschung zufolge sind wir Geiseln der tieferliegenden Strukturen oder Gewohnheiten, deren wir uns nicht bewußt sind. Überprüfen Sie die Muster Ihres Lebens und Ihrer Arbeit: Wenn von allen Seiten Druck, Ungewißheit und Veränderung auf Sie einstürmen, verlassen Sie sich dann mehr als sonst auf Ihre emotionale Intelligenz, oder werden Sie vom Altar des Intellekts – der auswendig gelernten Fakten, technischen Analysen und reduktionistischen Denkweise – als Geisel gehalten?

Fragen Sie sich: Welchen Weg gehe ich heute, auf welchen Weg zähle ich in meiner beruflichen Laufbahn, für welchen Weg mache ich mich stark? Das sind alles andere als sinnlose Fragen. Den neuesten Forschungsergebnissen zufolge werden Ihre Antworten wahrscheinlich Ihre Zukunft bestimmen.

Einleitung
Der Ruf nach emotional intelligenten Führungskräften und Unternehmen

Der typische Manager konzentriert sich nun schon seit Jahrzehnten auf Analyse, äußere Macht und technische Vernunft – eine Entwicklung, die im 18. Jahrhundert mit Voltaire und anderen Philosophen begonnen hat. Sie hat dazu geführt, daß andere Eigenschaften des Menschen wie etwa Gefühl, Intuition, Seele und Erfahrung zum größten Teil in den Hintergrund gedrängt wurden.

Ähnlich oder sogar noch stärker als unser Körper und unser Verstand bergen die Gefühle unsere Geschichte – jede Zeile und Strophe jeder einzelnen Erfahrung, Erkenntnis und Beziehung in unserem Leben. Sie enthalten unsere Meinung darüber, wer wir sind, und gelangen als Energie in unseren Körper. Wir haben gelernt, daß Energie weder geschaffen noch zerstört wird. Sie fließt.

Diese Energie ist eine primäre Quelle von Einfluß und Kraft. Sie ist nicht in jeder Erscheinungsform physisch greifbar. Ein Gedanke ist eine Form von Energie, aber was entsteht daraus?[1] Licht? Elektrizität? Auch Gefühle bestehen aus Energie. Unablässig strömt sie durch Sie hindurch und löst eine Kette intensiver Prozesse aus, die jeden Aspekt in Ihrem Leben beeinflussen. Wenn Sie Ihre emotionale Intelligenz vergrößern, ändern Sie damit auch die Form dieser Energie und die Art, wie Sie Arbeit, Leben und Beziehungen erfahren.

Das zu Ende gehende Zeitalter wurde in erster Linie von IQ und Physik beherrscht und hat sich auf ein mathematisches Modell konzentriert, das beinahe alles so behandelt, als wäre es leblos und analysierbar oder sequentiell und reduktionistisch. Das zukünftige Modell der Intelligenz für Führungskräfte basiert viel stärker auf den Grundlagen von EQ und biologischen Systemen.[2] Es behandelt

Menschen, Märkte, Ideen und Organisationen als einzigartig und lebendig, generativ und interaktiv und geht davon aus, daß sie zu Veränderung, Lernen, Wachstum, Inspiration, Kreativität, Synergie und Umgestaltung fähig sind. Eigenschaften, die heute weitaus wichtiger sind als zu irgendeiner Zeit des 20. Jahrhunderts.

Viele begabte, produktive Menschen werden an ihrem Arbeitsplatz von Defiziten an emotionaler Intelligenz behindert – bei sich selbst, ihren Vorgesetzten und den Menschen in ihrer Umgebung. In vielen Unternehmen herrscht eine Atmosphäre, die geprägt ist von einem autokratischen und manchmal Mißbrauch treibenden Management, einem Berg aus Regeln und Verboten, Personalkürzungen. Oft herrscht ein von Angst durchsetztes Klima aus Unsicherheit, vermeintlichen Ungerechtigkeiten, Ressentiments und Ärger, das manchmal an Feindseligkeit und Wut grenzen kann. Wir gehen zur Arbeit und halten unsere Herzen verschlossen und unsere Köpfe gesenkt. Wir hoffen, daß wir niemandem auffallen und am Ende des Monats unser Gehalt auf dem Konto haben. Viele Menschen haben in Wahrheit nur noch sehr wenig Energie für ihre Arbeit übrig. Und diese reicht mit Sicherheit nicht aus, um ihre berufliche Laufbahn, ihr Unternehmen oder ihre Branche in eine erfolgreiche Zukunft zu führen.

Wenn es uns an emotionaler Intelligenz mangelt, schaltet das menschliche Gehirn auf »Autopilot« um, sobald der Streß stärker wird. Es neigt dann dazu, noch forscher in derselben Richtung weiterzugehen – was in der Arbeitswelt von heute meistens genau der falsche Ansatz ist. Ich kann mich gut daran erinnern, wie ich an einer der bekanntesten amerikanischen Business Schools als Gastdozent eine Vorlesung hielt. Kurz vor meinem Vortrag, der in einem modernen Amphitheater voller Studenten stattfinden sollte, wurde dort der Vorschlag eines Unternehmers für die Gründung einer neuen Firma diskutiert. Die Studenten lehnten den Unternehmensplan durchweg ab. »Das wird nie funktionieren.« »Das ist eine Sackgasse!« »Sie werden nie eine ausreichende Qualitätskontrolle haben!« »Die Gemeinkosten werden Sie umbringen.« »Dieses Produkt kauft doch sowieso niemand!« »In einem Jahr sind Sie bankrott!« »Sie verstoßen gegen jede betriebswirtschaftliche Regel!« Sie zerrissen ihn in der Luft, mit einem Argument nach dem anderen.

Der Unternehmer stand da, ohne ein Wort zu sagen, und sah sich die Gesichter im Publikum an. »Ja«, sagte er schließlich, »Sie sind sehr tüchtig. Sie kennen die Grundsätze der Unternehmensführung und Ihre Fallstudien. Auch meine Banken haben diese Idee in der Luft zerrissen.« Er machte eine Pause. Selbstsicheres Gemurmel ging durch den Raum. In den Gesichtern leuchtete Schadenfreude auf. Wieder ein Punkt für die Studenten. »Allerdings muß ich Ihnen dazu noch etwas sagen ...«, fuhr der Unternehmer fort. »Mein Partner und ich kennen die Punkte, die Sie gerade vorgebracht haben. Wir waren uns über jeden Einwand im klaren und kannten alle Gründe, warum unsere Idee eigentlich nicht funktionieren *konnte*. Dann haben wir uns Punkt für Punkt vorgenommen, sind unserer Intuition gefolgt und fanden für jeden eine Lösung. Wir glaubten daran, daß das ›Unmögliche‹ möglich war. Es war uns schlicht egal, daß andere dies noch nicht erkannt hatten.

Wir gründeten eine kleine Firma, finanzierten sie mit sehr wenig Geld und legten los. In diesem Monat beginnt unser drittes Geschäftsjahr. Unsere Firma gibt es immer noch.« In der linken oberen Ecke des Vorlesungssaales kicherte jemand. Der Unternehmer sah den Studenten an, der gelacht hatte, während er fortfuhr: »Wir haben einen Umsatz in Höhe von 26 Millionen Dollar und einen Gewinn von fast fünf Millionen Dollar erzielt.« Die zukünftigen Führungskräfte unserer Wirtschaft saßen wie benommen da, für kurze Zeit unter Schock. Ein guter Freund von mir, der seit einem Vierteljahrhundert als Professor an einer Business School lehrt, stand schweigend hinten im Saal und lächelte. Er wußte, um was es hier ging. Wieder hatte jemand eine Lektion über die zwangsläufigen Schwächen einer technischen Analyse ohne den Resonanzboden der emotionalen Intelligenz gelernt – und insbesondere der intuitiven, kreativen Weisheit.

Denken Sie einmal darüber nach. Logisches Denken hat seine Stärke und seine Berechtigung größtenteils nur im Kontext von Gefühlen. Egal, um welches Produkt, welche Dienstleistung oder welche Sache es geht, wir kaufen auf Basis unserer Gefühle. Erst danach rationalisieren oder rechtfertigen wir diesen Schritt mit Zahlen und Fakten, falls es uns möglich ist. Niemand verlangt eine *logische* Erklärung für eine leidenschaftliche Beziehung oder ein Hobby, prahlt mit einer *vernünftigen* Heirat oder einem *sinnvollen* Urlaub oder braucht eine *statistische Analyse* tiefempfundener Sehnsüchte oder Träume. Im großen und ganzen sind *Passionen* – dieses Wort wurde in der Antike für Gefühle verwendet – ehrlicher als Gedanken oder Logik.

»Die Wirtschaft ist inzwischen so komplex und schwierig, das Überleben der Unternehmen in einem zunehmend unberechenbareren, wettbewerbsintensiveren und gefahrvolleren Umfeld so unsicher, daß ihre Existenz von der täglichen Mobilisierung jedes einzelnen Gramms Intelligenz abhängt.«
Konosuke Matsushita,
Gründer der Matsushita Electric, Ltd.

Wenn Menschen – egal aus welcher Berufsgruppe – gebeten werden, ihre Geschichte zu erzählen, erzählen sie oft von ihren Erfolgen an der Universität, dem Verlauf ihres Lebens oder von dem, was sie erreicht haben. Aber akademische Intelligenz ist eine träge und analytische Intelligenz, nur selten einmal sprüht sie vor kreativer Initiative oder führt zu zielgerichteten Ergebnissen.[3] Die Wahrheit ist: Menschen, die Fakten gut auswendig lernen und erinnern und von Zeit zu Zeit vielleicht auch einmal mit diesen Fakten argumentieren, gestehen ihnen nicht zwangsläufig eine überragende Bedeutung für ihr Leben oder ihre Arbeit zu. Wenn ich Manager und Berufstätige allgemein bitte, mir etwas aus ihrem Leben zu erzählen, will ich erfahren, wer sie jenseits von Titeln und Positionen sind. Mich interessiert am meisten zu hören, was sie für ihr einzigartiges Potential halten, welche Bestimmung sie haben, wie sie sie gefunden, welche Kämpfe sie ausgetragen und welche Widerstände sie überwunden haben, um das zu erreichen, was sie erreicht haben, was sie gelernt, geträumt, riskiert und auf was sie sich verlassen haben. Denn das ist die *wahre* Geschichte unseres Lebens, und es ist vor allem eine Geschichte der emotionalen Intelligenz.

Denken Sie einmal über sich selbst und die Menschen nach, mit denen Sie arbeiten. Was haben Sie in Ihrem Leben durchgemacht? Was hat Sie dorthin gebracht, wo Sie jetzt stehen? Weshalb sind Sie es wert, von anderen Menschen gekannt zu werden, weshalb lohnt es sich, Ihnen zu vertrauen? Was beflügelt Ihre Kreativität? Was macht Sie wirklich – und wertvoll? Wenn ich nicht wissen kann, was Sie fühlen, was Ihnen etwas bedeutet, dann sind wir füreinander kaum mehr als ein Gesicht und ein Name, so wie der ältere Tibeter sagte. Sie sind für mich nicht weiter wichtig oder lebendig, ich nicht für Sie. Das ist einer der Gründe dafür, weshalb schätzungsweise 90 % unserer Glaubwürdigkeit vom EQ – und der damit zusammenhängenden praktischen und kreativen Intelligenz – und nicht vom IQ abhängen.[4]

Überlegen Sie einmal, wieviel Zeit und Energie Sie bis jetzt damit verschwendet haben, sich vor Menschen zu schützen, denen Sie nicht vertrauen, Problemen aus dem Weg zu gehen, über die Sie nicht reden können, Akzeptanz von Entscheidungen zu heucheln, mit denen Sie nicht einverstanden sind, stumm zu bleiben, obwohl Sie intuitiv das Gefühl haben, daß Sie eine Chance verpassen, sich mit Jobs herumzuschlagen, die nicht zu Ihnen passen, oder Ihre Meinung zu aktuellen Problemen und auftretenden Herausforderungen zurückzuhalten.

Einige Männer und Frauen haben das Glück, sowohl einen hohen IQ als auch einen hohen EQ zu besitzen. Viele haben Defizite beim IQ oder beim EQ. Diese und andere Formen von Intelligenz fördern und ergänzen sich gegenseitig. Gefühle beflügeln Kreativität, Zusammenarbeit, Initiative und Umgestaltung. Logisches Denken hält fehlgeleitete Impulse im Zaum und bringt unsere Aufgabe mit dem Prozeß und unsere Gefühle mit der Technologie in Einklang. Es gibt Anhaltspunkte dafür, daß die grundlegenden Werte und der Charakter eines Menschen zum größten Teil nichts mit dem IQ zu tun haben, sondern von tieferliegenden *emotionalen* Eigenschaften bestimmt werden.

Emotionale Intelligenz: eine primäre Quelle für menschliche Energie, Informationen und Einfluß

Die Trendwende bei den Führungsqualitäten ist meiner Meinung nach weder ein subjektiver Eindruck noch eine Modeerscheinung. Ich sehe sie als Ergebnis der zahlreichen Veränderungen in der Wirtschaft allgemein und der Tatsache, daß wir es mit immer kürzeren und schneller ablaufenden Interaktionen am Arbeitsplatz – die vertrauensvoll, kooperativ und innovativ sein sollten – zu tun haben. Während zuviel Gefühl das logische Denken oder eine Analyse vorübergehend stören kann, deuten neue Untersuchungen darauf hin, daß sich zuwenig Gefühl in den meisten Fällen womöglich noch verheerender für eine Karriere oder ein Unternehmen auswirkt.[5] Viele Erkenntnise und Diskussionspunkte in diesem Buch beziehen sich auf die Beobachtungen von Führungskräften in Unternehmen und auf die Ergebnisse zahlreicher Wissenschaftler und Fachleute. Außerdem rekurrieren sie auf unsere noch am Anfang stehende Forschungsarbeit bei der Entwicklung der EQ Map und der Organizational EQ Profiles, zu der Führungskräfte, Manager und Angehörige anderer Berufsgruppen in mehr als 100 Organisationen beitragen. Laut Josh Hammond, Präsident der American Quality

Foundation, werden Gefühle in nahezu jedem führenden Unternehmen per Definition mit Erfolg und herausragenden Leistungen in Verbindung gebracht, was von den meisten Organisationen unserer Tage jedoch kaum anerkannt oder geschätzt wird.[6]

GEFÜHLE
Herkömmliche Definition von Gefühlen versus Erfolgsdefinition

Herkömmliche Definition	*Erfolgsdefinition*
Zeichen von Schwäche	Zeichen von Stärke
bei der Arbeit unangebracht	unerläßlich für die Arbeit
zu vermeiden	fördern das Lernen
verwirren	erklären (verdeutlichen)
müssen unterdrückt werden	müssen integriert werden
gefühlsbetonte Menschen meiden	gefühlsbetonte Menschen suchen
nur auf Gedanken hören	auf das Gefühl achten
keine gefühlsbetonten Wörter verwenden	gefühlsbetonte Wörter verwenden

Auf den neuesten Forschungsergebnissen basiert folgendes:

Herkömmliche Definition	*Erfolgsdefinition*
beeinträchtigen das Urteilsvermögen	unerläßlich für das Urteilsvermögen
lenken ab	motivieren
Zeichen von Verletzbarkeit	machen uns wirklich und lebendig
behindern bzw. verlangsamen logisches Denken	fördern bzw. beschleunigen logisches Denken
Hindernis für Kontrolle	bauen Vertrauen und Zusammenarbeit auf
schwächen gefestigte Meinungen	aktivieren ethische Werte
verhindern den Fluß objektiver Daten	sorgen für wichtige Informationen und Feedback
komplizieren die Management-Planung	fördern Kreativität und Innovation
untergraben Autorität	erzeugen Einfluß ohne Autoritätsgehabe

Darüber hinaus haben wissenschaftliche Studien[7] ergeben, daß Gefühle eine grundlegende »aktivierende Energie« für *ethische Werte* – wie z. B. Vertrauen, Integrität, Empathie, Widerstandsfähigkeit oder Glaubwürdigkeit – und das *soziale Kapital* darstellen, also Ihre Fähigkeit, von Vertrauen geprägte, gewinnbringende Geschäftsbeziehungen aufzubauen und zu erhalten.[8] Im Mittelpunkt dieser Eigenschaften ist eine Fähigkeit, die jede große Führungspersönlichkeit haben muß – die Gabe, andere zu begeistern. Dieser Begriff steht mit der Fähigkeit in Verbindung, sich selbst und andere zu motivieren, ist aber inzwischen derart verwässert worden, daß er das innere Feuer nicht mehr beschreiben kann, welches für den Aufbau großer Unternehmen und den Wettbewerb in der Zukunft erforderlich ist. Selbst das Gefühl von Ärger ist von einer Intelligenz erfüllt, die, in den richtigen Händen und in der richtigen Art und Weise eingesetzt, in eine kreative Zusammenarbeit und bahnbrechende Innovationen umgesetzt werden kann.

Vieles von dem, was Sie in diesem Buch lernen, mag vielleicht schlicht gesunder Menschenverstand sein, aber dieser gesunde Menschenverstand ist keineswegs eine Alltäglichkeit. Zum Glück halten Wissenschaftler emotionale Intelligenz inzwischen für erlernbar. Sie kann zu jeder Zeit und in jedem Alter entwickelt und verbessert werden.[9]

»Ohne Führung durch die Gefühle hat logisches Denken weder Grundsätze noch Macht.«
Robert C. Solomon,
Professor für Philosophie,
University of Texas

Emotionale Intelligenz ist unerläßlich für logisches Denken und den IQ

Gefühle sind mächtige Organisatoren von Denken und Handeln und paradoxerweise unerläßlich für logisches Denken und Vernunft. Der EQ kommt dem IQ zu Hilfe, wenn Sie wichtige Probleme lösen müssen oder eine Schlüsselentscheidung zu treffen haben. Er ermöglicht es Ihnen, dies auf effektive Art und in einem Bruchteil der üblichen Zeit zu tun – zum Beispiel in wenigen Minuten oder sogar nur Momenten –, statt sich ohne Unterbrechung einen ganzen Tag oder noch länger mit dem linearen, sequentiellen Denken herumzuquälen, das notwendig wäre, um dieselbe Entscheidung ohne Hilfe der emotionalen Intelligenz zu treffen. Darüber hinaus stimulieren Gefühle Intuition und Neugierde, die uns helfen, eine ungewisse Zukunft vorherzusehen und unser Handeln dementsprechend zu planen.

»Es gab nie einen Zweifel darüber, daß Gefühle unter bestimmten Umständen das logische Denken stören können«, erklärt Antonio R. Damasio, Leiter der neurologischen Abteilung der medizinischen Fakultät der University of Iowa. »Doch lassen wissenschaftliche Studien darauf schließen, daß eine Reduzierung der Gefühle ebensogut die Ursache für irrationales Verhalten sein kann. In Wirklichkeit ›überkreuzen‹ sich logisches Denken/Entscheidungsfindung und Gefühle/Empfindungen im Gehirn. Bestimmte Teile des Gehirns sind für zielorientierte Denkprozesse, die wir *logisches Denken* nennen, und die Reaktionsauswahl, die wir *Entscheidungsfindung* nennen, zuständig. Dieselben Bereiche sind auch bei Gefühlen und Empfindungen aktiv. Empfindungen und Gefühle haben einen starken Einfluß auf die Vernunft. Ich bin der Meinung, daß Gefühlen eine ganz und gar einzigartige Bedeutung zukommt. Sie nehmen eine Vorrangstellung ein, die unsere gesamte Psyche durchdringt. Gefühle haben ein Mitspracherecht bei der Entscheidung, wie der Rest des Gehirns und unsere Wahrnehmung reagieren werden. Ihr Einfluß ist enorm.«

Viele Jahre lang herrschten innerhalb des Managements in der Regel Ansichten, die sich voll und ganz an Verwaltung und Strategie orientierten. Führungskräfte gelangten zu der Auffassung, daß so gut wie alles, was für den Gewinn eines Unternehmens von Bedeutung war, kategorisiert, analysiert und prognostiziert werden konnte. Wen man nur lange genug nachdachte, so glaubte man, würde man schon die richtige Strategie aus dem Ärmel ziehen, um das Unternehmen zu dauerhaftem Erfolg zu führen.

Vielleicht aber auch nicht. Es stellt sich heraus, daß emotionale Intelligenz tatsächlich unentbehrlich ist, um intellektuelle Fähigkeiten bzw. den IQ zu aktivieren und zu verbessern. Ich möchte dies mit einem Beispiel aus der Physik verdeutlichen: Wenn wir die gesamte Intelligenz eines Menschen als Kraftfeld ansehen, dann verhalten sich IQ und EQ wie Komponenten dieses Feldes und erzeugen eine dynamische Spannung zwischen sich, die zur Stabilisierung der jeweiligen Energien dient. Sind IQ und EQ ungefähr gleich hoch, wird durch ihre Wechselwirkung eine Aufwärtsbewegung erzeugt – ein Anstieg intelligenter Energie. Das ist ein Schlüsselprinzip, das zum Beispiel den entscheidenden Unterschied zwischen dem Bell-Hubschrauber und früheren Versuchen im Flugzeugbau ausmachte.

Tatsache ist, daß manche Menschen besser sind als Menschen mit identischem IQ. Das ist vor allem auf den EQ zurückzuführen. Wenn Gefühle akzeptiert und auf konstruktive Art und Weise gelenkt werden, erhöhen sie die intellektuellen Leistungen. Robert Rosenthal, Psychologe in Harvard und Empathie-Experte, hat nachgewiesen, daß die Ergebnisse von IQ-Tests höher sind, wenn die Testleiter den Versuchspersonen gegenüber freundlich und zuvorkommend auftreten.[10]

Bei Besprechungen und anderen Gruppensituationen, in denen sich Menschen treffen, um zusammenzuarbeiten, herrscht ein starker »Gruppen-IQ« (die Gesamtmenge des intellektuellen Wissens und der Fachkenntnisse einer Gruppe). Bei der Gruppenintelligenz ist das wichtigste Einzelelement jedoch nicht der durchschnittliche oder höchste IQ, sondern die emotionale Intelligenz. Ein einziger Teilnehmer mit einem niedrigen EQ kann den kollektiven IQ herabsetzen.

Chris Argyris von der Harvard University fragt: »Wie kann eine Gruppe, in der jeder einen IQ von 130 hat, plötzlich einen kollektiven IQ von 65 aufweisen, wenn alle Mitglieder der Gruppe anwesend sind?«[11] Robert Sternberg und Wendy Williams von der Yale University haben sich mit der Frage beschäftigt, warum einige Gruppen kreativer und leistungsfähiger sind als andere, und den Gruppen-IQ untersucht, der angibt, wie effektiv die einzelnen Teilnehmer zusammenarbeiten.[12] Die Gruppe kann plötzlich besser sein, als es die kollektiven intellektuellen Fähigkeiten der einzelnen Teilnehmer vermuten ließen. Aber ihre Arbeitsweise kann ganz plötzlich ineffektiv werden, wenn es dem einzelnen nicht möglich ist, seine Begabung einzubringen, sondern destruktive Unzufriedenheit, Dominanzverhalten oder interne Machtkämpfe zugelassen, Leistung herabgewürdigt, Fortschritte verhindert werden.

Die ständig wechselnde, offenere und fließendere Arbeitsweise von heute erfordert eine Kombination aus Intellekt und emotionaler Intelligenz. Das gilt insbesondere dann, wenn es auf Vertrauen und die Zusammenarbeit mit anderen ankommt, um Probleme zu lösen und Chancen zu nutzen. Im Rahmen einer Untersuchung[13] wurden die besten Mitarbeiter der Bell Labs, einer Denkfabrik für Naturwissenschaften neben der University of Princeton, unter die Lupe genommen – Ingenieure und Naturwissenschaftler, die bei traditionellen IQ-Tests alle im obersten Bereich abgeschnitten hatten. Der Unterschied zwischen den »Stars« und den übrigen Mitarbeitern lag nicht im IQ, sondern in anderen Aspekten der Intelligenz, inklusive EQ. Sie konnten sich besser motivieren und die Initiative ergreifen – besonders in Zeiten, die von Krisen und Änderungen geprägt waren. Sie bauten enge und von Vertrauen dominierte Beziehungen in der Organisation auf und nutzten inoffizielle, flexible Netzwerke und Teams, um einen Durchbruch zu erreichen.

Meine Partner und ich haben eine Reihe von Hilfsmitteln[14] entwickelt, die Ihnen dabei helfen sollen, die Erkenntnisse und Prinzipien dieses Buches zu erforschen und anzuwenden, darunter die EQ Map[15] am Ende und eine Reihe von EQ-in-der-Praxis-Übungen in jedem Kapitel.

Auf den vor Ihnen liegenden Seiten finden Sie ein ausführliches, integriertes Arbeitsmodell der emotionalen Intelligenz für Manager. Ich hoffe, daß es als Ausgangspunkt für einen Dialog in Führungs- und Managementkreisen und als Anregung für sinnvolle Überlegungen, Untersuchungen und neue Erkenntnisse für uns alle dienen wird.

Der erste Eckstein:

Emotionale Bildung

**Wirklich und sich selbst gegenüber treu sein:
So entwickeln Sie persönliche Kraft –
einschließlich Selbstbewußtsein,
innere Orientierung, Respekt,
Verantwortungsbewußtsein und Verbundenheit**

Wir beginnen unsere Vorstellung der vier Ecksteine der emotionalen Intelligenz mit der emotionalen Bildung. Zur Verdeutlichung des Kontextes: Bei der akademischen Bildung bedeutet Lesen, über die Bedeutung von etwas nachzudenken; Schreiben bedeutet, Gedanken als Sprache sichtbar zu machen, und Sprechen, unsere Meinung über andere zum Ausdruck zu bringen. Bildung im Computerbereich bedeutet, über die Tastatur die Sprache des Bildschirms zur Interaktion unserer Gedanken mit der Software oder dem Netzwerk einzusetzen. Emotionale Bildung dagegen erwächst nicht aus den Überlegungen eines vergeistigten Intellekts, sondern aus dem menschlichen Herzen. Aus ihm stammt die Energie, die uns wirklich macht und uns motiviert, unser einzigartiges Potential und unsere Bestimmung zu finden und zu verwirklichen. Bei der emotionalen Bildung geht es darum, Alphabet, Grammatik und Wortschatz der emotionalen Intelligenz zu erlernen und die den Gefühlen eigene Weisheit zu erkennen und zu respektieren.

Einer der schädlichsten Grundsätze, den unsere moderne Arbeitskultur vertritt, schreibt vor, daß wir unter keinen Umständen auf unsere innere Stimme oder unsere Empfindungen vertrauen dürfen. Wir werden dazu erzogen, uns selbst anzuzweifeln, unserer Intuition zu mißtrauen und für so gut wie alles, was wir tun, eine Bestätigung von außen zu suchen. Wir werden darauf konditioniert, davon auszugehen, daß andere es am besten wissen und uns die Wahrheit viel ehrlicher und deutlicher sagen können, als es uns selbst möglich ist. Aber wie wir noch sehen werden, lassen wissenschaftliche Studien über einige tausend erfolgreiche Führungskräfte, Manager und Unternehmer darauf schließen, daß sich die meisten von ihnen seit Jahren bei fast allen wichtigen Entscheidungen und Interaktionen auf ihren Instinkt – und auch auf andere Formen der emotionalen Intelligenz – verlassen.

I
Emotionale Ehrlichkeit

Charlie Chaplin nahm einmal an einem Wettbewerb für Chaplin-Doppelgänger teil. Er kam auf den dritten Platz. Dies wirft folgende Fragen auf: Wie gut kennen Sie sich selbst, und wie gut wollen Sie von anderen gekannt werden? Und wie offen und ehrlich hören Sie auf das, was Sie intuitiv spüren und fühlen? Wie oft respektieren Sie es?

»Wenn wahre Aufrichtigkeit in uns wächst, wird sie äußerlich von den Herzen anderer Menschen gesehen.«
Lao-tse
(6. Jh. v. Chr.)

Nehmen Sie sich eine Minute Zeit, und schreiben Sie auf ein Blatt Papier, für wie ehrlich Sie sich halten – von 1 (nicht besonders ehrlich) bis 10 (sehr ehrlich). Ironischerweise wird jeder Versuch, diese Ehrlichkeit vorzutäuschen – Wahrheitstreue zu heucheln, dabei aber kein Gefühl von Anteilnahme oder Güte zu empfinden, einfach nur so zu tun, als ob, so wie Tag für Tag viele berufstätige Menschen –, uns davon abhalten, diese Ehrlichkeit zu leben. Im Gegensatz zur gängigen Meinung geht es bei »ehrlich sein« nicht darum, etwas mit den »richtigen« Worten kommentieren zu können oder sich *politically correct* zu benehmen. Es geht darum, auf die Ratschläge des Herzens zu hören.

»Registrierkassenehrlichkeit« oder *emotionale* Ehrlichkeit?

Kennen Sie die »Registrierkassenehrlichkeit«? Das ist eine Art vordergründiger Wahrheit, die fast alle Menschen an den Tag legen: Sie lassen die Finger von dem Geld in der Kasse. Sie achten darauf, daß es so aussieht, als würden Sie sich an die Spielregeln halten. Wenn Sie einen Rechenfehler finden, korrigieren Sie ihn. Sie machen einen Fehler? Sie geben es natürlich zu. Allerdings nur, wenn es keinen Einfluß auf Ihre Position oder Ihre Karriere hat. Denn in diesem Fall entscheiden Sie sich vielleicht eher für Errungenschaft als für Ehrlichkeit, für Loyalität und Harmonie als für Wahrheit und machen andere oder »die Umstände« für ein Problem verantwortlich. Wenn ein Kollege oder Mitarbeiter seine Arbeit mechanisch erledigt und sagt: »Ich tue mein Bestes«, nicken Sie verständnisvoll mit dem Kopf. Solange er an seinem Arbeitsplatz erscheint und den Anschein erweckt, als hätte er viel zu tun, akzeptieren Sie das. »Großartig«, erwidern Sie. »Sie geben der Firma alles, was Sie können. Das ist genau das, was ich erwarte. Gut gemacht.«

Aber tief in Ihrem Inneren glauben Sie etwas anderes. Sie spüren, daß Ihr Verkäufer die Kunden noch besser bedienen könnte. Ihr Instinkt sagt Ihnen, daß sich die Mitarbeiterin bei diesem kreativen Projekt nicht wirklich anstrengt. Aber da Sie ja die »Registrierkassenehrlichkeit« gutheißen, sagen Sie nichts. Schließlich wurden keine Spielregeln gebrochen. Wenn Sie jedoch Wert auf emotionale Ehrlichkeit legen, achten Sie auf das, was Sie spüren – hinter der Fassade und den Worten –, und sagen Ihre Meinung. Sie setzen nicht nur Ihren Kopf ein, sondern haben auch Zugang zu Ihrem Herzen. Ihnen ist nichts gleichgültig. Sie widmen diesem Job, dieser Firma einen Teil Ihres Lebens. Sie spüren ungenutztes Potential in sich selbst und anderen. Sie haben den Mut, das auch zu sagen. Sie engagieren sich. Sie hören auf Ihre Intuition. Sie stellen Fragen. Sie lernen alles, was Sie nur lernen können – über sich, über andere, deren einzigartiges Potential[1], wer sie tief im Inneren sind. Sie bieten Unterstützung an. Sie gehen davon aus, daß Sie immer Ihr Bestes geben. Und Sie gehen davon aus, daß andere dies auch tun.

Um emotional ehrlich zu sein, muß man eine starke Bindung zur »inneren Wahrheit« haben, die zum größten Teil aus dem Kern Ihrer emotionalen Intelligenz herrührt und dort mit Intuition und Bewußtsein verbunden ist. Denken Sie über diese Wahrheit nach, und handeln Sie dann entsprechend. Ein solches Vorgehen unterscheidet sich stark von der traditionellen analytischen Arbeitsweise, bei der Kontrolle ausschließlich über Zeugnisse, Position oder Fachkenntnisse gerechtfertigt wird. Wenn man dort zugibt, etwas nicht zu wissen oder einen Fehler gemacht zu haben, gibt man gleichzeitig zu, die Kontrolle verloren zu haben. Bei der emotionalen

Ehrlichkeit ist dies nicht so. Hier wehren wir uns dagegen, aufrichtige Gefühle zu unterdrücken, nur um »die richtigen Worte zu sagen« (die eigentlich gar nicht die richtigen sind) oder »so zu tun, als ob«, nur um »gut dazustehen« und den *Anschein* zu erwecken, als kümmerte es uns wirklich. Dies mag in unserer Gesellschaft zwar sozial korrekt sein, emotional korrekt ist es nicht. Was Sie und andere empfinden, vermittelt die emotionale Wahrheit an sich, mit Ihren Augen und Ihrer Körpersprache, mit dem Ton Ihrer Stimme, der mehr sagt als Wörter. Gefühle lassen uns wirklich sein, und trotz aller Versuche, sie zu unterdrücken, sehen sie nicht untätig zu, wenn Potential ignoriert, Chancen übersehen oder Werte mit Füßen getreten werden.

Um sich dies zu verdeutlichen, sollten Sie in den nächsten Tagen einmal eine Überprüfung Ihrer emotionalen Ehrlichkeit durchführen. Sind Sie ehrlich zu sich selbst? Wie tief geht diese Ehrlichkeit – ist es in erster Linie eine »Registrierkassenehrlichkeit«, die aus dem Kopf kommt? Oder ist es emotionale Ehrlichkeit und kommt aus dem Herzen? Wie sehr achten Sie auf Ihren Instinkt? Oder nehmen Sie ihn aus reiner Gewohnheit oft schon gar nicht mehr wahr?

Es erfordert Mut, das anzuerkennen, was Sie empfinden – besonders dann, wenn Ihre Gefühle im Widerspruch zu dem stehen, was Ihre Gedanken vielleicht gerade zu rationalisieren versuchen. Aber dies ist der Augenblick, in dem emotionale Bildung geboren wird – wenn Sie lernen, sich Ihrer Gedanken bewußt zu sein, während Sie gleichzeitig auf die innere Stimme Ihrer Gefühle hören. F. Scott Fitzgerald schrieb: »Eine überragende Intelligenz zeigt sich dann, wenn das Gehirn zwei gegensätzliche Vorstellungen gleichzeitig enthalten und trotzdem noch arbeiten kann.« Aber vielleicht ist es gar nicht so schwierig. Eine überragende Intelligenz kombiniert den EQ mit dem IQ und kann nicht nur weiterarbeiten, sondern besser arbeiten.

Der Anspruch der emotionalen Ehrlichkeit besteht darin, sich selbst gegenüber ehrlich zu bleiben und die Weisheit von Herz *und* Verstand zu respektieren. Das führt uns zu einer ähnlichen Thematik, die in den Kapiteln 5 und 9 erörtert wird, aber bereits jetzt einige anfängliche Überlegungen rechtfertigt: Wie oft ist Harmonie für Sie wichtiger als die Wahrheit? Wie oft haben Sie es vermocht, tief empfundene Wahrheiten oder Bedenken auf Kosten der Harmonie in der Gruppe zu äußern? In welchen Situationen sind Sie vorgetreten, um diesen Empfindungen Ausdruck zu verleihen, und zwar besonders solchen Situationen, in denen Sie sich dadurch unbeliebt gemacht haben oder vielleicht sogar Ihre Position oder Ihre berufliche Zukunft aufs Spiel gesetzt haben? Fragen Sie sich: Mißachte ich meine Gefühle, unterdrücke ich sie »um der Gruppe willen«, selbst wenn meine Intuition mir das Gegenteil rät?

Viele Menschen sind inzwischen der Meinung, es gebe so wenig Arbeit, daß man froh sein sollte, überhaupt eine Stelle zu haben. Wenn wir uns über vermeintliche Ungerechtigkeiten und Enttäuschungen beklagen, macht das den Eindruck, als würden wir immer nur jammern. Es hinterläßt ein schlechtes Gewissen und führt dazu, daß wir noch mehr Angst davor haben, entlassen zu werden. Wenn also Probleme auftauchen, sind wir darauf konditioniert zu glauben, daß wir sie – wenn überhaupt – stumm und ganz allein lösen müssen und uns dann einfach nichts anmerken lassen dürfen, sondern noch länger und härter arbeiten müssen. Wie wir noch sehen werden, erschlägt eine solche Atmosphäre aus emotionaler Unterdrückung und Angst alle Ideen, die zu Innovation führen. Kommt es erst einmal soweit, ist die Firma wahrscheinlich schon zum Untergang verurteilt. Das ist einer der wichtigsten Gründe dafür, weshalb wir insgesamt mehr emotionale Intelligenz am Arbeitsplatz brauchen – damit wir aufstehen und unsere Meinung sagen können, und zwar im Vertrauen darauf, unserer Karriere und unserer Firma damit zu helfen, nicht mit der Befürchtung, unseren Job deshalb zu verlieren oder unsere Chancen auf einen anderen zu schmälern.

Gefühle sind für Verständnis und ein gutes Urteilsvermögen unentbehrlich

Im Kern der emotionalen Intelligenz liegt sehr viel von der intuitiven, kreativen Weisheit eines Menschen. Sie können an diese Weisheit appellieren und von ihr profitieren. Diese Form von praktischer Intuition ist ein gefühlsmäßiger Sinn – ein intelligentes Fühlen – für das innere Wissen. Es gibt genügend Anhaltspunkte dafür, daß Ihre Gefühle nicht im Widerspruch zu Verständnis und gutem Urteilsvermögen stehen, sondern dafür unerläßlich sind.[2] Gefühle ergänzen den Verstand, benötigen seine Rationalisierungen aber nicht. Sie bergen eine intuitive, vorgedankliche Logik in sich, die nach einigem Nachdenken formuliert werden kann.[3] Sie sind die treibende Kraft für ein »richtig« gelebtes Leben.

Gefühle verleihen den Umständen in unserem Leben einen Sinn. Sie sind keine Störung, sondern dienen als Herz unseres Daseins, verleihen ihm Glanz und bilden das Sinn- und Wertesystem, in dem unser Leben und unsere Arbeit entweder blühen und gedeihen oder stagnieren und sterben. Gefühl, nicht Vernunft, treibt uns dazu, uns den zentralen Fragen unseres Daseins zu stellen.

Was emotionale Ehrlichkeit und ihre Verbindung zur Intuition angeht, so möchte ich dies mit Hilfe von Pitirim A. Sorokin, einem revolutionären Denker, erläutern. Nachdem Sorokin von Lenin ins Gefängnis geworfen und zum Tode verurteilt worden war, flüchtete er in die Vereinigten Staaten, wo er seine akademische Laufbahn fortsetzte und zu einem der größten Soziologen und Philosophen dieses Jahrhunderts wurde. Er widmete sein Leben der ausführlichen Analyse der menschlichen Gesellschaft und vertrat die These, daß wir angesichts der Krisen, mit denen wir heute konfrontiert würden, einen anderen Ansatz verfolgen müßten, um Zugriff auf unser Wissen zu haben – über den Verstand und die traditionellen fünf Sinne hinaus. Für Sorokin gab es drei Formen der Wahrheit: sensorische, rationale und intuitive. Als grundlegendste und wichtigste – und stärkste – sah er die intuitive.[4] Viele Führungspersönlichkeiten aus der Wirtschaft nennen sie »Instinkt« oder »Urteilsvermögen«.

Intuition ist Sorokin zufolge das grundlegende Fundament für unser Verständnis von Ethik, also dem Guten und Ehrenwerten im Leben. In der Psychologie und Philosophie ist seit langem bekannt, daß ästhetische und moralische Ansichten auf intensiven subjektiven Gefühlen beruhen, nicht auf vagen Überlegungen des Intellekts. Wenn Intuition aktiv entwickelt wird, erweitert und verstärkt sie Ihre emotionale Intelligenz und wird – wie Sorokin festgestellt hat – zur Schlüsselquelle des persönlichen Wissens. Es sollte angemerkt werden, daß dies im Widerspruch zur rationalistischen Verwendung des Begriffes Intuition steht. Rationalisten halten Intuition lediglich für eine gute Ratemethode oder die vage Andeutung zufälliger Kollisionen von Gedanken oder Ideen, die bereits irgendwo im Gehirn vergraben sind. Wie wir noch sehen werden, ist dies nicht der Fall. Intuition ist eng mit der emotionalen Intelligenz verknüpft und kann für den Erfolg im Berufs- und Privatleben von immensem Nutzen sein.[5] C. G. Jung erinnerte uns daran, daß der Begriff Intuition

»nicht etwas bezeichnet, das im Widerspruch zum Verstand steht, sondern etwas, das sich nicht mit dem Verstand erklären läßt«.

»Der kürzeste und sicherste Weg, um ehrenvoll in der Welt zu leben, besteht darin, auch in der Realität das zu sein, was wir sein wollen.«
Sokrates
(470-399 v. Chr.)

Sorokin, der die Ressourcen von Harvard einsetzte, um die Geschichte der menschlichen Kultur erschöpfend zu untersuchen, fand in bezug auf Intuition eine breite Basis an Übereinstimmung. Unter jenen, die seine These von der Intuition als Grundlage der Wahrheit unterstützten, sind Platon, Aristoteles, Plotin, St. Augustin, Thomas Hobbes, Henri Bergson, Baruch Spinoza, Jung und Alfred North Whitehead. Selbst John Stuart Mill, der unerschütterliche Verfechter der rationalen Denkweise, stellte fest, daß »die von der Intuition erkannten Wahrheiten die ersten Prämissen sind, von denen alle anderen abgeleitet werden«.

Intuition baut auf dem Fundament emotionaler Ehrlichkeit auf. Dies erfordert, daß Sie sich die Wahrheit über das eingestehen, was Sie empfinden. Nur wenn Sie mit dieser inneren Stimme in Kontakt bleiben, können Sie eine Quelle des Wissens entwickeln, die jenseits Ihrer Gedanken liegt. Bei der Arbeit können Sie zum Beispiel damit anfangen, Ihren intuitiven Sinn mit Ihrer rationalen Beurteilung zu vergleichen. Auf diese Weise stellen Sie Ihre Ideen und Instinkte direkter auf die Probe. Achten Sie auf die Ergebnisse. Sie werden feststellen, was sich als richtig herausstellt und was nicht, wer vertrauenswürdig ist und wer nicht, was sich auszahlt und was nicht, was Ihnen viel bedeutet und was nicht. Dabei werden Sie allmählich ein intuitives Wissen entwickeln und einsetzen, und zwar auf eine sehr persönliche, einzigartige Art und Weise. Mehr dazu später.

Die meisten Führungskräfte wissen vermutlich, daß Mitarbeiter auf allen Ebenen eines Unternehmens einen direkten, emotional aufrichtigen Gesprächston fordern. Sie erwarten von uns, daß wir den Mut haben, die Wahrheit zu sagen, selbst wenn uns das weh tut oder zeigt, wie menschlich und verletzlich wir sind. »Behandelt uns wie Erwachsene«, sagen sie. »Seid ehrlich. Behandelt uns wie Menschen, die mit der Wahrheit über das, was vor uns liegt, umgehen können. Redet nicht um die Probleme herum, und tut nicht so, als wäre alles in schönster Ordnung.« Und sie haben recht. Rushmore

Kidder, der Gründer des Institute for Global Ethics, erinnert uns daran, daß Menschen, die Loyalität oder Harmonie über die Wahrheit stellen (Loyalität gegenüber Hitler, Mao, Stalin, Saddam Hussein, selbst Richard Nixon), ungeheuren Schaden anrichten können. Ein solches Verhalten ist nur schwer vorstellbar, wenn wir das respektieren, was unser Herz uns als die Wahrheit mitteilt, es offen zum Ausdruck bringen und bereit sind, darüber zu diskutieren.

Emotionale Ehrlichkeit läßt Sie wirklich und sich selbst gegenüber treu sein

In dem Maße, wie wir emotional ehrlich sind – also unseren Kopf ignorieren, auf unser Herz hören und gut gewählte Worte verwenden, um das zu sagen, was wir wirklich empfinden und glauben –, finden wir unsere echte Stimme und werden »wirklich«. Von diesem Zeitpunkt an lernen wir, uns nicht nur der strahlenden, dynamischen und überschwenglichen Seite der menschlichen Gefühle zu stellen und daraus zu lernen, sondern auch der eher bedrückenden Schattenseite des Herzens, aus der unsere Selbstzweifel, unsere Wut und unsere Seelenqualen herrühren. Wenn wir keine starken Gefühle empfänden – die gewaltige Katalysatoren für Veränderung sein können –, wären wir nie dazu gezwungen, uns genau anzusehen, wer wir sind, was aus uns werden kann und in welche Richtungen wir in Beruf und Privatleben gerade gehen.

Ich möchte Ihnen dies am Beispiel eines großen Dienstleistungsunternehmens verdeutlichen, dessen Führungskräfte überraschend das Angebot eines Kaufinteressenten erhielten. Der Investor, von dem das Angebot stammte, verlangte eine Antwort innerhalb von 24 Stunden und ließ – wie bei all seinen Geschäften – »keine Entschuldigungen oder Ausnahmen« zu. Wie der Zufall es wollte, war der für den zum Verkauf anstehenden Geschäftsbereich zuständige Vice President gerade im Sabbatical und nicht erreichbar. President und CEO schätzten das Angebot als ausgesprochen großzügig ein. Sie hatten das Gefühl, daß es sich für das Unternehmen als vorteilhaft erweisen würde zu akzeptieren.

»Aber er wird keine einzige Minute länger warten, geschweige denn zwei Wochen!« rief der President vor dem Board of Directors aus.

Die CEO nickte. Die anderen Mitglieder des Board of Directors sagten kein Wort. Hinten im Konferenzraum stand ein Executive

Vice President auf und sagte: »Ich glaube, wir sollten den Investor ohne Umschweife bitten, noch etwas zu warten. Warum sagen wir ihm nicht, daß wir während der nächsten zwei Wochen kein anderes Angebot in Erwägung ziehen werden? Diese Zeit brauchen wir eben, um ihm eine klare Antwort geben zu können.«

Zögernd stimmte die CEO zu. Sie fürchtete sich davor, den Anleger anzurufen, weil sie erhebliche Zweifel in bezug auf dessen Geduld hatte. In der Zwischenzeit versuchten die Anwesenden, sich eine glaubhafte Entschuldigung auszudenken, mit der sie den Investor überreden konnten, seine Entscheidung noch etwas hinauszuschieben. Es fiel ihnen keine ein. Der Mann war klug. Er würde sich nicht täuschen lassen.

Am nächsten Morgen rief die CEO ihn an. Ohne Umschweife bat sie ihn freundlich um eine Verlängerung der Bedenkzeit um zwei Wochen.

Er dachte eine Sekunde lang darüber nach. »In Ordnung«, sagte er. »Ich werde mein Angebot bis dahin aufrechterhalten.«

Das kann man mit emotionaler Ehrlichkeit erreichen.

Im Grunde genommen kommt es auf jeden einzelnen an, wenn es darum geht, ein Arbeitsumfeld zu schaffen, in dem »Registrierkassenehrlichkeit« zwar als Ausgangspunkt vorausgesetzt wird, emotionale Ehrlichkeit jedoch von größter Wichtigkeit ist. Jan Timmer, CEO des niederländischen Elektronikkonzerns Philips, hat den Anstoß zu einer Atmosphäre größerer Ehrlichkeit und Offenheit gegeben, indem er eine Zeitung mit einem Datum in der Zukunft drucken ließ, in welcher der Bankrott des Unternehmens bekanntgegeben wurde.

Ein anderes Beispiel ist Derek Wanless, Leiter der NatWest Group, einer der vier größten Clearing-Banken in Großbritannien mit einer Bilanzsumme von 250 Milliarden Dollar. Er hat es sich zum Ziel gesetzt, sich den ehrlichen Stimmen seiner Mitarbeiter zu stellen, und wendet schätzungsweise 30 % seiner Zeit dafür auf, sie persönlich kennenzulernen, und zwar an deren Arbeitsplatz im Unternehmen.[6] »Die einzige Möglichkeit zu sehen und zu spüren, was *wirklich* geschieht, besteht darin, sein Büro zu verlassen und sich vor Ort umzusehen. Das habe ich in kleinerem Maßstab schon immer gemacht, aber der Prozentsatz der Zeit, die ich dafür aufwende, ist inzwischen steil in die Höhe geschossen und wird sich vielleicht noch weiter erhöhen.«

Immer mehr Führungskräfte halten dies für wichtig. Colin Marshall zum Beispiel, CEO von British Airways, einem der größten Einzelunternehmen der Welt mit einem Umsatz von 9 Milliarden Dollar, ist der Ansicht, daß Offenheit und emotionale Ehrlichkeit zu den grundlegenden Faktoren gehören, die den Erfolg seines Unternehmens sichern.[7] »Wir sind nicht der Meinung, daß wir heute dort stehen, wo wir morgen sein sollten oder erwarten zu sein«, sagt er. In den letzten fünf Jahren hat British Airways 110 Seminare veranstaltet, an denen jeweils 25 Manager teilgenommen haben. Bei jedem dieser Seminare, so Marshall, »habe ich zwei bis drei Stunden damit verbracht, einfach nur dazusitzen und mich offen und ehrlich mit ihnen über verschiedene Aspekte unseres Unternehmens zu unterhalten«. Marshall sagt, daß die Manager nach Jahren strenger Kontrolle zunächst nur zögernd ihre Meinung gesagt hätten, aber inzwischen wüßten, »daß ihnen niemand den Kopf abreißt, wenn sie Kritik äußern«. Um seinen Standpunkt deutlich zu machen, feuerte Marshall einige Manager, die nicht offen genug für Kritik oder Ideen waren, und beförderte andere, die das System mit emotionaler Ehrlichkeit herausforderten. Er stellte fest, daß man Mut benötigt, um die wirklichen Gefühle anzuerkennen und auszudrücken und sich die intuitive, geschäftsfördernde Weisheit zu erschließen, die darin liegen kann.

Er hat recht. Ich möchte Ihnen dazu noch ein anderes Beispiel geben. Es geht um eines der Unternehmen, mit denen ich gearbeitet habe. Jackson, Seniorpartner und Betriebsleiter eines großen Unternehmens, teilt Allan, einem Juniorpartner, mit, daß er dem Board of Directors empfehlen wird, Kurt, einen Außenstehenden von einem sehr viel größeren Unternehmen, zum Leiter der Personalbteilung zu ernennen. Diese Stelle wurde vor kurzem wegen der Pensionierung des langjährigen Leiters Joe frei. Offensichtlich ist Allan mit dieser Entscheidung nicht einverstanden. Jackson bemerkt sein Unbehagen und fragt: »Warum hören Sie nicht einfach damit auf, Allan? Es ist doch nicht Ihr Problem. Der Chef soll doch ernennen, wen er will. Wir sollten jetzt endlich weitermachen.«

Allan dreht sich zu Jackson um, und dann fliegen die Funken. Er ist der Meinung, daß Julia, die seit sieben Jahren in der Personalabteilung arbeitet, am besten für den Job geeignet ist. Außerdem ist sie seit letztem Monat stellvertretende Leiterin der Abteilung. Jackson wird wütend und ruft, daß Julia nicht genug Erfahrung für diese Position habe. Allan widerspricht ihm: »Jackson, ich verstehe, weshalb Sie ihre Fähigkeiten anzweifeln, aber ich glaube, das tun Sie nur deshalb, weil sie immer in Joes Schatten stand. Ich finde, sie ist die Richtige für diesen Posten.«

»Darüber habe ich auch schon nachgedacht«, verteidigt sich

Jackson. »Aber glauben Sie, ich hätte Geld für einen Headhunter ausgegeben, wenn ich der Meinung gewesen wäre, daß Julia für diese Position in Frage käme?«

Allan gibt nicht nach. »Jackson, ich muß Ihnen einfach sagen, wie wichtig mir das ist: *Julia* sorgt dafür, daß diese Abteilung funktioniert. Ich habe in den letzten Jahren oft mir ihr zusammengearbeitet. Sie ist intelligent, mutig und einfallsreich. Sie hat Ideen. Und außerdem hat sie Sinn für Humor, und davon können wir jede Menge gebrauchen. Die Leute in der Abteilung mögen sie. Sie respektieren sie. Kommen Sie, Jackson. Sie hat diesen Job verdient!«

Schnell erkennt oder spürt Jackson die Intensität von Allans Worten. Er holt tief Luft, während er Allan ins Gesicht sieht. Schließlich seufzt er und sagt: »Okay. Lassen Sie mich darüber nachdenken.«

Eine Woche später wird Julia zur Leiterin der Personalabteilung des Unternehmens ernannt.

Einer der wichtigsten Punkte dieser Geschichte ist für mich die Tatsache, daß Sie, wenn Ihr Instinkt Ihnen sagt, Ihr Kollege oder Ihr Chef ist vielleicht gerade auf dem falschen Weg, dieses Gefühl nicht verleugnen sollten. Respektieren Sie es. Überlegen Sie sich, ob Sie ihm Ausdruck verleihen wollen. Vielleicht haben Sie recht, vielleicht haben Sie unrecht. Aber darum geht es gar nicht. Es ist völlig in Ordnung, im Zweifelsfall zu jemandes Gunsten zu entscheiden – aber nicht dann, wenn Ihnen Ihr Instinkt eigentlich das Gegenteil rät. In diesem Fall kann es sich auszahlen, das Thema zur Sprache zu bringen, statt Ihre Intuition unter den Firmenteppich zu kehren. Wie oft haben Sie sich in der Vergangenheit schon geärgert, weil Sie nichts gesagt haben, obwohl Sie Ihre Gedanken oder Gefühle eigentlich jemandem mitteilen wollten? Wie oft haben Sie im nachhinein erkannt, daß es sich als nützlich erwiesen oder einen gewaltigen Unterschied gemacht hätte zu sprechen? Was hat Sie davon abgehalten, Ihre Meinung zu sagen oder sich durchzukämpfen? Hätten Sie sich dadurch nicht mehr Selbstachtung und mehr Respekt von Ihrem Kollegen oder Chef verdient?

Die große Vereinfachung

Es gibt keinen Zweifel daran, daß vollkommene und vorbehaltlose Offenheit und Wahrheitsliebe die Grenze zum Absurden überschreiten kann, insbesondere dann, wenn Sie jedem alles sagen müßten, was Sie empfinden. Der springende Punkt dabei ist *Relevanz* – Sie drücken die Gefühle aus, die für Ihren Zweck relevant sind und mit Ihren ethischen Werten übereinstimmen. Langfristig – oft auch kurzfristig – gesehen kann emotionale Ehrlichkeit als große Vereinfachung für Ihr Leben und Ihre Arbeit dienen, die Ihren Weg und Ihre Beziehungen bereichert und klärt.

»Wir lügen am lautesten, wenn wir uns selbst anlügen.«
Eric Hoffer,
amerikanischer Soziologe

Emotional ehrlich sein bedeutet, wirklicher und echter zu sein. Sich um sich selbst zu kümmern und sich selbst zu respektieren (eine Voraussetzung oder zumindest die Basis dafür, sich um andere Menschen kümmern und diese respektieren zu können). Das hat nur wenig mit einer lauten Stimme und einem erhobenen Zeigefinger zu tun. Emotionale Ehrlichkeit wird oft am besten durch ein schlichtes, ruhig ausgesprochenes Wort oder einen entschlossenen Blick vermittelt.

Kollegen haben mich darauf aufmerksam gemacht, daß die Gebärden vieler tauber Menschen immer kleiner und langsamer werden, je stärker ihre Gefühle sind – subtile Bewegungen der Hand und einfache, konzentrierte Drehungen des Handgelenks zum Beispiel. Das sollten sich diejenigen unter uns einprägen, die darauf konditioniert wurden zu glauben, daß starke Gefühle nur Raserei und Wutausbrüche bewirkten. Im Falle emotionaler Bildung ist folgendes weitaus wahrscheinlicher: Je wütender oder engagierter wir sind, desto deutlicher wird – vielleicht sogar ohne ein einziges Wort – die *Intensität* dieses Gefühls vermittelt. Dafür sorgen unsere starke Präsenz und unsere Zielgerichtetheit. Andererseits kann es Ihren Plan zum Scheitern bringen und andere nervös, verschlossen und defensiv oder feindselig machen, wenn Sie Ihre Forderungen laut hinausbrüllen und dem anderen die Faust vor das Gesicht halten. Es lohnt sich, einmal darüber nachzudenken.

Außergewöhnliche Menschen

Machen Sie doch einmal folgende einfache Übung, die von Führungskräften und Gruppen verwendet wird, um den Kontext der emotionalen Ehrlichkeit noch etwas zu vertiefen. Nehmen Sie sich ein Blatt Papier, und schreiben Sie oben in die Mitte: »Die außergewöhnlichsten Menschen, die ich je kennengelernt habe.« Nehmen Sie sich jetzt ein paar Minuten Zeit, um die Namen einiger Menschen niederzuschreiben, die eine große Bedeutung für Ihr Leben oder Ihre Arbeit hatten. Denken Sie darüber nach, was an diesen Männern und Frauen Besonderes war. Warum halten Sie sie für außergewöhnlich und unvergeßlich? Wegen ihres Intellektes oder ihrer akademischen Ausbildung? Aller Wahrscheinlichkeit nach nicht.

Ich habe im Laufe der Jahre festgestellt, daß diese außergewöhnlichen Menschen, an die wir uns erinnern, in der Regel Menschen mit einem großen Herzen sind. Menschen mit einer intuitiven, kreativen Begabung zum Beispiel. Oder mit Mitgefühl und Mut. Menschen, die emotional ehrlich waren und sich weigerten, eine Lüge zu leben, ihre Arbeit mechanisch zu verrichten, nur an ihr Gehalt zu denken, obwohl es vielleicht einfacher gewesen wäre. Sie hatten das Herz dazu, Neuland zu betreten, heilige Regeln in Frage zu stellen und eine helfende Hand oder ein freundliches Wort anzubieten. Sie hielten an ihren persönlichen Maßstäben in bezug auf Integrität fest und hörten nicht auf, nach dem tieferen Sinn des Lebens zu suchen.

Während ich diese Zeilen schreibe, muß ich an einen Freund von mir denken, der während des Vietnamkrieges mit mir im U.S. Marine Corps diente. Er war Sergeant in einem Spähtrupp. Einmal saß er hinter den feindlichen Linien fest und weigerte sich, einen verwundeten Soldaten zurückzulassen. Er trug ihn auf seinem Rücken beinahe 50 Kilometer durch das feindliche Feuer, bis sie in Sicherheit waren. Und ich muß an eine Freundin von mir denken, die nach einem Verkehrsunfall von der Taille abwärts gelähmt war. Sie nahm den Kampf um ihr Leben auf, um zu verhindern, daß auch ihre Selbstachtung und ihre Hoffnung gelähmt würden. Indem sie an ihr Herz appellierte, bekam sie ihr Leben wieder in den Griff. Am Ende gewann sie bei der Behindertenolympiade fünf Goldmedaillen und erhielt vom Präsidenten der Vereinigten Staaten eine Auszeichnung. Mir fällt dazu auch einer meiner Mentoren ein, der 1965 als Flüchtling im Alter von 17 Jahren mit weniger als 100 Dollar in der Tasche in Amerika ankam und nur ein paar Brocken Englisch sprach. Trotzdem erreichte er den MBA (Master of Business Administration), wurde Mitglied in einem Board of Directors und Großaktionär einer Bankenneugründung, die inzwischen Aktiva in Höhe von 22 Milliarden Dollar hält. Mit 24 Jahren gründete er einen Stipendienfonds, der mit über einer Million Dollar begabte Collegestudenten unterstützt. Vielleicht das Erstaunlichste: Inzwischen spricht er so hervorragend Englisch, daß er einer der gefragtesten Redner der amerikanischen Wirtschaft ist.

Was fällt Ihnen zu den außergewöhnlichen Menschen ein, die Sie in Ihrem Leben kennengelernt haben? Wenn wir über solche Erinnerungen nachdenken, erkennen wir – vielleicht zum erstenmal –, die wahre Tiefe der emotionalen Ehrlichkeit und der inneren Verpflichtung, der viele unvergeßliche Menschen bei allem, was sie getan haben, gefolgt sind.

Nehmen Sie nur Galileo Galilei, den italienischen Astronomen und Physiker. Er wurde während der Inquisition 1632 nach Rom zitiert, wo man seine Schriften untersuchte und als Ketzerei verurteilte. Man drohte ihm Folter und lebenslangen Kerker an. Nachdem er auf Knien seinen Lehren abgeschworen hatte, erhob er sich und murmelte leise: »*Eppur si muove.*« (»Und sie bewegt sich doch.«) Die innere Wahrheit bewegt den Menschen auch dann von innen heraus, wenn er sie verleugnet oder ignoriert. Sie verschwindet nicht.

Die Sprache der Gefühle

In der Regel geht man davon aus, daß Gefühle etwas sind, das einem *widerfährt*. Das entspricht nicht den tatsächlichen Umständen. Gefühle sind eine innere Quelle der Energie, des Einflusses und der Information. Sie sind von Natur aus weder gut noch schlecht. Alles hängt davon ab, was wir mit den Informationen und der Energie, die sie hervorbringen, tun. Es ist eine grundlegende Voraussetzung für Ihr persönliches Wachstum als Führungspersönlichkeit, daß Sie lernen, zwischen Ihren intensiveren Gefühlen und dem lauten Dröhnen aus Reizen und Informationen, von dem Sie den ganzen Tag lang bombardiert werden, zu unterscheiden. Wenn Sie sich Ihrer emotionalen Verfassung bewußt sind, gewinnen Sie wertvolle Flexibilität für Ihre Reaktion.

Sie sollten folgende einfache Frage zu Hilfe nehmen: Wo in Ihrem Körper spüren Sie Gefühle? Vielen Menschen hilft es dabei, Gefühle deutlich zu erkennen – und sie voneinander zu unterscheiden –, wenn sie feststellen, *wo* sie sitzen. Gefühle als körperliche Wahrnehmung zu spüren kann helfen, über die Verwirrung oder

> »Man sieht nur mit dem Herzen gut. Das Wesentliche ist für das Auge unsichtbar.«
> **Antoine de Saint-Exupéry,**
> *Der kleine Prinz*

das Widerstreben, mit ihnen Kontakt aufzunehmen, hinwegzukommen.

Jedes Gefühl hat irgendwo seinen Platz: Beklommenheit in der Brust, ein Kloß im Hals, Druck oder Krämpfe im Unterleib, ein Gewicht auf der Schulter, Verspannung im Rücken oder eine leichte Spannung im Nacken oder Kiefer. Wenn Sie ein Gefühl lokalisieren können, wird es weniger bedrohlich und leichter zugänglich. Beschreiben Sie Gefühle als körperliche Empfindungen, dann machen Sie sich frei von Ihrer Meinung oder Kritik oder der anderer: Sie stellen lediglich fest, was *geschieht*. »Dieses Gefühl empfinde ich in meinem Körper so.« Und weil Sie es lokalisieren, können Sie direkter damit arbeiten und die ihm eigene Energie unmittelbarer leiten. Eine Wut, die Sie im Hals spüren, erfordert unter Umständen eine ganz andere Reaktion als eine Wut, die zu Verspannungen in Ihren Schultern führt und Sie die Fäuste ballen läßt.

Mit etwas Übung können Sie die verschiedenen Gefühle und Empfindungen unterscheiden. Die Bandbreite und Energie dieser Wahrnehmungen, die uns spüren lassen, daß wir wirklich und lebendig sind, wird Sie vielleicht überraschen. Schließen Sie die Augen, und horchen Sie in Ihren Körper hinein. Achten Sie auf das, was Sie fühlen, und fühlen Sie diese Empfindung dann, ohne darüber nachzudenken – spüren Sie nur die Energie, die Kraft in diesem Gefühl. Ist Ihnen aufgefallen, daß die Energie Ihrer Empfindungen vibriert? Spüren Sie, wie die Schwingungen Ihren ganzen Körper erfüllen. Achten Sie auf die Intensität dieser Wahrnehmung. Wenn wir üben, unsere Empfindungen so zu fühlen, wie sie sind, erhöht dies nicht nur die Sensibilität gegenüber uns selbst, sondern auch unser Vertrauen in uns. Uns wird bewußt, daß jede Empfindung wirklich ist. Wir fühlen durch unser Herz und unseren Körper die Intensität und die Kraft des Lebens – in uns und in anderen.

Verbindung zur EQ Map: Emotionale Ehrlichkeit

Dieses Kapitel bezieht sich auf folgende Tabellenspalten der EQ Map: emotionales Selbstbewußtsein, emotionale Ausdrucksfähigkeit, Zielstrebigkeit, konstruktive Unzufriedenheit und persönliche Kraft.

EQ in der Praxis
Check-in

In diesem Buch werden Ihnen eine Reihe von Hilfsmitteln zur Verbesserung des EQ begegnen. Ich habe sie aus jenen, die ich bei meiner Arbeit mit Führungskräften, Angehörigen anderer Berufsgruppen und Managementgruppen einsetze, ausgewählt. Hier nun das erste. Es ist eine einfache, praktische Methode, um ein harmonischeres Verhältnis zu anderen aufzubauen, Klarheit und Empathie zu erhöhen, Zeit zu sparen und fehlerhafte Annahmen und Verständnisschwierigkeiten bei Besprechungen zu reduzieren. Ich nenne diese Methode Check-in, bei manchen Führungskräften heißt sie »numerische Empathie«. Man braucht nur zehn Sekunden pro Person zu Beginn einer Diskussion oder einer Besprechung dafür.

Stellen Sie folgende Fragen: »Schätzen Sie auf einer Skala von 1 bis 10 offen und ehrlich Ihre Energie, Offenheit und Konzentration ein. Wenn 10 das höchste Energieniveau ist, das Sie bei der Arbeit je empfunden haben, und 1 bedeutet, daß Sie kurz davorstehen, vor Erschöpfung zusammenzubrechen – wie ist Ihr Energieniveau jetzt? Wie ist heute – in diesem Moment – Ihr Niveau in bezug auf Aufgeschlossenheit und Aufrichtigkeit? Wie würden Sie Ihr Niveau in bezug auf Konzentration einschätzen – die Fähigkeit, den Themen, über die wir jetzt sprechen wollen, Ihre volle Aufmerksamkeit zu widmen?«

Jetzt	*Niveau: 1 (am niedrigsten) bis 10 (am höchsten)*
Energie	________
Offenheit	________
Konzentration	________

Viele Teilnehmer sind überrascht, wie nützlich diese drei Wertungen sein können. Zum Beispiel kann sowohl der individuelle als auch der Gruppen-EQ erhöht werden, indem Sensibilität und Empathie jedes Anwesenden bei der Besprechung oder Interaktion verstärkt werden. Im Grunde geht es darum, daß wir aufhören, nur Gesichter am Konferenztisch zu sein. Wir werden wirklich, unverwechselbar und gegenwärtig. Wenn Sie den Check-in verwenden, können Sie viele weitverbreitete Mißverständnisse verhindern. Ein Beispiel: Was denken Sie gewöhnlich, wenn Sie bemerken, daß jemand aus der Gruppe Männchen malt oder zum Fenster hinaussieht, während Sie sprechen? Stehen Sie auf seiner Seite, und gehen Sie davon aus, daß er einfach nur müde und vielleicht gestreßt ist oder mit Kopfschmerzen, einem steifen Nacken oder Familienproblemen zu kämpfen hat? Oder haben Sie vielleicht heftig auf ein von dieser Person unbeabsichtigt gesagtes »Auslöserwort« reagiert, das Sie verärgerte und alte Erinnerungen hochkommen ließ? Ziehen Sie solche Möglichkeiten in Betracht, bevor Sie Ihr Urteil fällen? Die meisten von uns tun dies nicht. Statt dessen gehen wir automatisch davon aus, daß das, was wir in anderen sehen, ein Mangel an Interesse oder eine bewußte Abwertung unserer Bemerkungen oder Ideen ist. Untersuchungen zeigen jedoch, daß es nur in seltenen Fällen der Wahrheit entspricht, wenn die Beweggründe eines anderen derart negativ bewertet werden.[8]

Bemerkenswert ist, daß der Erfolg des Check-in nicht davon abhängt, ob Sie auch damit verbundene Details in Erfahrung bringen – wie zum Beispiel, *warum* jemand gerade ein niedriges Energieniveau hat (Krankheit, zuviel Arbeit, zuwenig Schlaf, entfallene Mahlzeit). Sie müssen auch nicht wissen, *warum* der Mitarbeiter abgelenkt ist (Probleme mit dem Arbeitspensum, Schwierigkeiten mit Kollegen, dem Ehepartner oder den Kindern, Karriereanforderungen, Geld).

Sie können auch damit experimentieren, einen Check-in für das Ende einer Besprechung anzusetzen. Stellen Sie folgende Frage: »Wenn wir von einer Skala von 1 bis 10 ausgehen, wie engagiert und vorbereitet – in bezug auf Informationen, Zeit, Zuversicht und Ressourcen – fühlen Sie sich dann, um die Ergebnisse aus dieser Besprechung effektiv umsetzen zu können?« Eine niedrige Zahl bei der Bewertung gibt Ihnen sofort einen Einblick und ermutigt zu einer ehrlichen, konstruktiven Frage wie etwa: »Was kann ich/können wir dazu beitragen, um die festgelegten Ziele zu erreichen?«

Ein Ratschlag für Sie: Wenn es nicht möglich ist, einen Check-in für Besprechungen in der Gruppe einzuführen, können Sie viele angesprochene Ziele auch persönlich und intuitiv erreichen. Dazu müssen Sie nur Ihre eigenen 1-10-Skalen für die Niveaus von Energie, Offenheit und Konzentration erstellen. Gewöhnen Sie sich an, jeden Teilnehmer der Besprechung eine Weile sorgfältig zu beobachten. Damit meine ich nicht, daß Sie die einzelnen Personen nur ansehen – Sie sollen sie sehen und spüren, was sie vielleicht gerade empfinden. Achten Sie auf ihre Augen und ihre Haltung, ihre Gesten und den Grad der Anspannung. Hören Sie zu, wie sie reden. Klingt ihre Stimme entspannt und natürlich, oder scheint sie angespannt und nervös zu sein? Wenn Sie die Teilnehmer der Besprechung kennen, beurteilen Sie, ob sie schneller oder langsamer als gewöhnlich reden. Konzentrieren sie sich auf das Thema der Besprechung, oder kritzeln sie herum und starren vor sich hin?

Wenn Sie die drei hypothetischen Bewertungen erstellt haben – ich kenne viele Führungskräfte, die gelernt haben, auf ihr »Gefühl aus dem Bauch« zu vertrauen, und in den ersten fünf Minuten einer Besprechung acht oder zehn verschiedene Leute »bewerten« –, können Sie Ihre Wahrnehmungen bei der Kommunikation mit den einzelnen Teilnehmern berücksichtigen. Wenn jemand verkrampft und defensiv ist, sollten Sie sich auf seine Seite stellen und besonders viel Geduld mit ihm haben, statt selbst defensiv zu werden. Wenn jemand verschlossen und abgelenkt zu sein scheint, sollten Sie versuchen, ihn unauffällig in die Diskussion miteinzubeziehen.

Wird die Interaktion nun nicht zunehmend menschlicher? Vielleicht fällt Ihnen auf, daß auch Sie jedes Individuum tatsächlich als Individuum behandeln und nicht nur in erster Linie als Gesicht, Name, Titel oder Stimme. Sie sehen die Gruppe allmählich als Zusammenstellung einzigartiger Werte, Begabungen und Verwundbarkeiten, nicht mehr nur als Körper, die um einen Tisch herumsitzen und auf einer Liste die einzelnen Gesprächspunkte abhaken. Achten Sie darauf, offene und ehrliche Fragen zu stellen, um das Gefühl in Ihrem Bauch zu überprüfen, das Sie in bezug auf Absichten, Gedanken und Gefühle anderer empfinden. Wenn Sie zum Beispiel den Eindruck haben, daß Sie von jemandem ignoriert, zurückgewiesen oder in die Irre geführt werden, oder glauben, daß jemand überarbeitet, ratlos oder abgelenkt ist, sollten Sie diese Person freundlich und bestimmt fragen, ob Ihr Eindruck stimmt. Manchmal stimmt er nämlich nicht.

EQ in der Praxis
Morning Notes

Wie ehrlich sind Sie im emotionalen Bereich zu sich? Diesen Aspekt der emotionalen Intelligenz können Sie am besten verbessern, indem Sie sich jeden Morgen zwei oder drei Minuten Zeit nehmen und das frustrierende, belanglose Zeug loswerden, das Ihnen im Kopf herumgeht und die Saat der Verwirrung und des Zweifels in Ihrem Herzen sät. Wie? Mit den EQ Morning Notes.[9] Sie stehen fünf

Minuten früher auf als sonst, suchen sich eine ruhige, helle Ecke, setzen sich hin, hören in sich hinein, vergessen für einen Moment Ihren Kopf und lassen Ihr Herz sprechen. Denken Sie aufrichtig über Ihr Leben und Ihre Arbeit nach, und schreiben Sie diese Gedanken auf ein paar Seiten zusammen, egal, wie zufällig oder vage Ihnen das Gedachte oder Geschriebene auch erscheinen mag. Mit emotional ehrlichem Schreiben – Sie können es gar nicht »falsch« machen – fällt es Ihnen leichter, jene Instanz zu umgehen, die Michael Ray von der Stanford Business School »Stimme des Richters« nennt, also den Zensor und inneren Kritiker des Bewußtseins.[10] Der springende Punkt dabei ist, daß Sie einfach drauflosschreiben. Was Ihnen gerade einfällt. Sind Sie müde und beunruhigt wegen einer bevorstehenden Besprechung oder des vor Ihnen liegenden Arbeitstages, aufgeregt wegen eines Vorhabens, das ansteht, oder voller Hoffnung in bezug auf ein neues Projekt? Schreiben Sie es auf – mit der Hand. Wenn Sie einen Stift in der Hand halten, hilft Ihnen das eher, an die Wahrheit in Ihrem Inneren heranzukommen, als wenn Sie Ihre Gedanken und Empfindungen tippen oder diktieren. Es ist ganz erstaunlich: Die schreibende Hand scheint mit dem Herzen verbunden zu sein. Es fällt ihr schwer zu lügen.

In den meisten Fällen sind diese Notizen nur für Sie selbst bestimmt. Es ist eine gute Methode, sich darüber bewußt zu werden, daß Gedanken und Empfindungen stark und wertvoll sind. Sie sind nicht *die* Wahrheit, sondern *Ihre* Wahrheit. Ich habe festgestellt, daß die EQ Morning Notes mir im Lauf der Zeit dabei geholfen haben, genauer und engagierter darzustellen, wie ich eine bestimmte Möglichkeit oder Situation in meiner Arbeit oder meinem Privatleben sehe und was ich dazu empfinde. Gleichzeitig weiß ich – was ich auch anerkenne –, daß andere denselben Aspekt völlig anders sehen oder empfinden und trotzdem ebenso engagiert sind. Wenn ich das berücksichtige, bin ich nicht so oft enttäuscht. Ich bin eher bereit, Vertrauen zu schenken, und begrüße die Unterschiede, die es zwischen uns gibt, instinktiv, statt mich darüber zu ärgern oder mich verpflichtet zu fühlen, sie ändern zu wollen, die Auffassung der anderen von Wahrheit und Ziel mit meiner in Einklang zu bringen.

Einige Anmerkungen hierzu: Wenn Sie dieses morgendliche Tagebuch schreiben, sollten Sie sich nicht selbst beurteilen und sich keine Sorgen darüber machen, was andere denken, fühlen oder sagen würden, wenn sie wüßten, was Sie da gerade schreiben. Darüber hinaus sind diese Seiten als praktisches Hilfsmittel konzipiert, um emotionale Ehrlichkeit und die damit verbundene Weisheit zum Vorschein zu bringen, so daß Sie besser damit umgehen können. Wenn Sie einfach drauflosschreiben und sich nicht um Form oder Grammatik kümmern, werden Sie aller Wahrscheinlichkeit nach eine Menge Frust und Ärger zu Papier bringen. Großartig. Schreiben Sie alles auf. Vielleicht stellen Sie auch fest, daß Sie intuitiv alte Ressentiments oder neue Chancen unter die Lupe nehmen. Alles, was Ihnen einfällt, ist wirklich. Wissenschaftliche Studien haben ergeben, daß es Ihren Arbeitstagen und Ihrem Leben mehr Sinn verleihen kann.[11] Vielleicht werden Sie von Zeit zu Zeit einen kreativen Durchbruch erreichen oder zu einer tiefgreifenden Erkenntnis über sich und andere gelangen. Oder besser wissen, welche Fragen Sie stellen sollen.

Sie sollten diese EQ-Entwicklungstechnik mindestens 21 Tage lang ausprobieren.[12] Jeden Morgen fünf Minuten lang. Ich glaube, Sie werden über zwei Dinge erstaunt sein: erstens, wie stark Ihr geistiger Kritiker zu Anfang ist, der kleine Mann in Ihrem Kopf, der sagt: »Was für eine dumme Idee!« »Was für eine Zeitverschwendung!« »Emotionale Ehrlichkeit? Daß ich nicht lache!« Und zweitens, daß Sie allmählich Ihre emotionalen »Schalter« zu unterscheiden lernen und herausfinden, welche Probleme Sie sofort aus der Ruhe bringen und welche tieferen Gefühle oder Anliegen darunter verborgen sind. Sie werden allmählich Ihr emotionales »Make-up« verstehen lernen, Ihre Stärken und Schwächen. Gegen Ende der ersten Woche werden Sie sich ein bißchen leichter und voller Energie fühlen, wenn Sie mit Schreiben fertig sind, und feststellen, daß Sie tatsächlich besser darauf vorbereitet sind, während des Tages offen, ehrlich und kreativ zu sein.

Ich empfehle Ihnen außerdem, ein EQ-Protokoll oder -Tagebuch zu führen, in das Sie während des Tages Beobachtungen zu Ihrer emotionalen Reaktion in verschiedenen Situationen eintragen. Dr. phil. Deborah Kiley, Leiterin der Abteilung für persönliche Weiterentwicklung von Führungskräften bei Arthur Andersen and Andersen Consulting, hat diese bewußtseinsfördernde Technik mit großem Erfolg bei vielen Managern und Angehörigen anderer Berufsgruppen eingesetzt. Am Ende des Tages können Sie einige Minuten über Ihre Notizen nachdenken und die »Krisenherde« identifizieren, damit Sie das nächste Mal anders reagieren und in Zukunft neue Wege einschlagen, um Ihre emotionale Intelligenz zu steigern.

Es hängt weitgehend von Ihrem Energieniveau ab, ob die emotionale Ehrlichkeit genügend Raum findet, um zu wachsen und als Quelle der persönlichen Kraft in Ihrem Leben und bei Ihrer Arbeit zu dienen. Diese Energie ist größtenteils generativ. Sie wird von Ihren Gefühlen erzeugt und am Leben erhalten, von dem, was Ihnen am Herzen liegt und wofür Sie leben. Oberflächlich gesehen, mag dies recht einfach klingen, es gibt jedoch Fallen, über die man Bescheid wissen sollte. Im nächsten Kapitel werde ich Ihnen eine Reihe bewährter Methoden vorstellen, mit denen es Ihnen möglich sein wird, viele der ständigen Belastungen und ununterbrochenen Arbeitszyklen in Ihrem Leben besser in den Griff zu bekommen. Außerdem werden Sie lernen, wie Sie aus der nie versiegenden Energie in Ihrem Herzen schöpfen können. Egal, was kommt.

2
Emotionale Energie

Ich saß in einem Konferenzsaal der Hauptverwaltung der Firma 3M in St. Paul/Minnesota, als der Leiter des Geschäftsbereiches Sozialleistungen aufstand, mich um meinen Filzschreiber bat und anfing, etwas auf die Flipchart zu zeichnen. Die Handvoll Führungskräfte am Konferenztisch sah zu, wie die Zeichnung Form anzunehmen begann. Ein zustimmendes Murmeln erhob sich. Die angespannte Stimmung im Raum war deutlich zu spüren. Diese Besprechung fand kaum einen Monat nach der größten Reorganisation in der 93jährigen Firmengeschichte von 3M statt. Im vierten Quartal von 1995 belastete das Unternehmen seinen Gewinn mit 600 Millionen Dollar, was 27 % des Betriebsergebnisses entsprach, gliederte ein neues Unternehmen aus und traf die Entscheidung, das Magnetspeichergeschäft mit einem Umsatz von 650 Millionen Dollar, zu dem die Produktion von Computerdisketten, Videobändern und Tonbändern gehörte, abzustoßen.[1] Für 3M, dieses Muster an unternehmenspolitischer Stabilität, das seine selbstgesetzten Jahresziele von 10 % Wachstum beim Gewinn je Aktie, 20 bis 25 % Eigenkapitalrendite und 27 % Ertrag aus investiertem Kapital seit Jahren erfüllte, war dies eine traumatische Entscheidung.

»Ihre wichtigste Aufgabe als Führungspersönlichkeit besteht darin, die Verantwortung für Ihre eigene Energie zu übernehmen und dann mitzuhelfen, die Energie der Menschen in Ihrem Umfeld aufzubauen.«
Peter F. Drucker,
bedeutender amerikanischer Wirtschaftswissenschaftler

Der Leiter des Geschäftsbereiches Sozialleistungen zeichnete einen Eisberg. In die Spitze, dem Teil des Eisbergs, der aus dem Wasser ragte, schrieb er »Abwesenheitszeit«, »Krankenversicherung«, »Technologie«, »Betriebsanlagen«, »technisches Training«, »Qualitätskontrolle« und »Benchmarking«. Unterhalb der Wasserlinie – in die 90 % des Eisbergs, die sich unter Wasser befanden – kam »Anspannung«, »Energie«, »Streß«, »persönliches Wohlbefinden und Lebensstil«, »Fähigkeiten im zwischenmenschlichen Bereich«, »Kreativität«. Über seine Skizze schrieb er: »Nicht beeinträchtigte Arbeitstage«. Dann setzte er sich wieder hin.

Wir starrten die Zeichnung an. Es war klar, daß er ein heißes Eisen angefaßt hatte. Wir machten uns Notizen. Es klang plausibel: Wie viele von uns sind schon jeden Tag und jede Stunde in Hochform? Was hält uns davon ab? Warum glauben, Untersuchungen zufolge, mehr als die Hälfte aller amerikanischen Arbeitnehmer, daß sie »ihre Produktivität verdoppeln« könnten?[2] Was hält sie davon ab? Eine fast zwei Jahre dauernde Untersuchung bei 3M ergab, daß viele Faktoren, die Leistungen von Managern und Angestellten beschränken oder beeinträchtigen, weder bekannt noch erfaßt sind. Trotzdem existieren sie. Es ist höchste Zeit, mehr über diese Faktoren in Erfahrung zu bringen und ihnen entgegenzuwirken.

Die ersten beiden Worte unter der Wasseroberfläche – »Energie« und »Spannung« – eignen sich sehr gut als Ausgangspunkt. Und zwar deshalb, weil es Augenblicke gibt, in denen Sie besser *nicht* auf Ihre Gefühle vertrauen sollten: Wenn Sie nach einem langen Arbeitstag müde und angespannt sind. Kein Buch oder Kurs zu emotionaler Intelligenz sollte dies verschweigen.[3] Bei zunehmender Müdigkeit und Muskelverspannung beispielsweise befällt viele von uns Niedergeschlagenheit, und wir verlieren unseren Elan und unsere Widerstandsfähigkeit. Sie kennen das Gefühl: Kleine Pannen wachsen sich plötzlich zu riesigen Hindernissen aus. Eine Verspätung von einer Minute kommt einem vor wie eine Stunde. Eine flüchtig hingeworfene Bemerkung hört sich auf einmal an wie eine scharfe Zurechtweisung. Wenn Sie nicht lernen, Ihre täglichen Energie- und Spannungsmuster zu verstehen und richtig zu lenken, verringert sich Ihre Aufmerksamkeit, was automatisch Ihre Fähigkeit beeinträchtigt, sich voll und ganz auf etwas oder jemanden zu konzentrieren. Dies führt zu einem »Absinken« sowohl Ihrer intellektuellen als auch Ihrer emotionalen Intelligenz und kann unbeabsichtigt Beziehungen beeinträchtigen.

Die Beziehung von Energie und Erfolg

Denken Sie einmal darüber nach: Wie ehrlich und vertrauensvoll waren Sie an Tagen, an denen Sie sich müde oder angespannt fühlten, aber dennoch weiterarbeiten mußten? Wie offen und flexibel, wie neugierig und empathisch? Sind Sie aus Müdigkeit und Frustration auf andere losgegangen – Psychologen nennen dies »negativen Überlauf« –, oder haben Sie eine Mauer um sich herum aufgebaut und sich so von Kollegen, Partnern, Kunden oder Angehörigen distanziert? Wenn ja, haben Sie erfahren, wie es ist, wenn Sie den Kontakt zu Ihrer emotionalen Intelligenz und Ihrem kreativen Schwung verlieren. Es erfordert systematische Selbstbeobachtung und entsprechende Maßnahmen, um dieses weitverbreitete Dilemma zu vermeiden. Für jedes erfolgsorientierte Unternehmen wird das zunehmend wichtiger.

In einer traditionellen, hierarchisch aufgebauten Organisation fielen mangelndes Engagement oder ein ungenügender Beitrag des einzelnen angesichts der insgesamt unbefriedigenden Leistungen des Unternehmens oder der Branche als Ganzes oft gar nicht auf oder schienen keine große Bedeutung zu haben. Aber die Zeiten haben sich geändert. In Unternehmen von heute, die auf lean management oder reengineering vertrauen, muß jede Führungskraft und jedes Teammitglied persönlich für das Ergebnis geradestehen. Nicht nur ab und zu, sondern immer. Schlampige oder lustlos erledigte Arbeit eines einzelnen wirkt sich auf sein Ergebnis aus und ist für alle deutlich sichtbar. Es gibt keinen Ort mehr, um sich zu verstecken. Das kann eine große Belastung für Geist und Körper sein. Beinahe ununterbrochen an wichtigen Projekten zu arbeiten verbraucht riesige Mengen an emotionaler und geistiger Energie, die wiederaufgefüllt werden müssen, da wir sonst Gefahr laufen, uns kaputtzumachen.

»Im sogenannten Informationszeitalter fängt eine Liste persönlicher Attribute, die Macht und Einfluß verschaffen können, in den meisten Fällen mit ›außergewöhnliche Begabung‹ oder ›Intellekt‹ an, und nicht mit Eigenschaften wie ›Energie‹, ›Stärke‹ und ›Belastungsfähigkeit‹. Hier wird jedoch der falsche Schwerpunkt gelegt … Die wichtigsten Eigenschaften, um in einem Unternehmen zu Macht zu gelangen und diese auch zu behalten, sind Energie, Ausdauer und Durchhaltevermögen.«
Jeffrey Pfeffer,
Standford Graduate School of Business

Beginnen wir unsere Diskussion damit, in Gedanken ein einfaches Bild unserer Stimmungen als Hintergrundgefühle zu malen, die von Energie und Anspannung beeinflußt werden und ständig vorhanden sind. In der Regel sind sie relativ unaufdringlich, aber manchmal drängen sie sich in den Vordergrund und überwältigen uns. Stimmungsschwankungen können uns motivieren und uns dazu veranlassen, etwas zu unternehmen, um sie zu lenken oder zu verändern, ob wir uns dieser Stimmungsschwankungen nun bewußt sind oder nicht. Sind wir niedergeschlagen, verspüren wir vielleicht das Bedürfnis, mit einem Freund zu sprechen, etwas zu essen, ein Glas Mineralwasser oder eine Tasse Kaffee zu trinken oder einen Spaziergang zu machen. Wenn wir müde oder deprimiert sind, kann es schwierig sein, die Empfindungen des Körpers (ausgebrannt, hungrig, körperlich erschöpft, ruhebedürftig) vom Verstand (nervös, zerstreut) und den Gefühlen (frustriert, ungeduldig, ängstlich, belastet) zu unterscheiden. Viele bekannte Führungspersönlichkeiten und kreative Pioniere haben Möglichkeiten gefunden, um ihre emotionale Energie einzufangen und zielgerichtet einzusetzen. Albert Einstein zum Beispiel, der warnend sagte, daß »Probleme nicht mit derselben Art von Intelligenz gelöst werden können, von der sie geschaffen wurden«.

Darüber hinaus bestätigte Einstein, daß er – wie viele Menschen – einige der besten Eingebungen seiner intuitiven, kreativen Intelligenz beim Spazierengehen, beim Gespräch mit anderen, bei Tagträumereien und sogar unter der Dusche hatte.[4] Er berichtete, wie er mit Hilfe eines »Kombinationsspiels« aus Gefühlen und visuellen Empfindungen zu wichtigen Erkenntnissen gelangte – indem er sich zum Beispiel vorstellte, wie es ist, auf einem Lichtstrahl zu reiten, sich umzudrehen und auf eine Uhr zurückzublicken, oder eine Münze fallen zu lassen, während man in einem nach unten stürzenden Fahrstuhl steht. Kurz gesagt, Einstein besaß eine ganz außergewöhnliche Energie.

Laut einer aktuellen Untersuchung trifft das auch auf die Führungskräfte der Hidden Champions zu, 500 der besten und am wenigsten bekannten Unternehmen der Welt, von denen jedes die Nummer eins oder zwei in bezug auf den Anteil am Weltmarkt oder die Nummer eins im jeweiligen europäischen Markt ist. Hermann Simon, CEO von Simon, Kucher & Partners Strategy and Marketing Consultants in Bonn, der diese Untersuchung geleitet hat, sagt: »Wenn ich ein gemeinsames herausragendes Merkmal der Hidden Champions nennen müßte, so wären dies die Führungspersönlichkeiten oder, genauer ausgedrückt, ihre nie versiegende Energie und ihr ungeheurer Elan. Als Menschen unterscheiden sie sich genauso voneinander wie alle anderen auch, aber allen gemeinsam sind die Kraft und die Begeisterung, die ihre Unternehmen vorwärts treibt ... Ihre Energie, ihr Durchhaltevermögen und ihre Ausdauer scheinen fast unerschöpflich zu sein.«[5]

Diese Verbindung zwischen innerer Energie und Führung kann in allen Bereichen unseres Lebens nachgewiesen werden. Ich denke dabei an die schier unerschöpfliche Kraft und das Durchhaltevermögen von Robert F. Kennedy. Sie halfen ihm dabei, seine Defizite als Redner zu kompensieren. Es war offensichtlich, daß er nicht den angeborenen Charme und die rhetorische Begabung seines Bruders John besaß. Aber, wie der Kommunikationswissenschaftler und Berater Bert Decker bemerkte, nachdem er 1968 als Dokumentarfilmregisseur für die Wahlkampagne von Kennedy gearbeitet hatte: »Bobby hatte etwas an sich, das auf Menschen wirkte. Wenn er eine Rede hielt, gelang es ihm, Kontakt zu seinem Publikum herzustellen. Er hatte Energie – und er setzte sie auch ein.«[6] Decker beobachtete Kennedy auf seiner strapaziösen Tour und erlebte hautnah mit, wie der Politiker mit allen Belastungen und Enttäuschungen eines Wahlkampfes konfrontiert wurde, einschließlich aggressiver Fragen, schlecht funktionierender Tonsysteme, Programmänderungen und Konflikten mit Mitarbeitern.

An eine Begebenheit erinnert sich Decker noch besonders deutlich. Es war ein heißer Abend. Kennedy ging zum Rednerpult, das vor dem Regierungsgebäude des Staates Kalifornien in Sacramento aufgebaut worden war. Er wirkte erschöpft, nach einem Monat Wahlkampf ohne Pause. Sein Traum stand auf dem Spiel. Als die Kameras zu filmen begannen, dachte Decker: »Das wird er auf keinen Fall schaffen. Er kann sich ja kaum auf den Füßen halten.« Aber sobald Kennedy vorgestellt worden war, geschah etwas mit ihm. Seine Augen stellten Blickkontakt mit dem Publikum her, er erhob sich und trat voller Enthusiasmus nach vorn. Er hielt eine der besten Reden seines Lebens, voller Leidenschaft, Kraft und Energie. »Ich kann sehr gut verstehen, warum dieser Mann immer die Herzen seiner Zuhörer erreichte«, sagt Decker. »Durch den bloßen Einsatz seiner persönlichen Energie gelang es ihm, die Gefühle seiner Zuhörer anzusprechen. Seine Stimme strahlte Energie aus, und noch mehr Energie war in seinem Gesicht, seinen Augen und seiner Körpersprache zu erkennen. Seine stimmliche und visuelle Ausdrucksfähigkeit vermittelte den Millionen Menschen, die ihn persönlich kannten oder im Fernsehen sahen, daß hier ein Mann vor ihnen stand, der glaubte, was er sagte.«

Diese leidenschaftliche, aus dem Herzen kommende Energie ist insbesondere für Menschen von großer Bedeutung, die eine leitende Funktion bei in hohem Maße kreativen und unternehmerisch bedeutsamen Projekten innehaben. Professor Michael Ray und seine Kollegen an der Stanford Graduate School of Business untersuchen und lehren dies nun schon seit fast 20 Jahren als Bestandteil ihrer bekannten Kurse für Kreativität in der Wirtschaft.[7] John Kao beschreibt an der Harvard Business School die Zusammenarbeit mit einem Team, das den Auftrag erhalten hatte, eine neue Anzeigenkampagne für die U-Bahn von Hongkong zu entwerfen.[8] Nach seiner Ankunft ergibt sich in der Besprechung zunächst nichts, was interessant wäre. Die Gruppe müht sich mit trübsinniger, systematischer Arbeit ab – Vorbote formaler Rationalität und linearer, reduktionistischer Denkweise.

Kao ist der Meinung, daß es an der Zeit ist, eine andere Gangart einzulegen. Er bittet die Teilnehmer, sich eine Lieblingsszene aus einem Film ins Gedächtnis zu rufen. Dann sagt er, daß seine Lieblingsszene die mit dem Sprung auf Lichtgeschwindigkeit aus *Krieg der Sterne* sei. Angesichts dieser Erinnerung sehe er sich in einem Flugzeug sitzen, erklärt er, und das wiederum erinnere ihn daran, daß er gestern in Hongkong angekommen sei und noch mit dem Jet-lag zu kämpfen habe, und daß ihm ein Mitternachtssnack eigentlich lieber wäre als das Sandwich, das es gleich zum Mittagessen gebe. Angeregt beginnt er, seine freien Assoziationen auf die Wandtafel zu zeichnen. Beinahe sofort fallen den anderen Teilnehmern der Gruppe Lieblingsszenen aus Filmen ein. Jeder nennt Erinnerungen und Eindrücke, die sich ihm eingeprägt haben, und mit der Zeit fängt die Gruppe an, überraschende Querverbindungen zum Thema der Besprechung herzustellen – der U-Bahn von Hongkong. Inzwischen sind alle ganz begeistert, unterbrechen sich gegenseitig, bringen den Satz ihres Nachbarn zu Ende. Ein klassisches Beispiel für den Einfluß von Energie und Spannung auf Stimmung und kreative Zusammenarbeit.

Der Zusammenhang von Energie und Gefühl

Im Beruf machen die meisten von uns jeden Tag die Erfahrung, daß es Augenblicke gibt, wenn das, was am meisten zählt – wie etwa unsere wichtigen persönlichen Ziele, Zielstrebigkeit oder Menschlichkeit –, in der Eile des hektischen Arbeitsalltages einfach untergeht. Nach Untersuchungen von Robert E. Thayer, Professor an der California State University in Long Beach, existieren vier primäre menschliche Energiezustände, von denen zwei einen Schleier über unsere Fähigkeiten und Prioritäten legen und unsere emotionale Intelligenz durcheinanderbringen können: *Anspannungsenergie* und *Anspannungsmüdigkeit*. Die beiden anderen Energiezustände sind größtenteils positiv und dienen dazu, emotionale Intelligenz abzuklären und zu verstärken: *Gelassenheitsenergie* und *Gelassenheitsmüdigkeit*. Leider erfahren die meisten Menschen diese beiden letzteren Energiezustände – falls überhaupt – nur selten. Die meisten aktuellen Theorien zu emotionaler Intelligenz ignorieren diesen Zusammenhang zwischen Energie und emotionaler Intelligenz – ein kostspieliges Versäumnis. Hier ein kurzer Überblick:

Anspannungsenergie (hohe Anspannung und hohe Energie) ist eine durch Streß ausgelöste Stimmung, die von einem beinahe angenehmen Gefühl der Erregung und Kraft gekennzeichnet wird. Körperlich empfinden Sie ein hohes Energieniveau, obwohl Sie vielleicht starkem Streß und hohen Belastungen wegen langer Arbeitszeiten und einem hektischen Zeitplan ausgesetzt sind. Im Zustand dieser Energie neigen Sie dazu, sich voller Ungeduld ein Ziel nach dem anderen vorzunehmen und legen kaum eine Pause ein, um sich auszuruhen oder nachzudenken. Ihre Arbeit wird von einer leichten bis sehr starken körperlichen Anspannung begleitet, die Sie nach einiger Zeit vielleicht gar nicht mehr bemerken. Wenn Sie den Zustand der Anspannungsenergie nicht erkennen und nichts dagegen unternehmen, schwächen Sie damit Ihre Fähigkeiten, Ihren Bedürfnissen, Mitmenschen oder Projekten echte Aufmerksamkeit entgegenzubringen, und müssen vielleicht eines Tages feststellen, daß Sie kurz vor einem Burn-out und völliger Erschöpfung stehen.

Gelassenheitsenergie (geringe Anspannung und hohe Energie) ist eine Stimmung, die nur wenige ausreichend oft erleben. Eine solche Energie fühlt sich bemerkenswert ruhig und unter Kontrolle an. Sie ersetzt Anspannungsenergie durch eine wache, optimistischere Geistesgegenwart, sanfte und angenehme Empfindungen des Körpers und ein starkes Gefühl der körperlichen Widerstandsfähigkeit und des Wohlbefindens. Ihre geistigen und körperlichen Reserven sind hoch. Wenn Sie sich im Zustand dieser Energie befinden, haben Sie die bestmögliche Kombination aus gesunder Vitalität und gesteigerter kreativer Intelligenz. Stellen Sie sich Gelassenheitsenergie als eine Art Fließzustand aus entspannter Aufmerksamkeit oder als geistigen und emotionalen fünften Gang vor – einen zusätzlichen Gang, mit dem Sie genauso viel oder sogar noch mehr erreichen, aber mit weniger Anstrengung und Abnutzung.

Anspannungsmüdigkeit (hohe Anspannung und geringe Energie) ist durch ein Gefühl der Müdigkeit im ganzen Körper gekennzeichnet. Sie lassen sich abends nach dem Essen auf einen Stuhl oder das Sofa fallen und sind völlig erschöpft. Fernsehen kann diese Benommenheit noch verstärken. Manchmal geht die Erschöpfung mit Nervosität, Anspannung oder Angst einher. Es ist kein angenehmes Gefühl, und oft empfinden Sie dabei nur geringe Selbstachtung und glauben, daß das Leben eine Last ist und manchmal Probleme mit sich bringt, die unlösbar scheinen. Am Nachmittag können Sie eine solche Müdigkeit durchaus überwinden – durch eine Pause bei der Arbeit, eine Kleinigkeit zu essen, körperliche Bewegung, mehr Licht oder andere kurze Unterbrechungen. Aber wenn Sie sich nachts schlaflos im Bett hin und her werfen, wissen Sie, wie schwer es manchmal ist, sie zu bezwingen. Dieser Zustand erhöhter Anspannung und Müdigkeit kann zu Depression führen oder diese verstärken. Dr. Thayer meint hierzu: »Es gibt viele Anhaltspunkte dafür, daß Anspannungsmüdigkeit zu den unerfreulichsten Stimmungen beitragen kann und vermutlich Depressionen, geringer Selbstachtung, negativen Gedanken aller Art und vielen Formen gestörten Verhaltens einschließlich des Mißbrauchs von Drogen und Alkohol zur Stimmungsveränderung zugrunde liegt.«[9]

Gelassenheitsmüdigkeit (geringe Anspannung und geringe Energie) ist in der Regel eine angenehme Stimmung, die von einem Gefühl des Loslassens und der Entspannung gekennzeichnet wird. Sie sind wach und fühlen sich wohl, lesen vielleicht ein Buch oder hören ruhige Musik. In der Regel sind Ihre Gedanken frei von den großen und kleinen Problemen, die es in Ihrem Privatleben und Beruf gibt. Es kann vorkommen, daß Sie nach einiger Zeit schläfrig werden, aber das Gefühl von Ruhe und Gelassenheit herrscht vor, und Sie fühlen sich immer noch wohl. Thayer zufolge ist Gelassenheitsmüdigkeit der Energiezustand, in dem Sie nach einem knappen Endtermin für ein Projekt oder am Ende des Tages zur

Ruhe kommen. Doch viele Menschen haben Gelassenheitsmüdigkeit zum letztenmal vor vielen Jahren während eines schönen Urlaubs empfunden.

Wenn Sie sich für längere Zeit im Zustand von Anspannungsenergie oder -müdigkeit befinden, leidet Ihre emotionale Intelligenz. Es kann vorkommen, daß Ihnen dann die Hindernisse und Schwierigkeiten in Ihrem Leben unüberwindbar scheinen, obwohl Sie die gleichen Probleme für weniger tragisch hielten, wenn Sie sich ruhig und wach fühlten. Chronisch niedrige Energieniveaus scheinen die Anfälligkeit eines Menschen für Anspannung, Unruhe und Angst zu verstärken.

In diesem Zusammenhang sei angemerkt, daß Anspannungsenergie und -müdigkeit – die Körper, Stimmung und Geist beeinflussen – nicht das gleiche sind wie *kreative Anspannung*, also jener anregende Sog, den Sie verspüren, wenn Sie sich beispielsweise rückhaltlos in eine anregende Meinungsverschiedenheit stürzen oder trotz schwieriger Umstände auf ein klar definiertes, lohnendes Ziel hinarbeiten.[10] Als wichtigsten Punkt sollten Sie sich hier folgendes merken: Wenn Sie sich voller Energie und gleichzeitig relativ gelassen fühlen, wird sich Ihre Wahrnehmung von sich und der Welt in der Regel völlig von dem Eindruck unterscheiden, den Sie gewinnen, wenn Sie müde und angespannt sind. Sehr wahrscheinlich werden sich dann nicht nur die Erinnerungen an vergangene Erfolge und Mißerfolge unterscheiden, sondern auch Ihre Ansichten hinsichtlich der Wahrscheinlichkeit von Erfolgen und Mißerfolgen in der Zukunft. Um Ihre emotionale Intelligenz am wirksamsten zu entwickeln, sollten Sie den Zusammenhang zwischen Energie und emotionaler Intelligenz kennen:

(G x E) – (A x Ü) = M
(Gelassenheit x Energie) – (Anspannung x Übermüdung) = Motivation

Dies ist die erste einer Reihe einfacher, symbolischer Gleichungen, die den von mir beratenen Führungskräften und Menschen anderer Berufsgruppen als nützliches Hilfsmittel bei der Entdeckung und Weiterentwicklung der emotionalen Intelligenz gedient haben. Jede Variable dieser Gleichung wird auf einer Skala von 1 (am niedrigsten) bis 10 (am höchsten) bewertet. In der Gleichung oben steht G für Ihre momentane Gelassenheit, E für das Energieniveau. A gibt das aktuelle Niveau Ihrer emotional-körperlich-geistigen Anspannung an, während Ü eine Sammelbewertung für Ihre emotional-körperlich-geistige Übermüdung ist. M bezieht sich auf Ihr aktuelles Niveau an Motivation, mit der dargestellt wird, wie sehr Sie jetzt gerade in der Lage sind, auf offene, aufmerksame und dynamische Art eine effektive Interaktion mit Ideen und/oder Menschen durchzuführen. Nicht jede Form von Motivation beruht auf Gefühlen, aber sie sind natürlich immer eine zentrale, treibende Kraft in einem großen Unternehmen (der Personalleiter eines Unternehmens, mit dem ich oft arbeite, verwendet in diesem Zusammenhang den Ausdruck »Emotivation«).* Die höchste Punktzahl ist 100. Diese Punktzahl erreichen Sie in der Regel in den Stunden, in denen Sie in »Bestform« sind. Die niedrigste ist –100. Diese Punktzahl ist immer dann von Bedeutung, wenn Sie vor neuen Herausforderungen, Problemen oder Chancen stehen. Wenn sich für M eine niedrige Punktzahl ergibt, wachsen sich Maulwurfshügel zu Bergen aus, und Sie werden vermutlich kostbare emotionale Energie darauf verschwenden, mit maßlos übertriebenen Zweifeln und imaginären Hindernissen zu ringen.

Ein Beispiel: Nehmen wir an, es ist jetzt später Nachmittag und Ihr Niveau an *Energie* (E) liegt bei 7 (Sie verspüren einen leichten »Auftrieb«, während Sie sich beeilen, noch einiges bis zum Ende des Tages zu erledigen), und Ihr Niveau an *Gelassenheit* (G) bei 2 (Sie haben wieder diese typischen Magenschmerzen, weil Sie versuchen, zwei Projekte auf einmal zu Ende zu bringen). Ihr Niveau an *Anspannung* (A) liegt bei 8 (es ist vier Uhr nachmittags, und wie üblich um diese Zeit reagiert Ihr Körper auf Frustrationen mit einem steifen Hals und Verspannungen im Schulterbereich) und Ihre *Übermüdung* (Ü) nur bei 3 (vor einer Stunde war das Gefühl von Müdigkeit noch stärker, aber Sie haben zwei Tassen Kaffee getrunken und sind daher jetzt nicht mehr so müde). Jetzt, für diesen Augenblick, ist die Bewertung für M –10. Im Klartext: Diesen Arbeitstag werden Sie vermutlich noch überstehen, aber Sie sind in keiner ausgesprochen guten Verfassung, um Veränderungen oder Herausforderungen bei Ihrer Arbeit zu begegnen. Tragen Sie die Bewertungen in die Gleichung ein: (Gelassenheit x Energie) – (Anspannung x Übermüdung) = Motivation.

---

* Anm. d. Übers.: »Emotivation«: aus »*Emotion*« (»Gefühl«) und »*Motivation*« (»Motivation«).

Bei unserem Beispiel ist M = –10. Angesichts dieser relativ niedrigen Punktzahl ist es sinnvoll, sofort etwas dagegen zu unternehmen. Sie könnten es zum Beispiel mit einer einfachen Übung versuchen, bei der Sie sich auf Ihren Magen konzentrieren und sich bewußt von den Schmerzen freimachen, die durch den Druck entstanden sind, jetzt, am späten Nachmittag, schnell noch einiges erledigen zu müssen. Sie könnten sich auch das Gefühl – und das Bild – vorstellen, mit den Herausforderungen besser umzugehen und mit ihnen zu *fließen*, statt sich ihnen zu widersetzen. Solche Übungen erhöhen die Bewertung für Ihre Gelassenheit (G) und dadurch Ihre Punktzahl für das Niveau an verfügbarer Motivation und vorhandenem Engagement. Sie könnten auch Ihr Niveau für Anspannung oder Übermüdung herabsetzen, indem Sie kurz Ihren Schreibtisch oder den Computer verlassen und sich an ein sonniges Fenster stellen, um frische Luft zu schnappen, eine Kleinigkeit essen und Ihre Schultern lockern. Wie Sie im nächsten Abschnitt dieses Kapitels sehen werden, erhöhen Sie dadurch Ihren inneren Schwung und verbessern Ihre Konzentrationsfähigkeit.

Sie verstehen, worum es geht. Sie sollten sich mit Hilfe dieser Gleichung immer dann »bewerten«, wenn wichtige Telefongespräche, Präsentationen oder Interaktionen mit anderen Menschen anstehen. Mit der Zeit werden Sie herausfinden, wie hoch Ihre Punktzahl für M in der Regel sein muß, um Ihre angestrebten Ergebnisse zu erzielen. Meine Kunden und ich haben festgestellt, daß diese Gleichung noch einen weiteren Vorteil hat. Sie gibt Ihnen einen inneren Hinweis, erinnert Sie daran, Ihr Energie- und Anspannungsniveau den ganzen Tag lang zu kontrollieren, nicht nur ab und zu einmal.

Wenn Sie sich zum Beispiel einer Herausforderung oder Kritik gegenübersehen, nimmt Ihr Nervensystem das durch die sensorischen »Filter« Ihres Energie- und Anspannungsniveaus wahr, und zwar so schnell, daß Ihnen dieser Prozeß womöglich kaum bewußt ist. Sie werden vielleicht tausendmal am Tag mit Gesprächen und Aufgaben konfrontiert, die geistige, emotionale und körperliche Ressourcen erfordern, und jedesmal erfolgt eine kurze – oft unbewußte – Einschätzung der entsprechenden Aufgabe in be-

Verbindung zur EQ Map: Emotionale Energie

Dieses Kapitel bezieht sich auf folgende Tabellenspalten der EQ Map: Druck und Befriedigung, Zielstrebigkeit und persönliche Kraft.

zug darauf, ob Ihre Ressourcen ausreichen, um sie zu erfüllen. Diesen Prozeß kann man mit folgender grundlegender Frage zusammenfassen: »Habe ich genug Energie und Flexibilität, um dieses Gespräch zu führen, bzw. die emotionale Stärke, um diese Aufgabe zu erfüllen, egal, welche Schwierigkeiten sich mir dabei in den Weg stellen?«

EQ in der Praxis

Mit den »Schaltern« im Gehirn den Zusammenhang von emotionaler Intelligenz und Energie nutzen

Anfang der 90er Jahre erarbeitete ich für ein Fortune-100-Unternehmen Kurse zur persönlichen Weiterentwicklung, an der viele Abteilungen und Arbeitsgruppen teilnahmen. Der Schwerpunkt lag dabei auf persönlicher und zwischenmenschlicher Effizienz in Streßsituationen. Einigen Kursen ging eine Umfrage zur »Bedarfsanalyse« voran, mit der ich die besonderen Prioritäten der jeweiligen Gruppe feststellen wollte. Ich kann mich noch gut an einen dieser Kurse erinnern, an dem alle Mitarbeiter der Abteilung teilnahmen, von den Hilfskräften bis hin zu den Abteilungsleitern. Drei Tage lang beschäftigten wir uns mit den wissenschaftlichen Erkenntnissen und praktischen Vorschlägen zur Verbesserung von Kreativität, Energie, Intuition, Zusammenarbeit und emotionaler Intelligenz. Das Ergebnis unserer Gespräche war ein speziell auf die Abteilung und deren Mitarbeiter zugeschnittener Maßnahmenkatalog. Ganz oben auf dieser Liste stand der richtige Umgang mit Energie und Anspannung. Kurz nach Abschluß des Kurses rief mich einer der Abteilungsleiter an und erzählte mir, daß die Manager abgestimmt und beschlossen hätten, einen Bereich des Bürogebäudes zu »renovieren«. Sie wollten daraus einen Ort für produktivitätssteigernde Arbeitspausen, offene Kommunikation und Kreativität machen. Er wurde schnell zu einem der beliebtesten Aufenthaltsbereiche für Manager und Mitarbeiter, der während des Tages oft und gern aufgesucht wurde.

Es gibt immer mehr Anhaltspunkte dafür, daß der Eindruck, den Sie von sich selbst und Ihrer Arbeit haben, und die Bereitschaft, Gespräche zu beginnen, andere zu respektieren, Ideen gemeinsam zu nutzen und das Beste aus zwangloser, kreativer Zusammenarbeit herauszuholen, davon abhängt, wie gut Sie mit Energie und Anspannung umgehen können. Dies wiederum wird von Ihrem Arbeitsumfeld beeinflußt. Ein Großraumbüro mit langweiligen Stellwänden und langen, dunklen Gängen ist eindeutig ein Nachteil hinsichtlich der Effizienz von IQ, EQ und anderen Formen der Intelligenz – für Sie und für Ihr Unternehmen. Schlechte Beleuchtung, Lärm und gefängnisartige Arbeitsplätze ersticken Laune und Leistungsfähigkeit praktisch jedes Mitarbeiters und scheinen Isolationismus, Erschöpfung, Anspannung und Mißtrauen zu fördern.[11] Wir fühlen uns unter Druck und müde, weil wir unbewußt ständig versuchen, die Streßfaktoren aus unserem Arbeitsumfeld zu unterdrücken.

Neu muß nicht unbedingt besser sein – es sei denn, Sie planen entsprechend. Nehmen wir als Beispiel die Versicherungsgesellschaft Lloyd's in London.[12] Der Neubau für die Hauptverwaltung war eines der teuersten Gebäude, die je in Europa gebaut wurden. Aber schon ein Jahr nach dem Einzug schätzte der Bauleiter, daß Renovierungen im Umfang von 50 Millionen Dollar erforderlich waren, von zusätzlichen Fahrstühlen und Kabelkanälen bis hin zu einem neuen Anstrich für Wände und Decken. Die Fehler bei der Planung des Gebäudes wirkten sich erheblich auf die innerbetrieblichen Prozesse aus, da auf dem kundenorientierten Versicherungsmarkt in den Bereichen Zusammenarbeit und Vertrieb vieles von persönlichen Interaktionen abhängt. Langsame Fahrstühle und sterile Aufenthaltsbereiche, die sich ungemütlich anfühlten, zersetzten ganz allmählich, aber effektiv die fragilen sozialen Prozesse, die Erfolg oder Mißerfolg des Unternehmens bestimmten. Der Fehler lag darin, daß man im Planungsprozeß für das Gebäude geschlampt und es nicht auf die individuellen Bedürfnisse der Gesellschaft und ihrer Mitarbeiter zugeschnitten hatte.

Umgekehrt leisten wir mehr »echte Arbeit« und genießen sie, wenn wir ein Mitspracherecht haben und unser Arbeitsumfeld abwechslungsreicher und flexibler gestalten können. Wir erhöhen damit die Wahrscheinlichkeit, daß sich neue Ideen und Beziehungen ergeben und daß wir die Chance haben, diese dann produktiv zu nutzen. Trotz technischer Kommunikationsmöglichkeiten wie Computernetzwerken, Telekonferenzen und dergleichen dürfen wir nicht vergessen, daß persönliche Gespräche – sowohl geplant als auch spontan – unerläßlich sind. Leon Royer, Leiter des Bereichs Weiterbildung von 3M, gibt die Meinung vieler Führungskräfte wieder, wenn er sagt: »Wir kontrollieren die Umgebung, um unsere Phantasie entfalten zu können – darum geht es.«[13]

Ein Ansatz, den auch Yhtyneet Kuvalehdet Oy verfolgt, Besitzer eines großen Zeitschriftenverlages in Finnland. Er hat auf jeder

Etage einen zentralen Aufenthaltsbereich eingerichtet, an dem sich Journalisten, Redakteure und andere Mitarbeiter die neuesten Fernsehnachrichten ansehen können.[14] Die Mitarbeiter beginnen dort gern kreative Diskussionen, die sie oft im zentralen Innenhof des Gebäudes fortsetzen. Dieser ist zu allen Stockwerken hin offen und enthält auch Eßecken und Getränkeautomaten. Jeder, der zu den Fahrstühlen und zur Treppe will, muß durch diese Bereiche hindurch, was wiederum die Interaktion fördert.

Der Ort, an dem wir unsere Arbeit verrichten, ist praktisch ein Kraftfeld aus Energie, um es mit einem Begriff aus der Physik zu beschreiben. Wann immer wir uns in diesem Feld aufhalten, beeinflußt es unser Denken und Fühlen, unsere Kommunikation, Kreativität und Leistung. Deshalb können wir den Einfluß der Umgebung nicht ignorieren, wenn wir es uns als Ziel gesetzt haben, die emotionale Energie eines Menschen freizusetzen. Wissenschaftliche Studien haben ergeben, daß es unter anderem folgende Möglichkeiten gibt, die Umweltbedingungen für Energie am Arbeitsplatz zu verbessern und kreative Zusammenarbeit zu fördern:[15]

- Wenige Regeln, wie »echtes« Arbeiten auszusehen hat (zum Beispiel kerzengerade Haltung vor dem Computer bzw. am Schreibtisch oder ständige Bewegung, damit Sie immer beschäftigt aussehen, gleichgültig, ob Sie mit Herz und Verstand bei der Sache sind oder nicht).
- Eine Umgebung, in der Sie dazu angeregt werden, Neues zu versuchen, kooperative Beziehungen aufzubauen und neue Ideen vorzubringen.
- Ein Gefühl persönlicher Kontrollmöglichkeit bezüglich Ablenkungen und Störungen.
- Leichter Zugang zu zentralen »Anziehungspunkten«, die konzipiert werden, um Menschen zusammenzubringen – zum Beispiel Getränke- oder Essenszentren mit frischen, qualitativ hochwertigen Produkten; geschickte Beleuchtung und eine schöne Aussicht; eine Vielzahl interessanter, ideenanregender Dinge zum Anschauen; gemütliche Bereiche mit Thekenplätzen zum Stehen und Sitzecken, die zu kurzen, zwanglosen Interaktionen anstelle der erzwungenen Gespräche am Konferenztisch in einem Besprechungszimmer einladen.
- Demonstration von Führungsqualitäten, nicht nur dadurch, daß Mitarbeiter aufgefordert werden, die »Anziehungspunkte« zu

nutzen, sondern auch durch das persönliche Beispiel, indem Sie sich selbst in diesen Bereichen aufhalten, damit Manager und Mitarbeiter nicht den Eindruck haben, es könnte negative Folgen für sie haben, wenn sie sich während der Arbeitszeit mit anderen unterhalten. Es liegt an Ihnen, den Mitarbeitern das Gefühl zu geben, daß dies Teil ihrer Arbeit ist.

Weiteren Ideen für eine »Arbeitslandschaft«, die Kommunikation und kreative Zusammenarbeit fördert, sind nur durch Ihren Einfallsreichtum und das Maß Ihres Engagements Grenzen gesetzt. Ich will damit nicht sagen, daß unbegrenzte Interaktion am Arbeitsplatz anzustreben ist. Die meisten Menschen wollen dies gar nicht. Wir müssen auch die Möglichkeit haben, uns in »Schlupfwinkel« zurückzuziehen – Ruhe, abgeschirmte Ecken und jede natürliche Umgebung fördern kurze Phasen entspannter Konzentration, des Nachdenkens und der Besinnung.

Eine interessante Variante dieser Idee wurde von der Werbeagentur Chiat/Day in Venice/Kalifornien praktisch erprobt. Die Führungskräfte der Agentur beschlossen, die Hauptverwaltung zu einem virtuellen Büro zu machen, in dem so gut wie alle Mitarbeiter im kreativen Bereich und in der Kundenbetreuung keinen festen Arbeitsplatz mehr hatten. Statt dessen wurde von ihnen erwartet, ganz bewußt darüber zu entscheiden, wo sie wann an ihrem Arbeitstag sein wollten. Sie wurden von der Agenturleitung dazu ermuntert, einen großen Teil ihrer Zeit vor Ort beim Kunden oder auch zu Hause zu verbringen. Laurie Coots, Senior Vice President des Geschäftsbereiches Unternehmensentwicklung und Projektleiterin bei der Implementierung der neuen »Teamarchitektur«, kommentiert dies folgendermaßen:[16] »Unsere neue Firmenphilosophie zielt nicht so sehr darauf ab, daß unsere Mitarbeiter zu Hause arbeiten, sondern will vielmehr erreichen, daß unsere Arbeit nicht ›geographisch relevant‹ wird. Wir wollen sicherstellen, daß der Wert, den unsere Mitarbeiter einem Kunden verschaffen können, nicht davon abhängt, ob sie gerade im Büro sitzen oder nicht. Deshalb investierten wir beträchtliche Summen in Technologien, mit denen es möglich ist, Arbeitsmaterial und kollektive Intelligenz des Büros zum Mitarbeiter zu bringen, und zwar unabhängig davon, wo sich dieser gerade aufhält. Umgekehrt hängt der Beitrag, den ein Mitarbeiter für die Agentur leisten kann, nicht mehr davon ab, ob er sich in der Zentrale ›einen Stuhl warmhält‹.« Sicher keine einfache oder leichte Umgestaltung, aber denken Sie nur an die potentiellen Vorteile im Wettbewerb und der Kooperation.

Im folgenden finden Sie eine kurze, für Führungskräfte gedachte Zusammenfassung der brauchbarsten, auf wissenschaftlichen Grundlagen basierenden Methoden zur Steigerung Ihres EQ durch die Reduzierung von Anspannungsenergie und -müdigkeit und die Förderung der Gelassenheitsenergie, die Ihre emotionale Intelligenz insgesamt aufbaut, unterstützt und einzelne, mit emotionaler Intelligenz zusammenhängende Fähigkeiten fördert, wie zum Beispiel gesteigerte Kreativität und Kooperation.

Dr. med. Dr. phil. Martin Moore-Ede, Professor der Physiologie an der Harvard Medical School, meint dazu: »Müde Menschen machen Fehler, die sich ungeheuer nachteilig auswirken können. Außerdem arbeiten sie langsamer und weniger effektiv. Sie erledigen ihre Arbeit auf die gewohnte, umständliche Art und Weise und sehen keine brauchbaren Abkürzungen. Ohne Wachheit kann es keine Aufmerksamkeit geben und ohne Aufmerksamkeit keine Leistung. Auslese, Training und Motivation nützen gar nichts, wenn das menschliche Gehirn nicht wach und aufmerksam ist. Die Wachheit eines Menschen wird von internen und externen Faktoren beeinflußt, die man als Schalter auf dem Steuerpult der Intelligenz bezeichnen könnte. Wenn man weiß, wie diese Schalter bedient werden, kann man eines der wichtigsten Attribute des menschlichen Gehirns kontrollieren.«[17]

»Müdigkeit macht aus uns allen Feiglinge.«
Vince Lombardi

Die im folgenden erläuterten Methoden zur Verbesserung der Leistungsfähigkeit eines einzelnen oder einer Gruppe sind eingehend erforscht worden. Ich empfehle Ihnen, eine nach der anderen auszuprobieren und dann auf der Grundlage der Ergebnisse Ihren eigenen Maßnahmenkatalog zu erstellen.

Echtes Interesse, Engagement und Gespür für Gelegenheiten

Wissenschaftliche Studien lassen darauf schließen, daß ein hohes Maß an kreativem Engagement für einen Job, ein herausforderndes Projekt, eine anregende Diskussion oder eine neue Gelegenheit als Auslöser für erhöhte Wachheit, emotionale Intelligenz und Leistung dient.[18] Im Gegensatz dazu reduziert eine allzu vertraute oder langweilige Aufgabe Ihre Wachheit, so daß die Gefahr besteht, daß Sie mehr Fehler machen, weniger kreativ sind und schlechte Leistungen bringen.

Strategische Pausen von zehn bis 60 Sekunden

Durch Experimente im Labor wurde nachgewiesen, daß Ihre Problemlösungszeit um bis zu 500 % ansteigt, wenn Sie sich zu lange mit intellektuell anspruchsvollen Aufgaben beschäftigen.[19] Eine strategische Pause ist ein kurzes, bewußtes Lösen von der Arbeit alle 20 bis 30 Minuten, damit Sie Gelegenheit haben, sich mit Ihren Gedanken auf etwas anderes zu konzentrieren, den Blick auf etwas anderes zu richten (wenn Ihre Arbeit anstrengend für die Augen ist, sollten Sie zum Beispiel nach draußen sehen), Hals- und Schulterbereich zu lockern und einige Augenblicke kreativer Gelassenheit zu erleben. Wenn geplante Pausen nicht eingehalten werden, schaltet sich das Gehirn trotzdem ab, da es – wie Physiologen[20] dies nennen – »spontane Pausen« einlegt: Aus reiner Müdigkeit starren wir ins Leere, schlafen ein oder können uns nicht mehr auf unsere Arbeit, den Vortragenden oder die Kommunikation mit anderen konzentrieren. Kurz gesagt, wir machen Fehler, schaden Beziehungen und halten unsere Termine nicht ein.

Zwei-Minuten-Pausen am Vormittag und am Nachmittag

Zahlreiche Experimente zur Arbeitsproduktivität haben ergeben, daß Erholungspausen und Arbeitsunterbrechungen mindestens 15 % der Arbeitszeit ausmachen sollten – das Arbeitspensum wird dadurch schneller erledigt, was die für Pausen aufgewendete Zeit mehr als kompensiert.[21] Bei jeder Pause sollten Sie darauf achten, Ihre Körperhaltung zu verändern, ungefähr eine Minute lang aufzustehen, um sich etwas Bewegung zu verschaffen, sich zu strecken, kaltes Wasser oder ein anderes gesundes Getränk zu sich nehmen, eine fettarme Kleinigkeit zu essen, nach draußen in natürliches Licht zu gehen oder die Zimmerbeleuchtung einzuschalten, den Blick ins Grüne zu richten und die Augen zu entspannen, frische Luft zu schnappen und die Gedanken von der Arbeit zu lösen und an etwas anderes zu denken, das anregend auf Ihre Gefühle und Ihre Kreativität wirkt.

Regelmäßige Bewegung

Leichte körperliche Anstrengung ist eine der besten Methoden, um das Energieniveau anzuheben und Anspannung zu reduzieren[22], die Kreativität zu steigern[23] und die Widerstandsfähigkeit zu fördern und gesund zu bleiben, während Sie ein hektisches Arbeitsprogramm mit positivem Gefühl erledigen, statt dagegen anzukämpfen.[24] Neu ist dabei, daß Sie nicht nur einen regelmäßigen Trainingsplan einhalten sollten, sondern sich nach den Mahlzeiten oder während der tagsüber eingelegten Pausen auch einige Minuten körperliche Bewegung verschaffen sollten. Stehen Sie auf und bewegen Sie sich, machen Sie einen kurzen Spaziergang, laufen Sie eine Treppe hoch, gehen Sie ins Freie, machen Sie einige Übungen zur Muskelkräftigung oder einfache, angenehme Dehnungsübungen. Geistige und emotionale Fitneß braucht körperliche Fitneß als Grundlage. Die Bauchmuskulatur stützt das Knochengerüst des Körpers und darüber hinaus Körperhaltung und Atmungssystem. Sie sorgt bei Führungskräften für den zuversichtlichen Gang und die aufrechte Haltung und aktiviert die Gefühle, die ihnen bei ihrer Aufgabe helfen. Darüber hinaus stützt die Bauchmuskulatur den unteren Rücken, einen der Bereiche, in den viele von uns Streß und Ärger verdrängen. Empfehlung: 100 Rumpfbeugen pro Tag.[25]

Nährstoffreiche Mahlzeiten und Zwischenmahlzeiten

Fünf- oder sechsmal am Tag zu essen – drei nicht zu große Hauptmahlzeiten und Zwischenmahlzeiten am Vormittag, am Nachmittag und am Abend – wird sowohl aus gesundheits- als auch aus leistungsfördernden Gründen empfohlen.[26] Wissenschaftliche Studien lassen darauf schließen, daß nicht zu große Hauptmahlzeiten mit zusätzlichen leichten Zwischenmahlzeiten dazu beitragen, den Cholesterinwert im Blut zu senken und Energie und Stoffwechsel zu steigern.[27] Um ein Maximum an Wachheit und Energie zu erreichen und Ihre Anspannung zu reduzieren, sollten Sie Frühstück, Mittagessen, Abendessen und eine kleine Zwischenmahlzeit am Morgen und am Nachmittag einplanen – und auch zu sich nehmen. Machen Sie es sich zum Prinzip, nicht zu den üblichen, mit Fett und Zucker überladenen Snacks und anderen Nahrungsmitteln mit »leeren« Kalorien zu greifen. Jede Mahlzeit und Zwischenmahlzeit sollte fettarm, ballaststoffreich und wohlschmeckend sein. Schreiben Sie sich auf, was Sie am liebsten essen. Ein fettarmer Vollkornkeks oder Kräcker, ein Brötchen oder ein Stück Hefegebäck helfen Ihnen beim Entspannen, während eiweißhaltigere Snacks – ein Becher Joghurt, ein halbes Sandwich mit Truthahn, Thunfisch oder Hühnchen, ein Brötchen mit Halbfett-Frischkäse oder auch eine Handvoll Erdnüsse – Ihre Aufmerksamkeit bis zu drei Stunden ankurbeln können. Wie? Indem auf ganz natürliche Weise Veränderungen in den Neurotransmittern des Gehirns ausgelöst werden.[28]

Gelassenheit und Humor

Ein universeller Urquell, um den Energiehaushalt anzukurbeln und Anspannung zu reduzieren. Wissenschaftlern zufolge ist Humor vielleicht das für die Gesundheit wichtigste Verhalten.[29] Studien lassen darauf schließen, daß Humor die Produktivität am Arbeitsplatz steigern kann. Wenn wir gelassen oder guter Laune sind, verhalten wir uns in der Regel emotional offener und aktiver und anderen gegenüber hilfsbereiter und großzügiger. Darüber hinaus stellen wir fest, daß sich Arbeitsprozesse wie Beurteilung, Problemlösung und Entscheidungsfindung verbessern.[30] Spontane Heiterkeit erlaubt man sich dann am ehesten, wenn man sich entspannt und gelöst fühlt. Achten Sie stärker auf die witzigen, widersinnigen Ereignisse, die sich in Ihrer Umgebung ereignen. Machen Sie andere darauf aufmerksam. Prägen Sie sich kurze Geschichten über lustige Dinge ein, die Sie gehört oder gesehen haben, und erzählen Sie sie, um Ihren Arbeitstag oder das Gespräch mit Ihrer Familie zu beleben.

Veränderungen am Arbeitsplatz für mehr Produktivität

Manchmal kommt selbst dann Erstaunliches heraus, wenn man nur ein paar Details der Arbeitsumgebung verbessert.[31] Zum Beispiel: das Licht einschalten (was laut einer Untersuchung der Harvard University sofort zu einer Erhöhung von Wachheit und Aufmerksamkeit beitragen kann), auf Körperhaltung und Ergonomie achten, eine emotional förderliche Hintergrundmusik auswählen, positive Farben und Düfte einsetzen, und alles andere, was sich positiv auf Ihre Kreativität und auf Gesundheit und Sicherheit auswirkt und Ihre persönliche Arbeitsumgebung entspannender *und* anregender macht.[32]

Tiefer Schlaf

25 % der Menschen ohne klinische Schlafprobleme haben in der vergangenen Nacht nicht ausreichend geschlafen und sind nicht hellwach.[33] Wissenschaftliche Studien ergaben, daß negative Stimmungen die unausweichliche Folge von Schlafmangel sind.[34] Dagegen können Sie folgendes tun: Verbannen Sie Ihre Arbeit aus dem Schlafzimmer, machen Sie vor dem Schlafengehen leichte Fitneßübungen und/oder nehmen Sie ein heißes Bad oder duschen Sie (dem Leiter des Schlafforschungszentrums der Mayo Clinic zufolge führt dies nachweisbar zu einem tieferen Schlaf[35]). Sorgen Sie für eine entspannendere und erholsamere Atmosphäre in Ihrem Schlafzimmer (das in der Regel dunkel sein sollte, mit guter Lüftung und ausreichend Frischluft, einem bequemen Bett und angenehmer Temperatur), und wachen Sie jeden Tag etwa um die gleiche Zeit auf (wenn Sie einmal mehr als eine Stunde länger schlafen, bringt das Ihre »innere Uhr« durcheinander und erhöht Anspannung und Müdigkeit, ähnlich wie beim Jet-lag).

Studien der Harvard Medical School und anderer Forschungsinstitute lassen darauf schließen, daß wir, wenn wir unser Niveau an Energie und Wachheit erhöhen, unser Gehirn und unsere Sinne in die Lage versetzen, *aufmerksamer* zu sein – das heißt, wir können uns dann wesentlich besser auf unsere Umgebung und die Menschen darin und auch auf unsere eigenen Gefühle und Gedanken konzentrieren.[36] Genauso wichtig: Wenn wir konzentriert vorgehen, sind die Erkenntnisse und Informationen, die wir bekommen, in der Regel genauer, kreativer oder konstruktiver als zu einem Zeitpunkt, wo wir müde und angespannt sind. Wissenschaftler haben außerdem festgestellt, daß Gefühle als wichtige Quelle für genaue Informationen über unseren Charakter, unsere Beziehungen, unsere persönliche Weiterentwicklung und unseren Erfolg dienen können. Und damit wären wir beim Thema des nächsten Kapitels – dem richtigen Umgang mit emotionalem Feedback.

3
Emotionales Feedback

Jedes Gefühl ist ein Signal. Es bedeutet, daß etwas, das Sie achten, in Frage gestellt wird oder daß sich eine Chance ergibt, die genutzt werden will – zum Beispiel, um eine Beziehung zu stärken oder eine Veränderung herbeizuführen und etwas Neues zu schaffen. Jedes Gefühl ist ein Weckruf, um Ihre Aufmerksamkeit zu erregen. Es soll Sie *bewegen* – eine Frage zu stellen, Dinge zu klären, zu lernen oder Ihre Fähigkeiten auf die Probe zu stellen, zu handeln oder sich für etwas einzusetzen.

Ärger zum Beispiel ist im wesentlichen ein Treibstoff. Wenn wir Ärger empfinden, wollen wir etwas unternehmen – unsere Meinung sagen, uns für etwas engagieren, weglaufen, uns stellen oder etwas in Ordnung bringen. Aber viele von uns ersticken ihren Ärger, vergraben ihn, verleugnen ihn, unterdrücken ihn mit Medikamenten oder ignorieren ihn. Sie tun alles mögliche, aber sie *akzeptieren* ihn nicht und *hören* ihm nicht *zu*. Ärger ist eine innere Stimme, die schreit, bittet, zwingt und fordert. Er ist eine Landkarte, die uns unsere Grenzen und unsere Sehnsüchte zeigt. Ärger ist dazu da, um respektiert zu werden und eine Reaktion zu erzeugen; aber er soll auch nicht einfach abreagiert werden oder zu Wut und Feindseligkeit eskalieren.

Wenn wir übertrieben auf Ärger oder ein anderes Gefühl reagieren, geben wir damit einem Impuls nach. Und dann tun oder sagen wir plötzlich Dinge – sie können belanglos sein, aber auch ausgesprochen erschreckend oder gefährlich –, die unangebracht und manchmal völlig falsch sind. Wenn wir uns darauf konditioniert haben, die Stimme unserer Gefühle zu ignorieren – um jegliche Gefühlsregung aus unserem Arbeitsleben zu verbannen –, löst sich die Energie dieser intuitiven Gefühle nicht einfach in Luft auf. Sie gärt und wird immer größer. Und dann, oft im denkbar ungünstigsten Moment, übernimmt sie die Herrschaft über uns. Wir explodieren. Wir »stoßen sie ab«, oft wegen einer Kleinigkeit. Und dann müssen wir uns womöglich in die Schadensbegrenzung stürzen – wir verbringen viel Zeit damit, unsere angeschlagene Position wieder zu festigen, uns zu entschuldigen, mit unserem schlechten Gewissen und unserer Reue zu ringen. Das kostet unnötig Energie. Es lenkt uns ab. Und in der Regel gibt es dabei nur Verlierer.

Der richtige Umgang mit Impulsivität

Wir alle spüren emotionale Impulse, zu denen auch Ärger und Frustration gehören. In vielen Situationen können diese Weckrufe als nützlicher intuitiver Anstoß dienen. Bei anderen Gelegenheiten, besonders dann, wenn wir angespannt und müde sind, müssen wir mit dem Zwang, etwas Unpassendes oder Verletzendes sagen oder tun zu wollen, umgehen können – zuerst, indem wir spüren, wie dieser Impuls entsteht, und dann, indem wir richtig reagieren und unsere Aufmerksamkeit und emotionale Energie produktiv oder konstruktiv umlenken.

Ich verwende in diesem Zusammenhang lieber den Begriff »Umgang« als »Kontrolle«. Für mich ist das mehr als nur Semantik, da der Versuch, Gefühle durch reine Willenskraft oder Verdrängung zu beherrschen, oft nicht viel nützt und der Schuß manchmal sogar nach hinten losgeht und den Impuls verstärkt.[1] Wenn wir mit unseren Impulsen umgehen können, sehen wir deutlicher, warum wir eigentlich wütend oder aufgebracht sind, und lernen, unsere Energie- und Anspannungsniveaus besser zu steuern. Wir werden wacher und widerstandsfähiger und können Herausforderungen und Schwierigkeiten entgegentreten, ohne ständig vom Ansturm der Impulse gebeutelt oder gar überwältigt zu werden.

Vor fast 30 Jahren, als ich während des Vietnamkrieges im U.S. Marine Corps diente, war in meiner Einheit ein Marine, der ständig darum kämpfte, seine Wutausbrüche unter Kontrolle zu halten. Immer wieder verlor er diesen Kampf. Er lehnte jede Hilfe seiner Kameraden ab. Schließlich drohten ihm Disziplinarmaßnahmen. Eines Nachts, als er oben auf seinem Etagenbett lag, in der großen Zeltbaracke, in der wir damals stationiert waren, übergoß er sich mit Feuerzeugbenzin und zündete sich an. Ich erreichte ihn als einer der ersten. Mein ganzes Leben lang werde ich seine Schreie und den Ausdruck der Verzweiflung in seinen Augen nicht vergessen. Sein Gesicht und sein Oberkörper brannten lichterloh, während wir versuchten, die Flammen zu löschen. Er wurde ins Krankenhaus gebracht und dann aus dem Militärdienst entlassen.

Nach diesem Vorfall habe ich begriffen, wie wichtig es ist, mit meiner eigenen Impulsivität umgehen zu können, und im Laufe der Jahre ist mir klargeworden, daß der richtige Umgang mit diesen plötzlichen Gefühlswogen einer der Schlüssel zur emotionalen Intelligenz ist. Auch wenn wir uns nicht anzünden, wenn wir wütend oder frustriert sind, gibt es in der Arbeitswelt doch viele andere Möglichkeiten, wie diese Impulsivität unseren Beziehungen und unserem Erfolg schaden kann.

Ich möchte Ihnen ein Beispiel dafür geben: Gegen Ende einer Planungskonferenz, an der ich teilnahm, brach der CEO eines Fertigungs- und Dienstleistungsunternehmens in eine Schimpfkanonade aus. Er bekam einen Wutanfall, schrie und fluchte, brüllte und kritisierte aus vollem Hals. Vier Vice Presidents, sieben Mitglieder des Board of Directors und 14 Manager zuckten zusammen und verkrochen sich bestürzt in ihre Ledersessel. Keiner sagte etwas. Nicht zu diesem Zeitpunkt. Im nachhinein war uns klar, daß wir es alle hatten kommen sehen. Und keiner von uns hatte gewußt, wie er es hätte aufhalten können.

Versuchen Sie sich an eigene Erfahrungen aus Ihrer Arbeit zu erinnern. Wir alle haben unsere Grenzen und unsere empfindlichen Stellen. Und fast alle Menschen verabscheuen Bürokratie und verschwenden nicht gern Zeit. Denken Sie an eine schwierige berufliche Situation, an den Moment, in dem alles schiefzulaufen begann. Erinnern Sie sich daran, wie schnell Sie die ersten Regungen eines Gefühls gespürt haben und warum dieses instinktive Feedback wichtig ist. Was hätten Sie anders machen können, um besser mit dieser Situation fertig zu werden?

Es ist offensichtlich, daß dauernde Impulsivität Beziehungen im Weg steht und Spitzenleistungen verhindert.[2] Emotionale Intelligenz äußert sich unter anderem dadurch, daß Sie Ihre Impulsivität überwinden und die Art, wie Sie auf Gefühle reagieren, richtig lenken. Doch paradoxerweise ist es genauso unerwünscht – und eine Zeitverschwendung, wenn nicht gar verantwortungslos –, starke Gefühle während einer Diskussion oder einer Besprechung, die festgefahren ist oder das Ziel verfehlt, zu ignorieren oder zu unterdrücken. Sie sind dabei, Sie hören, was gesprochen wird, und daher sind Sie *betroffen*. Sie sind ein Teilnehmer, der Einfluß auf das Ergebnis hat. Überlegen Sie: Wie beenden Sie eine Diskussion, wenn Ihre Geduld zu Ende ist? Jeder reagiert anders. Manche brechen in wütende Schimpftiraden aus, andere wiederum sind eingeschnappt und sabotieren. In diesem Zusammenhang ist auch wichtig, was andere tun können, um Ihnen dabei zu helfen, wieder an der Diskussion oder der Besprechung teilzunehmen, wenn Sie den Eindruck haben, daß man Sie ausschließt oder Ihnen über den Mund fährt.

In einigen Unternehmen, mit denen ich zusammengearbeitet habe, haben Mitglieder von Teams auf Führungs-, Management- und Entwicklungsebene damit begonnen, das persönliche *Überlastungsmuster* und das *Dialogunterbrechungsmuster* jedes Teammitglieds offen und ehrlich abzuklären.[3] Gewohnheiten und Tendenzen – die wir alle haben – können jetzt deutlich ausgedrückt werden. Bei diesem Prozeß bauen Einzelpersonen und Teams ein enges Verhältnis auf und erfahren sich gegenseitig als individuelle, wirkliche Menschen. Dadurch ändert sich die Art, wie sie miteinander kommunizieren und zusammenarbeiten. Denken Sie an unser Beispiel von vorhin zurück. Der CEO erzählte, daß er überempfindlich auf ein Verhalten reagierte, das er für »Heimlichtuerei« seitens des oberen Managements hielt. Er versuchte es zu ignorieren, aber irgendwann gelang ihm das nicht mehr, und dann explodierte er. Sein Problem, so sagte er, habe darin bestanden, daß er nicht in Worte habe fassen können, um was es bei diesen Heimlichtuereien seiner Ansicht nach gegangen sei oder warum sie überhaupt existierten. Dies brachte ihn in Verlegenheit, weil er, wie er sagte, als CEO doch genau wissen müsse, was vor sich gehe. Er willigte ein, seine emotionalen Signale frühzeitig zu beachten und über seine Bedenken zu sprechen, selbst wenn er nicht wußte, was genau ihn beunruhigte. Die anderen begrüßten diese Lösung und gaben zu, daß er mit seinen Vermutungen oft recht hatte. Die Heimlichtuereien entstanden hauptsächlich *wegen* der Wutausbrüche.

Der zweite Schritt erforderte die Mitarbeit der ganzen Gruppe. »Wenn Sie doch mal wieder die Beherrschung verlieren«, fragte ich den CEO, »was können wir dann tun, um Ihnen zu helfen?« Er dachte eine Weile nach und erwiderte: »Sie sollten nicht wütend auf mich sein oder sagen: ›Was ist denn mit Ihnen los?‹ Das kann ich nicht ausstehen. Fragen Sie mich lieber: ›Weshalb reagieren Sie so heftig?‹ Dann können wir darüber reden, was meine Intuition mir sagt, selbst wenn ich es nicht genau in Worte fassen kann.«

Fragen Sie sich bei der nächsten erregten Diskussion, an der Sie teilnehmen: Welche *Bedürfnisse* werden hier nicht erfüllt? Welche *Werte* werden verletzt? Welche *Vermutungen* bringen mich dazu, so zu reagieren? Welche *Gefühle* oder *Erinnerungen* werden wachgerufen – und warum?

»Die meisten Führungskräfte leiden an notorischer Unterentwicklung, wenn es darum geht, Gefühle zu verstehen und damit umzugehen.«
Manfred F. R. Kets de Vries,
INSEAD, Frankreich

Übernehmen Sie die Verantwortung für Ihre Gefühle

Sehen Sie sich einmal um: Viele Menschen haben gelernt, Stimmungen als Begründung für wiederholte Anwandlungen von Eiseskälte, beißende Kritik und regelmäßig auftretende Ausbrüche von Aggressivität zu verwenden. Wie der Moralphilosoph Joshua Halberstam aufzeigt, verwenden wir oft Entschuldigungen wie[4]

1. »Ja, das hätte ich nicht sagen sollen, aber du weißt ja, wie eifersüchtig ich bin.«
2. »Ja, das hätte ich nicht sagen sollen, aber du weißt ja, wie unbeherrscht ich bin.«
3. »Ja, ich hätte ihm widersprechen sollen, aber ich bin eben feige.«

Wir heften uns ein emotionales Etikett an die Brust und rechtfertigen damit unser Verhalten. Wir verteidigen uns, indem wir erklären: »Etwas anderes kannst du von mir eben nicht erwarten.« Aber Gefühle sind keine Entschuldigungen. Jedesmal, wenn Sie die Beherrschung verlieren, war das *Ihre Entscheidung*; das gleiche gilt für Eifersuchtsanfälle etc. Es läßt sich nicht bestreiten, daß es Menschen gibt, die mehr Schwierigkeiten als andere damit haben, sich zu beherrschen oder ihre Eifersucht im Zaum zu halten – aber Kontrolle ausüben kann jeder.

Dies führt uns zur Problematik der emotionalen Selbstorientierung, die zum Teil von der Fähigkeit abhängt, Impulsivität zugunsten eines entsprechenden Ziels auf der Grundlage persönlicher Grundsätze überwinden zu können. Ein solches Ziel kann zum Beispiel sein, bei der Gründung einer Partnerschaft mit einer anderen Person oder Firma dem plötzlichen Drang zu widerstehen, neue Informationen zurückzuhalten, was unfair wäre und die anderen benachteiligen würde. Vielleicht verspüren Sie nach dem Verlust eines wichtigen Kunden oder einem ähnlichen Rückschlag das Bedürfnis nach Rache, den Wunsch, es Ihren Wettbewerbern heimzuzahlen. Mit emotionalem Verantwortungsbewußtsein können Sie sich bewußt dazu entscheiden, diese Impulse zu überwinden und statt dessen mit Empathie und Glaubwürdigkeit zu reagieren. Vielleicht stehen Sie vor der Herausforderung, eine von hoher Integrität gekennzeichnete Arbeitsbeziehung zu jemandem aufbauen zu müssen, den Sie sexuell attraktiv finden, oder zu einer bereits bestehenden Gruppe, deren Mitglieder in Ihnen ein Gefühl von Neid oder Unzulänglichkeit wecken. Mit emotionalem Verantwortungsbewußtsein setzen Sie solche Impulse nicht in verletzendes oder unangemessenes Handeln um.

Eine dreistufige Strategie für den richtigen Umgang mit emotionaler Energie sieht folgendermaßen aus:

1. *Akzeptieren* Sie das Gefühl, und *nehmen* Sie es *wahr* – anstatt es zu verleugnen oder herunterzuspielen.
2. *Hören* Sie auf Informationen oder Feedback des Gefühls. Fragen Sie sich zum Beispiel: »Welche meiner Grundsätze, Werte oder Ziele sind gefährdet?«
3. *Lenken* Sie die emotionale Energie in eine angemessene, konstruktive Reaktion um.

Als ich diese Methoden praktisch einzusetzen begann, war der Gedanke an George Washington für mich eine große Hilfe. Einer der wichtigsten Charakterzüge Washingtons war die Fähigkeit, mit emotionaler Energie und insbesondere mit seinem Jähzorn und seinem aufbrausenden Temperament umzugehen.[5] Diese Emotionen stellten für ihn eine lebenslange Herausforderung dar. Thomas Jefferson und Alexander Hamilton, die vier Jahre lang in Washingtons Diensten standen, wiesen wie viele andere Beobachter darauf hin, daß solche Wutanfälle – die andere zwar bemerkten, bei denen sich Washington aber in der Regel unter Kontrolle hatte – und gelegentliche Temperamentsausbrüche ein schnelles Ende fänden. Unmittelbar danach verzieh Washington sich und anderen, entschuldigte sich bei denen, die betroffen waren, und versuchte, eventuell begangenes Unrecht wiedergutzumachen.

Es trifft zu, daß ein emotionales Gewitter manchmal die Atmosphäre reinigt und Ärger manchmal Mut aufbauen kann. Aber wenn sich ein hitziger Charakter als *Charakter* manifestieren und nicht in nutzlosen Gesten und Ausbrüchen verschwendet werden soll, muß er erkannt und geführt werden. Washington hat sich Mühe gegeben, das zu tun. Von einigen Ausnahmen abgesehen, rühmten ihn alle für seine Tapferkeit im Kampf, und er sagte unerschrocken seine Meinung – offen und ehrlich. Und doch konnten, wie er in relativ jungen Jahren wehmütig feststellte, Frustration und Zorn so unbeherrschbar in ihm aufsteigen, daß er anderen Angst und nicht Mut einflößte, und dies machte ihn traurig. Deshalb nahm er sich vor, bestimmte Eigenschaften zu entwickeln – und alle Aspekte seines Charakters und der emotionalen Intelligenz zu nutzen –, um Impulse für Temperaments- und Wutausbrüche konstruktiv umzulenken und zu kontrollieren.

In diesem Zusammenhang sollte angemerkt werden, daß alles, was starke Angstgefühle hervorruft, Ideen ersticken kann. Dazu gehört die Angst vor Kritik, vor Spott oder Mißerfolg, vor brüllenden Chefs oder davor, entlassen zu werden. Mit der Zeit zerstört diese Angst das Selbstbewußtsein und vernichtet die Loyalität, so daß eine Atmosphäre entsteht, die von Ungewißheit, Mißtrauen und Sabotage gekennzeichnet ist. Washington empfand dies ähnlich. Im Alter von 16 Jahren schrieb er mit der Hand eine Zusammenstellung von Grundsätzen ab: »Regeln für Höflichkeit und schickliches Benehmen in Gesellschaft und Konversation.« Die Empfehlungen – insgesamt 110 – erläutern eine Reihe von Werten und sind ein Wegweiser für den Charakter. Sie basieren auf einem Regelwerk, das erstmals 1595 von einem Jesuiten verfaßt worden war. Sein ganzes Leben lang schärften diese Regeln Washington ein, nicht nur sich selbst zu achten, sondern auch höflich und freimütig zu sein und auf die Gefühle und Bedürfnisse anderer zu achten. Das Wesentliche war gleich in der ersten Regel zusammengefaßt: »Jede Handlung in Gesellschaft sollte mit einem Zeichen des Respektes vor den Anwesenden ausgeführt werden.« Diese Geisteshaltung ist ihm sein ganzes Leben lang zugute gekommen.

Gefühle sind ein »Signalsystem« und eine Quelle für Informationen und Energie

Einer der Punkte, die man bei Washingtons Geschichte beachten sollte, ist die Tatsache, daß Ärger genau wie andere Gefühle auch in erster Linie eine Form von Energie ist. Er ist weder gut noch schlecht. Seine Wirkung wird davon festgelegt, wie Sie auf seine Botschaft reagieren. Gefühle sind unser »Signalsystem«. Sie dienen als sofortige Weckrufe, die uns die benötigten Informationen geben und uns immer in Richtung verschiedener Fragen oder Möglichkeiten, Handlungsweisen oder Veränderungen lenken. Washingtons Temperament zum Beispiel war ausschließlich *sein* Temperament. Ihr Temperament und mein Temperament sind etwas ganz anderes. Wenn wir unser Signalsystem verlieren würden, wären wir anfällig für Aggressionen, Introvertiertheit und andere Verhaltensweisen, die von mangelnder Flexibilität zeugen. Das emotionale »Signalsystem« hilft uns, uns zu befreien, damit wir unsere Fähigkeiten voll ausschöpfen können.

Der Mensch lebt inmitten eines Stroms aus emotionalen Informationen und Impulsen. Einige davon sind wichtig und zutreffend, andere nicht. Um erfolgreich zu sein, müssen wir diese Energiewoge lenken und kontrollieren und, wann immer das möglich ist, in konstruktive Aktionen investieren. Denken Sie einmal darüber nach. Alle Gefühle haben eine Berechtigung. Es gibt Zeiten, in denen wir das Bedürfnis verspüren, Wut oder Trauer zu äußern – weil das die innere Wahrheit ist, die wir in diesem Moment gerade empfinden. Und es gibt Zeiten, in denen es angebracht ist, ängstlich, besorgt, fröhlich oder eifersüchtig zu sein. *Im Gegensatz zum Verstand fällt es dem Herzen schwer zu lügen.*

Ärger ist dann angebracht, wenn die Würde oder die Rechte eines Menschen verletzt werden, wenn die Integrität angegriffen wird oder der Mut zu sinken droht. Er kann auch die Ursache für Engagement und leidenschaftliche Motivation sein, wie William Sloane Coffin erläutert:[6]

> »Die *Fähigkeit*, Ärger zu empfinden, ist sehr wichtig, denn wenn kein Ärger in Ihnen steckt, fangen Sie an, das Unerträgliche zu ertragen. Wenn Sie nicht wütend werden, sind Sie vermutlich Zyniker. Und wenn Sie angesichts von Unterdrückung Ihren Quotienten für Ärger senken, senken Sie damit Ihren Quotienten für Mitgefühl mit den Unterdrückten.«

Im Spektrum der menschlichen Empfindungen hat jedes Gefühl sein eigenes »Signal«, seine eigene Intelligenz. Es *passiert* nicht einfach, sondern wird von unserem Inneren entwickelt, und zwar immer aus einem bestimmten Grund und um uns etwas mitzuteilen. Gefühle bewegen sich innerhalb einer großen Bandbreite der Intensität. Die Fähigkeit, den Gipfel von Begeisterung und Leidenschaft zu erfahren, entspricht Ihrer Fähigkeit, Frustration und Wut zu erfahren – und zwar eher zu empfinden als auszuleben. Um sich diesen Effekt zu verdeutlichen, sollten Sie sich jetzt ein Blatt Papier nehmen.

Stellen Sie sich zunächst einmal ein Kontinuum miteinander zusammenhängender Gefühle vor. Rechts vom Zentrum befindet sich Ihr Gefühl, angesichts eines großen Problems oder lohnenden Ziels emotional betroffen oder aktiv beteiligt zu sein. Dieses Gefühl kann wachsen – und zwar sehr stark – und sich zu *Enthusiasmus*, einem Gefühl des *Fließens* (*Flow*), ja sogar zu *Leidenschaft* für Ihre Arbeit entwickeln. Auf die gegenüberliegende Seite desselben emotionalen Kontinuums, links neben das Zentrum, schreiben Sie *Frustration*, die entstehen kann, wenn Sie mit einem lästigen Problem konfrontiert sind oder glauben, nicht mehr weiterzukommen, weil Sie scheinbar sinnlose Aufgaben erledigen. Wenn dieses Gefühl mit der Zeit chronisch und nicht erkannt, sondern einfach ignoriert wird, kann es sich zu *Ärger* verstärken, der wiederum, falls er ignoriert oder unverändert belassen wird, zu *Ressentiments* oder sogar *rasender Wut* eskalieren kann. Wenn Sie auf einer Seite dieses Kontinuums ein Stück abschneiden, schrumpft die Bandbreite Ihrer Gefühle auf der anderen Seite entsprechend mit, und Sie sind bald in einer düsteren, relativ ereignislosen Mitte gefangen.

Ein zweites Beispiel: Auf der expansiven Seite kann *Neugierde* zu *Offenheit, Übernahme von Verantwortung, Glaube, Vertrauen* und *Kreativität* führen. Schreiben Sie jetzt auf die einengende Seite des emotionalen Spektrums *Schuld, Neid* oder *Eifersucht*, die zu Mißtrauen führen können und dann zu solch lähmenden Gefühlen wie *Selbstmitleid* und *Aufopferung*.

Und noch ein Beispiel für Sie: Die *Fähigkeit, betroffen zu sein*, kann sich zu *Empathie, Mitgefühl* und *Respekt* entwickeln. Auf der gegenüberliegenden Seite des Kontinuums aus Gefühlen kann sich ständige *Furcht* zu *Angst*, einem *Gefühl der Bedrohung* und *Panik* ausweiten.

Sie verstehen, worum es geht. Viele der Führungskräfte, mit denen ich zusammengearbeitet habe, und auch ich haben aus dieser Übung gelernt, daß es eine Grundvoraussetzung für emotionale Intelligenz ist, die steigende Intensität von einengenden Gefühlen frühzeitig zu erkennen. Wenn wir das nicht tun, sondern die frühen emotionalen Signale ignorieren und uns dann später im Kampf mit Wut oder Angst oder Gejammer wiederfinden, wird uns klar, daß wir kostbare Zeit, Energie und Konzentration darauf verwenden müssen, damit es wieder nach oben geht.

Deshalb besteht eine der grundlegenden Erkenntnisse in bezug auf die emotionale Bildung darin, daß einengende oder einschränkende Gefühle ein Wecksignal sind. Mit etwas Übung können sie in expansive oder konstruktive Energie verwandelt werden – wie, wird in Kapitel 7 beschrieben. Wir können lernen zu verhindern, daß uns solche Gefühle überwältigen und uns abhalten, das zu erreichen, was wir wollen. Im Grunde genommen geht es darum, daß wir lernen müssen, innezuhalten, das Gefühl zu spüren, über seine Botschaft und Bedeutung nachzudenken. Dann reagieren wir mit der entsprechenden Energie und dem entsprechenden Verhalten, indem wir entweder nachdenken oder weitergehen. Emotionales Feedback kann uns dabei helfen herauszufinden, *wie*, *wann*, *wohin* und *warum* wir gehen. Jedesmal, wenn wir Gefühle konstruktiv erleben, verändern wir die Schaltungen in unserem Gehirn. Wenn Sie zum Beispiel in einem Elternhaus aufgewachsen sind, in dem die erste Reaktion auf Ärger immer darin bestand, herumzuschreien und die Schuld auf andere zu schieben, ist das vielleicht für den Rest Ihres Lebens Ihre Standardreaktion, Ihre natürliche Reaktion, wenn Sie wütend sind. Aber Sie können lernen, den Ärger zu spüren, darüber zu reden und Empathie zu empfinden, statt die Schuld auf einen anderen zu schieben. Vielleicht nicht jedesmal, aber Sie können sich ändern.

Die Stimme unserer Gefühle – und nicht unsere Gedanken allein – läßt uns

- zuhören
- klären
- etwas schätzen
- Widerstand leisten
- lernen und Neuerungen einführen
- nachdenken
- uns erinnern
- Empathie zeigen
- ändern und motivieren.

Das sind einige Aspekte der emotionalen Intelligenz, die sich beispielsweise die American Quality Foundation[7] und führende Unternehmen der Welt zu eigen gemacht haben. Selbst EDS, der Outsourcing-Riese im Computerbereich mit einem Umsatz von annähernd 13 Milliarden Dollar, engagiert sich stark für das Programm – das von CEO Les Alberthal ins Leben gerufen wurde –, um eine von Grund auf neue Identität als sensitivstes Serviceunternehmen zu schaffen.[8]

Verbindung zur EQ Map: Emotionales Feedback
Dieses Kapitel bezieht sich auf folgende Tabellenspalten der EQ Map: Lebensereignisse, konstruktive Unzufriedenheit und Mitgefühl.

»Bei EDS werden Führungspersönlichkeiten an die Spitze kommen«, erklärt er, »die das Licht gesehen haben. In unserem Geschäft geht es darum, den Kunden erfolgreich zu machen, und nicht darum, alle Leute unter Kontrolle zu haben. Daher werden unsere Führungskräfte in Zukunft anderes zu tun haben, als Befehle zu brüllen. Mit der überholten Einstellung, befehlen und kontrollieren zu müssen, werden wir keinen Erfolg haben.« Für die bisher verfolgte starre Firmenkultur war dies eine drastische Umgestaltung. 1994 begann Alberthal, jeden Manager von EDS – angefangen mit sich selbst – zu einer Reihe von Seminaren zu schicken, mit deren Hilfe eine persönliche Neuorientierung bewirkt werden soll. Dort wird heftig in der Gefühlswelt herumgewühlt, um neue Ideen und größere Sensibilität gegenüber Kollegen, Mitarbeitern und Kunden zu entwickeln.

EQ in der Praxis
»Wenn ich die Verantwortung übernehmen würde ...«

Zunächst einmal ist es in vielen Fällen, in denen wir plötzlich den Ansturm starker Gefühle spüren, die uns zu einem bestimmten Verhalten zwingen wollen, sinnvoll, *bewußt* eine Pause einzulegen. Das ist nicht zwangsläufig eine Flucht vor dem Konflikt, sondern eine Möglichkeit, emotionale und geistige Zusammenhänge und Chancen zu untersuchen. Vor kurzem durchgeführte Studien bestätigen, daß eine solche Pause sinnvoll und wichtig ist.[9] Wenn das Gehirn mit einer anstrengenden oder ständig wechselnden Umgebung konfrontiert wird, neigt es dazu, verstärkt dasselbe Verhalten auszulösen und blind zu reagieren. Wir können dieses Defizit überwinden, wenn wir in unserer hektischen Welt für einen oder zwei Momente »langsamer« werden. Solche Pausen können in vielerlei Hinsicht unerwartet produktiv sein und ermöglichen es uns, den inneren Eingebungen von Herz und Seele besser zuzuhören.

Neben dieser bewußten Pause möchte ich Ihnen noch eine praktische Übung empfehlen, die ich für sehr aufschlußreich halte.[10] Fragen Sie sich: »Wenn ich die Verantwortung für jedes Gefühl übernehmen sollte, das ich empfinde, und für jedes Wort, das ich sage ...«

Wie lautet Ihre Antwort?

Als ich Unternehmensmanagern, mit denen ich arbeite, diese Übung vorlegte, gaben sie unter anderem folgende Antworten:

»... müßte ich wacher und aufmerksamer sein.«
»... würde ich vermutlich ernster genommen werden.«
»... würde man mich stärker zur Rechenschaft ziehen.«
»... müßte ich all meine Werte in die Praxis umsetzen.«
»... würde ich nicht mehr so oft vorschnelle Urteile bilden, die am Ende doch falsch sind.«
»... müßte ich emotional ehrlicher sein.«
»... müßte ich aufmerksamer sein.«
»... würde ich keine verletzenden oder kurzsichtigen Dinge mehr tun oder sagen.«

Einmal protestierte einer der Manager und sagte: »Aber dann müßte ich ja viel *aufmerksamer* und *konzentrierter* sein.« Genau. Dies unterstreicht die Tatsache, daß Verantwortungsbewußtsein nicht nur eine Geisteshaltung ist, sondern – wie Gandhi mahnend sagte – die rückhaltlose Bereitschaft, aufmerksam zu sein, egal wie beschäftigt wir gerade sind, und vorzutreten und die Verantwortung zu übernehmen, falls dies nötig sein sollte. Wann immer man zu Recht von uns erwarten kann, die Verantwortung zu übernehmen, müssen wir dies auch tun.

Selbst wenn wir bei unserer Arbeit oder in unserem Leben Verantwortung *bekommen*, geschieht erst dann etwas, wenn wir diese Verantwortung auch *spüren* – als einen von unserem Inneren geleiteten, *empfundenen Sinn*, nicht nur als Idee – und sie freiwillig *übernehmen*. Durch emotionale Bildung übernehmen wir persönlich die Verantwortung für unseren Respekt oder unseren Mangel an Respekt, für Freundlichkeit oder Unfreundlichkeit, für Großmut oder Grausamkeit, für Ehrlichkeit oder Unehrlichkeit. Ohne emotionale Bildung kann es vorkommen, daß wir versuchen, Gefühle der Verantwortung zu verhindern, indem wir sagen: »Sie haben mich dazu gezwungen.« Wir rechtfertigen Respektlosigkeit und

Grausamkeit: »Sie ist mir auf die Nerven gegangen.« »Die machen mich noch wahnsinnig.« »Daran ist er schuld.« »Es wäre gar nicht soweit gekommen, wenn er nicht…« Wer trägt die Verantwortung? Wenn Sie solche Ausreden hören und nicht offen dagegen angehen – Sie.

Die amerikanische Kaufhauskette Nordstrom, die für ihren beispielhaften Kundendienst und ihre gleichbleibende Rentabilität bekannt ist, hat das Handbuch für ihre Mitarbeiter zu einem einzigen Satz zusammengefaßt.

»Handeln Sie nach bestem Ermessen.«

Laut Definition ist ein Profi jemand, der in der Lage ist, das Richtige zu tun, selbst wenn er anfänglich vielleicht gar keine Lust dazu hatte. Das erfordert eine Mischung aus Selbstdisziplin, innerer Führung und emotionalem Schwung. Emotionale Bildung verlangt, daß wir unsere Gefühle akzeptieren und respektieren, während wir gleichzeitig das Gespür und die Disziplin dafür haben, uns nicht zum Spielball der emotionalen Winde machen zu lassen. Statt dessen lenken wir unsere emotionale Energie aktiv darauf, das Richtige zu tun.

Dies führt uns zum nächsten Kapitel, in dem es in erster Linie darum geht zu spüren, was dieses »Richtige« sein kann. In Wahrheit greifen wir dabei nicht nur auf das zurück, was wir mit unseren fünf traditionellen Sinnen empfinden, sondern auch auf unseren intuitiven »sechsten Sinn«, das »Gefühl aus dem Bauch« (ein siebter Sinn?) und vermutlich auf viele andere, noch nicht erforschte sensorische Dimensionen. Wenn Sie gelernt haben, auf Ihren Instinkt zu hören, emotional ehrlich zu sich zu sein, Ihre Energie zu formen und zu nutzen, Impulsivität zu überwinden und emotionales Feedback aktiv einzuschätzen, sind Sie bereit, Ihre Intuition zu wecken und mit der Zeit darauf zu vertrauen, daß sie Ihnen dabei hilft, den richtigen Weg zu finden. Dies ist der Schwerpunkt der vor Ihnen liegenden Seiten, auf denen wir die Untersuchung des ersten Ecksteins der emotionalen Intelligenz abschließen wollen.

4
Praktische Intuition

Mit dem Herzen sehen. So nannte es mein Großvater, Wendell Downing, der an der Mayo Clinic zum Chirurgen ausgebildet worden war. Sein Vater, William Downing, bezeichnete es genauso, als er kurz nach dem amerikanischen Bürgerkrieg sein Medizinstudium am Rush Medical College in Chicago beendete. Er ließ sich als praktischer Arzt nieder, obwohl er wegen einer Verletzung eine Hand nicht mehr benutzen konnte. Die Tatsache, daß beide soviel Erfolg in ihrem Beruf hatten, ist meiner Meinung nach nicht nur auf akademisches Wissen oder fachliche Brillanz, sondern auch auf emotionale Intelligenz zurückzuführen. Sie entwickelten insbesondere ihre Fähigkeiten in bezug auf Intuition und Empathie weiter, damit sie sich um jedes Bedürfnis ihrer Patienten, ihrer Familie und ihrer sozialen Gemeinschaft sowohl mit dem Herzen als auch mit dem Kopf kümmern konnten. Dies prägte ihr Leben.

Neurologen haben ein Nervensystem im Unterleib entdeckt – ein Netz aus Neuronen, Neurotransmittern und Proteinen –, das sich im Darm befindet. Sie bestätigen, daß Intelligenz nicht nur im Gehirn sitzt. Es gibt eine ganze Gruppe von Neurotransmittern – chemische Boten des Gehirns, Peptide genannt –, die zuerst im Darm entdeckt wurden. Sie passen zu Rezeptoren in den Gehirnzellen, was darauf schließen läßt, daß alles, was im Gehirn geschieht, auch im Darm zu spüren ist. Das Bindeglied zwischen diesen beiden Bereichen ist das zentrale Nervensystem. Daher beeinflussen und aktivieren Gefühle wichtige Denkprozesse im Gehirn. Mein Großvater und mein Urgroßvater wußten dies instinktiv und aufgrund ihrer langjährigen Erfahrung. Sie hörten auf ihren Verstand und achteten gleichzeitig auf ihre innere Stimme. Eine der Herausforderungen, mit der wir heute in unserer Karriere und unserem Unternehmen konfrontiert werden, ist, beides gleichzeitig zu tun.

Shoshana Zuboff, Professorin an der Harvard Business School, sagt, daß Unternehmen, die nicht auf Intuition vertrauten, einen Fehler begingen: »So viele Menschen machen Fehler, weil sie (nur) sterile analytische Werkzeuge verwenden.«[1] Das Institute of HeartMath in Boulder Creek, Kalifornien[2], führt seit mehr als einem Jahrzehnt wissenschaftliche Studien durch, um zu verstehen, warum das menschliche Herz elektrische Energie erzeugt und eine 40- bis 60mal stärkere Amplitude hat als das Gehirn. Die Forscher am Institut verweisen auf wissenschaftliche Experimente, die zeigen, daß die elektromagnetischen Signale des Herzens in jede Zelle unseres Körpers übertragen werden und auch nach außen dringen – sie wurden noch in einer Entfernung von bis zu eineinhalb Metern gemessen. Einige Forschungsergebnisse des Instituts, die vor kurzem im *American Journal of Cardiology*[3] veröffentlicht wurden, lassen darauf schließen, daß sich Gefühle wie Anteilnahme und Dankbarkeit positiv auf das Herz auswirken. (Wir wissen schon seit langem, daß sie positive Wirkungen auf Verstand und Seele haben.) Das Konzept der kardialen Intelligenz wird inzwischen an den Arbeitsplätzen verschiedener Unternehmen (wie Motorola) eingeführt, um Produktivität, Harmonie, Teamarbeit und Leistungsfähigkeit zu verbessern.

Die innere Seite unserer Arbeit

Rationale Erklärungen und logisches Denken machen für Führungskräfte und Manager natürlich Sinn. Aber auf das Gefühl aus dem Bauch und Intuition achten? Kann das für unsere Arbeit und unser Unternehmen ebenso vorteilhaft sein? Die kurze Antwort, bestätigt durch wissenschaftliche Studien und empirische Beweise – ja.[4] Intuition ist Wahrnehmung jenseits der körperlichen Sinne. Sie ist eng mit der emotionalen Intelligenz ver-

»Menschen mit einer hohen persönlichen Kompetenz … können es sich nicht leisten, zwischen Vernunft und Intuition oder Kopf und Herz zu wählen. Für sie ist das so, als würden sie mit einem Bein gehen oder mit einem Auge sehen.«
Peter Senge,
Director, Systems Thinking & Organizational Learning Program, Sloan School of Management am Massachusetts Institute of Technology

bunden und enthält auch Aspekte der Intelligenz. Sie fördert die Kreativität. Sie ist die Eingebung, daß etwas, was noch nie jemand versucht hat, funktionieren könnte. Sie läßt uns verborgene Möglichkeiten erkennen. Intuition fördert auch die Inspiration – sie ist die plötzliche Antwort auf eine Frage. Sie zieht uns zu anderen hin und hilft uns dabei, die Verwirrung darüber zu klären, was am wichtigsten ist und was aus uns noch werden wird.

Viele führende Unternehmen – sowohl große als auch kleine – haben Intuition immer wieder in erfolgreiche Innovation verwandelt. Bei einem typischen Fall wurden Führungskräfte von Wissenschaftlern auf ihre Präkognition getestet – die Fähigkeit, die Zukunft zu spüren oder vorauszusehen.[5] Man teilte sie in zwei Gruppen auf: eine Gruppe mit Managern, deren Firmen sich zum Zeitpunkt der Untersuchung in den roten Zahlen befanden, eine andere Gruppe mit Managern, deren Firmen Gewinne machten. CEOs der erfolgreichen Firmen konnten in der Regel mit Hilfe ihrer Intuition die Zukunft mit einer Trefferquote voraussagen, die erheblich über zufällige Erwartungswerte hinausging. Führungskräfte der Unternehmen, die sich in den roten Zahlen befanden, erreichten nur unterdurchschnittliche Ergebnisse und wichen erheblich von der Quote der Zufallstreffer ab. Es gibt dafür eine Reihe möglicher Erklärungen. Unter anderem vermutet man, daß die intuitiven Fähigkeiten der erfolgreichen Führungskräfte den Erfolg der Unternehmen erst ermöglichten. Vielleicht trugen die Führungskräfte, die ihre Intuition ignorierten, auf der anderen Seite zum schlechten Abschneiden ihrer Unternehmen bei.

Der amerikanische Philosoph und Dichter Ralph Waldo Emerson (1803-1882) unterschied zwischen zwei grundlegenden »-tuitionen« oder Wissensmethoden.[6] *Extuition* war für Emerson die Stimme des Egos, die nicht aus dem eigenen Ich, sondern von außen kam. Im Gegensatz dazu kam *Intuition* aus der Weisheit des inneren Ichs, die auf diese Weise gelenkt und zum Ausdruck gebracht wurde. Sie müssen die Stimme Ihres Egos zum Schweigen bringen, um Ihre Intuition zu hören. Bei der Intuition kommt es darauf an, ein Problem »zu erfühlen«, »ein Gefühl« für ein Projekt oder einen Prozeß zu bekommen und Ihrem Gefühl aus dem Bauch zu vertrauen.[7]

Bei einer vor kurzem veröffentlichten Untersuchung gaben 82 von 93 Nobelpreisträgern der letzten 16 Jahre an, daß Intuition eine wichtige Rolle bei kreativen und wissenschaftlichen Entdeckungen spiele.[8] Es stellte sich inzwischen heraus, daß immer mehr erfolgreiche Firmen Intuition und ähnliche Formen der emotionalen Intelligenz nicht mehr meiden, sondern sie im Gegenteil sogar suchen. Auf das Gefühl aus dem Bauch zu hören, kann sich als sehr nützlich erweisen, vor allem dann, wenn es um wichtige Entscheidungen geht.

Probieren Sie einmal folgendes aus: Versuchen Sie, in Ihrer nächsten Besprechung oder Diskussion über neue Produkte, Prozesse, Projekte oder Dienstleistungen die Gefühle festzustellen, die jenseits der Worte und Gesten der Teilnehmer stecken. Sie könnten zum Beispiel fragen: »Was halten Sie von diesem Plan oder Prozeß?« Wenn Sie als Antwort nur »Alles bestens« bekommen, sollten Sie nachhaken, indem Sie Fragen stellen wie: »Ist jemand beunruhigt, wenn wir damit weitermachen? Hat jemand das Gefühl, daß wir hier etwas übersehen haben?« Um mehr über die unausgesprochene emotionale Intelligenz zu erfahren, sollten Sie immer wieder fragen: »Warum?« »Warum ist das so?« Bohren Sie weiter, bis Sie das Gefühl haben, verstanden zu haben, was notwendig ist, um mit der Idee oder dem Plan weiterzumachen oder damit aufzuhören.

Eine Führungskraft von FedEx sagte einmal zu mir, daß den Managern dieses innovativen und konsequent erfolgreichen Unternehmens Intuition oft wichtiger sei als genaue Analysen. Angefangen mit CEO Fred Smith bis hin zum letzten Mann tritt FedEx bei der Unternehmensführung für intuitive Eingebungen ein und betrachtet alle wahrgenommenen – das heißt erreichbaren – Möglichkeiten als *Aufgaben.*[9] FedEx war das erste Dienstleistungsunternehmen, dem der *Malcolm Baldridge Quality Award* verliehen wurde. Dies ist um so bemerkenswerter, wenn man erfährt, daß keiner von Smiths Professoren in Yale daran glaubte, daß aus seinen Ideen jemals etwas werden würde, und wie viele Hindernisse und Rückschläge er überwinden mußte, um seinen Traum zu realisieren. Wie bei jeder Führungspersönlichkeit oder jedem Unternehmen erweisen sich manche Eingebungen als falsch. Trotzdem läßt FedEx die Finanzexperten – von FedEx »Quantoiden« genannt – von praktisch angewandter Intuition überstimmen.

Das Unternehmen 3M ist zwar in einer gänzlich anderen Branche tätig, fördert Intuition aber mit ähnlich starkem Engagement. Jedesmal, wenn ich mit Führungskräften, Managementgruppen oder Abteilungen arbeite, erfahre ich wieder neue Geschichten über die unkonventionellen Methoden bei der Lösung »unlösbarer« Probleme und Beispiele für technologische Neuerungen und Markterfolge von Produkten, die ursprünglich aus dem Bauch heraus entstanden sind. Bei 3M ist der Respekt vor der Intuition des einzelnen und der Gruppe so groß, daß daraus ein fester Bestandteil der Unternehmenskultur geworden ist – alle technischen Mitarbeiter können 15 % ihrer Arbeitszeit mit Projekten verbringen, die sie selbst auswählen.

Dieses Streben nach Fortschritt läßt 3M ständig Gelegenheiten wahrnehmen und Probleme lösen, die kein anderes Unternehmen bis jetzt als Gelegenheit oder als Problem angesehen hat. Das führte zu so überwältigenden Innovationen wie wasserdichtem Sandpapier, durchsichtigen Klebestreifen und Post-it-Notizzetteln, um nur drei zu nennen. Alle diese Produkte entstanden nicht durch einen detaillierten Plan oder genaue Analysen, sondern durch emotionale Intelligenz. Bei 3M bringt man den Managern und Angestellten unter anderem bei, daß sie bereit sein sollen, ihrer Intuition zu folgen und ihren Chefs zu widersprechen. Es gibt viele Geschichten über solche Triumphe, zum Beispiel, wie der jetzige CEO L. D. »Desi« DeSimone fünfmal ohne Erfolg versucht hat, das Projekt zu kippen, aus dem später das ungeheuer erfolgreiche Thinsulate hervorging.[10]

Intuition – insbesondere dann, wenn ihr genaue Analysen und Planung folgen – hat viele erfolgreiche Veränderungen bei Unternehmen der ganzen Welt ausgelöst. Denken Sie einmal über folgendes Beispiel nach[11]: 1988 stand Japans sechstgrößtes Pharmazieunternehmen Eisai vor dem Wendepunkt. Haruo Naito, vor kurzem zum CEO und President ernannt, rief seine engsten Berater zusammen und bat sie, emotional ehrlich einzuschätzen, wo das Unternehmen hinsteuere. Es herrschte allgemeine Besorgnis darüber, daß Eisai wohl bald am Ende sein würde, wenn alles so weiterlief wie bisher. Die Manager und Angestellten arbeiteten hart, hatten aber nicht die geringste Ahnung, wer die Endverbraucher – die Kunden – eigentlich waren. Außerdem besaß das Unternehmen keine absatzstarken Produkte.

Als Naito dies hörte und spürte, wie beunruhigt seine Berater waren, schwor er, daß er aus dem Unternehmen, das sich bis jetzt nur an bekannten Kunden – Ärzten und Apothekern – orientierte, ein Unternehmen machen werde, das den gesamten Kundenbestand ins Auge fasse, also einschließlich der Patienten und ihrer Familien. Er überlegte, daß die Manager von Eisai Experten für die Gefühle und das Verhalten der Kunden – ihre Wünsche, Ängste und Standpunkte – werden müßten und diese Kenntnisse dann in das Unternehmen einbringen sollten. Für Eisai war das ein revolutionäres Konzept; in der Pharmaindustrie fand es dagegen so gut wie keine Beachtung. Naito glaubte nicht nur daran, daß es seinem Unternehmen einen Wettbewerbsvorteil verschaffen, sondern den 4500 Mitarbeitern gleichzeitig einen Grund geben würde, sich bei ihrer Arbeit mehr zu engagieren und kreativer zu werden.

»Es reicht nicht, daß man den Mitarbeitern sagt, wenn sie gut arbeiten, wird das Volumen um soundsoviel wachsen oder ihr Gehalt wird sich um soundsoviel erhöhen. Das reicht als Leistungsanreiz einfach nicht aus«, sagt Naito. »Man muß ihnen zeigen, wie das, was sie tun, mit der Gesellschaft zusammenhängt oder wie es einem Patienten helfen wird.« Er beschloß, mit etwa 100 Managern anzufangen, die er in ein »Erziehungsprogramm« aufnahm. »Vom Standpunkt der Arzneimittelherstellung aus gesehen wußten wir zweifellos eine Menge über Krankheiten und darüber, wie sie entstehen und sich ausbreiten, aber wir wußten rein gar nichts über den Patienten als *Individuum*, das eine Persönlichkeit und eine Geschichte besitzt. Wir wußten nichts über das Verhältnis zu seiner Familie oder ob er zusätzlich zu den üblichen Medikamenten noch besonderer Pflege bedurfte. Ich fragte mich: Wie können wir eigentlich lebensrettende Medikamente herstellen, wenn wir außerhalb unserer eigenen Familien nie mit dem Tod in Berührung kommen?«

Und genau das sollten die Manager von Eisai tun. Naito entwickelte ein Programm, das ein siebentägiges Seminar, drei Tage Ausbildung in Krankenpflege und drei Tage Beobachtung bei der ärztlichen Versorgung in städtischen Krankenhäusern, versteckten Bergdörfern und auf abgelegenen Inseln umfaßte. »Die Manager erlebten die Schwierigkeiten, die es bei der täglichen Pflege von älteren Menschen gibt, und sahen Menschen sterben, während sie von ihnen gepflegt wurden. Sie kümmerten sich um Menschen, die sich in einem kritischen Zustand befanden, sowohl emotional als auch körperlich.« Nachdem das Erziehungsprogramm begonnen hatte, wurden fast in jedem Geschäftsbereich von Eisai Praxisprogramme durchgeführt, an denen sich mehr als 1000 Mitarbeiter beteiligten. Diese Programme sollten das neue Unternehmensziel bekannt machen, das eine stärkere Konzentration auf den Kunden vorsah. Gleichzeitig kamen viele Mitarbeiter von Eisai – insbesondere Sekretärinnen und Hilfskräfte aus den Labors – damit hinter ihrem Schreibtisch hervor und trafen sich regelmäßig mit Apothekern, sowohl in Apotheken als auch in Krankenhäusern.

»Die Mitarbeiter aus den Büros herauszuholen bot uns die Gelegenheit, zwischenmenschliche Beziehungen zu aktivieren«, sagt Naito. In diesem Zusammenhang wurden noch mehrere andere Programme gestartet, unter anderem eine Kunden-Hotline, die sieben Tage pro Woche besetzt ist und bereits viele Ideen angeregt hat. Als greifbare Resultate dieser Veränderungen wird Eisai in den nächsten Jahren viele neue Medikamente auf den Markt bringen. Das Unternehmen hat heute einen Umsatz von 2,7 Milliarden und einen Gewinn von 190 Millionen Dollar. Es entwickelt zur Zeit eines der vielversprechendsten Medikamente gegen Alzheimer und andere altersbedingte Krankheiten und berücksichtigt dabei sowohl die Kosten- als auch die Qualitätsfrage.

Und all das nur, weil eine Führungskraft nicht nur ihrem Verstand, sondern auch ihrer Intuition gefolgt ist, emotional ehrliche Fragen gestellt und einen völlig anderen Ansatz für einen erfolgreichen Wettbewerb in der Zukunft geschaffen hat.

Intuitive Gefühle fördern logisches Denken

Abgesehen von zahlreichen anderen Vorteilen für den Manager, können sich Eingebungen aus dem Bauch und intuitive Geistesblitze in vielen Situation als zeitsparend erweisen. Nehmen wir folgendes Beispiel:[12] Stellen Sie sich vor, Sie wären Eigentümer eines wachsenden multinationalen Unternehmens. Sie wurden gebeten, einen potentiellen Kunden zu besuchen, der Ihnen neue, nützliche Kontakte verschaffen und wichtige Hinweise für Ihre Branche geben kann, dem Ihr bester Freund aber Mißtrauen, ja sogar Haß entgegenbringt. Die zentrale Frage lautet, ob Sie eine Besprechung über eine geplante Zusammenarbeit einberufen sollen oder nicht. Das Gehirn eines intelligenten, gebildeten Erwachsenen, der vor dem Hintergrund formale Rationalität agiert, dürfte in einer solchen Situation die Phanta-

»Eines der größten Hindernisse für eine effektive Entscheidungsfindung besteht heute darin, daß die gesamte Literatur und sämtliche Unternehmensberater empfohlen haben, Gefühle und Leidenschaft aus dem Management herauszunehmen. Sie glauben, daß Strategie eine rein analytische Übung ist.«
C. K. Prahald,
Professor für Betriebswirtschaftslehre, University of Michigan

sie mit Szenarien möglicher Reaktionen und sich ergebender Resultate überschwemmen.

Diese Szenarien könnten zum Beispiel so aussehen: Sie treffen sich allein mit dem potentiellen Kunden, werden von Ihrem besten Freund dabei gesehen und gefährden so Ihre Freundschaft. Sie treffen den Kunden nicht persönlich, sondern bitten einen Geschäftsfreund, die Besprechung für Sie zu übernehmen. Sie lehnen ein Treffen kategorisch ab und verlieren Aufträge, erhalten dafür aber Ihre Freundschaft – und so weiter. Bei diesem Beispiel wird Ihnen auffallen, welche Bedeutung diese »Zwickmühlen« haben, mit denen wir im Beruf jeden Tag konfrontiert werden. Wie schaffen Sie es, alle möglichen Reaktionen und Resultate zu sichten und die klügste auszuwählen?

Dafür gibt es verschiedene Methoden. Eine davon basiert auf der formalen Rationalität und deren Auffassung von der Entscheidungsfindung. Sie wird vom Intellekt beherrscht, ist also IQ-bestimmt. Eine andere stellt den EQ in den Mittelpunkt, der vom IQ unterstützt wird. Formale Rationalität, ein in der Unternehmensführung und den meisten anderen Berufen allgemein übliches Verfahren, geht davon aus, daß die Logik die bestmögliche Lösung für ein Problem findet. Gefühle sind aus diesem Prozeß herauszuhalten. Der Schlüssel ist eine rationale, reduktionistische Denkweise. Mit Hilfe von Kosten-Nutzen-Analysen und anderen linear-sequentiellen Vergleichsmethoden werden unterschiedliche Szenarien aufgelistet und analysiert. Man ermittelt die möglichen Konsequenzen jeder Option an wichtigen Punkten auf einer Zeitlinie oder einer Kostenkurve und vergleicht dann Gewinn und Verlust, der sich daraus ergibt.

Selbst bei nur zwei Alternativen – Sie treffen sich mit dem potentiellen Kunden oder eben nicht – ist die Analyse alles andere als leicht. Ein wichtiger Neukunde kann einen sofortigen Gewinn und noch größere Erträge in der Zukunft bedeuten. Aber man kann nicht feststellen, wie hoch der Gewinn genau sein wird. Sie können Höhe und Wachstumsrate in Verbindung mit Marktänderungen, Nachfragesituation, Kostenspannen und so weiter schätzen. All das müssen Sie gegen potentiellen Verlust und Schaden abwägen, wozu auch der

»Die vielleicht unlogischste Annahme besteht darin zu denken, daß Menschen sich rational und emotionslos verhalten sollen.«
Dean Tvosjold,
Simon Fraser University
Business School

Verlust oder die Beschädigung Ihrer Freundschaft gehört. Da ein solcher Schaden oder Verlust mit der Zeit natürlich variiert, müssen Sie auch den Abschreibungssatz für die verlorene oder abgekühlte Freundschaft als Faktor berücksichtigen, der Ihre persönliche Leistungsfähigkeit, andere geschäftliche Beziehungen und die Ertragslage negativ beeinflussen kann.

Als nächstes muß der Prozeß der logischen Ableitung durch ein immer komplizierter werdendes Gewirr aus Faktoren, extrapolierten imaginären Szenarien, komplizierten Rechenoperationen und einer ständigen Generierung unzähliger linearer Denkmodelle und reduktionistischer Vergleiche fortgeführt werden. Wenn logische Ableitung und formale Rationalität Ihre einzigen Strategien sind, werden Sie nicht weit kommen: Im besten Fall brauchen Sie für eine Entscheidung unangemessen lange, was kontraproduktiv ist, wenn Sie hoffen, an diesem Tag noch irgend etwas anderes erledigen zu können. Schlimmstenfalls treffen Sie überhaupt keine Entscheidung, weil Sie sich in den Wirren der Berechnungen verfangen haben und frustriert aufgeben.

Stellen Sie sich jetzt einmal vor, daß etwas Spontanes und sehr Wichtiges geschieht, bevor Sie Ihrem Problem mit formaler Rationalität und Kosten-Nutzen-Analyse zu begegnen versuchen:

Wenn Ihnen ein besonders untragbares oder schlechtes Resultat vor Augen steht – während sich in Ihnen gleichzeitig die Schlüsselkomponenten in wenigen Augenblicken entfalten, skizzenhaft und vage, praktisch gleichzeitig, viel zu schnell, als daß Ihr rationaler Verstand noch allen Details folgen könnte –, spüren Sie ein unangenehmes Gefühl im Bauch. Handelt es sich um ein erfreuliches oder vielversprechendes Resultat, entsteht in Ihrer Brust oder in Ihrem Bauch ein Gefühl von Aufregung. Alle Erfahrungen, die Sie irgendwann einmal in Ihrem Leben und bei Ihrer Arbeit gemacht haben, sind keine sterilen, ordentlich auf Regalen gelagerten Fakten, sondern mit Gefühlen beladene Erinnerungen, die in Ihrem Gehirn gespeichert sind. Die Summe dieser Erfahrungen – Ihre Lebensweisheit – präsentiert sich Ihnen nicht als ordentliche, überarbeitete Liste mit wichtigen Dingen, auf die es ankommt, sondern als spontane Eingebungen, als Summe Ihrer Gefühle aus dem Bauch heraus.[13]

Dieser intuitive, von Gefühlen ausgelöste, »gespürte Sinn« kann die Genauigkeit und Effizienz des Entscheidungsprozesses erheblich steigern: Er prüft zunächst die Fülle von Details und arbeitet im verborgenen (unterhalb der Bewußtseinsebene), wobei er »Schaltungen« verwendet, die man als mit dem EQ verknüpfte »Als-ob-Schleifen« bezeichnen könnte. Dann lenkt er Ihre Aufmerksamkeit auf die Folgen, die ein bestimmtes Verhalten haben könnte, und gibt Ihnen ein *automatisches Alarmsignal* – was Sie veranlassen könnte, sofort abzulehnen und andere Alternativen in Erwägung zu ziehen – oder ein *Zeichen des Ansporns*, das Sie auf positive Resultate hinweist. Dieses Signal hilft Ihnen dabei, sich vor künftigem Verlust und Schaden zu schützen, und ermöglicht es Ihnen, unter weniger Optionen auswählen zu müssen, was die Entscheidungsfindung zügiger und einfacher gestaltet. Erst *dann* haben Kosten-Nutzen-Analysen und andere Aspekte logischen Denkens den größten Nutzen.

Diese praktische Intuition kann in alltägliche Interaktionen aller Art eingebracht werden. Mir fällt dazu eine Geschichte über James Thurber ein, den verstorbenen amerikanischen Karikaturisten, der auch Kurzgeschichten verfaßte und lange Jahre für den *New Yorker* arbeitete. Er hatte in mittleren Jahren das Augenlicht verloren. Einige Zeit später nahm er an der Party eines Freundes teil. Als sich ein bestimmtes Ehepaar verabschiedete, sagte er zum Gastgeber: »Die beiden werden sich trennen.«

»Das glaube ich nicht!« rief sein Freund aus. »Sie waren doch so freundlich zueinander und haben sich ständig angelächelt.«

»Gut«, entgegnete Thurber. »Du hast sie *gesehen*. Ich habe sie *gehört*. Und ich habe *gespürt*, was hinter ihren Worten steckt.« Tatsächlich ließen sich die beiden einige Monate später scheiden.

Empathie als Führungsqualität

Intuition flüstert uns als erstes zu, Anteilnahme und Empathie zu empfinden. Menschen mit Empathie zu behandeln ist der erste Schritt zu Mitgefühl – der Begriff »mitfühlen« ist hier wörtlich zu nehmen – und hat viel damit zu tun, Impulse zu kontrollieren und persönliche Verantwortung zu übernehmen. Dies sind die wichtigsten ethischen Maßstäbe, auf die sich fast alle Religionen stützen. Empathie und Mitgefühl verbinden uns mit anderen durch die gemeinsame Sprache der Gefühle und Erfahrungen – ein Herz neben dem anderen, unabhängig von Worten und Gesten.

Durch Empathie und Mitgefühl helfen wir uns selbst dabei, zu lernen und zu wachsen, und ermöglichen es anderen, sich so sicher zu

»Mein Vater sah sich einmal ein Fließband an, an dem Frauen arbeiteten, und dachte dabei: ›Diese Frauen sind wie meine Mutter – sie haben Kinder, ein Zuhause, um das sie sich kümmern, Menschen, die sie brauchen.‹ Das motivierte ihn, hart zu arbeiten, um diesen Frauen ein besseres Leben zu ermöglichen, weil er in jeder von ihnen seine Mutter sah. So hat alles angefangen – mit tiefem Respekt und Empathie.«

Bob Galvin,
CEO, über seinen Vater, den Gründer von Motorola

fühlen, daß sie über das reden, was in ihrem Leben wirklich geschieht, ohne dabei Angst haben zu müssen, verurteilt, kritisiert oder fallengelassen zu werden. Dann bringen wir ihnen Empathie entgegen und bieten ihnen Mitgefühl und Unterstützung an, statt distanziert und ungerührt zu reagieren oder nur Mitleid mit ihnen zu haben. Meistens wird uns früher oder später ebenfalls Empathie entgegengebracht. Alles beginnt mit Intuition – lernen, hinter den Worten anderer ihre Gefühle wahrzunehmen.

Nelson Mandela schreibt in *Der lange Weg zur Freiheit. Eine Autobiographie* über seine 27 Jahre Haft als politischer Gefangener: »In diesen langen und einsamen Jahren wurde mein Hunger nach Freiheit für mein Volk zu einem Hunger nach Freiheit für alle Menschen, weiß und schwarz. Ich wußte mit absoluter Sicherheit, daß die Unterdrücker genauso befreit werden mußten wie die Unterdrückten. Unterdrücker wie Unterdrückte sind ihrer Freiheit beraubt.«

Denken Sie auch über folgende kleine Geschichte nach, die von Irving Cramer erzählt wird, dem Geschäftsführer von MAZON: A Response to Hunger, einer Organisation, die Spenden sammelt und verteilt, damit hungrige Menschen essen können:[14]

In einem Kindergarten im Norden von Minnesota wurden die Kinder von ihrer Erzieherin gefragt: »Wer von euch hat heute morgen gefrühstückt?«

Ungefähr die Hälfte der Kinder hob die Hand.

Die Kinder, die sich nicht gemeldet hatten, wurden von der Erzieherin gefragt: »Warum habt ihr heute morgen nicht gefrühstückt?«

Einige sagten, daß sie zu spät aufgestanden seien und keine Zeit zum Essen gehabt hätten. Einige gaben an, sie hätten an diesem Morgen keinen Hunger verspürt. Ein paar sagten, daß ihnen nichts von dem geschmeckt habe, was man ihnen hingestellt habe.

Alle Kinder gaben eine Antwort – bis auf einen kleinen Jungen.

»Und warum hast du heute morgen nicht gefrühstückt?« fragte ihn die Erzieherin.

»Weil ich nicht dran war«, erwiderte er.

»Du warst nicht dran?« fragte die Erzieherin. »Was heißt das?«

»Das ist so«, sagte der Junge. »Wir sind fünf Kinder in meiner Familie. Aber wir haben nicht genug Geld, um so viel zum Essen zu kaufen, daß jeder von uns jeden Morgen frühstücken kann. Wir frühstücken immer abwechselnd, und heute war ich eben nicht dran.«

Was empfinden Sie, wenn Sie diese Geschichte lesen?

In Privat- und Berufsleben haben die »Gefühlsfäden«, die uns mit einer Erfahrung verbinden – wie in unserem Beispiel oben –, die Macht, uns zu bewegen. Sie bringen uns dazu, daß wir betroffen sind. Insbesondere Empathie und Mitgefühl sind unerläßlich für das Band, das Beziehungen, soziale Gemeinschaften und letzten Endes die gesamte Menschheit zusammenhält. Manchmal kann man einem anderen keine größere Gefälligkeit erweisen, als ihn für etwas verantwortlich zu machen, keine Entschuldigung gelten zu lassen und ihn dazu zu ermutigen, hart zu bleiben oder etwas in aller Deutlichkeit zu sagen und sich einer schwierigen Situation zu stellen.

Doch wenn wir keine Empathie empfinden, übersehen wir menschliche Gefühle oft und dadurch zwangsläufig auch den Menschen, der sie fühlt. Dies kann dazu führen, daß ein Freund, Mitarbeiter oder Angestellter nicht mehr »authentisch« agiert. Er hört auf, seine Begabung und seine Energie einzubringen und Gefühle als Unterstützung von persönlichen, mit der Arbeit zusammenhängenden Zielen und Unternehmenszielen einzusetzen. Wenn Sie etwas tun, muß es nicht gleich beim erstenmal richtig, aber immer echt sein. Wenn sie mit Heuchelei und unaufrichtiger Kommunikation Schluß machen, können die Menschen fühlen. Sie werden sie selbst. Sie sind emotional untereinander und mit dem Unternehmen verbunden.

Die Verantwortung für emotionale Verbundenheit übernehmen

»46% der Arbeitnehmer, die letztes Jahr gekündigt haben, gaben als Grund für die Kündigung an, sie hätten den Eindruck gehabt, daß man ihre Leistungen nicht zu schätzen wisse.«
US-Ministerium für Arbeit.

Ein Gefühl der Verbundenheit zwischen zwei Menschen entsteht aus Empathie, insbesondere dann, wenn eine Atmosphäre des Vertrauens herrscht. Was Leistungen von Unternehmen und Einzelpersonen anbelangt, kann man behaupten, daß so gut wie alles mit Gefühlen – und nicht mit äußerlichem Verhalten – von Beziehungen und Interaktion anfängt und aufhört. Untersuchungen[15] lassen darauf schließen, daß die Selbstachtung der Mitarbeiter steigt, wenn Interaktion mit Führungspersönlichkeiten stattfindet, die von ihnen bewundert und respektiert werden. Allerdings wurde dabei auch festgestellt, daß sich 90 % der Angestellten in diesem Zusammenhang negativ äußern. »Beachte mich«, scheinen sie uns zuzurufen. »Ich bin auch ein Mensch. Achte mich und schließ mich nicht aus. Glaube an mich.«

Credit (»Anerkennung«) und *credibility* (»Glaubwürdigkeit«) haben dieselbe Wortwurzel, *credo*, »ich vertraue« oder »glaube«. Das ist ein Gefühl, nicht nur eine gute Idee. Und es ist ein ganz bemerkenswertes Gefühl, zu Führungskräften und Angestellten sagen zu können: »Ich habe ein schlechtes Gefühl dabei ...« oder »Ich bin mir nicht sicher, *warum*, aber mich beunruhigt, daß ...«, selbst wenn diese starken Gefühle noch nicht durch konkrete Daten belegt werden können. Denken Sie daran, was wir am Anfang dieses Kapitels gesagt haben – Neurologen haben festgestellt, daß emotionale Eingebungen oder das Gefühl aus dem Bauch ein unentbehrlicher Bestandteil von Problemlösung und logischem Denken sind und für eine kreative, intuitive »Arbeitsintelligenz« und den Wunsch nach Harmonie und Verbundenheit sorgen.

Firmen wie Hewlett-Packard (HP) zum Beispiel sind der Beweis dafür, daß Unternehmen ein hohes Niveau an emotionaler Verbundenheit aufrechterhalten können, und zwar selbst dann noch, wenn sie sehr stark wachsen. Laut Lewis E. Platt, Chairman, President und CEO von HP, muß man dazu auf jede nur mögliche Art und Weise versuchen, das Gefühl der Verbundenheit lebendig zu halten. In einem vor kurzem erschienenen Interview sagte er:[16]

»Ich bin sehr oft geschäftlich unterwegs, annähernd zwei Drittel meiner Zeit, und verbringe sehr viel Zeit mit den Mitarbeitern von HP. Ich mache das ganz zwanglos – zum Beispiel einfach nur herumgehen und mit den Leuten reden. Manchmal veranstalten wir auch einen ›Kaffeeklatsch‹, wie wir es nennen – das hat bei HP schon fast Tradition. Wir trommeln alle in der Niederlassung zusammen und reden eine halbe Stunde lang über alles, was im Unternehmen geschieht, was wichtig ist, was wir vorhaben, und dann beantworten wir Fragen aus dem Publikum. Ich hänge in der Regel noch eine halbe oder eine ganze Stunde am Ende dran, um mich unter die Mitarbeiter zu mischen. Das ist sehr wichtig.«

Platts »Kaffeeklatsch« besteht aus offenen Gesprächen, Intuition und Empathie. Er schafft ein Gefühl der Verbundenheit, das sich im ganzen Unternehmen verbreitet. Jedes Gespräch ist ein tiefgehender Dialog, der sich darauf konzentriert, den Menschen genau zuzuhören. Anschließend versucht Platt die Ideen bei HPs laufenden Neuerungen und der Unternehmensführung zu berücksichtigen.

Bei der emotionalen Verbundenheit geht es darum, Gutes gemeinsam zu nutzen, so daß beide Seiten oder alle davon profitieren und wachsen und gedeihen. Wenn uns dieser Zusammenhang bewußt wird, öffnen wir uns neuen, anderen Empfindungen und Ansichten, die unsere Kreativität steigern und uns Mut machen, das Beste nicht nur für uns selbst, sondern für alle zu suchen.

Egal, was wir davon halten – es steht fest, daß emotionale Beziehungen der Lebensnerv jedes Unternehmens sind. Robert Peterson, Marketing-Professor an der University of Texas, ist Experte für Kundenzufriedenheit und hat zu diesem Thema mehr als 100 Artikel in Fachzeitschriften veröffentlicht. Vor kurzem hat er den entscheidenden Zusammenhang zwischen Kundenzufriedenheit und Wiederholungskäufen entdeckt: Zwischen dem Verbraucher und dem Produkt bzw. der Dienstleistung muß sich eine emotionale Bindung entwickeln.[17] Nicht nur von Ihrer Seite aus – sondern zwischen dem Kunden und jedem, mit dem er in Ihrem Unternehmen in Kontakt kommt. Noch einmal: Der Schlüssel zur Kundenzufriedenheit und zu Wiederholungskäufen liegt *nicht* in der Qualität, wettbewerbsfähigen Preisen und einer Kundendienstabteilung. Dies sind nur die Eingangsvoraussetzungen, um überhaupt am Ball bleiben zu können. Das Wichtigste ist eine emotionale Bindung, ein Gefühl der Verbundenheit.

Für das Verhältnis zwischen einem Manager und seinen Mitarbeitern gilt ähnliches. »Ich sehe Führung nicht als Position«, sagt Phil Quigley, CEO von Pacific Bell. »Ich sehe Führung nicht als Fähigkeit. Ich sehe Führung als Beziehung.«

Eine Beziehung.

»Ein Mensch ist nicht deshalb für mich wichtig, weil er *jemand* ist. Er ist wichtig für mich, weil er bestimmte *Empfindungen* in mir auslöst«, stellt Irwin Federman fest, Risikokapitalgeber und ehemaliger President von Monolithic Memories (das kürzlich von Advance Micro Devices übernommen wurde). »Ich behaupte, daß wir unter denselben Umständen für Menschen, die wir mögen, härter und effizienter arbeiten. Das hängt unmittelbar davon ab, welches *Gefühl* sie in uns hervorrufen.«[18] Umgekehrt gilt folgendes, wie Will Schultz, Fakultätsmitglied in Harvard, betont: »Meine Beziehungen zu anderen hängen in erster Linie davon ab, was ich von mir selbst halte.«[19]

Wissenschaftler am Center for Creative Leadership haben festgestellt, daß »Gleichgültigkeit gegenüber anderen« der am häufigsten genannte Grund für das Scheitern von Führungskräften ist.[20] Untersuchungen belegen, daß die Fähigkeit, Empathie zu zeigen und sich in andere Menschen hineinzuversetzen, am deutlichsten Probanden, die Erfolg hatten, von solchen, die gescheitert waren, unterschied.

Wenn wir die Verantwortung dafür übernehmen, nicht nur vom Hals aufwärts, sondern auch mit dem Herzen zu sehen, fangen wir an, *political correctness* und Machtspiele am Arbeitsplatz als das zu sehen, was sie in der Regel wirklich sind – Heuchelei. Denken Sie einmal über folgende Bemerkungen nach:

»Bei diesem Thema müssen Sie vorsichtig sein.«
»Hier kann man nie hundertprozentig ehrlich sein.«
»In dieser Firma weiß man nie genau, was jemand eigentlich von einer Sache hält.«
»Sagen Sie was, das sich anhört, als käme es aus dem Herzen des Chefs und nicht aus dem Geschäftsbericht.«

Kommentare wie diese sind nur ein Beispiel für die unsichtbaren Strömungen, die in vielen Büros herrschen. Zahlreiche Führungskräfte und Manager haben Angst, daß sie ihre Objektivität verlieren, wenn sie anderen Menschen zu nahe kommen. Deshalb haben sie keine Möglichkeit, authentisch und ehrlich zu anderen zu sein. Sie können nicht damit umgehen. Und so sagen wir in einem persönlichen Gespräch nicht das, was wir wirklich empfinden – in erster Linie, weil wir Angst haben, unseren Gesprächspartner zu kränken. Wer weiß schon, ob wir ihn nicht eines Tages entlassen oder gar für ihn arbeiten müssen? Also manövrieren wir uns um Probleme und Schwierigkeiten im zwischenmenschlichen Bereich herum, indem wir etwas sagen, das wir gar nicht so meinen, oder halten unsere Gefühle zurück, indem wir uns entschuldigen: »Ich will niemanden durch meine Offenheit verletzen.« Fast immer ist das ein von Mißtrauen und manchmal auch Grausamkeit gekennzeichnetes Verhalten, selbst wenn das gar nicht beabsichtigt ist. Früher oder später kommen die wahren Gefühle zutage. In vielen Fällen ist der Schaden größer, wenn das nicht früher, sondern später geschieht.

Ich möchte Ihnen ein Beispiel dafür geben, welche Vorteile es hat, die Verantwortung für emotionale Verbundenheit zu übernehmen. Aller Wahrscheinlichkeit nach fallen Ihnen Zuhören und Gefühle respektieren nicht sofort als Führungsqualitäten ein, wenn Sie an die drei großen Automobilhersteller in Detroit denken. Jahrelang wurden Chrysler und sein ehemaliger Chairman Lee Iacocca – der zwar einen hohen EQ zu besitzen schien, dessen Führungsstil aber in Wirklichkeit oft selbstherrlich und autokratisch war – gewiß nicht als Beispiele für eine emotional hochentwickelte Unternehmenskultur gesehen. Aber die Zeiten haben sich geändert. Iacocca ist gegangen, und Chrysler hat sich zu einem Unternehmen gewandelt, das viele als den »heißesten« US-Automobilhersteller ansehen. Vor kurzem ist es der Firma gelungen, beim Gewinn sowohl General Motors als auch Ford zu überrunden.[21]

Als Nachfolger für Iacocca verpflichtete Chryslers Board of Directors Robert Eaton, einen Mann Anfang 50, der von 1988 bis 1992 GM Europe geleitet hatte. Er übernahm im Januar 1993 die Führung des Unternehmens. Beinahe sofort stellten die Mitarbeiter fest, daß sie jetzt einen ganz anderen Mann an der Spitze hatten. Eaton wird als zugänglich, intuitiv und empathischer Zuhörer und Ratgeber beschrieben, der oft selbst ans Telefon geht und regelmäßig zu zwanglosen Gesprächen bei Managern und Mitarbeitern vorbeischaut.

»Ich glaube nicht, daß ich einen weniger starken Einfluß habe als Lee Iacocca«, sagt er. »Er ist nur völlig anders, weil mein Führungsstil mehr von innen heraus kommt und sich vor allem an Teamarbeit orientiert, im Gegensatz zu dem Ansatz, den er verfolgte.«[22] Wenn ein Manager seine Mitarbeiter auffordert, ehrlich zu sagen, was sie empfinden, werden sie beim ersten- oder zweitenmal vielleicht noch zögern, aufrichtig zu antworten. Aber wenn der Manager immer wieder fragt und zeigt, daß er bereit ist, eine ehrliche und emotionale Kommunikation zu beginnen, werden sie schließlich zu dem Schluß gelangen, daß diese Führungskraft ihre Gefühle – und nicht nur ihre Gedanken – verstehen will, und sich öffnen.

Eine der ersten Maßnahmen Eatons bestand darin, ein »Senior Management Behavior Team« zu bilden, eine Art Verhaltenstraining für das obere Management. Es sollte seinen Führungskräften beibringen, besser zugänglich zu sein, Untergebene zu ermutigen, ihre Meinung zu sagen, zuzuhören, wenn sie es taten, und leichter Augenkontakt mit Menschen herzustellen.[23] Gleichzeitig wurden neue, funktionsübergreifende »Plattform-Teams« gebildet, die an einem Standort alle an der Produktion eines Automobils beteiligten Mitarbeiter zusammenbrachten, von der Entwicklungs- bis zur Marketingabteilung. Das verbesserte die Kommunikation, verkürzte die Entwicklungszeiten, brachte Kosteneinsparungen und beschleunigte die Fertigung.

Außerdem führte es zum Beispiel zur Entwicklung des *Chrysler Neon*. Im ersten Entwicklungsstadium holten sich die Teamleiter Rat und Hilfe bei eher ungewöhnlichen Verbündeten und Lieferanten, wie zum Beispiel der Gewerkschaft der Automobilarbeiter. Fließbandarbeiter brachten über 4000 kritische Anmerkungen ein und schlugen Änderungen am Projekt vor. Das Resultat schockierte die Autoindustrie, denn der *Neon* forderte die japanischen Automobilhersteller auf dem US-Markt für Kleinwagen mit großem Erfolg heraus. Toyota kündigte eine der härtesten Prüfungen an, die das Unternehmen jemals für das Modell eines Wettbewerbers durchgeführt hatte. Der Bericht stellte fest, daß der *Chrysler Neon* »entwicklungsbedingte Kosteneinsparungen, die in diesem Ausmaß noch von keinem anderen amerikanischen Modell erreicht wurden«, aufwies.[24]

Chrysler hat es sich natürlich zum Ziel gesetzt, diesen Schwung beizubehalten und weiter zu nutzen, indem es alle Arbeiter, Manager, Lieferanten und andere Interessengruppen aufforderte, eine der besten – und emotional offensten und authentischsten – Gemeinschaftsinitiativen der Branche zu schaffen. Für erfolgreiche Unternehmen wie Chrysler ist es schon fast ein Markenzeichen geworden, daß sich Männer und Frauen auf jeder Ebene des Unternehmens gegenseitig fragen können: »Was stört Sie *wirklich* an...?«, oder »Was für eine Lösung schlägt Ihre Intuition für dieses Problem vor?« Sie müssen nicht befürchten, sich dadurch in eine peinliche Lage zu bringen oder Nachteile zu erleiden.

(A + B) x W = PI
(Aufmerksamkeit + Befragung) x Wahrnehmung = Praktische Intuition

Dies ist eine der einfachen Gleichungen, die ich bei Gruppen aus dem Management eingesetzt habe, um die Teilnehmer anzuregen, sich ausführlicher mit Intuition und der Art, wie man sie nutzen kann, auseinanderzusetzen. Jede Variable auf der linken Seite der Gleichung wird auf einer Skala von 1 (am niedrigsten) bis 10 (am höchsten) bewertet. A steht für *Aufmerksamkeit*. Wenn wir nicht auf unsere innere Stimme hören, haben wir in der Regel kaum eine echte Verbindung zu einem Menschen, einem Problem oder einer Möglichkeit, und unsere kreative Intuition wird aller Wahrscheinlichkeit nach weitaus weniger klar und zuverlässig sein. B bedeutet *Befragung*. Durch Fragen versuchen wir zu klären, was wir und andere wirklich denken, fühlen und vorhaben. W steht für das Niveau unserer *Wahrnehmung*, einschließlich der Fähigkeit, etwas hinter den Worten und Gesten zu »spüren« – bei uns selbst und anderen –, um zum Kern der Situation vorzustoßen und herauszufinden, was wirklich wichtig ist. Die Summe von A + B wird mit W multipliziert und ergibt eine ungefähre Schätzung von PI, unserer aktuellen Leistungsfähigkeit in bezug auf *praktische Intuition*. Die höchste Punktzahl beträgt 200, die niedrigste 1.

Ich möchte Ihnen jetzt einige Beispiele für die praktische Verwendung dieser Gleichung geben. Nehmen wir an, Sie beginnen nach dem Mittagessen ein Gespräch mit einem neuen Mitarbeiter oder Kollegen, jemandem, den Sie nicht sehr gut kennen und der für Sie ein Konkurrent ist. Zu Beginn des Gespräches liegen Ihre Wachheit und *Aufmerksamkeit* (A) bei 4, Ihr vom Instinkt bestimmter Hang zur *Befragung* (B) ist niedrig, nämlich 2 (Sie fühlen sich durch seine ersten Kommentare ein wenig brüskiert). Ihre *Wahrnehmung* (N) liegt zur Zeit bei 4. Daher beträgt das momentane Niveau der *praktischen Intuition* (PI) 24 von 200 möglichen Punkten. Im Klartext: Sie kommen zwar gut durch den Small talk und schaffen es vermutlich, diese Interaktion ohne Problem zu beenden, aber es ist zweifelhaft, ob Sie momentan in der Verfassung sind, einen kreativen Durchbruch zu erreichen oder viele Erkenntnisse über Motivation und Charakter Ihres Kollegen zu gewinnen.

Gehen wir jetzt davon aus, daß Sie zu Beginn Ihres Gespräches Anzeichen von Widerstand oder Abwehr wahrnehmen. Ihre *Wahrnehmung* (W) erkennt hinter den Worten noch etwas anderes und teilt Ihnen mit, daß etwas, was Ihnen wichtig ist – vielleicht Ihre Position oder ein von Ihnen gefördertes Projekt oder Programm –, angegriffen wird. Es wäre vielleicht gut, solche Ahnungen oder Intuitionen zwar zu beachten, aber konstruktiv zu nutzen. Ihre erste Reaktion besteht vielleicht darin, defensiv zu werden und das Gespräch abzubrechen oder – im Extremfall – den anderen zuerst anzugreifen. Aber nehmen wir jetzt einmal an, daß Sie diesen Reaktionen zuvorkommen und das Niveau der einzelnen Faktoren in dieser Gleichung erhöhen: *(Aufmerksamkeit + Befragung) x Wahrnehmung = Praktische Intuition*. Sehen wir, was passiert.

Nehmen wir an, daß Sie sich beim ersten Anzeichen von Widerstand oder Abwehr nach vorn beugen, sich aufrichten und dem, was gesagt wird, noch mehr *Aufmerksamkeit* (A) widmen und auch darauf achten, *wie* es gesagt wird. Dadurch erhöht sich Ihre Bewertung für A von 4 auf 8. Gleichzeitig verstärken Sie bewußt das Niveau Ihrer *Wahrnehmung* (W) in bezug auf die Gefühle, die von Ihrem Gesprächspartner übertragen werden. Innerhalb von wenigen Momenten verschärft sich Ihre Wahrnehmung, und die Bewertung dafür steigt von 4 auf 8. Beinahe sofort fällt Ihnen auf, daß der andere bei seiner Kritik nicht sehr konkret ist, als hätte er schlechte Laune und würde gleich die Fassung verlieren. Jetzt erhöhen Sie das Niveau für *Befragung* (B), von 2 auf 5 oder 6, was Ihre Punktzahl für PI von 24 auf über 100 erhöht. Sie können zum Beispiel fragen: »Warum empfinden Sie so?« Eine mögliche Antwort: »Wegen dieser verdammten Lieferverzögerungen. Und dieser ganze Papierkrieg! Was für eine Verschwendung!« Oder: »Ich habe in den letzten Tagen kaum geschlafen. Meine Kinder werden in der Schule ständig krank. Mir reicht es langsam.«

Sie erkennen, daß die feindselige Stimmung nur wenig oder gar nichts mit Ihnen zu tun hatte. Wenn Sie dies nicht mit Hilfe von emotionaler Intelligenz und Intuition geklärt, sondern blind und emotional reagiert hätten, wäre es vermutlich zu einem Streit gekommen, der Ihrer Beziehung geschadet hätte, ganz zu schweigen davon, daß Sie Zeit und Energie verschwendet hätten.

Aber was wäre, wenn der Mitarbeiter oder Kollege auf Ihre Frage: »Warum empfinden Sie so?« eine ausweichende Antwort gegeben hätte wie: »Warum fragen Sie? Was haben Sie gehört?« Oder wenn die Antwort irgendwie oberflächlich und unaufrichtig klingen würde, wie etwa: »Was? Oh, nichts Wichtiges. Alles in Ordnung, wie immer.« Vielleicht wird Ihnen ja auch eine Beschwerde an den Kopf geworfen: »Ihretwegen! Ich muß nämlich die Arbeit von zehn Leuten mitmachen!«

Es ist ganz natürlich, bei solchen Antworten Bestürzung oder Ärger zu empfinden. Aber wenn Sie sich die einfache Gleichung für PI merken, können Sie den Zorn aufschieben und statt dessen Maßnahmen ergreifen, um Ihre Aufmerksamkeit, Wahrnehmung und Offenheit für die Befragung zu steigern. Was bedeutet, daß Sie in einer besseren Verfassung sein werden, um tiefer zu graben. Darüber hinaus ist es für Sie einfacher, Ihre Empfindungen auf etwas Kreatives oder Konstruktives zu verlagern, als zu versuchen, sich davon abzuhalten, defensiv oder wütend zu werden.

Anders ausgedrückt: Sie können Ihre intuitiven Empfindungen und ähnliche Sinne bewußt darauf lenken, Lösungen zu suchen. Vielleicht werden Sie aufmerksamer und wahrnehmungsfähiger und berücksichtigen zum Beispiel nicht nur die Menschen, die an der Interaktion beteiligt sind, sondern auch das Umfeld, in dem sie stattfindet. Um eine emotionale Überreaktion zu vermeiden, könnten Sie zum Beispiel das erste Aufwallen von Gefühlen – Ärger, Ungeduld, Ablehnung oder Widerstand, um nur einige davon zu nennen – in *genaueres Zuhören* umlenken. Das ist eine der Methoden, die Bob Eaton von Chrysler einsetzt. Fragen Sie sich: »Was kann ich bei diesem Gespräch entdecken?«, und finden Sie dann heraus, was an dieser Situation einzigartig ist und was Sie daraus lernen können – statt defensiv zu reagieren, vorschnelle Urteile zu fällen oder die Kontrolle zu verlieren.

Wenn jemand das Gefühl hat, nicht verstanden zu werden, und deshalb Ärger empfindet, kann Zuhören – und nicht Ignorieren oder Zurückschlagen – eine der besten Methoden sein, um den Ärger konstruktiv umzulenken und Verständnis statt einer Auseinandersetzung zu erreichen. Sie können auch eine *einfache* Frage stellen, mit der Sie zeigen, daß Sie Ihrem Gesprächspartner Beachtung schenken und seine Meinung und seine Gefühle respektieren, egal, ob Sie damit einverstanden sind oder nicht. Warum sollten Sie es dem anderen vorhalten, daß er Sie wütend macht? Wenn Sie genauer zuhören, wahrnehmen, was hinter seinen Worten steckt, und schließlich glauben, daß der andere sich verstanden fühlt, können Sie reagieren, indem Sie Ihre Empfindungen als Ihre Empfindungen zum Ausdruck bringen – nicht als Reaktion darauf, was der andere mit Ihnen gemacht hat oder gerade macht.

Effektive Reaktionen von Führungskräften sind zum Beispiel Bemerkungen wie: »Ich sehe, daß Sie das wirklich beschäftigt. Was genau können wir tun, um die Situation zu ändern oder dafür zu sorgen, daß so etwas nicht noch einmal vorkommt?«, oder »Ich sehe schon, daß Sie das sehr bewegt. Erzählen Sie mir bitte noch mehr.« Eine Führungspersönlichkeit mit einem hohen EQ weiß, daß zwei der hartnäckigsten Barrieren für effektive Teamarbeit auf der einen Seite *Reaktivität* und auf der anderen *emotionale Gleichgültigkeit* sind. Die Kraft liegt in der Mitte, wo sich ein Mensch aktiv dazu entscheidet, die Spirale der Reaktivität zu durchbrechen und statt dessen ehrlich zu sich und anderen ist. Es geht darum, mit dem Herzen zu sehen, nicht nur mit dem Kopf. Chrysler, Hewlett-Packard und andere führende Unternehmen – sowohl kleine als auch große – haben festgestellt, daß dies nicht nur von Verantwortung zeugt, sondern sich auch auszahlt. In barer Münze.

Verbindung zur EQ Map: Praktische Intuition

Dieses Kapitel bezieht sich auf folgende Tabellenspalten der EQ Map: emotionales Selbstbewußtsein, emotionales Bewußtsein gegenüber anderen, Mitgefühl und Intuition.

EQ in der Praxis

Wert auf emotionale Verbundenheit und Intuition legen

Hier nun einige praktische Überlegungen, die Ihnen dabei helfen, Ihre intuitive Kraft zu stärken und eine tiefere emotionale Verbundenheit zu schaffen.

- *Sorgen Sie für »Momente der Stille«.* Es gibt Augenblicke, in denen Sie Ihre innere Stimme kaum hören: Wenn Sie – und die Menschen um Sie herum – reden. In vielen Fällen bombardiert uns unsere lärmende High-Tech-Umgebung mit Anreizen, und dann entgeht uns die intuitive, kreative Weisheit, die uns – wie Neurologen bewiesen haben – in einem einzigen Moment durch die Gefühle mitgeteilt wird, welche unsere Intuition und Denkfähigkeit aktivieren.[25] Ich bin immer wieder erstaunt, daß so viele Führungskräfte und Manager Schwierigkeiten mit der *Stille* haben, selbst wenn es nur eine oder zwei Minuten sind. Wir alle sehnen uns nach Ruhepausen, aber in Wirklichkeit sind solche Pausen ganz und gar ungewohnt für uns. Wir bekommen Angst. Wir fangen an zu planen. Wir werden unruhig. Keine guten Angewohnheiten! Erst wenn Sie beispielsweise eine etwas längere Pause als sonst im Gespräch oder während eines ruhigen Stücks Straße auf dem Weg zur Arbeit einlegen, sind Sie in der Lage, Ihren Instinkten bewußt zuzuhören und sich innere Fragen zu stellen, die Ihre Intuition schärfen. Ein Vorschlag für Ihren Arbeitstag: Versuchen Sie es einmal mit einer *Gesprächspause*, einigen Momenten der Stille, nachdem Sie gesprochen haben. Das ist ein bemerkenswertes Kommunikationswerkzeug. Es vermittelt den Eindruck eines starken Selbstvertrauens und dient dazu, mehr Informationen und Ehrlichkeit aus den anderen herauszuholen. Eine andere gute Gelegenheit für ein paar ruhige Momente besteht darin, jeden Tag einige *Minuten des Schweigens* einzuplanen, vielleicht dann, wenn Sie sich am Morgen auf Ihre EQ-Notizen (s. Kapitel 1) vorbereiten. Sie sollen Ihnen dabei helfen, die »statischen Störungen« Ihres inneren Kritikers loszuwerden, die Ihre Fähigkeit beeinträchtigen, Signale wahrzunehmen und zu interpretieren. Das Ziel liegt nicht darin, auf alles und jedes zu achten, sondern *besser* auf etwas zu achten. Mit einiger Übung können Sie inmitten verschiedenster konstanter Anreize arbeiten, deren »Lärm« dann quasi in den Hintergrund Ihres Bewußtseins tritt, und leichter wichtige, intuitive Informationen sammeln.

- *Entwickeln Sie Routine.* Da Intuition oft als das Gegenteil von analytischem Denken dargestellt wird, nehmen viele Menschen fälschlicherweise an, Intuition anzuwenden bedeute, auf gesunden Menschenverstand und Logik zu verzichten. Wie Sie in Momenten der Ruhe feststellen werden, stehen diese Dimensionen der Intelligenz in einer Beziehung zueinander. Wir durchdenken eine intuitive Wahrnehmung im Anschluß logisch, sammeln Fakten und führen Analysen durch. Dann hören wir wieder auf unsere Intuition, und so weiter. Andere Überlegungen in diesem Zusammenhang könnten sein:

Respektieren Sie die Sprache der Intuition: Viele Menschen ignorieren Intuition, weil sie nur selten in vollständigen Sätzen zu uns spricht. Sie stellt Informationen als Bilder, Symbole, Eindrücke und Empfindungen zur Verfügung. Diese ergeben in der Regel keinen »logischen Sinn«, zumindest nicht auf den ersten Blick und besonders dann nicht, wenn sie uns etwas über die Zukunft mitteilen, und daher ignorieren wir sie. Zugegeben, Intuition kann sehr vage sein, aber Sie sollten lernen, das zu akzeptieren. Achten Sie stärker auf die Informationen, die sie Ihnen mitteilt.

Ignorieren Sie die »Stimme des Richters« für eine Weile. Intuition verbessert das Urteilsvermögen, aber sie ersetzt es nicht. Michael Ray, Professor an der Stanford Business School, erinnert uns daran, daß wenn wir zu früh auf die »Stimme des Richters« hören, dies so gut wie jede kreative oder intuitive Einsicht verhindert.[26] Der analytische, logische Verstand sagt Ihnen immer wieder, wie dumm es doch ist, auf Vermutungen zu hören, die in Fakten nicht zu erkennen sind. Ihr innerer Kritiker flüstert vielleicht: »Das ergibt doch keinen Sinn«, oder »Das bildest du dir nur ein«, oder »Das kann unmöglich stimmen«. Ignorieren Sie diese Mitteilungen nicht. Achten Sie darauf und notieren Sie sie, damit Sie später darauf zurückkommen können. Und dann machen Sie weiter. Warten Sie mit einem Urteil, bis Sie das Gefühl aus dem Bauch und die ganze Bandbreite der intuitiven Signale wahrnehmen. Wenn es bei Ihrem ersten Eindruck beispielsweise um Absichten, Gefühle oder Gedanken eines anderen geht, sollten Sie das unbedingt abklären, um herauszufinden, ob Sie recht haben.

Stellen Sie klare, verständliche Fragen. Ein altes Sprichwort besagt, daß eine gut formulierte Frage schon die halbe Antwort ist – was sich bei der Auswertung Ihrer intuitiven Eindrücke als richtig herausstellen kann. Nehmen wir an, Sie kommen gerade von einer Reise zurück, bei der Sie mehrere Unternehmen besucht haben, darunter auch eine Firma namens Galactic Telecom. Auf dem Heimweg könnten Sie sich eine Frage mit unternehmerischer Bedeutung stellen, wie etwa: »Wäre Galactic Telecom ein guter Partner?«, oder vielleicht eine etwas persönlichere Frage: »Möchte ich bei dieser Firma arbeiten?« Im ersten Fall wollen Sie vielleicht wissen, ob Galactic Telecom für die nächsten fünf Jahre eine gute Investition ist, ob sein Ruf den Wert oder die Marktposition Ihres Unternehmens verbessern oder ob die innovative Unternehmenskultur von Galactic Telecom Ihrem eigenen F & E-Team innerhalb eines Jahres neuen Auftrieb geben kann. Wenn Sie tiefer bohren, möchten Sie vielleicht wissen, ob Galactic Telecom weiterhin so schnell wachsen wird, daß Sie genügend Gewinnchancen haben, wie etwa die Möglichkeit einer Gewinn- oder Firmenbeteiligung, oder ob eine Beschäftigung bei Galactic Telecom in Ihrem Lebenslauf gut aussehen würde, wenn Sie zu einem anderen Unternehmen wechseln oder Ihre eigene Firma gründen.

- *Spüren Sie die unvermeidlichen Momente der Angst – und überwinden Sie sie.* In vielen Organisationen, in denen politische Machtspiele an der Tagesordnung sind und der Status quo eisern verteidigt wird, besteht die einzige Möglichkeit, etwas zu erreichen, darin, schwierige Probleme mutig und konstruktiv zu diskutieren. Das kann Angst auslösen. Denken Sie daran: Die Stimme des Richters ist Kritik und weckt in Ihnen vielleicht Angst vor den Hindernissen, die Ihnen von Ihrem Bewußtsein in den Weg gestellt werden. Im Gegensatz zu *chronischer* Angst, die schwächend wirkt, können sich diese *vorübergehenden* Ängste – bezüglich aktueller Marktschwierigkeiten oder davor, Grenzen zu überschreiten und innovativer zu sein als die Wettbewerber – als aktivierend und nützlich erweisen. Sehen Sie diese Gefühle als das Gegenteil von Selbstgefälligkeit an, und nutzen Sie sie konstruktiv. Wenn Sie dem oberen Management angehören, sollten Sie daran denken, daß es an Ihnen liegt, ein konsequent offenes, ehrliches Diskussionsverhalten zu zeigen. Die Mitarbeiter sollen über ihre Ahnungen, Bedenken und Ideen sprechen, ohne Angst haben zu müssen, deswegen Nachteile zu erleiden. Dies kann für die Zukunft Ihres Unternehmens von größter Bedeutung sein (mehr dazu in Kapitel 7). Wenn Sie nicht dem oberen Management angehören, ist der beste Rat für Sie vielleicht, kleine Schritte zu machen. Sprechen Sie immer nur einen bestimmten Punkt oder ein bestimmtes Problem an, nicht gleich vier oder fünf. Verschaffen Sie sich einen klaren Eindruck darüber, welche anderen Mitarbeiter in Ihrem Team Intuition einsetzen oder befürworten. In der Regel gibt es mindestens noch einen außer Ihnen. Sammeln Sie Fakten, um Ihre Ahnungen zu untermauern, bevor Sie mit Ihrem Chef oder der ganzen Gruppe darüber sprechen. Sichern Sie sich Unterstützung.

- *Verbessern Sie Ihre Empathie.* Fragen Sie sich: »Was hat mich letzte Woche berührt?« Und wenn Ihre Antwort »nichts« lautet, dann fragen Sie sich: »Was *könnte* mich berühren?« Wenn Sie nicht wahrnehmen, was Sie *bewegt*, dann nehmen Sie in den meisten Fällen auch nicht wahr, was andere bewegt. Dieser EQ-Eckstein beginnt unter anderem deshalb mit emotionaler Ehrlichkeit (Kapitel 1) und emotionalem Feedback (Kaitel 3), weil es Ihnen, wenn Sie den Kontakt zu Ihren eigenen Gefühlen verloren haben, wahrscheinlich sehr schwer fallen wird, die Gefühle anderer richtig zu lesen, da Sie die emotionale Sprache nicht gut genug beherrschen. Mit einem gesteigerten Bewußtsein für sich selbst können Sie den emotionalen Zustand des anderen wahrnehmen, ohne daß er Ihnen etwas über seine Gefühle sagt.

  Mahatma Gandhi wußte, was getan werden mußte, um die Lebensbedingungen der Landbevölkerung in Indien zu verbessern. Trotzdem hatte er das Gefühl, daß er sich nicht richtig in die Schwierigkeiten hineinversetzen konnte, die das Leben in einem Dorf mit sich brachte. Er hatte »darüber gesprochen und Ratschläge zu dörflicher Arbeit gegeben, ohne sich persönlich mit den Schwierigkeiten der dörflichen Arbeit auseinanderzusetzen«.[27] Daher entschloß er sich 1936 mit 65 Jahren – er war zu diesem Zeitpunkt Indiens angesehenste Führungspersönlichkeit – dazu, in einem typischen indischen Dorf ohne fließendes Wasser, Strom und geteerte Straßen zu leben. Es war mehr als nur eine Geste. Es war der Versuch, seine Empathie und sein Mitgefühl zu vertiefen.

  In vielen Situationen zögern die Menschen, das zu sagen, was sie wirklich empfinden – aber in der Regel teilen sie es Ihnen doch mit: mit dem Klang ihrer Stimme, der Stimmlage und Sprechgeschwindigkeit, mit den Augen, mit Gesichtsausdruck und Körperhaltung. Insbesondere bei der Arbeit sollten Sie zu verstehen versuchen, wie Menschen fühlen, ohne daß sie es Ihnen mit Worten sagen müssen. Stellen Sie direkte, freundliche Fragen, um das abzuklären, was Ihre Intuition Ihnen sagt. »Ich bin ziemlich frustriert wegen dieser Angelegenheit, und mir scheint, daß Sie sehr aufgebracht sind. Stimmt das?« Wenn Sie Empathie anwenden, müssen Sie die emotionale und geistige Perspektive anderer erkennen, ohne deren einengende Gefühle zu übernehmen. Dies wird in Kapitel 12 ausführlich behandelt.
- *Verbessern Sie die emotionale Verbundenheit.* Es ist erschreckend, wie ein einzelner – eine Führungspersönlichkeit, ein Manager

oder ein Spezialist – ein ganzes Unternehmen dadurch zugrunde richten kann, daß er keinerlei Intuition und Empathie besitzt. Ich habe festgestellt, daß wir, obwohl dies meistens übersehen wird, am häufigsten deshalb scheitern (wenn auch unbeabsichtigt), weil wir nicht fähig sind, unsere Gefühle und Gedanken angemessen, offen und konsequent auszudrücken. Dieser Fallstrick wird von Wissenschaftlern als *ungewollt mehrdeutiges Verhalten* bezeichnet, das widersprüchliche Signale gibt. Neben aggressivem oder abweisendem Verhalten kann mehrdeutiges Verhalten die größten Spannungen für Manager wie Angestellte verursachen.[28]

Wann immer sich jemand in Ihrem Unternehmen mehrdeutig verhält, ist das nicht nur ein Zustand der Stagnation für die Firma, sondern ein Verlust. Und zwar deshalb, weil das retikuläre Aktivierungssystem (RAS) des Gehirns im Laufe der Evolution darauf trainiert worden ist, *negative* Vermutungen zu verstärken und *positive* zu reduzieren.[29] Denken Sie einmal darüber nach: Die meisten Menschen scheinen immer vom Schlimmsten auszugehen, wenn sie nicht genau wissen, was los ist. Sie sehen den Chef, einen Mitarbeiter oder einen Kollegen, der sich dem Anschein nach mehrdeutig oder geheimnistuerisch verhält, und versuchen dann, diese vage und unzulängliche Information zu interpretieren. Sofort fangen sie an, sich Gedanken zu Absichten oder Grundsätzen des anderen zu machen, sich Verschwörungen vorzustellen oder sich zu fragen, ob man sie wohl noch für qualifiziert oder vertrauenswürdig hält. Da keine zusätzlichen Informationen vorhanden sind, stellen sie bald Vermutungen an und gelangen dann in der Regel zu einer negativen Erklärung für das mehrdeutige Verhalten. Sie sorgen sich darüber, was dieses Verhalten bedeuten könnte, was wirklich erwartet wird, was passieren könnte. Meistens haben die Betroffenen keine Ahnung, was sie tun sollen. Sie verfluchen die Ungewißheit und grübeln darüber nach, was alles über sie hereinbrechen könnte. Das führt zu Spekulationen und einer Denkweise, die immer vom ungünstigsten Fall ausgeht, was Schlüsselbeziehungen schadet und Produktivität und Kreativität zugrunde richtet.

Typische Beispiele mehrdeutigen Verhaltens:[30]

Heimliche Entscheidungsfindung. Wenn Manager ihre Entscheidungen voreinander zu verbergen scheinen oder es versäumen, ausführlich zu erklären, wie und warum sie eine Entscheidung getroffen haben, führt dies oft zu Spekulationen und Angst und verschärft andere damit zusammenhängende Probleme. Heimliche Entscheidungsfindung, die hinter den Kulissen und verschlossenen Türen stattfindet, wird als Abfuhr verstanden. Nicht einbezogen zu werden sendet die unausgesprochene emotionale Nachricht aus, daß Sie nicht genug wissen oder Ihre Gefühle und Gedanken nicht gewürdigt werden. Darüber hinaus wissen Sie nicht, was Sie erwartet, weil Sie ja nicht bei der Entscheidung dabei waren und man Ihnen keine Gelegenheit gegeben hat zu helfen. Sie sind dann vielleicht sehr vorsichtig und verkrampft oder beunruhigt und reizbar.

Mangel an Interesse für Gefühle, Feedback oder Vorschläge. Wenn Mitarbeiter nichts mehr von Ihnen hören, nachdem sie Ihnen Gefühle oder Vorschläge mitgeteilt haben, gehen sie oft vom Schlimmsten aus – daß ihre Ideen, Gefühle und Vorschläge ignoriert oder abgelehnt wurden. Dies löst eine destruktive Kombination aus Mißtrauen, einem Gefühl der Ohnmacht und Ressentiment aus.

Widersprüchliche Signale. Wenn der Chef eine doppeldeutige Mitteilung oder widersprüchliche Signale aussendet, beunruhigt das die Mitarbeiter. Schreibt er ein Memo, oder sagt er etwas Bestimmtes, drückt aber durch seine Körpersprache und seinen emotionalen Tonfall etwas ganz anderes aus, dann fragen sie sich vielleicht unwillkürlich: »Was verheimlicht er vor mir?«, oder »Er zieht wohl jemand anderen vor?«, oder »Wessen Idee war das eigentlich?«

Mangel an Kommunikation oder indirekte Kommunikation: Feedback und konstruktive Informationen sind notwendig, damit Sie ein Teil der Organisation sein und Ihre Arbeit effizient verrichten können. Es reicht schon, einen anderen zu übersehen, wenn Sie einander auf dem Gang begegnen. Denken Sie einmal darüber nach, was für ein Gefühl es ist, wenn jemand, den Sie kennen, im Büro einfach an Ihnen vorbeiläuft und ohne Gruß oder Augenkontakt davoneilt. Denken Sie, »Ach, er hat vermutlich viel zu tun und ist gerade etwas zerstreut. Er hat mich eben einfach nicht gesehen«? Wahrscheinlich nicht. Statt dessen fragen Sie sich, was los ist: Haben Sie etwas falsch gemacht oder etwas vergessen? Werden Sie absichtlich ignoriert? Weiß er etwas Negatives über eines Ihrer Projekte oder einen Ihrer Kunden? Erhalten Sie demnächst einen Rüffel oder werden sogar entlassen?

Solche Gedanken sind weit verbreitet, aber in der Regel unbegründet. Trotzdem hören wir auf sie. Das ist nicht unsere Schuld – dahinter steckt das RAS des Gehirns. Und deshalb müssen wir lernen, diese Anlage zu überwinden, indem wir tiefer in uns gehen und uns über den Drang hinwegsetzen, immer das Schlimmste anzunehmen – denn in den meisten Fällen war der Kollege oder Chef wirklich nur zerstreut. Führungskräfte können sich Mitarbeiter nicht leisten, die vorschnell falsche Schlüsse ziehen, aus unerfindlichen Gründen wütend werden und sich völlig unbegründete Sorgen machen.

Ich habe festgestellt, daß die meisten Menschen folgende Einstellung haben: Wenn wir anderen wirklich wichtig sind, müssen wir nicht nach dem fragen, was wir wollen oder brauchen – sie wissen es automatisch! Das entspricht nur selten der Realität. Zwei emotional ehrliche Aussagen können sich hier erfahrungsgemäß als sehr nützlich erweisen.

1. »Ich habe folgendes erfahren und empfunden ...«
2. »Ich will oder brauche folgendes ...«

Abgesehen davon können Sie noch etwas ganz Einfaches tun: Machen Sie es sich zum Prinzip, Blickkontakt zu jemandem herzustellen, wenn Sie ihn in der Firma grüßen. Das ist zwar reine Höflichkeit, aber jeder von uns hat ein natürliches Bedürfnis nach der Anerkennung des anderen. »Solche Blicke«, erklärt Ruthellen Josselson, Professorin für Psychologie an der Towson State University in Maryland, »bedeuten viel mehr als Worte: Augen zeugen weitaus mehr als Sprache vom Tenor der Verbundenheit. Sie drücken mit absoluter Sicherheit aus, wieviel und in welcher Hinsicht wir dem anderen etwas bedeuten. Worte können lügen, Augen nicht.«[31] Kurz gesagt: Es ist natürlich erforderlich, etwas zu *sagen* – »Das ist mir wichtig«, »Sie können mir vertrauen«, »Schön, Sie zu sehen«, »Wie geht es Ihnen?« Aber oft klingen Worte unaufrichtig, wenn wir es versäumen, diese Gefühle durch Augenkontakt zu bestätigen. Denken Sie an den Blick in den Augen von Menschen, die am Flughafen oder am Busbahnhof ein ankommendes Familienmitglied begrüßen oder jemanden verabschieden. Hier bedarf es keiner Worte. Das Gefühl wird durch die Augen ausgedrückt.

Eine einfache Übung zu diesem Kontext: Nehmen Sie sich ein Blatt Papier, und schreiben Sie auf, in welchen Situationen Sie sich von anderen Menschen am meisten geschätzt fühlen. Das kann zum Beispiel Augenkontakt sein oder ein Wort der Aufmunterung oder der Anteilnahme. Vielleicht fühlen Sie sich dann am meisten respektiert und gemocht, wenn andere Ihnen zuhören oder Sie auffordern, Ihre Meinung zu sagen. Oder wenn Sie an Ihre Begabungen appellieren, Sie fragen, was Sie fühlen, und nicht, was Sie denken, oder Ihre Arbeit auf eine andere Art anerkennen und belohnen. Dann schreiben Sie die Namen von vier Menschen auf, die in besonderem Maße zu Ihrem beruflichen Erfolg beigetragen haben. Notieren Sie neben jedem Namen die beiden Situationen, in denen sich diese Personen am meisten *von Ihnen* geschätzt fühlen. Verhalten Sie sich diesen Menschen gegenüber auch so? Erkennen Sie diese Situationen? Die meisten müssen nachfragen. Nur mit einem solchen Feedback und völliger Gewißheit können wir einen anderen Menschen als Individuum behandeln und von Vertrauen geprägte Beziehungen entwickeln, die auf emotionaler Intelligenz statt auf vagen Vermutungen aufbauen. Denn nur zu oft erweisen sich diese Vermutungen unbeabsichtigt als herabwürdigend und falsch.

Disziplin: die Brücke zum zweiten Eckstein der emotionalen Intelligenz

Beim ersten Eckstein der emotionalen Intelligenz trägt jede der vier Fähigkeiten – emotionale Ehrlichkeit, Energie, Feedback und Intuition – zur emotionalen Bildung bei und baut einen inneren Ort der Zuversicht auf. Dadurch werden Selbsteffektivität und persönliche Kraft gestärkt, zu denen gesteigerte Selbstbewußtheit, Selbstorientierung, Selbstachtung, Verantwortungsbewußtsein und Verbundenheit gehören. Dies sind neben anderen die Schlüsseleigenschaften, die Ihre Fähigkeit verbessern, schwierige Aufgaben als Herausforderung anzusehen, welche es zu meistern gilt, und nicht als Bedrohung, der ausgewichen werden muß.[32]

Abschließend soll angemerkt werden, daß es Disziplin erfordert, emotionale Bildung in die tägliche Praxis umzusetzen. Diese Disziplin kann als Verbindungsglied oder »Brücke« zwischen den beiden ersten Ecksteinen der emotionalen Intelligenz angesehen werden.

Der zweite Eckstein:

Emotionale Fitneß

Sich über etwas klarwerden und weiterkommen steigert Inspiration (durch das eigene Ich und andere), Authentizität und Widerstandsfähigkeit und hilft, von Vertrauen geprägte Beziehungen aufzubauen

So wie körperliche Fitneß Kraft, Ausdauer und Beweglichkeit des Körpers fördert, fördert emotionale Fitneß die entsprechenden Eigenschaften des Herzens. Sie macht es Ihnen möglich, die Kenntnisse der emotionalen Bildung in die Tat umzusetzen und auf diese Weise größere Authentizität und Glaubwürdigkeit zu entwickeln. Dies wiederum versetzt Sie in die Lage, den Kreis des Vertrauens – Ihren »Vertrauensradius« – zu erweitern, der positiv mit Rentabilität und Erfolg in Beziehung steht.[1] Darüber hinaus werden Sie von emotionaler Fitneß dazu angeregt, Ihre Fähigkeiten zu »dehnen« und sich selbst und anderen bereitwilliger zu verzeihen, wenn einmal etwas schiefgeht. Emotionale Fitneß fördert Enthusiasmus, Widerstandsfähigkeit und eine höchst konstruktive »Strapazierfähigkeit« angesichts von Herausforderungen und Veränderungen. Das wiederum trägt zur sogenannten »Robustheit« bei[2], Ihrer emotionalen und geistigen Flexibilität, mit Druck und Problemen auf gesündere, offenere und ehrlichere Art umzugehen.[3]

Emotionale Fitneß ermöglicht es uns, die persönlichen Werte in unserem Inneren, unseren Charakter und die Gefühle, von denen diese belebt und gesteuert werden, viel deutlicher zu sehen. Wir leben und arbeiten im Schwankungen unterworfenen Moralklima des anbrechenden 21. Jahrhunderts, und die Versuchung nachzugeben, einfach das zu tun, was andere von uns erwarten oder wollen, kann überwältigend sein. Im zweiten Eckstein klären und formen Sie Ihre einzigartige Präsenz, Ihren authentischen Platz vor dem größeren Rahmen Ihres Lebens und Ihrer Arbeit. Für einen erfolgreichen Manager gibt es kaum etwas Wichtigeres.

5
Authentische Präsenz

Seit einiger Zeit ist Authentizität unter Führungspersönlichkeiten und Managern eine hochgeschätzte und begehrte Eigenschaft. Meiner Ansicht und Erfahrung nach ist sie eine natürliche Erweiterung eines Merkmals des ersten Ecksteins der emotionalen Intelligenz – Selbsteffektivität oder persönliche Kraft. Sie hilft uns, eine Art *Kraftfeld* zu entwickeln.[1] Im wesentlichen ist dies eine lautlose Sphäre der Energie, die nicht nur vom Geist und der physischen Form ausgeht, sondern auch von Ihrem Herzen, das immer die emotionale Wahrheit sagt und Ihnen mitteilt, wer Sie tief in Ihrem Inneren wirklich sind und wofür Sie stehen und sich einsetzen.

Dieses Kraftfeld – Ihre authentische Präsenz – zu verstehen und zu entwickeln ist der entscheidende erste Schritt beim zweiten Eckstein der emotionalen Intelligenz, der emotionalen Fitneß. Diese Fitneß ermöglicht es Ihnen, sich selbst in Interaktion und Dialog einzubringen. Sie schaffen die Voraussetzungen dafür, daß Vertrauen wachsen und Offenheit für Veränderung und kreatives Risiko entstehen kann. Ich habe die authentische Präsenz nicht in akademischen oder Managementkreisen kennengelernt, obwohl dort inzwischen oft darüber gesprochen wird. Wie Sie aus dem Vorwort zu diesem Buch wissen, habe ich völlig unerwartet davon erfahren. Während ich diese Zeilen schreibe, kommt mir eine ähnliche Erfahrung in den Sinn, die mir die Bedeutung von authentischer Präsenz noch näher gebracht hat.

Es war in einem Frühherbst vor vielen Jahren. Ich stand an einer alten, holprigen Straße am Fuß eines Berges in Tibet. Eben war ich vom Gipfel herabgestiegen und ließ nun meinen Blick über die sanft abfallenden Wiesen bis zu einem glitzernden Fluß schweifen, der durch die Mitte des Tals floß, als ich sah, wie sich eine Familie zu

Fuß näherte. Ich grüßte den Mann, seine Frau und die sieben Kinder, die an mir vorbeigingen, mit einem Nicken. »Pilger«, sagte mein Führer, ein älterer Tibeter, der mich an diesem Morgen begleitete. Nachdem er mit dem Mann gesprochen hatte, erzählte er mir, daß die Familie aus dem Osten von Tibet kam und fast 800 Kilometer durch die Berge gelaufen war, um das historische Wahrzeichen zu besuchen, das hoch über uns an einem Berghang aufragte. In Tibet gilt es als Segen, wenn man eine solche Reise in Begleitung seiner Familie machen kann. Nun waren sie endlich angekommen ... Doch dann mußte ich zu meiner Bestürzung miterleben, wie die Familie an einem Tor ein Stück die Straße entlang von den chinesischen Wachen abgewiesen wurde. Neugierig und beunruhigt ging ich bis zu der Straße, die den Hügel hinaufführte, und konnte gerade noch hören, wie die Wachen der Familie mitteilten, daß es Tibetern inzwischen verboten sei, dieses Wahrzeichen zu besuchen.

Als ich das hörte, wurde ich wütend. »Keine Diskussion«, sagte der Offizier, der sich abrupt zu mir umgedreht hatte und meine Erregtheit spürte, als er mir in die Augen sah. Er ging ein paar Schritte zurück, klopfte auf seine Pistolentasche und deutete auf die in der Nähe stehenden Wachen mit ihren Gewehren. Ich bot an, mit meinem chinesischen Geld den Eintritt zu bezahlen – den »Zoll« für die Armee, der, wie ich aufgrund meiner Erfahrungen in anderen Teilen Tibets annahm, in den Taschen der Soldaten verschwinden würde. Am gleichen Morgen hatte man mir nämlich erlaubt, das Wahrzeichen vor uns zu besichtigen, das als eines der heiligsten in ganz Tibet gilt. »Nein«, sagte der Offizier. »Neue Richtlinien. Tibeter können hier nicht rein.«

Die Mitglieder der Familie hatten mich während des kurzen Gesprächs beobachtet. Es war deutlich, daß sie kein Wort von unserem Dialog verstanden. Aber sie sahen uns aufmerksam zu und *spürten*, was hinter unseren Worten steckte. Ihr Blick ging noch einmal zu dem Berghang vor ihnen, dann wandten sie sich langsam ab. Ich blickte in ihre Gesichter. Ich war mir sicher, daß nach der wochenlangen, anstrengenden Reise all ihre Hoffnungen in diesem Moment zunichte gemacht worden waren. Aber sie sprachen offen und ehrlich miteinander. Sicher, in ihren Worten lagen Unmut und Enttäuschung, aber das schien nachzulassen oder bewußt aufgegeben zu werden, während sie zusammen den Abhang hinuntergingen. Der Vater drehte sich zu mir um und bedeutete mir, ihnen zu folgen.

In der Nähe des Flusses breiteten der Mann und seine Frau Decken auf dem Gras aus und bereiteten ein bescheidenes Mittagsmahl, zu dem sie mich und meinen Führer einluden. Ich holte meinen Proviant aus dem Rucksack und teilte ihn mit der Familie. Während wir aßen, fiel mir auf, daß wir uns alle von Zeit zu Zeit umdrehten, um einen Blick auf das alte Wahrzeichen zu werfen, dessen goldenes Dach im Sonnenlicht glitzerte. Ich mußte daran denken, wie oft Menschen in ihrem Beruf oder ihrem Privatleben ihr Ziel erreichen, nur um feststellen zu müssen, daß sich der Zugang geändert hat oder gesperrt ist – wegen der »falschen« Währung, »falschen« Vorbereitungen, »falschen« Erwartungen. Wenn so etwas geschieht – wie offen geben wir dann unsere bittere Enttäuschung zu erkennen und überwinden sie, so daß wir weitergehen können, statt darin steckenzubleiben? Nur selten.

Als wir mit dem Essen fertig waren, bedankte ich mich bei der Familie und stand auf, um zu gehen. »Warten Sie«, sagte der Vater. »Mein Sohn möchte Ihnen einen Satz auf tibetisch beibringen.« Er winkte einem der Jungen, der etwa fünf Jahre alt war. Der Kleine trat vor, sah mir in die Augen und sagte fröhlich: »*Tashi deley.*«

Ich nickte und wiederholte den Satz. Er strahlte über das ganze Gesicht. »In Kham, im Osten von Tibet«, sagte der Vater des Jungen zu mir, »grüßen wir jeden auf diese Art. Seit einigen Jahren ist es wieder erlaubt.« Mein Herz zog sich zusammen, als ich an mein Erlebnis mit dem älteren Mann dachte, der vor 15 Jahren seine Familie verloren hatte, weil er diesen Gruß, der auch ein Gebet war, laut gesagt hatte. Der Mann legte seine Handflächen vor der Brust zusammen, und seine Frau und seine Kinder taten es ihm gleich. »Es bedeutet«, sagte er, »›ich ehre die geistige Größe in dir. Ich ehre den Platz in deinem Herzen, wo dein Mut, deine Ehre, deine Liebe und deine Träume wohnen. Ich ehre den Ort in dir, an dem wir beide eins sind, wenn du an diesem Ort in dir bist und ich an diesem Ort in mir bin.‹ *Tashi deley.*«

Ohne ein Wort legte ich die Handflächen vor meiner Brust zusammen und sah die Familienangehörigen nacheinander an, Menschen, die vor einer Stunde noch Fremde für mich gewesen waren. »*Tashi deley*«, sagte ich.

»Bringen Sie meinen Kindern jetzt bitte ein englisches Wort bei«, bat mich der Vater auf tibetisch.

Ich dachte einen Moment lang nach und sagte dann: »Wenn wir uns in Amerika begrüßen, sagen wir *hello.*« Ich mußte an einen meiner Professoren denken, der einmal zu mir gesagt hatte, daß dieses Wort durch Thomas Edison bekannt geworden war.

»*Hello*!« schrien die Kinder und sahen mich strahlend an. »*Hello*!« »*Hello*!«

Ich lächelte ihnen zu. Und dann geschah etwas, was ich nie vergessen werde. Einer der kleinsten Jungen kam zu mir und zog mich am Ärmel. »In Amerika«, sagte er erwartungsvoll, »wenn die Leute da *hello* sagen, ehren sie dann auch die geistige Größe im anderen?«

Seine Frage traf mich bis ins Mark. Ich war den Tränen nahe, als ich in sein ernstes, kluges Gesicht sah. »Nein«, sagte ich und fügte hinzu: »Aber ich wünschte, sie würden es tun.«

Denken Sie einmal darüber nach. Wenn Sie bei Ihrer Arbeit, auf Reisen oder bei sich zu Hause andere Menschen begrüßen, was genau empfinden Sie dann? Sehen Sie ihnen in die Augen? Ehren Sie ohne ein Wort die geistige Größe in ihnen, selbst wenn sie Fremde sind? Oder ist das Grüßen anderer Menschen für Sie zu einer reinen Formsache geworden, zu etwas Oberflächlichem und Distanziertem, das Sie nur noch mechanisch tun? Ich mußte nach Tibet reisen, um zu erkennen, daß es für mich im großen und ganzen so gewesen war. Damals schwor ich mir, alles zu tun, um es nie wieder soweit kommen zu lassen.

Wirklich werden – und Verbundenheit durch Fragen und Dialog herstellen

Von allem, was ich von dem irischen Schriftsteller James Joyce gelesen habe, ist mir am deutlichsten dieser Satz in Erinnerung geblieben: »Mr. Duffy lebte in kurzer Distanz zu seinem Körper.« Es gibt Zeiten, in denen viele von uns, abgestumpft von den Mühen des Alltags, den Eindruck haben, von sich selbst getrennt zu sein, abgeschnitten zu sein von der inneren Intelligenz unseres Herzens. In meinem Leben gab es viele Phasen, in denen dies eine treffende Beschreibung für mich gewesen wäre. Warum schmunzeln so viele von uns, wenn der Karikaturist Gary Trudeau sagt: »Ich versuche einen Lebensstil zu ent-

»Da das Leben durch unbegrenzte gegenseitige Interaktionen charakterisiert wird, kommen die Menschen der Lebenskraft mit dem Dialog am nächsten.«
Robert Grudin,
On Dialogue

wickeln, bei dem meine Anwesenheit nicht erforderlich ist«? Ein guter Witz. Aber auch eine beklemmende Vorstellung.

Ein *echter* Dialog – also keine leere, höfliche Unterhaltung – kann erst dann beginnen, wenn wir uns gegenseitig achten. Das Wort »Dialog« entwickelte sich aus dem altgriechischen *dia-logos*, was den ungehinderten Fluß von Fragen zwischen den Menschen und die Bildung von Meinungen bezeichnet. Davon braucht jedes Unternehmen mehr, und zwar schon bald. Das Problem besteht darin, daß echter Dialog unmöglich ist, wenn keine emotionale Bildung existiert – Sie können reden, an einer Diskussion teilnehmen, plaudern, sich nett unterhalten, ohne einen Dialog zu führen. Wenn ich nicht erfahre, was an Ihnen wirklich ist, was Ihnen am Herzen liegt, wofür Sie eintreten, was Sie fühlen, was Sie wissen, existieren Sie für mich nur als Name, Position und äußere Erscheinung. Ich bin nicht in der Lage, Sie kennenzulernen oder einen echten Dialog mit Ihnen zu führen, der uns per definitionem eine *gemeinsame Meinung* als implizites Ziel setzen würde.

Fragt man Menschen, welchen Einfluß Situationen auf sie hatten, in denen sie ihre Meinung sagen wollten, es dann aber unterließen, sprechen sie eher darüber, wie sie sich *gefühlt* haben, und nicht darüber, was sie *gedacht* haben.[2] Das ist sehr aufschlußreich. Wissenschaftliche Studien haben ergeben, daß Führungspersönlichkeiten mit einem hohen EQ ihre Gefühle nicht verbergen, selbst wenn es dabei um peinliche Kränkungen, Ängste, Wut oder Trauer geht.[3] Sie stehen offen zu ihren Gefühlen und drücken sie mit der gleichen freimütigen Deutlichkeit aus, in der sie mit Ihnen über das Wetter sprechen oder Ihnen die Uhrzeit sagen. »Führungspersönlichkeiten, die sich in Zukunft die beste Unterstützung sichern wollen, werden ihre *emotionale Ausdrucksfähigkeit* verbessern – ein Schlüsselelement für Zielstrebigkeit, Überzeugungskraft und Inspiration«, sagt Jay Conger, Professor an der Harvard Business School.[4]

In der Regel halten wir Sprechen für einen Vorgang, bei dem Worte an jemand anders gerichtet werden. Für wirkliche Sprache, für echten Dialog gilt jedoch das Gegenteil. Dabei laden Sie den anderen ein, in Ihre Welt zu kommen, in Ihren Geist und in Ihr Herz. In den USA durchgeführte Untersuchungen bestätigen, daß 70 % aller Angestellten – also beinahe drei von vier – Angst davor haben, bei der Arbeit ihre Meinung zu sagen.[5]

»Aber ich habe doch gar keine Zeit dazu, jeden zu grüßen, der mir über den Weg läuft, oder einen *echten* Dialog zu beginnen«, beklagte sich eine Führungspersönlichkeit bei mir. »Ich *will* ja«, fügte er hinzu, »aber ich habe keine einzige Minute Zeit dafür.« Für ihn mag es so ausgesehen haben. Doch ich sah – unter der Oberfläche – einen Manager, der in Papierkram ertrank und mit den Folgen zahlreicher Mißverständnisse zu kämpfen hatte, welche nur daher rührten, daß er einem echten Dialog aus dem Weg ging. Es war ein Teufelskreis. Seit kurzem brachen die Unternehmensgewinne ein – trotz seiner Versuche, die Situation unter Kontrolle zu bringen –, während sich seine Mitarbeiter und Kunden darüber beklagten, daß die Atmosphäre immer schlechter werde. Und die ganze Zeit über fühlte er sich machtlos, etwas dagegen zu unternehmen.

Er hatte zuviel zu tun.

Hatte er wirklich zuviel zu tun? Jedesmal, wenn wir unsere Instinkte ignorieren und die Gelegenheit versäumen, eine Frage zu stellen, Bedenken zu äußern oder Klärung zu versuchen, zahlen wir dafür – wenn nicht jetzt, dann später. Ob wir es nun bewußt zugeben oder nicht: Wir haben immer mehr zu tun und sind immer öfter gezwungen, Zeit, Energie und andere wertvolle Ressourcen zu verschwenden, während wir versuchen, Fehler wiedergutzumachen, falsche Eindrücke zu korrigieren, verletzte Gefühle zu »kitten« – falls dies überhaupt möglich ist – und mit unausgesprochenen und ungelösten Problemen zu leben.

(A x I) – (H x B) = AP
(Aufmerksamkeit x Interesse) – (Hintergedanke x berechtigter Anspruch) = authentische Präsenz

Dies ist eine der kurzen, symbolischen Gleichungen, die ich bei Gruppen aus Führungskräften und Managern eingesetzt habe, um die Teilnehmer anzuregen, über authentische Präsenz zu diskutieren und nachzudenken. Jede Variable auf der linken Seite der Gleichung wird auf einer Skala von 1 (am niedrigsten) bis 10 (am höchsten) bewertet. A steht für *Aufmerksamkeit* – Ihr Niveau an angewandter, emotionaler, geistiger und sensorischer Aufmerksamkeit, der Maßstab für die Aufmerksamkeit, die Sie einer bestimmten Person, einem Problem, einer Situation oder einer Gelegenheit widmen wollen. I bedeutet *Interesse*, das Niveau an ehrlichem, aktivem Interesse, das Sie daran haben, etwas Neues aus dieser Interaktion oder Erfahrung zu lernen, und daran, offen und ehrlich auf Ihre Bedürfnisse und die anderer zu reagieren (authentische Präsenz erfordert den vollen persönlichen Einsatz in jeder neuen Situation; einfach nur »Gesicht zeigen« reicht nicht). H steht für *Hintergedanke* und bewertet die Neigung Ihres Egos, anderen Ihren Willen oder Ihre Ansichten aufzuzwingen oder Freundschaft vorzutäuschen, während Sie sich gleichzeitig so verhalten, daß anderen dadurch geschadet wird – statt auf der Grundlage von Prinzipien und emotionaler Ehrlichkeit zu handeln und offen zu sein für neue oder andere Ideen und Veränderungen. B beziffert die aktuellen Bewertungen Ihres *berechtigten Anspruchs* in bezug auf das, was Sie Ihrer Meinung nach aus dieser Interaktion verdient haben. AP ist Ihr momentanes Niveau an *authentischer Präsenz*. Die höchste Bewertung beträgt 100, die niedrigste –100.

Nehmen wir an, Sie stehen einem offenbar aufgebrachten Mitarbeiter einer Abteilung Ihres Unternehmens gegenüber (bei anderen Beispielen könnte das Ihr Chef, ein Lieferant, ein neuer Angestellter oder ein Kunde sein.) Tonfall und Gesichtsausdruck des Mitarbeiters sagen Ihnen, daß etwas schiefgelaufen ist. Es ist früh am Morgen, und Sie haben das Büro gerade betreten. Das fängt ja gut an, denken Sie sich sarkastisch. Ihr Niveau an *Aufmerksamkeit* (A) liegt bei 7, aber Ihr Niveau an echtem *Interesse* (I) nur bei 3. Sie haben eine Menge zu erledigen, und das hier stand eigentlich nicht auf Ihrer Liste. Ihr *Hintergedanke* (H) besteht darin, daß Sie den anderen – wenn das Problem gelöst ist – zusammenstauchen wollen, damit sich diese Situation nicht wiederholt. Dieses Gefühl wird von Sekunde zu Sekunde stärker. Momentan steht es bei 7, doch da Sie möglichst schnell vorankommen wollen, lächeln Sie, während Sie insgeheim die entsprechenden Manöver ausführen, um dem anderen Ihre Ansichten aufzuzwingen und Ihre Position zu stärken. Ihr *berechtigter Anspruch* (B) ist zunächst eine bescheidene 3 oder 4, aber Ihr Gefühl sagt Ihnen, daß diese Zahl noch steigen wird, je länger sich die Angelegenheit hinzieht. Schreiben Sie jede Bewertung in die Gleichung: *(Aufmerksamkeit x Interesse) – (Hintergedanke x berechtigter Anspruch) = authentische Präsenz*. Bei unserem Beispiel liegt die Punktzahl für Ihre AP zu Beginn des Gesprächs bei 0 bis –7, und Sie haben das Gefühl, daß es nur noch bergab gehen kann. Was im wesentlichen bedeutet, daß Sie zwar zuhören und lächeln, Ihren Angriff aber bereits planen.

Was wäre nun, wenn Ihr aufgebrachtes Teammitglied, dessen Vorgesetzter Sie sind, die Richtung kritisierte, in die sich Ihr neuestes Testprojekt bewegte, wenn er oder sie erzählt, er/sie habe die halbe

Nacht damit verbracht, sich einen völlig anderen Ansatz auszudenken? Ersticken Sie die Kritik und einen möglicherweise als Zeitverschwendung anzusehenden Richtungswechsel bei dem angesprochenen Projekt im Keim? Wenn Sie jetzt mit ja antworten, stehen Sie nicht allein da, denn genau das geschieht zur Zeit in unzähligen anderen Unternehmen.

Nicht in Unternehmen wie 3M. Und zwar deshalb, weil die Manager und Mitglieder des Board of Directors, mit denen ich gearbeitet habe, erkannt haben, daß erregte Interaktionen wie die in unserem Beispiel letzten Endes zu Hunderten von äußerst rentablen Produktideen geführt, ihre Firma zur Jahrhundertwende vor dem Bankrott bewahrt und zum Marktführer mit einem Umsatz von zur Zeit über 14 Milliarden Dollar gemacht haben. Authentische Präsenz ist meiner Meinung nach unter anderem deshalb so wichtig für emotionale Intelligenz, weil sie von Ihnen rückhaltlose Aufmerksamkeit, echtes Interesse und kreative Neugier verlangt – und nicht Firmenpolitik, Ausweichmanöver, Manipulation, Dominanz und Anspruchsdenken, was auch in der genannten Gleichung zum Ausdruck kommt. Mit einem hohen Niveau an authentischer Präsenz sind Sie in der Lage, Kritik, die aus echtem Interesse heraus geäußert wird, mit Ihrem Herzen und Ihrem Kopf zu hören und daraus zu lernen. (Dies werden wir in Kapitel 7 ausführlicher erörtern.)

Nehmen wir also an, Sie stellen sich Schwierigkeiten und Gelegenheiten immer direkt und vertreten die Meinung, daß gewinnbringende, neue Ideen jederzeit und überall auftauchen können. Wenn Sie die Kritik und den Gegenvorschlag des Teammitglieds hören, unterdrücken Sie sie nicht und benutzen auch nicht Ihre Position oder Ihr Ego als Druckmittel, um die Diskussion zu dominieren, sondern reagieren anders. Sie werden zumindest für ein paar Minuten aufmerksamer und neugieriger, zeigen mehr Interesse, sind betroffener, offener und kreativer. Die ursprünglichen Bewertungen für A und I schnellen auf 8 und 9 hoch, während H und B auf 2 und 1 sinken. Plötzlich ist die Punktzahl für Ihre AP von –7 auf 70 gestiegen. Innerhalb von fünf Minuten erfahren Sie, was Sie bei dem Testprojekt übersehen haben. Das wiederum führt dazu, daß Sie eine Änderung zum Vorschlag des Teammitglieds anmerken, und dann wird Ihnen allmählich klar, daß sich etwas Positives – eine bessere, offenere und vertrauensvollere Beziehung oder sogar ein gewinnbringendes Produkt oder eine Dienstleistung – aus dieser unerwarteten, anfänglich aufgebrachten Interaktion entwickeln wird.

Sie sollten diese einfache Gleichung als Hilfsmittel einsetzen, um Ihre authentische Präsenz zu erhöhen. Berechnen Sie in den nächsten Wochen kurz vor wichtigen persönlichen Gesprächen, Telefongesprächen und Präsentationen die Punktzahl für Ihre AP. Notieren Sie sich nach jeder Interaktion, wie gut oder schlecht sie verlaufen ist. Mit der Zeit werden Sie vermutlich abschätzen können, wie hoch Ihre persönliche AP sein muß, um das Niveau an sinnvoller Interaktion zu erreichen, das für Sie wichtig ist und Ihren Erfolg fördert.

Ich habe fast überall auf der Welt feststellen können, daß die Menschen, die uns inspirieren und motivieren, »wirkliche« Menschen sind – mit einem intelligenten Kopf, aber auch immer mit einem großen Herzen. Niemand erwartet von einer Führungspersönlichkeit, daß sie perfekt ist – nur authentisch und aufrichtig muß sie sein. Das gilt auch für die bemerkenswerten Männer und Frauen, die den Mut haben, sich selbst zu finden, ehrlich darzulegen, wer sie sind, welche Fehler sie gemacht haben, welche Träume sie haben und was ihnen am wichtigsten und für sie am aufregendsten ist, wenn sie ein Unternehmen auf den Weg zum Erfolg bringen oder sich persönlich weiterentwickeln. Dies ist die Grundlage für offenen Dialog und Vertrauen. Darauf basiert jene seltene, einzigartige Verbundenheit innerhalb eines Teams oder einer Organisation, die oft auch außerhalb des Unternehmens zu spüren ist – von Kunden, Klienten, Lieferanten, Wettbewerbern und den Familien der Angestellten.

Eine der besten Methoden, diesen Prozeß auf den Weg zu bringen, besteht darin, daß »Führungskräfte Kommunikationsmuster verwenden, die vom Herzen ausgehen und dann vom Kopf gefolgt werden«, sagt David M. Noer vom Center for Creative Leadership. »Die Umstellung vom Kopf auf das Herz ist mit geringem Risiko und hohem Nutzen verbunden. Eine kleine Anstrengung führt zu einem Riesengewinn bei Authentizität und Empathie. Herz-Kopf-Kommunikation befreit den Sender wie auch den Empfänger. Führungskräfte in den Unternehmen, die ihre Gefühle mitteilen, bevor sie zur Analyse übergehen, erfahren den läuternden Effekt von Authentizität.«[6]

Nehmen Sie beispielsweise einen der Manager von Coca-Cola: Zu Beginn einer Besprechung bat er die Anwesenden, sich vorzustellen – und sich entsprechend zu *fühlen* –, sie wären soeben entlassen worden. Sie sollten sich auch vorstellen, *warum* sie entlassen worden waren. Das löste ernste Diskussionen aus, die zu einem vertieften Dialog und einem Ansturm neuer Ideen führten. Stellen Sie die Dinge auf den Kopf. Bohren Sie, graben Sie, fragen Sie, verteidigen Sie. Seien Sie wirklich, aufnahmebereit und ehrlich. Achten Sie auf das, was passiert. Das ist emotionale Fitneß in der Praxis.

Erst durch authentische Präsenz können wir auf Herausforderungen mit mehr Offenheit und Neugierde reagieren. Das ermutigt uns, zu hinterfragen und anzuwenden, was wir lernen und was wir erfahren. Der Zeitungsverleger Malcolm Forbes wird oft gefragt, nach welchen Kriterien er sein privates Vermögen investiert habe, das auf etwa 250 Millionen Dollar geschätzt wird. Er gibt immer die gleiche Antwort: »Ich muß gar nicht wissen, in welcher Branche die Firma tätig ist oder wie die Bilanzen aussehen. Ich muß nur wissen, was für ein *Mensch* der CEO ist. Ich wette auf den Jockey, nicht auf das Pferd«, fügt er gern hinzu. Damit spielt er auf den Kern dessen an, was er im Laufe der Jahre über Kapitalanlagen lernte. Er hat ein grundlegendes Element der authentischen Präsenz und emotionalen Fitneß verstanden: Wesen und Werte eines Unternehmens werden von seinen Führungskräften bestimmt, demonstriert und in die Praxis umgesetzt – und davon, wie sie sich in bezug auf Dialog und Reflexion verhalten.

Die Wirkungsweise dieses Prinzips habe ich bei vielen Gelegenheiten erlebt. Dazu fällt mir eine Geschichte ein, die einem Freund von mir passiert ist, Norman Carlson, geschäftsführender Partner bei Arthur Andersen LLP. Er besuchte mit einem seiner jungen Trainees einen potentiellen Kunden und hörte dem CEO zu, der in der ersten Stunde der für drei Stunden angesetzten Besprechung nur über seine Firma und deren Bedürfnisse sprach. Norm schätzt Intuition und emotionale Intelligenz seit vielen Jahren, weil er weiß, daß sie ihm in Kombination mit Fachkenntnissen und Erfahrung im Laufe der Jahre dabei geholfen hat, zahlreiche Neukunden für seine Firma zu gewinnen.

In diesem Fall hatte Norm während der Diskussion das Gefühl, daß mit dem CEO oder seiner Firma irgend etwas nicht stimmte. Nach genau einer Stunde stand er auf und sagte ohne Umschweife: »Bevor wir weitermachen, habe ich zwei Fragen. Erstens: Ich spüre, daß Sie kurz vor einer Art Abschwung oder einem fundamentalen Problem stehen, von dem Sie uns nichts gesagt haben. Zweitens: Ich habe das Gefühl, daß Sie uns nicht nur deshalb hergebeten haben, damit wir für Sie eine Buchprüfung durchführen. Ich würde gerne wissen, wie wir dem Unternehmen Ihrer Ansicht nach dabei helfen können, die schwierigen Zeiten durchzustehen, die ihm bevorstehen, und in den nächsten Jahren Ihr Ziel zu erreichen – was immer es auch sein mag.«

Norm setzte sich wieder und wartete.

Der CEO saß da, als wäre er vom Blitz getroffen worden. Schließlich sagte er leise: »Wir sind heute morgen darüber informiert worden, daß unserem Unternehmen im nächsten Jahr zwei schwere Finanzkrisen bevorstehen. Außerdem liegt unsere Führungsmannschaft miteinander im Streit. Wie sind Sie darauf gekommen?«

»Ich war mir nicht *sicher*«, erwiderte Norm. »Aber ich spürte es. Ich hatte das Gefühl, daß etwas in dieser Art vor sich ging.«

Der CEO nickte. »Was unser Ziel oder unsere Vision angeht – ich suche immer noch nach einer Definition dafür. Wir brauchen Hilfe. Eine ganz normale Buchprüfung *war* zwar der Grund dafür, weshalb wir Sie angerufen haben, aber um Ihnen die Wahrheit zu sagen, das ist heute meine geringste Sorge. Gute Freunde haben mir gesagt, daß ich Ihnen vertrauen kann. Ich möchte den besten Rat, den ich kriegen kann. Ich möchte unsere Schwierigkeiten ohne Umschweife angehen und am Ende der Sieger sein.«

Norm war im Vietnamkrieg Offizier bei der U.S. Army gewesen. Er besitzt eine scharfen Verstand und ein großes Herz. Im Laufe der Jahre hat er gelernt, über Intellekt und Fachanalysen hinauszugehen und emotionale Intelligenz mit seiner umfangreichen Berufserfahrung zu kombinieren, um hinter die Dinge zu sehen und direkte Fragen zu stellen. Er baut einen Dialog zu anderen auf und hört dem, was er entdeckt, sehr genau zu. Immer wieder hat er festgestellt, daß dies Zeit spart und zu Ergebnissen führt. In diesem Fall bekam Arthur Andersen nicht nur den Auftrag für die Buchprüfung, sondern auch noch eine ganze Reihe lukrativer Beratungsaufträge dazu.

Womit wir bei einem springenden Punkt wären. Mir scheint, daß wir alle im Berufsleben eine ethische Verantwortung – oder ist es eine spirituelle oder moralische Verantwortung? – haben, die Macht der Sprache zu respektieren.

Dialog und Fragen ernst nehmen

Wenn es um Führung oder Erfolg geht, verlangt das Leben von uns, daß wir uns anstrengen zu lernen und aktiv zu verstehen, was andere fühlen und wahrnehmen, hinter der Oberfläche, hinter den

»Es gibt einen gewaltigen Unterschied zwischen Interesse zeigen und sich wirklich für etwas interessieren.«
Michael P. Nichols,
The Lost Art of Listening

Worten. Viele Vertriebs- und Managementseminare benutzen den Ausdruck »aktives Zuhören« als Schlagwort und predigen uns, daß dies der Schlüssel sei, um Freunde zu gewinnen und Menschen zu beeinflussen. Natürlich ist das recht vernünftig – Zuhören macht bessere Gesellschafter und leistungsfähigere Arbeiter aus uns. Ich behaupte allerdings, daß viele Seminare für aktives Zuhören in Wirklichkeit vermitteln, was Sie tun müssen, um den *Eindruck* hervorzurufen, Sie hörten dem anderen aufmerksam zu. Sie machen einfach folgendes: Sie beugen sich nach vorn, stellen Blickkontakt her, nicken, murmeln zustimmend, um zu demonstrieren, daß Sie wach sind und zuhören, und formulieren alle 30 Sekunden nach, was Ihr Gesprächspartner gerade gesagt hat. Wie eine Führungskraft aus meinem Bekanntenkreis einmal trocken bemerkte, könnte man auch viele Bewohner eines Zoos dazu trainieren, ein solches Verhalten zu zeigen – mit Ausnahme der Neuformulierungen.

Beim Zuhören kommt es darauf an, tiefes, echtes Interesse zu zeigen – mit offenen und *sehenden* Augen, offenem und *lernendem* Geist, offenem und *fühlendem* Herzen. So erweisen wir unserem Gesprächspartner und dem Dialog selbst Respekt. Dies ist vielleicht der entscheidende Schritt, mit dem Manager Produktivität und Innovation verbessern. Laut einer Umfrage in der *Management Review* verbringen Führungskräfte und Manager jeden Tag etwa 94 % ihrer Zeit mit Kommunikation – in erster Linie Zuhören und Sprechen, dazu kommt dann noch etwas Schreibarbeit. Wenn Sie auch nur ein Viertel Ihrer Zeit mit Kommunikation verbringen, müssen Sie einfach in der Lage sein, einen offenen, ehrlichen Dialog zu führen.

Couragiert zu reden ist eine Voraussetzung für eine Führungspersönlichkeit. Während viele Politiker und Manager diese Fähigkeit vortäuschen und es damit irgendwie schaffen, Wahlen zu gewinnen und ihren Job zu behalten, haben Männer und Frauen mit authentischer Präsenz das nicht nötig. Sie können genausogut schweigen wie reden. Doch wenn sie reden, haben sie etwas zu sagen, und sie sagen es mit einer Stimme, die aus ihrem Inneren kommt. Ihr Tonfall und ihre Ausstrahlung drücken die unverwechselbare emotionale Resonanz aus, die für ihre innere Welt und Überzeugung steht. Ohne uns eine Erklärung dafür zu geben, sagt uns die menschliche Stimme durch ihren Klang in Sekundenbruchteilen, wer da wirklich redet – jemand, der sich dem Unternehmen verpflichtet fühlt, oder jemand, der das nur vorgibt.

Wer von uns möchte die Ideen und Visionen, die ihm am Herzen liegen, nicht *zum Ausdruck bringen,* wer möchte nicht, daß *seine Stimme* von jenen *gehört wird,* die in der Chefetage sitzen? Einer Führungspersönlichkeit in die Augen zu sehen und glaubwürdig eine völlig andere Meinung vorzubringen oder eine Frage zu stellen, erfordert eine innere Stärke und die Überzeugung, daß alle Menschen gleich viel wert sind – und emotionale Fitneß.

Manchmal hält Angst Sie davon ab, einen authentischen Dialog zu beginnen: Angst davor, Ihre wahren Gefühle zu offenbaren, verwundbare Stellen zu zeigen oder ein Risiko einzugehen. Oft rührt diese Angst daher, daß Sie angespannt und müde sind. Wenn dies der Fall ist, sollten Sie den Grund dafür beseitigen, damit die Angst nachläßt. Wenn Unerfahrenheit in emotional ehrlichem Dialog die Ursache ist, müssen Sie üben. Fangen Sie mit Menschen an, die Sie kennen und denen Sie vertrauen. So werden Sie sich mit der Zeit immer sicherer fühlen. W. Edwards Deming meint dazu: »Niemand kann seine volle Leistung bringen, wenn er sich nicht sicher fühlt. Sicher sein bedeutet, sich nicht zu fürchten, keine Angst davor zu haben, Ideen auszudrücken oder Fragen zu stellen.«[7]

»Ich muß nicht immer gewinnen, aber ich muß rechtschaffen sein. Ich muß nicht immer Erfolg haben, aber ich muß meinen Grundsätzen gemäß leben.«
Abraham Lincoln

Den Mut haben, sich selbst und anderen zu verzeihen

Viele Menschen halten hartnäckig an Verbitterung und Verärgerung über ihr Leben und ihre Arbeit fest – nicht etwa deshalb, weil sie schlecht oder gefühllos sind, sondern weil sie nicht wissen, wie man verzeiht. Je warmherziger sie sind, desto schmerzhafter und schwächender ist es, nicht zu verzeihen. Einer der häufigsten Gründe für Angst – und die daraus resultierende Zögerlichkeit, einen offenen, ehrlichen Dialog zu beginnen – ist das Festhalten an früherem Ärger über vermeintliche Unzulänglichkeiten, Beleidigungen oder Ungerechtigkeiten. Um diese Wut und Angst zu überwinden, brauchen wir – um es mit Demings Worten zu sagen – die Bereitschaft zu verzeihen, eine Eigenschaft, die zur emotionalen Fitneß gehört. »Erst wenn wir verletzt werden«, schreibt Friedrich Nietzsche, »kann unsere Kraft wachsen und schließlich ungeheuer stark werden.«

Während Ärger als kurzfristige Reaktion durchaus angebracht sein kann, werden wir ein zweites Mal verletzt, wenn wir an diesem Ärger festhalten, und zwar durch den Ärger selbst. Wenn wir verzeihen können, wandeln wir unseren Schmerz, der durch unsere Fehler und die Kränkungen durch andere entstanden ist, in neue Energie um, die uns weiterbringt. Die Bereitschaft zu verzeihen hängt zum Teil davon ab, ob wir verzeihen wollen, und zum Teil davon, wie mitfühlend wir sind. Wenn wir verzeihen, legen wir endlich die Rolle des Opfers ab und sehen, was hinter Angst, Kränkung, Schuld, Eifersucht oder Neid steckt. Diese alten emotionalen Verletzungen können nicht ausgelöscht oder ungeschehen gemacht werden, aber zum Keim von Transzendenz und Transformation werden. Es ist wichtig zu verstehen, daß Verzeihen ein Vorgang ist, mit dem Sie jenen Teil von sich befreien, der durch Bedauern und Wut oder vielleicht sogar Haß blockiert ist. Verzeihen heißt, gefangene Energie freizusetzen, die anderswo gute Dienste leisten kann.

In vielen Fällen ist es ein Fehler, begangene Ungerechtigkeiten – eigene oder die anderer – einfach zu ignorieren. Sie gären und wachsen in Ihnen. Sie sollten sich statt dessen darum kümmern. Gehen Sie sie direkt an. Für Sie persönlich könnte das heißen, ehrlich und bereitwillig zuzugeben: »Als Sie... gesagt/getan haben, habe ich das als Angriff oder Abfuhr empfunden, und dafür habe ich mich dann gerächt. Wie können wir das wieder in Ordnung bringen?« Oder eine Auszeit zu nehmen, indem Sie zum Beispiel sagen: »Zwischen uns herrscht jetzt so viel Wut, daß wir besser eine Pause einlegen und in Ruhe darüber nachdenken sollten, damit wir weiterkommen.« In anderen Fällen wiederum kann es von Vorteil sein, der Person, von der Sie sich gekränkt fühlten, ehrlich zu sagen, daß Sie sich dazu entschlossen hätten, ihm oder ihr zu vergeben, obwohl Sie wegen des Vorgefallenen gekränkt seien.

»Wenn wir das Herz und die Geschichte unserer ›Feinde‹ erreichen könnten, würden wir im Leben jedes einzelnen so viel Leid und Trauer finden, daß es mit der Feindseligkeit vorbei wäre.«
Henry Wadsworth Longfellow (1807-1882), amerikanischer Dichter

Eine andere Methode, um Ihnen und anderen dabei zu helfen, Widerstand und Angst zu überwinden, besteht darin, dankbar zu sein. Jedem von uns ist es schon einmal passiert, daß wir jemanden übersahen oder übersehen wurden, und doch bringen wir oft nur eine in die Vergangenheit gerichtete Dankbarkeit zum Ausdruck: Wir sind nur dann dankbar, nachdem uns etwas Positives passiert ist.

Das ist größtenteils eine Frage des Wollens und der Gewohnheit. Warten Sie gerade auf den Beginn einer Besprechung oder auf ein Flugzeug? Sie sollten immer einige Grußkarten bei sich haben, auf denen Sie mit einigen Worten Ihre Dankbarkeit für jemanden ausdrücken können, der es verdient hat. Wie oft haben Sie zu einem Mitarbeiter oder einem Kollegen gesagt: »Zur Zeit spielt wirklich alles verrückt, aber ich bin Ihnen sehr dankbar für Ihre Freundschaft.«?

Ich habe festgestellt, daß außergewöhnliche Führungspersönlichkeiten mit Dankbarkeit führen. Sie nehmen sich die Zeit, dankbar zu sein und das zum Ausdruck zu bringen. Sie haben festgestellt, daß es eine grundlegende Methode ist, um die Unternehmenskultur zu verbessern, und wissen, daß Sie das Gefühl der Wertschätzung doppelt zurückbekommen werden.

Das Gefühl von Lebendigkeit ist für einen authentischen Dialog von entscheidender Bedeutung. Wir müssen wirklich präsent sein, Interesse zeigen, einen gemeinsamen Sinn suchen. Für unsere geschäftlichen Aktivitäten kann sich dies in vielerlei Hinsicht als nützlich erweisen. Heath Herber, President der Herber Company, beschreibt, welchen Einfluß es auf ihn hatte:[8]

> »Ich würde sagen, daß vielleicht das Wichtigste, was ich in den 20 Jahren meines Berufslebens gelernt habe, darin besteht, den Gefühlen anderer Menschen zuzuhören. Ich versuche zu hören, was hinter den Worten des anderen steckt. Das können Zweifel sein. Das kann Verärgerung oder Nervosität sein. Dann nenne ich es einfach beim Namen. Ich sage zum Beispiel: »Das klingt so, als hätten Sie Zweifel, und ich kann sehr gut verstehen, warum.« Ich versuche nie, jemandem etwas auszureden. Wenn ich es beim Namen nenne, fängt der andere schon selbst damit an, es sich auszureden. Zum erstenmal ist mir das aufgefallen, als ich versuchte, ein größeres Geschäft mit einem Autohändler abzuschließen. Unsere Verhandlungen waren ins Stocken gera-

Verbindung zur EQ Map: Authentische Präsenz
Dieses Kapitel bezieht sich auf folgende Tabellenspalten der EQ Map: emotionales Selbstbewußtsein, emotionale Ausdrucksfähigkeit, emotionales Bewußtsein gegenüber anderen, Zielstrebigkeit, Intuition und persönliche Kraft.

ten, und ich konnte mir einfach nicht vorstellen, warum. Ich wußte, daß ich die Preise so kalkuliert hatte, daß alles Hand und Fuß für ihn hatte, aber trotzdem zögerte er mit seiner Entscheidung. Ich sah, daß ihn irgend etwas beunruhigte, also sagte ich: ›Charlie, ich habe den Eindruck, daß Sie etwas beunruhigt.‹ Er sah mich erstaunt an und benahm sich plötzlich ganz anders. ›Ja, schätze, so ist es. Meine Tochter heiratet am Samstag, und das beschäftigt mich doch sehr.‹ Es stellte sich heraus, daß unsere Töchter ungefähr im gleichen Alter waren. Aber bis zu diesem Moment hatte keiner von uns gewußt, daß der andere Kinder hatte. Fünf Minuten später hatte er den Vertrag unterschrieben und einen neuen Freund.«

EQ in der Praxis
Zum Kern einer Sache vorstoßen

Die Entwicklung authentischer Präsenz beginnt dort, wo Sie sich gerade befinden. Sie arbeiten zu Hause daran, bei geschäftlichen Interaktionen, bei jedem Projekt und jeder Besprechung. Nach kurzer Zeit werden Sie feststellen, daß es einfach nicht mehr genügt, etwas nur der Form halber zu tun. Es fühlt sich falsch an, verkehrt. Statt dessen streben Sie nach Entschlossenheit und Klarheit und fühlen sich von Geschwätz und Geplapper abgestoßen. Es wird für Sie immer leichter, sich über etwas klarzuwerden und weiterzukommen, was Zeit spart und Ihnen dabei hilft, sich einen Vorsprung zu verschaffen. Dazu einige Überlegungen:

»Ohne glaubhafte, ständige Kommunikation werden wir Herzen und Gedanken anderer nie gewinnen.«
John P. Kotter,
Harvard Business School

- *Hören Sie aufmerksam zu, wenn Sie sich an einer Diskussion oder einer Besprechung beteiligen, und bringen Sie Ihre Absicht klar und deutlich zum Ausdruck.* In den Kapiteln 1 und 3 haben wir über emotionale Ehrlichkeit gesprochen und darüber, wie wichtig es ist, frühzeitig zum Kern einer Sache vorzustoßen. In vielen Fällen führt dies zu besseren Beziehungen, außerdem spart es Zeit. In Gruppensituationen ist es von entscheidender Bedeutung, daß Sie Ihre Intuition einsetzen und ein Gespür dafür bekommen, was die anderen fühlen und vorhaben. Stellen Sie dann klärende Fragen, um zu sehen, ob Sie recht haben. Dreht sich die Diskussion um Klatsch und Gerüchte oder um einen tieferen Sinn? Geht es bei der Interaktion um Machtspiele, oder ist es ein echter Dialog? Bleiben Sie offen, empathisch und aufmerksam. Sie wissen bereits, wie man gut zuhört. Jetzt muß noch Ihr Herz dazukommen.

Wir alle lassen uns zu einem falschen Gefühl der Sicherheit oder Selbstgefälligkeit verleiten, wenn wir der Neigung folgen zu verleugnen, was wir nicht hören wollen. Wir haben mehr als genug Herausforderungen, die uns in Atem halten, wir brauchen nicht noch mehr Arbeit. Wenn die ersten Anzeichen eines Problems auftauchen, verleugnen oder ignorieren wir es, falls wir uns das leisten können. Wir verfallen in das optimistische Management-Gerede: »Zugegeben, wir stehen vor Herausforderungen, aber seht doch, was wir alles erreicht haben.« In den 60er Jahren mußten die Menschen in den USA und besonders Militärangehörige ein entsetzliches Beispiel dafür erfahren: Die Flut von Berichten darüber, wie die Vereinigten Staaten und ihre Verbündeten den Krieg in Vietnam gewannen, obwohl in Wirklichkeit auf höchster Ebene das Engagement für einen Sieg fehlte und Tausende den Tod fanden.[9]

Die nächste Überlegung hierzu: Was, wenn Sie zu Beginn einer Gruppensituation nicht anwesend sein können und erst dann hinzukommen, wenn alle schon kurz vor dem Wutausbruch zu stehen scheinen, ins Stocken geraten sind oder eine Verschwörung in der Luft liegt? Wissenschaftliche Studien lassen darauf schließen, daß die erste Minute des empathischen Zuhörens am wichtigsten ist. In dieser Zeit haben Ihre Zuhörer womöglich bereits unerschütterliche Urteile und Meinungen über Sie und das Thema gefaßt. Ich habe festgestellt, daß hier folgende Strategien von Nutzen sein können:

Wenn jemand sehr aufgebracht ist, ohne daß er dafür eine eindeutige Begründung oder eine logische Erklärung liefert, können Sie zum Beispiel sagen: »Es mag ja sein, daß Sie recht haben, aber ich würde das gern besser verstehen. Was im einzelnen läßt Sie glauben, daß ...?«

Wenn jemand unvermittelt vom Thema abgeschweift ist, könnten Sie fragen: »Würden Sie mir bitte helfen zu verstehen, wie diese neue Richtung, die Sie jetzt eingeschlagen haben, mit unserem eigentlichen Problem oder dem Zweck dieser Besprechung zusammenhängt?« Entdecken Sie Abwehr oder Feindseligkeit in der Haltung des anderen, sagen Sie beispielsweise: »Ich habe den Eindruck, daß Sie darüber sehr aufgebracht sind. Helfen Sie mir doch, das zu klären. Als ich sagte ... (geben Sie ein Beispiel), hatte ich das Gefühl, daß Sie ... waren (geben Sie das entsprechende Gefühl an). Wenn das der Fall ist, würden Sie mir dann bitte helfen zu verstehen, was Sie so verärgert hat?«

Wenn Sie eine stark negative oder ablehnende Reaktion bei anderen wahrnehmen, könnten Sie folgendermaßen reagieren: »Das ist jetzt vielleicht eher *mein* Eindruck als der Ihre, aber als Sie sagten ... (geben Sie ein Beispiel oder eine Beschreibung), habe ich mich ... gefühlt/hatte ich den Eindruck, daß Sie ... waren. Wenn dem so ist, würde ich gern verstehen, was Sie daran beunruhigt.«

Sie beginnen einen wichtigen Dialog mit dem Team oder nehmen an einer Besprechung teil. Andere Anwesende bringen ihre Ansicht energisch und aufgebracht zum Ausdruck, und Sie haben sofort den Eindruck, daß Sie sie nicht beeinflussen können. Was nun? Sie könnten Ihre Meinung sagen, um die Dinge klarzustellen, und jedem viel Zeit sparen, wenn Sie sagen: »Nachdem Sie Ihren Standpunkt so energisch deutlich gemacht haben, muß ich Sie etwas fragen: Gibt es eine Möglichkeit – gibt es überhaupt eine Möglichkeit für mich –, Sie davon zu überzeugen, hier auch andere Aspekte in Erwägung zu ziehen?« Wenn die Antwort nein ist, wäre dies vielleicht eine gute Gelegenheit für Sie, um sich zu entschuldigen und mit einem Thema fortzufahren, bei dem Sie etwas bewegen können. Sie sollten immer daran denken, daß Pannen bei der Teamarbeit und Machtkämpfe im Unternehmen – die in fast allen Unternehmen ein Problem sind und zu ungeheuren Zeit-, Energie-, Geld- und Kreativitätsverlusten führen – so gut wie immer von Anfang an wahrgenommen werden und mit fünf oder zehn Minuten empathischen Zuhörens und authentischen Dialogs verhindert werden können.

Denken Sie einmal darüber nach, wie Sie sich *fühlen*, wenn andere Menschen, besonders jene, die Ihnen etwas bedeuten oder für Ihre Karriere wichtig sind, dem, was Sie zu sagen haben, einfach nicht zuhören. Das Gefühl, daß Sie nicht gehört oder verstanden werden, ist sowohl schmerzhaft als auch entmutigend. Und deshalb sind ein aufmerksames Ohr und ein offenes Herz bei Geschäftsbeziehungen so ungeheuer wirkungsvoll. Hier sind einige Formulierungen, die Führungskräfte, mit denen ich gearbeitet habe, bei empathischem Zuhören und Dialog als sehr nützlich empfunden haben:

»Bitte helfen Sie mir zu verstehen. Erzählen Sie mir mehr darüber.«
»Was halten Sie von ...?«
»Was ist Ihnen bei ... am wichtigsten?«
»Wie würden Sie sich in dieser Situation verhalten?«

- *Achten Sie auf Kongruenz, und sagen Sie es, wenn Sie diese vermissen.* Wenn Sie eine Interaktion mit einem Teammitglied, einem Kunden oder Ihrem Chef beginnen, könnten Sie sich zum Beispiel fragen: »Paßt die Körpersprache zu den Worten, die ich höre?« Wenn ein Widerspruch vorliegt, fragen Sie sich: »*Warum* sagt er das jetzt und hier?« Und: »*Wie* sagt er es mir?« Wenn Ihnen nach dieser Phase der strategischen Prüfung alles nur noch unklarer erscheint, sollten Sie ehrlich zu sich sein, indem Sie sich fragen: »Kann ich zugeben, daß ich das nicht verstehe?« Wenn ja, sollten Sie sich klärende Fragen stellen, wie zum Beispiel:

  »Was für ein Gefühl habe ich dabei?«
  »Was sagt mir meine Enttäuschung oder meine Wut? Um was geht es mir?«
  »Wird hier etwas verschwiegen?«

- *Führen Sie in der Gruppe kurze Codes für übereinstimmende Gefühle und Klarheit ein.* Eine der einfachsten und effektivsten Methoden, die es meiner Meinung nach für Angehörige eines Teams, einer Abteilung oder eines Unternehmens gibt, um in einer Besprechung oder bei einer offenen Diskussion übereinstimmende Gefühle zu bestätigen, ist die Verwendung eines Zeichens oder Codeworts. In meiner Firma sagen wir »Ditto« (oder sagen es eben nicht), was soviel bedeutet wie: »Ich habe das gleiche Gefühl dabei. Ich bin einverstanden.« Ich habe das von Kenneth Grant an der Hyde School in Connecticut gelernt. Ein Beispiel: Wenn Sie in einer großen Gruppe sitzen und den anderen zuhören, sagen Sie jedesmal, wenn von einem anderen ein Gefühl ausgedrückt wird oder ein Punkt angesprochen wird, der mit Ihren eigenen Gefühlen übereinstimmt, »Ditto«. Wenn Sie die anfängliche Befangenheit und einige Lacher überwunden haben, kann das eine erstaunlich effektive Methode sein, um eine ganze Gruppe in die Lage zu versetzen, die emotionale – und auch die kognitive – Intelligenz im Raum besser wahrzunehmen und damit die Richtung des Dialogs zu bestimmen, Klarheit zu schaffen und Zeit zu sparen.

Darüber hinaus sagen wir immer dann »Noch einmal, bitte« – deutlich, aber freundlich ausgesprochen –, wenn ein Teilnehmer den Sprecher nicht verstehen kann und möchte, daß etwas wiederholt oder lauter und deutlicher gesprochen werden soll. Nach ein wenig Übung sind diese Codes für uns alle zu praktischen, intuitiv klärenden Formulierungen geworden. Niemand tut mehr so, als würde er alles verstehen, nur um sein Gesicht zu wahren oder »gut auszusehen«. Wir haben gelernt, daß das nur zu Problemen führt. Jemanden nicht hören zu können ist keine akzeptable Entschuldigung dafür, ihn falsch zu verstehen – es sei denn, Sie haben ein Problem mit Ihrem Gehör.

- *Reagieren Sie mit Interesse auf neue Ideen.* Wenn die Zukunft Ihrem Unternehmen eine Goldader zugedacht hat, wird sie vermutlich durch neue Ideen gefunden und genutzt werden. Bei 3M und anderen Unternehmen, die für ihre innovative Kultur bekannt sind, habe ich mit Führungskräften und Gruppen darüber gesprochen, wie Ideen entstehen und wie die Manager darauf reagieren. Was zum Beispiel passiert, wenn Sie als erste Reaktion auf die neue Idee eines Mitarbeiters denken: »Das ist das Dümmste, was mir seit langer Zeit begegnet ist. Hier wird das mit Sicherheit nie funktionieren.«? Vielleicht haben Sie recht, vielleicht auch nicht; das spielt eigentlich keine Rolle. Wenn Sie so etwas sagen, werden Ihre Mitarbeiter nie wieder mit einer neuen Idee zu Ihnen kommen.

  Aber was, wenn Sie statt dessen Ihre intuitiven Empfindungen von einer Beurteilung weg auf offene Neugier verlagern (denken

Sie daran, daß viele Produkte von 3M Verkaufsrenner geworden sind, trotz des anfänglichen Widerstands oder zumindest hochgezogener Augenbrauen des Managements)? Fragen wir zum Beispiel: »Wie könnte diese Idee Ihrer Meinung nach *gewinnbringend* für das Unternehmen eingesetzt werden?« Dann helfen Sie dem Mitarbeiter, der mit der Idee zu Ihnen gekommen ist, bei der Antwort. Sie könnten anbieten, für Ressourcen oder Kontakte zu F & E, Marketing oder Fertigung zu sorgen. Ohne Feindseligkeiten entstehen zu lassen, haben Sie Ihre emotionale Intelligenz dazu eingesetzt, dem Mitarbeiter zu helfen, seine Idee zu bewerten, ihre Stärken und Schwächen zu identifizieren und ein objektives Urteil zu fällen. Auf diese Weise bewahren und steigern Sie seinen Stolz und Enthusiasmus – Gefühle, die von entscheidender Bedeutung sind. Sie garantieren, daß Sie und die Menschen, die mit Ihnen arbeiten, auch in Zukunft noch Ideen haben. Und welche Führungspersönlichkeit oder Firma möchte das nicht?

- *Lassen Sie Ihr privates Ich einen Brief an Ihr öffentliches Ich schreiben.* Eine effektive Übung bei der Entwicklung authentischer Präsenz besteht meiner Erfahrung nach darin, einen schriftlichen Dialog zwischen Ihrem privaten und Ihrem öffentlichen Ich zu beginnen. Ich habe das zum erstenmal vor 30 Jahren gelernt, als ich beim Kampfsportunterricht gefragt wurde: »Welcher Teil von dir wird entscheiden, wieviel Gewalt du zu welchem Zeitpunkt in einer Auseinandersetzung einsetzt?« Falls wir eine solche Entscheidung nicht im voraus treffen, kann es vorkommen, daß das menschliche Nervensystem blind reagiert oder wir das tun, was andere von uns zu erwarten scheinen, statt das, was für uns, für unsere innere Wahrheit richtig ist. Ich habe diese Übung oft gemacht, und sie hat mir immer geholfen. Ein Grund für Ihren Nutzen: Die authentische Präsenz erfordert es, daß Sie zu Ihrem Inneren Verbindung aufnehmen und sich von dieser Stimme führen lassen. Es ist viel zu einfach, auf andere Menschen und Situationen einfach nur zu reagieren, unser Leben lediglich von einem oberflächlichen intellektuellen – und größtenteils inflexiblen – Standpunkt aus zu führen. Dabei berücksichtigen wir unser Herz nicht. Das gleiche gilt dafür, wenn wir unsere Arbeit mechanisch verrichten, nur mit unserem »öffentlichen Ich«. Früher oder später spüren wir, daß etwas fehlt oder nicht stimmt. Nehmen Sie ein Blatt Papier, und lassen Sie Ihr inneres, »privates« Ich einen emotional ehrlichen Brief an Ihr äußeres,

»offizielles« schreiben. Wenn Sie fertig sind, lesen Sie sich den Brief sorgfältig durch. Was haben Sie festgestellt? Über welche Fragen oder Erkenntnisse sollten Sie nachdenken? Wie könnten Sie sich noch besser an Ihrer inneren Stimme orientieren – und an Ihrer authentischen Präsenz?

Wenn wir gute Fragen stellen und authentisch sind, sparen wir in der Regel Zeit und gewinnen Klarheit. Deshalb sind wir auch eher bereit, auf unsere Intuition zu hören, und kommen gewöhnlich besser mit anderen aus. Dies bildet die Grundlage für den Ausbau Ihres »Vertrauensradius«, der sich als Schlüsseleigenschaft der emotionalen Intelligenz erwiesen hat, wenn es darum geht, sinnvolle und für das Unternehmen gewinnbringende Beziehungen zu entwickeln und zu unterhalten. Darauf wollen wir uns im nächsten Kapitel konzentrieren.

6
Vertrauensradius

Das Licht des Morgens hatte sich bereits vor einigen Stunden vor die Sterne geschoben. Es begann zu schneien. Die Wolken um mich herum legten sich wie eine dicke Decke auf das Tal zwischen den Gipfeln, und ich konnte nur noch ein paar Schritte weit sehen. Mehrere Stunden lang kamen wir nur im Schneckentempo voran, bis der Himmel endlich aufklarte, als wir die Ruinen einer ehemaligen Festung erreichten. Mein Führer und ich näherten uns einer tiefen Spalte zwischen den bröckelnden Mauern und den in den Himmel ragenden Felsnasen. Der einzige Weg hinüber führte über eine schmale, verwitterte Hängebrücke, die vor langer Zeit einmal an der beinahe senkrecht nach unten abstürzenden Felswand befestigt worden war. Als wir näher kamen, sah ich im fahlen Licht der Sonne, daß ein Teil der Brücke beschädigt war und einzelne Steine aus dem Felsvorsprung herausgebrochen waren. Zögernd ging mein Führer ein paar Schritte auf den Felsvorsprung hinaus, dann kam er wieder zurück.

Es schien keinen anderen Weg über die Schlucht zu geben, es sei denn, wir kehrten um. Wir warteten, während uns der kalte Wind um die Ohren pfiff, als wollte er uns verhöhnen. Mit jedem Augenblick fühlte ich mich unwohler. Ich war nervös und unsicher, empfand Angst und Wut – alles zur gleichen Zeit –, weil der Weg, der uns zum Ziel bringen konnte, wertlos geworden war. Während ich in der eisigen Luft vor mich hinfluchte, huschte mir trotzdem ein flüchtiges Lächeln über das Gesicht. Mir fiel ein, daß genau so eine Situation der Grund dafür war, weshalb so viele Menschen – einschließlich mir selbst in diesem Moment – lieber in einem bequemen Sessel sitzen und sich einen alten Film oder eine Sportsendung im Fernsehen ansehen, als ihr Leben in den Bergen – oder auf Brücken – zu riskieren.

Ich drehte mich um, ging voller Unruhe einige Schritte auf und ab, wartete.

Ich sah sie sofort. Aus den weißen Wolken, die sich auf den Weg gelegt hatten, kam eine junge Tibeterin auf uns zu. Neben ihr ging ein kleines Mädchen, das nicht viel älter als drei oder vier gewesen sein konnte.

Die Frau kam zu uns und sagte: »*Tashi deley*«, während sie ihre Handflächen vor dem Herzen zusammenlegte und mir den traditionellen Gruß entbot. Sie sah mir in die Augen, dann drehte sie sich um und warf einen Blick auf die Brücke. Plötzlich lächelte sie, griff in die Taschen ihres Umhangs und drückte mir etwas in die Hand. Ich sah, daß es ein kleines Stück tibetischer Türkis war, von strahlendem Blau. »*Kailas*«, sagte sie nur, was bedeutete, daß der Stein in der Nähe dieses berühmten Berges im Himalaja gefunden worden war. Wie viele tibetische Pilger trug sie ein kleines Säckchen mit solchen Amuletten bei sich, die Kraft und ein gutes Schicksal verhießen und eine symbolische Verbindung zum Kern unserer Existenz darstellten.

Ich hob den Kopf und sah, wie das kleine Mädchen auf den Rücken seiner Mutter kletterte und seine kleinen Hände die Falten ihres Umhangs packten. Es wandte den Kopf und sah mich lange an, wobei es den Kopf neugierig zur Seite legte. Ich werde dieses strahlende Gesicht und die unschuldigen Augen niemals vergessen. Dann, ohne auch nur im geringsten zu zögern, ging die junge Frau mit dem kleinen Mädchen auf dem Rücken über den bröckelnden Felsvorsprung, wobei sie sich gegen die Felswand drückten und sich mit einer Hand an ihr abstützten. Und dann verschwanden sie in den Schatten der Wege dahinter. Ohne lange nachzudenken, folgten der Führer und ich den beiden.

Das Stück Türkis habe ich immer noch. Es erinnert mich an die Kraft des emotionalen Vertrauens. Der Dichter David Whyte, Verfasser von *The Heart Aroused*, berichtet von einer ähnlichen Erfahrung, die er vor einigen Jahren gemacht hat, als er im Himalaja einen Bergpaß überquerte.

Über welche Brücken aus Vertrauen sind Sie in Ihrem Leben gegangen? Nehmen Sie sich etwas Zeit, und rufen Sie sich eines oder zwei dieser Erlebnisse ins Gedächtnis zurück. Ich glaube, daß jeder von uns Tag für Tag an einer Schlucht aus Zweifeln und Veränderung ankommt, bei der der weitere Weg von einer kaputten oder nicht erprobten Brücke abhängt. Im Beruf kann eine solche Situation zum Beispiel dann auftreten, wenn wir kurz davorstehen, einen Schritt in eine bestimmte Richtung zu machen, unsere Meinung zu sagen, etwas Unerwartetes zu schaffen, uns einem schwierigen Problem zu stellen oder einen entscheidenden Dialog zu beginnen. Immer wenn wir uns daranmachen, unbekanntes Terrain zu betreten, ragen unsere verborgenen Ängste und die Zweifel an uns selbst drohend vor uns auf, und dann übernimmt unser Verstand die Führung. Wir fangen an, darüber nachzudenken, die Risiken zu analysieren. Natürlich kann das sehr sinnvoll sein, aber oft führt es dazu, daß wir das Gefühl haben, die Schlucht sei nicht nur schwierig zu überqueren, sondern unüberwindbar und das Risiko viel zu groß, als daß wir es wagen sollten. Und dann müssen wir den ganzen Weg wieder zurückgehen und unsere Hoffnung aufgeben.

Was kosten uns solche Entscheidungen? Wir müssen uns natürlich über die Risiken im klaren sein, aber auch mit unserem Herzen vertrauen. Ohne unser Herz finden wir uns nicht mehr zurecht und drehen uns schließlich im Kreis. Wir wiederholen, was wir längst wissen, hören auf die Stimme unseres Verstandes, der uns rät, einen Rückzieher zu machen und zu warten, zu zweifeln und zu klagen. Ich erinnere mich noch, wie ich beim Abstieg aus dem Gebirge über das Bild »Brücken aus Vertrauen« nachdachte.

Jenseits der Brücken aus Vertrauen

Wenn ich über Vertrauen reflektiere, sehe ich als Metapher dafür nicht nur eine Brücke, sondern auch einen Becher. Ich habe einmal ein Gespräch mit dem Komponisten und Musiker Carlos Santana gehört, der in der Radiosendung *Fresh Air* interviewt wurde.[1] Der Moderator fragte ihn: »Sie komponieren sehr viel, aber wenn Sie ein Konzert geben, spielen Sie auch die Musik anderer Künstler. Es gibt Kritiker, die dies als Zeichen dafür sehen, daß Sie mangelndes Vertrauen in Ihre eigene Arbeit als Künstler haben. Stimmt das?«

Santana dachte eine Weile nach und erwiderte dann: »Es gibt so viele schöne und ausdrucksvolle Songs, die mich bewegen, nicht nur meine eigenen Kompositionen. Ein Song ist wie ein Becher. Es kommt darauf, was man hineingießt.«

Wenn Sie sich Ihr Leben als Becher vorstellen – wieviel von Ihrem emotionalen Vertrauen und sich selbst gießen Sie hinein? Wie steht es mit Ihren Geschäftsbeziehungen? Und mit Ihrer Familie?

Dann sollten Sie sich fragen, wie dick – oder dünn oder undicht – diese Becher sind. Wieviel Vertrauen ist notwendig, um die Sprünge darin zu reparieren, alte Gewohnheiten hinter sich zu lassen und jeden Becher mit neuen Ideen und größerer Verbundenheit zu füllen? Wenn wir genug vertrauen, um unsere Herzen in die Becher des Lebens auszugießen, inspirieren wir uns selbst und andere. Wir strecken unsere Hand Fremden entgegen und achten sie dadurch, ohne etwas dafür zu erwarten. Ironischerweise – oder auch nicht – zahlt es sich in der Regel auf die eine oder andere Weise für uns aus, wenn wir anderen Vertrauen entgegenbringen. Zumindest empfinden wir unsere tägliche Arbeit als menschlicher und daher wertvoller.

Das ist das Ergebnis von Vertrauen. In der Geschichte gab es viele bemerkenswerte Männer und Frauen, die das gewußt und für eine gute Sache eingesetzt haben. Vor kurzem wurde ich auf einem Transkontinentalflug daran erinnert, wie wichtig es ist. Ich saß neben einer Managerin, die mich plötzlich fragte: »Wie wird man zu einem der reichsten Menschen der Welt?«

Ich zuckte mit den Schultern, sah sie an und wartete darauf, daß sie mir gleich ihre Verkaufsargumente aufzählen würde, weil ich annahm, sie wäre in der Versicherungs- oder Investmentbranche.

»Eine Möglichkeit«, sagte sie, »besteht darin, daß Sie sich und Ihren Mitarbeitern so vertrauen, daß Sie 70 % von dem, was Sie besitzen, einfach verschenken und dadurch Tausende Ihrer Manager und Angestellten zu Millionären machen. Das hat Bill Gates mit Microsoft gemacht. Und Sam Walton hat das gleiche mit Wal-Mart gemacht. Und wie«, fuhr sie fort, »stellen Sie es an, daß Ihre Firma unter den besten Fortune-500-Dienstleistungsunternehmen in der Sparte Gewinnwachstum ausgezeichnet wird und innerhalb von zehn Jahren nach der Gründung einen Umsatz von fast 10 Milliarden Dollar erzielt?«

Wieder sah ich sie mit einem fragenden Blick an. »Eine Möglichkeit«, sagte sie, »besteht darin, daß Sie sich und Ihren Mitarbeitern so vertrauen, daß Sie ihnen dabei helfen, Aktien im Wert von über einer Million Dollar zu erwerben, Mitarbeiter, von denen einige noch nicht einmal 30 sind und als Regalauffüller angefangen haben. Das Unternehmen, von dem ich spreche, ist Home Depot.«

Sie wies darauf hin, daß es noch Hunderte andere solcher Beispiele für Unternehmen jeder Größe und Branche gab. Und sie hatte recht. Ich mußte daran denken, daß auch Minoru Makihara, President der

Mitsubishi Corporation – das japanische Handelsunternehmen mit einem Jahresumsatz von über 176 Milliarden Dollar –, auf den ungeheuren Wert von »Netzwerken aus Vertrauen« hingewiesen hatte.[2] Vertrauen ist eine emotionale Stärke, die mit einem Gefühl der Selbstachtung und der Zielstrebigkeit beginnt und uns dazu auffordert, anderen unsere Hand entgegenzustrecken, wie der Radius eines Kreises, so daß wir schließlich jeden in unserem Team, in unserer Abteilung, im Geschäftsbereich oder im gesamten Unternehmen erreichen. Das warme, angenehme Gefühl, das Vertrauen in Ihnen auslöst – weil Sie sich auf sich selbst und andere verlassen können und andere Ihnen vertrauen –, ist einer der starken Impulse in Ihrem Leben. Damit haben wir in unserem Inneren die Gelegenheit, uns weiterzuentwickeln, emotional fit zu werden und unser Vertrauen zu üben und zu erweitern, indem wir Brücken von einem Thema zum anderen, von einer Idee zur anderen, von einem Menschen zu einem anderen schlagen. Solche Eigenschaften ermöglichen es uns zum Beispiel, Kritik im richtigen Verhältnis zu sehen und Kritikern mit mehr Offenheit und Selbstbewußtsein und vielleicht einem Lächeln zu begegnen.

Dies erinnert mich an Albert Einstein, der im Zweiten Weltkrieg ins Exil ging, nachdem unzählige Nazi-Professoren Bücher herausgebracht hatten, in denen sie seine Relativitätstheorie verdammten. »Wenn ich mich geirrt hätte«, sagte er, »hätte ein Professor genügt.« Das ist Selbstvertrauen – und ein Anflug von Humor in Zeiten der Not.

Einer der wichtigsten Aspekte in diesem Kapitel ist die Tatsache, daß Vertrauen mehr ist als nur eine gute Idee oder Einstellung. Vertrauen ist eine emotionale Eigenschaft, etwas, das wir spüren, nach dem wir uns richten müssen. Wenn wir uns selbst vertrauen und dieses Vertrauen auch anderen entgegenbringen und es von ihnen auch zurückbekommen, wird es zu dem Klebstoff, der Beziehungen zusammenhält und einen ehrlichen Dialog ermöglicht. Dagegen führt ein Mangel an Vertrauen dazu, daß wir genausoviel Zeit mit Absichern, Zweifeln, Überprüfen, Abwägen und Untersuchen verbringen wie mit unserer eigentlichen Arbeit – das heißt kreativer, kooperativer und wertschöpfender Arbeit.

Michael Hammer bemerkt dazu: »Die indirekten Kosten von mißtrauischen oder argwöhnischen Beziehungen sind enorm.«[3] Die Partner von Arthur Andersen & Co. bemühen sich darum, die höchste Bewertung in der Sparte »vertrauenswürdiger Berater« zu erreichen. Das sind nur zwei Worte, aber sie stehen für eine ungeheure Verantwortung, denn für die vielen Kunden von Arthur Andersen & Co. in aller Welt ist *Vertrauen* von größter Bedeutung.

Bei einer vor kurzem durchgeführten Umfrage unter multinationalen Unternehmen stellte *The Economist* fest, daß Unternehmen zunehmend Netzwerken aus weitgespannten Partnerschaften ähneln, und daß Vertrauen zu einem immer wichtigeren Thema wird. Charles Handy fragt uns: »Wie gehen Sie mit Menschen um, die Sie nicht sehen?« – und die Sie nicht entlassen oder kontrollieren können, weil sie vielleicht gar nicht Ihre Angestellten sind? Handys Antwort: »Vertrauen Sie ihnen.«[4]

»Methoden und Technologie sind wichtig. Aber in unserem Jahrzehnt geht es um den Ausbau von Vertrauen.«
Tom Peters

Einschätzung des Vertrauens

Aber wie anfangen? Wenn es Ihnen ernst damit ist, könnten Sie zum Beispiel mit einem »Vertrauensfragebogen« arbeiten, den Sie und die Mitglieder Ihres Teams ehrlich beantworten und anschließend vergleichen. Beginnen Sie damit. Dann wird Ihnen klar, auf welche Art und Weise Sie Vertrauen aufbauen können. Von allen Fragebögen, die ich im Laufe der Jahre geprüft und eingesetzt habe, finde ich den folgenden am besten. Er wurde von Charlotte M. Roberts entwickelt, die als Executive Consultant arbeitet und Mitautorin des Buches *The Fifth Discipline Fieldbook* ist. Der Fragebogen entstand während ihrer Arbeit zur Entwicklung gemeinschaftlichen Lernens als Kompetenz und wird hier mit freundlicher Genehmigung wiedergegeben:[5]

Nachfolgend sind 21 Aspekte von Vertrauen aufgeführt.
Setzen Sie ein Pluszeichen (+),
wenn die Person die Kriterien erfüllt, und ein Minuszeichen (–),
wenn die Person die Kriterien nicht erfüllt.

1. ____ Ich kann mir gut vorstellen, wie der Mitarbeiter reagieren wird; er/sie handelt konsequent.
2. ____ Ich glaube, daß der Mitarbeiter zuverlässig ist; er/sie hält Vereinbarungen, Termine und Versprechen ein.

3. ____Ich habe das Gefühl, daß der Mitarbeiter mich nicht absichtlich kränken würde; er/sie zeigt anderen gegenüber soziales Verhalten.
4. ____Ich vertraue darauf, daß der Mitarbeiter in meinem Interesse handelt, selbst wenn ich nicht da bin; wir haben gemeinsame Werte und Ziele.
5. ____Ich weiß, daß der Mitarbeiter die ihm zugeteilten Aufgaben erfüllen kann; er/sie arbeitet sehr gut.
6. ____Ich glaube, daß der Mitarbeiter die Wahrheit sagt; er/sie ist ehrlich.
7. ____Ich halte das, was der Mitarbeiter sagt, für glaubwürdig; er/sie sagt, was er/sie denkt.
8. ____Ich weiß, daß der Mitarbeiter Fehler und Bedenken zugeben wird; er/sie ist offen.
9. ____Ich kann mit meinem Mitarbeiter über meine verrückten Ideen und meine Gefühle sprechen; er/sie ist unvoreingenommen.
10. ____Ich habe keine Bedenken wegen der Investitionen (sozialen, emotionalen, psychologischen usw.), die ich für diese Beziehung aufgewendet habe; der Mitarbeiter respektiert die Beziehung.
11. ____Ich habe keine Angst vor einer unsicheren Zukunft; mein Mitarbeiter und ich können die Entwicklung einigermaßen abschätzen.
12. ____Ich habe kein Problem damit, den Mitarbeiter um seine Hilfe zu bitten, um einen neuen Prozeß, eine neue Gleichung usw. zu verstehen; er/sie ist ein(e) gute(r) Lehrer(in).
13. ____Ich erhalte ein ehrliches Feedback von dem Mitarbeiter; es ist direkt, präzise und nicht destruktiv.
14. ____Ich bin bereit, eine Entscheidung zu verschieben, bis ich die Argumentation des Mitarbeiters verstanden habe; er/sie kann einen wertvollen Beitrag leisten.
15. ____Ich weiß, daß der Mitarbeiter bereit ist, seine/ihre Entscheidung zu verschieben, bis er meine Argumentation verstanden hat; er/sie glaubt, daß ich einen wertvollen Beitrag leisten kann.
16. ____Ich habe kein Problem damit, anderer Meinung zu sein als der Mitarbeiter; er/sie ist genauso wie ich darauf bedacht, die Wahrheit und die beste Lösung zu finden.
17. ____Ich achte auf Kritik des Mitarbeiter; er/sie akzeptiert mich,

wie ich bin, und verlangt nicht, daß ich eine bestimmte Rolle spiele.

18. ____ Ich fühle mich durch den Mitarbeiter bestätigt; er/sie akzeptiert mich, wie ich bin, und verlangt nicht, daß ich eine bestimmte Rolle spiele.

19. ____ Ich führe einen frei fließenden Dialog mit dem Mitarbeiter; unsere Gedanken harmonieren miteinander, wir verstehen uns gut.

20. ____ Es macht Spaß, mit dem Mitarbeiter zusammenzuarbeiten; er/sie denkt ähnlich wie ich.

21. ____ Der Mitarbeiter hat zu mir gesagt, daß ich ihm/ihr vertrauen kann.

22. ____ Weitere (beschreiben Sie die Kriterien).

Was haben Sie aus diesem Fragebogen gelernt?

Ich habe bei der Arbeit damit unter anderem gelernt, daß es bei Aufbau und Pflege von Vertrauen viele Dimensionen gibt. Und alle sind wichtig.

Je mehr ich mir selbst, anderen und meiner Umgebung vertraue, desto kreativer und effektiver werde ich sein, und desto mehr Chancen werde ich haben, um erfolgreich zu sein. Wissenschaftliche Studien haben ergeben, daß chronisches Mißtrauen und die damit einhergehende Feindseligkeit sogar das menschliche Herz schädigen und zu einer tödlichen Herzkrankheit führen können.[6] Redford Williams, Leiter der Verhaltensforschung am Duke University Medical Center, gehört zu der wachsenden Anzahl von Fachleuten, die den Zusammenhang von Feindseligkeit, Mangel an Vertrauen und Herzproblemen untersucht. Bei manchen Menschen scheint es, »als würden sie jeden Tag eine kleine Dosis eines langsam wirkenden Gifts – beispielsweise Arsen – zu sich nehmen. Das Ergebnis ist oft das gleiche: Die Gesundheit wird nicht gleich morgen oder übermorgen, aber viel schneller von den feindseligen Gefühlen beeinträchtigt, als wir es uns wünschen.«[7] Williams empfiehlt als Vorbeugungsmaßnahme unter anderem: Sorgen Sie dafür, daß es in Ihrem Leben und bei Ihrer Arbeit mehr Vertrauen gibt.[8]

Andere Studien lassen darauf schließen, daß Vertrauen einen erheblichen Einfluß auf die Leistungsfähigkeit der Gruppe hat, weil die einzelnen Mitglieder dadurch die Möglichkeit haben, Gefühle und Meinungsverschiedenheiten offen auszudrücken und die ansonsten typische Sabotage und Abwehrhaltung zu vermeiden.[9]

Wenn die Mitarbeiter einander nicht vertrauen, ignorieren sie Gefühle und verändern Tatsachen und Ideen, weil sie annehmen, daß diese ihre Verwundbarkeit erhöhen könnten. Unter solchen Bedingungen steigt das Risiko von Mißverständnissen und falschen Annahmen drastisch. Darüber hinaus hat sich Vertrauen als einer der zuverlässigsten Indikatoren dafür herausgestellt, wie zufrieden der Mitarbeiter mit dem Unternehmen ist, für das er oder sie arbeitet.[10]

Ihre Vertrauenswürdigkeit basiert auf ehrlichen und treffenden Mitteilungen, auf Glaubwürdigkeit und Aufrichtigkeit. Es gibt Hinweise dafür, daß Vertrauen in der Geschäftswelt vor allem davon abhängt, ob ein *emotionaler* Kontakt zum anderen aufgenommen werden kann.[11] Egal, ob es sich um ein Produkt, eine Dienstleistung oder eine Beziehung handelt, fast alle Menschen kaufen aufgrund einer gefühlsmäßigen Entscheidung, die sie später durch Fakten rechtfertigen. Doch wenn Sie annehmen, daß diese zum Erfolg führenden Eigenschaften der emotionalen Intelligenz eine herausragende charismatische Persönlichkeit oder einen ebensolchen Führungsstil voraussetzen, irren Sie sich.[12]

Die *betriebsinternen* »Kosten« von Mißtrauen führen zu einem ineffizienten Durcheinander aus Hierarchie, Kommunikation, Mißverständnissen, Wut, Schuldzuweisungen und Zynismus, bei dem Zeit, Energie, guter Wille und Geld verschwendet werden. Wir fühlen uns dazu verpflichtet, Vorgänge bis ins kleinste Detail zu beschreiben, oft auf vielen hundert Seiten und selbst bei einfachen Verträgen oder Transaktionen. Im Gegensatz dazu steht die Praxis, wie manche Unternehmen in Japan mit Vertrauen umgehen. Verträge sind oft nur eine oder zwei Seiten lang und enthalten Formulierungen wie »Einzelheiten werden bei Bedarf später ausgearbeitet«. Beide Seiten vertrauen darauf, daß eine solche Detailausarbeitung alle Interessen berücksichtigt. Ohne Vertrauen verschwenden wir Zeit – und umgeben uns mit Rechtsanwälten. Das veranlaßt das Management, fälschlicherweise davon auszugehen, daß die Angestellten noch strengere Überwachung und härtere Kontrollen brauchen und ohne ständige Aufsicht nicht effizient arbeiten. Eine solche Einstellung

»Wenn es im Unternehmen kein Vertrauen gibt, wenn die Mitarbeiter immer nur damit beschäftigt sind, sich Rückendeckung zu verschaffen, ist einer der ersten Verluste die Kreativität.«
Manfred F. R. Kets de Vries,
INSEAD, Frankreich

liegt Frederick Taylors überholter und nicht fundierter Behauptung zugrunde, man könne Arbeitern nicht vertrauen, deshalb seien verschiedene Managementebenen zur Überwachung ihres Verhaltens erforderlich.

Die *betriebsexternen* »Kosten« von Mißtrauen können im Laufe der Zeit genauso schädigende Auswirkungen haben. Sie versehen jede wirtschaftliche Tätigkeit mit einer Art »Zuschlag«. Wenn Kunden das Vertrauen zu einem Unternehmen verlieren, dauert es nicht lange, bis sie zu Wettbewerbern »überlaufen«, denen sie vertrauen – oder zumindest nicht mißtrauen.

Wie hoch sind Ihrer Schätzung nach in diesem Moment, in diesem Monat, in diesem Quartal die Kosten, die das Mißtrauen für Ihre Karriere oder Ihr Unternehmen verursacht? Und wie könnten sie Arbeitsfähigkeit, Wachstumschancen, Partnerschaften, kreative Leistungen und Rentabilität Ihres Unternehmens in der Zukunft beeinflussen?

Denken Sie einmal über die folgenden Beispiele für angewandtes Vertrauen nach: Von der Hotelkette Ritz-Carlton, einem der wenigen Gewinner des *Malcolm Baldridge Quality Award* im Dienstleistungssektor, wird Vertrauen aktiv als Kern der Unternehmenskultur unterstützt. Jeder Angestellte eines Ritz-Carlton einschließlich der Pagen kann an Ort und Stelle bis zu 2000 Dollar ausgeben, um das Problem eines Hotelgastes zu lösen. Fragen werden dabei nicht gestellt.

Vor allem Vertrauen hat Southwest Airlines, die achtgrößte Fluggesellschaft der Vereinigten Staaten, zu der über Jahre hinweg rentabelsten Fluggesellschaft gemacht, die bei Untersuchungen des amerikanischen Verkehrsministeriums wiederholt Bestnoten für die pünktlichsten Flüge, den besten Gepäcktransport und die wenigsten Beschwerden erhielt. Bei Southwest stehen die Kunden an zweiter Stelle (die Nummer eins sind die Angestellten). CEO Herb Kelleher betont nachdrücklich, daß Vertrauen die treibende Kraft sei. Allen Mitarbeitern bringe man Vertrauen entgegen. »Wir haben versucht, eine Umgebung zu schaffen, in der unsere Mitarbeiter selbst die relativ schlanken Strukturen unseres Unternehmens umgehen können. So müssen sie nicht erst eine Versammlung der Firmenweisen einberufen, um etwas zu erledigen«, erklärt er. »In vielen Fällen können sie einfach loslegen und es selbst machen. Sie können selbst die Verantwortung dafür übernehmen, wissen aber, daß ihnen nicht gleich der Kopf abgerissen wird, wenn es schiefgeht.«[13]

Gary Barron, Executive Vice President von Southwest, traf Kelleher einmal zufällig nach einem Front Line Forum auf dem Flur (Front Line Forum sind die regelmäßigen Besprechungen, in denen sich Kelleher zusammen mit der obersten Führungsspitze Gedanken darüber macht, wie man das Unternehmen weiter verbessern könnte). Barron sagte, daß er mit ihm über die Reorganisation der Management-Struktur von Southwests Wartungsabteilung sprechen wolle, die einen Umsatz von 700 Millionen Dollar erzielt. Er gab Kelleher eine dreiseitige Zusammenfassung der geplanten Umstruktierung. Der CEO las sie auf der Stelle durch und hatte nur einen Einwand. Barron sagte, daß er bei diesem Punkt ebenfalls Bedenken habe und sich darum kümmern werde. »Dann habe ich nichts dagegen«, erwiderte Kelleher. »Fangen Sie an!« Das ganze Gespräch dauerte etwa vier Minuten. Die Mitarbeiter haben Vertrauen zu Kelleher. Sie halten ihn für glaubwürdig. Das gilt auch für viele andere außergewöhnliche Führungspersönlichkeiten, Unternehmer und Manager. Glaubwürdigkeit ist notwendig, damit Vertrauen entstehen und wachsen kann.

Kein Vertrauen ohne Glaubwürdigkeit

Das Wort *Vertrauen* wird als »fester Glaube an die eigene Zuverlässigkeit oder die eines anderen« definiert. Bei unseren Interaktionen mit anderen haben *Vertrauen* und *Glaubwürdigkeit* oftmals fast die gleiche Bedeutung. Wir brauchen beides, eines allein reicht nicht. Den wenigsten Managern ist klar, daß Intuition, emotionaler Kontakt, Einfluß, Vertrauen und Glaubwürdigkeit in den vorbewußten Bereichen des Gehirns verarbeitet werden – und zwar im limbischen System, das nicht nur als Tor zu den Gehirnteilen dient, in denen die kognitive Wahrnehmung, also das Denken, stattfindet, sondern auch als emotionales Zentrum des Gehirns.[14] Während in den kognitiven Gehirnzentren Worte, Begriffe und Analysen überprüft werden, ist das emotionale Gehirn ständig dabei, Tausende von subtilen Nuancen im Klang der Stimme, in Gesten, Blicken und einer ganzen Reihe anderer Verhaltensmuster, die von den kognitiven Gehirnzentren kaum wahrgenommen oder verstanden werden, auf ihre Bedeutung und Beurteilung hin zu untersuchen.[15] Das limbische System arbeitet etwas 80000mal schneller als die Großhirnrinde des Bewußtseins.[16] Das Bewußtsein kann pro Sekunde nur 126 Byte an Informationen und nur 40 Byte an menschlicher Sprache verarbeiten, während unsere Sinne bis zu 10 Millionen Byte Input pro Sekunde aufnehmen.[17] Das limbische System liefert uns bei jeder Interaktion mit anderen eine sofortige »Interpretation« in bezug auf Glaubwürdigkeit und Vertrauenswürdigkeit. Kurz gesagt: Ohne Glaubwürdigkeit werden wir weder gehört, noch vertraut man uns.[18]

Professor Albert Mehrabian von der University of California in Los Angeles hat einige Studien durchgeführt, die darauf hindeuten, daß sich der Empfänger der Nachricht ein schnelles und bleibendes negatives Urteil hinsichtlich der Vertrauenswürdigkeit des Sprechers bildet, falls der nicht in hohem Maße glaubwürdig ist – also aufgeregt, begeistert, selbstbewußt und kongruent in bezug auf Stimme, Worte und Körpersprache.[19] In diesem Fall hängen nur 7 % der Entscheidung darüber, ob einem Menschen geglaubt oder vertraut wird, von den Worten oder deren Inhalt ab, 93 % aber vom Klang der Stimme und der Körpersprache (Augen, Gesten, Haltung und ähnliche Faktoren). Umgekehrt gibt es bei glaub- und vertrauenswürdigen Führungspersönlichkeiten keine Ungereimtheiten in bezug auf Worte, Stimme und Körpersprache – Botschaft und Kommunikator sind eins. Bei Mehrabians Untersuchungen hat sich außerdem gezeigt, daß die Stimme – Resonanz und Intonation – bis zu 84 % des emotionalen Einflusses und der Glaubwürdigkeit eines Sprechers ausmachen, der gehört, aber nicht gesehen wird (also zum Beispiel, wenn Sie telefonieren).

Gestörtes Vertrauen wiederherstellen

Sie denken jetzt vielleicht, daß es ja ganz in Ordnung ist, daran zu arbeiten, die eigene Glaubwürdigkeit zu verbessern und von Vertrauen geprägte Beziehungen aufzubauen – aber was passiert, wenn Ihr Vertrauen mißbraucht wird? Wir alle sind in dieser Hinsicht schon öfter enttäuscht worden, und für viele war diese Erfahrung so schmerzhaft, daß sie sagen: »Ich vertraue nie wieder jemandem.« Wenn unser Vertrauen mißbraucht wird, fühlen wir uns manchmal verletzt und werden für eine Weile zum Zyniker.

> »Man wird Sie vielleicht enttäuschen, wenn Sie zu sehr vertrauen, aber Ihr Leben wird zur Qual werden, wenn Sie nicht genug vertrauen.«
> **Frank Crane,**
> Historiker und Soziologe

Emotionale Fitneß hängt zum Teil davon ab, ob wir effektive Möglichkeiten finden können, um solche Erfahrungen zu überwinden und ein neues Vertrauensverhältnis zu schaffen. In vielen Unternehmen sehen die Mitarbeiter nach einem solchen Vertrauensbruch ständig über die Schulter, fühlen sich noch verletzlicher als vorher, vertrauen niemandem. Sie bringen keine guten Leistungen mehr, sondern versuchen nur noch, sich zu schützen und ihren Arbeitsplatz zu behalten. Selbst wenn in Ihrem Unternehmen keine Atmosphäre von Vertrauen herrscht, können Sie auf persönlicher Ebene damit anfangen, Vertrauen zu schaffen, indem Sie emotional ehrlich und freimütig über Ihre Fehler sprechen (was wiederum Ihre Glaubwürdigkeit erhöht), zu Ihrem Wort stehen und bewußt akzeptieren, daß Vertrauensmißbrauch genauso zum Aufbau dauerhaften Vertrauens gehört wie Zweifel zum Glauben. Es geht darum, nicht stehenzubleiben, sondern beispielsweise Ihrem Vertrauen eine neue Richtung zu geben, anderen Menschen zu vertrauen, die wiederum Ihnen vertrauen.

Auf der unternehmerischen Ebene heißt dies, daß oberste Führungskräfte zu ihrem Wort stehen, ganz gleich, was geschieht. Beispiel: Nur wenige Augenblicke nachdem Bob Montgomery, damals als Manager für die Immobilien von Southwest Airlines zuständig, der Stadtverwaltung von Austin in Texas eine Zusage gegeben hatte, stellte er fest, daß er einen Fehler gemacht hatte, der seinen Arbeitgeber 400000 Dollar kosten würde.[20] Als CEO Herb Kelleher davon hörte, fragte er, ob der Vertrag schon unterschrieben worden sei. »Nein«, sagte der Manager, der Kelleher über den Vorfall informierte, »aber Bob hat ihnen eine Zusage gegeben.« Kelleher entgegnete: »Wenn Bob gesagt hat, daß wir ihn unterschreiben, dann werden wir das auch tun.« Montgomery, der erwartet hatte, entweder seinen Job oder sein Gesicht zu verlieren, verlor weder das eine noch das andere. Ein Jahr später ging er auf den CEO zu und sagte noch einmal, daß es ein dummer Fehler gewesen sei und nie hätte passieren dürfen. Keller antwortete: »Bob, ich bin froh, daß Sie etwas daraus gelernt haben.« Danach wurde das Thema nie wieder erwähnt. Montgomery ist inzwischen zum Leiter der Immobilienabteilung befördert worden.

Viele Wissenschaftler und Führungskräfte sind sich darüber einig, daß wir Vertrauen unter anderem dadurch lernen, indem wir uns gegenseitig Geschichten darüber erzählen.[21] Lesen Sie die folgenden Beispiele unter diesem Gesichtspunkt. Sie gehören zu meinen Lieblingsbeispielen zum Thema Vertrauen im Beruf.

David M. Armstrong, Vice President von Armstrong International, einem Fertigungsunternehmen mit Niederlassungen in der ganzen Welt, behandelt das Thema Vertrauen ähnlich.[22] An jedem Arbeitstag ist um 11 Uhr 55 ein Pfeifsignal zu hören. Mittagspause. Wenn Sie in die Cafeteria von Armstrong kommen, wird Ihnen zunächst nichts Besonderes auffallen. Sie sehen kleine Tische, Kühlschränke mit belegten Brötchen und alkoholfreien Getränken, Kaffeemaschinen, Mikrowellengeräte und Automaten mit Süßigkeiten ... Aber die Verkaufsautomaten sind nicht abgeschlossen, und es gibt keine Kasse. Niemand paßt auf das Essen oder das Geld auf!

Die Cafeteria wird nach dem Vertrauensprinzip geführt. Die Angestellten bezahlen für ihr Essen oder ihre Getränken, indem sie das Geld dafür in eine offene Geldkassette legen. An einem normalen Tag enthält die Kassette über 100 Dollar. Das System funktioniert hervorragend.

Entweder Sie vertrauen Ihren Angestellten, oder Sie vertrauen ihnen nicht. Wenn Sie ihnen vertrauen, brauchen Sie keine abgeschlossenen Registrierkassen, Stechuhren oder Horden von Aufsichtspersonal. Wenn Sie ihnen noch nicht vertrauen, sollten Sie die Registrierkassen etc. abschaffen. Stellen Sie sich vor, was für ein Signal Sie damit geben! Wenn Sie verschlossene Geldkassetten und überflüssiges Aufsichtspersonal loswerden, zeigen Sie den Angestellten damit, daß Sie ihnen vertrauen. Wir haben festgestellt, daß wir für unser Vertrauen tausendfach belohnt wurden – mit einer höheren Produktivität und neuen Ideen.

Auf Vertrauen und Glaube mußte auch William Peace bauen, als er Anfang der 80er Jahre General Manager des Geschäftsbereichs Synthetische Kraftstoffe von Westinghouse wurde.[23] Aufgrund des fallenden Ölpreises sollte der gesamte Bereich aufgelöst werden, falls Peace nicht eine Möglichkeit fände, ihn für potentielle Investoren attraktiv zu machen. Nach einer gründlichen Überprüfung traf Peace die Entscheidung, 15 von den 130 Stellen des Geschäftsbereiches zu streichen. Ihm blieb keine andere Wahl, als diese Mitarbeiter trotz ihrer guten bis hervorragenden Leistungsbeurteilungen zu entlassen. Peace und seine Abteilung hielten eine lange, mit Gefühlen aufgeladene Besprechung ab, in der sie die Namen der 15 Mitarbeiter aussuchten. Dann standen einige Manager auf, um die schlechte Nachricht zu überbringen, doch Peace hielt sie zurück. Er spürte intuitiv, daß er diese Entscheidung selbst mitteilen sollte. Indem er jedem Mitarbeiter und jeder Mitarbeiterin mit der schlechten Nachricht persönlich gegenübertrat, wollte er auch die Gerüchte über Massenentlassungen ersticken.

Die Besprechung mit den 15 Mitarbeitern wurde für den nächsten Morgen angesetzt. Einige weinten ganz offen, andere starrten mit eisigem Schweigen aus dem Fenster oder auf den Boden. Peace machte deutlich, daß die Entlassungen ausschließlich aufgrund der Arbeitsplatzbeschreibung erfolgten und nichts mit der persönlichen Leistung zu tun hatten, und legte die Gründe dar, die ihn zu dieser schwierigen Entscheidung gezwungen hatten. Er bat sie zu verstehen – und ihm vielleicht sogar zu verzeihen –, warum er 15 Stellen opfern mußte, um mehr als 100 andere zu retten. Peace blieb diese Besprechung als die schmerzlichste in Erinnerung, an der er je teilgenommen hatte. Die Mitarbeiter widersprachen, schrien, flehten, warfen ihm vor, herzlos und undankbar zu sein. Peace fühlte mit ihnen, akzeptierte ihre Kritik und beschwor sie, seine Entscheidung und die Absichten der Führungsriege zu verstehen. Er nahm alle Schuld auf sich und tat sein Bestes, um jede Frage offen und ehrlich zu beantworten. Am späten Vormittag hatte sich die Stimmung verändert: Wut und Ärger wichen der Resignation. Einige der Mitarbeiter äußerten widerwillig ihr Verständnis, andere fragten nach den Chancen für einen Verkauf der Fabrik. Als die Besprechung zu Ende war, schüttelten sie einander die Hände, und Peace wünschte ihnen alles Gute für die Zukunft.

Viele Manager in einer ähnlichen Situation hätten es vermieden, die Nachricht von der Entlassung selbst zu überbringen. Nicht so Peace. Sein Mut, sich mit diesen 15 Menschen persönlich zu treffen und ihnen einen endlosen, quälenden Morgen lang Respekt entgegenzubringen, zahlte sich in vielerlei Hinsicht aus. Für den Geschäftsbereich wurde ein Käufer gefunden, und Peace behielt seine Stellung als Geschäftsführer. Einige Monate später investierten die neuen Besitzer in die Fabrik. Peace konnte einige der Mitarbeiter, die er entlassen hatte, wieder einstellen. Sie waren alle bereit, für ihn zu arbeiten, selbst jene, die dafür einen guten Job aufgeben mußten, den sie bei einem anderen Unternehmen gefunden hatten. Dies ist eine der langfristigen Folgen von Vertrauen in einer Situation, die zunächst einmal wie Verrat aussieht. Peace hatte seinen Instinkten vertraut und den Wert und die Würde der Menschen, die er entlassen mußte, respektiert und ihnen vertraut. Er stellte sich ihnen von Angesicht zu Angesicht und zögerte nicht, den Kopf für seine Entscheidung hinzuhalten.

Natürlich ist es normal, daß jemand mit Unmut oder sogar Empörung reagiert, wenn ihm klar wird, daß sein Vertrauen mißbraucht wurde. Könnten Sie in einer ähnlichen Situation, wichtig oder weniger wichtig, so aufrichtig reagieren, klar und deutlich Ihren Standpunkt vertreten, Ihr Vertrauen und Ihre Unterstützung in eine neue Richtung lenken, einen ehrlichen Dialog beginnen – selbst wenn dieser von Streit begleitet wird – und den Kurs ohne Feindseligkeit oder Gedanken an Rache steuern?

Ricardo Semler konnte es. Als er bei Semco, dem Betrieb seiner Familie in São Paulo in Brasilien, das Ruder übernahm, war seine Firma in einem Netz aus Hierarchie, Richtlinien und Mißtrauen gefangen. Produktivität und Arbeitsmoral waren niedrig, die Qualität war schlecht, es gab kaum neue Aufträge, und am Horizont tauchten die ersten Anzeichen für den finanziellen Zusammenbruch auf.[24] Die fünf Fabriken von Semco stellten unter anderem Schiffspumpen, Geräte für den gewerblichen Gebrauch und Mischanlagen für Raketenbrennstoff her. Im Laufe der Jahre hatten die Firmenmanager jeden Aspekt der einzelnen Unternehmensbereiche gründlich analysiert und ausgeklügelte Regeln für alles und jedes aufgestellt, von Gerätebedienungsanleitungen bis hin zu Reisekosten, die unter anderem Höchstbeträge für Flugtickets, Hotelübernachtungen, Telefongespräche mit der Familie vorsahen und darauf bestanden, daß Originalbelege eingereicht wurden. Die Fabrikarbeiter wurden wie Kriminelle oder Gefangene behandelt, mußten um Erlaubnis bitten, wenn sie zur Toilette wollten, und tägliche Leibesvisitationen über sich ergehen lassen, damit Diebstähle verhindert würden.

Semler erkannte, daß er, wenn Semco wettbewerbsfähig bleiben sollte, eine Atmosphäre des Vertrauens schaffen und diese auf die gesamte Organisation ausdehnen mußte. Umgehend strich er die Firmenhierarchie auf drei Ebenen zusammen, entwickelte einen Gewinnbeteiligungsplan, ersetzte das dicke Regelbuch durch die Regel des gesunden Menschenverstandes, wie er es bezeichnete, führte innerhalb des Managements die kooperative Entscheidungsfindung ein und beschloß, viele Entscheidungen des Unternehmens – wie zum Beispiel wichtige Firmenübernahmen oder Standortverlagerungen – durch eine demokratische, unternehmensweit durchgeführte Wahl bestimmen zu lassen. Darüber hinaus beschloß er, den Mitarbeitern, die als Repräsentanten seiner Firma in der ganzen Welt herumreisten, Vertrauen entgegenzubringen. Er schaffte die

Buchführung für Reisekosten ab und gab bekannt, daß ab jetzt sämtliche Reisekosten erstattet würden, ohne daß die Mitarbeiter Belege dafür abgaben. Dann gewährte er sämtlichen Angestellten und Arbeitern des Unternehmens Einsicht in die Geschäftsbücher des Unternehmens, ersetzte den Stundenlohn der Fabrikarbeiter durch ein Monatsgehalt, schaffte die Sicherheitskontrollen ab, ließ die Stechuhren entfernen und die Mitarbeiter in den Fabriken selbst über ihre Arbeitsziele, Schichtpläne und Methoden entscheiden. Er vertraute darauf, daß Mitarbeiter, deren Prämie von ihrer Leistung und dem Gewinn des Unternehmens abhing, weder Geld noch Zeit des Unternehmens verschwenden würden.

Er hatte recht. Qualität und Arbeitsmoral schossen in die Höhe, der Umsatz verdoppelte sich bereits im ersten Jahr, innerhalb von wenigen Monaten wurden acht neue Produkte auf den Markt gebracht, die jahrelang in der Abteilung F & E verschollen waren. Kosten und Lagerbestände gingen zurück, und die Produktivität steigerte sich so drastisch, daß das Unternehmen innerhalb von wenigen Jahren die Belegschaft durch natürlichen Arbeitskräfteabgang und Vorruhestandsregelungen um ein Drittel reduzieren konnte.

Von vielen anderen Führungskräften in der ganzen Welt habe ich gelernt, daß David Armstrong, William Pearce und Ricardo Semler recht hatten, und daß Vertrauen und Glaubwürdigkeit aufgebaut werden müssen, indem wir sie konsequent durch unsere Entscheidungen und unser Verhalten zum Ausdruck bringen – zum richtigen Zeitpunkt. Viele Führungskräfte haben nur aus diesem Grund auf ihren Posten überlebt. Und nur aus diesem Grund sind einige von ihnen in die Reihen derer aufgenommen worden, die zu den am meisten bewunderten Männern und Frauen der Geschichte gehören.

Den Vertrauensradius vergrößern

In jenen seltenen Situationen, in denen von Gefolgsleuten verlangt wird, ihre Freiheit und manchmal auch ihr Leben zu riskieren, lernen wir eine Menge darüber, aus welchem Holz eine Führungspersönlichkeit geschnitzt ist. Bei meinen Reisen in Tibet habe ich viele Beispiele für solche Führungsqualitäten erlebt. Ich habe Männer und Frauen gesehen, deren Vertrauen so groß war, daß sie bereit waren, alles zu riskieren, um das zu tun, was sie für richtig hielten. Einige von ihnen sind dafür sogar gestorben.

Harriet Tubman war eine solche Führungspersönlichkeit, eine Frau mit Vertrauen, Hingabe und Aufopferung. Sie mußte für ihre Überzeugung nicht ins Gefängnis, sondern daraus ausbrechen.[25] Harriet wurde 1825 im sozialen Gefängnis der Sklaverei geboren. Als junges Mädchen warf sie sich dazwischen, während man einen der anderen Sklaven verprügelte, und wurde dabei mit einem Zwei-Pfund-Gewicht bewußtlos geschlagen. Sie erlitt einen Schädelbruch und schwebte wochenlang zwischen Leben und Tod. Später gelang es ihr durch ihren Einfallsreichtum, in den Norden nach Maryland zu flüchten. Trotz großer Gefahren ging sie immer wieder in den Süden zurück, um andere Sklaven zu retten.

Ihre ersten Anhänger waren Menschen mit großem Mut, aber als bekannt wurde, wie vertrauenswürdig und glaubwürdig sie war, ließ dies selbst in Sklaven, die sie nie kennengelernt hatten, Vertrauen und Hoffnung keimen. Darüber hinaus konnte sie viele Anhänger im Norden für sich gewinnen. Sie sahen, daß Harriet ihren Häschern ein ums andere Mal entkam – sie kannte das Passiersystem, die Entschuldigungen, mit denen Schwarze sich rechtfertigen konnten, wenn sie unterwegs gesehen wurden, die geheimen Wege durch Gebiete, in denen es keine Entschuldigungen gab –, und begriffen allmählich, daß Afro-Amerikaner sehr wohl in der Lage sind, sich in einer freien Gesellschaft um ihre eigenen Angelegenheiten zu kümmern. Harriet lehnte Gewalt ab, obwohl sie bereit war, sich selbst und ihre Schützlinge zu verteidigen. Sie betete für ihre Feinde und ergriff für keinen ihrer Verbündeten Partei. Man konnte sicher sein, daß ihr gelang, was sie sich vorgenommen hatte – sie verlor keinen einzigen der Sklaven, die sich in ihre Obhut begeben hatten. Nach dem Krieg gründete sie in New York ein Heim für obdachlose Schwarze, weil sie fand, daß sie ihren Brüdern und Schwestern gegenüber eine Aufgabe hatte. Und sie besaß die Glaubwürdigkeit und das Vertrauen, um sie zu erfüllen. Harriet Tubman wurde eine der am meisten respektierten Frauen in der Geschichte der USA.

Ihr Leben zeigt uns noch eine andere, weniger bekannte Dimension von Vertrauen: die Fähigkeit, das Vertrauen von Fremden zu gewinnen und es auch zu behalten. In der modernen Wirtschaft können dies Wettbewerber, potentielle Partner, Mitglieder eines Board of Directors, Lieferanten oder Kunden sein, aber auch der am schnellsten wachsende Bereich des amerikanischen Arbeitskräftepotentials – Zeitpersonal. Wie wir diese Menschen behandeln und wie sie unsere Glaubwürdigkeit und Vertrauenswürdigkeit bewerten, hat sehr viel mit unserem gegenwärtigen und zukünftigen Erfolg zu tun.

Francis Fukuyama, Senior Analyst bei der Rand Corporation, nennt das »Radius des Vertrauens«.[26] Dieser Radius erweitert sich unter anderem auf der Grundlage einer Kombination aus Glaubwürdigkeit und *spontaner Umgänglichkeit*. Umgänglichkeit ist ein Aspekt der emotionalen Intelligenz und ein Indikator für unsere Unbefangenheit im Gespräch mit Fremden und unser Vermögen, Meinungsverschiedenheiten und Unstimmigkeiten mit Offenheit anstelle von Unnachgiebigkeit zu begegnen und sie als Quelle für mögliche Verbindungen und Ideen zu sehen, die sich als konstruktiv und wertvoll erweisen könnten.

Verbindung zur EQ Map: Vertrauensradius

Dieses Kapitel bezieht sich auf folgende Tabellenspalten der EQ Map: emotionales Selbstbewußtsein, emotionales Bewußtsein gegenüber anderen, soziale Verbundenheit, Mitgefühl, Einstellung und Vertrauensradius.

EQ in der Praxis

Schrittweise den Kreis des Vertrauens erweitern

Fragen Sie sich: Wie groß ist der Kreis, in dem ich bereit bin, mein Vertrauen zu zeigen, bei der Arbeit, im Privatleben? Das ist Ihr momentaner *Vertrauensradius*. Präzisieren wir: Wie ist Ihr Vertrauensradius im Beruf in bezug auf das Management oder Ihr Team oder Ihre Abteilung? Behandeln Sie Zeitpersonal wie Zeitpersonal? Oder bringen Sie ihm von Anfang an Respekt und Vertrauen entgegen, geben ihm echte Verantwortung und erwarten eine gute Leistung?

Es ist leicht zu sagen: »Ich vertraue Ihnen«, aber es zahlt sich aus, wenn Sie Ihr Herz fragen, wieviel es von diesem Vertrauen wirklich *empfindet*. Während ich über diesen Satz nachdenke, fallen mir ein paar Zeilen von C. S. Lewis ein: »Es ist leicht zu glauben, daß eine Schnur stark und solide ist, solange Sie damit nur ein Paket verschnüren. Aber nehmen wir einmal an, Sie müßten sich an dieser Schnur in einen steilen Abgrund hinunterlassen. Würden Sie nicht lieber vorher wissen, ob Sie der Schnur trauen können?«[27]

Behalten Sie diese Zeilen im Gedächtnis, wenn Sie jetzt ein Blatt Papier nehmen und einen Kreis zeichnen, in den Sie die Namen der Menschen schreiben, denen Sie rückhaltlos vertrauen. Halten Sie einen Moment inne, wenn Sie einen Namen geschrieben haben, und fragen Sie Ihre innere Stimme, ob Sie dieser Person wirklich uneingeschränkt vertrauen. Entweder Sie vertrauen ihr, oder Sie vertrauen ihr nicht. Auf emotionaler Ebene gibt es keine »halben Sachen« oder Bedingungen. Wenn Sie mit dieser Selbsteinschätzung fertig sind, sollten Sie versuchen, ein 360-Grad-Feedback von den Menschen zu bekommen, mit denen Sie leben, mit denen und für die Sie arbeiten. Erklären Sie ihnen diese einfache Übung, und fragen Sie jeden, dessen Namen Sie aufgeschrieben haben: »Gehöre ich zu den Menschen, denen Sie/du vollkommen vertrauen/vertraust?« Falls nicht, warum nicht? Und was können Sie nach Meinung dieser Menschen tun, um vertrauenswürdiger zu werden? Und umgekehrt: Befindet sich diese Person innerhalb Ihres Vertrauensradius? Falls nicht, warum nicht? Wenn wir diese ehrlichen Einblicke nicht bekommen und nicht darauf reagieren können, besteht nur eine geringe Chance dafür, daß wir unsere Fähigkeit, anderen Vertrauen entgegenzubringen, weiterentwickeln werden – und damit auch unseren Vertrauensradius.

Wenn Sie jetzt das Gefühl haben, daß Ihr allgemeiner oder ein bestimmter Vertrauensradius ziemlich klein ist, sollten Sie nach Möglichkeiten suchen, ihn zu vergrößern – also Vertrauen zu *üben* –, indem Sie sich selbst und anderen in Situationen, in denen kein großer Schaden entstehen kann, wenn etwas schiefgeht, mehr Vertrauen entgegenbringen. Wenn Sie zum Beispiel einen Flug buchen, sollten Sie davon ausgehen, daß der Mitarbeiter am Schalter Ihnen einen guten Sitzplatz gibt, statt die Sitzverteilung als einen feindlichen Akt zu sehen und den Mitarbeiter mit gebieterischem Ton zu kommandieren, weil Sie kein Vertrauen darauf haben, daß er Ihnen den besten verfügbaren Platz gibt oder Sie nach Ihren Wünschen fragen wird.

Oder vertrauen Sie darauf, daß der Verkäufer, der für die Obst- und Gemüseabteilung in Ihrem Supermarkt zuständig ist, Ihnen Zeit zu sparen hilft, indem er Ihnen sagt, welche Produkte am frischesten sind – statt davon auszugehen, daß Sie von einem unsichtbaren Geist hereingelegt werden, dessen einziges Ziel es ist, die besten Waren vor Ihnen zu verstecken? Eine andere Möglichkeit, Vertrauen aufzubauen, besteht darin, beim Delegieren einfacher Aufgaben – kopieren, Post bearbeiten, Mittagessen bestellen, Informationen zusammenholen, Sie wissen schon – nicht alles selbst zu überwachen, sondern dem Mitarbeiter zu vertrauen.

Schleichen Sie nicht mißtrauisch im Büro herum. Stellen Sie sich statt dessen vor, daß alles schnell und gut erledigt werden wird, und handeln Sie entsprechend. Kümmern Sie sich um Ihre eigenen Aufgaben. Dadurch werden Sie das nagende Gefühl des »Mikromanagements« los, das jene Menschen befällt, die nur mit Mißtrauen »delegieren« und eigentlich nie Autorität und Kontrolle abgeben. Versuchen Sie dasselbe auch bei Ihren Kindern.

Vor allem in solchen Situationen können wir unser Herz ohne Risiko nach und nach öffnen und unseren Instinkt dazu trainieren, bereitwillig – sogar *instinktiv* – Vertrauen zu schenken. Sie werden feststellen, daß es für Sie leichter wird, mit jenen Augenblicken umzugehen, in denen andere Ihr Vertrauen mißbrauchen oder in denen Sie sich selbst oder andere im Stich lassen.

Sie sollten auch Ihre *Zugänglichkeit* als Faktor dafür berücksichtigen, wie bereitwillig Sie anderen vertrauen und umgekehrt. In beinahe jedem Unternehmen, mit dem ich arbeite, beklagen sich die Mitarbeiter darüber, daß Manager und Führungskräfte ihnen immer weniger Vertrauen entgegenbringen. Warum? Zum Teil hat es den Anschein, als wären die Vorgesetzten immer weniger zugänglich. Und warum? Weil es Führungspersönlichkeiten aufgrund einer weitverbreiteten Annahme bei Interaktionen mit Angestellten, Klienten und Kunden immer eilig haben. Der springende Punkt ist, daß dies zunächst einmal nur eine Annahme ist. Ich gebe Führungskräften außer der Empfehlung, gutes Zuhören zu üben, noch zwei wichtige Tips, die sofort in die Praxis umgesetzt werden können. So geben Sie einem Mitarbeiter das *Gefühl*, er hätte länger und ausführlicher mit Ihnen gesprochen, als es tatsächlich der Fall war:

1. *Setzen Sie sich*, während Sie mit einem anderen kommunizieren.
2. Machen Sie keine *»zeitbewußten« Bewegungen* (wie etwa auf die Uhr sehen), die darauf schließen lassen, daß Sie ein übermäßiges Interesse daran haben zu wissen, wieviel Zeit bereits vergangen ist.

Eine der schnellsten und effektivsten Methoden, um Vertrauen zu schädigen oder die bei einem Gespräch mit einem Kollegen, Kunden oder Angestellten von diesem »wahrgenommene« Zeit zu verkürzen, besteht darin, sich neben die Tür zu stellen und die Hand auf die Türklinke zu legen, als würden Sie gleich flüchten. Wenn Sie nur zwei Minuten Zeit haben, wird eine solche Haltung dem Mitarbeiter das Gefühl vermitteln, daß er statt zwei Minuten nur zehn Sekunden mit Ihnen gesprochen hat. Damit haben Sie unbeabsichtigt etwa 90 % der potentiell wertvollen Zeit »gelöscht«.

Um sich das besser zu verdeutlichen, sollten Sie sich vorstellen, daß Sie neben jemandem stehen, der so aussieht, als würde er gleich flüchten, und versuchen, ein kurzes Gespräch mit ihm zu führen. Es spielt keine Rolle, was gesagt wird. Was *empfinden* Sie dabei? Abwertung? Zurückweisung? Sie nehmen einen uralten Instinkt im Gehirn wahr, der auf die Haltung des anderen reagiert. Denken Sie immer daran, daß wir alle diesen Instinkt spüren.

Egal, ob Sie mit einem Kollegen, Ihrem Chef oder einem Angestellten kommunizieren – es gibt bestimmte Dinge, die Sie sagen können bzw. nicht sagen sollten, wenn Sie Ihrem Gesprächspartner das Gefühl vermitteln wollen, daß Sie ihm besonders viel Zeit und Aufmerksamkeit widmen. Wenn Sie ihm mitteilen, wieviel Zeit Sie für ihn haben, sollte Ihre Stimme so klingen, als würden Sie sich freuen, zwei Minuten oder zehn Minuten oder eine halbe Stunde zur Verfügung zu haben. Machen Sie es sich zum Prinzip, nicht das Wort »nur« oder andere negative Einschränkungen zu verwenden. Beginnen Sie das Gespräch, indem Sie sagen: »Ich habe zehn Minuten Zeit für Sie«, statt: »Ich habe *nur* zehn Minuten.« Diese kleine Nuance hat großen Einfluß darauf, welches Gefühl Ihr Gesprächspartner in bezug auf die Interaktion bekommt.

Beenden Sie Ihren ersten Satz, indem Sie hinzufügen: »... und wenn Sie mehr Zeit brauchen, sagen Sie es einfach, dann bleibe ich noch (oder setze noch eine Besprechung an).« Als ich das zum erstenmal ausprobiert habe, befürchtete ich, daß mein Terminkalender wegen der potentiellen zusätzlichen Besprechungen völlig durcheinandergeraten würde. Aber ich habe genau das festgestellt, was auch Wissenschaftler herausgefunden haben: daß in den meisten Fällen das Gegenteil des Befürchteten eintritt – Ihre Gesprächspartner nehmen Ihr Angebot nicht an. Oft sind sie dann sogar in den Minuten, die sie mit Ihnen verbringen, noch *effektiver*. Und was genauso wichtig ist: Sie bekommen das *Gefühl*, daß Sie anders sind als der »normale« Manager, weil Sie reichlich Zeit für Kommunikation anbieten. Genau diese emotionale *Wahrnehmung* rufen gut zuhörende, herausragende Führungspersönlichkeiten hervor. Die Alternative wäre eine ständige Unterströmung aus Ressentiments und sogar Sabotage, die für beide Seiten Streß bedeutet und sie mißtrauisch und weniger produktiv werden läßt.

»Es läßt sich überhaupt nicht abschätzen, wie viele gute Ideen jeden Tag verlorengehen, nur weil einige Beziehungen nicht stimmen.«
John P. Kotter,
Harvard Business School

Hier noch einige Überlegungen zu den Augenblicken, in denen Sie auf ein Gegenüber wütend werden und allmählich das Vertrauen zu ihm verlieren. Denken Sie einmal über folgende Geschichte nach: Ich saß beim Mittagessen in der Cafeteria eines großen Krankenhauses und konnte noch in sechs Metern Entfernung spüren, wie eine Meinungsverschiedenheit – unmittelbar nachdem sie begonnen hatte – zu eskalieren begann. An einem kleinen Tisch vor dem Fenster saßen sich zwei Manager gegenüber. Sie stritten sich; zwar mit gedämpfter Stimme, um die anderen Gäste nicht zu stören, aber sie stritten sich.

Ich erkannte die beiden Männer. Sie gehörten zu einem Ausschuß aus obersten Führungskräften, für den ich als Berater gearbeitet hatte. Mir fiel auf, daß einer der Manager eine Art Buch in der Hand hielt, mit dem er in der Luft herumfuchtelte. Der andere schüttelte den Kopf. Nein! Beide hatten einen roten Kopf und wirkten angespannt. Ich konnte sehen, daß sie bei ihrer Diskussion an einem toten Punkt angelangt waren.

Und dann geschah etwas Erstaunliches. Plötzlich lockerte einer der beiden die Schultern und griff in seine Anzugtasche, aus der er einen Filzschreiber hervorholte. Er nahm eine Serviette und schob seinen Stuhl um den Tisch herum, so daß er jetzt im rechten Winkel zu dem anderen Manager saß, und nicht mehr ihm gegenüber. Zehn oder 15 Sekunden lang sagt er kein Wort, während er auf die Serviette eine Art Diagramm zeichnete. Dann deutete er mit der Spitze des Filzschreibers auf eine Stelle. »Da!« hörte ich ihn sagen. »*Genau da* habe ich ein Problem. Wie soll *das* funktionieren?«

Der andere Manager sah ihn völlig erstaunt an, legte den 200seitigen Bericht hin und schob ihn beiseite. »Da?« rief er aus. Er deute auf die Stelle, dann griff er nach dem Stift. Er zeichnete noch etwas anderes auf die Serviette. »Sehen Sie, *so* dürfte es gehen. Kein Wunder, daß Sie damit ein Problem hatten. Sie hatten recht.«

Eine Minute später verließen die beiden Führungskräfte angeregt miteinander plaudernd die Cafeteria.

Was war passiert? Es war ein Wendepunkt: Als dem einen Manager klar wurde, daß er das Vertrauen seines Gesprächspartner verlieren und gleich in einen destruktiven Streit abgleiten würde, achtete er auf sein Gefühl aus dem Bauch, um sicherzugehen, daß das Problem nicht der andere Manager oder der Vorschlag selbst war, sondern nur eine unterschiedliche *Wahrnehmung*. Nicht nur die Fakten zählten für ihn. Er spürte ein emotionales Signal, das auf ein Mißverständnis oder ein Hindernis hinwies.

Es gibt kaum eine Situation, in der wir genau das gleiche Gefühl haben wie andere. Das scheint offensichtlich zu sein. Darüber hinaus *sehen* wir Dinge nicht genauso wie andere, was sehr viel weniger offensichtlich ist. Robert Ornstein, Professor für Psychologie in Stanford, erklärt: »Das menschliche Auge, der am höchsten entwickelte und komplizierteste unserer Sinne, übermittelt dem Gehirn nur *ein Trillionstel* dessen, was auf seine Oberfläche trifft.«[28]

Während ich beobachtete, wie sich die beiden Manager den Filzschreiber teilten, um damit unklare oder strittige Punkte auf der Serviette aufzuzeichnen, mußte ich an eine Vorlesungsreihe des Neurochirurgen Karl Pribam denken, der ein Vierteljahrhundert lang das neuropsychologische Labor von Stanford leitete. Nach einer seiner Vorlesungen unterhielt ich mich mit ihm über den Schaden, den erregte Diskussionen unter Wissenschaftlern anrichten konnten, die weder mit dem Verstand noch mit dem Herzen zuhören wollten. Meinungsverschiedenheiten können Wunder wirken, sagte er. Aber wir dürfen unser Vertrauen nicht verlieren. Wir dürfen nicht aufhören, uns gegenseitig zu respektieren und den anderen in den Dialog miteinzubeziehen. Wir müssen offen bleiben. Er zitierte Warren McCulloch vom Massachusetts Institute of Technology, der einmal, völlig frustriert über den Verlust des Vertrauens und das Scheitern eines wichtigen Dialoges, ausgerufen hatte: »Jetzt reicht es! Beißen Sie mir nicht in den Finger! Sehen Sie dahin, wo ich hinzeige!«[29]

Mit Hilfe eines Filzstiftes hat ein Manager dem anderen dabei geholfen, mit dem Beißen aufzuhören und statt dessen in die Richtung zu sehen, in die er deutete – mit Hilfe seiner emotionalen Intelligenz, mit Hilfe des instinktiven Gefühls, das er zu dem Vorschlag hatte und nicht in einem mit Computergrafiken gefüllten Dokument wiedergegeben fand, sondern in einer einfachen Zeichnung auf einer Serviette. Wir sollten immer daran denken, daß wir nicht nur mit den Augen sehen. Wir sehen auch mit unserer Intuition und unserem Herzen.

Um Vertrauen bewahren zu können, müssen wir darauf achten, Dialoge zu führen, die etwas mitteilen – was allerdings auf unterschiedliche Art und Weise wahrgenommen wird. Wissenschaftler haben festgestellt, daß jeder von uns einen eigenen Sprachinstinkt besitzt, also bestimmte Vorlieben bei der Wahrnehmung neuer Ideen und der Kommunikation mit anderen.[30] Damit wir die größtmöglichen Chancen haben, Vertrauen aufzubauen und zu bewahren und durch Dialog etwas mitzuteilen, müssen wir lernen, verschiedene sensorische Modi zu erkennen und unsere Botschaft darauf abzustimmen.

Wenn Sie eine Präsentation vor einer Gruppe halten, die Sie nicht kennen, könnten Sie eine schriftliche oder mündliche Zusammenfassung, eine grafische Darstellung, eine praktische Demonstration und Zeit für Fragen und personalisierte Interaktionen anbieten. In der Regel gelingt es den Menschen problemlos, von einem sensorischen Modus in den anderen »umzuschalten«. Aber wenn sie müde oder angespannt sind oder unter Streß stehen, ist das völlig anders: Dann werden sie in der Regel von ihrem bevorzugten sensorischen Modus »gefangengehalten«. Je größer der Druck, desto größer das Schloß vor ihrem Gefängnis.[31] Deshalb liegt es an uns, Intuition und Wissen einzusetzen, um andere Menschen auf die Art zu erreichen, in der *sie* am liebsten lernen und über Wichtiges reden.

»Jeder lernt auf eine andere Art und Weise: Lesen, Zuhören, Visualisieren, Beobachten.«
W. Edwards Deming

Darüber hinaus haben wissenschaftliche Studien[32] ergeben, daß viele von uns ein natürliches und vermutlich zum größten Teil angeborenes Bedürfnis danach haben, *zur Sache zu kommen,* zu wissen, was los ist. Wir brauchen den größeren Zusammenhang und wollen das Gefühl haben, daß wir wissen, wo ein Thema oder eine Unterhaltung hinführt. Wir werden schnell ungeduldig, ja sogar intolerant, wenn wir jemanden vor uns haben, der zu einer langen, ausführlichen Diskussion ansetzt, die nirgendwohin zu führen scheint. Im Gegensatz dazu stört manche von uns eine solch »straffe« Art der Kommunikation. Wir lechzen nach Details. Und dann treffen wir unsere eigene Entscheidung darüber, ob uns der Hauptpunkt oder die wichtigste Schlußfolgerung richtig erscheint. Wir lieben lange Geschichten und ein überraschendes Ende, und wenn wir sagen: »Erzähl mir, was passiert ist«, sind wir bereit, Zeit zu investieren, um alles zu erfahren.

Es gibt kaum Anhaltspunkte dafür, daß wir solche natürlichen Anlagen ändern können. Aber wir können sie in unseren Beziehungen zu anderen erkennen und uns flexibler verhalten. Wenn Sie zum Beispiel die Angewohnheit haben, eine Diskussion mit einer kurzen Zusammenfassung zu eröffnen oder einseitige Memos zu verteilen, könnten Sie sich überlegen, ob Sie Ihren Mitarbeitern nicht auch Zugang zu den detaillierten Informationen – wie zum Beispiel Dokumenten oder Schlüsselpersonal – verschaffen wollen, aufgrund derer Sie zu Ihrer Meinung oder Entscheidung gelangt sind. Wenn Sie andererseits gern Geschichten erzählen, könnten Sie versuchen, mehr Vertrauen bei Kollegen oder Kunden aufzubauen, die eher den Das-Wichtigste-zuerst-Ansatz verfolgen, indem Sie mit dem größeren Zusammenhang beginnen. Dies trägt dazu bei, daß sich auch die »Faktenliebhaber« weiterhin mit dem beschäftigen, was Sie zu sagen haben, statt einfach wegzuhören. Damit Vertrauen aufgebaut und bewahrt werden kann, müssen wir verstehen, wie *andere* instinktiv kommunizieren wollen, und dies entsprechend berücksichtigen.

Vertrauen ist die Basis, von der aus wir damit beginnen, die kreativen Möglichkeiten der menschlichen Vielfalt und des Konflikts besser zu nutzen. Je größer der Vertrauensradius ist, desto größer sind auch Ihre Chancen, inmitten des großen Geschreis unserer modernen Arbeitswelt Erfolg zu haben. Wenn wir diesen Aspekt der emotionalen Fitneß ausbauen, gibt uns das die Gelegenheit, trotz – und zum Teil gerade *wegen* – der täglichen Meinungsverschiedenheiten und Konflikte weiterzukommen und einen Vorsprung zu erzielen. Womit wir beim nächsten Kapitel wären. Es konzentriert sich auf ein Gefühl, das ich »konstruktive Unzufriedenheit« nenne.

7
Konstruktive Unzufriedenheit

Alfred Sloan, Chef von General Motors, nahm einmal an einer Sitzung des Board of Directors teil, als er kurz vor einer wichtigen Entscheidung stand. Er sagte: »Ich gehe davon aus, daß jeder im großen und ganzen mit dieser Entscheidung einverstanden ist.« Alle nickten zustimmend. Sloan sah sich um und meinte: »Dann schlage ich vor, daß wir die Entscheidung noch etwas hinausschieben. Solange wir hier nicht einmal eine kleine Meinungsverschiedenheit haben, verstehen wir das Problem nicht.«

»Haben Sie nur von den Menschen etwas gelernt, von denen Sie bewundert wurden, die freundlich zu Ihnen waren und für Sie zur Seite getreten sind? Haben Sie nicht auch viel von jenen Menschen gelernt, die Ihren Mut zusammennahmen und sich mit Ihnen über den Weg stritten?«
Walt Whitman
(1819-1892), amerikanischer Dichter

Aristoteles hat gesagt: »Die Zeit existiert nur für Veränderung.« Gruppen aus Unternehmen, mit denen ich arbeite, stelle ich unter anderem folgende Frage: »Was wollen Sie – die Sie von Veränderungen umgeben sind, als Individuum und als Unternehmen – durch Ihre Entscheidungen *werden*?« Die Antwort auf diese Frage wird vor allem durch die Art enthüllt, wie Sie auf die täglichen Konflikte reagieren.

Wenn wir uns stur stellen und versuchen, Veränderung zu ignorieren oder ihr zu widerstehen, sie mit rationalen Gründen ablehnen und mit ihr hadern, werden wir oft übergangen oder scheitern, und dann sind wir gekränkt und wütend oder ängstlich und reaktionär. Wenn wir andererseits Möglichkeiten entdecken, Veränderung vorauszusehen und bereitwillig anzunehmen – wozu eher emotionale

Intelligenz als formale Rationalität zur Orientierung notwendig ist –, scheitern wir vielleicht auch, aber die Erfahrung der Veränderung *belebt* uns. Wir wachsen, statt zu sterben. Wie William Blake sagte: »Ohne Widerspruch gibt es keine Weiterentwicklung.«

Vor kurzem wurde ich gebeten, als Berater für das Team eines international operierenden Dienstleistungsunternehmens tätig zu werden, das gerade an einem Angebot arbeitete, um mit einem milliardenschweren Transportunternehmen ins Geschäft zu kommen. Der geschäftsführende Partner, von dem ich den Auftrag erhalten hatte, vertraute mir an: »Zur Zeit liegen wir erheblich hinter den vier Firmen, die zu Angeboten aufgefordert wurden. Ich würde gern gewinnen. Tun Sie, was Sie können, damit das Team kreativer wird. Öffnen Sie die Leute für andere Möglichkeiten. Wenn alles nichts nützt, wollen wir wenigstens versuchen, den Entstehungsweg unseres Angebots zurückzuverfolgen, um die nächste Ausschreibung zu gewinnen.«

Zu dem 19köpfigen Team gehörten Spezialisten verschiedener Fachrichtungen und Experten aus dem ganzen Land. Die Gruppe arbeitete bereits seit einem Monat zusammen. Der Teamleiter schickte mir einen dicken Ordner, der den weltweiten Verkehrssektor detailliert erläuterte und außerdem Artikel und Berichte über die neuesten Analysestrategien und Bewertungskonzepte zum unternehmerischen Risikomanagement enthielt. Ich las das Material über Nacht und stand drei Stunden vor meinem Abflug um sechs Uhr morgens auf, um darüber nachzudenken, was mir meine Intuition gesagt hatte. Ich setzte mich an den Computer und bastelte, um mir das Ganze besser vorstellen zu können, eine Art Karte der Entwicklungsmöglichkeiten für ein Transportunternehmen, das es sich, wie ich annahm, zum Ziel gesetzt hatte, die Branche umzugestalten und zum führenden Anbieter in jeder Kategorie des Transports in der Luft, auf dem Land und zur See zu werden.

Ich kam rechtzeitig zur Teambesprechung um 8 Uhr morgens an einem Samstag an und hörte eine Stunde lang dem Bericht über die Fortschritte der Gruppe zu. Zwei der Manager baten den Spezialisten, der das schriftliche Angebot verfassen sollte, es in die endgültige Form zu bringen, obwohl wir noch fast einen Monat Zeit hatten, bevor die Frist ablief. Zustimmendes Gemurmel ging durch den

> »Es ist Ihre Aufgabe als Führungspersönlichkeit, eine Atmosphäre zu schaffen, die Antagonismus in kreative Energie verwandelt.«
> **John Kao,**
> Harvard Business School

Raum, und die Teilnehmer entspannten sich. Sie wollten die Besprechung so schnell wie möglich beenden.

Schließlich fragte mich der Teamleiter, ob ich Fragen habe. Ich sagte: »Ich wurde gebeten, mich diesem Team als eine Art Katalysator von außen anzuschließen, als Quelle für eine Art ›konstruktiver Unzufriedenheit‹. Man geht davon aus, daß meine Fragen oder Ideen dazu beitragen könnten, die Vorgehensweise des Unternehmens bei der Entwicklung weiterer kundenspezifischer Angebote zu verbessern.« Einige der Manager starrten mich mit gerunzelter Stirn an. Jetzt spürte ich Spannung im Raum. »Ich bin weder Experte für die Branche Ihres Kunden«, gab ich zu, »noch für Ihre Dienstleistungsverfahren. Was meine Rolle in diesem Team betrifft, so glaube ich, daß ich für die Gruppe trotzdem ein Gewinn sein kann. Meine erste Frage an Sie alle: Wie lautet das wichtigste Ziel, das sich der potentielle Kunde für die nächsten Jahre gesetzt hat?«

Während einige Teammitglieder leise murrten, verteilte ich Kopien meiner »Karte« zu den Entwicklungsmöglichkeiten. Einige zogen die Augenbrauen hoch. Andere wirkten plötzlich sehr erstaunt. »Das wissen wir nicht so genau«, gab einer der Partner auf meine Frage zur Antwort. »Ich habe gehört, sie wollen landesweit Marktführer werden«, sagte ein anderer. »Ich glaube, sie wollen bald ein anderes Unternehmen aufkaufen«, fügte ein dritter hinzu. Aber niemand wußte etwas Genaues.

»Ich habe so das Gefühl, daß – von der Firmenpolitik einmal abgesehen – jenes Angebot den Auftrag bekommen wird, das sich eng an den zukünftigen Plänen dieses Kunden orientiert. Stimmen Sie mir da zu?« sagte ich.

Alle nickten. »Dann sollten wir diese Pläne kennen«, sagte ich. »Wie stellen wir das an?« Innerhalb kurzer Zeit hatte das Team eine Skizze entwickelt.

»Wer entscheidet über die Angebote?« war meine nächste Frage. Der Marketingleiter stand auf und schrieb die Namen auf eine Flipchart, während sie genannt wurden. Insgesamt waren es zwölf. »Wie viele von ihnen haben wirklich etwas zu sagen?« fragte ich. Am Ende standen noch vier Namen da, dazu kam noch der CEO. »Und zu wem tendieren diese fünf Schlüsselpersonen jetzt? Zu Ihnen oder einem Ihrer Wettbewerber? Und warum?« Dies löste viele instinktive Ahnungen und reine Vermutungen aus. Schnell wurde klar, daß wir uns darüber noch mehr Klarheit verschaffen mußten. Damit wurden zwei der Teammitglieder beauftragt.

»Was für einen Gewinn hat Ihr Unternehmen letzten Endes, wenn Sie diesen Auftrag bekommen?« fragte ich.

»Den Auftrag«, fuhr mich einer der Partner ungeduldig an. »Was sonst?«

»Nein«, entgegnete der Teamleiter, nachdem er einen Augenblick überlegt hatte. »Den größeren Gewinn hätten wir eigentlich durch die Beratungsaufträge, die der Kunde in den nächsten Jahren zu vergeben hat. Das würde uns am meisten Geld bringen. Bei diesem ersten Auftrag müssen wir vielleicht sogar einen Verlust hinnehmen. Aber wenn wir uns dadurch in eine gute Position bringen, um die Beratungsaufträge zu bekommen ...« Alle nickten und fingen an, darüber zu diskutieren, wie das zu bewerkstelligen war.

Meine letzte Frage an die Gruppe lautete: »Wie lange können Sie noch warten, bis Sie das schriftliche Angebot in die endgültige Form bringen?«

Viele der Teammitglieder sahen mich ungläubig an. »Warten? Warum? Wir sind doch schon fast fertig«, erwiderte einer.

»Nun, vielleicht haben Sie ja recht«, erwiderte ich. »Aber aufgrund dessen, was ich hier heute gesehen habe, bin ich mir da nicht so sicher. Ich werde Ihnen auch sagen, warum.« Ich wiederholte noch einmal einige Schlüsselfragen, die meiner Meinung nach Antworten erforderten, und erklärte den *Zeigarnick-Effekt*, der davon ausgeht, daß der kreative Prozeß abbricht, wenn wir mit einer wichtigen Aufgabe zu früh fertig sind und dann auf ihren Abschluß drängen. Er hört einfach auf. Keine weiteren Erkenntnisse oder Änderungen mehr. Aber wenn wir Probleme und Möglichkeiten so lange wie möglich offenhalten, besteht eine erheblich größere Chance auf Innovation und Erfolg. Zugegeben, ein solches Konzept widerspricht der Geisteshaltung, die zur Zeit in vielen Unternehmen herrscht. Aber es kann erstaunlich effektiv sein.

Inzwischen war es fast Mittag und offensichtlich Zeit für die Teammitglieder, unsere Besprechung zu kritisieren. Um es deutlich zu sagen: Ich wurde regelrecht niedergemacht. »Ich habe das Gefühl, daß wir hier Zeit verschwenden«, sagte einer der Manager frustriert. »Wir könnten doch schon längst fertig sein«, erklärte ein anderer aufgebracht und starrte auf die Karte mit den Entwicklungsmöglichkeiten, die vor ihm lag. »Es ist natürlich immer gut, einen Berater von außen hier zu haben«, sagte einer der Partner, der offensichtlich höflich sein wollte, »aber jetzt müssen wir uns wirklich wieder auf das Wesentliche konzentrieren, und zwar schnell.« Der Teamleiter, der mich und meine Arbeit kannte, erklärte noch einmal, warum ich in das Team aufgenommen worden sei, und bat die Gruppe, das Ziel nicht aus den Augen zu verlieren und offen zu bleiben.

Die Besprechung wurde vertagt. Ich verabschiedete mich von den Gruppenmitgliedern und verließ den Konferenzraum, in dem jetzt eine recht gedrückte Stimmung herrschte, um zum Flughafen zu fahren. Ich hatte keine Ahnung, was als nächstes geschehen würde. Manchmal ist in Fällen wie diesem der Widerstand der Gruppe so stark, daß sich eigentlich gar nichts ändert. Und das beunruhigt mich. Aber ich habe gelernt, auf diesen Prozeß zu vertrauen. Meiner Erfahrung nach geschieht im Umfeld des Unternehmens oft etwas Unerwartetes, oder ein Teammitglied fängt an, sich tiefer in die Problematik hineinzuwühlen und offen die Art und Weise zu hinterfragen, in der die Gruppe Probleme oder Möglichkeiten angeht – und sie vielleicht zu ändern.

Am folgenden Mittwoch erhielt ich einen Anruf von dem Seniorpartner, dem das Team unterstand. Seit unserer Besprechung am Samstag war einiges passiert, was Einfluß auf das Angebot hatte. Am Montag morgen hatte er erfahren, daß ein Vice President des Transportunternehmens zurückgetreten war, der zu den Entscheidungsträgern gehörte. Am Montag nachmittag war das bei der Ausschreibung bislang favorisierte Dienstleistungsunternehmen wegen Interessenkonflikts ausgeschlossen worden. Am Dienstag hatte es auf einer der wichtigsten Strecken des Transportunternehmens einen Unfall mit Millionenschaden gegeben, und man hatte berichtet, daß der CEO furchtbar wütend gewesen sei. Am Mittwoch nachmittag, kurz vor dem Anruf bei mir, hatte sich das Team noch einmal getroffen. Die Stimmung in der Gruppe war jetzt völlig anders. Der Teamleiter sagte, daß die Mitarbeiter mich jetzt viel glaubwürdiger fänden. Sie hatten sich freiwillig bereit erklärt, Entwicklung und Formulierung des überarbeiteten Angebots so lange wie möglich offenzuhalten. Es herrschte eine angeregte, hoffnungsvolle Atmosphäre. Die Gruppe hatte den Entschluß gefaßt, keine Mühe und Arbeit zu scheuen.

Der Monat danach war hektisch und aufschlußreich. Vieles, was geschah, ereignete sich aufgrund konstruktiver Unzufriedenheit und anderer Aspekte der emotionalen Intelligenz. Das Ergebnis? Um fünf vor zwölf wurde bei dem potentiellen Geschäftpartner die Firmenpolitik geändert, und der Auftrag für die Qualitätssicherung ging an die Firma, die bereits mit dem Transportunternehmen zusammenarbeitete. Doch mein Kunde erhielt den Löwenanteil der geplanten Beratungsaufträge – was er die ganze Zeit über für das bessere Geschäft gehalten hatte.

Dies ist nur eines von vielen Beispielen dafür, daß sich konstruktive Unzufriedenheit auszahlen kann. Führungskräfte bei Ford, Levi Strauss, Sun Microsystems, Honda, Motorola, Chrysler, 3M, Hewlett-Packard und einer wachsenden Anzahl anderer Unternehmen – große und kleine – haben festgestellt, daß dies wirklich stimmt und in vielen Fällen ungeheuer rentabel ist. Peter Senge vom Center for Organizational Learning am Massachusetts Institute of Technology meint hierzu: »Der Schlüssel für mehr Offenheit am Arbeitsplatz besteht darin, den Mitarbeitern beizubringen, daß sie aufhören sollen, immer einverstanden zu sein. Wir glauben, daß Übereinstimmung furchtbar wichtig ist. Na und? Wir müssen offen über Paradoxa, Konflikte und Dilemmas reden, damit wir als Kollektiv intelligenter sein können als ein einzelner.«[1]

Die hohe EQ-Kultur erfolgreicher Unternehmen des 21. Jahrhunderts wird die Menschen ermutigen, die Notwendigkeit von Meinungsverschiedenheiten und Unzufriedenheit zu akzeptieren[2], und neue Möglichkeiten finden, um die kreativen Energien zu nutzen, die dann entstehen, wenn wir damit aufhören, immer nur einverstanden zu sein. Sehen Sie sich doch einmal um: Wie oft werden Mitarbeiter defensiv, ja sogar feindselig und äußern ihre Mißbilligung und Zweifel, ihre Skepsis und Kritik, obwohl sie noch gar nicht wissen, was Sie sagen wollen? Groucho Marx hat einmal gesagt: »Was es auch ist – ich bin dagegen.« Bezog er sich damit auf die Verhältnisse in den Unternehmen? Paradoxerweise enden die meisten Versuche, Widerstand zu »überwinden«, damit, daß alles nur noch schlimmer wird.

Führungspersönlichkeiten der Zukunft bewegen sich bereits in die entgegengesetzte Richtung. Sie bleiben angesichts von Widerstand und Kritik offen – neugierig, empathisch und ständig lernend. Sie begrüßen Kontroverse als einen Anreiz für Qualität und Innovation. Deshalb erproben viele Manager verschiedene Methoden, um Konflikt als selbstverständlichen, gesunden Bestandteil der Firmenkultur zu rechtfertigen. Intel arbeitet mit einer »Widerstandsregel«. Jeder Mitarbeiter ist aufgefordert, auf verantwortungsvolle Art Widerstand gegen jede neue Idee zu leisten (und dabei Voraussetzungen und den Wert der Innovation zu untersuchen), bis sich deren Zuverlässigkeit, Konsistenz und Relevanz erwiesen hat. Führungskräfte von Motorola sind stolz auf die »Diskussionskultur« ihres

Unternehmens. Scott McNealy, CEO von Sun Microsystems, hat öffentlich erklärt, daß ihm Meinungsverschiedenheiten lieber seien als allgemeine Übereinstimmung.

Ein offener, lebendiger, emotional geladener Dialog ist auch zu einem Markenzeichen für Levi Strauss geworden, dessen Angestellte und Manager den freien Fluß von Ideen, Gefühlen und Vorschlägen befürworten.[3] Anfang der 90er Jahre entgingen Levi Gewinne in Millionenhöhe, weil Wettbewerber bei der Fertigung neuer Produktlinien besser reagierten und die Lagerbestände der Einzelhändler schneller auffüllten. Chairman und CEO Robert Haas beschloß, die Mitarbeiter stärker in den Prozeß einzubeziehen. Er fing an, über 6000 seiner 36000 Angestellten systematisch danach zu befragen, wie ihrer Meinung nach die betrieblichen Prozesse des Unternehmens verbessert werden konnten. Ihre Ideen hatten einen großen Einfluß auf die völlige Umgestaltung der Systeme in Fertigung, Marketing und Vertrieb von Levi, die zur Zeit durchgeführt wird und 500 Millionen Dollar kosten wird. »Wir tun dies nicht, weil es uns ein gutes Gefühl vermittelt. Wir tun dies nicht, weil es politisch korrekt ist. Wir tun es, weil wir glauben, daß es zwischen dem freigesetzten Können unserer Mitarbeiter und unserem Erfolg in der Branche einen Zusammenhang gibt.«[4] Haas glaubt, daß eine mündige und konstruktiv unzufriedene Belegschaft, die auch einmal anderer Meinung ist, als Quelle für Innovation und Engagement dient.

Der konstruktive Wert von Unzufriedenheit[5]

Trotz ihrer beunruhigenden Natur kann Unzufriedenheit eine Brutstätte kreativer Ideen und Möglichkeiten zum Aufbau von tiefem Vertrauen und Verbundenheit sein. Gleichzeitig ist sie eine der zuverlässigsten Möglichkeiten, Zugang zu jenen allgegenwärtigen Frustrationen des Menschen zu erhalten, die Erfolg so oft blockieren oder untergraben, wenn sie ignoriert und ungelöst bleiben. Wenn Sie lernen, Unzufriedenheit zu nutzen, statt sie zu verunglimpfen oder davor zurückzuschrecken, kann sie sich konkret für Ihre Karriere, Ihre Kunden und Ihr Unternehmen auszahlen:

- *Bewußtsein.* Unzufriedenheit und Konflikte helfen Ihnen dabei zu erkennen, was für Sie und andere wirklich von Bedeutung ist – was Ihnen und anderen wichtig ist, worauf Sie und andere empfindlich reagieren, wofür Sie und andere bereit sind zu kämpfen.

- *Aufdeckung von Problemen.* Ein Dialog über Frustration und Verärgerung kann Beziehungssperren, überhöhte Kosten, Zeitverschwendung, Ungerechtigkeiten, schlechte Qualität und ineffiziente Projekte und Prozesse identifizieren.
- *Angewandte Empathie.* Empathie hat nur dann einen Sinn, wenn sie auch angewandt wird. In schwierigen, konfliktreichen Zeiten wird unsere Empathie auf die Probe gestellt. Erkennen Sie den Wert von Meinungsverschiedenheiten und Differenzen mit anderen, und empfinden Sie sie als Hilfe für Ihren Fortschritt oder als abträglich?
- *Vertrauen.* Nur in einer Umgebung, in der wir wirklich sein können – also offen, ehrlich und frei, unsere Meinung auszudrücken –, können wir uns und andere akzeptieren und respektieren und auf diese Weise echtes Vertrauen aufbauen und bewahren.
- *Einbeziehung und Beteiligung.* Der Sozialpsychologe Morton Deutsch, der auf diesem Gebiet Pionierarbeit geleistet hat, geht davon aus, daß sich anhand der Ansichten der Mitarbeiter über den Zusammenhang ihrer Werte und Ziele am einfachsten herausfinden läßt, wie sie am besten zusammenarbeiten.[6] Über Mitarbeiterbeteiligung und Partnerschaft bei der Führung eines Unternehmens zu sprechen ist eine Sache. Etwas ganz anderes ist es, sie zu demonstrieren und danach zu handeln. Heißen Sie die ganze Bandbreite unterschiedlicher Ideen und Gefühle bei den täglichen Interaktionen und im Dialog willkommen, und integrieren Sie die Bedürfnisse der Mitarbeiter, respektiert und gehört zu werden, tatsächlich mitzuarbeiten.
- *Kreative Kooperation.* Einverständnis und Zustimmung tragen nur wenig bis überhaupt nichts zu Innovation und Fortschritt bei. Konstruktive Unzufriedenheit jedoch kann als Katalysator wirken, um neue Ideen zu entzünden und umzusetzen, insbesondere dann, wenn die Mitarbeiter allmählich erkennen, daß sie offen und vertrauensvoll sein können und von den Führungskräften aktiv dazu ermutigt werden, ihre Meinung zu vertreten und sich zu engagieren.
- *Bessere Lösungen.* Die Diskussion über voneinander abweichende Gefühle und gegensätzliche Meinungen zwingt uns dazu, uns genauer mit den Problemen zu beschäftigen und Einblicke zu gewinnen, was wiederum zu relevanteren und integrierten Lösungen für die Probleme führt.

- *Lernen bei der Arbeit.* Bei vielen Unternehmen besteht ein gerechtfertigtes Interesse daran, zu »lernenden Organisationen« zu werden. Diskussionen und Konflikte gehören zu den seit langem bewährten Katalysatoren, die für ein effektives Lernlabor benötigt werden, egal ob innerhalb oder außerhalb des Unternehmens. Mark Twain hat sich darüber lustig gemacht: »Der, der die Katze am Schwanz packt, lernt etwa 44 % schneller als der, der nur zuschaut.«
- *Herausforderung und Verpflichtung, sogar Spaß.* Wissenschaftliche Studien des Institute for Circadian Physiology an der Harvard Medical School[7] lassen darauf schließen, daß die Aufmerksamkeit des Gehirns durch engagierte Beteiligung – das heißt, *echtes* Interesse und nicht nur mechanisches Interesse – bei der Arbeit erhöht wird. Konstruktive Unzufriedenheit macht die Arbeit lebendiger und sinnvoller und weckt das Bewußtsein, daß Ideen und Vorschläge mithelfen, etwas zu schaffen, das die Mühe wert ist.
- *Spart Zeit, gibt mehr Gelegenheit, »echte Arbeit« zu erledigen.* Viele Manager weichen Differenzen aus und versuchen, sie zu glätten, was letzten Endes mehr Zeit und Energie kostet, als wenn sie offen darüber gesprochen hätten. Wird konstruktive Unzufriedenheit richtig eingesetzt und genutzt, reduziert sich die Zeit, die für destruktive Streitereien, Verschwörungen, Winkelzüge im Büro, persönliche Machtspiele, Revierverteidigung, falsche Annahmen, mehrdeutiges Verhalten, Mißverständnisse, doppelte Erledigung von Aufgaben und andere Fallstricke verschwendet wird.

Bei vielen Organisationen habe ich festgestellt, daß das Management Meinungsverschiedenheiten entweder aus einem Mangel an Erfahrung im Umgang mit erregten Diskussionen oder aufgrund der Befürchtung, wir – die Manager – könnten die Kontrolle verlieren, wenn die Opposition ihre Stimme erhebt und das Gespräch heftiger wird, aus dem Weg geht. Wir haben Angst davor, daß wir etwas sagen, was wir gar nicht so meinen, doch das entspricht oft genug nicht der Wahrheit. Denn im Grunde haben wir Angst davor, das zu sagen, was wir wirklich empfinden und meinen.

Wir alle kennen Menschen – und die meisten von uns gehören von Zeit zu Zeit auch dazu –, die ständig versuchen, alles zu glätten, für »Harmonie« zu sorgen, damit es so aussieht, als wäre alles in Ordnung und liefe nach Plan. Wir vertuschen die Unzufriedenheit, koste es, was es wolle.

Dabei übersehen wir, daß Kooperation auf der oberen Ebene selbst in Teams und Firmen mit vielen unabhängig denkenden Individuen an weit voneinander entfernten Orten auf ganz natürliche Art ohne dominante zentrale Autorität entstehen kann. Robert Axelrod, Professor für politische Wissenschaften an der University of Michigan und Gewinner der *MacArthur Foundation Fellowship,* dem sogenannten »Geniepreis«, hat sich mit universellen Grundsätzen der Zusammenarbeit beschäftigt und dabei eine ganze Reihe von Egoisten in Situationen untersucht, die Zusammenarbeit oder Konkurrenz erforderten.[8] Dabei kristallisierten sich einige übereinstimmende Grundsätze heraus, die von Menschen offenbar instinktiv übernommen werden: Unnötiger Konflikt wird vermieden. Auf eine unangebrachte Provokation reagiert man, doch anschließend verzeiht man und verhält sich eindeutig, damit der andere genau weiß, wo man steht. Das klingt wie eine Beschreibung angewandter emotionaler Intelligenz.

Man sollte jedoch beachten, daß dahinter mehr steckt als nur die Möglichkeit, seinen Gefühlen freien Lauf zu lassen, was allein selten zu gewinnträchtigen Ergebnissen führt. Stanley Kalms, Gründer und Chairman von Dixon's, dem britischen Mischkonzern im Einzelhandelssektor, zu dem Einzelhandelsgeschäfte für Elektronikgeräte, Fotoapparate und Haushaltsgeräte, Currys und PC World gehören, hat noch einen weiteren Aspekt dieses Dilemmas beobachtet.[9] Er erinnert sich daran, daß ihm in einem seiner Geschäfte eine Produktwerbung aufgefallen war. Er wandte sich an den jungen Einkäufer, der für dieses Produkt zuständig war, und sagte: »Ich halte nicht sehr viel davon.« Kalms hoffte, daß der Einkäufer sagen würde: »Es ist großartig, und ich sage Ihnen auch, warum.« Aber bald darauf hörte Kalms, daß der Einkäufer das Produkt aus dem Sortiment genommen hatte. »Ich wollte doch nicht, daß er es gleich *aus dem Sortiment nimmt*«, erklärt Kalms. »Ich wollte ihn nur dazu bringen, es zu verteidigen. Es ist schade, daß ein Wort vom Chef so etwas anrichten kann, aber genau das ist passiert.«

Während erregter Diskussionen haben Führungskräfte und Manager oft Schwierigkeiten damit, einen Kompromiß durchzusetzen oder eine Meinung aufzuzwingen. Was mich an Ambrose Bierce erinnert, der Kompromiß als die Lösung eines Konflikts definiert, welcher alle Parteien gleichermaßen unzufrieden zurückläßt. Hier ist die Hilfe einer Führungskraft erforderlich, damit die Mitarbeiter ihre Gefühle in praktisches, konstruktives Verhalten umlenken können. Dazu bedarf es einer wichtigen Eigenschaft: Sie müssen mutig genug sein, um Vermutungen zu klären oder anzuzweifeln – Ihre eigenen und die anderer. Das bedeutet allerdings nicht, daß Sie recht haben. Es bedeutet vielmehr, daß Sie Ihre Gefühle einsetzen, um eine Richtungsänderung zu initiieren, und dann aus dem Weg gehen. Sie lassen die Lernenden die Antwort finden, statt Ihrem inneren Drang zu folgen, Antworten, die Sie vielleicht gar nicht haben, zu geben.

U x R x B > S
Unzufriedenheit x Richtung x Bewegung > Status quo

Dies ist eine einfache Gleichung für effektive Veränderung, die einer Reihe von Führungskräften und Organisationen dabei geholfen hat, sich eine klarere Vorstellung von der Kraft der konstruktiven Unzufriedenheit zu machen.* Wenn Sie als einzelner, als Gruppe oder als Organisation effektive Veränderung initiieren und durchführen wollen, müssen Sie U empfinden – *Unzufriedenheit* darüber, wie die Dinge momentan sind. Dies ist der unmittelbare Wert der Unzufriedenheit: Ohne Unzufriedenheit fühlen Sie sich unbewußt als Autopilot oder mechanische Puppe. Dieses Gefühl wird oft von Selbstzufriedenheit oder Unaufmerksamkeit begleitet, und ein dauerhafter Veränderungsprozeß kann nicht stattfinden. U wird mit R multipliziert, der *Richtung* – ein eindeutiger Weg oder eine offene Richtung, die etwas Neues oder anderes ermöglichen, welches lohnend erscheint und eine gewünschte Veränderung erzeugt. Wenn Sie die konkrete Richtung, in die Sie gehen sollen, nicht spüren, werden Gefühle der Unzufriedenheit nicht konstruktiv gelenkt. Statt dessen gären sie vor sich hin und rufen wachsende Frustration, Zynismus und Zweifel hervor.

Die Summe aus *Unzufriedenheit x Richtung* wird dann mit B multipliziert, das für *Bewegung* steht – bestimmte Schritte oder

* Meine Partner und ich arbeiten seit mehreren Jahren mit dem Modell U x R x B > S, aber ich möchte mich bei Kathleen Dannemiller und den Partnern von Dannemiller-Tyson Associates, Inc., in Ann Arbor/Michigan, bedanken. Ihr ähnliches Modell – das ursprünglich von Dick Beckhard am MIT entwickelt wurde – war ein Vorläufer zu meinem und hat mir geholfen, meine Gedanken zu diesem Thema zu entwickeln und zu klären.

Aktionen, die als »emotionale Magneten« wirken. Sie ziehen Sie vorwärts oder setzen Sie in Bewegung, und zwar in Richtung der gewünschten Änderung. Wenn diese Bewegung nicht eingeleitet wird, tritt bei uns eine Art Wunschdenken ein, das in der Regel nirgendwohin führt. Wenn Sie *Unzufriedenheit* und *Richtung* haben, aber keine *Bewegung*, sind Sie in der Management-Patentlösungsmethode gefangen, die keine wesentliche oder andauernde Veränderung hervorruft. Das Ergebnis von U x R x B muß größer sein als S – der momentane *Status quo*, der für die bestehenden Anschauungen des Unternehmens, unbeugsame Einstellungen und fest verankerte Geisteshaltungen Ihrer Gruppe oder Organisation steht – kurz gesagt, der Widerstand gegen Veränderung. Widerstand ist durchweg das größte und schwierigste Hindernis, das es zu überwinden gilt. Und dazu brauchen wir U x R x B.

Stellen Sie sich jetzt eine bestimmte, wichtige Veränderung vor, die Sie persönlich oder zusammen mit Ihrer Organisation durchführen wollen. Bewerten Sie diese Veränderung mit Hilfe der Formel U x R x B > S. Worauf genau sollten Sie Ihre Aufmerksamkeit und Führungsqualitäten richten, um sicherzustellen, daß die Veränderung erfolgreich durchgeführt werden wird?

Fast alle Menschen empfinden instinktiv den Drang, Widerstand mit Gewalt zu überwinden, aber in vielen Fällen gelingt dies nicht.[10] Jean-Paul Sartre hatte vielleicht nicht ganz unrecht, als er schrieb: »Die Hölle sind immer die anderen.« Die Hölle – das wären Menschen, die uns vehement widersprechen, falls wir vor Streit zurückschrecken und die Rolle einer Führungspersönlichkeit darin sehen, Widerstände zu überwinden. Das ist nicht der Fall, wenn wir unsere emotionale Fitneß verbessern, zu der auch die Flexibilität gehört, Meinungsverschiedenheiten zu begrüßen und kreativen Nutzen aus dem respektvoll geführten, aber ehrlichen und offenen Konflikt von Perspektiven und Gefühlen zu ziehen.

Jan Timmer, CEO des in den Niederlanden ansässigen Elektronikgiganten Philips, übernahm das Ruder inmitten einer vor kurzem aufgetretenen Krise, und jetzt liegt Philips mit einem Umsatz von 34 Milliarden Dollar wieder vorn.[11] Timmer fand eine starre Unternehmenskultur vor, die immer mehr Marktanteile verlor, und entwickelte daher *Operation Centurion*. Dieses Programm soll die Art ändern, wie die Mitarbeiter bei Philips miteinander umgehen, und hat das Ziel, für mehr Ehrlichkeit und offen miteinander geteilte Informationen, Gefühle und Ideen zu sorgen. Im Rahmen des Programms kommen Mitarbeiter aller Ebenen, Produkte, Funktionen und Länder zusammen, um über strategische Pläne, Produkt- und Dienstleistungsideen und Prozesse zu diskutieren. Jede Stimme wird mit gleicher Aufmerksamkeit gehört. Persönliche Attacken und Machtspiele sind verboten, offene Meinungsverschiedenheiten werden dagegen angeregt, selbst bei der obersten Führungsspitze. Zwei Jahre nach Beginn der *Operation Centurion* sagt Timmer: »Die Beziehungen untereinander haben sich geändert. Wenn man an manchmal sehr emotionsgeladenen Diskussionen über sehr schwierige Probleme teilnimmt, dann lernt man sich gegenseitig kennen, man fängt an, sich zu respektieren. Das ist das Wichtigste, was zu unserem Erfolg beigetragen hat.«

Operation Centurion ist inzwischen ausgeweitet worden und enthält jetzt auch ein Programm, das von den Führungskräften bei Philips »der neue Lebensstil« genannt wird. Es umfaßt improvisierte, freie Diskussionen und »Gemeindeversammlungen« in den Fabriken, bei denen die Manager vor die Angestellten treten und – alle – Fragen beantworten. Außerdem gehört das Verteilen leerer Papierblätter in den Büros und Fabriken dazu, auf die Mitarbeiter Kommentare, Kritik und Ideen schreiben können. »Es war wirklich ein hartes Stück Arbeit«, sagt Timmer, »aber die besten unserer Manager sind sehr gut damit fertig geworden, und der Vorteil bestand darin, daß wir mit der Zeit wirklich das Beste aus unseren Leuten herausholen konnten. Die Manager fingen an, auf die Arbeiter im Betrieb zu hören, wo soviel Wissen vergraben ist. Die Führungskräfte mußten ein bißchen Luft ablassen, durften sich nicht mehr so wichtig nehmen – aber es war einfach notwendig, das Programm durchzuziehen.«

Kreative Unzufriedenheit ist auch ein Markenzeichen der Honda Motor Company. »Zuhören, fragen und seine Meinung sagen« heißt einer der betrieblichen Grundsätze dieses innovativen, qualitätsbewußten Unternehmens, das als das am besten geführte Unternehmen der Welt bezeichnet wird. Bei Honda wird jeder Angestellte dazu ermutigt, ja sogar aufgefordert, Ideen, Entscheidungen und Prozesse ständig zu hinterfragen. Es ist zu einem Paradebeispiel für die Kunst der »konstruktiven

»In guten Teams wirkt Konflikt produktiv. Der freie Fluß widersprüchlicher Ideen und Gefühle ist für kreatives Denken förderlich. Neue Lösungen werden entdeckt, die ein einzelner von sich aus nicht erkannt hätte.«
Peter Senge

Kontroverse« geworden.[12] Takeo Fujisawa, Mitbegründer von Honda, sagt dazu: »In jedem Unternehmen gibt es Mißklänge. Als Leiter des Unternehmens müssen Sie diese Mißklänge so dirigieren, daß dabei eine Art Harmonie entsteht. Aber zuviel Harmonie ist auch nicht gut. Man muß ein Gespür dafür entwickeln, Harmonie in Mißklängen zu finden, sonst entfernt man sich von den Kräften, die ein Unternehmen lebendig erhalten.«[13] Hondas Kultur der Selbstkritik und kreativen Meinungsverschiedenheiten unterscheidet sich sehr stark von anderen großen japanischen Unternehmen, die in der Vergangenheit besonderen Wert auf Übereinstimmung gelegt haben.[14]

Hondas Erfolg dagegen – das Unternehmen hat sich innerhalb von 25 Jahren von einem kleinen Motorradgeschäft zu einem der führenden Automobilhersteller entwickelt – beruht auf kreativer Unzufriedenheit. Abweichende Ideen, Gefühle und Perspektiven in den verschiedenen Geschäftsbereichen werden aktiv gefördert, weil man davon ausgeht, daß diese Unzufriedenheit die Endprodukte verbessert. Konstruktions- und Entwicklungsteams zum Beispiel werden absichtlich mit Ingenieuren aus benachbarten Disziplinen besetzt, die mit der Technik des Entwicklungsprojektes nicht exakt vertraut sind. Regelmäßig werden Ideenwettbewerbe abgehalten, an denen alle Mitarbeiter teilnehmen können, und für die besten Ideen gibt es vom Unternehmen Unterstützung, Zeit und Geld. Nur wenige oder vielleicht gar keine dieser Ideen wären aus der traditionellen Produktentwicklung entstanden. Ein anderes aussagekräftiges Beispiel: Die 40 obersten Führungskräfte teilen sich einen gemeinsamen Arbeitsbereich und sechs Schreibtische – damit sie es ungemütlich haben und kreativ bleiben. Die meisten von ihnen arbeiten nebeneinander an Konferenztischen, was offene Interaktion und konstruktive Unzufriedenheit fördert. Jungen Ingenieuren wird außerordentlich viel Verantwortung zugestanden. Sie werden dazu ermutigt, ihre Vorgesetzten in

»Unternehmen, die die Zukunft gestalten, sind Rebellen. Sie sind Umstürzler. Sie verstoßen gegen die Regeln. Sie bestehen aus Leuten, die grundsätzlich anderer Meinung sind, nur um eine Diskussion zu entfachen. Vermutlich bestehen sie aus Leuten, denen es früher nichts ausgemacht hat, von Zeit zu Zeit im Büro des Schuldirektors anzutreten.« Gary Hamel und **C. K. Prahalad.** »Seeing the Future First«, *Harvard Business Review* regelmäßigen Diskussionen und Streitgesprächen »anzuzweifeln«. Diese Praxis entwickelte sich aus den Erfahrungen, die ein junger Ingenieur kurz nach der Gründung des Unternehmens gemacht hat.[15]

Ein gerade eingestellter Laboringenieur bei Honda, dem man gesagt hatte, das Management sei offen für neue Ideen, glaubte so sehr an ein neues Konzept, daß er mit dem Mitbegründer des Unternehmens, Soichiro Honda, in eine erregte Diskussion über die jeweiligen Vorzüge von wasser- und luftgekühlten Motoren geriet. Der junge Mann war so wild entschlossen, daß er, als Mr. Honda seinen kreativen Ansatz einfach nicht zu begreifen schien, für einen Monat streikte und sich in ein Zenkloster zurückzog. Mr. Honda, den diese leidenschaftliche Courage beeindruckte, überdachte seinen Entschluß noch einmal. Kurze Zeit später änderte er seine Meinung, eine Entscheidung, von der das Unternehmen noch lange profitieren sollte. Der junge Ingenieur, der ihn damals überzeugte, war Tadashi Kume, heute der CEO von Honda.

Verbindung zur EQ Map:
Konstruktive Unzufriedenheit
Dieses Kapitel bezieht sich auf folgende Tabellenspalten der EQ Map: emotionale Ausdrucksfähigkeit, emotionales Bewußtsein gegenüber anderen, soziale Verbundenheit, Zielstrebigkeit, konstruktive Unzufriedenheit und persönliche Kraft.

EQ in der Praxis
Konstruktive Unzufriedenheit – Ausgangspunkt für die praktische Anwendung

Konstruktive Unzufriedenheit zu nutzen erfordert Übung. Es handelt sich dabei um eine Dimension der emotionalen Fitneß, die bei regelmäßigem Einsatz mit der Zeit immer stärker und wertvoller wird. Im folgenden finden Sie einige praktische Vorschläge zu Methoden, mit denen Sie diesen Aspekt der emotionalen Intelligenz bei Ihrer Arbeit ausbauen können:

»Wenn zwei Mitarbeiter immer der gleichen Meinung sind, ist einer von ihnen überflüssig.«
William Wrigley jr.
(1861-1932), amerikanische Führungskraft

- *Nutzen Sie den Gleichgewichtseffekt.* Der Gleichgewichtseffekt wurde 1665 von dem holländischen Naturwissenschaftler Christiaan Huygens entdeckt und besagt, daß der Rhythmus von Stimme und Gefühl ein gegenseitiges, produktives Gleichgewicht erzeugt. In der modernen Naturwissenschaft ist dies ein allgemein anerkanntes Prinzip.[16] Frederick Erickson vom Interaction Laboratory der University of Pennsylvania hat nachgewiesen, daß der Gleichgewichtseffekt auch in Gesprächen auftritt.[17] Sie können diesen Effekt unter anderem ausnutzen, indem Sie bei einem Dialog *langsam und ruhig sprechen*, Ihre Gefühle nicht verleugnen, sich von ihnen aber auch nicht beeinflussen lassen. Wenn eine Besprechung oder eine Diskussion heftiger wird, ändern Sie den Rhythmus und sprechen ruhig und noch langsamer, was allen den Prozeß des Dialogs bewußt werden läßt und dazu beitragen kann, Herz und Verstand zu öffnen. Führungspersönlichkeiten, die dies beherrschen, zeigen eine enorme Präsenz, indem sie zulassen, daß der Streit weitergeht, ihn aber entschärfen. Sie begrüßen Meinungsverschiedenheiten als Katalysator, der zum Dialog anregt und die kreativen Energien der Gruppe nutzt, *ohne* es jedoch den einzelnen zu erlauben, einander anzugreifen. Sie halten die Gruppe im Gleichgewicht, bewahren die Mitte. Das ist eine der wenigen Fähigkeiten, mit denen Sie sich von Teams und Partnerschaften auf jeder Ebene eines Unternehmens abheben können, eine Fähigkeit, die paradoxerweise Ihre Zusammenarbeit mit diesen Gruppen verbessert.

- *Bleiben Sie offen, wenn sich die Diskussion anheizt.* Erinnern Sie sich daran, wie ich als Berater bei der Ausschreibung des Transportunternehmens kritisiert wurde. Gegner und Skeptiker werden Ihnen genau sagen, was sie stört. Ihre Worte werden Sie treffen. Am Anfang wollen Sie über die Kommentare vielleicht noch hinweggehen. Tun Sie es nicht. Ihre Mitarbeiter sagen Ihnen die Wahrheit, so wie sie sie sehen oder empfinden. Da sie vielleicht nur wenig respektiert werden, könnten Sie versucht sein, diese Mitarbeiter zu attackieren oder mit einem verletzenden Redeschwall »auf ihren Platz« zu verweisen. Tun Sie auch das nicht. Was geschieht, ist symbolisch. Sobald Sie angreifen, ist es für die

»Es ist möglich, verschiedene Mechanismen zur Konfliktlösung zu entwickeln. Aber für ein Unternehmen wäre es besser, eine Kultur zu schaffen, welche die kreative Macht des Konflikts würdigt und danach trachtet, sie zu nutzen.«
Michael Hammer,
amerikanischer Unternehmensstratege

anderen nicht mehr sicher, offen und ehrlich ihre Meinung zu sagen, und das erstickt Kooperation und entfacht Mißtrauen und Zynismus. Wenn Ihnen ein bissiger Kommentar an den Kopf geschleudert wird, sollten Sie statt dessen den instinktiven Anflug von Wut oder Widerstand akzeptieren, dann aber die Energie zum Lernen einsetzen, und nicht dazu, sich selbst zu schützen. Wie? Indem Sie zum Beispiel noch mehr Neugier empfinden oder noch etwas mehr Empathie zeigen. Indem Sie zu sich sagen: »Er brüllt mich ja nicht an, sondern er brüllt für sich selbst – und es ist großartig, daß er es rauslassen kann.« Und dann sollten Sie sich fragen: »Was kann ich daraus lernen?«

- *»Ditto« – nutzen Sie den EQ der ganzen Gruppe.* Die Meinungen und Gefühle anderer zu respektieren heißt nicht unbedingt, daß Sie mit diesen auch *einverstanden* sind. Es bedeutet, daß diese Meinungen und Gefühle wirklich sind und der andere ein Recht darauf hat. Ehrliche Worte, wie »Ich danke Ihnen für Ihre Meinung«, »Ich kann spüren, wie aufgebracht Sie über diesen Ansatz sind«, oder »Wenn ich Sie wäre, wäre ich vermutlich genauso wütend«, bestätigen, daß der andere gehört wird. Überlegen Sie sich, ob Sie nicht vielleicht Codes zur Klärung benutzen wollen, die allerdings nicht bedrohlich wirken dürfen. Beispiele hierfür haben wir in Kapitel 5 besprochen (»Noch einmal, bitte«, »Ditto«.)
- *Hören Sie genau zu, um so Verständnis und Gelegenheit zu erhöhen.* Strecken Sie bei einem Dialog Ihre sensorischen »Fühler« aus, auch wenn Sie nur eine oder zwei Minuten Zeit haben. Wenn jemand gegen Ihre Gefühle oder Ihren Standpunkt aneckt, sollten Sie versuchen zu verstehen, weshalb, den Anstoß begrüßen und daraus lernen. Sagen Sie sich, daß die anderen in der Gruppe im großen und ganzen Interesse haben – sonst würden sie nicht streiten, sondern wären gar nicht hier. Manchmal entwickelt sich Widerstand, weil jemand zögert, sich zu entscheiden. Wie könnten Sie Abhilfe schaffen, wo sich ein anderer aufregt? Spüren Sie, daß es zwischen Ihrem Ziel und dem der anderen Übereinstimmung gibt? Es zahlt sich aus, daran zu denken, *daß Gefühle für den Fakten sind, der sie erlebt.* In vielen Fällen trägt ein einziger ruhiger Kommentar dazu bei, emotionale Überreaktionen abzuschwächen und eine kreative Lösungsfindung zu fördern. Daher sollten Sie nicht vorschnell reagieren, sondern statt dessen noch genauer zuhören. Es hat zum Beispiel nur selten

Sinn, einem wütenden Mitarbeiter zu sagen, daß er sich beruhigen soll. Das kann sogar den Eindruck hervorrufen, als würden Sie ihm das Recht darauf absprechen, wütend zu sein.

- *Eigene Interessen und Nachfragen in ein Gleichgewicht bringen.* Hier geht es vor allem darum, Ihre Gefühle und Ihren Denkprozeß *sichtbar* zu machen, also im Dialog zu erklären, und andere zu bitten, das ebenfalls zu tun. Charlotte Roberts und Rick Ross, Spezialisten im Bereich Organizational Learning, schlagen vor, Vertrauen und Klarheit in Streitsituationen mit Aussagen wie den folgenden aufzubauen:[18]

- »Ich halte folgendes davon: ...«
- »Ich denke folgendermaßen darüber ..., und ich werde Ihnen auch sagen, warum. ...«
- »Ich habe angenommen, daß ...«
- »Ich bin zu dieser Überzeugung gelangt, weil ...«
- »Um Ihnen zu verdeutlichen, worüber ich spreche, stellen Sie sich jetzt bitte vor, daß Sie der Kunde sind, der die Auswirkungen zu spüren bekommt ...«
- »Was können Sie dieser Idee noch hinzufügen?«
- »Was führt Sie zu der Annahme, daß ...?«
- »Würden Sie mir bitte dabei helfen, Ihre Gedanken und Gefühle zu diesem Thema zu verstehen.«
- »Haben Sie schon einmal daran gedacht, daß ...?«
- »Wenn Sie ... sagen, befürchte ich, daß das ... bedeutet.«
- »Was meinen Sie dazu – richtig oder falsch, auch wenn wir noch keine Daten haben?«
- »Gehen wir hier von unterschiedlichen Annahmen aus?«

- *Identifizieren Sie Möglichkeiten für eine Zusammenarbeit.* Sie könnten zum Beispiel während eines erregten Dialogs in regelmäßigen Abständen einen Moment innehalten und sich fragen: »Was habe ich bis jetzt gelernt?« Identifizieren Sie konkrete Möglichkeiten, wie Sie und die anderen Fortschritte machen, wenn Sie alle zusammen statt gegeneinander arbeiten. Nutzen Sie die Energie aus dem Konflikt, um bessere Lösungen für alle Beteiligten zu schaffen. »Was wird Ihrer Meinung nach geschehen, wenn wir keine Möglichkeit zu einer Zusammenarbeit finden?«, ist eine Frage, die Standpunkte aufweichen und Alternativen hervorrufen wird.

- *Vermeiden Sie eine Verteidigungshaltung, und sprechen Sie aus eigener Erfahrung.* Eine der effektivsten Methode, um bei erregten Diskussionen eine Brücke des Vertrauens zu bauen, besteht darin, keine »Verteidigungshaltung« einzunehmen und die Mitarbeiter nicht mit anklagenden »Sie«-Aussagen und belehrenden Ratschlägen zu überschütten wie etwa: »Wenn Sie intelligent wären, würden Sie ...«, oder »Wenn Sie das so sehen würden wie ich, würden Sie ...« Statt dessen sollten Sie bewußt darauf achten, aus eigener Erfahrung zu sprechen: »Ich sehe, daß es uns schwerfällt, dieses Problem in den Griff zu bekommen und eine Lösung dafür zu finden. Ich muß dabei an die Schwierigkeiten denken, die ich einmal hatte, als ich ... Ich habe Ihnen das erzählt, weil ich mich damals in einer ähnlichen Situation befand und mit meiner Erfahrung vielleicht etwas beitragen kann.« Ermutigen Sie andere, das gleiche zu tun. Ich habe erlebt, wie klare, mutige Annäherungen wie diese Zyklen aus Argumentation und Schuldzuweisung unterbrechen und Imponiergehabe und Machtkämpfen, die charakteristisch für kontroverse Besprechungen sind, ein Ende setzen. Es spielt keine Rolle, ob andere Ihre Ideen akzeptieren oder nicht. Wichtig ist, daß alle im Raum Ihre Empathie und Ihre emotional ehrliche *Präsenz* spüren. Ob Sie nun recht haben oder nicht, Sie werden sehr wahrscheinlich feststellen, daß Ihren nächsten Worten offener zugehört wird.
- *Sagen Sie nein, wenn Sie nein meinen.* Es liegt an Ihnen, Ihren Standpunkt klarzumachen. Statt aus Furcht vor Ablehnung »herumzudrucksen« und deshalb letzten Endes wertvolle Zeit und Energie zu verschwenden, sollten Sie nein sagen, wenn Sie nein meinen, oder zugeben, daß Sie etwas nicht wissen, wenn Sie es nicht wissen. Peter Block schreibt dazu: »Wir sollten uns Sechsjährige als Rollenmodell aussuchen. Sie sagen, was sie denken. Sie sind einverstanden, Sie sind nicht einverstanden, sie lieben, sie hassen, sie sagen ja, sie sagen nein. Und das war's ... Wenn wir glauben, nicht nein sagen zu können, dann ist unser Ja nicht ernst gemeint.«[19] Genau. Wir müssen lernen, bestimmt aufzutreten, ohne arrogant zu sein, nein zu sagen, ohne uns einzumauern, und uns selbst zu respektieren, während wir gleichzeitig die Rechte, Ansichten und Gefühle anderer achten.

In neun von zehn Fällen richten vage Aussagen, Vermutungen und Gerüchte mehr Schaden für Beziehungen und Unternehmen an, als es die Wahrheit getan hätte. Üben Sie, anderen in unmißverständlichen Worten Ihren Standpunkt klarzumachen, zu sagen, was das Problem ist und warum wir diskutieren müssen, was wir gerade diskutieren, und warum wir über die Maßnahmen entscheiden müssen, die zu ergreifen sind. Egal, ob es gute oder schlechte Nachrichten sind: Wenn wir uns klar und deutlich ausdrücken, macht uns das wirklicher, vertrauenswürdiger und effektiver bei der Suche nach dem kreativen Wert von Meinungsverschiedenheiten.

- *Reagieren Sie auf Feedback.* Strategieexperte Gary Hamel weist auf folgendes hin: »Wenn nervöse leitende Angestellte einen Dialog eröffnen und dann das Feedback ignorieren, unterminieren sie den guten Willen.« Wir müssen bewußt mit Versprechungen umgehen, die wir während eines Dialoges machen, und sie einhalten.
- *Gehen Sie produktiv mit Ärger um.* Manche Menschen erwarten, daß sich der, dem sie ihre ehrliche Meinung sagen, nicht ärgert. Aber ist das wirklich erstrebenswert? Wie wir bereits gesehen haben, gehören Gereiztheit, Leidenschaft, Unstimmigkeiten und sogar ein kurzes Aufwallen von Ärger zu den aktivsten – also engagiertesten – Dialogen. Sie sind ein emotionales Investment in die Unterhaltung. Dadurch wird sie lebendig, kreativ und wirklich. Natürlich müssen Frustration und Ärger respektiert und gelenkt werden. Seinem Ärger allzu sorglos Luft zu machen kann ihn zu Wut oder Aggression steigern und unter Umständen zu feindseligen Gedanken und Empfindungen führen, die wiederum Probleme mit dem Herzen oder der Gesundheit verursachen.[20] Aber trotzdem ist es eine Art von Manipulation oder Schikane, »erregte« Gefühle als Bestrafung anzusehen und zu versuchen, sie zu unterdrücken oder davon auszugehen, daß sie immer einen persönlichen Angriff bedeuten. In vielen Fällen sind sie das nämlich nicht. Oft sind sie Ausdruck dafür, wie wichtig uns das Thema ist.

In der *Nikomachischen Ethik* schreibt Aristoteles über die Bedeutung von Charakter, Willensstärke und die Beherrschung von Gefühlen. Er denkt darüber nach, wie schwierig es sein kann, ein emotional intelligenter Mensch zu sein, und beschreibt treffend ein Gefühl: »Jeder kann wütend werden – das ist leicht. Aber auf den Richtigen wütend zu sein, im richtigen Ausmaß, zur richtigen Zeit, aus dem richtigen Grund und auf die richtige Art und Weise – das ist nicht leicht.« Das hat sich seit der Antike bis heute nicht geändert.

Wenn Ärger frühzeitig und konstruktiv genutzt wird, kann er zu Umgestaltungen führen: Er entfacht Mut und Kreativität, bringt uns dazu, vermeintliche Ungerechtigkeiten zu korrigieren, fordert uns auf, unsere Meinung zu sagen, und regt Fortschritt an. Er hält uns davon ab, zu bequem oder zu nachgiebig zu werden. Er *bewegt* uns. Richtig zum Ausdruck gebrachter Ärger generiert ungeheure Mengen produktive Energie. Im folgenden einige Überlegungen dazu, wie Sie die *konstruktive Kraft* des Ärgers nutzen und verhindern, daß er zu Wut, Haß, Feindseligkeit oder Aggression eskaliert.

Fragen Sie sich: Weshalb bin ich enttäuscht? Vielleicht sind Sie von einem anderen enttäuscht worden, oder vielleicht haben Sie sich auch selbst enttäuscht. Wenn ja, dann müssen Sie darüber reden und dafür sorgen, daß es nicht wieder passiert. Wenn Sie den Grund für Ihre Enttäuschung identifiziert haben, sollten Sie die betroffenen Menschen wissen lassen, daß Sie enttäuscht sind, und daß Sie selbst – oder die anderen – Ihre Erwartungen nicht erfüllen:

»Ich bin enttäuscht, weil man mir nicht die Chance gegeben hat, bei diesem kreativen Team mitzuarbeiten.«
»Ich bin gekränkt, weil Sie so mit mir gesprochen haben.«
»Ich bin wütend darüber, weil ich in der Besprechung ignoriert werde.«
»Ich bin wütend auf mich selbst, weil ich die Abteilung bei diesem Termin im Stich gelassen habe.«

Pauschalaussagen wie »Sie lassen mich immer im Stich«, »Da hat mich jemand reingelegt« oder »Jetzt haben schon wieder die Idioten das Sagen« verhindern den produktiven Ausdruck von Ärger und hüllen womöglich alle in eine Wolke aus Negativismus und Pessimismus.[21] Wenn Sie präzise angeben, warum Sie enttäuscht sind, können Sie eine von mehr Vertrauen gekennzeichnete Beziehung aufbauen, die sowohl zuverlässig als auch widerstandsfähig ist.

Leider versuchen viele Unternehmenskulturen, Enttäuschung und Ärger zu blockieren, damit alle ruhig und glücklich sind. Was noch schlimmer ist, wir lügen uns sogar an: »Sie haben doch gar keinen Grund dafür, sich aufzuregen, Sie haben das *sehr gut* gemacht.« Solche rationalisierenden Aussagen sind emotional oft unehrlich. Wenn ich Ihnen Ihre Gefühle ausrede, heißt das noch lange nicht, daß damit wieder alles in Ordnung ist und die emotionale Energie sich in Luft aufgelöst hat. Viele Manager sind darauf konditioniert worden, davon auszugehen, daß Mitarbeiter kein Gewinn für das Unternehmen mehr sind, sobald sie wütend oder enttäuscht sind. Das ist nicht wahr. Mitarbeiter können ihre Enttäuschung oder ihren Ärger mindestens genauso gut ausdrücken wie Manager und anschließend mit ihrer Arbeit weitermachen. Es kommt nur dann zu Stillstand und einer Atmosphäre des Aufruhrs und der Rachegedanken, wenn sie ihre Gefühle nicht auf positive Art und Weise erfahren oder ausdrücken können.

- *Akzeptieren Sie, daß es Zyniker gibt, die – egal, wie sehr Sie sich bemühen, sie zu erreichen – einfach nicht konstruktiv sein wollen.* Wenn jemand offen, ehrlich und mit echtem Interesse kritisiert, nimmt sich ein emotional intelligenter Mensch diese Kritik zu Herzen und beteiligt auch seinen Verstand. Er denkt darüber nach, versucht herauszufinden, ob etwas Wahres dran ist und inwiefern sie zutrifft. Falls sie nicht zutrifft, hat sie nicht viel oder überhaupt nicht geschadet, sondern vielleicht sogar zu einem engeren, authentischeren Verhältnis zu der anderen Person beigetragen. Wenn jemand jedoch aus reiner Boshaftigkeit Kritik übt (oder mit einem Hintergedanken und emotionaler Unehrlichkeit, wie bei Gerüchten und Sabotage oft der Fall), nimmt ein Mensch mit einem hohen EQ dies zur Kenntnis und denkt intellektuell über die Spitzen nach. Aber er wird sie nicht in sein Herz lassen und auch nicht gestatten, daß sie ihn deprimieren oder aufstacheln. Man sollte nicht vergessen, daß für einen gewissen Prozentsatz von Menschen weder Situation noch Umstände eine Rolle spielen – sie werden unweigerlich dagegen sein, sich widersetzen und alles ignorieren. Aus bekannten oder unbekannten Gründen wollen sie nicht an einem offenen Dialog teilnehmen, und sie werden auch nicht bereit sein, irgend etwas zum Fortkommen eines Unternehmens oder einer anderen sozialen Gemeinschaft beizutragen. Akzeptieren Sie diese Haltung einfach. Bieten Sie ihnen Gespräche an, wenn Sie das Gefühl haben, es bringt sie zum Nachdenken oder ins Grübeln, aber versuchen Sie nicht, sich ihrer anzunehmen. Darüber hinaus sollten Sie darauf achten, die Unterstützung dieser Mitarbeiter nicht als Voraussetzung für wichtige Schritte oder Entscheidungen einzuplanen. Wenn solche Menschen für Sie arbeiten, sollten Sie vielleicht eine andere Stelle für sie finden, die besser zu ihnen paßt und sie mehr inspiriert, oder sie einfach gehen lassen.

- *Profitieren Sie von Nörgelei.* Ein Aspekt der konstruktiven Unzufriedenheit besteht darin herauszufinden, warum Mitarbeiter »meckern«. Im Ernst. Aufgrund mehrerer Untersuchungen[22] hat sich herausgestellt, daß dies eine der effektivsten und am häufigsten übersehenen Methoden sein kann, Produktivität und Rentabilität zu steigern. Ein Beispiel: Die Konzentration auf »meckernde Mitarbeiter« war eines der zentralen Themen in einem Programm, das von William Arnold, President des Centennial Medical Center, dem größten Unternehmen der Hospital Corporation of America, gestartet wurde. Über einen Zeitraum von vier Jahren, von 1989 bis 1993, erhöhte sich der Cash flow (vor Schuldendienst) von 11 Millionen auf 30 Millionen Dollar, uneinbringliche Forderungen verringerten sich auf weniger als 0,5 %, die Debitorenlaufzeit sank von 78 auf 44 Tage, die Personalfluktuation reduzierte sich um mehr als 50 %, und der Gewinn stieg um mehr als 33 %.[23] Arnold testete und entwickelte sein Konzept mit Hilfe von Jeanne Plas, Professorin für Psychologie an der Vanderbilt University.

Ihre Erkenntnisse lassen unter anderem darauf schließen, daß aufgrund chronischer Nörgelei Millionen von Menschen an jedem Arbeitstag ihrer Energie beraubt werden. Die meisten Manager schenken dem nur wenig Beachtung, aber die Nörgelei von Mitarbeitern kann tödlich sein. Sie ist der wichtigste Grund dafür, daß die Eigeninitiative in den Unternehmen stirbt. Fragen Sie einen beliebigen Arbeiter an einem beliebigen Arbeitsplatz in einer beliebigen Firma, warum er aufgehört hat, bei seiner Arbeit Eigeninitiative zu entwickeln. Sie werden wahrscheinlich etwas über ungelöste Frustration hören: Irgend etwas hat nicht gestimmt. Er hat sich darüber beschwert. Die Beschwerde wurde ignoriert. Vielleicht hat er es noch ein zweites Mal versucht. Es ist wieder nichts passiert. Er hat reagiert, indem er seine Energie, seine Gefühle und seine Kreativität aus dem Unternehmen herausgenommen hat. Er hat abgeschaltet.

Mitarbeiter hören nicht einfach auf, sich zu beschweren, nur weil das Problem vom Management ignoriert wird, sagen Arnold und Plas, die Autoren von *The Human Touch*. Sie hören vielleicht auf zu »meckern«, aber die Ursache für ihre Nörgelei vergessen sie nicht. In den meisten Fällen sollten Beschwerden weiterverfolgt und offengelegt, nicht erstickt oder ignoriert werden. In Unternehmen, denen es an Vitalität und Wachstumspotential fehlt, werden Manager oft mit einem ganzen Arsenal von Abwehrmitteln für solche Fälle versorgt. Sie bitten den aufgebrachten Mitarbeiter »eine kurze Mitteilung zu schreiben«. Sie werfen einen entnervten Blick zur Decke, als ob sie damit sagen wollten: »Ich bin ja ganz Ihrer Meinung, aber wir beide wissen doch, daß die da oben nichts davon hören wollen.« Einige Manager stellen sich dumm und bitten den Angestellten, das Problem ein halbes Dutzend Mal zu beschreiben, weil »ich wirklich keine Ahnung habe, wovon Sie eigentlich sprechen«. Manchmal erhält der Nörgler einen leisen, aber deutlichen Wink, daß es vielleicht an der Zeit für Urlaub sei – oder er wird versetzt. Egal, welche Strategie verwendet wird, die Botschaft lautet: In diesem Unternehmen ist für Nörgeln und Meckern kein Platz.

Wenn Mitarbeiter dagegen feststellen, daß man auf ihre Nörgelei und ihre Anliegen positiv reagiert, wird die einengende Energie freigesetzt, die bis jetzt durch Unzufriedenheit aufgestaut wurde, so daß diese Energie für konstruktive Zwecke verwendet werden kann. Bei der britischen NatWest Life kritisierten die Mitarbeiter einer Abteilung Ihren Manager. Sie behaupteten, er könne mit seiner Zeit nicht umgehen und habe mangelnde Führungsqualitäten. Sobald der Manager auf das Feedback reagierte und sich wirklich bemühte, seine Art zu ändern, wie er die Abteilung führte und mit den Angestellten kommunizierte, »gab es einen Ansturm von Energie aus den Reihen der Mitarbeiter, die erkannt hatten, daß der Änderungsprozeß eingetreten war, und alle brannten darauf teilzunehmen. Die bedrückte Stimmung änderte sich, und die Mitarbeiter hatten wieder mehr Hoffnung und Selbstsicherheit.«[24]

Wenn Manager anfangen zuzuhören, neigen sie in der Regel dazu, einen Unterschied zu machen zwischen Nörgeleien, die mit einem Produkt oder einer Dienstleistung zu tun haben, und Nörgeleien, die eher auf ein persönliches Interesse des Mitarbeiters schließen lassen. Anfänglich denken die meisten Menschen, die »rentablen« Nörgeleien wären diejenigen, die auf ein direktes Interesse an der Arbeitsleistung schließen lassen. Sie irren sich. Nörgeleien, die Frustrationen wegen persönlicher Anliegen zum Inhalt haben, sind genauso wichtig wie jene, die sich um Probleme bei der Qualitätsverbesserung drehen. Energie, die für Beschwerden über zu späte Gehaltszahlungen, schlechtes Essen, kaputte Verkaufsautomaten, enge Parkplätze, zu wenige Münzfernsprecher in Aufenthalts- und Besprechungsräumen, schlecht belüftete (oder schlecht geheizte/klimatisierte) Büros, langweilig eingerichtete Aufenthaltsräume und Papierhandtücher schlechter Qualität aufgewendet wird, ist Energie, die nicht für die Arbeit eingesetzt wird. Was noch viel wichtiger ist: Solche Probleme führen zu einer erheblichen Beeinträchtigung des Wohlbefindens der Mitarbeiter im Unternehmen.

Was, wenn niemand auf Ihre Anliegen zu hören scheint? Wir alle erleben natürlich Zeiten, in denen berechtigten Beschwerden weder Gehör noch Beachtung geschenkt wird. Und Zeiten, in denen das Schicksal uns Knüppel zwischen die Beine wirft und den Wind aus den Segeln nimmt. Das sind dann die Tage, an denen wir ein hohes Maß an emotionaler Flexibilität und Widerstandsfähigkeit brauchen. Fast alle Menschen kommen früher oder später zu der Erkenntnis, daß man nicht unbedingt mehr erreicht, indem man das, was man tut, schneller, angestrengter und länger tut. Betäubt von unserem Kampf und der Menge an Arbeit, sind wir blind für die besseren Wege und leisten immer weniger. Unsere Kräfte lassen nach. In solchen Zeiten brauchen wir emotionale Regeneration. Diese drei Merkmale der emotionalen Fitneß – Flexibilität, Widerstandsfähigkeit und Regeneration – sind das Thema des nächsten Kapitels.

8
Widerstandsfähigkeit und Regeneration

> »Der Weg nach oben führt über eine Wendeltreppe.«
> **Sir Francis Bacon**
> (1561-1626), englischer Staatsmann und Philosoph

Am 10. März 1986 prallte ein Flugzeug gegen die Felswand eines Berges. Alle Passagiere an Bord kamen dabei ums Leben. Unter den Toten befanden sich die Schwester meines Schwagers, Patricia, eine Ärztin, ihr Mann Rafael, der als Führungskraft bei einem Unternehmen gearbeitet hatte, und ihre drei Kinder im Alter von vier, sechs und acht Jahren. Sie waren auf dem Weg in ihren ersten Familienurlaub gewesen. Bergungsmannschaften fanden die Leichen von Patricia und Rafael mit ihren Kindern in den Armen. Sie waren zusammen gestorben. In dem Augenblick, in dem der Rest der Familie – und alle, die diese fünf Menschen einmal kennengelernt hatten – von dem Flugzeugabsturz erfuhr, änderte sich auch ihr Leben.

Ich weiß noch, daß ich damals gedacht habe, auf welch unterschiedliche Art Menschen in ihrem Leben eine Veränderung erfahren. Wenn wir Glück haben, sind viele dieser Änderungen beabsichtigt und gewollt. Aber wir werden zwangsläufig auch davon geformt, wie wir Schicksalsschläge und andere Verhältnisse empfinden und auf diese reagieren. Meistens bleiben uns tiefgreifende Veränderungen am längsten in Erinnerung. Sie sind immer emotional. Sie geben uns Halt und befreien uns.

Während ich diese Zeilen schreibe, muß ich an ein anderes Erlebnis denken, das schon ein Vierteljahrhundert zurückliegt: Es war Spätsommer, und das Elektrizitätswerk hatte einige Männer vorbeigeschickt, die eine neue Stromleitung zu meinem kleinen Haus und dem angrenzenden Bürogebäude gezogen hatten. Ich gab abends

Unterricht und hatte einen vollen Stundenplan an der Universität. Meine Studiengebühren bezahlte ich mit dem Zuschuß, den ich nach meinem Dienst bei der Armee bekam. Das Haus und das angrenzende Bürogebäude hatte ich selbst gebaut, mit knappen Mitteln, um Geld zu sparen, weiterzukommen. Während ich an diesem Tag geschäftlich unterwegs war, gab es ein Problem mit der neuen Stromleitung, und sie fing an zu brennen.

Als ich am Nachmittag zurückkam, war alles bis auf die Grundmauern niedergebrannt. Alles, was ich besaß, war verbrannt: meine Bücher, Zeitschriften und Entwürfe, Photoalben, Auszeichnungen von der High-School, vom Militär und vom College. Alles. Ich stand bis tief in die Nacht da und starrte auf die rauchenden Trümmer, das einzige, was noch übrig war. Es war ein emotionsgeladenes Bild, das ich nie mehr vergessen werde. Zum Glück war niemand bei dem Feuer verletzt worden. Mir wurde klar, daß es noch viel schlimmer hätte kommen können. Und außerdem wußte ich, daß ich nicht allein war. Millionen von Menschen erleben Brände, Wirbelstürme und Überschwemmungen. Ich bin neugierig: Was haben Sie erlebt? Als ich mit Tränen in den Augen durch die Trümmer stolperte, schwor ich mir, mich nicht unterkriegen zu lassen. In dieser Nacht fing ich noch einmal ganz von vorne an und baute mir eine neue Zukunft auf.

Über dem Schreibtisch von Leslie, meiner Frau, hängt ein Sprichwort: »Unglück stärkt den Charakter.« Es gibt natürlich noch andere Möglichkeiten, um den Charakter zu stärken. Aber Unglück trifft uns immer wieder. Ich weiß noch, wie meine Großmutter immer gesagt hat, daß Gott uns nur das aufbürde, was unser Herz ertragen und unsere Schultern aushalten könnten. Den Führungskräften, mit denen ich arbeite, empfehle ich immer, sich eine ruhige Ecke mit ein bißchen Sonne zu suchen und einige Zeit damit zu verbringen, sich drei oder vier Erlebnisse ins Gedächtnis zu rufen, bei denen ihre emotionale Fitneß gebraucht und geformt wurde. Berühmten Suchenden der Vergangenheit und modernen Gehirnforschern zufolge lernen wir auf diese Weise – aus den Geschichten über die menschliche Erfahrung.[1] Von überwundenen Krisen, Katastrophen, die wir gemeistert oder abgewendet haben, Hilfe, die im letzten Moment oder gar nicht kam, großen Plänen wie törichten Unternehmungen.[2] Charles Handy schreibt dazu:[3]

> »Bitten Sie einige Menschen, sich an die zwei oder drei wichtigsten Ereignisse in ihrem Leben zu erinnern, aus denen sie am

meisten gelernt haben. Sie werden Ihnen mit Sicherheit nichts über Kurse oder Diplome erzählen, sondern von Begegnungen mit dem Tod, von Krisen, von unerwarteten Herausforderungen und Konfrontationen sprechen. Sie werden Ihnen also von Augenblicken erzählen, in denen der rote Faden gerissen ist, in denen sie auf keine andere Erfahrung, keine Regeln und kein Handbuch zurückgreifen konnten. Aber sie haben überlebt und sind mit neuer Kraft und flexibler in Herz und Verstand daraus hervorgegangen.«

Sie sollten sich jetzt einige Minuten Zeit nehmen, eine kurze Zusammenfassung von einem oder zwei Erlebnissen schreiben und dann darüber nachdenken, in welcher Hinsicht Ihr Leben und Ihre Arbeit davon profitiert haben.

Das Holz, aus dem große Männer und Frauen geschnitzt sind

Die Geschichte zeigt, daß fast alle berühmten Männer und Frauen irgendwann einmal in ihrem Leben schwierige Zeiten durchgemacht haben. Immer wieder mußten sie mit beängstigenden Aufgaben fertig werden und Niederlagen oder Rückschläge ertragen. Die Art, wie sie mit diesen Erfahrungen umgegangen sind, hat den Menschen geformt, der schließlich aus ihnen geworden ist. Ihre Siege waren letzten Endes oft darauf zurückzuführen, daß sie sich ihren Fehlern oder Niederlagen einfach nicht beugen wollten. Wir alle erleben bei unserer Arbeit und in unserem Leben schwere Zeiten. Unsere Reaktion auf diese Herausforderungen – Instinkt, kreative Intuition, Reflexion – verwandelt ein Stück unseres Herzens und formt unsere Zukunft und die der Menschen um uns herum.

»Nur wer bereit ist, viel zu verlieren, wird viel erreichen können.«
John F. Kennedy

Bei einer zwanglosen Unterhaltung geben wir gerne zu, daß beinahe kein Erfolg ohne Fehler und Rückschläge erreicht wird. Aber vor den Erfahrungen selbst haben wir meistens Angst. Wir nennen das ironisch *Murphy's Law*: Wenn etwas schiefgehen kann, dann wird es auf jeden Fall schiefgehen – Pech, die Sterne, das Schicksal. Doch dahinter steckt mehr. Schwierige Herausforderungen sind das

»lebende Labor« der emotionalen Intelligenz. Unglück, nicht Wohlergehen, ist der Prüfstand für unser Inneres und unseren Charakter, sowohl in der Öffentlichkeit als auch im Privaten. Winston Churchill hat einmal gesagt: »Erfolg hat man dann, wenn man sich von Mißerfolg zu Mißerfolg hangelt, ohne dabei den Enthusiasmus zu verlieren.«

Dies ist eine seltene und bewundernswerte Eigenschaft. Das Wort *Enthusiasmus* entwickelte sich aus dem griechischen *entheos*, was soviel bedeutet wie »voll von Gott«. Flexibilität hat im Grunde genommen damit zu tun, wie gut – und bereitwillig – Sie sich Ihren Enthusiasmus bewahren. Darüber hinaus geht es darum, wie gut Sie mit wechselnden Umständen, Regeln, Verordnungen und Bedürfnissen zurechtkommen. Es gibt viele Situationen, in denen wir nicht kontrollieren können, was geschieht, aber wir haben immer die Möglichkeit, anders auf sie zu reagieren, eben flexibel zu sein. Und Flexibilität fördert wiederum die Widerstandsfähigkeit.

Deshalb hat William Kennedy seinen Roman *Ironweed* trotz der Absagen von 49 Verlagen immer wieder eingeschickt – so lange, bis einer das Buch endlich veröffentlichen wollte, das von den Kritikern gefeiert und zu einem Bestseller wurde.[4] Deshalb konnte sich Mary Kay Cosmetics eine Marktnische im heiß umkämpften, lukrativen Kosmetiksektor erobern – das Unternehmen setzte Frauen im Vertrieb ein. Vor dieser Zeit war es in dieser Branche allgemein üblich gewesen, fast ausschließlich Männer als Vertriebsmitarbeiter zu nehmen. Mary Kay Ash spürte instinktiv[5], daß Frauen, die zu ihrem Selbstwert fanden, auch erfolgreiche Verkäuferinnen und Unternehmerinnen werden und sich gegenseitig helfen konnten. Sie vertraute auf die Flexibilität ihrer Verkaufsberaterinnen und setzte Verkaufspersonal ein, das sich seine Arbeitszeit selbst wählen konnte und Möglichkeiten fand, Familie, Arbeit und Enthusiasmus zu vereinbaren. Diese Flexibilität hat das Unternehmen von Anfang an begleitet und zu seinem außergewöhnlichen Erfolg beigetragen.

Flexibilität und emotionale Widerstandsfähigkeit halfen Elizabeth Blackwell, Tochter englischer Auswanderer aus Bristol, dabei, 1847 vom Geneva (später Hobart) College in New York als Medizinstudentin zugelassen zu werden.[6] Zu diesem Zeitpunkt war sie bereits von 28 medizinischen Fakultäten abgewiesen worden. Die Verwaltungsbeamten von Geneva hatten eigentlich nicht die Absicht, eine Frau zum Medizinstudium zuzulassen, wurden aber von dem bekannten Arzt Joseph Warrington aus Philadelphia dazu überredet, ihre Bewerbung zu berücksichtigen. Warrington kümmerte sich aus beruflichem Interesse um die junge Frau, deren Familie – die ihre Zuckerraffinerie in England durch einen Brand verloren hatte – fast mittellos war, nachdem Elizabeths Vater kurz nach seiner Ankunft in den Staaten an Malaria gestorben war.

Da die Verwaltungsbeamten Warrington nicht beleidigen wollten, kamen sie auf die Idee, die Entscheidung den Studenten zu überlassen, weil sie glaubten, daß diese gegen Elizabeth stimmen würden. Doch das taten sie nicht. Sie plädierten – als Witz – für ihre Zulassung. Die Entscheidung war endgültig und die übermütige Ausgelassenheit bald vorbei. Blackwell beendete das Medizinstudium 1849 als Beste ihrer Klasse und war damit die erste Amerikanerin, die einen akademischen Grad in Medizin erwarb. Sie schloß sich der Anti-Sklaven-Bewegung in Cincinnati an und wurde auf Einladung von Harriet Beecher Stowe Mitglied der Literatenvereinigung *Semi-Colon Club*.

Blackwells Arbeit als Ärztin war jedoch auch weiterhin von harten Kämpfen begleitet. In den Krankenhäusern, in denen sie während des Medizinstudiums hospitierte, war sie die einzige Ärztin und dem Spott ihrer männlichen Kollegen ausgesetzt. Nach Abschluß ihres Studiums absolvierte sie ein Praktikum im einzigen Krankenhaus, das eine Ärztin zuließ, dem La Maternité in Paris. Bei ihrer Arbeit dort zog sie sich eine Augenkrankheit zu, die zum Verlust der Sehkraft ihres linken Auges führte und ihre Hoffnungen zunichte machte, Chirurgin zu werden. 1850 begann sie ein einjähriges Praktikum im St. Bartholomew's Hospital in London und lernte dort Florence Nightingale kennen, die zu einer engen Freundin wurde. 1851 kehrte sie in die Vereinigten Staaten zurück, aber kein Krankenhaus wollte eine Ärztin einstellen. So gründete sie in den Elendsvierteln von Manhattan eine kleine Klinik, die New York Dispensary for Poor Women and Children. Hier wurden die Armen für wenig Geld oder sogar kostenlos behandelt und bekamen Medikamente. Erfolgreiche Spendenaktionen ermöglichten es ihr, die Klinik zu erweitern und zwei weitere Ärztinnen einzustellen, ihre Schwester Emily und Marie Zakrzewska, die gerade ihr Medizinstudium am Western Reserve College (heute Case Western) abgeschlossen hatten, wo sie mit Blackwells Hilfe zugelassen worden waren. 1857 wurde im Greenwich Village die New York Infirmary for Women and Children (heute New York Infirmary-Beekman Downtown Hospital) eröffnet.

Nachdem Blackwell 1869 nach England zurückgekehrt war, unterstützte sie die Gründung der British National Health Society und lehrte an der neu gegründeten London School of Medicine for Women. 1884 setzte sie sich zur Ruhe und veröffentlichte ein Jahr später ihre Autobiographie, *Pioneering Work in Opening the Medical Profession to Women.*

Elizabeth Blackwell war eine Wegbereiterin. Neben ihrem scharfen Verstand half ihr vor allem ihre emotionale Intelligenz dabei, ihre Ziele zu erreichen – immer wieder fand sie Wege um Hindernisse herum und vertraute auf ihre Flexibilität und Widerstandsfähigkeit.

Angewandte Flexibilität

Im Laufe der Jahre habe ich zu schätzen gelernt, wie emotionale Flexibilität die körperliche und geistige Flexibilität aktiviert und steigert. Die Koordination dieser Fähigkeiten erfolgt in Aktion, also dann, wenn Sie handeln, und verleiht Ihnen eine Art Flexibilität in der Bewegung, die als erstes Anzeichen des *Fließzustandes* (*Flow*) gesehen werden kann, von dem wir später noch sprechen werden. Es handelt sich dabei um erlernte Aspekte der emotionalen Fitneß, die sich mit Übung noch verbessern lassen und Ihnen immer dann nützlich sind, wenn Sie sich plötzlich in einer neuen Situation wiederfinden oder auf Hindernisse treffen. Als Kontrast dazu eine kleine Episode darüber, was kreative Flexibilität *nicht* ist. Sie wird uns von Jack Kornfield erzählt:[7]

> »Als Antwort auf Ihre Bitte um zusätzliche Informationen zu Abschnitt Nummer 3 des Berichtsformulars gebe ich hiermit ›schlechte Planung‹ als Grund für meinen Unfall an. Im folgenden die Einzelheiten:
>
> Ich bin von Beruf Maurer. Am Tag des Unfalls arbeitete ich allein auf dem Dach eines neuen, zweistöckigen Gebäudes. Als ich mit meiner Arbeit fertig war, hatte ich noch 500 Pfund Backsteine übrig. Anstatt sie von Hand nach unten zu tragen, beschloß ich, sie in ein Faß zu stecken und mit dem Flaschenzug an der Seite des Gebäudes nach unten zu lassen. Ich machte das Seil im Erdgeschoß fest, stieg auf das Dach, zog das Faß zu mir heran und stapelte die Backsteine hinein. Dann ging ich zurück

> ins Erdgeschoß, wo ich das Seil losband und es fest in der Hand hielt, damit die 500 Pfund Backsteine nicht zu schnell heruntersausten.
>
> Wie Sie aus Absatz 11 dieses Berichts ersehen können, wiege ich 150 Pfund. Ich war so überrascht, plötzlich in die Höhe gerissen zu werden, daß ich vergaß, das Seil loszulassen. Ich brauche wohl nicht zu erwähnen, daß ich mich mit erheblicher Geschwindigkeit seitlich am Gebäude entlang nach oben bewegte. Auf Höhe des ersten Stocks traf ich auf das nach unten stürzende Faß. Dies erklärt mein gebrochenes Schulterbein.
>
> Nur unwesentlich langsamer setzte ich meinen Aufstieg fort, der erst dann zu Ende war, als ich mit den Fingerknöcheln der rechten Hand im Flaschenzug steckte. Dort oben war ich so geistesgegenwärtig, daran zu denken, mich an dem Seil festzuhalten. Allerdings traf jetzt das Faß mit den Backsteinen auf dem Boden auf, und leider fiel dabei der Boden heraus. Ohne das Gewicht der Backsteine wog das Faß nun noch etwa 50 Pfund. Ich verweise erneut auf mein Gewicht in Absatz 11. Wie Sie sich gut vorstellen können, begann für mich jetzt ein schneller Sturz seitlich am Gebäude entlang ...«

Ein schneller Sturz. Hier gibt es keinerlei Hinweise auf Flexibilität in Aktion, aber Anzeichen für aufblitzende Weisheit und Flexibilität *nach* der Aktion. Diesbezüglich kann eine kräftige Dosis Humor sicher nicht schaden. Das erinnert mich an eine Geschichte über Charles de Gaulle, den französischen Staatsmann und General, auf den ein Attentat verübt wurde, als er und Madame de Gaulle 1962 durch einen Randbezirk von Paris fuhren. Die Kugeln durchschlugen die Reifen, der Wagen schleuderte heftig hin und her, und der Leibwächter auf dem Vordersitz schrie den de Gaulles zu, sie sollten in Deckung gehen. Keiner von beiden rührte sich vom Fleck. Als der Wagen mit quietschenden Reifen zum Stehen kam, stiegen sie aus und wischten die Glassplitter von ihrer Kleidung, die von der zerschossenen Heckscheibe herrührten. »Sehr schlechte Schützen«, bemerkte der General trocken.

Madame de Gaulle, die später gefragt wurde, ob sie denn keine Angst gehabt habe, erwiderte: »Angst vor was? Wir wären zusammen gestorben und hätten nicht alt werden müssen.« Dies ist ein gutes Beispiel für emotionale Widerstandsfähigkeit, die durch einen flexiblen Optimismus und die Fähigkeit, sich in Zeiten der Not nicht unterkriegen zu lassen, gekennzeichnet wird.

Einige Menschen sind der Ansicht, daß sie nichts falsch machen können, und geben instinktiv anderen oder den Umständen die Schuld für Fehler und Mißgeschicke. Andere wiederum machen sich für alles und jedes verantwortlich, selbst wenn sie nur wenig Schuld daran haben. Bei der Arbeit und im Leben kann jede dieser Gewohnheiten ein ernstes Problem darstellen. Emotional intelligente Menschen nehmen bei Fehlern und Rückschlägen ihren Teil der Schuld auf sich. In unserem Beispiel traf Madame de Gaulle in keinster Weise eine Schuld, und sie gab sich nicht die Schuld daran oder machte auch nicht ihre Sicherheitsbeamten oder die Umstände dafür verantwortlich, obwohl innerhalb von wenigen Stunden nach dem Anschlag die Sicherheitsmaßnahmen für die französische Regierung überprüft und verschärft wurden. Darüber hinaus empfinden emotional intelligente Menschen auch kein chronisches Selbstmitleid und spielen nicht den Märtyrer (s. Kapitel 3). Wenn etwas schiefgeht, ist es ganz natürlich, sich selbst zu bemitleiden – zumindest für kurze Zeit. Aber wenn solche Gefühle chronisch werden, ist das ungesund und bereitet uns und den Menschen in unserer Umgebung Probleme.

David Glass, CEO von Wal-Mart, hat einmal gesagt, daß er an Sam Walton am meisten dessen Eigenschaft bewundere, die Fehler von gestern zuzugeben und sie dann zu vergessen und weiterzuarbeiten. Er war ein flexibler Optimist. »Er vertraute anderen und hatte schlicht und einfach keine Angst davor zu scheitern«, sagt Glass. Ähnlich wie Hoffnung und Vertrauen bedeutet Optimismus, die starke, dauerhafte Ahnung zu haben, daß in Ihrem Leben alles wieder Ordnung kommen wird, trotz Rückschlägen und Verlusten, Schwierigkeiten und Enttäuschungen. »Ich rate jedem, Fehlschläge als eine Art ›Kraftstoff‹ zu sehen«, sagt der Sportler Michael Jordan, während er über sein Leben nachdenkt. »Manchmal bringt uns ein Fehlschlag unserem Ziel viel näher... Es spielt keine Rolle, ob man gewinnt, solange man alles gibt, was man geben kann. Ich kann Fehlschläge akzeptieren. Jeder von uns versagt einmal. Aber man muß es wenigstens versuchen.«[8]

»Niemand kann Ihnen das Gefühl von Unterlegenheit vermitteln, wenn Sie nicht damit einverstanden sind.«
Eleanor Roosevelt

Bis heute stammen einige der überzeugendsten Beweise für die Bedeutung der emotionalen Flexibilität und Widerstandsfähigkeit –

und insbesondere des flexiblen Optimismus – in bezug auf wirtschaftlichen Erfolg aus den Studien des Psychologen Martin Seligman an der University of Pennsylvania, der Versicherungsvertreter der Gesellschaft MetLife untersucht hat.[9] Mit Zurückweisung umgehen zu können ist eine Grundvoraussetzung für jede Verkaufstätigkeit. Dies trifft insbesondere dann zu, wenn es sich um ein Produkt wie Versicherungen handelt, wo das Verhältnis von Nein zu Ja entmutigend hoch sein kann. Daher geben drei Viertel aller Versicherungsvertreter ihre Arbeit in den ersten drei Jahren wieder auf.

Seligman fand heraus, daß neu eingestellte Versicherungsvertreter, die von Natur aus oder durch ein Training Optimisten und daher in gewissem Sinn auch emotional widerstandsfähig waren, in den ersten zwei Jahren ihrer Tätigkeit 37 % mehr Versicherungen verkauften als die Pessimisten. Und im ersten Jahr kündigten doppelt so viele Pessimisten wie Optimisten. Eine vorsichtige Haltung und zuweilen auch Pessimismus können durchaus ihre Berechtigung haben. Der in fast allen Gruppen vertretene Zyniker oder Pessimist leistet einen wichtigen Beitrag, indem er uns ein Schild mit der Aufschrift »Moment mal« entgegenhält. Er fordert uns dazu auf, noch intensiver auf unsere Instinkte zu hören, tieferzugehen und andere Faktoren zu berücksichtigen. Glaubwürdige Führungspersönlichkeiten blicken hoffnungsvoll in die Zukunft, sind jedoch offen genug, auf eine Warnung zu hören und – falls sich diese als richtig erweist – entsprechend zu handeln. Darüber hinaus sind sie stets der Meinung, daß sie von anderen immer noch etwas lernen können.[10]

»Erfolg besteht zu 99 % aus Mißerfolg.«
Soichiro Honda

Grenzenlose Neugier und Widerstandsfähigkeit

Dazu fällt mir ein, daß Albert Einstein für seine Bescheidenheit und sein Mitgefühl fast ebenso gerühmt wird wie für seine Genialität. Ihm war klar, daß er als der herausragende Physiker seiner Generation angesehen wurde, doch bedeutete ihm dieses relative Urteil nur sehr wenig. Für ihn bestand die Herausforderung darin, das Universum und dessen Funktionsweise zu verstehen, und im Vergleich zu diesen ungeheuren Ausmaßen war sein Ruf unbedeutend.

So bewahrte er sich seine Bescheidenheit und seine grenzenlose Neugier.

Bei vielen herausragenden Führungspersönlichkeiten in der Wirtschaft ist das genauso.

Nehmen wir zum Beispiel Dian Owen. Sie hat es mit einer Kombination aus Mut, Bescheidenheit, Widerstandsfähigkeit und Intelligenz fertiggebracht, Owen Healthcare, eine in Houston ansässige Managementfirma für Krankenhausapotheken, in einer Zeit persönlicher Schicksalsschläge vor dem Bankrott zu bewahren.[11] Ihr Unternehmen wurde 1969 von ihrem Mann Jean gegründet, von Beruf Krankenhausapotheker. Er war auf die damals neue Idee gekommen, die komplette Organisation von Krankenhausapotheken im Fremdauftrag zu vergeben. Die Firma stellte alles Notwendige zur Verfügung: den Lagerbestand aus Medikamenten und Ärztebedarf, Computersysteme zur Lagerverwaltung, Apotheker und sonstiges Personal. Als sie Jean Owen kennenlernte, arbeitete Dian für eine Ölgesellschaft, wo sie für die Beziehungen zu den entsprechenden Regierungsstellen zuständig war. 1969 heirateten die beiden, und Dian fing an, in der gerade gegründeten Firma ihres Mannes mitzuarbeiten. Jean hatte für die Firma – Pharmacy Management – bei einigen Buchhaltern ein Darlehen aufgenommen, die sich schon bald ausgerechnet hatten, daß die Rentabilität ohne ihn steigen würde. Am Tag vor Weihnachten, drei Monate nach ihrer Hochzeit, kam er aus dem Büro und sagte zu Dian: »Sie haben mich gefeuert!«

Statt in Panik zu geraten und in die Sicherheit eines Angestelltenjobs zu flüchten, dachten sie daran, eine neue Firma zu gründen und Pharmacy Management Konkurrenz zu machen. »Eines Abends klingelte das Telefon bei uns zu Hause«, erinnert sich Dian. »Es war ein Mann, mit dem wir zu der Zeit, als Jean gefeuert wurde, ein Einstellungsgespräch geführt hatten. Er sagte, daß er wirklich gern für uns arbeiten würde. Jean mußte ihm mitteilen, daß er ihm keinen Vertrag geben konnte, weil er nicht mehr bei der Firma war, aber er sagte ihm auch, daß wir daran dachten, unsere eigene Firma zu gründen. Der Mann sagte: ›In Ordnung, dann warte ich, bis Sie soweit sind.‹ Das gab uns die Zuversicht, um weiterzumachen, und das war der Anfang von Owen Healthcare.« In den nächsten sieben Jahren bauten Dian und Jean die Firma auf, doch dann, 1976, schlug das Schicksal zu.

Als Jean mit zwei Angestellten nach Texas zurückflog, geriet seine Maschine in ein Gewitter und stürzte ab. Alle Insassen wurden getötet. Jean hatte nie eine Versicherung für sich abgeschlossen und hinterließ Schulden in Millionenhöhe. Viele gingen davon aus, daß Dian die Firma verkaufen würde, und ihr Unglück zog viele aggressive Kaufinteressenten an. Als sie sich weigerte, die Firma mit Verlust an ein Krankenhausverwaltungsunternehmen zu verkaufen, von dem 23 % aller Aufträge von Owen Healthcare stammte, stornierte das Unternehmen die Aufträge, so daß 75 % von Owens Gesamtumsatz wegbrachen. Jean hatte keine festgelegten betrieblichen Prozesse hinterlassen – er hatte alles selbst gemacht. »Die Mitarbeiter riefen bei mir zu Hause an«, erinnert sich Dian, »und fragten: ›Was geschieht jetzt?‹ ›Habe ich denn noch einen Job?‹ ›Wird es Owen Healthcare auch in Zukunft geben?‹ In diesem heillosen Durcheinander wurde mir klar, daß ich sofort die Leitung der Firma übernehmen mußte, wenn ich sie nicht verlieren wollte.«

Was Dian dann auch tat. Sie stellte eine Kernmannschaft aus bewährten Beratern zusammen und baute eine neue Organisation auf, die formale Strukturen mit freier Interaktion kombiniert. Managern und Angestellten wird Flexibilität bei der Gestaltung ihrer Arbeit gegeben, Beziehungen sind offen und ehrlich, Schreibarbeiten und formale Berichterstattung auf ein Minimum reduziert. In den letzten Jahren lag die Vertragsverlängerung bei noch nie dagewesenen 100 %. Owen Healthcare beschäftigt heute 2100 Mitarbeiter und erzielt einen Umsatz von 320 Millionen Dollar pro Jahr.

Wie uns diese Geschichte zeigt, wissen die meisten Menschen, was es heißt, Angst vor Mißbilligung oder Ablehnung seitens unserer Partner oder anderer zu haben, die wir für wichtig halten. Es geht dabei nicht darum, ob uns gleichgültig ist, was andere über uns denken – es ist uns nicht gleichgültig. Aber wir brauchen emotionale Flexibilität und Widerstandskraft, um trotzdem die richtigen Entscheidungen zu treffen und Rat und Hilfe bei den Menschen zu suchen, denen wir am meisten vertrauen. Wir müssen uns darüber klarwerden, daß einigen nicht gefallen wird, was wir sagen oder tun, daß es aber wichtig ist, es trotzdem zu sagen oder zu tun.

Oder nehmen wir die emotionale Widerstandsfähigkeit von John Tu und David Sun, den Gründern von Kingston Technology, einem Unternehmen, das Speicherprodukte für Computer herstellt.[12] Tu, ein chinesischer Emigrant, der in Deutschland studiert hat, erinnert sich daran, wie er und Sun bei dem Börsencrash im Oktober 1987 zwei Millionen Dollar – ihre gesamten Ersparnisse – verloren hatten. »Wenn wir damals nicht all unser Geld verloren hätten, würde es Kingston vermutlich gar nicht geben. Es hätte ganz anders kommen können...« Neun Jahre später, im Oktober 1996, verkauften Sun und Tu 80 % ihrer neuen Firma für 1,5 Milliarden Dollar an die Softbank Corp. of Japan. Zwei Monate später erhielten die 523 Mitarbeiter des Unternehmens Prämien mit einem Gesamtwert von 100 Millionen zu Weihnachten.

Ein weiteres Beispiel hierzu: In den 50er Jahren wurden W. Edward Demings Ideen zur Qualitätsverbesserung in den Vereinigten Staaten von einer überwältigenden Mehrheit in der Wirtschaft verworfen. Er verließ die Vereinigten Staaten und ging nach Japan, wo er in den folgenden Jahren erheblichen Einfluß ausübte. Japans höchste Auszeichnung für Qualität in den Unternehmen wurde nach ihm benannt – der *Deming Award*. In den 80er Jahren fanden seine Theorien auch bei amerikanischen Unternehmen Gehör, die Demings 14 Punkte zur Qualitätsverbesserung als Firmenrichtlinien einführten. Mit 90 Jahren arbeitete er täglich noch immer viele Stunden. Sein optimistisches Credo: ständiges Lernen und persönliche Weiterentwicklung. Er glaubte daran, daß jeder Mensch und jede Organisation über ein einzigartiges Potential verfügt, von dem das Schicksal geformt wird. Briefe an junge Bewerber beendete er mit dem Satz: »Ich bin sicher, daß ich viel von Ihnen lernen kann.« Deming, ein widerstandsfähiger Mann und ein flexibler Optimist, handelte aus dem Herzen heraus.[13]

Das bringt uns zu einem Thema, welches viele Geschäftsleute lange Zeit belächelt oder ignoriert haben: Regeneration. Emotionale Regeneration. Und, als wichtigste Dimension, Regeneration außerhalb des Arbeitsplatzes, was im allgemeinen das Gleichgewicht aus Arbeit und Familie genannt wird. Mary Catherine Bateson bemerkt dazu sehr treffend: »Wenn man nicht irgendwo ein Zuhause hat, kann man sich nirgendwo zu Hause fühlen«.[14]

Verbindung zur EQ Map: Widerstandsfähigkeit und Regeneration

Dieses Kapitel bezieht sich auf folgende Tabellenspalten der EQ Map: Lebensereignisse, Druck und Befriedigung, Zielstrebigkeit, Widerstandsfähigkeit, konstruktive Unzufriedenheit, Einstellung, persönliche Kraft und Integrität.

EQ in der Praxis
Größere Widerstandsfähigkeit durch Ruhepausen und Regeneration

Rufen wir uns noch einmal das Leben von Albert Einstein ins Gedächtnis zurück. Im Laufe der Jahre lernte er unter anderem, daß Regeneration etwas sehr Wichtiges ist. Er glaubte daran, daß sie ihn gesund erhielt und ihn darüber hinaus empfänglicher für neue Ideen machte – und einfallsreicher bei deren Durchführung. Er hatte recht. Einstein spielte gern Violine, verbrachte entspannende Stunden auf seinem Segelboot oder ließ sich in der Nähe der Princeton University ziellos in seinem Kanu auf dem Wasser treiben. Während sein leidenschaftliches Engagement für seine Arbeit allgemein bekannt ist, wissen nur wenige, daß er sich seinen Freizeitbeschäftigungen mit fast ebenso großer Begeisterung widmete. Wie berichtet wird, gehörten dazu unter anderem Bootsfahrten, lange Spaziergänge in der Stadt und auf dem Land, barfuß auf dem Rasen vor der Universität stehen und ganz normale Hausarbeit oder kindliche Abenteuer. Er wußte, daß er durch emotionale und geistige Regeneration profitierte, und gab seine Freizeitbeschäftigungen nie auf, selbst dann nicht, als er berühmt geworden war. Daraus können wir viel lernen.

»Arbeit als Mittel zum Lebensunterhalt genügt nicht mehr. Arbeit muß auch etwas aus unserem Leben machen.«
Peter F. Drucker

Ein Hinweis für die Skeptiker unter uns: Programme zu Regeneration und Gleichgewicht von Arbeitsplatz und Familie sind inzwischen nicht nur zu einem selbstverständlichen Teil der Unternehmenskultur geworden, sondern auch ein Wettbewerbsvorsprung.[15] Führende Unternehmen erkennen bereits, daß Arbeit und Familie – und die persönliche Regeneration am und außerhalb vom Arbeitsplatz – keine voneinander getrennten Phänomene sind. Sie sind miteinander verbunden, oft sogar sehr stark. Bei Arbeitsplatzentwicklung, Arbeitsprozessen und betrieblichen Strukturen müssen der einzelne und seine Familie berücksichtigt werden. In vielen Unternehmen geschieht das bereits. In einer Reportage der *Business Week* über »Pioniere« bei der Einführung solcher Programme wurden unter anderem Unternehmen wie Motorola, DuPont, Hewlett-Packard, Marriott International, Eli Lilly, First Tennessee Bank, MBNA America Bank, Unum Life Insurance und Merrill Lynch genannt.

Bevor wir uns mit unserer Regeneration beschäftigen, möchte ich noch anmerken, daß uns unsere Widerstandsfähigkeit durchaus im Stich lassen kann – und dies zuweilen auch tut –, wenn wir einen schlechten Tag erwischt haben. In solchen Zeiten müssen wir den für uns besten Weg finden, wieder auf die Beine zu kommen und uns zu regenerieren. Das kann zum Beispiel Sport sein oder eine Umarmung, ein Gespräch mit einem guten Freund, ein paar Minuten frische Luft oder Sonne, eine gesunde Zwischenmahlzeit, eine Tasse Tee, unsere Lieblingsmusik oder eine Wiederholung von M*A*S*H. Egal, was bei Ihnen am besten funktioniert, Sie sollten lernen, den für Sie besten Weg zu finden, um sofort auf ein Absinken von Energie oder Stimmung reagieren zu können.

Für eine erfolgreiche Lebensführung ist nicht in erster Linie Geld maßgebend, sondern die Möglichkeit, Ruhepausen einzulegen. Ruhepausen schaffen Sie dann, wenn es Ihnen gelingt, in Ihrer mit Aufgaben, Problemen und sonstigen zeit- und energiefressenden Tätigkeiten vollgestopften Arbeitswoche »Inseln des Friedens« zu etablieren.[16] Wie oft haben Sie schon zu sich gesagt: »Wenn ich mir doch nur eine kleine Ruhepause gönnen könnte …«? Jetzt ist es an der Zeit, diese Pausen zu suchen – selbst wenn es nur hin und wieder fünf oder zehn Minuten sind – und sie mit einem roten Stift im Terminkalender einzutragen. Nutzen Sie die Vorteile – angefangen mit dem wunderbaren Gefühl, zu Hause zu sein.

Bei meiner Arbeit mit Führungsteams und anderen Gruppen höre ich oft Klagen darüber, daß es heute so schwierig wie noch nie sei, sich »zu Hause zu fühlen«, wenn man zu Hause ist. Nach einem langen Tag im Büro scheint das Gefühl, noch in der Arbeit zu sein, nicht so schnell zu verschwinden. Umfragen von Gallup haben ergeben, daß »Amerikaner sich von den wachsenden Anforderungen von Arbeit und Familie überwältigt und in Stücke gerissen fühlen.«[17] Es gibt eine ganze Reihe von Anzeichen dafür, daß die Qualität von Beziehungen außerhalb des Arbeitsplatzes die Produktivität im Unternehmen und die Widerstandsfähigkeit gegen Krankheiten verbessert.[18] Wenn wir nach Hause kommen und unsere Familie sehen, die wir lieben – und die uns liebt –, haben viele von uns das Gefühl, daß etwas fehlt, daß ein Teil von uns gar nicht anwesend ist. Obwohl wir uns bemühen, fühlen wir uns wie betäubt und abgeschnitten. Unsere Arbeit hat so viel Zeit und Energie verschlungen, daß wir nur wenig oder überhaupt nichts mehr übrig haben, was wir geben können.

Wissenschaftliche Studien lassen darauf schließen, daß Sie – unabhängig davon, was für einen Beruf Sie haben – bei der Arbeit ein intensives Gefühl, einen Rhythmus wahrnehmen. Dieser Rhythmus unterscheidet sich erheblich von dem, den Sie spüren, wenn Sie »zu Hause« sind, und ist in den meisten Fällen auch intensiver.«[19] Es ist unerläßlich, daß Führungspersönlichkeiten und Manager neue Wege finden, sich bei der Arbeit *von der Arbeit* zu lösen und sich dadurch einige Minuten Pause von der Hektik der täglichen »Schufterei« zu ermöglichen. So verschaffen Sie sich für einige Minuten das Gefühl, »zu Hause« zu sein – in Ihrem Herzen und in Ihrer Vorstellungskraft –, wo immer Sie sich gerade befinden, selbst bei der Arbeit.

Eine der einfachsten und effektivsten Methoden, eine solche Phase der Erholung zu erreichen, besteht darin, den Rhythmus der Arbeit durch eine kurze *Übergangszeit* »herunterzuschalten«. Ich meine damit, daß Sie für die letzten Minuten Ihres Arbeitstages einige weniger streßbehaftete Aufgaben einplanen sollten, also zum Beispiel Anrufe erledigen – mit Menschen, die Sie gern sprechen –, Ihren Schreibtisch aufräumen, den Terminplan für den nächsten Tag überarbeiten oder bevorstehende Projekte organisieren.

»Sich und anderen keine Grenzen nach oben zu setzen kann sich als perverse Einladung zum Burn-out herausstellen. Es kann ungeheuer aufregend sein, bis an seine Grenzen zu gehen, aber nach einer Weile braucht man eine Pause, um nicht zu zerbrechen.«
Michael Hammer

Was ist mit den Tagen, an denen sich Gedanken und Intuition überstürzen, weil Sie noch so vieles zu erledigen haben? Schreiben Sie es auf, oder geben Sie es in Ihren Computer ein. Denn wenn Sie sich sagen: »Ich werde es nicht vergessen – ich merke es mir und werde es morgen erledigen«, ist die Wahrscheinlichkeit sehr groß, daß Ihr Unterbewußtsein genau das tut und sich nur noch damit beschäftigt. Dadurch werden Sie ablenkt und sind bis spät in die Nacht hinein aufgewühlt.

Für viele ist eine solche Übergangsphase am Ende des Tages auch eine gute Gelegenheit, sich ein wenig um die Ernährung zu kümmern. Wissenschaftler haben festgestellt, daß unnötiger Familienstreit oft durch Spannungen ausgelöst oder verschärft wird, die mit Hungergefühlen zusammenhängen.[20] Probieren Sie es aus. Finden Sie heraus, ob sich Ihr emotionales Gleichgewicht verbessert und

Sie zu Hause entspannter und flexibler sind, wenn Sie am späten Nachmittag noch eine Kleinigkeit essen. Gehirnforscher haben herausgefunden, das dies einiges ausmachen kann.[21] Wenn Sie von Ihrer Arbeit noch »aufgedreht« sind und vielleicht auch ein wenig angespannt, sollten Sie nach einer Zwischenmahlzeit greifen, die *fett- und eiweißarm* ist, aber *viele Kohlenhydrate* enthält. Dazu gehören zum Beispiel Vollkornkekse, Hefegebäck, Müsliriegel und frisches Obst. Diese kohlenhydratreichen Zwischenmahlzeiten fördern die Produktion von Tryptophan, einer Aminosäure, die im Gehirn den Neurotransmitter (das ist ein »chemischer Bote«) Serotonin ausschüttet, und der fördert eine gesunde Entspannungsreaktion.

Wenn Sie sich dagegen am Ende Ihres Arbeitstages emotional erschöpft oder sogar schläfrig fühlen, sollten Sie eine *fettarme und eiweißreiche* Zwischenmahlzeit zu sich nehmen, beispielsweise einen Becher Joghurt, eine Handvoll Erdnüsse, einen eiweißreichen Pausenriegel aus dem Naturkostladen oder ein kleines Sandwich mit Truthahn, Thunfisch, Hühnchen oder Halbfett-Frischkäse. Wenn Sie etwas essen, das viel Eiweiß enthält, ändern Sie damit die chemische Zusammensetzung der Aminosäure Tyrosin und stimulieren eine Gruppe von Neurotransmittern im Gehirn, die Catecholamine genannt werden. Sie regen die emotionale Energie und Wachsamkeit bis zu drei Stunden lang an.

Sehen wir uns jetzt noch einige Möglichkeiten an, mit denen Sie Ihre emotionale Fitneß erhöhen können, wenn Sie Ihren Arbeitsplatz verlassen und nach Hause fahren (was symbolisch geschehen muß, falls Sie zu Hause arbeiten). Ich empfehle Ihnen hier eine Art »Übergangsphase«. Kann gute Musik Ihre Stimmung verbessern oder als Puffer gegen den Verkehrslärm dienen und Ihnen helfen, ruhiger zu werden? Wie fühlen Sie sich, wenn Sie sich ein Hörspiel anhören? Oder sich mit einem Angehörigen oder einem guten Freund über Ihr Mobiltelefon unterhalten? Wählen Sie die Methode aus, die für Sie am besten funktioniert. Diese geistige »Abkoppelung« und emotionale Richtungsänderung kann so wirkungsvoll[22] sein, daß Sie sich problemlos auf den langsameren Rhythmus Ihres Privatlebens einstimmen und flexibler und wacher zu Hause ankommen.

Bis Sie zur Tür hineingehen. Jetzt sollten Sie besonders auf Ihre Gefühle achten. Den wenigsten Menschen ist bewußt, daß die ersten 15 Minuten zu Hause eine Gefahrenzone für Beziehungen darstellen. In dieser Zeit wirft man sich am häufigsten Vorwürfe an den Kopf. Etwa die Hälfte aller Familienstreitigkeiten beginnt oder verschlimmert sich in diesen 15 Minuten.[23] Sie sollten hier eine Alternative in Erwägung ziehen: Vereinbaren Sie mit Ihrer Familie eine etwas andere Art der Begrüßung. Wenn Sie zur Tür hereinkommen, begrüßen Sie alle Familienangehörigen, die zu Hause sind, beschränken Ihre ersten Bemerkungen aber auf etwa eine halbe Minute wie etwa: »Es war furchtbar hektisch heute! Ich bin froh, daß ich endlich zu Hause bin, Liebling!« oder »Heute ging alles drunter und drüber im Büro, aber dann habe ich es doch noch geschafft wegzukommen!« Und jetzt nehmen Sie sich eine Auszeit von zehn oder 15 Minuten. Zögern Sie es eine Weile hinaus, darüber zu sprechen, was heute los war (oder sich anzuhören, was Ihr Partner heute gemacht hat, worüber die Kinder gestritten haben, welche Haushaltsgeräte kaputtgegangen sind, wer Geld braucht und so weiter).

Diese »Pufferzone« als Übergang kann Ihnen dabei helfen, Ihr emotionales Gleichgewicht wiederzufinden, und Sie besser darauf einstimmen, sich zu Hause zu fühlen. Nutzen Sie diese Zeit, indem Sie sich ein wenig Bewegung verschaffen, duschen, bequemere Sachen anziehen, Musik hören oder eine Tasse Tee oder ein Glas Wein genießen. Sie verstehen, worum es geht. Und erst *dann* unterhalten Sie sich mit Ihrer Familie über die Ereignisse des Tages.

»Glück ist für mich, eine große, warmherzige, fürsorgliche, eng verbundene Familie in einer anderen Stadt zu haben.«
George Burns,
amerikanischer Komiker

Bemühen Sie sich, möglichst viel Humor in Ihre Unterhaltung einzubringen. Erzählen Sie das Lustigste, das an diesem Tag geschehen ist. Lassen Sie Ihre Familie daran teilhaben, und ermutigen Sie sie, das gleiche zu tun. Ich kenne viele Führungskräfte und Manager, die allem Anschein nach Angst vor Spaß haben. In einigen Phasen meines Arbeitslebens traf dies auch auf mich zu. Wenn ich zu laut lache, zuviel von mir zeige, verliere ich vielleicht meinen Vorsprung – so argumentierte die Stimme meines Verstandes. Wissenschaftliche Studien haben gezeigt, daß das nicht stimmt.[24]

»Lernallianzen« – mehr emotionale Intelligenz im Leben schaffen

Wenn Sie das Gleichgewicht zwischen Arbeit und Privatleben stärken und vertiefen, schaffen Sie sich eine Grundlage, von der aus Sie nicht nur flexibler auf Ihre persönliche Weiterentwicklung – und die wechselnden Bedürfnisse Ihrer Familie –, sondern auch auf Ihre Zukunft reagieren können. Erst durch emotionale Fitneß haben wir mehr Schwung und können den sensorischen Kern unseres Herzens darauf trainieren, anderen Anteilnahme und Unterstützung entgegenzubringen.

Was uns zu einem wichtigen Punkt führt: Emotionale Intelligenz entwickelt sich nicht in einem Vakuum. Wenn Sie aufgrund Ihres rückständigen Arbeitgebers dazu gezwungen sind, allein an Ihrem beruflichen EQ zu arbeiten, ist das eine Sache. Ihr Leben *neben* der Arbeit ist eine andere. Meiner Erfahrung nach machen Führungskräfte und Manager dann am meisten Fortschritte bei der Entwicklung ihrer emotionalen Intelligenz, wenn sie es zum Prinzip erheben, emotionale Intelligenz auch ihrer Familie, Nachbarn, Religions- und Bürgergruppen und ihrer sozialen Gemeinschaft nahezubringen. Sie bilden »Lernallianzen«, wie ich es nenne, informelle Partnerschaften und organisierte Gruppen, die über interessante Themen diskutieren und sich darin weiterbilden. Sie interagieren, um den Lernprozeß zu vereinfachen und zu verbessern, indem sie persönliche Erfahrungen miteinander teilen und sich gegenseitig unterstützen. Manchmal entstehen dabei sogar große Freundschaften.

Daher empfehle ich Ihnen, mit Angehörigen und Freunden und mit jedem in Ihrem Umfeld einschließlich Ihrer Kollegen, Ihrer Kunden und Ihrem Chef, den Lehrern an der Schule Ihrer Kinder und Menschen aus Ihrer sozialen Gemeinschaft über Konzepte aus diesem Buch zu sprechen. Überlegen Sie sich, ob Sie nicht eine Lerngruppe für emotionale Intelligenz gründen wollen. Verteilen Sie einige Exemplare von Daniel Golemans *Emotionale Intelligenz* oder von diesem Buch. Weitere Tips aus der Literaturempfehlung hinten in diesem Buch sind *Descartes' Irrtum* von dem Neurologen Antonio Damasio, *The Heart of Parenting* von dem Psychologen John Gottman und *The Passions: Emotions and the Meaning of Life* von dem Philosophen Robert Solomon. Professor Robert Coles von der Harvard Medical School erinnert uns in seinem Buch *The Moral Intelligence of Children* daran, daß gemeinsame tägliche Erfahrungen zwischen emotional miteinander verbundenen Erwachsenen der entscheidende Faktor bei der Prägung eines moralischen Empfindens von Familienangehörigen jeden Alters zu sein scheint.

Eine der besten Informationsquellen für emotionale Intelligenz im Bereich Kinder, Familien, Schulen und kommunale Einrichtungen ist die Foundation for Education in Emotional Literacy (F. E. E. L., 1623 Stanford Street, Santa Monica, CA 90404, USA, http://www.eg.org). Sie können sich dort auf eine Adreßliste setzen lassen. Meine Töchter haben bereits einige der von F. E. E. L. empfohlenen Kinderbücher gelesen, was uns dabei geholfen hat, Gespräche über die Werte der emotionalen Intelligenz in der Familie, in der Schule und im Leben zu führen.

Zielstrebigkeit: die Brücke zum dritten Eckstein der emotionalen Intelligenz

Beim zweiten Eckstein der emotionalen Intelligenz trägt jeder der vier genannten Aspekte – authentische Präsenz, Vertrauensradius, konstruktive Unzufriedenheit und emotionale Widerstandsfähigkeit und Regeneration – zur emotionalen Fitneß bei und führt zu einer gesteigerten Inspiration durch das eigene Ich und andere. Inspiration bedeutet »einatmen, mit anregender Begeisterung oder inniger Zuversicht erfüllen.« Abschließend soll angemerkt werden, daß es einer gewissen Zielstrebigkeit bedarf, um emotionale Bildung in die Praxis umzusetzen, was als Verbindungsglied oder »Brücke« zwischen dem zweiten und dem dritten Eckstein der emotionalen Intelligenz angesehen werden kann. Zielstrebigkeit bedeutet auf englisch *intentionality*. Das ist von den lateinischen Wörtern *intentus* und *intendere* abgeleitet und bedeutet »sich ausstrecken«.

Der dritte Eckstein:

Emotionale Tiefe

Persönliche Weiterentwicklung stärkt den inneren Charakter und die Kreativität – und weckt Ihr Potential, Ihre Integrität und Ihre Aufgabe

Einer meiner Mentoren – ein Mann, der in seinem Leben bitterste Armut, Hohn und Spott in der Schule hinter sich gelassen hat und an die Spitze seines Berufsstandes aufgestiegen ist – sagte einmal zu mir, daß Leben und Arbeit zu fließen schienen, genau wie ein Fluß. Manchmal herrsche Aufruhr, schlügen die Wellen hoch, und manchmal, ohne Wind und Sturm, strebten Privat- und Berufsleben verhältnismäßig ruhig und stetig voran, in Bewegung gesetzt von verborgenen Strömungen. Vom Ufer aus, so sagte er, könnten wir das reflektierende Wasser bewundern, das immer wieder anders aussehe, oder mit einem Boot oder schwimmend über seine Oberfläche hinweggleiten, obwohl wir in beiden Fällen kaum erkennen würden, was sich unter uns befinde. Aber andererseits, so meinte mein Mentor nachdenklich, könnten wir durch einen Sturm oder andere Umstände in den Fluß fallen und untergehen, und von diesem Augenblick an wären wir nie wieder dieselben, denn wir hätten eine Erfahrung gemacht und etwas gelernt. Eine Weile schwieg er, in seine Gedanken versunken, dann drehte er sich zu mir und fragte: »Was ist mit Ihnen: Leben Sie nur an der Oberfläche Ihres Lebens? Oder tauchen Sie unter?«

Diese Fragen haben mich seitdem immer wieder beschäftigt. Wenn wir auf einer emotional oberflächlichen Ebene leben, bekommen wir den Eindruck, daß alles relativ einfach und bequem ist, aber es gibt keine Basis, nichts, worauf wir aufbauen könnten. Und irgendwann haben wir das Gefühl von Oberflächlichkeit und Orientierungslosigkeit. Emotionale Intelligenz kann sich erst entwickeln, wenn emotionale Tiefe vorhanden ist – der dritte Eckstein des Executive EQ.

Wenn Sie aus den Tiefen Ihres Herzens heraus leben, handeln Sie konsequent, folgen Ihrem Gewissen und zögern nicht, sich für etwas einzusetzen. Sie erheben Ihre Stimme und werden gehört. Erst durch emotionale Tiefe können wir zum Beispiel das einzigartige Potential entdecken und nutzen, das unser Schicksal bestimmt. Ralph Waldo Emerson bemerkte in diesem Zusammenhang einmal: »Charakter steht über dem Intellekt.«

Denken Sie einmal über folgendes Beispiel nach[1]: John Shad, Chairman der amerikanischen Börsenaufsichtsbehörde während der Amtszeit von Präsident Ronald Reagan, löste sein Versprechen ein, Insidergeschäfte zu unterbinden. Danach wurde er Botschafter in den Niederlanden. Als er seinen neuen Posten antrat, stiftete er der Harvard Business School 20 Millionen Dollar aus seinem Privatvermögen, um ein Unterrichtsprogramm über Ethik zu finanzieren. Erstaunlicherweise drückte die Fakultät angesichts dieser Bedingung offene Verwunderung aus. »Ethik? Was in aller Welt hat Ethik in einem Lehrplan für Betriebswirtschaft zu suchen?« schienen die Professoren zu fragen. *Business Week* zitierte einen von ihnen: »Sie (die Verwaltung) muß das jetzt 100 Fakultätsmitgliedern verkaufen, die dieses Fach (Ethik) für Schwachsinn halten.«

John Shad gehörte an der Harvard Business School der berühmten Klasse von 1949 an. Aus ihr waren viele herausragende Führungskräfte hervorgegangen, darunter C. Peter McColough, ehemaliger CEO von Xerox, James Burke, CEO von Johnson & Johnson, der während der Tylenol-Krise des Unternehmens Anfang der 80er Jahre Führungsqualitäten und Integrität bewiesen hatte, und Ayman Sawafs Vater und Mentor, Abdul Aziz Sawaf, der 30 Jahre lang an der Führungsspitze von Exxon in Europa, Afrika und im Mittleren Osten tätig gewesen ist. Indem Shad verlangte, daß die Harvard Business School jeden Dollar seiner Stiftung für ein Unterrichtsprogramm über Ethik verwendete, brachte er zum Ausdruck, was er für richtig hielt und was seiner Meinung nach förderungswürdig war. Er handelte aus dem Innersten seines Charakters heraus und zwang Harvard dadurch, genauer hinzusehen und sich zu ändern. Schließlich genehmigte die Fakultät den Kurs widerwillig und hatte dann einige Mühe damit, ihn zu entwickeln. Er wurde schnell zu einem der beliebtesten Kurse in Harvard. Noch heute steht er auf dem Lehrplan und findet große Anerkennung.

Früher oder später wird jede Führungspersönlichkeit einmal innehalten und sich staunend fragen, welche Bandbreiten, Höhen und Tiefen Herz, Verstand und Seele des Menschen erreichen können, um es mit Elizabeth Barret Brownings ausdrucksstarken Worten zu sagen. Die ersten beiden Ecksteine des Executive EQ beziehen sich auf die emotionale Bandbreite, der vierte wird sich mit den Höhen beschäftigen. Der dritte Eckstein dagegen soll Sie tief in Ihr Innerstes führen.

9
Einzigartiges Potential und wahre Bestimmung

Eine meiner Lieblingsgeschichten über einzigartiges Potential und innere Berufung stammt aus dem China des 3. Jahrhunderts vor Christus.[1] Es ist die Geschichte von Sun Bin, der unter den Namen Meister Sun oder Sun Tzu II. bekannt war. Er war ein Nachfahre von General Sun Tzu, der den Klassiker zur strategischen Kriegsführung, *The Art of War*, geschrieben hat. Sun Bins Lehren, ein Buch mit dem Titel *The Lost Art of War*, waren fast 2000 Jahre lang verschollen, bis 1972 eine nahezu vollständige Ausgabe – auf 232 kleinen Bambustabletts geschrieben – in einem Grabmal in der Provinz Shangdong entdeckt wurde.

»Die Tapfersten sind sicherlich jene, welche am deutlichsten ihre Aufgabe vor Augen haben … und hinausgehen, um sich ihr zu stellen.«
Thukydides
(460 – ca. 400 v. Chr.), griechischer Geschichtsschreiber

Die Zeit, in der Sun Bin lebte, war gekennzeichnet von Krieg, Chaos und brutalem Wettbewerb, was in vielen Ländern der Welt heute nicht anders ist. Hier ein Auszug aus der Anthologie mit dem Titel *Strategies of the Warring States*:[2]

»Thronräuber setzten sich selbst als Herren und Könige ein. Staaten, die von Heuchlern und Verschwörern befehligt wurden, gründeten Armeen, um sich zu einer Großmacht aufzuschwingen. Sie eiferten einander immer mehr nach, und jene, die nach ihnen kamen, folgten ihrem Beispiel. Schließlich besiegten und zerstörten sie sich gegenseitig. Sie verbündeten sich mit größeren Ländern, um sich kleinere einzuverleiben, verbrachten Jahre mit gewaltsamen militärischen Operationen und ließen die Felder rot vom Blut werden.

Väter und Söhne entfremdeten sich, Brüder lagen im Streit miteinander, Ehemänner und Ehefrauen lebten sich auseinander. Niemand konnte sein Leben mehr schützen. Es gab keine Integrität mehr. Dies dauerte an, bis sich schließlich sieben große Staaten und fünf kleinere Staaten um die Macht stritten. Und all das geschah, weil die gegeneinander Krieg führenden Staaten schamlos gierig waren und ihr unstillbarer Machthunger sie immer weiter kämpfen ließ.«

Alten Dokumenten zufolge studierte der junge Meister Sun Kriegskunst und Strategie, zusammen mit einem gewissen Pang Juan, aus dem später ein hochrangiger Heeresführer werden sollte. Ihr Lehrer war der geheimnisvolle Weise Wang Li, der einen der schwierigsten und anspruchsvollsten Klassiker über Strategie geschrieben hatte.[3] Nachdem er sein Studium der Taktik bei Wang Li abgeschlossen hatte, wurde Meister Suns Mitschüler Pang Juan vom Hof des Staates Wei in den Dienst genommen, wo man ihm den Rang eines Generals verlieh. Besorgt darüber, daß sich seine Fähigkeiten als Stratege nicht mit denen von Meister Sun messen konnten, schmiedete Pang Juan ein Komplott gegen diesen, um ihn auszuschalten.

Um den Sturz seines Rivalen sicherzustellen, lud Pang Juan Meister Sun nach Wei ein – unter dem Vorwand, er wolle sich mit ihm beraten. Als Meister Sun eintraf, ließ Pang Juan ihn als Verbrecher verhaften und verurteilte ihn zu schwerster Folter. Dem jungen Meister Sun wurden beide Füße abgeschnitten, dann wurde sein Gesicht verunstaltet – eine Strafe, die ihn zu einem Ausgestoßenen machen sollte. Deshalb wurde er von diesem Tag an Sun Bin genannt, »Sun, der Verstümmelte«.

Aber die Geschichte ist noch lange nicht zu Ende. Sun Bin war sich seiner Würde als Mensch bewußt. Er glaubte, daß es ihm trotz dieses furchtbaren Schicksalsschlages möglich war, seine Bestimmung zu erfüllen. Vielleicht bestand seine Aufgabe darin, Strategien zu schaffen, welche die kriegführenden Staaten doch noch vereinen konnten, vielleicht auch darin, etwas Neues zu erfinden, um Schlachten – im Leben wie im Krieg – mit so wenig Schaden und Toten wie möglich zu gewinnen. Was immer es auch war, diese Bestimmung oder Aufgabe gab ihm die Kraft, die Folter zu überstehen. Außerdem erreichte er es – er befand sich immer noch in Gefangenschaft –, eine kurze Unterredung mit einem Abgesandten des Staates Qi zu erreichen.

Obwohl er verstümmelt war und unsägliche Schmerzen litt, beeindruckte Sun Bin den Abgesandten nicht nur durch seinen Mut, sondern auch durch sein außerordentliches Wissen über Strategie und Kriegskunst. Der Abgesandte spürte eine ungeheure Größe an diesem Mann, die nicht von der Kraft seines Körpers herrührte – über den sich gräßliche graurote Narben zogen, wo früher sein Gesicht, sein Kopf und sein Hals gewesen waren –, sondern von der Untrüglichkeit seines Herzens und seiner Ideen. Der Abgesandte erkannte den ungeheuren Wert eines solchen Verbündeten und schmuggelte Sun Bin aus Wei heraus nach Qi.

Von diesem Tag an gelang es Sun Bin, durch Tatkraft und Disziplin sein schreckliches Äußeres vergessen zu machen. Er ergriff jede Gelegenheit, um seine inneren Fähigkeiten weiterzuentwickeln. Bald schon wurde er zum Strategen und militärischen Berater des berühmten Generals Tian Ji ernannt, der Sun Bins Intuition und seine Ratschläge auf dem Schlachtfeld über alle Maßen schätzte. Viele Jahre später wurde Sun Bins überragendes Können auf dem Gebiet der Strategie in dem bekannten Buch *Extraordinary Strategies of a Hundred Battles* des Kriegers und Gelehrten Liu Ji gewürdigt, der in der Ming-Dynastie lebte.[4]

Die Taktiken des Sun Bin zielten darauf ab, den Sieg mit minimalem Schaden und minimalen Verlusten zu erreichen. Falls möglich, beendeten beide Seiten den Konflikt ohne Erniedrigung. Seine Ratschläge sind nicht nur für die Kriegsführung geeignet, sondern für viele Ereignisse im Leben. Wenn wir zum Beispiel gegen Unterdrückung angehen wollen, müssen wir diese verstehen und wissen, welchen Einfluß sie auf uns hat. Wir müssen uns selbst, unsere Herausforderungen kennen und wissen, wer wir sind und was vor sich geht. Dies gilt nicht nur für den Kampf, sondern für alle Bereiche von Konflikt und Wettbewerb.

Das einzigartige Potential identifizieren

Sun Bin wußte, daß jeder von uns das Verlangen in sich spürt, sein einzigartiges Potential und seine Aufgabe zu finden und sich dafür einzusetzen – etwas zu finden, das alle Anstrengungen rechtfertigt.

»Es ist nie zu spät dafür, das zu sein, was man hätte werden können.« George Eliot
Mary Ann Evans
(1819-1880),
englische Romanschriftstellerin und Intellektuelle

Dazu ist es zunächst einmal erforderlich, daß wir unsere Begabungen kennen und sie für unsere Bestimmung im Leben nutzen. Einige Führungspersönlichkeiten – insbesondere Joseph W. Gauld[5] – nennen sie unser »einzigartiges Potential«.

Dieses Potential wird in der Wirtschaft nur selten anerkannt oder aktiv untersucht, meistens sogar ignoriert. In vielen Unternehmen gibt es eine ungeschriebene Regel: Alles reparieren, was nicht funktioniert, und auf unsere Stärken vertrauen. Man geht davon aus, daß der einzelne oder das Team stärker werden, wenn die Schwächen des einzelnen oder des Teams behoben werden. Das ist in etwa so, wie wenn Sie daran glauben, daß eine fehlerfrei geschriebene wissenschaftliche Abhandlung – ohne Tippfehler oder grammatikalische Fehler – zwangsläufig auch inhaltlich brillant sein muß. Dem ist nicht so. Genauso ist Erfolg *nicht* das Gegenteil von Mißerfolg. Nicht jeder vermag das zu tun, was er sich vorgenommen hat. Natürlich ist es gut, nach etwas zu streben. Aber wie uns Sun Bin und andere Führungspersönlichkeiten gezeigt haben, muß dieses Streben direkt mit dem einzigartigen Potential und der Aufgabe des einzelnen verknüpft sein. Nur dann können Sie den Herausforderungen des Erfolgs begegnen, egal was kommt.

Wenn nun das einzigartige Potential eines Menschen eher auf Stärken beruht als auf Schwächen – was würde passieren, wenn wir das untersuchen, was bei den Leuten *stimmt*, nicht das, was *nicht stimmt*? Diese Frage löste mehr als 40 Jahre Forschung über Gedanken, Gefühle und Verhalten von erfolgreichen Menschen aus, die immer noch andauert. Die Studien hierzu werden von SRI Gallup durchgeführt, einem Forschungs- und Beratungsunternehmen, das mehr 250 000 erfolgreiche Verkäufer, Manager, Führungskräfte, Lehrer und andere Berufsgruppen ausführlich untersucht hat.

Diese Untersuchungen lassen darauf schließen, daß sich Führungskräfte und Manager folgende Frage stellen: Was genau sind meine größten Stärken und Begabungen? Jeder von uns kann ein oder zwei Dinge besser als 10 000 andere Menschen.[6] Wie definieren Sie solche Stärken, die als Ausgangsbasis dafür dienen, Ihren Sinn im Leben zu entdecken, Ihr einzigartiges Potential, Ihre Bestimmung? Versuchen Sie es einmal mit folgenden Merkmalen:[7]

1. *Eine Art Sehnsucht.* Sie spüren sie – Sie werden vor allem zu einer bestimmten Aktivität hingezogen, wie ein innerer Magnet. Glamour oder Arroganz haben damit nichts zu tun.
2. *Es verschafft Ihnen eine tiefe Befriedigung.* Es macht Ihnen einen Riesenspaß. Diese Art der Befriedigung ist nur selten zu spüren, wenn Ihre Begabungen oder Stärken nicht auch etwas damit zu tun haben.
3. *Sie lernen es leicht.* Sie begreifen es schnell, es macht Ihnen Spaß, es zu lernen.
4. *Es »fließt«.* Sie spüren, daß es eine natürliche Begabung von Ihnen ist, und ahnen, daß Sie in diesem Bereich gute Leistungen erzielen können.

Natürlich zahlt es sich aus, über persönliche Verletzungen und Schwächen Bescheid zu wissen, aber hauptsächlich deshalb, weil wir sie erkennen und mit ihnen umgehen müssen, und nicht deshalb, weil wir sie dadurch »beheben« können. Abraham Maslow weist darauf hin, daß viele Menschen dazu »neigen, persönlicher Weiterentwicklung auszuweichen, weil dies eine Art Angst oder Ehrfurcht in ihnen hervorrufen kann. So entwickeln wir eine andere Art von Widerstand und verleugnen unsere besten Seiten, unsere Begabungen, unsere positivsten Impulse, unsere besten Entwicklungsmöglichkeiten, unsere Kreativität.«[8] Eine Möglichkeit, einen solchen Widerstand zu überwinden, besteht darin, die emotionale Intelligenz weiterzuentwickeln und Stärken und Begabungen zu erkennen und zu nutzen und gleichzeitig zu lernen, besser mit Schwächen umzugehen. Don Clifton, Chairman und CEO von SRI Gallup, und Paula Nelson erzählen dazu folgendes:[9]

> David Brown, Wertpapierhändler in New York, verdiente 1989 mehr als 500000 Dollar an Provisionen. Damit gehört er zu jenem führenden Prozent aller Wertpapierhändler in den Vereinigten Staaten. Er rechnete sich aus, daß er seine Provisionen auf 750000 Dollar pro Jahr steigern würde, wenn seine Zeit zu 100 % seiner größten Stärke widmen könnte, der Arbeit mit den Kunden. Um dies zu erreichen, identifizierte er auch die Bereiche, in denen seine Schwächen lagen: insbesondere Schreibarbeiten und Berichte, Tätigkeiten, die mehr als 30 % seiner Zeit in Anspruch nahmen. Brown entwickelte neue Strategien, um mit seinen Schwächen umgehen zu können, was ihn soweit

entlastete, daß er in den nächsten zwölf Monate seine Stärken einsetzen und sein Ziel erreichen konnte.

Bevor es Boeing gab, gab es Wilbur und Orville Wright, vor AT&T gab es Alexander Graham Bell. Vor Microsoft gab es Bill Gates und Paul Allen, vor CNN Ted Turner, und vor FedEx gab es Fred Smith. Hinter allen neuen Branchen, Produkten, Dienstleistungen und Bewegungen stecken kreative Gründer, Visionäre, die ihren Eingebungen gefolgt sind, ihr einzigartiges Potential erkannt, sich engagiert und die Initiative ergriffen haben, um etwas Erfolgreiches aufzubauen. Wissenschaftliche Studien haben gezeigt, daß Menschen dann am kreativsten und effektivsten arbeiten, wenn sie ihre Arbeit lieben – und nicht nur tolerieren oder sie als nur angenehm empfinden.[10] Viel zu oft gehen wir einen Weg nicht deshalb, weil er uns sehr am Herzen liegt, sondern weil andere das von uns wollen oder erwarten. Auf einem solchen Weg werden Sie vielleicht effiziente oder gute Arbeit leisten, aber nur selten ist es wirklich gute Arbeit und praktisch nie kreative Arbeit.[11] Weiter hinten in diesem Kapitel werde ich Ihnen einige Methoden vorstellen, mit deren Hilfe Sie mehr über Ihre Begabungen herausfinden und Ihr einzigartiges Potential identifizieren können. Dann werden Sie wie die Nadel eines Kompasses auf *Ihren* Weg gezogen.

»Jedem von uns ist es bestimmt, seinen eigenen Charakter zu haben, zu sein, wie kein anderer sein kann, und das zu tun, was kein anderer genau so tun kann.«
William Ellery Channing (1780-1842), amerikanischer Schriftsteller und Geistlicher

Ihre Bestimmung ist der innere Kompaß für Ihr Leben und Ihre Arbeit

Eine Bestimmung oder Aufgabe ist weitaus mehr als eine gute Idee. Sie ist ein emotionsgeladener *Weg* in Ihrem Leben, der Ihnen Orientierung und Richtung vorgibt. Sie ist ein innerer Ort der Erkenntnis und der Führung, wo Sie danach definiert werden, was für ein Mensch Sie sind, was Ihnen am Herzen liegt oder was Sie bis jetzt erreicht haben. Aufgrund dieser

»Klarheit über die Aufgabe im Leben offenbart die Grundlage des inneren Herzens.«
M. H. Mckee, *Forbes*

Bestimmung oder Aufgabe fangen Sie an, sich »ein Leben zu komponieren«[12], wie Mary Catherine Bateson es formuliert. Eine Aufgabe ist weder eine Strategie noch ein Plan, obwohl sie eine große Anziehungskraft auf sinnvolle Strategien und Pläne hat. Sie ist das grundlegende Ziel Ihrer Existenz und der Existenz Ihres Unternehmens.

Eine Aufgabe ist im weitesten Sinne das, wozu Sie und die Menschen in Ihrem Team oder Unternehmen etwas beitragen wollen. Die wichtigste Aufgabe im Beruf besteht darin, ein Unternehmen aufzubauen, das wir ausgesucht haben und an das wir glauben. Der japanische Wirtschaftsstratege Kenichi Ohmae beschreibt dies folgendermaßen: »Erfolgreiche Unternehmensstrategien entwickeln sich nicht aus genauen Analysen, sondern aus einem Prozeß, der eher kreativ und intuitiv ist als rational.«[13] Daraus müssen wir dann eine »konsequente Zielstrebigkeit entwickeln«, wie W. Edwards Deming im ersten seiner 14 Punkte zur persönlichen und unternehmerischen Umgestaltung fordert.[14] Er gehörte zu jenen, denen klar wurde, daß wir unsere Bestimmung nur dann erfüllen können, wenn wir unsere einzigartige Aufgabe erkennen, als einzelner und als Unternehmen. Und erst wenn wir uns rückhaltlos für diese Aufgabe engagieren und unsere tägliche Arbeit daran ausrichten, wachsen wir und haben Erfolg.

Der Komponist Michael Hoppe wurde von seinen Eltern als »Träumer« verspottet.[15] Als er noch ein Kind war, hieß es, Künstler seien selbstsüchtige und verantwortungslose Menschen, und er wurde dazu gedrängt, Geschäftsmann und nicht Komponist zu werden. Finanzieller Erfolg, so sagten seine Eltern und andere Bekannte, werde ihm weitaus größere Befriedigung und Erfolg bringen, als seinen musikalischen Träumen nachzuhängen. Gehorsam arbeitete er sich bis zur Führungskraft im oberen Management von PolyGram, einer der weltweit größten Schallplattenfirmen, hoch. Durch seine musikalische Begabung gelang es ihm, viele gute Komponisten und Künstler für seine Firma zu gewinnen. Die ganze Zeit über komponierte er heimlich weiter, weil er die Bestimmung, die er schon so lange spürte, nicht völlig ignorieren konnte. Alles wäre so weitergegangen, wenn sich nicht etwas Schicksalhaftes ereignet hätte.

Hoppe wurde gebeten, einem bekannten Filmproduzenten einen Überblick über jene Komponisten zu geben, die bei dem Unternehmen unter Vertrag standen. Er stellte ein Band mit der Musik seiner Künstler zusammen und mußte eine lange Besprechung über sich ergehen lassen, in der der Produzent einen Künstler nach dem anderen ablehnte. »Nein, nein! Haben Sie denn gar keinen, der mir gefällt?«

Als das Band zu Ende war, kam noch ein kurzes Musikstück, das er selbst komponiert hatte. Was für ein peinliches Versehen, dachte Hoppe, dem klar wurde, daß er die Stücke seiner Künstler auf ein Band gespielt hatte, das eigene Kompositionen enthielt. Er streckte die Hand aus und wollte das Bandgerät ausschalten.

»Das ist er! Das ist er! Das ist unser Komponist«, rief der Produzent aus. Hoppe war schockiert. Er *vertrat* Komponisten, war aber selbst keiner. Doch der Produzent ließ sich nicht umstimmen. In diesem Moment wurden Michael Hoppes einzigartiges Potential und seine Bestimmung freigesetzt. Er ist der Richtung seines inneren Kompasses gefolgt und hat Filmmusiken geschrieben, die bei den Filmfestspielen in New York, Houston und San Francisco mit Auszeichnungen bedacht wurden und eine *Oscar*-Nominierung erhielten. Für seine Erfolge in der Musikbranche wurden ihm 15 goldene Schallplatten und vier Platinschallplatten verliehen. *The Yearning* wurde von den Redakteuren des Magazins *CD Review* zur CD des Jahres gewählt. Immer wenn ich seine Musik höre, halte ich einen Moment inne und denke daran, daß er, wenn es nach den anderen gegangen wäre, diese Melodien nie komponiert hätte.

Wenn wir mit unseren Gefühlen im Einklang sind, werden wir uns der vielen unterschiedlichen Teile unseres Ichs bewußt und erkennen, was wir wollen und brauchen. Einiges wird vermutlich im Konflikt zueinander stehen, und nur Sie können sich Klarheit darüber verschaffen, was am wichtigsten ist.

»Wir leben in einer Zeit, in der die meisten Menschen glauben, daß nicht sehr viel in ihnen steckt – nur das, was Lehrer, Eltern und andere dort zurückgelassen haben.«
Michael Cassou und Stewart Cubley,
Life, Painting and Passions

John F. Kennedy erzählte gerne eine Geschichte über zwei kleine Jungen in Irland, die im Wettstreit miteinander über die grünen Hügel rannten. Wenn sie an einen Zaun kamen, der ihnen eigentlich zu hoch war, forderten sie sich heraus, indem sie ihre Mützen über den Zaun warfen, so daß ihnen keine andere Wahl blieb, als hinterherzuklettern. Zielstrebigkeit bei Ihrer Aufgabe bedeutet, Ihre Mütze über den Zaun in die Zukunft zu werfen, damit Sie Ihr folgen müssen. Das ist schwierig, kann aber auch Wunder wirken.

Bei vielen altehrwürdigen Traditionen zur Bildung von Charakter und Führungsqualitäten spielen Aufgabe und Zielstrebigkeit eine zentrale Rolle. Es wird davon gesprochen »anzukommen«, sein Ziel zu erreichen, oder davon, Erfüllung in Leben und Arbeit zu finden. Um dies zu erreichen, braucht man großes Engagement und viele Gewissensprüfungen. Aber es kann gelingen. Großen Männern und Frauen und Unternehmen ist es gelungen, gelingt es immer noch. Frederick Buechner hat einmal geschrieben, daß eine Aufgabe oder Bestimmung – »der Ort, an den Gott uns ruft« – der »Ort ist, an dem sich unsere große Freude und der große Hunger der Welt begegnen«.[16]

Das bedeutet, ein Ziel ist etwas, auf das ständig hingearbeitet, das aber nie vollständig realisiert wird.[17] Bis wir unser einzigartiges Potential und unsere Bestimmung erkennen, sehen wir unser Leben vielleicht als Puzzle, bei dem einige Teile fehlen. Wir können unsere »tiefe Freude« und unsere Daseinsberechtigung nicht finden. Wir arbeiten und schlafen, verdienen Geld und geben es wieder aus, erfahren unseren Teil an Spaß und Schwierigkeiten und sind vielleicht ein Genie, wenn es darum geht, mit Projekten zu jonglieren und mechanisch unsere Arbeit zu tun, aber in unserem Inneren und im Inneren unserer Unternehmen herrscht Leere.

Früher oder später entsteht in uns ein intensives Gefühl, das uns auf einen bestimmten Weg ruft. »Das muß ich einfach tun«, sagt es. »Das bin ich wirklich.« Sie können es nicht vortäuschen. Es muß echt sein. Können Sie die Aussage »Mein Leben erfüllt meine innersten Bedürfnisse« voll und ganz für sich bejahen? An dieser Aufgabe versucht sich unsere Integrität zu orientieren, mit der Hilfe des inneren Kompasses, den Ihre Bestimmung in Leben und Arbeit vorgibt. Seit Jahrhunderten suchen wir nach der richtigen Bezeichnung für diesen »Ruf«. Die Römer nannten ihn *genius*, die Griechen *daimon*. Keats fordert uns auf, ihn nicht im Kopf, sondern im Herzen zu suchen, und Michelangelos intuitives Auge nahm immer auch die Einzigartigkeit im Herzen des Menschen wahr, den er darstellte.

»Was vor uns liegt und was hinter uns liegt, ist wenig im Vergleich zu dem, was in uns liegt. Wenn wir das nach außen dringen lassen, geschehen Wunder.«
Henry David Thoreau
(1817-1862), amerikanischer Schriftsteller und Naturforscher

Es ist fast nie zu spät, seine Bestimmung zu entdecken und sich zu entschließen, das zu tun, was einem am meisten bedeutet, *seine Aufgabe* zu erfüllen. Es wird natürlich immer Menschen geben, die weiter Roulette oder Lotto spielen und vielleicht ohne eine Aufgabe reich werden. Aber nur selten werden wir von ihnen hören, daß ihr Leben erfüllt ist oder sie sich innerlich weiterentwickelt und dazugelernt haben. Sie haben einfach nur eine Menge Geld.

Einige Führungskräfte haben mir erzählt, daß sie das innere Bedürfnis spüren, sich ständig weiterzuentwickeln, zu lernen und die Richtung zu überprüfen, in die ihr Leben und ihre berufliche Laufbahn geht. Dabei muß ich daran denken, was mein Freund James Kackley, Senior Managing Partner bei Arthur Andersen LLP, während seines Sabbaticals vor einigen Jahren gemacht hat. Er verbrachte den ersten Teil davon am Aspen Institute, wo er mit James O'Toole und einer Gruppe zusammengearbeitet hat, zu der einige der visionärsten Denker im Bereich Führungsqualitäten und Aufgaben in der Wirtschaft gehörten, und den zweiten Teil seiner »Arbeitspause« auf der Insel Royale, einer abgelegenen Wildnis im Michigansee, die nur von Wölfen und Elchen bewohnt wird. Jim schlief unter freiem Himmel und wanderte jeden Tag ein Stück, wobei er von Zeit zu Zeit stehenblieb, um die Wildtiere zu beobachten, die großartige Aussicht zu genießen und nachzudenken. Jeden Tag schrieb er seine Gedanken zu Vision und Bestimmung nieder, für sich selbst und sein überaus erfolgreiches Unternehmen. Dies sollte ihm dabei helfen, seine Aufgabe und die seiner Firma besser zu verstehen. Jim hat im Laufe seiner Karriere als Berater von Führungskräften vieler erfolgreicher Unternehmen gearbeitet, und als er die Gelegenheit hatte, eine längere Arbeitspause einzulegen, widmete er diese Zeit dem Bemühen, ein besseres Verständnis seiner Fähigkeiten und Aufgaben und seines Weges in die Zukunft zu bekommen.

Wenn Jim Einstellungsgespräche mit Kandidaten für einen Managerposten führt, bittet er seinen Gesprächspartner, sich neben ihn zu setzen. Dann holt er ein kleines, in braunes Leder gebundenes Notizbuch aus seinem Aktenkoffer. Er schlägt es auf, blättert hindurch und zeigt dem zukünftigen Manager von Arthur Andersen die Definition, die er zu seinem einzigartigen Potential und seiner Bestimmung geschrieben hat. Er liest ihm die Beschreibung für seine Aufgabe als Führungspersönlichkeit und in seinem Privatleben vor und erläutert ihm Rollen und Ziele bei seiner Arbeit und in seinem Privatleben. Er erzählt ihm, daß er dieses Notizbuch jede Woche aufschlägt und sich ganz bewußt wieder an seinem Potential und seiner

Aufgabe orientiert. Dann wendet er sich seinem Gesprächspartner zu und sagt: »Ich würde gern wissen, was Ihr einzigartiges Potential und Ihre Aufgabe sind.« Er beugt sich ein wenig vor und hört aufmerksam zu. Dann fragt er: »Und wie, glauben Sie, könnten Sie Ihr Potential und Ihre Aufgabe hier bei Arthur Andersen verwirklichen?«

Joseph Campbell hat über die Kraft einer solchen Aufgabe einmal folgendes geschrieben: »Sie haben vielleicht Erfolg im Leben, aber fragen Sie sich: Was für ein Leben ist das? Was hat das alles für einen Sinn, wenn Sie nie das getan haben, was Sie Ihr ganzes Leben lang tun wollten, oder nie dorthin gegangen sind, wo Ihr Herz und Ihre Seele hinwollten? Wenn Sie dieses Gefühl finden, dann halten Sie es fest, und lassen Sie sich von niemanden davon abbringen.«[18] Um es zu spüren, sollten Sie sich zunächst einmal vorstellen, daß Sie alles tun können, was Sie wollen, egal wie Ihr Ziel oder Ihr Traum aussieht. Die Aufgabe in Ihnen ist stärker als Bedürfnisse und Wünsche. Sie ist der innere Kompaß Ihres Herzens, der ständig in die Richtung Ihres einzigartigen Potentials und Ihres Erfolges weist.

Eine meiner bevorzugten Methoden, um ein einzigartiges Potential und die innere Aufgabe zu entdecken – beides besser erfassen zu können –, sind die fünf *Warum-Fragen*. Diese Methode wendeten auch unsere Vorbilder im klassischen Altertum und in jüngster Zeit Wirtschaftswissenschaftler wie Jim Collins und Jerry Porras an.[19] Hier kurz das Wesentliche.

Fangen Sie mit einer Aussage an. »Ich würde gern ... machen«, oder »Ich bin gut in ...« Dann stellen Sie sich fünfmal die Frage »Warum ist das wichtig?« Nach wenigen Warums werden Sie das Gefühl haben, daß sich eine grundsätzliche Aufgabe herauskristallisiert. Denken Sie dann über das nach, was Sie herausgefunden haben. Schreiben Sie es auf. Probieren Sie es aus. Fragen Sie immer wieder: »Habe ich das *Gefühl*, daß es richtig ist – und warum oder warum nicht?« Die fünf Warum-Fragen können dem einzelnen oder einer Gruppe dabei helfen, eine kreativere und sinnvollere Arbeitseinstellung zu finden.

Potential und Bestimmung entdecken

Denken Sie zunächst einmal über folgende Fragen nach (ich habe festgestellt, daß es sich lohnt, diese Übung von Zeit zu Zeit zu wiederholen, um sich größere Klarheit zu verschaffen):[20]

1. »Was sind meine größten Stärken und persönlichen Begabungen, also die Eigenschaften, die mein *einzigartiges Potential* ausmachen?« Denken Sie daran: Hier geht es darum, etwas zu schaffen, nicht etwas zu »reparieren«. Führen Sie *Eigenschaften* und *Richtungen* (auf die Ihre Begabungen hinweisen) auf, die natürlich und spontan sind, die Fähigkeiten, die Ihnen angeboren sind und Spaß machen. Beschreiben Sie jede mit ein paar Worten. Machen Sie einen Kreis um Ihre fünf größten Stärken oder Begabungen. Schreiben Sie einen oder zwei zusammenfassende Sätze. »Mein einzigartiges Potential ist: ...«
2. »Wenn Zeit und Ressourcen keine Rolle spielen würden – was würde ich dann tun? Wenn ich über mein Privatleben nachdenke, welche Aktivitäten haben für mich den größten Wert oder Nutzen?«
3. »Welche Beziehungen in meinem Leben sind für mich am wichtigsten?«
4. »Was sind meine wichtigsten Rollen im Leben?« Ein großer Teil unserer Frustration entsteht aus dem Gefühl, in einer Rolle Erfolg zu haben – beispielsweise als Führungskraft oder Unternehmer –, während andere wichtige Rollen darunter leiden, wie zum Beispiel unsere Rolle als Elternteil oder Partner. Ein Gleichgewicht Ihrer Rollen bedeutet nicht, daß Sie für jede gleich viel Zeit aufwenden müssen. Es bedeutet, daß Sie sich all Ihrer Rollen *bewußt* sind und etwas dafür tun, um sie miteinander in Einklang zu bringen, während Sie Ihre Aufgabe erfüllen. Sie könnten zum Beispiel Bereiche identifizieren, in denen Ihre Neigungen mit denen anderer Familienmitglieder übereinstimmen oder diese bereichern, und das bei der Freizeitgestaltung berücksichtigen. Planen Sie etwas, bei dem jedes Familienmitglied eine Möglichkeit findet, Spaß und persönliche Weiterentwicklung miteinander zu teilen, so daß Sie nicht das Gefühl haben, nur familiäre Pflichten zu erfüllen, und keinerlei Gemeinsamkeiten empfinden. Dann tritt ein Synergieeffekt ein, und obwohl Sie vielleicht nicht mehr Zeit in dieser Rolle verbringen als jetzt auch, werden Sie sich vermutlich besser »abgestimmt« mit Ihren Angehörigen fühlen und eine tiefere Verbundenheit spüren. Überlegen Sie sich einen oder zwei spezifische Punkte, die in Ihren verschiedenen Rollen etwas ändern könnten. Was ist mit Ihrer Rolle als Elternteil? Als Partner? Als Sohn oder Tochter? Als Freund? Als Führungspersönlichkeit oder Angestellter? Hören Sie auf Ihre Intuition.

5. »An was für einer Art von Arbeit hängt mein Herz? Davon träume ich, dafür würde ich gern mehr Energie (und Zeit) aufwenden. Wenn ich über mein Arbeitsleben nachdenke – welche Tätigkeiten haben den größten Wert oder Nutzen für mich?«
6. »Wer hat den größten positiven Einfluß auf mein Leben gehabt? Was war an diesem Menschen so außergewöhnlich?«
7. »Worauf bin ich in meinem Leben besonders stolz?« Beschreiben Sie, was Sie in Ihrem Unternehmen, Ihrer sozialen Gemeinschaft oder Ihrer Familie erreicht haben. Was möchten Sie noch erreichen? Projizieren Sie das in die Zukunft, sagen wir 100 Jahre von jetzt an: Ist es das Vermächtnis, das Sie hinterlassen wollen? Soll man sich aus diesem Grund an Sie erinnern? Wenn nicht, was ist es dann?
8. Nehmen Sie ein Notizbuch zur Hand. Schreiben Sie einen oder zwei Sätze im Präsens hinein, die Sie an die emotionale Tiefe dessen erinnern, was für Sie wichtig ist und was Sie erreichen wollen. Und dann schreiben Sie als Überschrift: »Meine persönliche Bestimmung und Aufgabe im Leben ist ...«

Stellen Sie sich jetzt die fünf *Warum-Fragen.* Fragen Sie sich fünfmal: »Warum ist das wichtig?« Bildet sich langsam ein »Ja-das-ist-es!«-Satz um Ihre Aufgabe? Falls nicht, kein Problem – solche Bilder brauchen oft eine Weile, bis sie sich im Herzen gebildet haben und »scharf« geworden sind. Fördern Sie dieses Gefühl, und haben Sie Geduld mit sich, um es zu verstehen und zu erklären. Wenn Sie spüren, daß es richtig ist, wissen Sie, daß sich das Warten gelohnt hat. Von diesem Moment an werden sich Ihr Verhalten und Ihre täglichen Entscheidungen an Ihrer wichtigsten Aufgabe orientieren. Sie werden in der Lage sein, präzise kurzfristige und mittelfristige Ziele oder Visionen zu entwickeln – Bilder in Ihren Gedanken, die positiv, durchführbar, konzentriert und kommunizierbar sind und zu Ihrer Aufgabe beitragen. Dadurch wird es für Sie einfacher und weniger zeitaufwendig, neue Strategien zu entwickeln. Als Folge davon werden Sie zahlreichere kurzfristige, sinnvolle Siege erreichen und feiern – und besser mit Fehlern umgehen, aus denen Sie lernen können.

»Richte den Blick auf die Sterne, aber vergiß nie die Blumen zu deinen Füßen.«
Agnew Meek,
Vice President, 3M

Nun noch eine abschließende Frage, die Sie sich stellen sollten, wenn Sie Ihre Aufgabe realisieren: »Durch welche zwei Merkmale werde ich mich im nächsten Jahr von anderen abheben, wenn ich meine Aufgabe verfolge?«

Verbindung zur EQ Map: Einzigartiges Potential und wahre Bestimmung
Dieses Kapitel bezieht sich auf folgende Tabellenspalten der EQ Map: Lebensereignisse, Druck und Befriedigung, emotionales Selbstbewußtsein, Zielstrebigkeit, Einstellung, persönliche Kraft und Integrität.

EQ in der Praxis
Ein »NoteStream« für Ihren inneren Kompaß

Ein NoteStream ist ein einfaches, »tragbares« EQ-Hilfsmittel, das sich als zeitsparend und kreativitätsfördernd erweisen wird. Wenn Sie Ihre grundlegende Aufgabe entdeckt haben und damit beginnen, Ihren täglichen Zeitplan und Ihre Prioritäten entsprechend zu planen, um Ihre Aufgabe voranzubringen, sollten Sie sich einige Minuten Zeit nehmen und folgendes tun:

Stellen Sie eine Liste der wichtigsten Projekte und Ziele zusammen, die für Sie und Ihr Unternehmen während der nächsten Monate wichtig sind. Kreisen Sie die ein, die Sie intuitiv für sich, Ihr Unternehmen oder Ihre wichtigsten Kunden am nützlichsten halten.

Markieren Sie dann sieben Projekte und Ziele, bei denen es eher auf Ihre Initiative als auf die anderer ankommt, mit einem Sternchen. Überprüfen Sie die gesetzten Prioritäten noch einmal, indem Sie sich fragen: »Bin ich überzeugt davon, daß es sich hier um einen Bereich handelt, in dem ich persönlich Fortschritte machen kann? Falls nicht, welche Ressourcen brauche ich, um dies zu gewährleisten?« Achten Sie darauf, daß zumindest einige dieser Prioritäten einen langfristigen Bezug zu Ihrer Aufgabe haben und Ihre Fähigkeiten erweitern.

Nehmen Sie sich nun ein leeres Blatt Papier, und schreiben Sie das Datum oben in die Ecke. Teilen Sie das Blatt in sieben große Bereiche ein. Sie können Quadrate, Rechtecke, Dreiecke oder Kreise zeichnen – was Ihnen am liebsten ist. Auch die Größe bleibt Ihnen überlassen. Schreiben Sie jetzt in jeden dieser sieben Bereiche eine kurze Überschrift, die jeweils auf die sieben Prioritäten für Ihre

Arbeit verweist. Sie können sich für Ihren NoteStream auch eine Schablone erstellen.

Wenn Sie fertig sind, kopieren Sie das Blatt mehrmals. Falten Sie eine Kopie zusammen, und stecken Sie sie in Ihre Hosentasche. Legen Sie eine Kopie in Ihren Terminkalender und eine dritte zwischen die Seiten des Schreibblocks, den Sie bei Besprechungen oder Telefongesprächen verwenden.

Jedesmal, wenn Sie eine neue kreative Idee, eine intuitive Eingebung oder eine kritische Anmerkung haben, tragen Sie diese in den/die entsprechende(n) Bereich(e) ein. Jedesmal, wenn Sie zum Telefonhörer greifen oder in einer Besprechung sitzen, holen Sie eine Kopie des NoteStream für diesen Monat heraus und legen sie neben Ihr Notizbuch. Wenn eine Besprechung vom Thema abkommt oder ins Stocken gerät, verwenden Sie den NoteStream als visuellen Hinweis darauf, die Meinung zu sagen und sich wieder auf das Wesentliche zu konzentrieren, nicht nur in Ihrem Interesse, sondern im Interesse aller, die an der Besprechung teilnehmen. Auf diese Weise verlieren Sie Ihre Aufgabe und Ihre Prioritäten nicht aus den Augen, sondern bleiben damit in Kontakt, nicht nur ab und zu, sondern den ganzen Tag lang. Setzen Sie den NoteStream ein, wenn

- sich Ihre Intuition meldet,
- Ihre innere Stimme Sie daran erinnert, Ihre Aufgabe nicht aus den Augen zu verlieren,
- Ihnen ein neuer Standpunkt, eine andere Möglichkeit oder ein kürzerer Weg zum Erfolg einfällt,
- Sie etwas erfahren, von dem ein Kunde oder ein Klient profitieren könnte,
- Sie eine unerwartete Möglichkeit sehen, um Gewinn oder Mehrwert zu steigern,
- Sie eine langweilige Diskussion gehaltvoller machen wollen.

Kurz gesagt: Der NoteStream soll Zusammenhänge aufzeigen und Ihre Ideen, Fragen und kritischen Anmerkungen sammeln. Wenn in einem der Bereiche kein Platz mehr ist, setzen Sie einfach ein numeriertes Sternchen ans Ende, blättern zur nächsten Seite und schreiben dort weiter. Sie können die Rückseite des NoteStream auch verwenden, um dort Ideen zu notieren, die nicht direkt zu den sieben Prioritätsbereichen gehören, oder um längere Gedanken festzuhalten.

Überprüfen Sie Ihre Notizen regelmäßig während des Tages. Schätzen Sie die momentane Situation ein, und vergleichen Sie sie mit der Richtung Ihres inneren Kompasses. Handeln Sie, wenn es notwendig sein sollte: Rufen Sie einen Kollegen an, und stellen Sie ihm eine kreative Frage. Setzen Sie sich mit einem wichtigen Kunden in Verbindung, und erzählen Sie ihm von einer innovativen Idee. Aufgrund meiner Arbeit mit Führungskräften aus verschiedenen Branchen habe ich festgestellt, daß es schon ausreicht, einen NoteStream zur Hand zu haben, um die eigene Aufgabe nicht aus den Augen zu verlieren und kreativ zu sein. Er kann Ihnen auch dabei helfen, Zeit und Arbeit zu sparen. Statt zu versuchen, aus einem Wust von Papierfetzen, Papierservietten, zerknitterten Visitenkarten, Post-its und anderen Bruchstücken, die Sie hier und da aufgeschrieben haben, einen Sinn herauszulesen, greifen Sie einfach zu Ihrem NoteStream, auf dem Sie Ihre Schlüsselideen festhalten und direkt in den Arbeitsablauf für die Prioritätsbereiche einbinden. Diese Methode ist ganz einfach. Sie ist intuitiv. Sie ist auf Ihre Aufgabe abgestimmt.

Wenn Sie damit begonnen haben, das innere Potential und die Richtung in Ihrem Leben und bei Ihrer Arbeit zu definieren, besteht die nächste Herausforderung darin, dies in die Tat umzusetzen und Ihren Alltag immer mehr an der Nadel Ihres inneren Kompasses auszurichten. Das erfordert Eigenschaften wie Engagement und Mut, die von der Stimme des Gewissens in Ihrem Herzen geweckt und von Verantwortlichkeit unterstützt werden. Eigenschaften emotionaler Tiefe, die den roten Faden des nächsten Kapitels bilden.

10
Engagement, Verantwortlichkeit und Gewissen

Rachel Louise Carson wuchs auf einem kleinen Stück Land am Ufer des Allegheny auf, das ihr Vater, ein erfolgloser Geschäftsmann, in der Nähe von Springdale/Pennsylvania, gekauft hatte.[1] Ihre Liebe zur Natur entwickelte sich schon sehr früh, und sie war eine eifrige Leserin und begeisterte Schülerin, konnte aber aufgrund einer Krankheit manchmal für lange Zeit nicht am Unterricht teilnehmen. Mit 18 Jahren wurde sie am Pennsylvania College for Women (aus dem sich später das Chatham College entwickelte) zugelassen und wählte als Hauptfach Englisch, weil sie Schriftstellerin werden wollte. Aber in ihrem zweiten College-Jahr besuchte sie einen Pflichtkurs in Biologie, der von einer brillanten Lehrerin gehalten wurde, Mary Scott Skinker. Der Unterricht weckte Carsons einzigartiges Potential und rief ein leidenschaftliches Interesse für Natur und Wissenschaften hervor. Sie wechselte das Hauptfach.

»Kommende Generationen werden es uns wohl kaum nachsehen, daß wir ein mangelndes Bewußtsein für die Unversehrtheit der Natur gezeigt haben, die alles am Leben erhält.«
Rachel Carson,
Der stumme Frühling

Nach ihrem Abschluß am College erhielt sie für einen Sommer lang ein Forschungsstipendium für das ozeanographische Institut in Woods Hole/Massachusetts und danach ein Stipendium für die Johns Hopkins University in Baltimore. Nachdem sie ihr Studium abgeschlossen hatte, mußten sie und ihre Familie zwei tragische Ereignisse hinnehmen: den Tod ihres Vaters und ihrer Schwester. Um ihre Mutter und ihre beiden Schwestern finanziell zu unterstützen, nahm Carson eine Stelle in der US-Fischereibehörde in Washington, D. C., an. Innerhalb eines Jahres legte sie mit der höchstmöglichen Punktzahl die Aufnahmeprüfung für den Staatsdienst ab und bekam eine Vollzeitstelle als Wasserbiologin an dieser Behörde. 1941 schrieb sie *Under the Sea-Wind*, darauf folgten 1951 *The Sea Around Us* und 1955 *The Edge of the Sea*, in denen sie auf eindrucksvolle Weise die Physik, Chemie und Biologie im Meer und an seinen Küsten schilderte.

1958 erhielt Carson einen Brief von einer Freundin, die ihr die verheerenden Auswirkungen auf ihr privates Vogelreservat in Massachusetts schilderte, nachdem es im Rahmen eines staatlichen Programms zur Moskitobekämpfung mit Pestiziden besprüht worden war. Carson, die schon seit langem über die tatsächlichen und potentiellen Gefahren von chemischen Giften Bescheid wußte, begriff sofort, daß sie ihre Stimme erheben mußte, sonst »würde es für mich keinen Frieden mehr geben«. Sie wußte, daß sie damit eine Kontroverse heraufbeschwören würde, insbesondere deshalb, weil die Landwirtschaft inzwischen von Chemikalien abhängig war, um die Erntemengen zu steigern, und die meisten Herstellerfirmen den Auswirkungen von Chemiealtlasten relativ gleichgültig gegenüberstanden. Selbst das amerikanische Landwirtschaftsministerium setzte sich für den Einsatz von Herbiziden und Pestiziden ein.

Nach einigen Jahren gründlicher Recherche in Amerika und Europa schrieb Carson *Der stumme Frühling*, das 1962 in den USA veröffentlicht wurde. Darin rief sie zu einer neuen und aktiven Diskussion über die ökologischen Schäden für die Natur auf, die sie so liebte, und beschrieb eindringlich, wie die labile Existenz aller Lebewesen, einschließlich der Menschen, durch DDT und andere, noch giftigere Chemikalien gefährdet wurde. Carson wurde von der Landwirtschaftsindustrie angegriffen, die eine aufwendige, aber erfolglose Kampagne startete, um ihre Warnungen in Mißkredit zu bringen. Sie blieb ihrem Standpunkt und ihrer Aufgabe treu. Präsident John F. Kennedy war so beeindruckt von dem Buch, daß er eine Untersuchung der landesweiten Politik für den Einsatz von Pestiziden anordnete. 1963 schloß sich ein vom Präsidenten eingesetzter Beratungsausschuß der Position von Carson an. Heute wird allgemein anerkannt, daß die moderne Umweltschutzbewegung mit der Veröffentlichung von *Der stumme Frühling* begann. Ein Herausgeber sagte einmal: »1000 Worte von ihr, und die Welt wurde in eine andere Richtung gelenkt.« Das kann Zielstrebigkeit bewirken, wenn sie von leidenschaftlichem Engagement unterstützt wird.

Aus Rachel Carsons Biographie habe ich unter anderem gelernt, daß Sie, unabhängig davon, was Sie sich vorgenommen haben oder welche Begabungen oder Aufgabe Sie haben, ohne eine starke, von innen wirkende Motivation, diese auch einzusetzen, ohne emotionales Engagement wahrscheinlich nicht weit kommen werden. Hegel schrieb dazu: »Nichts Großes in der Welt wurde je ohne Leidenschaft geschaffen.« Die meisten Führungskräfte haben erkannt, daß Motivation weitaus wichtiger sein kann als intellektuelle Fähigkeiten oder Fachkenntnisse. Schließlich treibt uns nicht der Kopf voran, sondern unser Herz.

Gefühle motivieren und bringen uns dazu, uns zu engagieren. Dieser innere Schwung ist unerläßlich für die erfolgreiche Umsetzung jeglicher Art von Intelligenz oder Strategie. Einigen Menschen zum Beispiel fällt es leicht, Lösungen für Probleme zu finden, aber sie scheinen unfähig zu sein, sie auch durchzuführen. Sie sind völlig hilflos, wenn es gilt, diese Lösungen in praktische und effektive Maßnahmen umzusetzen. Wir müssen den Erfolg *wollen* und uns dann *emotional engagieren*, wenn möglich mit der Unterstützung anderer, aber auch allein, falls notwendig. Es geht weniger darum, ein Engagement in Gang zu halten, sondern vom Engagement in Gang gehalten zu werden.

Vor kurzem habe ich eine lange unentdeckt gebliebene Geschichte über emotionales Engagement gehört, einen Bericht über stillen Mut und innere Führungsqualitäten, die dem verklärten »Heldentypus« unserer Kultur widerspricht. Ungefähr um 900 entstand eine Geheimsprache, die unter dem Namen *Nu Shu* (»Schrift der Frauen«) bekannt ist.[2] Bald war sie in weiten Teilen Chinas verbreitet, aber ihre Struktur und ihre geheimen Zeichen waren so verschlüsselt, daß sie von keinem der mächtigen Herrscher in diesem Riesenland decodiert wurde, Männer, die diese Sprache mit Sicherheit verboten hätten. Sie war so geheim, daß ein Archäologenteam erst 1950 – 1000 Jahre nach ihrer Entstehung – in den Bergen von Hunan zufällig auf eine Quellensammlung für die Nu Shu stießen. Erst 1982 gelang es Kryptologen und Sprachwissenschaftlern, den Geheimcode zu entziffern und zu übersetzen.

Alles deutet darauf hin, daß diese Sprache erfunden wurde, weil die chinesischen Frauen auf die Stimme ihres Gewissens hörten.

Immer mehr Frauen waren der Meinung, daß sie trotz der jahrtausendealten männlichen Vorherrschaft, in der ihnen fast alles Wissen vorenthalten wurde, das Recht darauf hatten, sich Bildung zu verschaffen und miteinander zu kommunizieren. Sie waren so davon überzeugt, daß sie nach einer Möglichkeit suchten, das trotzdem zu tun, und eine Kommunikationsmethode von Frau zu Frau entwickelten – versteckt in verschlüsselten Geschichten, die auf Decken, Körbe und Töpferwaren geschrieben und in Liedern, Gedichten und im Gedächtnis der Frauen in den Familien überliefert wurden. Wenn diese Sprache und Lehrmethode entdeckt worden wäre, hätte das vermutlich für viele Kerker oder Tod bedeutet.

Aber die Frauen fühlten sich der Geheimhaltung ihrer Sprache genauso verpflichtet wie ihrer Aufgabe, und so wurde die Nu Shu von den Herrschenden nicht entdeckt. Obwohl sie unterdrückt wurden – seit Jahrtausenden war es in China nur den Männern erlaubt, zu lesen oder zu schreiben –, kommunizierten die Frauen in einfachen, ausdrucksvollen Zeichen miteinander und gaben das Wissen weiter, das sie gelernt hatten. Vom geübten Auge waren die Zeichen ohne Mühe zu entschlüsseln, aber für jene, die nicht wußten, auf was sie achten mußten, praktisch ohne jede Bedeutung. Die Nu Shu wurde an den Rand oder zwischen die Zeilen traditioneller chinesischer Schrift gezeichnet oder in Taschentücher, Fächer, Kleidungsstücke und Servietten eingestickt, die dann als harmlose Geschenke weitergegeben wurden. Durch die Nu Shu haben wir vieles über die sogenannte *Heilige Lebensweise* erfahren. Diese Lehren fanden ihren Weg in den Alltag von Millionen Frauen, die von ihrem Gewissen dazu aufgerufen wurden, ihr Leben zu riskieren, um etwas zu lernen. Aufgrund der Umstände waren sie gezwungen, die krassen Ungleichheiten und die Benachteiligung der Frauen in ihrer Gesellschaft im geheimen zu überwinden. Diese Frauen, deren Namen längst vergessen sind, haben unbeirrt weitergemacht, weil sie eine gemeinsame Aufgabe hatten und ihrem Gewissen folgten. So wuchsen ihr Mut und ihr Engagement, und am Ende waren sie erfolgreich.

Engagement und Einfallsreichtum sind grundlegende Elemente der emotionalen Tiefe. Ich glaube, daß sie das inspirieren oder aktivieren, was der Yale-Psychologe Robert Sternberg »praktische Intelligenz« nennt – die Fähigkeit, Hoffnung oder Theorie in sinnvolle Handlungen und abstrakte Vorstellungen in praktische Leistungen umzusetzen.[3] Sie lassen uns die Entschlußkraft für die schwere und manchmal gefährliche Aufgabe finden, uns selbst und andere durch schwere Zeiten zu führen, und die Entscheidung treffen, Neuland zu betreten – und zu lernen, wann man weitermachen muß.

Persönliche Weiterentwicklung durch Engagement und Mut

Es geschah an einem Samstag im Sommer 1960. Ich war neun Jahre alt. Mein Großvater Downing und meine Mutter waren mit meiner jüngeren Schwester, meinem Bruder und mir zum Schwimmen gefahren, zu einer alten Kiesgrube, aus der die Stadtverwaltung einen Badesee gemacht hatte.

»Mut... ist nichts anderes als die Kraft dazu, Gefahr, Unglück, Angst und Ungerechtigkeit zu überwinden, während man sich insgeheim versichert, daß das Leben trotz allen Leides gut ist, daß alles einen Sinn hat, selbst wenn wir diesen nicht begreifen können, und daß es immer ein morgen geben wird.«
Dorothy Thompson
(1894-1961), amerikanische Journalistin

Am frühen Nachmittag – kurz nachdem wir alle in den See gewatet waren, um ein wenig zu schwimmen – winkten die Rettungsschwimmer plötzlich mit den Armen und riefen, daß alle aus dem Wasser sollten. Ein paar Minuten später standen wir zitternd am Ufer und sahen zu, wie mein Großvater in den See hineinwatete, um einem der Rettungsschwimmer den leblosen Körper eines Jungen abzunehmen. Die Menschenmenge wich zurück, als mein Großvater, der Oberarzt und Chirurg am Krankenhaus unserer Stadt war, den Jungen auf den Sand legte und nach einem Lebenszeichen suchte. Er begann sofort mit Wiederbelebungsversuchen.

Wir drängten uns durch die Menge, um näher heranzukommen. Ich wollte sehen, wie er den Jungen wieder ins Leben zurückbrachte, und ich war sicher, daß er mich aus den Augenwinkeln heraus bemerkte. Unendlich lange – so schien es mir jedenfalls – versuchte mein Großvater, das Herz des Jungen wieder zum Schlagen zu bringen. Viele der Umstehenden weinten, während sie zusahen. Von weitem war die Sirene eines Krankenwagens zu hören, die immer näher kam.

Aber es war zu spät – der Junge war ertrunken. Seine Freunde weinten und sagten, sie hätten gemerkt, daß er nach einem Sprung von einem der Flöße im tiefen Wasser nicht mehr nach oben gekommen sei. Sie hätten einem der Rettungsschwimmer gewinkt, der auf den Grund des Sees getaucht sei und ihn dort gefunden habe. Als mein Großvater schließlich aufstand, um mit den Eltern des Jungen, die gerade angekommen waren, und mit den Sanitätern zu sprechen, sah er erschöpft aus. Aber seine Stimme klang ruhig und tröstend. Die Eltern des Jungen kannten meinen Großvater und vertrauten ihm. Kurze Zeit später legten die Sanitäter die Leiche auf eine Bahre und deckten sie zu. Mein Großvater ging der Bahre voraus bis zum Krankenwagen, der das Gelände mit ausgeschalteten Sirenen verließ.

Bald danach wurde der See von den Rettungsschwimmern wieder zum Baden freigegeben. Ungefähr die Hälfte der Badegäste verließ das Gelände und fuhr im Auto oder auf dem Fahrrad davon. Andere gingen wieder ins Wasser, planschten und unterhielten sich miteinander. Wieder andere liefen am Ufer herum. Kurze Zeit später kam mein Großvater zurück und stellte sich neben mich ans Ufer. Ich stand ein wenig abseits von meinem Bruder und meiner Schwester, die im seichten Wasser spielten. Ich sah immer noch den toten Jungen vor mir und wollte nicht wieder ins Wasser. Großvater legte mir die Hand auf die Schulter. »Was empfindest du jetzt?« fragte er mit ruhiger Stimme.

»Nichts ...«, sagte ich zuerst. »Ich habe Angst davor, ins Wasser zu gehen«, gab ich dann zu.

»Weil du vielleicht genauso ertrinken könntest wie dieser Junge?«

»Ja.«

»Viele der Leute hier sind jetzt durcheinander oder haben Angst wegen dem, was passiert ist«, sagte er. »Sie ...«

»Aber ich könnte dort *sterben*«, platzte ich heraus und zeigte dabei auf den See.

»Ja«, antwortete er. »Aber im Wasser ist es auch nicht gefährlicher als da drüben auf der Straße.« Er wies mit dem Arm auf die zweispurige Straße in einiger Entfernung. »Menschen können überall sterben. Früher oder später müssen wir alle sterben. Aber viele von uns *leben* nicht einmal richtig.«

»Was meinst du damit?«

»Ich meine damit, daß nur wenige von uns den Glauben und den Mut haben, ein Risiko einzugehen und Dinge zu tun, die wir eigentlich tun wollen, vor denen wir aber Angst haben. Glaube ist das, was dein Herz für möglich oder richtig hält, selbst wenn es dein Verstand nicht beweisen kann. Als du schwimmen gelernt hast, Robert, hast du Glauben gebraucht, um ins Wasser zu gehen und es zu versuchen. Und dann, als es zuerst nicht so einfach war, nachdem du dich zum erstenmal ins tiefe Wasser gewagt hattest, hast du Mut gebraucht, um dich deinen Ängsten zu stellen und auf deine Lehrer zu hören, um weiterzumachen und es zu lernen. Mit der Zeit konntest du immer besser schwimmen. Viele Menschen, die irgend etwas gut könnten, wie zum Beispiel schwimmen, und Spaß daran hätten, hören einfach auf damit. Etwas geschieht, das ihnen angst macht, und dann gehen sie einfach nicht mehr ins Wasser. Ich weiß, daß du jetzt Angst hast, und dafür brauchst du dich auch nicht zu schämen. Aber wichtig ist: Wieviel Glaube und Mut wirst du brauchen, um wieder ins Wasser zu gehen?«

»Ich weiß es nicht.«

Er sah mir in die Augen und sagte leise: »Und wie wirst du das herausfinden?«

Ich habe diese Frage seit damals noch viele Male in meinen Gedanken und meinem Herzen gehört. Er sagte mir nicht, was ich tun sollte, sondern fragte mich einfach, wie ich es herausfinden würde. Er appellierte an mein Gewissen, an mein einzigartiges Potential. Was wäre geschehen, wenn ich damals aufgegeben hätte oder weggerannt wäre? Er wußte, daß wir uns früher oder später unseren Ängsten stellen müssen. Ich ging an diesem Tag im Jahr 1960 wieder ins Wasser. Jahre später, nachdem mein Großvater seinen langen Kampf gegen den Krebs verloren hatte und gestorben war, wurde ich Mitglied der amerikanischen Schwimmnationalmannschaft.

Ich fordere meine Zuhörer und die Führungskräfte, mit denen ich arbeite, oft auf, einmal ausgiebig über ihr Leben und ihren Beruf nachzudenken. Ich bitte sie, eine kurze Zusammenfassung der zwei oder drei für sie wichtigsten Gelegenheiten zu schreiben, bei denen ihr Glaube oder ihr Mut gefordert war oder an ihr Können appelliert wurde und sie sich emotional engagierten – und was dabei herausgekommen ist. Sie sollten jetzt Ihr Notizbuch hervorholen und ein paar Minuten in diese einfache Übung investieren.

»Mut braucht man, um aufzustehen und zu sprechen, Mut braucht man aber auch, um sich hinzusetzen und zuzuhören.«
Winston Churchill

A x (E + V) > W

Aufgabe x (Engagement + Verantwortlichkeit) > Widerstand

Für so gut wie jedes lohnende Ergebnis ist es erforderlich, ein bestimmtes Maß an *Widerstand* gegenüber Veränderung zu überwinden, was in der Formel oben durch die Variable W wiedergegeben wird. Dies kann Ihr innerer Widerstand sein, der sich Ihnen in den Weg stellt, oder ein entschlossener Widersacher, die Einstellung der Gruppe oder ein unverrückbarer Standpunkt des Unternehmens. Bei dieser einfachen, symbolischen EQ-Gleichung kann jede Variable auf der linken Seite auf einer Skala von 1 (am niedrigsten) bis 10 (am höchsten) bewertet werden. A gibt die Klarheit und Intensität Ihrer *Aufgabe* an – entweder Ihre Lebensaufgabe, wenn es zum Beispiel um eine wichtige Entscheidung in bezug auf Ihre Karriere geht, oder die jeweilige Aufgabe des Unternehmens in einem bestimmten Moment. E ist Ihr momentanes Niveau an *Engagement*, das Ausmaß, in dem Sie bereit sind, sich für diese Aufgabe einzusetzen, und V steht für das Ausmaß Ihrer persönlichen *Verantwortlichkeit* oder der Ihrer Gruppe, gibt also an, inwieweit Sie bereit sind, für Ihr Festhalten – in Wort und Tat – an Aufgabe und Engagement die Verantwortung zu übernehmen.

In einer perfekten Welt wäre 200 die höchste Punktzahl, die sich aus der Multiplikation der Faktoren auf der linken Seite ergeben kann. Die niedrigste wäre 0. Und wie hoch kann W sein? Das entscheiden Sie. Nehmen wir einmal an, daß es höchstens 175 sein kann, was bedeuten würde, es gibt immer *irgendeinen* Weg, um den Widerstand zu überwinden. Egal, welchen Wert W in der jeweiligen Situation hat, um Fortschritte zu machen, müssen Sie in der Lage sein, mit A x (E + V) eine höhere Punktzahl zu erreichen. Und deshalb ist es diese einfache Gleichung meiner Meinung nach wert, daß Sie ein wenig länger darüber nachdenken. Wenn wir uns über unsere Aufgabe nicht im klaren sind, es an Engagement und Verantwortlichkeit fehlen lassen oder die Stimme unseres Gewissens ignorieren und zögern, beherzt weiterzumachen, werden wir in der Regel verlieren. Viele von uns schieben die Schuld dann allem und jedem zu – oder sich selbst, was genauso entmutigend und kontraproduktiv sein kann. So ist das Leben eben, sagen sie. Aber diese einfache Gleichung beweist, daß es eben nicht so ist.

Will Rogers sagte dazu einmal: »Selbst wenn Sie auf dem richtigen Weg sind, werden Sie überfahren, wenn Sie dort einfach nur rumsitzen.« Führungskräfte müssen ihr Engagement durch echte, persönliche Überzeugung demonstrieren. Wenn wir zum Beispiel unsere Entscheidungen offen bekanntgeben und die nachfolgenden Schritte sichtbar machen, erbringen wir damit einen greifbaren, unmißverständlichen Beweis für unser Engagement. »*Emotionales Engagement* (und sein Fehlen) kann man schon von weitem riechen«, sagt Tom Peters[4], der darauf hinweist, daß eine Führungspersönlichkeit, die sich nicht voll und ganz für eine Sache engagiert, auch bei anderen nicht viel Engagement auslösen wird. »Ich suche mir meine Leute mit der Nase aus ... Worauf soll man sich denn sonst verlassen?« fragt Paul Fentener van Vlissingen, CEO der SHV Holdings, ein Unternehmen mit einem Umsatz von 11 Milliarden Dollar in Utrecht in den Niederlanden, das Energie und Konsumgüter verkauft. »Ich lese keine psychologischen Berichte. Ich setze mich mit den Leuten zusammen und unterhalte mich mit ihnen.«[5]

Auf den übrigen Seiten dieses Kapitels werde ich Ihnen noch einiges zu den Variablen E und V dieser EQ-Gleichung sagen. Beginnen möchte ich mit einigen Beispielen zu Engagement und Mut in der Wirtschaft. Vor über 40 Jahren machte ein junger Mann seinen Abschluß an der Universität und trat in einer kleinen Abteilung eines japanischen Unternehmens seine erste Stelle an. Er arbeitete hart und aufmerksam, aber er tat noch etwas anderes.[6] Viele Male setzte er sich mit Führungskräften der Firma in Verbindung, um sie auf Schwachstellen im Unternehmen – er machte immer präzise Vorschläge, wie sie behoben werden konnten – und auf Chancen für Verbesserung und Fortschritt hinzuweisen, mit konkreten Ideen, wie diese zu nutzen seien.

Zehn Jahre lang wurden seine Ideen praktisch ignoriert, dennoch hörte er nicht auf mitzuteilen, was ihm auffiel und welchen Eindruck er von dem Unternehmen hatte. Eines Tages, als er gerade das Büro verlassen wollte, wurde er von einem Manager aus der Unternehmenszentrale angesprochen. Man führte ihn von einem Gebäude zum anderen, zu einem Fahrstuhl nach dem anderen und geleitete ihn schließlich in das Eckbüro des Präsidenten. Dort teilte man ihm mit, daß man eine seiner Ideen umsetzen wolle. Der Präsident sagte, er glaube, damit einen ganzen Geschäftsbereich vor dem Bankrott retten zu können. Kurze Zeit später gelang ihm das auch.

Dieser junge Mann, Ryuzaburo Kaka, ist heute 69 Jahre alt und Chairman des Unternehmens, das einst seine Anrufe und Aktennotizen von unten ignoriert hatte. Aufgrund seines Mutes ist es inzwischen zu einer völlig anderen Organisation geworden, in der Kreativität und provozierende Ideen auf allen Ebenen begrüßt und gefeiert werden. Canon – Kopiergeräte, Drucker, Kameras, Faxgeräte und Büroautomatik – erzielt heute einen Umsatz von 19 Milliarden Dollar und beschäftigt 68 000 Mitarbeiter. Das Unternehmen ist fast in jedem seiner Tätigkeitsbereiche Marktführer und wird als eines der erfolgreichsten und innovativsten Unternehmen der Welt angesehen. Und es wächst immer noch.

Das gilt auch für den Schweizer Uhrenhersteller Swatch, der schwere Zeiten hinter sich hat. Chairman Nicholas Hayek bemerkt hierzu: »Wir waren fest davon überzeugt, daß wir alle schlagen würden, wenn jeder von uns seine Begeisterung und sein Engagement in ein *emotionales* Produkt einbringt. Gefühle sind etwas, das niemand kopieren kann.«[7]

Das ist ein zentrales Thema in einer meiner Lieblingsgeschichten über Engagement, Mut und Glaube. Kye Anderson ist Chairman, CEO und President von Medical Graphics, einem rasant wachsenden Unternehmen für Medizintechnik in St. Paul/Minnesota, das sie auf dem Tisch ihres Eßzimmers gegründet hat. Mit dieser Firma hat sie eine einzigartige Möglichkeit gefunden, ihre Bestimmung und Aufgabe im Leben mit Engagement und Erfolg zum Ausdruck zu bringen.[8] Seit 1979 hat Medical Graphics den größten Teil der modernen kardiorespiratorischen Diagnosegeräte entwickelt und produziert – die grafische Darstellung von Daten, das »Breath-by-Breath«-Verfahren für sofortige Ergebnisse, Diffusionsgaschromatographie, den ersten voll computerunterstützten Plethysmographen und das erste FDA-zugelassene Expertensystem zur Diagnose von Lungenkrankheiten.

Die Geschichte beginnt, als Anderson 13 Jahre alt war und ihr Vater einen schweren Herzanfall erlitt. Er starb einige Tage später. Ende der 50er Jahre war Diagnostik eher eine Kunst als eine Wissenschaft, da den Ärzten nur wenige objektive Informationen zur Verfügung standen, mit denen sie arbeiten konnten, und es keine Möglichkeit gab, eine Herzkrankheit so frühzeitig zu erkennen, daß ein Infarkt verhindert werden konnte. Der Tod ihres Vaters machte ihr jahrelang zu schaffen und bestimmte letzten Endes den Verlauf ihres weiteren Lebens. Kye hatte acht Geschwister, daher mußte sie sich das Geld für ihre Ausbildung durch Jobs in Krankenhauslabors verdienen. »Immer, wenn Sie einen Test durchführen«, sagte einer ihrer ersten Mentoren, der Leiter des Labors, »möchte ich, daß Sie sich vorstellen, es wäre für Ihren Vater.«

Damals hielt Anderson es für grausam, so etwas zu ihr zu sagen, da der Laborleiter wußte, wie sehr sie an ihrem Vater gehangen hatte. »Aber das sage ich auch immer zu den Mitarbeitern von Medical Graphics«, sagt sie heute. »Stellen Sie sich vor, Sie bringen Ihre Mutter oder Ihren Vater oder Ihr Kind in die Notaufnahme eines Krankenhauses. Stellen Sie sich vor, es ist Ihre Tochter, und sie hat Probleme beim Atmen. Stellen Sie sich vor, daß die Schwester ein Gerät von Medical Graphics an das Bett rollt, um herauszufinden, warum. Was für ein Gefühl empfinden Sie in diesem Moment? Erleichterung – weil Sie mitgeholfen haben, die besten Geräte der Welt zu bauen, weil Sie wissen, daß man damit informative, genaue Ergebnisse erhält, weil sie Ihrem Kind das Leben retten können.«

Und deshalb setzte sie auch ihre ganze Energie ein, um Medical Graphics aufzubauen, nachdem sie 1979 einen Anruf von Dr. Stephen Boros vom St. Paul Children's Hospital erhalten hatte. Er bat sie inständig, ein Gerät zu entwickeln, um das Leben eines sterbenden Jungen zu retten, der an einer Atemstörung litt. Kye hatte genau zwei Wochen Zeit. Sie telefoniert mit Lieferanten in den Niederlanden, Kansas City und Seattle. Über einen Kurierdienst schickten diese ihr Meßwertwandler, Analysiergeräte, Computer, Kalibriergeräte, Pumpen und einen Pneumatachographen, mit dem die Atemfrequenz gemessen werden konnte. »Ich baute alles irgendwie auf dem Tisch in meinem Eßzimmer zusammen«, erinnert sie sich. »Dieses Sammelsurium an Geräten sollte den Sauerstoff- und Kohlendioxydgehalt in der ausgeatmeten Luft messen, die Ergebnisse in digitale Informationen umwandeln, die Daten in einen Computer eingeben und alle Ergebnisse sofort präzise, sequentiell und in grafischer Form darstellen, so daß ein Arzt, eine Schwester oder ein Techniker sie schnell erfassen und verstehen konnten.« Das hatte zuvor noch niemand geschafft. Allein das Schreiben der Software hielt Anderson zehn Tage hintereinander bis vier Uhr morgens wach. Mit dem neuen Gerät konnten Dr. Boros und seine Mitarbeiter die Atmung des Jungen ausreichend stabilisieren. Sein Name war Colin. Er überlebte.

Und Medical Graphics war geboren.

Seit 1979 hat es natürlich Höhen und Tiefen gegeben, und auch Zeiten, in denen Kye Anderson sich damit abmühte, effektive, neue Wege zu lernen, um ihre Firma zu leiten, während die Nachfrage stieg und der Umsatz in die Höhe schoß. Das Unternehmen in seiner marktführenden Position zu halten ist ihr unter anderem deshalb gelungen, weil sie herausragende Berater und Fürsprecher gewinnen konnte. Dazu gehört auch Earl Bakken, der 1957 den ersten tragbaren, externen, mit Transistoren bestückten Herzschrittmacher mit Batterieantrieb entwickelte, Medtronic, Inc., gründete, um ihn zu produzieren, und aus der Ein-Mann-Firma ein Unternehmen mit einem Umsatz von 1 Milliarde Dollar machte.

Ich habe nie vergessen, wie mein Großvater väterlicherseits 1968 an seinem fünften Herzinfarkt starb. Jahrelang hatten meine Familie und ich hilflos zusehen müssen, wie er immer mehr verfiel. Wir spürten seine Frustration angesichts zunehmender Schwäche und Lähmungen. Seine Ärzte sagten, daß sie nichts für ihn tun konnten. Ein Herzanfall nach dem anderen. Damals gab es noch keine Geräte von Medical Graphics. Ich bin Kye Anderson dankbar für das leidenschaftliche Engagement, mit dem sie sich für ihre Aufgabe einsetzte. Sie hat mit einer schier unglaublichen Energie eine neue Technologie entwickelt, Ärzte und Investoren für ihre Ideen begeistert und ein Unternehmen aufgebaut, das heute 130 Angestellte beschäftigt und einen Umsatz von 24 Millionen Dollar erzielt.

Die Geschichte von Anderson und Kaku erinnert mich daran, daß Albert Einstein uns in all seinen Werken dazu ermutigte, unser Fortkommen selbst in die Hand zu nehmen, darauf zu bestehen, unsere eigenen Gedanken und Gefühle zu denken und zu empfinden, selbst wenn sie nicht die Zustimmung der breiten Masse finden. Er fordert uns auf, gegen die vermeintliche Unumgänglichkeit oder orthodoxe Konvention von Ideen zu rebellieren, welche die Prüfung durch einen wachen Verstand und ein echtes Herz nicht bestehen.

Halten Sie von Zeit zu Zeit inne und fragen sich: Bin ich ein *Verfechter* von Verbesserungen, von unkonventionellen Ideen, die sich für andere und für mich selbst als vorteilhaft erweisen können? Bin ich nicht nur dafür, sondern engagiere ich mich mit aller Kraft für ihre Realisierung, indem ich meine Meinung sage, mir Notizen mache, Telefongespräche führe und mit anderen einen Dialog darüber beginne?

Mut weckt Fähigkeiten wie die Bereitschaft, sich für etwas einzusetzen, seine Stimme zu erheben, mit Schmerz und Ablehnung umzugehen, unter Druck ehrlich und mit Anstand zu reagieren und angesichts von Unterdrückung und Angst an seinen Werten festzuhalten. Es bedeutet aber auch, den Mut zu haben, Schwäche und Authentizität zu zeigen. Zum Beispiel dann, wenn es darum geht,

Risiken einzugehen, Fehler zu machen und zuzugeben, jemanden um Hilfe zu bitten, einzugestehen, daß Sie etwas nicht wissen und dann geistesgegenwärtig genug zu sein, es zu lernen. Dabei sollte nicht übersehen werden, daß es im Leben und bei der Arbeit durchaus Situationen geben kann, die eine gesunde Dosis Angst rechtfertigen, Augenblicke, in denen die Stimme der Vorsicht eine unangemessene Bemerkung aufschiebt oder vor törichter Verwegenheit warnt.

In bezug auf Vorsicht sind die meisten Manager aufgrund von Tradition und Training Experten – was sich in vielen Situationen als vorteilhaft erweisen kann. Wir sind geschulte Kritiker und Zyniker, darauf trainiert, jede Schwäche anzugreifen. Wir können so gut wie jede Idee und Initiative »abschießen« und dabei auch noch Spaß haben. Aber oft ist nicht Vorsicht notwendig, sondern Mut, um eine erfolgreiche Zukunft schaffen zu können. Wir alle sollten unser Gewissen erforschen und uns fragen, woran wir so fest glauben, daß wir uns dafür mit aller Kraft einsetzen, Gelegenheiten suchen und ergreifen; und wir sollten den Mut dazu haben, durch unsere Gefühle und Gedanken, durch unsere Fehler und Rückschläge und natürlich durch unsere Erfolge zu lernen. Um es mit den Worten von Deborah Smithart, Executive Vice President von Brinker International's, zu sagen: »Wenn man früher einen Fehler machte, wurde man gefeuert oder geächtet. Das hat sich geändert. Heute hat man den Eindruck, daß jemand, den man keine Fehler machen sieht, wohl nicht aggressiv genug nach neuen Möglichkeiten sucht.«[9]

Umgestaltung beginnt beim einzelnen

Es gibt eine Theorie, die besagt, daß Organisationen nur von oben nach unten geändert werden können. Sie hat viele Anhänger und scheint in mancher Hinsicht auch zu stimmen. Aber es gibt auch eine ganz andere Theorie, bei der davon ausgegangen wird, daß die Welt und Unternehmen von ganz unten verändert werden können, von einem beherzten Verfechter der Umgestaltung oder einer kleinen, engagierten Gruppe.

»Weisheit bedeutet zu wissen, was man tun soll. Tugend bedeutet, es zu tun.«
David Starr Jordan, *Forbes*

Rufen Sie sich noch einmal die Biographien von Rachel Carson und Harriet Tubman ins Gedächtnis. Dazu gehört auch die von John

Woolman[10], von dem ich zum erstenmal vor 35 Jahren in der Schule gehört habe, und dann wieder vor zehn Jahren durch Robert Greenleaf.[11] Woolman lebte in den Vereinigten Staaten des frühen 18. Jahrhunderts, und seine Werke werden heute noch in vielen Klassenzimmern gelesen. Aber nicht deshalb ist er so bekannt.

Zu seiner Zeit waren viele wohlhabende, konservative Quäker auch Sklavenbesitzer. Woolman fand Sklaverei unerträglich, daher folgte er seinem Gewissen und widmete sein gesamtes Erwachsenenleben der Aufgabe, die Sklaverei unter seinen Glaubensgenossen auszumerzen. Das wollte er durch freundliche, aber ausdauernde Überzeugung erreichen. Im Laufe von 20 Jahren besuchte er Tausende von Quäkern an der gesamten Ostküste. Er kritisierte sie nicht und machte sie auch nicht wütend. Statt dessen stellte er Fragen wie: »Was heißt es, ein Mensch mit einem guten, starken Charakter zu sein, ein Mann mit einem Gefühl für Recht und Unrecht? Was heißt es, einen Sklaven zu besitzen? Was heißt es, seinen Kindern einen Sklaven zu schenken?« Unbeirrt fuhr er mit solchen Fragen fort und brachte die Menschen dadurch zum Nachdenken. Er glaubte daran, daß er andere so veranlassen konnte, eigene Entscheidungen zu treffen und Änderungen durchzuführen, und vertraute darauf, daß begangenes Unrecht durch das freiwillige Handeln einzelner wiedergutgemacht werden konnte. Ein Tal nach dem anderen besuchte er, eine Farm nach der anderen.

1770, vor dem Unabhängigkeitskrieg und ein volles Jahrhundert vor dem amerikanischen Bürgerkrieg, besaß kein einziger Quäker mehr einen Sklaven. Die Quäker waren die erste Gruppe, die sich öffentlich dafür einsetzte, die Sklaverei abzuschaffen. John Woolman, ein zielstrebiger Mann mit einer Vision und viel Mut, hatte seine Religionsgemeinschaft verändert. Was wäre möglich gewesen, wenn es damals zehn John Woolmans gegeben hätte oder 100, die Anfang des 18. Jahrhunderts durch die Kolonien gereist wären und einen Menschen nach dem anderen überzeugt hätten – durch wertfreie Fragen und tiefempfundenes Engagement?

Rückblickend wissen wir heute,

Verbindung zur EQ Map: Engagement, Verantwortlichkeit und Gewissen

Dieses Kapitel bezieht sich auf folgende Tabellenspalten der EQ Map: Druck und Befriedigung, emotionale Ausdrucksfähigkeit, emotionales Bewußtsein gegenüber anderen, Zielstrebigkeit, soziale Verbundenheit, Mitgefühl, Einstellung, Vertrauensradius und Integrität.

daß ein geringfügiger Wandel der politischen Spannungen vielleicht den amerikanischen Bürgerkrieg verhindert hätte, der 600000 Tote und ein immer noch anhaltendes Trauma brachte, das mit vielen unserer heutigen sozialen Probleme in Verbindung gebracht werden kann. Seit ich diese Geschichte zum erstenmal gehört habe, glaube ich, daß es damals in Amerika viele John Woolmans gegeben haben muß. Aber sie hatten nicht wie er den Mut, ihrem Gewissen und ihrer Aufgabe zu folgen, jeden nur möglichen Weg zu finden, um mitzuhelfen, begangenes Unrecht wiedergutzumachen und eine bessere Zukunft zu schaffen.

An das Beste in sich selbst und anderen appellieren

John Woolman hat sein ganzes Leben lang an die eigene innere Wahrheit und die anderer appelliert. Statt Ratschläge zu geben, öffnete er sein Herz und lebte danach. Er teilte Erfahrung mit anderen und stellte ihnen Fragen, die sie innehalten und nachdenken ließen – und schließlich dazu brachten, ihre Einstellung und ihr Verhalten zu ändern. Er hat etwas Großes vollbracht und ein Vermächtnis hinterlassen. Doch was wäre gewesen, wenn andere genauso empfunden hätten wie er und genauso an das Gute in den Menschen in ihrer Umgebung appelliert hätten? Wenn wir uns nicht selbst für das verantwortlich machen, was wir erleben, versuchen wir, jemand anders oder den Umständen die Schuld daran zu geben. Gefällt uns das, was wir erleben, nicht, wollen wir es verändern, indem wir andere manipulieren. Schuldzuweisungen und Vorwürfe beispielsweise sind in der Regel ein Versuch oder ein Trick, einen anderen für das verantwortlich zu machen, was wir erleben, und etwas für uns zu »reparieren«.

»Wenn kein Wind weht, muß man rudern.«
Portugiesisches Sprichwort

Das Problem liegt natürlich darin, daß wir nicht wissen können, wie sich andere verhalten. Ob nun im Beruf oder anderswo, wir können uns nicht auf jemand anders verlassen, um die Erfahrungen zu machen, die wir für unser Wohlergehen und unseren Erfolg für entscheidend halten. Damit wir uns emotional für eine Aufgabe engagieren und die Verantwortung für die Erfahrungen auf unserem Weg übernehmen können, müssen wir einzigartige Begabungen und Neigungen berücksichtigen – die eigenen und die anderer. Dazu ist es auch erforderlich, daß wir dem optimistischen Gerede ein Ende machen, mit dem wir uns eine falsche Sicherheit hinsichtlich unseres Arbeitsplatzes oder der Zukunft unseres Unternehmens vorgaukeln. Wir müssen jene Menschen hinterfragen, die uns ständig daran erinnern: »Zugegeben, wir stehen vor Herausforderungen, aber das kommt schon wieder in Ordnung – sehen Sie doch, was wir alles erreicht haben.« Es ist fast immer besser, präzise zu sein und die Verantwortung zu übernehmen.

»In Westafrika gibt es die Redewendung ›tiefes Gespräch‹. Wenn jemand über eine bestimmte Situation informiert wird, erzählt ihm ein älterer Mensch oft ein Gleichnis oder ein Axiom, und wenn er damit fertig ist, sagt er: ›Nimm das als tiefes Gespräch.‹ Was heißen soll, daß man die Antwort vielleicht nie findet. Man geht einfach nur tiefer und tiefer.«

Angelou,
amerikanische Dichterin

Welche wichtigen Ereignisse in Ihrem Leben wurden durch ein intensives Gefühl emotionalen Engagements und von Verantwortlichkeit oder den Mangel an diesen treibenden Kräften geprägt? Denken Sie ein paar Minuten darüber nach, und schreiben Sie es auf. In welcher Hinsicht beeinflußt es die Art, wie Sie sich für wichtige Dinge emotional engagieren – oder nicht emotional engagieren?

Inwieweit halten Sie sich und andere für verantwortlich? Haben Sie einen *Vertrauten*, einen engen Freund oder Kollegen, mit dem Sie regelmäßig – vielleicht einmal in der Woche – über Ihre größten Herausforderungen und inneren Konflikte sprechen? Es deutet einiges darauf hin, daß sich ein solcher Dialog positiv auf Ihre Gesundheit und Ihre Karriere auswirkt.[12] Die besten Vertrauten sind Menschen, denen Sie Respekt entgegenbringen und die Ihre Arbeit schätzen, von der sie eine klare Vorstellung und zumindest ein grundlegendes Verständnis besitzen. Sie sind gute Zuhörer und haben keine Angst davor, Ihnen gegenüber emotional ehrlich zu sein oder heikle Fragen zu Ihrem Charakter und Ihrer persönlichen Weiterentwicklung zu stellen. Sie ermutigen Sie, auf Dinge zu achten, die Sie vielleicht vor lauter Arbeit übersehen, fordern Sie heraus, Ihre Meinung zu sagen, appellieren an Ihre Fähigkeiten. Ob nun allein oder zusammen mit

Ihrem Vertrauten: Entwickeln Sie eine Art Maßstab für persönliche Fortschritte, indem Sie regelmäßig feststellen, wo Sie in den folgenden vier Hauptkategorien des emotionalen Engagements und der Verantwortlichkeit stehen:[13]

- »Ich bin auf dem falschen Weg.«
- »Ich verrichte meine Arbeit mechanisch.«
- »Ich gebe mein Bestes.«
- »Ich erstrebe eine positive Entwicklung durch Veränderung.«

Eine der einfachsten und effektivsten Methoden, unsere Verantwortlichkeit zu trainieren oder zu stärken, besteht meiner Erfahrung nach darin, Versprechen zu geben und einzuhalten. Wir müssen erkennen, was wir oder andere mit dem einzigartigen Potential tun können, und dann ganz offen sagen, wofür wir uns engagieren werden, und dieses Engagement auch einhalten. Dadurch bleibt uns bewußt, wie groß unser eigenes emotionales Engagement und das anderer ist. Wenn wir feststellen, daß wir *auf dem falschen Weg sind* oder *unsere Arbeit nur mechanisch verrichten*, halten wir an und stellen fest, wo wir stehen. Blinder Eifer und Aufopferung sind die dunklen Seiten von Engagement. Aber wenn wir im Einklang mit unserer Aufgabe handeln und uns an unserem einzigartigen Potential orientieren, bekommen wir das Gefühl, daß es richtig ist, *Tag für Tag unser Bestes zu geben.* Dann wollen wir jedesmal, wenn es möglich ist, nach den Sternen greifen, indem wir aus unserer täglichen Routine ausbrechen, uns anstrengen, die Herausforderung akzeptieren, Neues zu lernen und zu tun und dadurch eine *positive Entwicklung* auszulösen. Wir wollen nicht mehr nur alte Gewohnheiten wiederholen, sondern uns verändern, während wir die Zukunft mitgestalten.

Wie gut und konsequent wir uns an dem inneren Kompaß unseres einzigartigen Potentials und unserer Aufgabe orientieren können, hängt vor allem von diesem emotionalen Schwung ab – von 0 auf 100, von Stop-and-go zu voller Fahrt. Er bringt uns dazu, unseren Kurs mutig und engagiert zu halten. Das kann Verantwortungsbewußtsein und Verantwortlichkeit hervorrufen. Wir sind bereit, uns aufrichtig zu überlegen, wo wir im Moment stehen und wie wir vorankommen, anderen Empathie entgegenzubringen und ehrlich zu sein, an ihre Fähigkeiten zu erinnern. Das bedeutet nicht, ihnen zu sagen, was sie tun sollen, denn damit stoßen wir bei fast allen Menschen auf instinktive Ablehnung. Es geht vielmehr darum, soviel Anteilnahme zu zeigen, daß wir andere besser verstehen und besser mit ihnen kommunizieren können, indem wir unsere Erfahrungen mit ihnen teilen, die wir im Auf und Ab unseres Weges gewonnen haben.

Als Mahatma Gandhi 1949 das Zentrum der politischen Macht in Indien verließ, um die von Aufruhr gespaltenen Bundesstaaten zu besuchen, war er 77 Jahre alt. Sein Zeitplan war mörderisch und mit Terminen gespickt. Er arbeitete täglich 15 bis 18 Stunden und legte in 60 Tagen 185 Kilometer zu Fuß zurück, um Opfer in 64 Dörfern zu besuchen. Inmitten furchtbarer Greueltaten ging ein Mann, der so viel Mut hatte, daß er seinen Kampf für Wahrheit und Gewaltlosigkeit fortsetzte.[14] Das ist Verantwortlichkeit. Ohne daß Gandhi ein Wort sagte, sondern nur wegen seines Charismas, seiner ungeheuren Präsenz und seines Beispiels schlossen sich ihm andere an, um Verantwortung zu übernehmen.

Emotionales Engagement ist nicht nur ein Barometer für persönliche Initiative, Verantwortlichkeit und erfolgreiche Personalpolitik, sondern auch eine der grundlegenden Kräfte, die helfen, schwere Zeiten zu überstehen. Horst Schulze, President der Ritz-Carlton Hotel Company, erinnert sich an eine Phase der Rezession, die sein Unternehmen und die Hotelbranche allgemein getroffen hatte: »Schließlich sagte einer meiner Vice Presidents: ›Wissen Sie, der größte Erfolg in diesen zehn Jahren besteht für mich darin, daß wir immer noch gute Freunde sind.‹ Er sprach davon, daß ich meine Aufgabe erfüllte – sie zu motivieren, jeden Tag von neuem. Das Schwierigste dabei war jedoch, mich selbst jeden Tag wieder zu motivieren. Einmal habe ich überall in meinem Büro diese gelben Post-it-Notizzettel verteilt, auf die ich kurze Sätze geschrieben hatte, um mich daran zu erinnern, nicht aufzugeben, mich weiter zu engagieren und das Richtige zu tun, nicht das, was kurzfristig gesehen einfach und bequem war oder was in den Augen anderer richtig zu sein schien, sondern das Richtige.«[15]

Schulze machte sich verantwortlich. Einige Führungskräfte aus meinem Bekanntenkreis sagen gern: »Wenn's kommt, dann trifft es mich.« Das sagen sie nicht aus blindem Fatalismus oder einem Gefühl der Aufopferung heraus oder weil sie das Delegieren von Aufgaben scheuen. Für sie ist es ein Bekenntnis zur Verantwortlichkeit. Dieser Aspekt der emotionalen Tiefe löst in uns die Bereitschaft und einen inneren Drang aus, die Verantwortung für die Richtung des Weges zu übernehmen und nicht nur uns selbst und unseren Grundsätzen gegenüber verantwortlich zu sein, sondern auch andere für die ihren verantwortlich zu machen. In einigen Unternehmen wird das als »Hüter-meines-Bruders-Prinzip« bezeichnet.[16]

Diese Bezeichnung stammt wohl zum Teil aus den Werken Albert Schweitzers über Medizin, Musik und Erziehung, die 1913 – als er nach Gabun im damaligen Französisch-Äquatorialafrika ging, um dort ein Krankenhaus aufzubauen –, bereits große Anerkennung gefunden hatten.[17] Auf die Frage »Soll ich der Hüter meines Bruders sein?«, die er sich immer wieder stellte, antwortete er sich: »Wie könnte ich nicht der Hüter meines Bruders sein? Meiner Verantwortung kann ich mich nicht entziehen.« Er beharrte darauf, daß alle Menschen Brüder seien. Seine Verpflichtung ihnen gegenüber bestand darin, sie zu respektieren, den Bedürftigen unter ihnen zu helfen, wo immer er sie auch fand, über sie zu lernen und sie als verantwortliche Menschen zu behandeln.

Verantwortung entsteht im Herzen. Sie kann nicht von außen »eingeflößt« werden. Wenn Sie Verantwortung übernehmen, vermeiden Sie Schuldzuweisungen und Vorwürfe. Statt dessen spüren und verstehen Sie sich abzeichnende Probleme und Gelegenheiten frühzeitig und akzeptieren Ihre Rolle bei der Reaktion darauf.

Mit einem aktiven Gewissen arbeiten

Verantwortung und Verantwortlichkeit sind in erster Linie Signale Ihres Gewissens, das im wesentlichen als die stärkste Stimme Ihrer Intuition angesehen werden kann. Sie meldet sich häufig als inneres »Stechen und Zwicken«, für einige Menschen ist sie auch »Gottes Stimme in meinem Ohr«. Durch Eingebungen und aus dem Herzen kommende Intuition drängt uns unser Gewissen dazu, uns um unser einzigartiges Potential zu kümmern und in Einklang mit unserer Aufgabe und Integrität zu handeln. Durch Nachdenken und das »Ausloten« unserer emotionalen Tiefen entwickelt sich unser Gewissen weiter. Aber ohne Verpflichtung zur emotionalen Ehrlichkeit ist das, was manche Men-

»Jeder Mensch erfüllt eine Aufgabe und übt einen Einfluß aus, die in erster Linie kennzeichnend für ihn selbst sind und für die ihm kein Gewissen außer dem eigenen Ratschläge erteilen kann.«
William Ellery Channing

schen in ihren Köpfen »hören«, in Wirklichkeit nur eine vernunftgemäße Erklärung.

Viele Menschen werden so erzogen, daß sie Gewissen für eine Instanz halten, die immer dann »beißt« und Gefühle der Schuld oder der Scham auslöst, wenn man nicht gut genug ist oder etwas nicht richtig macht. Doch darum geht es hier nicht. Gewissen inspiriert uns und bringt uns dazu, integer zu bleiben und mit Mut und emotionalem Engagement die Bestimmung in unserem Leben zu finden und ihr zu folgen. Gewissen ist keineswegs immer ein schlechtes Gewissen. Es ist ein Gewinn.

Ich sehe Gewissen als innere Stimme, die sich an dem Kompaß für unseren Schicksalsweg orientiert und an unsere Talente appelliert, auch wenn sie zuweilen versteckt oder verloren zu sein scheint. Sie ermutigt uns auch dazu, an die Fähigkeiten anderer zu glauben. Eine der einfachsten und effektivsten Methoden, das Gewissen zu trainieren oder zu stärken, besteht – wir haben schon davon gesprochen – darin, Versprechen zu geben und einzuhalten: Offen zu sagen, wofür wir uns engagieren werden, uns nicht davon abbringen zu lassen, sondern uns beherzt und mit Verantwortlichkeit zu engagieren.

Beginnen Sie im kleinen. Sie könnten sich zum Beispiel selbst einige Versprechen geben und dann auch halten, wie etwa, jeden Morgen ein bißchen früher aufzustehen und Gymnastik zu machen, oder jeden Abend – statt fernzusehen – einen Spaziergang mit der Familie zu machen oder sich zusammenzusetzen und miteinander zu reden. Das Gewissen funktioniert dann am besten, wenn es durch Glauben, Mut und die Bereitschaft, sich verantwortlich zu fühlen, unterstützt wird. Wenn Sie nach einem Mißerfolg straucheln oder einen Fehler machen, fordert Sie Ihr Gewissen auf, damit fertig zu werden, und fragt: »Was kann ich daraus lernen?«

Bei wichtigen Fragen sollten Sie auch in Ihrem Gewissen nach Antworten suchen, nicht nur in Ihrem rationalen Verstand. Der amerikanische Pädagoge John Sloan Dickey formulierte das wie folgt: »Erziehung hat die Aufgabe, die Menschen zu einer Einheit in bezug auf Wissen und Gewissen zu machen. Denn Wissen und die damit einhergehende Macht zu schaffen, ohne dabei auch eine entsprechende Richtung zu schaffen, die den Einsatz dieser Macht lenkt, ist schlechte Erziehung. Darüber hinaus löst sich Wissen allmählich auf, wenn es vom Gewissen getrennt wird.«

Heutzutage leben und arbeiten die meisten Menschen in einer Umgebung, die von Lärm, Betriebsamkeit, den Medien und Streß beherrscht wird. Wir verlieren unser Gewissen. Oder besser gesagt, es »ertrinkt«. Erst wenn wir einen Moment innehalten und danach suchen, nehmen wir das Gewissen und seine Weisheit allmählich wieder wahr.

Um Ihnen eine bessere Vorstellung davon zu geben, was Ihr Gewissen alles vermag, sollten Sie folgendes Experiment durchführen.[18] Suchen Sie sich ein ruhiges Eckchen, an dem Sie für einige Minuten ungestört sind. Denken Sie über die Beziehungen nach, die Ihnen in Beruf und Privatleben am wichtigsten sind. Das können Beziehungen zu einem Kunden, Partner, Vorgesetzten, Lieferanten oder Mitarbeiter sein, zum Ehemann, zur Ehefrau, zum Vater, zur Mutter, zu einem Kind oder einem Freund. Wählen Sie die Beziehung aus, von der Sie spüren, daß sie vertieft oder verbessert werden müßte. Denken Sie über sie nach. Appellieren Sie an Ihr Gewissen, und stellen Sie sich die Frage: »Was genau könnte ich tun, um diese Beziehung zu vertiefen oder zu verbessern?«

Machen Sie sich zu dieser Frage Gedanken, und hören Sie auf Ihr inneres Ich.

Bildet sich eine Antwort?

Wenn Sie eine Antwort spüren, sollten Sie sich fragen: »Wie zuversichtlich bin ich, daß ich die Beziehung dadurch vertiefen oder verbessern kann?«

Ich habe bei meiner Arbeit mit Angehörigen aller Berufsgruppen und Führungskräften festgestellt, daß bei dieser Übung fast alle ein intuitives Gefühl dafür bekommen, was getan werden muß, um eine Änderung hervorzurufen. Die meisten sind überzeugt, die Beziehung dadurch zu verbessern. Oft können sie nicht genau *erklären*, warum diese Änderung etwas bewirken könnte. Sie »wissen« einfach, daß sie auf dem richtigen Weg sind und daß es funktionieren könnte. Das ist Gewissen.

Um sich Ihrer Sache sicher zu sein, sollten Sie sich dann fragen: »Ist dieses Verhalten mit meiner Bestimmung und meiner Integrität vereinbar?«

Fast immer, stellte ich fest, lautet die Antwort »Ja«.

Eine andere Möglichkeit, um Ihr Gewissen zu vertiefen und zu aktivieren, besteht darin, eine Liste der schlimmsten Ungerechtigkeiten aufzustellen, die Ihnen zugefügt wurden – und die Sie anderen zugefügt haben. Appellieren Sie an Ihr Gewissen, damit es Ihnen dabei hilft, anderen nie wieder solche Ungerechtigkeiten zuzufügen. Stellen Sie dann eine zweite Liste zusammen, auf der Sie notieren, was andere für Sie getan haben und was Ihnen in Beruf oder Privatleben viel bedeutet hat. Appellieren Sie wieder an Ihr Gewissen, damit es Ihnen dabei hilft, dies in Zukunft auch für andere zu tun.

Aus Aufgabe und Zielstrebigkeit, Gewissen und emotionalem Engagement entsteht eine natürliche Integrität. Diese letzte Eigenschaft der emotionalen Tiefe dient als eine Art Schlußstein des Charakters und ist unerläßlich für Ihre Selbstachtung und Glaubwürdigkeit. Das sind die zentralen Themen des nächsten Kapitels.

II
Angewandte Integrität

»Zunächst einmal müssen wir verstehen, daß es kein Leben ohne Risiko geben kann – wenn unser Mittelpunkt stark ist, ist alles andere zweitrangig, selbst die Risiken.«
Elie Wiesel,
Überlebender des Holocaust und Nobelpreisträger

Bei einer meiner ersten Lektionen in Integrität mußte ich Lehrgeld bezahlen. Ich war damals in der ersten Klasse. Mein Großvater Cooper hatte mich »eingestellt«, um Reisig in seinem Garten wegzuräumen. Es war Samstag morgen, und ich versuchte, so schnell wie möglich mit meiner Arbeit fertig zu werden. Während der Woche hatte ich meinem Großvater versprochen, daß ich ihm helfen würde, aber noch nicht gewußt, daß die Kinder in meiner Straße ausgerechnet an diesem Morgen ein Baseballspiel veranstalten wollten. Natürlich hätte ich lieber mitgespielt, als zu arbeiten.

»Es wird nicht lange dauern«, versprach mein Großvater. »Es geht darum, Integrität zu entwickeln.«

»Was ist das?« fragte ich.

Der Vater meines Vaters war groß, fast 70 Jahre alt, ehemaliger Polizeibeamter, Bergführer, Landvermesser, Stadtrat und Schulinspektor. Er besaß ein kantiges Kinn, einen Händedruck wie ein Schraubstock und durchdringende blaugraue Augen. Er hatte vier Herzanfälle hinter sich und sich nach einem Unfall vor einigen Jahren noch nicht völlig erholt. Dabei hatte er sich die Wirbelsäule gebrochen. Ein betrunkener Autofahrer hatte eine rote Ampel überfahren und war mit seinem Wagen zusammengestoßen. Mein Großvater ging am Stock, aber trotzdem verrichtete er jeden Tag harte körperliche Arbeit, nur eben langsamer als früher.

Er beugte sich zu mir herunter, sah mir ins Gesicht, und wie immer sprach er mit mir, als wäre ich kein Kind mehr, sondern schon erwachsen. »Robert«, sagte er, »Integrität hat etwas mit deinem Charakter zu tun. Dein Charakter ist in deinem Inneren – in deinem Inneren. Du hast versprochen, mir bei der Arbeit zu helfen. Du bist hergekommen, weil du wußtest, daß es das Richtige war, obwohl du deshalb einen Teil des Baseballspiels verpassen wirst. Das ist Integrität. Und jetzt fangen wir mit unserer Arbeit an.«

Ich nickte und begann zu arbeiten. Nach einer Weile sagte er, daß er noch einige geschäftliche Anrufe erledigen müsse, und ging ins Haus.

Ich sammelte das Reisig zusammen und trug es zu einem Haufen, wo es später verbrannt werden sollte. Nach etwa zehn Minuten konnte ich nur noch daran denken, wie toll es wäre, wenn ich jetzt nicht arbeiten müßte, sondern Baseball spielen könnte. Das Reisig zerkratzte mir die Arme und das Gesicht. Meine Integrität – was immer das auch war – wurde von Minute zu Minute weniger wichtig für mich. Statt einen Armvoll Reisig aufzuklauben, streute ich einen Teil davon in das kleine Wäldchen, das an den Garten angrenzte. Bald trug ich überhaupt kein Reisig mehr durch den Garten auf den Haufen. Ich verstreute alles zwischen den Bäumen. Schließlich war kein Reisig mehr im Garten zu sehen.

Ich rannte zum Haus hinüber und rief: »Ich bin fertig!«

Ich werde nie den Blick vergessen, den mein Großvater mir daraufhin zuwarf. »Bevor ich dir dein Geld gebe, kommst du erst einmal mit mir, Robert.« Ich folgte ihm, als er mühsam durch den Garten bis zu dem kleinen Wäldchen ging. »Du hast nicht das getan, was du mir versprochen hast. Warum nicht?«

»Doch, das habe ich!« log ich.

Er sagte kein Wort. Er wartete nur. Erst dann wurde mir klar, daß er mir wahrscheinlich durch das Fenster zugesehen hatte.

»Aber es ist doch alles sauber. Das hast du doch gewollt, oder nicht?« protestierte ich.

»Nein, das habe ich nicht gewollt, und das weißt du auch.«

Ich weiß noch, daß ich damals die Augen verdreht und gemurrt habe.

»Ich habe dich beauftragt, das Reisig, das ich aus dem kleinen Wäldchen geholt habe, wegzuräumen und zu dem Haufen zu bringen, damit ich es dort verbrennen kann. Statt dessen hast du einfach einen Teil wieder zwischen den Bäumen verteilt«, sagte er. Und wartete wieder.

»Und was soll ich jetzt deswegen tun, Großvater?«

»Robert, die Frage lautet, was *willst* deswegen du tun? Hier geht es um Integrität.«

»Und was heißt das?«

»Wenn du Integrität hättest, würdest du freiwillig folgendes tun: Zuerst würdest du dich bei mir dafür entschuldigen, daß du mein Vertrauen mißbraucht hast. Und mir versprechen, daß es nicht wieder vorkommt. Dann würdest du in das Wäldchen gehen und nicht nur das Reisig sammeln, das du dort verstreut hast, sondern noch einiges mehr. Und wenn du damit fertig wärst, würdest du zu mir kommen und es mir sagen, damit wir uns beide deine Arbeit ansehen könnten.« Er machte eine Pause. »Und dann würdest du dich noch weigern, das Geld zu nehmen, wenn ich dich bezahlen will.«

Genau das geschah dann auch. Zum Glück für die weitere Entwicklung meines Charakters wurde ich erwischt. Ich bekam eine demütigende Lektion in Sachen gut und böse – ich hatte gemogelt. Ich war nur deshalb fertig geworden, weil ich mein Versprechen gebrochen hatte. Ich verpaßte das ganze Baseballspiel. Ich bekam kein Geld. Aber ich begriff, was Integrität ist.

Wie bei den meisten Menschen gab es im Laufe der Jahre auch bei mir viele Augenblicke, in denen ich feststellte, daß ich meine Integrität aufgegeben und deshalb Fehler gemacht oder Beziehungen geschadet hatte. Fast unweigerlich kommt dann der Moment, in dem ich Gewissensbisse habe und an meinen Großvater denken muß. Ich spüre wieder seine Gegenwart. Und ändere meinen Kurs.

So gut wie alle Manager glauben, daß sie integer handeln, aber in der Praxis haben viele Schwierigkeiten damit, bei Aktionen und Interaktionen Integrität *anzuwenden*. Manche gehen davon aus, daß Integrität das gleiche ist wie blinde Loyalität und Diskretion, oder Geheimnisse vor anderen zu haben. Andere glauben, daß dafür eine engstirnige oder starre Beharrlichkeit erforderlich ist, selbst bei einer falschen oder schädlichen Unternehmung. Andere wiederum denken, daß Integrität schlicht und einfach Ehrlichkeit ist oder die Ablehnung von Lügen. Keine dieser Ansichten trifft ins Schwarze. Integrität in der Wirtschaft bedeutet im wesentlichen, die volle Verantwortung zu akzeptieren, eindeutig und offen zu kommunizieren, Versprechen zu halten, Geheimniskrämerei zu vermeiden und den Mut zu haben, sich selbst und das Team oder das Unternehmen mit Ehrgefühl zu führen. Dazu gehört auch, daß Sie sich kennen und konsequent ehrlich zu sich sind – nicht nur mit dem Kopf, sondern auch mit dem Herzen.

Kann man Integrität entwickeln?

Viele behaupten, daß Integrität und Ethik manchmal zurückstehen müßten, wenn es um Zweckmäßigkeit und Gewinn geht. Andere sind der Meinung, daß eine Führungskraft nicht zuhören und dienen, sondern Macht und Privilegien erwerben müsse. Sie haben alle unrecht. Integrität im Beruf erfordert Engagement für Dialog und die Einschätzung, was richtig und nicht nur Routine ist. Im wesentlichen geht es darum, dem eigenen Ich und anderen gegenüber authentisch zu sein und das zu tun, was man versprochen hat. Laut David Kolb, Leiter des Fachbereichs für Gruppenverhalten an der Case Western University, ist Integrität ein Konzept, das die höchste Form menschlicher Intelligenz beschreibt.[1] Integrität, so betont er, ist ein komplexer, integrativer Bewußtseinszustand und die unbewußte Verarbeitung von gemachten Erfahrungen in einer Weise, die Kreativität, Werte, intuitive und emotionale Eigenschaften und rational-analytische Fähigkeiten berücksichtigt. Kann man Integrität entwickeln? Die Wissenschaft sagt ja.

Integrität kann als Vertiefung und Erweiterung der emotionalen Ehrlichkeit verstanden werden. Sie beinhaltet einen vereinenden Prozeß. Integrität arbeitet. Sie ist nicht nur eine gute Idee, sondern ein zwingendes inneres Gefühl, das sich an unseren eigenen Grundsätzen orientiert und nicht an einem starren Verhaltenskodex. Oft wird behauptet, daß Gefühle kein Urteilsvermögen besäßen oder zumindest kein *gesundes* oder *gutes* Urteilsvermögen. Ich gehöre zu jenen, die anderer Meinung sind, und glaube, daß Gefühle an sich bereits *intuitive* Beurteilungen von großer Bedeutung sind, aus denen sich unsere Integrität entwickelt.[2] Der Philosoph Robert Solomon, dessen Werke seit zwei Jahrzehnten zu meinen Lieblingsbüchern gehören, betont, daß unsere Gefühle *bestimmende* Beurteilungen seien, aufgrund deren unsere Realität – und Integrität – ihre Form und Struktur erhalte.[3]

»Ich habe oft gedacht, daß man den Charakter eines Menschen am besten definieren könnte, indem man jene Gesinnung ausfindig macht, die ihm am stärksten das Gefühl vermittelt, rege und lebendig zu sein. In solchen Momenten hören wir eine Stimme in uns, die sagt: ›Das ist mein wahres Ich.‹«
William James,
Letters of William James, 1878

So entwickelt sich aus dem stark nach innen gerichteten und

intuitiven Gefühl der Integrität eine Resonanz, ein Kraftfeld aus Energie, Kreativität, Stolz und Möglichkeit. Darüber hinaus ist Integrität *interaktiv* und beeinflußt die Beziehungen zwischen dem einzelnen und den anderen, zwischen einer Gruppe und anderen Gruppen.[4]

Drei zentrale Merkmale persönlicher Integrität

Integrität – ich spreche lieber von *angewandter* Integrität – kann als Inanspruchnahme eines weiterentwickelten Gewissens und Anstoß dazu, den Mut zum entsprechenden Handeln zu zeigen, gesehen werden. Laut Stephen L. Carter, Professor für Recht in Yale, sind für Integrität drei zentrale Merkmale erforderlich:[5]

1. *unterscheiden* zwischen richtig und falsch,
2. entsprechend *handeln*, selbst wenn es zum eigenen Nachteil ist,
3. *offen sagen*, daß man aufgrund der eigenen Auffassung von gut und böse handelt.

Das erste Kriterium sieht Integrität als Konzept, für das laut Carter ein »bestimmtes Maß an moralischer Überlegung« erforderlich ist. Dabei werden sämtliche Dimensionen der Intelligenz – IQ, EQ und andere – koordiniert und beschäftigen sich mit einem Thema oder einem Problem.

Das zweite Kriterium beschreibt das Idealbild eines Menschen mit Integrität, der unerschütterliche, eindeutige Verpflichtungen eingeht und hält, selbst wenn er dafür ein persönliches Risiko eingehen muß. Insbesondere diese Aufrichtigkeit ist ein Aspekt der Integrität, den wir bei Führungspersönlichkeiten bewundern. Wir vertrauen darauf, daß sie sagen, was sie wirklich glauben und empfinden, und klar und eindeutig vermitteln, was sie meinen, selbst wenn es für sie persönlich oder für ihre Karriere ein Risiko bedeutet.

Das dritte Kriterium unterstreicht die Tatsache, daß sich ein Mensch mit Integrität nicht schämt, das zu tun, was seiner Meinung nach gut und richtig ist, und dies durch das offene Bekenntnis zu seiner Meinung zum Ausdruck bringt. Dabei hält er unerschütterlich am Prinzip fest, ist aber gleichzeitig bereit, seine Haltung zu überdenken, wenn bestimmte Umstände das erfordern.

Man kann keine Integrität ohne Ehrlichkeit besitzen, aber ehrlich sein und nur wenig Integrität besitzen. Damit will ich sagen, daß ein

Mensch ehrlich sein kann, ohne jemals die schwierige Aufgabe anzugehen, in jeder einzelnen Situation zwischen richtig und falsch zu unterscheiden oder den jeweiligen Kontext, die betroffenen Gefühle und die zeitliche Abstimmung zu berücksichtigen. Er kann eine ehrliche Überzeugung zum Ausdruck bringen, ohne sich zuerst Klarheit darüber zu verschaffen, ob sie für eine bestimmte Situation auch geeignet ist. Bei einem solchen Prozeß vergewissert man sich, daß diese Überzeugung wirklich *jetzt* ausgedrückt und umgesetzt werden muß, weil sie unter diesen Umständen gut und richtig ist. Carter schreibt dazu: »Das Problem kann ganz einfach sein, beispielsweise, wenn jemand etwas Dummes sagt, das die Gefühle eines Freundes verletzt. Wenn er einen Moment nachgedacht hätte, wäre ihm klargeworden, daß seine Bemerkung sehr wahrscheinlich verletzend wirken würde und nicht notwendig ist. Das Problem kann auch komplexer sein, wenn zum Beispiel ein Mensch, der in einer rassistischen Gesellschaft aufgewachsen ist, seine Überzeugung in bezug auf die Rassendiskriminierung als Tatsache ansieht, ohne jemals darüber nachzudenken, daß diese Einstellung falsch sein könnte. Der Rassist ist zweifellos ehrlich – er sagt uns, was er wirklich denkt –, aber diese Ehrlichkeit trägt nicht zur Integrität bei.«[6]

Es gibt Anzeichen dafür, daß wir nur mit einer tief empfundenen Integrität in der Lage sind, unsere kreativen Talente voll auszunutzen.[7] Wenn Sie zum Beispiel spüren, daß in einer Unterhaltung etwas nicht gesagt wird, zahlt es sich in der Regel aus, sie zu unterbrechen und darauf hinzuweisen. Wenn Ihre Eingebung nicht stimmt, werden Sie das früh genug herausfinden. Aber wenn Sie nichts sagen, werden Sie das Gespräch voller Zweifel oder Unruhe beenden, die Sie in bezug auf Ihre Kreativität belasten, weil sich ein kleiner Teil Ihres Verstandes und Ihres Herzens immer noch damit beschäftigt, und zwar genau jener Teil Ihres Ichs, der für kreative Durchbrüche frei sein muß.

Einer der größten Verstöße gegen Integrität besteht darin, sich zu sagen: »Nur ich werde es wissen.« Also: »Nur ich werde es wissen, wenn ich meine Überzeugungen und Werte verrate. Nur ich werde es wissen, wenn ich mich gegenüber Menschen, die mir vertrauen, unmoralisch verhalte. Nur ich werde wissen, daß ich nicht die Absicht habe, mein Versprechen zu halten.« Das bedeutet letztendlich, daß Ihr eigenes Urteil nicht von Bedeutung ist und daß nur das Urteil anderer zählt. Aber das ist nicht wahr. Ihr Herz wird es wissen, und das werden die anderen spüren. Und dann haben Sie Ihre Integrität verloren.

Denken Sie einmal über diese wahre Episode nach, die wir bei Jack Hawley finden:[8]

> Patrick, der als Berater arbeitet und für ein offenbar erfolgreiches Unternehmen ein Projekt durchführt, hat das Gefühl, daß etwas nicht stimmt. Trotz des nach außen sichtbaren Erfolges herrscht in der Chefetage eine müde, teilnahmslose Atmosphäre. Warum?
>
> Er spricht mit einigen Führungskräften des Unternehmens, um herauszufinden, weshalb keinerlei Energie zu spüren ist. Langsam fügt sich das Puzzle zusammen: »kreative Buchführung«. Das Unternehmen wurde immer mit der Direktive geführt, in bezug auf Steuern bis an den Rand der Legalität zu gehen. In letzter Zeit hatte man die Grenze einige Male überschritten. Weil es so leicht war, machte man einfach weiter. Und das zehrt nun die Vitalität der Beteiligten auf.
>
> Was tun? Patrick weiß, daß das Motivationsprojekt, für das er den Auftrag bekommen hat, nicht funktionieren wird, solange dieses Damoklesschwert über der Firma schwebt. Ein ganzes Wochenende lang läßt er sich die Sache durch den Kopf gehen und versucht herauszufinden, welche Richtung ihm seine innere Wahrheit vorgibt.
>
> Am Montag marschiert er ins Büro des President und empfiehlt eine Buchprüfung durch die Finanzbehörden. »Eine was?!!« Genau. Er erklärt, daß es zum Vorteil des Unternehmens sei, die Steuerfahndung einzuschalten. Ist er verrückt geworden? Was soll das sein, irische Chuzpe? Sein Ratschlag zerstört das gesamte Ansehen, das er sich inzwischen in dem Unternehmen aufgebaut hat.
>
> Aber diese kleine Geschichte dreht sich nicht nur um Patricks Mut, sondern auch um Führungsqualitäten. Nach langem Ringen und mit heftigem Herzklopfen – und einer guten, präzisen Planung – trifft das Management des Unternehmens die Entscheidung, Patricks Rat zu folgen: Es beantragt eine Buchprüfung! Die kostet am Ende ein paar Millionen Dollar an Steuernachzahlungen und Bußgeldern. Autsch! Aber die Vitalität kommt zurück – und damit auch die Kreativität. Die Gewinne schießen wieder in die Höhe.

Als ich das dem President eines großen Finanzunternehmens erzählte, sagte er sofort: »Ja, das war eine kluge Entscheidung«, und nickte. »Nicht nur ehrlich, sondern auch praktisch.« Er erklärte mir, wie sehr solche Betrügereien an Geld, Zeit und Motivation zehrten, und daß sich deshalb ein Schatten über die Beteiligten lege. Sein Credo: Sei mutig, akzeptiere auch deine Fehler, und atme die frische Luft der Integrität.

U x (H + A) = I
Unterscheidung x (Handeln + Ausdruck) = Integrität

Sehen Sie sich diese einfache EQ-Gleichung an, die vielen Führungskräften und Managementgruppen dabei geholfen hat, über die drei wesentlichen Merkmale von Integrität nachzudenken. U ist ein Maßstab dafür, wie wichtig es für Sie im Moment ist, zwischen richtig und falsch für eine bestimmte Situation zu *unterscheiden* – mit dem Kopf und dem Herzen. Dazu ist es notwendig, daß Sie sich voll und ganz auf das konzentrieren, was Sie fühlen und was um Sie herum vorgeht. H steht für das Ausmaß Ihrer Bereitschaft, aufgrund dessen, was Sie als richtig oder falsch empfinden, zu *handeln.* Und wenn Sie sich zum Handeln entschlossen haben, gibt A an, in welchem Maß Sie bereit sind, dieser inneren persönlichen Wahrheit *Ausdruck* zu verleihen, Ihre Überzeugung offen und ehrlich mit anderen zu teilen. Das Ergebnis I stellt eine hypothetische Bewertung Ihres aktuellen Niveaus an angewandter *Integrität* dar. Wenn jeder Faktor auf einer Skala von 0 (am niedrigsten) bis 10 (am höchsten) bewertet wird, ergibt sich – teilt man die linke Seite der Gleichung durch 10 – als höchste Punktzahl 200, die jedoch wohl Heiligen und Erzengeln vorbehalten bleibt. Die niedrigste? 0.

Nehmen wir an, Sie müssen einen Kunden anrufen und ihn über unerwartet aufgetretene Schwierigkeiten informieren. Bei einem Ihrer Produkte wurde ein Fehler festgestellt. Wahrscheinlich nichts Großes, nichts, was zu Personenschäden oder Todesfällen führt, aber teuer werden könnte, wenn dieser Fehler bei einem Fertigungslauf oder mitten in einem anderen Arbeitsprozeß im Unternehmen des Kunden auftritt. Die Chance, daß so etwas passiert? Die Mitarbeiter in F & E sagen 1:1000, vielleicht auch 1:10 000. Was tun Sie?

Sehen wir uns zunächst einmal das U unserer Gleichung an. Es ist jetzt kurz vor Ende eines sehr anstrengenden Arbeitstages, und dieses Problem hat Ihnen gerade noch gefehlt. Sie wissen, daß es ein relativ billiges Produkt ist, aber die Reparaturkosten vor Ort oder der Aufwand für eine Neuinstallation wären horrend. Und jetzt ist der denkbar schlechteste Zeitpunkt dafür. Finanziell gesehen war das Geschäftsjahr für Ihr Unternehmen schwierig. Für Sie selbst steht nächsten Monat eine Leistungsbeurteilung an, und außerdem gibt es Gerüchte, daß bald weitere Entlassungen anstehen. Jetzt geht es ausgerechnet um einen Ihrer besten Kunden, wobei nicht sicher ist, ob das in diesem Fall etwas ausmacht oder nicht. Wenn Sie die zuständige Abteilungsleiterin anrufen und ihr die schlechte Nachricht mitteilen – was wird dann passieren? Sie sind sich nicht sicher: entgangene Aufträge vielleicht, die Forderung, alle ähnlichen Produkte auszutauschen, selbst solche aus früheren Fertigungsläufen ohne offensichtliche Fehler? Was, wenn Sie ihr die schlechte Nachricht mitteilen und ihr gleichzeitig anbieten, eine Gruppe Techniker hinzuschicken und das Produkt umgehend auszutauschen, wenn zu irgendeinem Zeitpunkt ein Problem auftreten sollte?

Halten Sie jetzt einen Moment inne, und versuchen Sie, den Chor aus rational argumentierenden Stimmen in Ihrem Kopf zum Schweigen zu bringen. Welche Entscheidung ist hier wirklich angebracht? Zurück zu unserer Formel: *Unterscheidung x (Handeln + Ausdruck) = Integrität*. Behalten Sie sie im Hinterkopf, und graben Sie tiefer. Orientieren Sie sich an dem zugegebenermaßen recht vagen Beispiel, und bewerten Sie auf einer Skala von 0 bis 10 U für *Unterscheidung*.

Sobald Sie festgelegt haben, wie sehr Sie sich zur Zeit dafür engagieren wollen, richtig von falsch zu unterscheiden, sollten Sie sich überlegen, wie groß Ihre Bereitschaft ist, aufgrund Ihrer Entscheidung zu handeln, das Notwendige zu tun, um sie in die Tat umzusetzen. Welche firmenpolitischen Folgen könnte Ihre Entscheidung in bezug auf Ihre Stellung, Ihre Karriere und Ihr Unternehmen haben, und wie sehr würden Sie sich von solchen Überlegungen bei der Umsetzung Ihrer Entscheidung beeinflussen lassen? Geben Sie sich für das H in der Gleichung eine Bewertung von 0 bis 10.

Wie bereit sind Sie, Ihrer Entscheidung und Ihrem Handeln Ausdruck zu verleihen (A in unserer einfachen Formel)? Anders ausgedrückt: Sie bemühen sich mit einem bestimmten Maß an Engagement darum, zwischen richtig und falsch zu unterscheiden, dann bemühen Sie sich wiederum mit einem bestimmten Maß an Engagement, das, was Sie als richtig erkannt haben, in die Tat umzusetzen und entsprechend zu handeln. Werden Sie dann versuchen, diese Geschichte mit der Integrität sofort wieder aus Ihrem Kopf und

Ihrem Herzen zu verbannen, einfach mechanisch das tun, was getan werden muß, und daher *unbewußt* mit Integrität handeln? Oder werden Sie *aktiv darüber nachdenken*, wofür Sie sich entschieden haben und wie Sie jetzt handeln – und auch mit anderen, die betroffen sind oder mitarbeiten, offen und ehrlich darüber sprechen? Das ist die Bewertung für A. Multiplizieren Sie jetzt U mit (H + A), um eine ungefähre Einschätzung Ihrer Integrität in dieser Situation zu bekommen. Denken Sie daran, daß es für diesen Faktor keine eindeutige, »beste« Antwort gibt. Integrität ist per definitionem immer eine sehr persönliche Sache.

Sie könnten zweifellos eine lange Liste mit aus dem Leben gegriffenen »Testfällen« zusammenstellen, anhand deren sich das U x (H + A) Ihrer persönlichen Integrität untersuchen ließe. Vermutlich haben sich einige dieser Fälle innerhalb der letzten Stunde oder des letzten Arbeitstages ereignet. Integer leben und arbeiten verlangt von uns allen, daß wir die harte Aufgabe, zwischen richtig und falsch zu unterscheiden, nicht scheuen und unsere Gefühle und Standpunkte und die anderer erforschen. Es bedeutet, daß wir uns die Mühe machen müssen zu entscheiden, was in einer bestimmten Situation bei unserer Arbeit richtig ist, für uns als einzelne und für die Gruppe. Das ist ein ständiger Prozeß, den viele ab und zu einmal durchlaufen, aber offenbar nur ungern als *Prinzip* übernehmen wollen. Er erfordert Mut und Dialog und regt uns dazu an, schwierige Fragen zu stellen und zu akzeptieren, daß nur wenige Antworten eindeutig oder leicht sind. Möchten Sie sich mit diesem Thema ausführlicher beschäftigen? Lesen Sie dazu Stephen Carters *(integrity)*. (Der Buchtitel lautet wirklich so.)

Ich empfehle Ihnen, in den nächsten Wochen jedesmal dann, wenn Sie mit einer Entscheidung konfrontiert werden, die an Ihre Integrität appelliert, eine schnelle Berechnung durchzuführen. Welche Punktzahl erreichen Sie, wenn niemand außer Ihnen weiß, ob Sie mit oder ohne Integrität handeln? Welche der drei Variablen auf der linken Seite der Formel ist in der Regel am niedrigsten? Sie sollten versuchen, sich gezielt um eine bessere Wertung für diese Variable zu bemühen. Ohne einfache Hilfsmittel oder Methoden, mit denen Integrität »deutlicher« wird, bleibt sie für viele Manager nur eine vage Vorstellung oder ein Rätsel. Dann ist es viel zu einfach, sie zu ignorieren, selbst auf der obersten Ebene einer Organisation.

Während ich diese Zeilen schreibe, muß ich an ein Ereignis denken, das vor fünf Jahren geschah, als ich mit zwei Geschäftsfreunden nach New York flog, um einen wohlhabenden, sehr bekannten Investor zu treffen, der eine Risikokapitalfirma an der Wall Street leitet. Ich wurde von dem Gründer eines High-Tech-Unternehmens im Gesundheitswesen und von einem ehemaligen CEO begleitet, der den Umsatz eines Medien- und Fertigungsunternehmens innerhalb von zehn Jahren von 6 Millionen Dollar pro Jahr auf über 600 Millionen gesteigert hatte. Man hatte mich als Berater für das Unternehmen eingestellt, das heute nach Anfangsinvestitionen für Prototypen, Patente und Beta-Tests in Höhe von 4 Millionen Dollar großen Erfolg hat. Wir wollten in der Wall Street Risikokapital für einen breit angelegten Start des Unternehmens in den USA aufbringen. Eine Investmentfirma, die auch mit staatlichen Zuschüssen aus Regierungsprogrammen arbeitete, hatte gerade eine Prüfung des Unternehmens durchgeführt und uns einige Millionen Dollar als Startfinanzierung angeboten.

Vor unserer Besprechung hatten wir dem Investor Unterlagen geschickt – Referenzschreiben, Informationsmaterial, Gutachten von Medizinern und Fachleuten aus dem Gesundheitswesen, die an dem Projekt beteiligt waren, und einen dicken Ordner mit Material zu unserem Konzept, das auf Hunderte von wissenschaftlichen und medizinischen Studien verwies. Am Tag vor der Besprechung riefen wir noch einmal in seinem Büro an. Ja, sagte seine Sekretärin, er habe die Unterlagen gelesen und sei sehr interessiert.

Doch als wir ankamen, war er nicht da. Eineinhalb Stunden ließ er uns in seinem Konferenzzimmer warten. Ich kann mich noch gut an die Ölgemälde im Kolonialstil erinnern, an den wuchtigen Konferenztisch und die kunstvoll verzierten Stühle. Alles Antiquitäten. Ich weiß noch, daß ich damals gedacht habe: Vielleicht hat ja einmal George Washington auf diesem Stuhl gesessen. Wir sprachen eine halbe Stunde mit seinem Assistenten und erläuterten ihm unser Projekt. Alle paar Minuten kam die Sekretärin herein und entschuldigte sich für ihn: »Er weiß, daß Sie kommen.« »Ich habe gerade mit ihm telefoniert.« »Ja, er weiß, daß Sie warten.«

Endlich traf er ein. Ich bin mir nicht sicher, was ich damals erwartet hatte, aber das sicher nicht. Hängende Schultern, ein dicker Bauch, über den sich eine Polyesterhose spannte, die ein gutes Stück über den Knöcheln endete. Der Rest seiner Kleidung sah ähnlich abgerissen aus. Er hatte eine tiefe, heisere Stimme und fuhr seine Mitarbeiter an, alles Wall-Street-Banker. Kein einziges Mal sah er uns in die Augen, ging nicht darauf ein, daß wir hatten warten müssen, entschuldigte sich nicht. Ich versuchte, ein Gefühl dafür zu bekommen, was für ein Mensch hinter dieser Fassade steckte, wie sein Charakter aussah. Aber ich spürte nichts Echtes an ihm, nicht an diesem Tag.

»Kann man damit viel Geld machen?« fragte er uns ohne Umschweife, beugte sich vor und tippte mit dem Zeigefinger auf unser Angebot. Bevor wir ihm antworten konnten, drehte er sich zu seinem Assistenten um und beantwortete seine eigene Frage. »Ich glaube nicht. Was meinen Sie?«

Der Assistent sah uns an und zögerte.

»Was soll das?« fuhr er ihn verärgert an. »Gestern haben Sie noch gesagt, das ist nichts für uns. Und jetzt sind Sie auf einmal nicht mehr sicher?« Er wandte sich wieder uns zu. »Ich bin nicht interessiert. Kommen Sie wieder, wenn Sie Kapital für eine Erstausgabe brauchen. Ich bringe Sie an die Börse. So mache *ich* Geld mit Firmen aus dem Gesundheitswesen.«

Er griff in die Tasche seines Jacketts und zog eine Packung Zigaretten und ein Feuerzeug heraus. Ohne ein Wort, nicht mal einen Meter von uns entfernt, zündete er sich eine Zigarette an und nahm einen tiefen Zug. Wir standen sofort auf, um zu gehen. Das war zuviel. Auch er erhob sich und kam zu uns herüber. Ich werde nie vergessen, mit welchen Worten er sich verabschiedete: »Wissen Sie, dieser ganze Mist zur Vorbeugung« – er blies uns den Rauch direkt ins Gesicht – »hat ohnehin keinen Zweck.«

Ich verließ den holzgetäfelten Konferenzraum und warf keinen Blick zurück.

Ich weiß nicht, ob dieser Mann mit Integrität handelte – damals hatte ich allerdings nicht den Eindruck. Rückblickend könnte man zu seinen Gunsten sagen, daß er vielleicht an einer unheilbaren Krankheit litt, deshalb so mürrisch geworden war und mit dem Rauchen angefangen hatte, weil es ihm so kurz vor seinem Tod Trost gab. Das wäre möglich, aber ziemlich weit hergeholt. Auch wenn es zutrifft – er hat während unserer Besprechung keine Andeutung darüber gemacht, und deshalb war es für unsere Interaktion nicht relevant.

Das Ende der Geschichte: Wir haben ihn nie wieder angerufen.

Integrität in die Tat umsetzen

Die meisten Geschäftsleute reden gern und oft über Integrität. Aber Integrität in die Tat umzusetzen erfordert eine gute Wahrnehmung, Intuition und Gewissen, die mit ständiger Überlegung gepaart sein müssen. Sie wissen vielleicht, daß es nichts mit Integrität zu tun hat, wenn Sie einen anderen täuschen, aber Sie tun es trotzdem, um einen Gewinn zu machen oder eine Beziehung zu »kitten«, die Sie nicht aufgeben wollen. Sie wissen vielleicht auch, daß es richtig wäre, Mitgefühl für jene zu empfinden, die weniger Glück gehabt haben als Sie, und doch bringen Sie es nicht auf, weil Sie befürchten, es könnte Sie Prestige oder Geld kosten. Professor William Torbert vom Boston College unterrichtet seine Studenten in Selbstprüfungstechniken, damit sie sich persönlich weiterentwickeln können. Der Kern von Effektivität, sagt Torbert, bestehe darin, Integrität durch die ständige Beobachtung des eigenen Mangels an Integrität zu entwickeln.[9] Integrität ist kein Merkmal der Persönlichkeit, sondern eine Charaktereigenschaft. Sie ist stark, zielgerichtet und reflektiv.

Nehmen Sie sich ein Blatt Papier, und notieren Sie sich die Antworten auf die folgenden vier Fragen zu Integrität:

1. »Wofür trete ich ein?«
2. »*Unterscheide* ich bewußt, was richtig und was falsch ist, *handle* ich entsprechend, und *sage ich offen*, daß ich aufgrund meiner Auffassung von richtig und falsch handle?«
3. »Was möchte ich in meiner Partnerschaft, einer Gruppe oder meinem Unternehmen erreichen – jetzt und in der Zukunft?«
4. »Was bin ich bereit zu tun – und was nicht –, um das zu erreichen?«

Solche Fragen hat auch Robert Webster mit Erfolg eingesetzt. Webster ist U.S. Regional Vice President und Vertriebs- und Marketingleiter von SmithKline Beecham, dem britischen Pharmaunternehmen, das in seiner Branche das fünftgrößte Unternehmen ist.[10] Vor einigen Jahren erhielt ich einen Beratervertrag, um ein Personalentwicklungsprogramm für eine der besten Vertriebsabteilungen des Unternehmens zu entwickeln, die gerade völlig umstrukturiert wurde, was auch eine Verringerung des Personalbestands in der Abteilung bedeutete.

Die Vertriebsmanager reagierten auf das Programm, indem sie ihren Schwerpunkt deutlicher herausarbeiteten und mit »völliger Integrität« an den Vertrieb der Produkte bei Ärzten, Apothekern und der breiten Öffentlichkeit herangingen. Sie legten fünf zentrale Werte fest: Integrität, Innovation, Produktion, Menschen und Kunden. Sie verpflichteten sich, »falsche« Aufträge abzulehnen und ihre Vertriebsmitarbeiter nie anzuweisen, die Produkte »unter der Hand« anzubieten, was früher gelegentlich getan wurde und bei einigen Wettbewerbern immer noch üblich war. Sämtliche fragwürdigen Verkaufstechniken, die zu einem Problem für die Pharmaindustrie geworden waren, wurden systematisch untersucht und entweder kategorisch abgelehnt oder so abgeändert, daß sie mit der neuen Linie vereinbar waren. Eines von Websters Zielen bestand darin, einen größeren Vertrauensradius aufzubauen. »Sie können auf uns zählen« war das zentrale Motto, das von der Pflicht zu unerschütterlicher Integrität unterstützt wurde. Diese Maßnahmen zeigten beinahe sofort Wirkung, und im Laufe der nächsten Jahre wuchsen Umsätze und Gewinne kontinuierlich. Vor kurzem hat Webster die Einstellung von 400 neuen Vertriebsmitarbeitern bekanntgegeben.

Auch Dee Hock, CEO und Gründer von VISA International, hat Integrität an die erste Stelle gesetzt und damit eine der eindrucksvollsten Erfolgsstorys der letzten 30 Jahre geschaffen. Seit 1970 ist VISA um annähernd 10 000 % gewachsen und wächst auch heute noch um etwa 20 % pro Jahr. In über 200 Ländern zählt es etwa eine halbe Milliarde Menschen auf der ganzen Welt zu seinen Kunden. Der Umsatz wird in diesem Jahr vermutlich die Marke von 1 Billion Dollar übersteigen. Hock rät: »Wenn ich jemanden einstelle oder befördere, ist das wichtigste Kriterium Integrität, dann kommt Motivation, dann Leistungsfähigkeit, dann Verständnis, dann Wissen und als letztes und unwichtigstes Kriterium Erfahrung. Ohne Integrität ist Motivation gefährlich, ohne Motivation ist Leistungsfähigkeit unerheblich, ohne Leistungsfähigkeit ist nur ein begrenztes Verständnis möglich, ohne Verständnis ist Wissen bedeutungslos, ohne Wissen ist Erfahrung blind. Erfahrung kann problemlos vermittelt werden und von Mitarbeitern, die über die anderen Fähigkeiten verfügen, nach kurzer Zeit umgesetzt werden.«[11]

So war es auch bei Kathy Masera, President des *California Job Journal*. Sie kam vor einigen Jahren auf die Idee, eine Zeitung herauszugeben, die speziell auf Arbeitsplatzbörsen zugeschnitten war und aktuelle Informationen für Stellensuchende und Arbeitgeber enthalten sollte.[12] Sie las alles, was ihr über die Branche in die Hände fiel, und setzte ihr Erspartes ein, um die Firma zu gründen. Sie wußte genau, was zu tun war, um mit jeder Ausgabe der Zeitung einen Gewinn zu erzielen. Layout, Produktion und Vertrieb waren organisiert. Doch allmählich ging ihr das Geld aus. Sie stellte Kreditanträge bei Banken und Risikokapitalgebern, aber alle weigerten sich. Also wandte sie sich an private Investoren. Endlich gelang es ihr, ein Treffen mit dem letzten potentiellen Investor zu arrangieren. Er hörte ihr aufmerksam zu, stellte ihr einige sehr direkte Fragen über ihre Vision für das *California Job Journal* und ihre Fähigkeiten, ihren Führungsstil und ihre Integrität als Chefin des neuen Unternehmens. Dann machte er ihr ein Angebot, das weit unter dem Betrag lag, der ihrer Meinung nach erforderlich war.

Bei ihrer nächsten Besprechung wollte der Anleger schon den Scheck ausstellen, als Masera ihm erklärte, daß es ihrer Erfahrung nach ein Fehler sei, ein solches Projekt mit zuwenig Kapital auszustatten, und daß diese Strategie in einem Mißerfolg enden würde. Sie lehnte sein Angebot ab. Nach einigem Hin und Her einigten sie sich auf die von ihr errechnete Summe, gaben sich die Hand und schlossen das Geschäft ab. Dann öffnete der Investor schweigend die Schublade seines Schreibtisches und fing an, nach etwas zu suchen. Kathy Masera sah ihm dabei zu. Sie wurde nervös und fragte sich, was das wohl zu bedeuten habe, aber sie sagte nichts. Er holte ein Stück Papier hervor, das schon sehr alt und vergilbt war, und faltete es sorgfältig auseinander, dann hob er den Kopf und sah sie an. Lächelnd sagte er: »Jeder Name auf dieser Liste, Kathy, ist Millionär geworden.« Er brach ab und strich über das schon sehr mitgenommen aussehende Papier. Dann nahm er einen Stift zur Hand. »Und jetzt setze ich Ihren Namen auf diese Liste.« Sie war die Nummer 41 auf seiner Liste und die erste Frau, für deren Projekt er Kapital aufbrachte. Sie leitet das erfolgreiche Unternehmen mit seinen dreißig Angestellten heute zusammen mit ihrem Mann.

Aber es gibt offensichtlich viele Menschen und Unternehmen, die im Gegensatz zu SmithKline Beecham, VISA International und Kathy Maseras *California Job Journal* die Einstellung haben, daß man mit Integrität geboren werde oder sie einfach besitze. In den meisten Fällen trifft das nicht zu. Das hat auch Kevin Dolan gelernt, der Führungskraft bei der Werbeagentur J. Walter Thompson Advertising war. Eine seiner Lieblingsgeschichten dreht sich um Norman Strauss, Anfang der 60er Jahre Chairman der Firma:[13]

RCA gab Strauss den Auftrag für die Werbung für ein neu entwickeltes Tonband. Strauss marschierte in das Büro des CEO von RCA und verkündete, daß bei dem Gerät immer das Band hängenbleibe und es dann Bandsalat gebe. Strauss sagte: »Das Produkt funktioniert nicht. Dafür können wir keine Werbung machen.« Der CEO von RCA erwiderte: »Wenn das Ihr Standpunkt ist, werde ich RCAs gesamten Werbeetat an eine andere Agentur vergeben.« Strauss drehte sich um und ging zur Tür. »Warten Sie«, rief der Boß von RCA. »Wenn Ihnen das so wichtig ist, daß Sie den ganzen Etat dafür aufs Spiel setzen, muß das Ding schlecht sein. Wir bringen es in Ordnung.« J. Walter Thompson behielt den Etat. Dolan, der vor der Tür des Büros wartete und den Aktenkoffer von Strauss hielt, sagte, daß es einen ungeheuren Eindruck auf ihn gemacht habe, weil das Verhalten seines Chefs die Integrität der ganzen Firma verkörpert habe.

Die Schattenseite von Integrität und emotionaler Intelligenz

Eine Definition des Wortes Integrität lautet: »Festhalten an moralischen und ethischen Grundsätzen; Rechtschaffenheit; Ehrlichkeit«. Es wird außerdem definiert als »Vollständigkeit, Unversehrtheit, Unberührtheit«.

> »Was keinen Schatten hat, hat auch keine Kraft zum Leben.«
> **Czeslaw Milosz,**
> Nopelpreisträger

Denken wir einen Augenblick darüber nach. Um in unserem emotionalen Inneren vollständig und unversehrt sein zu können, zwingt uns Integrität dazu, die leuchtende und generative Seite unseres Wesens mit der verborgenen Schattenseite zu vereinen. Das wirft eine Thematik von entscheidender Bedeutung auf, die allerdings den Rahmen dieses Buches sprengen würde. Aber ich halte es für wichtig, Sie zu einer persönlichen Auseinandersetzung mit diesem so gegensätzlichen Aspekt der emotionalen Tiefe aufzufordern. Mahatma Gandhi sagte in diesem Zusammenhang einmal: »Die einzigen Teufel in dieser Welt sind jene, die in unseren Herzen sitzen. Und dort sollte auch der Kampf stattfinden.« Gandhi fordert uns dazu auf, uns dem Kampf um persönliche Weiterentwicklung und Lernen zu stellen, jeder auf seine eigene Weise. Wir könnten das tun, indem wir anfangen, über die Schattenseite des menschlichen Wesens zu lesen und dann mit unseren Angehörigen oder Freunden oder vielleicht auch einem befreundeten Kollegen darüber zu sprechen.

Zunächst einmal ist es wichtig zu sehen, daß die meisten Menschen die angeborene Neigung haben, sich auf Werte und Tugenden zu konzentrieren und »negative« Charaktereigenschaften lieber zu verdrängen. Natürlich wissen wir, daß sie in uns existieren, aber wir tun unser Bestes, um sie zu ignorieren, weil wir hoffen, daß sie dadurch kleiner werden oder ganz verschwinden, während wir uns der wichtigen oberflächlichen Aufgabe widmen, unsere Arbeit zu erledigen und in unserem Privatleben zurechtzukommen. Doch früher oder später stellen wir fest, daß das nicht genügt. Ich sehe das so: Genau wie das *physische* Herz mehrere Kammern hat, die den Blutkreislauf aufrechterhalten, so hat auch das *fühlende* Herz Kammern – einige sind hell, andere von Schatten umgeben –, die einen intensiveren *Lebenskreislauf* generieren.

Alle Menschen erleben im Beruf Momente der Frustration, weil die Mittel knapp werden, Arbeitsplätze verlorengehen, Hindernisse unüberwindbar scheinen, Vertrauen mißbraucht wird oder weil sie mit Widerstand oder ständig zunehmender Trägheit konfrontiert werden. Wenn wir versuchen, solche dunklen Momente zu verleugnen oder zu ignorieren, gewinnen sie nur noch mehr Macht, werden zu Hindernissen, die sich in den denkbar schlechtesten Augenblicken vor uns auftürmen. Aber wenn wir uns diesen dunklen Momenten stellen, verringert sich ihre Macht paradoxerweise, und wir haben auf unserem Weg in die Zukunft mit weniger Zwängen zu kämpfen.

Ich will damit sagen, daß Licht ohne Dunkelheit weder ausgewogen noch vollständig ist. Das eine ohne das andere raubt uns die Integrität und läßt uns unvollständig zurück. In diesem Zustand sind wir weniger kreativ, machen uns mehr Sorgen, lieben weniger und zweifeln mehr. Aber er ist uns inzwischen in Beruf und Privatleben so vertraut geworden, daß er für uns fast nicht mehr zu erkennen ist. Hier liegt die Gefahr, denn es ist viel zu einfach zu sagen: »Das Leben ist eben so.«

Diese Erkenntnis stellt uns vor die Herausforderung, die größtmögliche emotionale Intelligenz zu entwickeln, und ist für mich der Hauptgrund, weshalb ich mich bei Seminaren für Führungskräfte auf die *Anwendung* der emotionalen Intelligenz konzentriere. Das führte zur Zusammenarbeit mit Dr. phil. Prasad L. Kaipa, CEO von Knowledge Architecture und Partner der CPR Group[14], bei der ein Entwicklungsprozeß namens *Pyramid-Building Technology** verwendet wurde, den Führungskräfte in Unternehmen wie Ford, Boeing, Pacific Bell, Deming Institute und Xerox bereits mit großem Erfolg eingesetzt haben. Mit Kaipas Hilfe entwickelten wir nicht nur eine EQ-in-der-Praxis-Pyramide (*EQ-in-Action Pyramid)*, sondern auch eine EQ-in-der-Praxis-Schattenpyramide (*EQ-in-Action Shadow Pyramid).* Weil die Schattenseite unserer Einstellungen und Gefühle oft vor uns verborgen ist, haben viele sich daran gewöhnt, Stimme und Einfluß dieser dunklen Seite herunterzuspielen oder zu ignorieren. Was ein Fehler sein kann, denn sie mischt sich in regelmäßigen Abständen in unser Leben ein.

Wir lernen viel über unser inneres Selbst, wenn wir Notiz von solchen Gelegenheiten nehmen und einzelne Teile unseres persönlichen Schattens entdecken, die vielleicht in kritischen Bemerkungen anderer zum Ausdruck kommen oder sich in ihnen widerspiegeln. In der Regel haben wir viel Übung darin, solche Bemerkungen zu überhören oder zu verfälschen, um uns selbst in ein möglichst gutes Licht zu rücken. Denken Sie einmal darüber nach, wie oft Sie schon gehört haben, daß andere Sie für… halten. Tragen Sie es selbst ein: *überheblich, egozentrisch, arrogant, argwöhnisch, gleichgültig, immer schlecht gelaunt* oder vielleicht *dominant*. Wenn Sie hören, daß die Menschen um Sie herum immer wieder das gleiche oder fast das gleiche über Sie sagen, ist das eine gute Gelegenheit für Sie, sich ausführlicher mit dem zu beschäftigen, was in Ihnen steckt. Das erfordert Mut und gibt vielen einen Stoß in die Rippen, weil sie vielleicht davon ausgegangen sind, daß sie ihren Charakter und ihre Integrität verbessern, wenn sie ihre Fehler einfach ausmerzen. Aber dazu braucht es mehr.

Das bedeutet, daß wir unsere innere dunkle Seite früher oder später genauso beherzt untersuchen müssen wie unsere innere helle Seite. »Die Menschen haben schon immer eine bemerkenswerte Erfindungsgabe an den Tag gelegt, wenn es darum ging, vor sich selbst wegzulaufen«, bemerkt John Gardner. »Wir können uns in so viel Arbeit vergraben, unser Leben mit so vielen Ablenkungen aufblähen, uns die Köpfe mit so viel Wissen vollstopfen, so viele Menschen kennenlernen und so viel erreichen, daß wir nie Zeit dazu

* *Pyramid-Building Technology* ist eine Trademark (TM).

haben, die furchtsame, wundervolle Welt in uns selbst zu entdecken. Wenn wir die Mitte unseres Lebens erreicht haben, sind wir Experten darin, vor uns selbst zu fliehen.«[15] Was letzten Endes unsere emotionale Intelligenz einschränkt.

Die meisten Menschen, die ein erfolgreiches und erfülltes Leben führen, kommen früher oder später an einen Punkt, an dem sie sich mit der Dunkelheit oder der Leere in sich auseinandersetzen müssen. Die Erfahrung zeigt uns unter anderem, daß wir, wann immer wir uns dieser Facette des menschlichen Wesens öffnen, ihr nicht nur viel von ihrer destruktiven Kraft nehmen, sondern auch neue Quellen der Energie und Begeisterung, der Kreativität und des Vertrauens freisetzen. Vielleicht entdecken wir letzten Endes gerade in dem, was wir zunächst *nicht* an uns akzeptierten – in unseren Schwächen, Ängsten, dunklen Seiten –, unsere Menschlichkeit.

Menschen neigen gern dazu, in ihrer Schattenseite nichts als Dunkelheit zu sehen. Dabei steckt in diesem Schatten – nach den Worten von C. G. Jung – »reines Gold«. »Es gibt kein Licht ohne Schatten«, schreibt er, »und keine psychische Ganzheit ohne Unvollkommenheit. Erleuchtung findet man nicht, indem man sich Lichtgestalten vorstellt, sondern indem man sich die Dunkelheit bewußtmacht.« Anders ausgedrückt: Als Führungskraft können wir andere nicht führen, wenn wir nicht zuerst einmal uns selbst führen können. Wir können uns nur den Seiten der anderen stellen, denen wir uns auch in uns selbst stellen. »Sich selbst zu lieben ist nicht so einfach, weil es bedeutet, alles an sich zu lieben«, sagt James Hillman, »einschließlich des Schattens, in dem wir unterlegen und sozial untragbar sind. Die Pflege, die wir diesem erniedrigenden Teil unseres Selbst angedeihen lassen, ist gleichzeitig auch die Heilung. Mehr noch: So wie die Heilung von der Pflege abhängt, so fängt die Sorge für andere mit nichts anderem an als stützen und tragen.«[16] Das setzt meiner Meinung nach die Bereitschaft voraus, die innere Dunkelheit zu akzeptieren und als Teil von sich anzuerkennen, statt so zu tun, als existierte sie nicht.

Sehen wir das unter dem Aspekt der Konstruktivität, können wir immer dann, wenn wir die Schattenseite des menschlichen Wesens sehen[17],

- mehr Wachstum auf der hellen Seite des EQ-Spektrums erkennen (emotionale Intelligenz hat eine große Bandbreite. Für viele Gefühle gilt: Je dunkler der Schatten, desto heller das Licht);

- eine tiefere, echtere Akzeptanz unseres Selbst erreichen, die auf der Grundlage eines vollständigeren Verständnisses des Menschen beruht, der wir wirklich sind. In vielen Fällen ist erst dann Veränderung und Weiterentwicklung möglich;
- die dunkleren, eher einengenden und widerspenstigen Teile unseres Selbst akzeptieren, erfahren und lenken, statt sie zu unterdrücken. Wenn wir sie unterdrücken, kommen sie unerwartet und plötzlich zum Vorschein, oft im ungünstigsten Moment;
- uns von den chronischen Schuldgefühlen, Gewissensbissen oder Schamgefühlen befreien, die mit den Gefühlen der dunklen Seite assoziiert werden;
- unsere Beziehungen verbessern oder wieder in Ordnung bringen – durch beherzte Selbstuntersuchung und offeneren, ehrlichen Dialog mit anderen;
- »überflüssiges emotionales Gepäck« zurücklassen, wie einige das nennen. Robert Bly bezeichnet es als »unsichtbaren Koffer, den wir hinter uns herschleppen.«[18] Bly zufolge befindet sich in diesem Koffer das, was wir immer dann hineingestopft haben, wenn uns in unserer Kindheit Lehrer und Elter ermahnten stillzusitzen, nicht wütend zu werden, nicht zu streiten und uns nicht zu beklagen. Er wird immer schwerer, und in der Mitte unseres Lebens sind viele völlig erschöpft, weil sie ihn immer hinter sich herziehen müssen. Manchmal drückt sich das auch in körperlichen Beschwerden aus. Wenn Sie jetzt zufällig darüber nachdenken, was Ihnen heute wieder alles weh getan hat, sollten Sie sich fragen:[19]

– »Was sitzt mir jetzt, in diesem Augenblick, *im Nacken* oder *lastet* auf mir?«
– »Was kann ich nicht *hinunterschlucken* oder *verdauen*?«

Ihre Macht über die Schattenseite der menschlichen Gefühle besteht darin, daß Sie nicht aufgrund dieser Gefühle *handeln* müssen. Inzwischen erkennen Sie sicher, daß diese dunklen Gefühle zum größten Teil nicht an sich destruktiv sind, sondern nur jener Teil unserer inneren Präsenz, der gewöhnlich vor uns verborgen ist.

Richten wir unsere Aufmerksamkeit für einen Moment auf den »Arbeitsplatz-Schatten«. Fragen Sie sich: Zwingen mich Anweisungen meiner Firma dazu, andere zu dominieren, Gefühle zu mißachten, »um der Zukunft des Unternehmens willen« zu lügen oder

»Die Seele zu retten heißt, daß wir endlich aus unserem Versteck herauskommen und mehr von uns selbst an unserem Arbeitsplatz einbringen. Ganz besonders die Teile von uns, die ›nichts‹ mit der Firma zu tun haben.«
David Whitey,
The Heart Aroused

meine Integrität auf eine andere Art zu opfern? Bei jeder beruflichen Tätigkeit entwickeln wir bestimmte Fähigkeiten und Methoden und empfinden auch etwas für sie, während wir andere Fähigkeiten und Gefühle vernachlässigen. Was auch gut zu funktionieren scheint, bis unsere äußere, erfolgsorientierte Persönlichkeit eines Tages mit einer Situation konfrontiert wird, die von uns verlangt, aus unserer emotionalen Tiefe heraus zu reagieren, die wir so lange vor uns verborgen haben. Was dann?

Was hält so viele Menschen davon ab, all das zu erreichen, was sie tief in ihrem Inneren für möglich halten? Warum schlägt etwas in uns – am Rande unseres Bewußtseins – blitzschnell zu, um beherzte Versuche zu sabotieren und unsere Hoffnungen zunichte zu machen oder uns dazu zu bringen, vor dem Erfolg zu fliehen? Wenn Sie sich Zeit nehmen, in Ruhe über dieses Rätsel nachzudenken, wird Ihnen vermutlich bewußt werden, daß an vielen Arbeitsplätzen die Ausdruckskraft Ihres Herzens und ihrer Seele auf vielfältigere Art unterdrückt wird, als Ihnen das bis jetzt bewußt gewesen ist. Wir können zwar mit der rationalen Erklärung argumentieren, dies sei eine zwangsläufige Folge unseres Bemühens, uns anzupassen. Aber deshalb ist es noch lange nicht richtig oder mit der Integrität vereinbar.

Wenn Sie die helleren Aspekte Ihrer emotionalen Tiefe kennenlernen, sollten Sie sich auch dazu ermutigen, offen zu bleiben und Ihren persönlichen Schatten zu akzeptieren. Lernen Sie von ihm und seinen unterschiedlichen Strömungen aus Impulsen, Gewohnheiten, Widersprüchlichkeiten und quälenden Gefühlen wie Zweifeln, Selbstmitleid, Gier, Aufopferung, Eifersucht, Neid, Lügen, Schuldzuweisungen, Ärger und Reue, um nur einige davon zu nennen. Je bereitwilliger Sie Ihre Schwächen und Fehler akzeptieren, desto eher werden Sie auch Stimmen der aufrichtigen Warnung und Weisheit vernehmen, die sich von Zeit zu Zeit aus der Dunkelheit erheben.

Bedenken Sie auch, daß jeder widrige emotionale Seitenwind oder/und jede Bö Ihrem Leben ein wenig mehr Zauber und Reichtum verleiht und alles abwechslungsreicher, vielfältiger und schwungvoller werden läßt. Allerdings nur, wenn wir es zulassen. Was ist Ihnen lieber – stehenzubleiben oder weiterzugehen? In den letzten Jahren habe ich festgestellt, daß diese Frage, die ich mir von Zeit zu Zeit stelle, sehr viel mit meiner persönlichen Weiterentwicklung und der Beziehung zu meiner Arbeit, meiner Familie und der Welt im allgemeinen zu tun hat.

Die Dichterin und Psychologin Deena Metzger aus Los Angeles empfiehlt eine Reihe von Fragen, die dabei helfen können, einen Kontext für den Bereich zu schaffen, in dem unser Schattenselbst wohnt, einen Bereich, in dem wir akzeptieren, daß es eine Fortsetzung unseres Selbst ist, unser anderes Gesicht:[19] »Welche Eigenschaften oder Merkmale treffen Ihrer Meinung nach am wenigsten auf Sie selbst zu? Denken Sie an eine Situation zurück, in der Sie Haß empfunden haben. Gibt es Menschen, von denen Sie gehaßt werden? Was sind Ihre hartnäckigsten Vorurteile? Mit welcher Gruppe haben Sie Ihrer Meinung nach am wenigsten gemeinsam? Welche Menschen können oder wollen Sie sich nicht vorstellen, weil sie in Ihnen Abscheu oder Angst hervorrufen, Sie beleidigen oder wütend machen, unter Ihrer Würde oder lächerlich sind? Unter welchen Umständen wäre es für Sie beschämend weiterzuleben? Welche Ihrer inneren Ängste ist für Sie unerträglich?«

Wenn wir unsere Antworten auf solche Fragen untersuchen, stellen wir fest, daß jeder von uns das Potential enthält, sowohl destruktiv als auch kreativ zu sein, zu lieben und zu hassen. Wir können damit beginnen, unsere moralischen Werte und ethischen Grundsätze von den emotionalen Unterströmungen zu unterscheiden, die ohne ersichtlichen Grund aus den Schatten nach uns greifen. Erst von diesem Punkt an können wir damit anfangen, die verborgene Seite unseres Wesens zu erforschen und es dadurch deutlicher und weniger schwankend und willkürlich zu machen.

Die Fähigkeit, Freude zu empfinden, hängt mit der Fähigkeit zusammen, Kummer und Schmerz zu empfinden. Kummer und Freude sind die beiden Enden einer langen Reihe zusammenhängender Gefühle. Wenn wir Schmerz vermeiden, stumpfen wir damit auch unsere Fähigkeit ab, Freude zu empfinden. Nur wenig an uns kann sich ändern, wenn wir das nicht akzeptieren und dem keinen Platz in der Realität gewähren, sondern es in den Hintergrund drängen. Nur wenn wir in unserer emotionalen Tiefe arbeiten, öffnen wir einen Weg für dringend benötigte spirituelle und kreative Werte. Dann fangen wir langsam, ganz allmählich, an, alle Kammern unse-

Verbindung zur EQ Map: Angewandte Integrität
Dieses Kapitel bezieht sich auf folgende Tabellenspalten der EQ Map: emotionales Selbstbewußtsein, emotionales Bewußtsein gegenüber anderen, Zielstrebigkeit, Widerstandsfähigkeit, persönliche Kraft und Integrität

res Herzens und alle Dimensionen unseres Lebens zu einem Ganzen zusammenzufügen.

Kein Mann und keine Frau am Rande der dunkelsten inneren Schatten empfindet nicht den Drang, diese Phase des emotionalen Wachstums zu überspringen, einen Weg um sie herum zu finden. Aber das ist nicht der Weg, der uns bestimmt wurde. Das menschliche Dasein besteht zur einen Hälfte aus Dunkelheit, zur anderen aus Licht.

EQ in der Praxis
Zeitvertrag für Integrität

Eines der Hilfsmittel, die sich bei meiner Arbeit mit Führungskräften und Managern als überaus effektiv herausgestellt haben, ist der – wie ich ihn nenne – »Zeitvertrag für Integrität«. Sie schreiben ihn selbst, mit Ihren eigenen Worten, und bauen ihn in Ihren Zeitplan für die Woche ein, vielleicht zusammen mit den EQ Morning Notes, die in Kapitel 1 beschrieben wurden.

> »*Zweck:* Ich werde die für Integrität eingeplante Zeit damit verbringen, mich voll und ganz auf mein inneres Leben zu konzentrieren, das mich in die Zukunft begleitet. Ich werde mich der ganzen Bandbreite und Tiefe meiner Gefühle und Vorstellungen öffnen, egal ob diese hell oder dunkel sind. Ich werde versuchen, mehr über das innere Bewußtsein zu erfahren, von dem das geprägt wird, was ich fühle, denke, sage und tue.
>
> *Verpflichtung:* Ich werde in den nächsten … Wochen (mindestens drei) mindestens … Minuten (nicht weniger als fünf bis zehn) meiner Zeit für Integrität reservieren, bevor ich mit meiner täglichen Arbeit beginne. Ich verpflichte mich, in der für Integrität eingeplanten Zeit über mich selbst nachzudenken und meine emotionale Intelligenz zu erkunden, und zwar sowohl die Schatten- als auch die Lichtseiten meines Herzens, weil ich weiß, daß sie mitbeeinflussen, wer ich bin und was aus mir in meinem späteren Leben noch wird.«

Datieren Sie den Vertrag, unterschreiben Sie ihn, und tragen Sie die entsprechende Zeit in Ihren Terminkalender ein.

»Die größte Angst haben wir nicht davor zu versagen. Die größte Angst haben wir davor, über alle Maßen stark zu sein. Es ist unser Licht, das uns angst macht, nicht unsere Dunkelheit.«
Marianne Williamson

Können Sie sich vorstellen, was alles möglich wäre, wenn Sie sich dazu entschließen würden, immer mit Integrität zu handeln, egal was passiert? Wenn jeder in Ihrer Abteilung oder Ihrem Unternehmen sich dazu entschließen würde, nach den Maßgaben der Integrität vorzugehen, und Sie alle eine große Quelle bilden würden? Was geschehen würde, wenn alle Energie, die in der Regel für die Schadensbegrenzung nach einem »Ausrutscher« der Integrität aufgewendet wird, statt dessen für kreative Zusammenarbeit eingesetzt werden könnte? Wenn diese Energie dafür genutzt würde, jeden nur möglichen Weg zu entdecken, um eine führende Position am Markt einzunehmen, im Interesse der Menschheit zu handeln *und* den Wettbewerb für die Zukunft zu bestimmen? Wie würden Ihr Privat- und Berufsleben dann wohl aussehen?

Aus dieser intensiven Erfahrung unseres einzigartigen Potentials und unserer Aufgabe, die von unserem Vorsatz, integer zu handeln, unterstützt wird, entwickelt sich echter Einfluß. Üben Sie einen solchen Einfluß ohne Zwang aus, wird er zu einer unverzichtbaren Energiequelle, die unsere Träume und unsere Erfolge in der realen Welt prägt. Damit gelingt es uns, unsere Präsenz in unserer riesigen, zusammengeschalteten, vernetzten Welt aus Menschen, Problemen und Möglichkeiten spürbar zu machen, zu der wir in irgendeiner Form und auf irgendeiner Ebene immer gehören. Menschen, die in ihrem Leben und bei ihrer Arbeit Erfolg haben, lernen, ihren Einfluß auf kreative und respektvolle Art und Weise einzusetzen, ohne Rang, Privilegien oder Autorität zu brauchen. Darum geht es im nächsten Kapitel.

12
Einfluß ohne autoritäres Verhalten

Václav Havel, Dramatiker und Staatspräsident der Tschechischen Republik, hat einmal gesagt: »Ich bin immer wieder erstaunt darüber, wie sehr ich den Fernsehregisseuren und -journalisten ausgeliefert bin und daß mein Bild in der Öffentlichkeit mehr von ihnen abhängt als von mir selbst. Ich kenne Politiker, die gelernt haben, sich selbst nur so zu sehen, wie eine Fernsehkamera sie sieht. Das Fernsehen hat ihnen ihre Persönlichkeit und ihr Herz genommen und sie zu einem Fernsehschatten ihres früheren Selbst gemacht. Manchmal frage ich mich, ob sie nicht sogar so schlafen, daß es auf dem Bildschirm gut aussieht.«

»Im Herzen von jedem von uns, egal wie unvollkommen wir auch sein mögen, gibt es einen lautlosen Puls, eine komplexe Verbindung von Wellenarten und Resonanzen, die vollkommen individuell und einzigartig ist und uns doch mit allem im Universum verbindet.«
George Leonard,
The Silent Pulse

Das ist ironischerweise nicht nur für Führungspersönlichkeiten und Manager, sondern für alle Menschen ein steigendes Risiko. Angesichts der stetig wachsenden Macht und Anziehungskraft der Medien wird immer mehr Arbeit über große Entfernung hin mit Computer und Videokonferenzen erledigt. Werden wir uns weigern, aus uns eine Medienhülle zu machen, ein oberflächliches Bild unseres wahren Selbst? Oder werden wir unsere emotionale Intelligenz um des »Gesichts« willen aufgeben, das wir der Welt zeigen, durch die Kamera, im Sitzungssaal oder über die Klangfetzen, die unsere Kunden und potentiellen Kunden von uns hören? Es lohnt sich, über solche Fragen nachzudenken.

Seit mehr als 200 Jahren stützt sich der typische Schwerpunkt im Management ganz auf Analyse, äußerliche Macht und formale Rationalität. Das hat mit Voltaire und anderen Philosophen des 18. Jahrhunderts begonnen. So gerieten Eigenschaften wie Elan, Gefühl, Intuition und Erfahrung in den Hintergrund. Der Manager und Historiker John Ralston Saul sagt in diesem Zusammenhang: »Rationalität und logisches Denken sind nicht mehr als Strukturen. Und Strukturen sind am leichtesten von jenen zu kontrollieren, die sich frei fühlen von dem lästigen Gewicht, das gesunder Menschenverstand und Humanismus darstellen. Struktur dient jenen am besten, deren Begabung in der Manipulation liegt.«[1]

Bei der emotionalen Intelligenz geht es um Einfluß ohne Manipulation oder Autorität. Es geht darum, daß wir auf eine Art wahrnehmen, lernen, kommunizieren, verändern, favorisieren und handeln, welche die emotionale Wertigkeit berücksichtigt und sich nicht auf Logik, Intellekt oder technische Analysen allein verläßt. Ähnlich oder sogar noch stärker als unser Körper und unser Verstand bergen unsere Gefühle unsere Geschichte – jede Zeile und Strophe jeder einzelnen Erfahrung, Erkenntnis und Beziehung in unserem Leben. Sie enthalten unsere Auffassung darüber, wer wir sind, und gelangen als Energie in unseren Körper, die strahlt und schwingt. Diese Energie ist Sender und Empfänger aller Gefühle, Gedanken und Interaktionen. In gewisser Hinsicht wird unsere Lebensgeschichte nicht nur zu unserer Biologie, sondern auch zu unserer Präsenz in der Welt.

»Energiefelder beeinflussen sich gegenseitig auf stimulierende, ausgleichende oder beruhigende Art und Weise. Wir können dies feststellen, wenn wir einen Raum voller Menschen betreten und sofort spüren, ob er von harmonischen oder disharmonischen Vibrationen durchdrungen ist.«
Charles Klotsche,
amerikanischer Wissenschaftler

Nur wenige Manager würden bestreiten, daß der Wettbewerb überall in der Welt stärker wird. Aber immer häufiger ordnet sich die gängige Praxis im Wettbewerb – bei Angeboten und auf den Märkten, bei der Konzentration auf den Kunden – einem Wettbewerb durch *Einfluß* unter. Die alten, linearen Modelle können den Kontext nicht berücksichtigen, das Umfeld, in dem immer mehr neue Geschäfte getätigt werden. Dieser Kontext ist von Konflikt und Kooperation, Chaos und kreativer Zusammenarbeit gekennzeichnet. Der Stratege James Moore nennt diese Umgebungen »wirtschaftliche Ökosysteme«, eine Art organisiertes Chaos und kritische Koevolution, die mit der in biologischen Ökosystemen vergleichbar ist.[2] Der Biologe George Land, der Untersuchungen zu Führungsqualitäten durchgeführt hat, machte uns bereits vor einem Vierteljahrhundert in seinem Klassiker *Grow or Die* als erster darauf aufmerksam.[3] Adam Brandenburger und Barry Nalebuff, Professoren an einer Business School, haben dem Wettbewerb durch Spieltheorie eine neue Dimension hinzugefügt, die sie »Co-opetition«* nennen.[4]

Ihr Einflußbereich

Ähnlich wie in biologischen Ökosystemen werden, wie viele Unternehmen feststellen, die bis jetzt üblichen Grenzen zwischen den einzelnen Branchen immer undeutlicher und verschwinden in einigen Fällen sogar ganz. Führungskräfte und Manager kämpfen darum, komplexe und sich verändernde Rollen in den Beziehungen zueinander zu verstehen und auszufüllen, von Mensch zu Mensch und von Unternehmen zu Unternehmen. Nehmen Sie als Beispiel die Zusammenarbeit von IBM, Microsoft und Intel: Auf einigen Märkten sind diese Unternehmen erbitterte Wettbewerber, auf anderen wiederum hat jedes entscheidenden Anteil am Erfolg der anderen. In einem anderen Rahmen sind sie gerade dabei, auf scheinbar getrennten Schauplätzen des Marktes oder in Gebieten, die auf den ersten Blick nichts miteinander zu tun haben, die Zukunft zu gestalten. In jeder Branche, angefangen vom Energiesektor über das Gesundheitswesen bis hin zu den Medien und der Telekommunikation breiten sich riesige, miteinander verbundene Netze aus Phantasie, Vertrauen und Einfluß über die Grenzen von Produkten, Märkten und Ländern hinweg aus und gestalten in gegenseitiger Wechselwirkung den Erfolg für Unternehmen und Interessengruppen.

Das zu Ende gehende Zeitalter der betriebswirtschaftlichen Intelligenz wurde von der Physik dominiert, einem mathematischen Modell, das alles so behandelt, als wäre es leblos und sequentiell. Das neue Modell der betriebswirtschaftlichen Intelligenz arbeitet

---

* Anm. d. Übers.: »Co-opetition« – aus *competition* (»Wettbewerb«) und *cooperation* (»Zusammenarbeit«)

mit einem biologischen Modell, das Menschen, Märkte, Ideen und Organisationen als einzigartig und lebendig behandelt und davon ausgeht, daß diese schon an sich zu Veränderung, Interaktion, Synergie und Wachstum fähig sind. Menschen, die intuitiv Informationen und die Hinweise der emotionalen Intelligenz wahrnehmen, stellen oft fest, daß sie in der Hektik der modernen Arbeitswelt mehr Einfluß haben als andere.[5] Warum? Zum Teil, weil sich der eher analytisch denkende Mensch mit seinen fünf Sinnen in erster Linie darauf konzentriert, Einfluß durch das äußere Streben nach Macht und Kontrolle, taktische Schachzüge und Manipulation auszuüben. Im Gegensatz dazu neigen Menschen mit einer hohen emotionalen Intelligenz dazu, sich eher nach innen zu orientieren, und können auf eine größere Bandbreite von Fähigkeiten als mit kognitiver Kraft allein zugreifen. Dies kommt in einer Form von Einfluß zum Ausdruck, die man nicht Autorität, sondern besser *Resonanz* nennen sollte.

Als Dee Hock, eine visionäre Führungspersönlichkeit, noch Vice President einer unbedeutenden Bank in Seattle war, gab er sich selbst ein Versprechen: Falls er jemals ein Unternehmen gründen sollte, würde er versuchen, es auf der Grundlage biologischer Konzepte und Metaphern aufzubauen.[6] Im Juni 1970 bekam er seine Chance. Nach zwei Jahren mit Gesprächen, Diskussionen, Brainstorming und Planung wurde er CEO der National BankAmericard, Inc. (später in VISA International umbenannt). VISA ist eines der Paradebeispiele, die immer dann von Fachleuten herangezogen werden, wenn sie demonstrieren wollen, wie die dynamischen Grundsätze von biologischen Modellen und die Chaostheorie auf die Wirtschaft angewendet werden können.

Arbeiten an der Grenze zwischen Chaos und Ordnung

Gesunde, anpassungsfähige Systeme scheinen immer eine dynamische Spannung zwischen Chaos und Ordnung aufrechtzuerhalten. Bei VISA förderte Hock soviel Wettbewerb und Initiative wie möglich in der gesamten Organisation (Chaos), während er gleichzeitig Mechanismen für eine von ethischen Grundsätzen geleitete Zusammenarbeit einbaute (Ordnung). Die Ergebnisse waren nicht einfach zu erzielen, aber sie stiegen sprunghaft, und der Einfluß wächst immer noch. Hock zufolge ist Führen vor allem eines: »Wenn Sie ein

Unternehmen führen wollen, müssen Sie mindestens 40 % Ihrer Zeit damit verbringen, sich selbst zu managen – ethische Grundsätze, Charakter, Prinzipien, Aufgabe, Motivation und Verhalten. Verbringen Sie mindestens 30 % Ihrer Zeit damit, jene zu managen, die Ihnen gegenüber Autorität besitzen, und 15 % damit, Ihre Kollegen auf gleicher Hierarchiestufe zu managen. Die verbliebene Zeit setzen Sie dafür ein, jenen, ›für‹ die Sie arbeiten, dieses Prinzip verständlich zu machen und sie dazu zu bringen, es ebenfalls einzusetzen. Ich verwende den Begriff ›für jemanden arbeiten‹ hier ganz bewußt, denn wenn Sie nicht verstehen, daß Sie ›für‹ Ihre ›Untergebenen‹ arbeiten, haben Sie nichts verstanden.«

Dazu fällt mir eine Geschichte über Gandhi ein. Am Anfang seines Weges lebte er noch in Südafrika. Dort enwickelte er seine ungeheure Zielstrebigkeit und arbeitete darauf hin, seine Visionen zu verwirklichen.[7] Eines Tages traf ein Mann aus einem weit entfernten Land ein und bot an, sich Gandhi anzuschließen. Der Mann sagte: »Sind Sie denn nicht überrascht, daß ich hier einfach so aufgetaucht bin?« »Nein«, antwortete Gandhi und erklärte dem Mann folgendes: Wenn ein Mensch entdeckt, was richtig und sinnvoll ist, und den Weg zu seinem Ziel einschlägt, tauchen die dazu erforderlichen Menschen und Mittel einfach auf, als wären sie von der Sache angezogen worden. Das ist Einfluß – und Resonanz. Obwohl er nie eine bedeutende Position in Regierung oder Wirtschaft bekleidete, nicht reich war und auch keine Armeen befehligte, war Gandhi in der Lage, Millionen von Menschen zu mobilisieren und zu inspirieren.[8]

Je mehr wir uns mit den Problemen und Möglichkeiten unseres Zeitalters beschäftigen, desto mehr wird uns bewußt, daß sie nicht isoliert verstanden werden können. Sie hängen zusammen und stehen in einer Wechselbeziehung zueinander. Jede Einstellung, jedes Gefühl und jede Bewegung von Ihnen – und anderen – schafft einen Einfluß, ein Strahlen. Dieser Einfluß, dieses Strahlen versetzt unsere Physiologie und unsere Wahrnehmung in eine Art Alarmzustand. Durch diesen Prozeß werden auch Funktion und Wachstum von Gehirn- und anderen Zellen beeinflußt – und unsere Einstellung zum Leben.[9] Leider erkennen wir nicht so leicht, daß die Probleme, mit denen wir konfrontiert werden, zu den Systemen gehören, in denen wir eine aktive Rolle spielen können. Wir neigen dazu, Probleme nach außen zu verlagern – sie »dort draußen« zu lassen und darauf zu bestehen, daß sich die *anderen* ändern müssen. Unsere erste Reaktion besteht darin, daß wir ihnen das auch sagen. Dann versuchen wir, sie dazu zu zwingen. Die Erfahrung zeigt, daß dies nicht nur ergebnislos ist, sondern auch verheerende Folgen haben kann.

Emotionale Resonanz: Energie, Information und Einfluß

Ich möchte damit sagen, daß das Problem in der Regel nicht »dort draußen« liegt, sondern »hier drinnen«, in uns. Das äußere System, über das sich viele Menschen so bitter beschweren, existiert in Wirklichkeit in jedem von uns.[10] Wir sind Sender und Empfänger von Energie und Werten. Gefühle sind Energieströme, die in uns entstehen, unsere Werte aktivieren und unser Verhalten prägen, welches nach außen dringt und andere beeinflußt. Wir spüren das bei vielen Interaktionen während des Tages und müssen die Verantwortung übernehmen, aus dieser Quelle von Verbundenheit und Einfluß zu lernen, und sie lenken. Wir erfahren den einzigartigen emotionalen Ton und die Präsenz von uns selbst und anderen. Erstaunliche wissenschaftliche Untersuchungen weisen darauf hin, daß die Gefühle des Herzens noch bis zu einer Entfernung von eineinhalb Metern zu spüren sind.[11] Darüber hinaus spricht das menschliche Herz auf jedes gesprochene Wort an.[12] In einem Dialog reagiert der Zuhörer nicht nur auf den Sprecher, sondern ist gewissermaßen Teil von oder eins mit ihm.[13]

Über meinem Schreibtisch hängt eine kleine Tafel, auf der steht: »Gib der Welt dein Bestes, dann wirst du auch das Beste erfahren.« Ich bin zu der Auffassung gelangt, daß wir, wenn wir aus unserer Aufgabe heraus und mit unserem Gewissen arbeiten und dabei unser Bestes geben, einen sinnvollen Einfluß ausüben, egal ob wir unser Ziel erreichen oder nicht. Ich will damit sagen, daß wir selbst dann, wenn unser Vorhaben in einem Mißerfolg endet, durch unsere Anstrengungen eine andere Dimension des Einflusses schaffen – etwas, das die Menschen um uns herum spüren und erkennen können, selbst bei einem Mißerfolg.

Erinnern Sie sich an den Mann auf dem Platz des Himmlischen Friedens, den unbewaffneten Demonstranten, der sich während des harten Durchgreifens der chinesischen Regierung ganz allein vor einen Panzer stellte? Von Anfang an war klar, daß er scheitern würde, aber alle Menschen, die ihm von der anderen Seite der Welt aus zusahen, spürten etwas. Wir spürten seinen Mut. Sein Engagement und sein Kampf brachten etwas in uns zum *Schwingen.* In gewisser Hinsicht veränderte uns sein Verhalten, stellte eine Verbindung zu uns her, obwohl wir ihn gar nicht kannten. Hier stand ein Mann, der sein Bestes gab, weil er an seine Sache glaubte, obwohl er keine Chance hatte. Man konnte auf ihn zählen. Das haben wir gespürt. Nicht durch den Intellekt, sondern durch das Herz, durch Resonanz.

Auf diese Weise klettern wir auf der Leiter unserer Aufgabe immer weiter nach oben. Jedes Gefühl und jeder Gedanke beeinflußt jede Faser unseres Seins und strahlt nach außen auf andere ab. Das ist Resonanz. Diese Resonanz zu verstehen und dafür die Verantwortung zu übernehmen ist ein Grundpfeiler emotionaler Tiefe.

»Wenn man sich immer nur in einer Ecke aufhält und die zahllosen Aspekte der Gesamtheit vernachlässigt, wenn man immer nur eins nimmt und den Rest weglegt, dann wird der Erfolg nur klein und der Sieg nur oberflächlich sein.«
Lao-tse,
6. Jh. v. Chr.

Obwohl es zutrifft, daß zu viele Gefühle den logischen Denkprozeß durcheinanderbringen können, ist in den meisten Unternehmen die Umkehrung dieses Argumentes ein viel größeres Problem: Zuwenig Gefühl kann dem logischen Denkprozeß entgegenarbeiten oder ihn lähmen.[14] Viele Führungspersönlichkeiten und Manager verstehen das Wesen ihrer Rolle als Wertschöpfer, Wegweiser und Empfänger emotionaler Intelligenz noch nicht ganz, auch nicht die Tatsache, daß sie sich dieser Resonanz bewußt werden und sie lenken können. Ihnen ist nicht klar, daß sie genau beobachtet werden, daß ihre Art zu sprechen, ihre Gestik und ihr täglich gezeigtes Verhalten von praktisch jedem, der mit ihnen in Kontakt steht, wahrgenommen, gespürt, interpretiert und in Erinnerung behalten wird.

So war es auch vor fast 500 Jahren bei Hwa Mu-Lan in China, die ganz unerwartet zu einer Anführerin wurde. China hat in seiner langen Geschichte viele Kriege ausgetragen, und es war Tradition, daß die Familien ihre Söhne in den Kampf schickten. Als wieder einmal Krieg herrschte, lebte in einem kleinen Dorf eine junge Frau, Hwa Mu-Lan.[15] In ihrer Familie gab es keine Söhne im wehrpflichtigen Alter. Ihr Vater war krank und schwach, ihr Bruder noch ein kleiner Junge. Um die beiden vor dem Wehrdienst zu bewahren, verkleidete sich Hwa Mu-Lan als Mann, schloß sich der Armee an und zog in den Kampf. Sie war stark und intelligent und tat sich als tapfere Anführerin und gute Soldatin hervor. Später wurde aus ihr eine bedeutende Generalin. Sie hatte sich der Armee nur aus selbstlosem Mitgefühl angeschlossen, um ihren Vater und ihren kleinen Bruder zu retten, doch so entdeckte sie die Bestimmung ihres Lebens und fing an, ihren Einfluß auszuüben.

Für viele Unternehmer und Führungskräfte in der Wirtschaft gilt das gleiche. Sobald sie sich einem großen Ziel verschrieben haben, arbeiten sie mit aller Kraft daran, zu lernen, sich und andere zu übertreffen und schließlich Einfluß auszuüben. Manche träumen davon, einen Markt zu gründen oder ihn zu beherrschen, eine Branche oder – in unserer Zeit – das Internet zu erobern. Ein Vermögen zu verdienen. Aber nur wenigen gelingt das, und wenn es gelingt, dann so gut wie nie, weil die herkömmlichen Formeln aus dem Wirtschaftsstudium angewendet wurden. Ironischerweise haben erfolgreiche Menschen manchmal den Eindruck, dieser Erfolg sei ein Rätsel, das sich einer Erklärung entziehe, als habe das Schicksal seine Hand im Spiel gehabt oder als sei alles reines Glück gewesen. Vielleicht war es das bis zum Teil auch – aber eben nur bis zu einem gewissen Grad.

Seit 30 Jahren bewegt mich eine Frage: Wie wird man zu einer herausragenden Führungspersönlichkeit? Auf der Suche nach der Antwort habe ich mich eingehend mit historischen Werken beschäftigt und die Lebensgeschichte vieler Führungspersönlichkeiten untersucht. Kaum eine Führungspersönlichkeit faszinierte mich dabei so wie Songtsen Gampo, der trotz zahlreicher Widrigkeiten ein Weltreich schuf. Von ihm möchte ich Ihnen nun erzählen.

Er wurde als ältester Sohn des Herrschers über ein kleines, abgelegenes Land geboren. Als er zwölf Jahre alt war, wurde sein Vater von Rivalen vergiftet und seine Mutter vor seinen Augen getötet. Sein Leben wurde durch Resonanz gerettet, um es mit einem Wort zu sagen. Schon als kleiner Junge hatte Songtsen etwas an sich, das dem Ratgeberkreis seines Vaters signalisierte, daß er ihren Respekt und ihre Unterstützung wert war. Statt ihn zu töten und den Thron für sich zu beanspruchen, halfen sie ihm dabei, führen zu lernen, und beschützten ihn, während er heranwuchs. Was eine ungeheure Herausforderung war: Die Zeiten waren gefährlich, gewalttätig und unberechenbar. Damals wurden bereits alle nur denkbaren Waren gehandelt, und auf den Handelsrouten herrschte ein mörderischer Konkurrenzkampf. Rebellen und Räuber schlugen ohne Vorwarnung zu. Handelswege wurden über Nacht gewonnen und gingen genauso schnell wieder verloren. Die Anführer wetteiferten um die Macht. Intrigen und Mordanschläge waren an der Tagesordnung.

Doch in den 30 Jahren bis zu Songtsen Gampos Tod, in denen er und seine Ratgeber Tibet führten, schufen sie ein Weltreich, das am Ende fast doppelt so groß war wie China. Ein Reich, das aus dem Nichts entstand und in Größe, Umfang und Einfluß noch gewaltiger gewesen sein dürfte als jenes von Cäsar, Attila oder Alexander. Songtsen gewann mehrere kriegerische Auseinandersetzungen, in denen ihm seine Gegner an Erfahrung und Truppenstärke weit überlegen waren. Durch eine Reihe brillanter Schachzüge schloß er dauerhafte Bündnisse mit den mächtigsten Nachbarländern. Obwohl sein Vertrauen oft gebrochen und mehrere Mordanschläge auf ihn verübt wurden, hielt er daran fest, aus solchen Erfahrungen zu lernen. Oft vergab er denen, die gegen ihn intrigiert hatten.

Am Anfang seiner Herrschaft beherrschte er keine der Sprachen, die von den vielen Völkern in seinem Land gesprochen wurden, und er wußte auch nichts von deren Religionen und Bräuchen. Aber er nahm sich vor, ihre Sprachen zu erlernen, was ihm schließlich dabei half, als erster Herrscher die zahllosen miteinander verfeindeten Stämme und Kriegsherren zu einen – in einem Gebiet, das mehr als 8000 Kilometer von einem Ende zum anderen maß. Das gelang ihm trotz der Tatsache, daß diese Gruppen auf eine jahrhundertelange Geschichte voller Gewalt zurückblickten und bislang alle Bündnisse abgelehnt hatten.

Ein Mann und sein Kreis aus Ratgebern änderten dies. Neben seinen innovativen Strategien gewann und behielt Songtsen durch seine emotionale Tiefe – von seinen Anhängern »authentische Präsenz« genannt – das Vertrauen und die Loyalität der anderen Herrscher in den Nachbarländern. Dieses Gefühl drang nach außen, bis hin zu den Herrschern weit entfernter Königreiche und Städte, deren Anführer sich ihm anschlossen und fortan für ein gemeinsames Ziel kämpften – unter anderem verstärkter Handel, Frieden durch gemeinsame Stärke, Bildung und Respekt vor den verschiedenen Kulturen und Anschauungen. Songtsen Gampos Charakter und seine Ziele fanden in den Herzen anderer ein Echo. Selbst jene, die sich nicht an seinen Plänen beteiligen wollten, rühmten seine Zielstrebigkeit, sein Engagement und seine strategische Brillanz.

Im Laufe der Jahre brachte er die Bergpässe, Flüsse und Handelsrouten unter seine Kontrolle. Aus dem Nichts ließ er eine riesige Hauptstadt bauen und einen einzigartigen Architekturstil entwickeln, der in der ganzen Welt gerühmt wurde. Er respektierte das kulturelle Erbe der einzelnen Völker und hieß Menschen aller Religionen und Herkunft willkommen. So profitierte er von der kreativen Inspiration, die er von fremden Kulturen erhielt, und von dem Wissen aus anderen Ländern, wie etwa dem Römischen Reich, Indien, China, Persien. Im letzten Jahrzehnt seines Lebens gehörten zu seinen Errungenschaften die Gründung eines Abgeordnetenparlaments, ein ausgedehnter Welthandel, ein Moralkodex und das Eintreten für Menschenrechte, die Entwicklung der ersten Schriftsprache seines Landes und Programme gegen Analphabetentum in der Bevölkerung, ein Gesundheitsfürsorgesystem, das sich an der weit entwickelten Heilkunde Griechenlands, Persiens, Indiens und Chinas orientierte, und die Förderung einer Kultur, die so auf egalitären Grundsätzen aufgebaut war, daß sie von seinen Feinden »das Königreich der Frauen« genannt wurde. Dann, mitten in einer der gewalttätigsten Epochen der Geschichte, verkündete er in seinem Reich *Dharma* den Weg der Gewaltlosigkeit.

Historikern zufolge überschritt er blutige Handelsgrenzen und ging mehr als 100 strategisch bedeutsame Bündnisse ein. Er überwand intellektuelle Gräben und kulturelle Schluchten und schuf ein bleibendes Gefühl von Verständnis und einer gemeinsamen Aufgabe. Er trotzte schon lange bestehenden Streitigkeiten über Gebiete und Lehren und schuf die Grundlagen für Gerechtigkeit und Ehre. Er erlebte Verrat und erbitterte Rivalität und errang dennoch einen dauerhaften Frieden.

Songtsen Gampo lebte von 591 bis 650 in Tibet. Außerhalb seines Heimatlandes war nur wenig über ihn bekannt, bis westliche Wissenschaftler historische Dokumenten aus dem 7. Jahrhundert fanden, die – ähnlich wie die Schriftrollen von Qumran – im Wüstensand von Zentralasien vergraben waren. Lee Feigon, Chairman des Fachbereichs für ostasiatische Kulturwissenschaften und Professor für Geschichte am Colby College, sagt: »In vergangenen Zeiten herrschte ein unabhängiges Tibet über große Teile von China, Indien, Nepal, Zentralasien und sogar den Mittleren Osten. Über konkurrierende Staaten, die viel kleiner waren, sind ganze Bände geschrieben worden, aber über kein anderes großes Reich ist so wenig bekannt wie über das des ersten tibetischen Königs, das hoch oben im Himalaja entstanden ist. Songtsen Gampo war nicht nur ein militärischer Anführer, sondern ein kluger, weitblickender Herrscher, der die komplexen Anforderungen an sein neues Reich vorhersehen konnte und die politischen und kulturellen Strukturen verstand, die der Aufbau einer neuen Zivilisation erforderte.«[16]

Aus den Lebensgeschichten von großen Führungspersönlichkeiten habe ich unter anderem gelernt, daß jeder einzelne von ihnen – einschließlich des Mannes, der vor 1300 Jahren in Tibet lebte – Widerstand erlebt hat, oftmals für lange Zeit und von allen Seiten. Aber das hat sie nicht aufgehalten. Einige haben sich durch rohe Gewalt behauptet, andere durch reine Willenskraft, kreative Schöpferkraft oder die Wahl des richtigen Zeitpunktes. Doch ich bin zu der Auffassung gelangt, daß sich viele der Besten darunter größtenteils durch emotionale Resonanz und den daraus resultierenden Einfluß durchgesetzt haben, aufgrund von Resonanz und Einfluß ein Vermächtnis schufen. Bei Sokrates und Martin Luther King, um nur zwei Beispiele zu nennen, war es die aus dem Herzen kommende Intensität und nicht so sehr die Überlegenheit ihrer Argumente, die diesen eine Art Glühen verlieh – die Präsenz, die bei so vielen Menschen nach einer Begegnung mit einem dieser beiden Männer das Gefühl hinterließ, daß sie ihr Leben ändern mußten.

Ein 1976 in der *Harvard Business Review* erschienener, zukunftsweisender Artikel mit dem Titel »Macht ist der große Motivator« – er basiert auf zahlreichen Untersuchungen – definierte die wahre Macht einer Führungspersönlichkeit nicht als die Fähigkeit zu zerstören, sondern als die Fähigkeit, andere zu *beeinflussen*.[17] John Kotter, Professor in Harvard, unterstreicht, daß Manager für ihre Tätigkeiten heute den Zugang zu Formen der Macht und Einfluß brauchen, die weit mehr sind als die Fähigkeit, Personal einzustellen und zu entlassen und Budgets zu verwalten. Im 20. Jahrhundert gab es einige Führungspersönlichkeiten in der internationalen Wirtschaft, die diesen Einfluß ausgeübt und Imperien aus Unternehmen oder Ideen errichtet haben. Menschen, die sie gekannt haben, erzählen, daß sie eine besondere Ausstrahlung hatten, eine Kombination aus höherer Bestimmung und emotionaler Intelligenz. Andere nahmen diese Ausstrahlung wahr und reagierten darauf. Selbst heute hat ihre Lebensgeschichte noch diese Wirkung.

Wie sehen die Geschichten Ihres Lebens aus?

Ein dauerhafter Einfluß entwickelt sich unter anderem durch die persönlichen Geschichten unseres Lebens. Die Geschichten darüber, wer wir sind, wofür wir uns einsetzen und was aus uns noch werden wird. Wenn wir sie einmal erzählt und gehört haben, klingen sie in uns nach. Wir hören und verstehen auf einer anderen Ebene. Sie berühren uns in unserem Herzen, und zwar auf eine Art und Weise, wie dies kein Ablaufdiagramm und kein rationales Argument je vermag. Sie verändern uns. Durch das Gefühl in diesen Geschichten prägen wir den Menschen, der aus uns wird.[18] Untersuchungen zeigen, daß viele weltweit führende Unternehmen, die berühmt sind für ihre Innovationsfreudigkeit, diese Kraft aus ihrer Geschichte ziehen.[19] Robert Coles erinnert sich daran, daß einer seiner Mentoren aus dem medizinischen Bereich einmal sagte: »Die Menschen, die zu uns kommen, bringen uns ihre Geschichte. Sie hoffen, daß sie sie uns so gut erzählen, daß wir die Wahrheit in ihrem Leben verstehen.«[20]

Der Arzt und Dichter William Carlos Williams, ein enger Freund von Coles, sagte einmal: »Ihre Geschichte, deine, meine – wir schleppen sie auf unserer Reise mit uns herum und sind es uns gegenseitig schuldig, sie zu respektieren und daraus zu lernen.«[21] David Whyte, der in England geborene »Unternehmensdichter«, nimmt an den Programmen für Führungskräfte von Boeing und anderen Unternehmen teil und ermutigt die Manager dazu, ihre Geschichten zu erzählen, um so ihre emotionale und kreative Intelligenz zu entwickeln.

Sein ganzes Leben lang war Songtsen Gampo auf der Suche nach den Geschichten anderer Menschen und lernte daraus. Und er erzählte seine Geschichten, die seinen Einfluß und seine Verantwortung als Anführer zunächst nur langsam, dann aber immer mehr vergrößerten. In ähnlicher Weise ist das moderne Unternehmen – genau wie jeder Mensch, der darin arbeitet – Sender und Empfänger von Energie und Werten. Es gibt sowohl ein individuelles als auch ein kollektives *Bewußtsein* und *Gewissen.* Selbst ein Unternehmensziel oder eine Vision können diese Wirkung haben. Ein Beispiel: »Eine Coca-Cola in Reichweite jedes Menschen dieser Welt.« Dieser Satz läßt bei Tausenden von Managern und Mitarbeitern von Coca-Cola, die weltweit eine der erfolgreichsten und engagiertesten Firmenbelegschaften bilden, sowohl ein Bild als auch ein Gefühl entstehen.

Ein zentraler Punkt in Howard Gardners Untersuchungen zu Führungsqualitäten geht von folgender Definition aus: »Führungspersönlichkeiten sind jene Menschen, die durch Worte und/oder persönliches Beispiel einen entscheidenden Einfluß auf Verhalten, Gedanken und/oder Gefühle einer erheblichen Anzahl anderer Menschen haben.«[22] Durch den Führungsstil – die grundlegenden Prinzipien, nach denen eine Firma ihre Geschäftstätigkeit ausübt, und die Art, wie sie mit Mitarbeitern, Lieferanten und Kunden umgeht – strahlt die Präsenz eines Unternehmens wellenförmig nach außen in unsere Gesellschaft. Diese Wellen beeinflussen uns – auf vielfältigere Art und Weise, als es uns bewußt ist – und unsere Kultur im allgemeinen. Eine gute Führungspersönlichkeit oder ein erfolgreicher Manager zu sein ist heute ohne ein eindeutiges Verständnis des komplexen Netzwerkes aus Menschen um uns herum nicht möglich. Dies bedeutet, daß wir die einzigartigen Begabungen und Anliegen jedes relevanten Menschen kennen müssen – obwohl es vielleicht Hunderte sind.[23] Es bedeutet, daß wir die unterschiedlichen Standpunkte jedes einzelnen und jeder Gruppe verstehen müssen – wie ihre *echten* Interessen aussehen, was ihnen am wichtigsten ist, wie sie die Welt sehen, wodurch sie sich geschätzt fühlen, was sie kreativ und kooperativ werden läßt. All diese Informationen – viele sind mit emotionaler Intelligenz verknüpft – sind für eine effektive Entscheidungsfindung unerläßlich. »Es gibt ein Energiefeld zwischen Menschen«, so der Psychologe und Philosoph Rollo May. »Zwischen Führenden und Geführten existiert eine Resonanz, die sie zu Verbündeten für eine gemeinsame Sache macht«, bemerkt Warren Bennis.[24]

Wenn Sie als Person und Führungskraft relativ wenig Widerstand bei Ihrer Präsenz oder Ihren Ideen verspüren, dann genügen vielleicht eine andere Sichtweise der Dinge oder einige neue Informationen, um Fortschritte zu machen. Wenn der Widerstand jedoch größer ist, werden Informationen allein – Fakten allein – nie ausreichen, um den erforderlichen Richtungswechsel einzuleiten. Wenn sie bemerken, daß ihrer Argumentation und ihrer Faktenliste Widerstand entgegengebracht wird, suchen die meisten Führungspersönlichkeiten und Manager Zuflucht bei der Stimme der Vernunft und wollen die Menschen durch Überredung dazu zwingen, ihre Vorstellung von der Realität zu übernehmen. Das funktioniert nicht.

Wie im Krieg, so neigen wir auch in der Wirtschaft dazu, unseren Feind zu entmenschlichen. Wir isolieren uns. Wir unterdrücken unsere Gefühle und damit jede Chance, für einen Gegner Mitgefühl zu empfinden. Songtsen Gampo hat dies nicht getan. Er war bekannt für offenen Dialog und dafür, daß er anderen trotz ihrer Vergehen verzieh. So gewann er Respekt und dauerhafte Bündnisse. Er lernte, daß er Menschen nicht davon überzeugen mußte, daß er auf der Seite des Wahren und Guten stand und alle, die gegen ihn waren, sich nicht auf dieser Seite befanden. Statt dessen versuchte er stets, die *Menschlichkeit* seiner Feinde zu sehen. Er wollte sie in seinen und in aller Augen als Menschen erkennen. Sie sollten sich ihm anschließen, um mit ihm für ein gemeinsames Ziel zu kämpfen, statt sich durch Zank und Krieg gegenseitig zu schwächen. Er trat für Charakter und Resonanz ein, um dadurch Bündnisse zu schaffen und seinen Traum von einem gerechten und produktiven Reich zu verwirklichen. Hatte das Schicksal seine Hand im Spiel? Bestimmt. Würde die Zukunft, die er mitgeschaffen hatte, *Bestand* haben? Das konnte er nicht wissen.

Und doch hat er, glaube ich, erkannt – wie auch wir erkennen müssen –, daß wir die Zukunft nur dann schaffen können, wenn wir gemeinsam mit ihr *wachsen*, indem wir die Grundsätze von Veränderung und Einfluß ohne die Ausübung von Autorität verstehen. Jeder von uns gestaltet einen Teil der Zukunft, aber wir können sie nicht kontrollieren – sie ist von Natur aus stürmisch und ungewiß, zum Teil ein Rätsel und Zauberei, zum Teil Evolution und ein Netz von Abhängigkeiten. Herausragende Führungspersönlichkeiten fassen die gestaltlosen Sehnsüchte und tiefempfundenen Bedürfnisse anderer in Worte. Sie schaffen Verbundenheit durch Resonanz und bauen soziale Gemeinschaften mit einer gemeinsamen Vision, Kultur und mit Einfluß auf. Sie erzählen Geschichten, die Hoffnungen einfangen und Herzen gewinnen.

Seit der Antike wird dafür ein Bild verwendet, in dem die Beziehung der Menschen untereinander in konzentrischen Kreisen dargestellt wird, mit unserem Selbst im Mittelpunkt, umgeben von den Kreisen für Familienmitglieder, Arbeitsgruppen, Arbeitsgemeinschaft, größere soziale Gemeinschaft und den Rest der Menschheit. Hans Ulrich von der Hochschule für Wirtschaft in St. Gallen in der Schweiz hat ein Modell entwickelt, das in europäischen Managementkreisen als *St.-Gallener Modell* bekannt ist.[25] Es sieht ein Wirtschaftsunternehmen als lebendes soziales System und enthält viele Gedanken aus Biologie, Gehirnforschung, Ökologie und Evolutionstheorie. W. Edwards Deming sagte einmal, daß die meisten Probleme in den Unternehmen nicht mit den Menschen, sondern mit dem System zu tun haben.[26]

In den letzten Jahren haben einige Unternehmer in der Wirtschaft, die ich zu den kreativsten und erfolgreichsten Führungspersönlich-

Verbindung zur EQ Map: Einfluß ohne autoritäres Verhalten
Dieses Kapitel bezieht sich auf folgende Tabellenspalten der EQ Map: emotionale Ausdrucksfähigkeit, emotionales Bewußtsein gegenüber anderen, Widerstandsfähigkeit, soziale Verbundenheit, konstruktive Unzufriedenheit, Mitgefühl, Intuition und Vertrauensradius.

keiten zähle, damit begonnen, auf andere Art zu führen. Sie haben die Konzentration auf Planung und Prognosen aufgegeben und erforschen statt dessen die Wirkungsweise von Dialog und Einfluß und die Vorahnung von Möglichkeiten und Chancen. Sie führen Programme ein, die eine gemeinsame Verantwortung und ein gemeinsames Ziel vermitteln sollen. Diese bemerkenswerten Männer und Frauen haben die Erkenntnis gewonnen, daß die Wellen der Intelligenz – emotionale, kreative und praktische – eine Resonanz besitzen, die einen ständigen Einfluß in alle Richtungen ausübt, von unserem Selbst nach außen, und von dem System, dessen Teil wir sind, zurück zu uns. Wir weben dieses Netz aus Arbeit und Leben nicht, sondern sind ein Faden darin. Was immer wir auch fühlen, denken oder tun, wird in diesem Netz sichtbar.

EQ in der Praxis
Wie sich Gefühle von Mensch zu Mensch ausbreiten

Aufgrund des Prinzips der Resonanz werden Gefühle von anderen nicht nur *gespürt*, sondern können von diesen auch *aufgenommen* werden. Ich will damit sagen, daß es so etwas wie eine »emotionale Ansteckung« gibt.[27] Sie erfolgt in der Regel unbewußt und kann in Bruchteilen von Sekunden geschehen. Wenn zum Beispiel jemand auf Sie zukommt, der gerade sehr niedergeschlagen ist, kann es durchaus vorkommen, daß Sie plötzlich auch melancholisch werden. Wenn jemand begeistert und dynamisch ist, können Sie sich unter Umständen etwas von diesem emotionalen Zustand »einfangen«. Das unterstreicht, warum es zu den Grundlagen der emotionalen Intelligenz gehört, richtig mit dem Energieniveau umgehen zu können (Kapitel 2): Wenn Sie angespannt und müde sind, erscheinen Ihnen nicht nur Probleme und Hindernisse größer, als sie eigentlich sind. Sie können auch empfänglicher dafür sein, von der niedergedrückten Stimmung anderer »angesteckt« zu werden. Wenn Sie jedoch umgekehrt Ihre Energie erneuern und auf einem hohen Niveau halten und es Ihnen gelingt, relativ ruhig und aufmerksam zu bleiben, kann dieser emotionale Zustand dazu beitragen, Sie gegen die Stimmung anderer »immun« zu machen.[28] Das wiederum hilft dem anderen vielleicht, wieder ins Gleichgewicht zu kommen, und kann unter Umständen einen Stimmungsumschwung herbeiführen.

Deprimiert es Sie, wenn Sie sich in der Nähe bestimmter Menschen aufhalten? Sie wissen vielleicht nicht, warum, aber Sie spüren es – selbst wenn Sie auf der anderen Seite des Raums stehen. Das sind womöglich Menschen, die sozusagen süchtig danach sind, ein Problem nach dem anderen zu schildern, aus den kleinsten Enttäuschungen ein Riesendilemma zu machen – oft mit viel Übertreibung, Schuldzuweisung und Symbolen des Selbstmitleids oder der Aufopferung (sie jammern, seufzen, stöhnen oder sehen erschöpft aus). Einige Verhaltensforscher[29] bezeichnen ein solches Verhalten als »Kettenentladung«. Es tritt auf, wenn ein Mensch einen anderen mit einer Reihe von Problemen überschüttet – oder sie bei ihm »entlädt« –, dann beim nächsten weitermacht, und so weiter, bis schließlich alle entmutigt sind, die zuhören. Das ist etwas ganz anderes, als sich anderen zu öffnen. Dabei drücken Sie zur richtigen Zeit und in der richtigen Art offen und ehrlich Ihre Gefühle zu einem bestimmten Problem, einer Idee, Situation oder Erfahrung aus.

Bei der Kettenentladung ist der, der sich beklagt, immer das Opfer der Geschichte, die er gerade erzählt. In der Regel äußern die Zuhörer zuerst ihre Sympathie und stellen dann plötzlich fest, daß sie der Vorfall bedrückt – und von ihrer Arbeit ablenkt. Das Ergebnis: geistige und emotionale Erschöpfung – bei dem, der sich beklagt, und bei denen, die ihm zuhören. Wenn wir Kettenentlader »retten« wollen, indem wir ihnen unsere Sympathie schenken oder anbieten, »auszuhelfen« und ihnen einige ihrer Aufgaben abzunehmen, machen wir alles oft nur noch schlimmer. Wir lösen ermüdende Gespräche aus, die manchmal in Diskussionen ausarten und sich im Kreis drehen, weil jeder dem anderen vorwirft, Probleme zu verursachen und negative Gefühle heraufzubeschwören.[30]

Es läßt sich natürlich nicht abstreiten, daß wir alle einmal niedergeschlagen sind oder einen »schlechten Tag« haben. Dafür gibt es zahllose Gründe und keine Patentlösung. Optimistisches Gerede hilft da nicht weiter, und es gibt einfach nicht so viele vor guter Laune überschäumende, positiv eingestellte Menschen, als daß wir uns alle um sie drängen könnten, um etwas von *ihrem* emotionalen Auftrieb »einzufangen«. Was bleibt uns also an »realistischeren« Methoden übrig? Wir haben mehrere Möglichkeiten.

- *Erkennen Sie emotionale Distanz, und respektieren Sie sie.* Eine Managerin mit einem hohen EQ wird in der Regel ein gewisses Verständnis ihrer Kämpfe mit inneren Dämonen und Zweifeln haben. Wenn sie bei einem Kollegen, ihrem Chef oder einem Mitarbeiter einen emotionalen Abfall bemerkt, empfindet sie ihn nicht als ihren eigenen. Deshalb ist es ihr möglich, anderen Menschen mehr Spielraum zu geben, so daß sie besser verstehen und experimentieren können, um sich selbst auf konstruktive Art und Weise weiterzuentwickeln. »Es ist ganz einfach nicht möglich, die Lebensprobleme anderer Menschen zu lösen«, sagt der Psychiater Ronald M. Podell vom Neuropsychiatrischen Institut der UCLA, »oder ihnen die Selbstachtung zu geben, die ihnen fehlt, oder sie aufzuheitern, wenn sie niedergeschlagen sind. Wenn Sie das versuchen, riskieren Sie nur, daß es Ihnen genauso ergeht. Was also soll man tun? Zeigen Sie weiterhin Empathie, und setzen Sie entsprechende Grenzen, aber nicht gefühllos oder als Strafe, sondern klug und sinnvoll.«[31]

  Immer wenn Sie ein emotionales »Down« spüren, sollten Sie überprüfen, ob vielleicht die Anwesenheit eines »Nörglers« daran schuld ist. Es ist wichtig, daß Sie Ihre Energie und authentische Präsenz bewahren und alles tun, um nicht auch »nach unten« gezogen zu werden. Verhalten Sie sich so, daß Sie andere durch Ihre emotionale Präsenz und Resonanz aufmuntern. Wenn alles nichts hilft, ziehen Sie einen »emotionalen Regenmantel« an. Er soll Ihnen die Vorstellung vermitteln, daß er Sie vor dem »Regen« aus energieentziehenden Worten schützt. Stellen Sie klärende Fragen wie etwa: »Was wollen Sie wegen dieser Situation unternehmen?«, und gehen Sie dann weiter. Wenn es sein muß, beenden Sie die Interaktion – so höflich wie möglich.
- *Sprechen Sie aus eigener Erfahrung; halten Sie keine Vorträge, geben Sie keine Ratschläge.* Die meisten Menschen haben etwas gegen Ratschläge, hören aber in der Regel gern die Erfahrungen anderer, die eine ähnliche Situation erlebt haben. Wenn Sie einem anderen helfen wollen – insbesondere dann, wenn er gerade mit einer schwierigen Herausforderung oder Situation zu kämpfen hat –, sollten Sie sich bewußt dazu entscheiden, Empathie zu zei-

gen und ihm von einer eigenen Erfahrung zu erzählen, die zu seiner Situation paßt. Formulieren Sie es eher wie einen Vorschlag, und sehen Sie es als Freundschaftsdienst. Das ist etwas ganz anderes, als wenn Sie sagen: »Sie vermasseln alles. Sie müssen das so machen ...«, oder »Wenn ich Sie wäre, würde ich ...«

- *Wenn Ihnen der Schuh paßt, ziehen Sie ihn sich an, wenn nicht, werfen Sie ihn weg.* Verbale Ausbrüche aus einer negativen Stimmung heraus können scharfe Kritik enthalten, die womöglich zum größten Teil irrelevant oder falsch ist. Sie sollten daran denken, daß Sie sich selbst unnötig quälen, wenn Sie sich von irritierenden oder verletzenden Worten aus der Ruhe bringen lassen. Üben Sie, abwertende Aussagen durch sachlichere, positive Aussagen zu ersetzen, wie zum Beispiel:

  »Immer mit der Ruhe! Wir sollten ein bißchen frische Luft schnappen und die Sache dabei bereden.«
  »Ich sehe, daß er/sie aufgebracht ist. Ich will aber nicht vergessen, daß er/sie auch viele positive Eigenschaften hat.«
  »Sie sind/ich bin jetzt aufgebracht, aber ich glaube, daß unser Verhältnis im Grunde genommen sehr gut ist.«

  So bestätigen Sie sich, daß die Stimmung des anderen vermutlich nichts oder fast nichts mit Ihnen zu tun hat. Bleiben Sie flexibel und optimistisch, wie in Kapitel 8 erläutert. Laut Untersuchungen der Psychologen Chriss Hsee (Yale University) und Elaine Hatfield (University of Hawaii) sind Sie dann viel weniger anfällig für ansteckende Gefühle.[32]
- *Achten Sie darauf, daß Sie ein Problem nicht im Namen »emotionaler Ehrlichkeit« eskalieren lassen.* In solchen Situationen kann es kontraproduktiv sein, wenn Sie sagen, was Sie wirklich fühlen – für Ihre eigene Stimmung und Energie, die des anderen und die Beziehung. Gegebenenfalls können Sie nach Möglichkeiten suchen, um die Situation durch Humor zu entspannen, was oft am schnellsten Kreativität auslöst und Menschen dabei helfen kann, sich von einer gedrückten Stimmung zu befreien.[33] Vermeiden Sie Aussagen, die *Schuld zuweisen* (»Wenn Sie nicht so ein trübsinniges Gesicht machen würden, wäre ich nicht die ganze Zeit über so gestreßt«), ein *Schuldgefühl hervorrufen* (»Sie sind dermaßen auf sich selbst konzentriert, daß der Rest der Firma Sie kaum noch kennt«), *Unfähigkeit vorwerfen* (»Nur ein Idiot würde

so etwas sagen und sich so verhalten«) oder mit *Aufgabe drohen* (»Mir reicht's – am liebsten würde ich jetzt einfach gehen und nicht mehr wiederkommen«).

- *Regenerieren Sie sich.* Wenn Sie Ihre emotionale Widerstandsfähigkeit durch Regeneration stärken – wie in Kapitel 8 erläutert –, kann Ihnen das helfen, gegen emotionale Ansteckung teilweise immun zu werden. Darüber hinaus haben Sie dann einen größeren und konsequenteren Einfluß auf andere, ohne sich auf Autorität, Position oder Zwang verlassen zu müssen.

EQ in der Praxis
Gerechtigkeit – Einfluß und der »Investmentfaktor«

In praktisch jeder Beziehung sowohl am Arbeitsplatz als auch außerhalb davon spielt der Prozeß des Gebens und Nehmens eine wichtige Rolle für den Einfluß.[34] Wir entwickeln und führen Beziehungen, indem wir durch einen *Austausch*, der den Respekt und die gegenseitige Wertschätzung aller Beteiligten erhöht, Einfluß gewinnen. Menschen, die darin Erfahrung haben, sind stets bereit, das erste Risiko des ersten Schrittes zu übernehmen – anderen Vertrauen entgegenzubringen, obwohl sie nicht genau wissen, was sie dafür zurückbekommen.

»Ich hasse das Wort ›gerecht‹«, sagt Al Zeien, CEO von Gillette, einem internationalen Unternehmen mit einem Umsatz von 6 Milliarden Dollar und 34 000 Mitarbeitern, das Rasierklingen, Hygieneartikel, Kugelschreiber, Elektrorasierer und elektrische Zahnbürsten herstellt.[35] »Jeder sagt: ›Ja, ich will gerecht behandelt werden.‹ Ich sage: ›Die Welt ist nicht gerecht.‹ Ich verwende lieber das Wort ›angemessen‹. Ich glaube, es ist wichtig, daß ein Unternehmen seine Mitarbeiter angemessen behandelt.« Zeien machte es sich zum Prinzip, solche Mitarbeiter zu beschützen und zu belohnen, die, wie er es

»Sie können die Zeit von Menschen kaufen. Sie können ihre physische Gegenwart an einem bestimmten Ort kaufen. Sie können sogar eine bestimmte Anzahl von Muskelbewegungen pro Stunde kaufen. Aber Sie können keinen Enthusiasmus kaufen. Sie können keine Loyalität kaufen. Sie können die Treue in ihren Herzen nicht kaufen. Das müssen Sie sich verdienen.«
Clarence Francis, *Fortune*

nennt, »eine Fackel für etwas tragen«. »Oft«, sagt er, »mache ich eine Geschäftsreise oder einen Anruf oder was auch immer, um jemanden zu unterstützen, der die Fackel geradewegs in den Abgrund trägt. In den meisten Fällen haben *wir* ihn gebeten, in den Abgrund zu springen. Mitarbeiter müssen wissen, was Mißerfolg bedeutet, und sie müssen wissen, daß das Unternehmen hinter ihnen steht. Das ist meine Rolle.«

Gewiß keine einfache Aufgabe. Ungerechtigkeiten zu erkennen und zu bekämpfen und jede Anstrengung zu unternehmen, um gerecht und angemessen zu handeln, ist in der Gesellschaft von heute, in der fast bei jeder Unterhaltung oder Situation Vorurteile, Rassismus oder Diskriminierung jeglicher Art aufkommen können, kein leichtes Unterfangen. Wenn wir Erfolg haben wollen, müssen wir auf unseren Gerechtigkeitssinn achten.

Neid und Ressentiments können für jedes Unternehmen Gift sein.[36] Die Gründer der USA wußten, daß die meisten anderen Staaten der Geschichte aufgrund von Neid untergegangen sind, Neid einer politischen Gruppe oder Familie auf eine andere, Neid der Armen auf die Reichen.[37] Um überleben zu können, muß ein Staat Neid und Ressentiments bekämpfen. Eine der besten Methoden besteht darin, wirtschaftliches Wachstum durch verschiedene Industriesektoren, Programme und Möglichkeiten zu schaffen, so daß jede Familie die realistische Chance hat, im Laufe der Zeit eine spürbare Verbesserung ihrer wirtschaftlichen Situation zu erfahren. Diese realistische Hoffnung auf eine bessere Zukunft muß für alle Mitglieder einer Gesellschaft, einschließlich der Armen, vorhanden sein. Nur dann können die Menschen in ihren Herzen spüren, daß sich harte Arbeit, Vertrauen, guter Wille, Kreativität und Ausdauer auszahlen. Ohne diese realistische Hoffnung werden Zynismus und Pessimismus folgen, die manchmal von Feindseligkeit und Zorn begleitet werden.

Fred Smith, CEO und President von FedEx, kennt diesen Grundsatz sehr gut. Das Management von FedEx unterstützt ein Programm zur gerechten Behandlung der Mitarbeiter in jeder nur denkbaren Weise – durch Geld, Zeit, Kommunikation und ständige Überwachung. Aber die wohl größte Unterstützung seitens des Managements kommt von Smith selbst, der fast jeden Dienstag an den Sitzungen des Beschwerdeausschusses (einer der beiden Schiedsgruppen) teilnimmt. Obwohl diese Sitzungen manchmal den ganzen Tag dauern, berichten Mitglieder dieses Ausschusses, daß Smith der am häufigsten anwesende Teilnehmer sei.[38]

Jede Organisation, die aus zwei oder mehr Mitarbeitern besteht, wird von Zeit zu Zeit unweigerlich mit Problemen wegen ungerechter Behandlung zu kämpfen haben. Wenn diese Probleme nicht erkannt und gelöst werden, schwächen sie die Energie der Gruppe. Viele Aspekte der Gerechtigkeit drehen sich um den *Investmentfaktor*. Dieser Faktor ist ein verstecktes Gleichgewicht, das beeinflußt, was Menschen in eine Beziehung investieren. Auf der Grundlage einer Reihe von Arbeitsplatzuntersuchungen möchte ich Ihnen hier einige Erkenntnisse über den Investmentfaktor erläutern:[39]

Trotz gegenteiliger Körperhaltung und Rhetorik besteht ein grundlegendes Prinzip bei den meisten Beziehungen am Arbeitsplatz darin, daß Menschen geben, um zu bekommen. Dies bedeutet nicht, daß Habsucht oder reine Selbstsucht im Spiel sind. Es besteht lediglich eine starke, unterbewußte Erwartungshaltung in bezug auf Gerechtigkeit und Gleichgewicht. Der Satz »Nach allem, was ich für dich getan habe!« ist der einfache, nach außen gerichtete Ausdruck eines inneren Gefühls, daß das, was Sie erhalten haben, nicht an das heranreicht, was Sie gegeben haben. Oft zählen nicht Absicht, Mühe oder investierte Zeit am meisten, sondern der *Eindruck*, den der andere davon hat.

Führungspersönlichkeiten und Manager erwarten natürlich von ihren Kollegen und Mitarbeitern, daß sie produktiv und engagiert sind. Oft fühlen wir uns enttäuscht, wenn sie zu spät zu Besprechungen kommen, sich lange Pausen genehmigen, ihre Spesenabrechnungen aufblähen, Firmeneigentum mit nach Hause nehmen, sich krank melden, obwohl wir sicher sind, daß es ihnen gutgeht. Häufig sind wir bestürzt, wenn gerade diese Mitarbeiter kündigen und sich selbständig machen oder zur Konkurrenz wechseln.

Beginnen wir mit einer einfachen Prüfung des Investmentfaktors: Suchen Sie sich eine wichtige Arbeitsbeziehung aus – zu einem Untergebenen, Ihrem Chef oder einem Schlüsselmitglied Ihres Teams. Teilen Sie ein Blatt Papier in zwei Spalten auf: In die linke Hälfte schreiben Sie: »Was ich gebe« (*Input*), in die rechte: »Was ich bekomme« (*Output*). Tragen Sie alles ein, was Sie zu dieser Beziehung beitragen – das kann Gehalt, Zeit, persönliche Förderung, berufliche Weiterentwicklung, Respekt, Vertrauen, emotionale Unterstützung, Loyalität, Rat und so weiter sein. Dann schreiben Sie in die rechte Spalte den Gewinn, den Sie aus dieser Beziehung ziehen. Vergleichen Sie die beiden Aufstellungen. Haben Sie das Gefühl, daß sie im Gleichgewicht sind?

Der Eindruck von Input/Output ist sehr subjektiv. Landesweite Umfragen haben ergeben, daß 53 % der Manager und 83 % der Angestellten in großen Unternehmen der Meinung sind, nicht genügend Anerkennung zu bekommen, und sich deshalb ärgern.[40] In vielen Fällen bestätigen die »Fakten« diese Einschätzung nicht. Doch das spielt kaum eine Rolle. Am wichtigsten ist, wie der einzelne die Situation *wahrnimmt* und sie *empfindet*. Das kann unter Umständen über 90 % seiner Sicht der Realität ausmachen. Sobald Menschen das Gefühl bekommen, daß sie nicht genügend Anerkennung erhalten, bemitlieden oder opfern sie sich, fühlen sie sich mißachtet, falsch verstanden, zunehmend unter Druck gesetzt, weil ihre Erwartungen nicht erfüllt werden. Die Fakten mögen etwas ganz anderes sagen, und Sie als Führungskraft haben vielleicht gar nichts getan, was diese Gefühle hätte verursachen können. Aber sie sind echt. Wenn Sie versuchen, sie direkt anzugehen, und sie als falsch entlarven wollen, beschämen Sie den anderen nur. Das kann weiteren Ärger, Widerstand, Ressentiments und sogar Rachegefühle auslösen.

Wenn Menschen den Eindruck bekommen, daß sie in einer Beziehung mehr geben als bekommen, bedrückt sie das. Den Managementprofessoren Richard C. Huseman und John D. Hatfield zufolge werden sie dann mit einem der drei folgenden Verhaltensmuster reagieren:[41]

1. Sie *reduzieren den Input*, leisten also nicht mehr so viele Beiträge zu der Beziehung, indem sie zum Beispiel zu spät zur Arbeit kommen, Besprechungen versäumen, weniger oder nachlässig arbeiten, sich beklagen, Gerüchte in Umlauf bringen, sich krank melden, lange Pausen einlegen, »vergessen«, bestimmte Aufgaben zu erfüllen, die eigene Arbeit und die anderer sabotieren.
2. Sie *steigern den Output*, versuchen also, das zu verändern, was sie aus der Beziehung bekommen, indem sie zum Beispiel um Gehaltserhöhung, Prämien, Beförderung, größere Arbeitsplatzsicherheit, mehr Sozialleistungen, Versetzung auf einen anderen Arbeitsplatz oder bessere Arbeitsbedingungen bitten.
3. Sie *beenden die Beziehung*.

Eine der effektivsten Möglichkeiten, um das Investment-Gleichgewicht in Ihren Beziehungen – sowohl am Arbeitsplatz als auch außerhalb davon – zu verbessern, besteht darin zu lernen, was der andere emotional am meisten braucht oder schätzt, und ihm dann mehr davon zu geben. Darin liegt die Stärke dieses gegenseitigen Austausches: bekommen, was man selbst will, und geben, was andere wollen und brauchen. Sie können mit dem anderen ein Gespräch über mögliche Alternativen beginnen, *ohne* seinen Standpunkt anzugreifen, indem Sie folgende Frage stellen: »Was wäre, wenn...?« Wenn Sie zum Beispiel herausfinden, daß es um Geld geht, könnten Sie fragen: »Was wäre, wenn wir das Projekt etwas kleiner machen, damit es noch in Ihr gekürztes Budget paßt?« Suchen Sie nach Lösungen, die für beide Seiten vorteilhaft sind – Lösungen für viele Arten von Problemen. Sie können den anderen auch um Rat bitten, was vermutlich das letzte ist, was er erwartet. Dadurch zeigen Sie, daß Sie seine Fähigkeiten und seinen Wert schätzen. Fragen Sie: »Was ist Ihrer Meinung nach gerecht?«, »Was würden Sie tun, wenn Sie an meiner Stelle wären?«

Hier einige wichtige Aspekte:

- Gehen Sie davon aus, daß der andere ein anständiger Mensch und ein potentieller Verbündeter ist.
- Bringen Sie ihm Vertrauen entgegen, und bauen Sie ein enges Verhältnis auf.
- Überprüfen Sie Ihren inneren Kompaß: Sind Sie sich über Ihre eigenen Ziele und Prioritäten in bezug auf diese Person im klaren?
- Definieren Sie Begabungen, Anliegen, Prioritäten, Bedürfnisse und Wünsche Ihres möglichen Verbündeten.
- Stellen Sie fest, welche Ihrer Stärken und Ressourcen für diese Person von Nutzen sein könnten.
- Fragen Sie Ihren Verbündeten nach seiner Meinung: »Was wäre, wenn...?«, »Was würden Sie tun, wenn Sie an meiner Stelle wären?«, »Was ist Ihrer Meinung nach gerecht?«
- Machen Sie den ersten Schritt – zeigen Sie ein Verhalten, das für den anderen einen Vorteil bedeutet.
- Schlagen Sie einen Austausch vor: Bieten Sie etwas an, und fordern Sie etwas, das Sie haben wollen.

Sie können dieses Verfahren zur Wiederherstellung des Investment-Gleichgewichts auch bei Kollegen, Mitarbeitern, Kunden, Familienangehörigen und Freunden anwenden. Was wollen sie gern von Ihnen bekommen? Wie vermitteln Sie ihnen das Gefühl, geschätzt und respektiert zu werden? Sie werden die Antwort finden, wenn Sie darauf achten, was hinter den Worten steckt. Und dann können Sie darauf reagieren.

Jetzt bleibt nur noch ein Problem – vielleicht ist Ihr Chef nicht der Meinung, er müßte die Beziehung verbessern, oder er besitzt nicht die entsprechenden EQ-Fähigkeiten. Stellen Sie mit Hilfe der oben erläuterten Strategien fest, was *Sie* tun können, um das Verhältnis zu verbessern. Gute Chefs werden sozusagen »gemacht«, und zwar zumindest zum Teil von dem, was wir zu ihrer Persönlichkeit beitragen. Es liegt genauso in der Verantwortung des Mitarbeiters, den Chef zu einer guten Führungskraft zu machen, wie es in der Verantwortung des Chefs liegt, dafür zu sorgen, daß sich die Mitarbeiter gerecht behandelt, geschätzt und erfolgreich fühlen.

EQ in der Praxis
Das Unternehmen als soziale Gemeinschaft

Abgesehen von der Gerechtigkeit gibt es noch einen weiteren Einflußbereich, dessen integraler Bestandteil wir sind: unsere soziale Gemeinschaft. Früher war dies das Dorf oder das Viertel, die Stadt oder das Tal. Für viele Menschen ist der Arbeitsplatz zur wichtigsten sozialen Gemeinschaft geworden. Dort verbringen wir während des Tages die meiste Zeit. Dort begegnen wir zahlreichen Herausforderungen. Dort schließen wir Freundschaften, dort wollen wir geschätzt werden und dazugehören, dort haben wir die Chance, einen Beitrag für unsere Gesellschaft zu leisten. Unser Arbeitsplatz ist auch in erster Linie der Ort, an dem wir lernen, uns weiterentwickeln und einen wesentlichen Teil des Sinns unseres Leben entdecken – oder vielleicht auch nicht.

»Soziale Gemeinschaften tragen auf unterster Ebene dazu bei, Charakter zu bilden und zu erhalten. Charakter entwickelt sich in erster Linie in einem Umfeld, in dem Menschen offen und ehrlich miteinander umgehen. Der Arbeitsplatz nimmt hier eine wichtige Stellung ein.«

John W. Gardner,
On Leadership

1727 gründete Benjamin Franklin den *Junto*, einen der ersten amerikanischen Bürgerclubs.[42] Er bestand aus Geschäftsleuten, die sich Gemeinschaft, gegenseitige Verbundenheit und den Dienst an der Gesellschaft zum Ziel gesetzt hatten. Charakter und Werte waren für diese Vereinigung von großer Bedeutung. Der berühmte Sozialkritiker und Philosoph John Dewey wies darauf hin, daß das wichtigste Ergebnis der Unternehmen nicht so sehr die Herstellung von Produkten sei, sondern die Entwicklung der Menschen.

Im Grunde kann man ein Unternehmen für einen synergetischen Spiegel der Meinungen, Grundsätze, Ideen, Anstrengungen, Gefühle und Verhaltensweisen der Menschen, die für sie arbeiten, verstehen. Genau das ist seit langem die Definition von Gemeinschaft. Michael Dell, CEO von Dell Computers, erklärt, wie er dieses Prinzip in die Praxis umsetzt:[43]

> »Alle Arten von Aktivitäten, bei denen man die Mitarbeiter zusammenholt und eine Kommunikation in Gang bringt, sind für das Unternehmen sehr hilfreich. Man muß Grenzen abbauen und zwanglose Kommunikation fördern. Wenn man Freundschaften innerhalb des Unternehmens aufbaut, verstehen die Mitarbeiter allmählich, daß ›die da oben es nicht auf mich abgesehen haben. Wir sitzen alle in einem Boot‹. Bei Dell in Austin hat es sich als sehr positiv herausgestellt, daß sich unsere Belegschaft so stark in der Sozialarbeit engagiert. Wir sponsern regelmäßig Veranstaltungen im sozialen Bereich, und das Unternehmen spendet für Einrichtungen und Programme, bei denen unsere Mitarbeiter als Freiwillige helfen. Wir fragen sie, um herauszufinden, wofür sie sich interessieren, und spenden dann für diese karitativen Organisationen.«

Wenn Sie über das Wort »Unternehmen« nachdenken, welche Gefühle und Bilder entstehen dann? Wenn Sie über das Wort »Gemeinschaft« nachdenken, was empfinden und sehen Sie?

Den Unternehmensstrategen Juanita Brown und David Isaacs zufolge[44] sind die Antworten, die auf diese Fragen gegeben werden, überraschend ähnlich: Das Wort »Unternehmen« weckt Gefühle und Assoziationen wie Autorität, Bürokratie, Wettbewerb, Macht, starre Regeln, Maschinen und militärische Befehlsketten. »Gemeinschaft« erzeugt Gefühle und Assoziationen wie Freiwillige, die anderen helfen, Wohltätigkeitsveranstaltungen, Zusammenarbeit, Gemeindeversammlungen, Demokratie, persönliche Verantwortung, Engagement, Teamarbeit, kreative Arbeit und Spaß. Gemeinschaft ruft sehr viel stärker die Vorstellung von Menschen hervor, die Teil einer Beziehung innerhalb eines größeren Ganzen sind.

Während ich diese Zeilen über die Bedeutung der sozialen Gemeinschaft schreibe, muß ich an einen Tagebucheintrag der Bildhauerin Jenny Read (1947-1976) denken:[45]

> »Wir brauchen nicht mehr Licht in dieser Welt, sondern mehr Wärme. Wir werden nicht an der Dunkelheit sterben, sondern an der Kälte.«

Seit einigen Jahrzehnten schenken Führungskräfte des oberen Managements diesem Gemeinschaftsempfinden und dem Bedürfnis, »mehr Wärme« und Licht in die Unternehmen zu bringen, mehr Beachtung. Das spielt angesichts der Tatsache eine große Rolle, daß im Trend zu virtuellen Büros, der Arbeit über Internet und firmeneigene Intranets immer mehr persönliche Interaktionen verlorengehen. Nehmen wir zum Beispiel das soziale Engagement von Wayne Calloway, dem vor kurzem in den Ruhestand gegangenen CEO von Pepsico. Während er das Unternehmen (Lebensmittel- und Getränkeindustrie) leitete, das heute einen Umsatz von 30 Milliarden Dollar erzielt, zeigte er immer ein starkes Interesse an den *Menschen* hinter den Mitarbeitern seiner Organisation.[46] Er legte Wert darauf, seine Anteilnahme für Familien und soziale Gemeinschaften – und nicht für berufliche Laufbahnen –, persönliche Probleme und Persönlichkeiten zum Ausdruck zu bringen. Jeder einzelne hat einen ihm eigenen Einfluß oder eine Resonanz, die sich mit anderen verbindet, und je mehr eine Führungspersönlichkeit darüber weiß, so Calloway, desto mehr kann sie den Mitarbeitern dabei helfen, Glück und Motivation zu erreichen. Das wiederum hält den »Kreis der Kreativität und des wirtschaftlichen Wertes« aufrecht.

»Manchmal geht es um jemanden, der zwar die richtige Einstellung hat«, erklärt er, »aber trotzdem funktioniert es nicht«, was heißen soll, daß die Leistungen des Mitarbeiters nicht ausreichen. »Dann ist es an der Zeit zu fragen: ›Was können wir tun, um Ihnen zu helfen?‹ Manchmal finden wir heraus, daß seine Frau seit sechs Monaten an Krebs leidet oder er nachts nicht mehr richtig schlafen kann. Dann kann ein dreimonatiger Urlaub vieles wieder in Ordnung bringen. Oder ein Mitarbeiter sagt: ›Dieser Job ist nicht so, wie ich ihn mir vorgestellt habe, und er ist auch nicht das, was ich wollte, aber ich muß eine Menge Rechnungen bezahlen und kann es mir nicht leisten zu kündigen.‹ Dann sagen wir: ›Vielleicht werden wir ein Jahr lang Ihre Rechnungen übernehmen. Und Sie überlegen sich, wie der Job Ihnen mehr Spaß machen würde.‹« Spaß entsteht zum größten Teil durch das Verständnis von Verbundenheit und Resonanz und das Vermögen, Einfluß ohne Autoritätsgehabe auszuüben, um Mitarbeiter zu ermutigen, die von ihnen geforderten Gelegenheiten wahrzunehmen. Flexibilität im Umgang mit den einzelnen Mitarbeitern und ihren Bedürfnissen ist notwendig, um einen Sinn für Gemeinschaft und gegenseitiges Vertrauen aufzubauen, erklärt Calloway. »Man darf nicht einfach sagen: ›Sie sollen sich zum Teufel scheren. Sie bringen keine Leistung. Werft sie raus.‹ Das funktioniert nicht.«

Eine der Methoden, die funktionieren, besteht darin, individuelles und gemeinsames Lernen am Arbeitsplatz zu fördern. 1994 errichtete die Bank of Montreal ein 50 Millionen Dollar teures Schulungsgebäude für ihr Institute for Learning (IFL).[47] Großzügige Flure mit hellen Erkern laden zu zwanglosen Gesprächen ein und vermitteln ein Gefühl des Zusammenhalts. Die große Halle wird von einer »Affinitätswand« beherrscht, auf der Kunden neue Ideen vermerken und Gesprächsfäden miteinander verknüpfen können. Es werden offene Diskussionsforen mit Hunderten von Teilnehmern durchgeführt, Angestellten und Managern aus allen Ebenen, ohne geplantes Programm oder Präsentationen. Die Teilnehmer vertrauen auf den offenen Dialog, um innovative Ideen zu entwickeln, und stimmen dann das Programm darauf ab.

Fragen Sie sich: Sind wir ein Unternehmen, das Menschen nicht nur einen Arbeitsplatz stellt, sondern sie in einer Unternehmensgemeinschaft zusammenbringt? Wecken wir in unseren Mitarbeitern Motivation und freiwillige, kreative Beteiligung? Fördern wir echten Dialog, nicht nur innerhalb der Teams, sondern in der ganzen Organisation? Lernen wir aktiv als Gemeinschaft etwas, was uns allen wichtig ist, selbst in unsicheren, schwierigen Zeiten? Peter Drucker erinnert daran, daß die besten und engagiertesten Mitarbeiter in einem Unternehmen immer Freiwillige sind – Menschen, die es sich erlauben könnten, etwas anderes mit ihrem Leben anzustellen, als jeden Morgen am Arbeitsplatz zu erscheinen.

Führungspersönlichkeiten, die die Sprache der Freiwilligkeit und der Gemeinschaft beherrschen, rufen das hervor, was Brown und Isaacs ein »intuitives Bild gegenseitigen Engagements und Beitrags« nennen. Das steht im Gegensatz zu jenen »militärisch geführten« Unternehmen, die ihre Mitarbeiter darauf trainieren, an ihrem Arbeitsplatz ein bestimmtes Verhalten zu zeigen. Die meisten Menschen sind bereit, sich für ein inspirierendes Unternehmensziel zu engagieren. Aber sie brauchen einen soliden Beweis dafür, daß sich das Unternehmen auch für sie engagiert. Sie können mit den Herausforderungen »fließen« und zusammenarbeiten, um eine bessere Zukunft zu schaffen. Aber sie wollen auch ihren Anteil an den Früchten, die diese Zukunft bringt.

Denken Sie einmal darüber nach, was Sie heute oder in dieser Woche tun könnten, um in Ihrem Unternehmen mehr Sinn für die Gemeinschaft zu entwickeln. Werden Sie es tun?

Vor einigen Jahren drückte ein Besucher von Mutter Teresas Mission in Kalkutta seine Verwunderung angesichts des Engagements aus, mit dem sie sich der überwältigenden, nie endenden Aufgabe widmet, für die Kranken, Hungernden und Sterbenden zu sorgen.[48] »Wie können Sie nur hoffen, all die Hungernden satt zu bekommen, die Ihre Mission aufsuchen?« fragte der Besucher. »Einen Mund nach dem anderen«, lautete die einfache, ehrliche Antwort. Das ist Einfluß und Sinn für Gemeinschaft – zusammengefaßt. So machen wir aus einem Unternehmen eine Gemeinschaft – ein Herz nach dem anderen. Eine Interaktion nach der anderen.

Das bringt uns zu den Mentoren.

EQ in der Praxis
Mentoren und Mitgefühl

Niemand wird abstreiten, daß der Weg an die Spitze weit und voller Mühsal ist. Wir werden erschöpft, abgelenkt, desillusioniert und enttäuscht, sind versucht, den Mut zu verlieren und aufzugeben. Eine Führungspersönlichkeit hat die Aufgabe, ihren Mitarbeitern Mut zu machen, sie aufzufordern, Ziel und Vision auch in schwierigen Zeiten nicht aus den Augen zu verlieren. Aber dafür braucht man ein Beispiel.

> »Die Sorge für andere, die Hilfe der Starken für die Schwachen sind der Fels, auf den eine gute Gesellschaft gebaut ist.«
> **Robert K. Greenleaf,**
> Harvard Business School

Erfolgreiche intelligente Menschen verweisen oft auf wichtige Rollenmodelle in ihrem Leben, Menschen, die ihnen dabei geholfen haben, ihr einzigartiges Potential zu verstehen, das ihr Schicksal geprägt hat. In vielen Fällen haben diese Menschen dabei geholfen, aus dem Weg in den Mißerfolg einen Weg zum Erfolg zu machen. Doch es genügt nicht, solche Menschen zu kennen. Wir müssen das Beste aus dem machen, was sie uns bieten können, und letzten Endes die Verpflichtung eingehen, selbst als Rollenmodell zu dienen.

Robert Vanourek meint hierzu: »Eine echte Führungskraft sorgt sich um die Menschen. Sie mißt dem Wohlergehen ihrer Mitarbeiter genausoviel Bedeutung bei wie dem eigenen. Ein aufgeklärtes Management erfordert also Einbeziehung und Dienstleistung, keinen Egoismus. Und warum sorgt sich eine Führungskraft? Weil sie das Potential kennt, das in jedem Menschen steckt. Sie respektiert diese ungenützten Kräfte und Gefühle... Eine Führungskraft will die Mitarbeiter stärken, will dieses verborgene Potential freisetzen. Das spüren die Mitarbeiter intuitiv. Sie sind weder dumm noch abgestumpft. Man kann sie nicht sehr lange hinters Licht führen. Sie wissen in ihrem Herzen, daß eine echte Führungskraft ihr Vertrauen verdient. Also engagieren sie sich. Freiwillig. Mit ihrem Verstand und ihrem Körper und ihrem Herzen. In den Herzen der Menschen werden die größten Siege errungen.«[49]

Sie wissen vermutlich, daß Thomas Edison 1093 Patente anmeldete und als Vater der modernen Forschung und Entwicklung angesehen wird. Er erfand die Glühbirne, den Phonographen und den Tonfilm. Aber nur wenige wissen, daß wir ihm auch das Konzept der wissenschaftlichen *Teamarbeit* zu verdanken haben. Als einer der ersten förderte Edison in seinen Labors die Zusammenarbeit unter Wissenschaftlern. Da er fast taub war, wurde diese Kooperation noch mehr zur Herausforderung und intuitiver, erforderte sowohl das Herz als auch den Kopf.

Zyniker werden jetzt vielleicht anführen, daß »Mentor« nur ein anderes Wort für Supervisor oder Aufseher sei. Weit gefehlt. Mentoren »lösen« keine Probleme. Sie treten vor, wenn sie darum gebeten werden, und bieten Ressourcen und Hilfe an. Sie stehen nicht ständig hinter dem Fragenden. Sie beobachten Ergebnisse und Maßstäbe und dienen als Ressource, auf die bei Bedarf zurückgegriffen werden kann.

»Wenn wir Integrität besitzen, können wir unsere Verantwortung für jeden Teil des Ganzen nicht einfach abstreiten.«
M. Scott Peck,
The Road Less Traveled

In den letzten Jahren haben Führungspersönlichkeiten wie Robert Eaton von Chrysler und Lew Platt von Hewlett-Packard als Mentoren gedient. Das Wort stammt aus dem Griechischen und bedeutet »Lehrer«, »Berater« oder »Erzieher«. In einem vor kurzem in der *Harvard Business Review* erschienenen Artikel hieß es: »Jeder, der es geschafft hat, hat einen Mentor.« Wer sind Ihre Mentoren gewesen? Fragen Sie sich: Was genau habe ich getan, und inwiefern bin ich bereit, selbst als Mentor zu dienen? Welchen Einfluß – einschließlich meiner emotionalen Resonanz – habe ich wirklich in den größeren sozialen Gemeinschaften, zu denen ich gehöre?

In vielen Fällen haben Führungspersönlichkeiten selbst andere Führungspersönlichkeiten hervorgebracht. William Peace, der General Manager von Westinghouse, den ich bereits in Kapitel 6 beim Thema Vertrauen erwähnt habe, erzählt von seinem Chef und Mentor Gene Cattabiani.[50] Anfang der 70er Jahre hatte Cattabiani gerade einen in Schwierigkeiten steckenden Geschäftsbereich von Westinghouse in Philadelphia übernommen, der Dampfturbinen herstellte. Er war gezwungen, sofort die Kosten zu senken und die Produktivität zu steigern. Alle Indikatoren wiesen auf die Fertigung, wo eine tiefe Feindseligkeit zwischen Arbeitern und Management herrschte. Bei einigen der in letzter Zeit von der Gewerkschaft organisierten Streiks war es zu Gewalttätigkeiten gekommen. Die Manager hielten die Arbeiter für faul und selbstsüchtig und verspotteten sie bei einigen Gelegenheiten. Cattabiani war der Meinung, daß die Mitarbeit der Gewerkschaft der Schlüssel zur Rettung des Geschäftsbereiches war, und versprach, die Arbeiter aufrichtig und mit Respekt zu behandeln. Gegen den Rat seines Managerteams entschloß er sich dazu, vor der gesamten Belegschaft Präsentationen zu halten, in denen er Informationen über die Unternehmenssituation gab und wo auch eine bestimmte Zeit für Fragen vorgesehen war. Da die Belegschaft sehr groß war, plante er mehrere Sitzungen ein. Die erste endete in einem Sturm aus Protesten.

»Der Mensch ist Teil jenes Ganzen, das von uns ›das Universum‹ genannt wird. Er erfährt sich selbst, seine Gedanken und Gefühle als etwas, das vom Rest abgetrennt ist – eine Art optische Täuschung seines Bewußtseins. Diese Täuschung ist für uns so etwas wie ein Gefängnis, da sie uns auf unsere persönlichen Wünsche und auf die Zuneigung für einige Menschen in unserer Nähe einschränkt. Unsere Aufgabe ist es nun, uns aus diesem Gefängnis zu befreien, indem wir unser Gefühl auf alle lebenden Wesen und die Natur in all ihrer Schönheit ausdehnen.«

Albert Einstein

Cattabiani versuchte, den Mitarbeitern verständlich zu machen, daß der Geschäftsbereich in Schwierigkeiten steckte und daß ihre Arbeitsplätze von einer geänderten Arbeitgeber-Arbeitnehmer-Beziehung abhingen. Doch die Arbeiter sahen Cattabiani als Feind und störten seinen Vortrag durch Zwischenrufe oder offene Beleidigungen. Peace und seine Kollegen im Management waren davon überzeugt, daß Cattabiani seinen Fehler einsehen und die Präsentationen beenden würde. Aber er machte weiter. Trotz des wachsenden Widerstands hörte er nicht auf. Mit jeder neuen Sitzung stellte er sich den Buhrufen und Beleidigungen der Arbeiter, die einfach nicht zu hören schienen, was er sagte. Nach den Präsentationen machte er den ersten einer ganzen Reihe regelmäßiger Besuche im Betrieb selbst, was keiner seiner Vorgänger je versucht hatte. Er legte Wert darauf, direkt mit den Mitarbeitern zu sprechen, die ihn beleidigt hatten, und trotz offener Feindseligkeit versuchte er, ein Gespräch mit ihnen zu beginnen.

Einen Monat, nachdem er mit diesen Besuchen begonnen hatte, begannen die Arbeiter, die er ansprach, seine Gegenwart durch ein Kopfnicken zu bestätigen, und einige schienen ihm zuzuhören. Ein paar fingen sogar an, mit ihm zu diskutieren. Er machte es ihnen schwer, ihn zu hassen, und unmöglich, ihn zu ignorieren. Langsam wurde er mehr als nur ein Gesicht, ein nutzloser Manager, der Feind. Bald war er für sie eine Person, und das verlieh ihm den Status »Mensch«, den kein anderer Manager in diesem Geschäftsbereich je gehabt hatte. Am Ende des nächsten Monats hatte er eine gewisse Glaubwürdigkeit gewonnen, und die verbitterte, stumme Feindseligkeit wurde bald durch einen Dialog abgelöst.

In den folgenden Monaten setzte er größere Änderungen im Unternehmensmanagement durch, woraufhin sich die Arbeitgeber-Arbeitnehmer-Beziehungen erheblich verbesserten. Er führte einen höheren Standard für Qualität und Produktivität ein. Wenn es unerläßlich war, entließ er Mitarbeiter. Jede Veränderung war ein harter Kampf, aber Cattabiani machte unbeirrt weiter, während er gleichzeitig immer für die Mitarbeiter zu sprechen war, so daß er Zorn und entstehende Unruhe immer direkt anging. Die Arbeitsleistung im Geschäftsbereich verbesserte sich soweit, daß das finanzielle Überleben gesichert war, und damit auch Hunderte von Arbeitsplätzen. William Peace zufolge, dessen Mentor Cattabiani während dieser Veränderungen war, hat ihm das geholfen, besser auf die Herausforderungen zu reagieren, die ihn in der Zukunft erwarteten. Es gibt immer mehr Anhaltspunkte dafür, daß ein Mentor und stabile Beziehungen zu Kollegen gleicher Hierarchiestufe entscheidende Aspekte für den Erfolg sind.

Wer sind Ihre Mentoren in dieser Zeit? Und für wen sind Sie gerade Mentor? Verbringen Sie eine Stunde pro Woche oder mehrere Stunden pro Monat mit einem Mentor, der einen hohen EQ besitzt? Welchen Nutzen hat ein solches Engagement für Ihr Privatleben und Ihre Arbeit? Welchen Nutzen könnte es haben? Sie sollten für das nächste Jahr mindestens eine neue Mentorenbeziehung einplanen.

Vor kurzem telefonierte ich mit einer Freundin von mir, Lynn Sontag, die gerade ihre Position als Leiterin der Abteilung Weiterbildung von Führungskräften bei 3M aufgegeben hatte, um als Executive Consultant und Leiterin der Forschungs- und Entwicklungsabteilung von MenTTium zu arbeiten. Dieses Unternehmen liefert das Know-how für das erste amerikanische und kanadische Mentorenprogramm für engagierte Frauen auf mittlerer Managementebene.[51] Das Programm wurde vom amerikanischen Ministerium für Arbeit als Modell für landesweite Mentorensysteme empfohlen. Es soll Frauen, die ihr Berufsziel im oberen Management sehen, mit Führungskräften an der Spitze anderer Unternehmen zusammenbringen. Inzwischen fördern bereits mehr als 450 Unternehmen ihre aufstrebenden weiblichen Führungskräfte mit einer Mitgliedschaft bei MenTTium, während sie gleichzeitig ihre Topmanager als Mentoren zur Verfügung stellen. Bis jetzt sind fast 1000 Paare gebildet worden. Erste Auswertungen deuten darauf hin, daß dies nicht nur einen entscheidenden Einfluß auf die Arbeit, sondern auch auf das Leben der Mentoren und der von den Mentoren betreuten Frauen hat. Bis zum Jahr 2000 will MenTTium die 20 größten Märkte in den Vereinigten Staaten abgedeckt haben und international tätig werden.

Viele glauben, daß solche Programme unentbehrlich sind, wenn die Wirtschaft ihre Rolle erfüllen soll, die Zukunft unserer Bevölkerung und unseres Planeten zu schaffen. Wenn wir nicht nur wirtschaftlichen Erfolg haben, sondern auch die dringlichsten Probleme der Welt wie Chancenungleichheit, Gewalt, Hunger, Obdachlosigkeit und Verzweiflung überwinden wollen, müssen viele Mentorengruppen und viele einzelne an vielen Fronten mit ebensoviel Mut und Engagement für ihre soziale Gemeinschaft kämpfen wie Martin Luther King und andere gegen Rassentrennung, Apartheid und die Bedrohung durch den Atomkrieg.

»Jeder muß selbst entscheiden, ob er im Licht kreativer Nächstenliebe oder in der Dunkelheit zerstörerischer Selbstsüchtigkeit gehen will. Die hartnäckigste und dringlichste Frage des Lebens ist: Was tust du für andere?«
Martin Luther King
(1928-1968), Bürgerrechtler und Nobelpreisträger

1964 hatten viele Menschen die Hoffnung auf eine friedliche Lösung dieser Konflikte bereits aufgegeben. Es sei zu schwierig, sagten viele. Wir dürfen die Wirtschaft nicht vernachlässigen, jammerten andere. Sie haben sich geirrt. Heute, mehr als drei Jahrzehnte später, gibt es mehr Beweise als jemals zuvor dafür, daß wir nicht nur auf unseren Kopf, sondern auch auf unser Herz hören müssen. Erst dann besteht eine echte Chance dafür, daß wir von den Erfolgen der zusammenarbeitenden Wirtschaftsimperien des neuen Jahrhunderts profitieren können und gleichzeitig unser individuelles und kollektives Bewußtsein so verändern, daß wir alle zusammen die bestmögliche Zukunft für die Menschheit schaffen.

Fließzustand: die Brücke zum vierten Eckstein der emotionalen Intelligenz

Beim dritten Eckstein der emotionalen Intelligenz trägt jeder der vier genannten Aspekte – einzigartiges Potential/Bestimmung, Engagement, Integrität und Einfluß – zur Entwicklung des inneren Charakters bei und steigert die Kreativität. Wir fangen an, unsere emotionale Schattenseite in unsere Lichtseite zu integrieren. Wir akzeptieren die Stimmen der Angst und des Zweifels, die immer bei uns sind, begleitet von dem Drang, an der Oberfläche des Lebens zu leben, statt seine Tiefen zu kennen. Erst mit dem letzten Eckstein des Executive EQ, der emotionalen Alchimie, können wir unsere Fähigkeiten hinsichtlich Entscheidungsfindung, Innovation und Umgestaltung verbessern und einen Schritt vorwärts tun, um die Zukunft zu schaffen. Diese Fähigkeiten werden nicht allein durch Einsicht oder Willenskraft erworben. Dazu müssen wir mit unserer Intuition *fließen*, aufhören, uns anzustrengen, loslassen und gestatten, daß unsere emotionale Intelligenz wachsen kann. Dieser Fließzustand oder *Flow* kann als Verbindungsglied oder »Brücke« zwischen dem dritten und dem vierten Eckstein der emotionalen Intelligenz angesehen werden.

Der vierte Eckstein:

Emotionale Alchimie

Gelegenheiten wahrnehmen und die Zukunft schaffen bildet *Zusammenfluß* – einschließlich intuitiver Innovation, situationsbedingter Umgestaltung und fließender Intelligenz

»An der Grenze blüht das Leben.«
James Gleick, *Chaos*

Der französische Philosoph Jean-Paul Sartre hat einmal geschrieben, daß Gefühle die Ursache für »magische Umgestaltungen der Welt« seien.[1] Dieser vierte Eckstein soll eine Diskussion einleiten, die Möglichkeiten solcher Umgestaltung in Beruf und Privatleben untersucht. Wir nennen ihn emotionale Alchimie. Alchimie wird definiert als »Macht oder Prozeß, eine gewöhnliche Substanz, die nur von geringem Wert ist, in etwas mit größerem Wert umzuwandeln«.

Durch ein gesteigertes Bewußtsein und die intuitive Anwendung der emotionalen Intelligenz werden wir letzten Endes zu Alchimisten. Wir lernen, wie wir die unterschiedlichen emotionalen Frequenzen oder Resonanzen – in uns selbst oder in anderen – spüren und abstimmen können, statt sie automatisch zurückzuweisen oder uns ihnen zu widersetzen. Wir lernen, wie wir Eingebungen, tief empfundene Hoffnungen, Enthusiasmus, Unzufriedenheit und andere emotionale Energien als Katalysatoren für Veränderung und Wachstum einsetzen oder als Gegenmittel bei Unbeweglichkeit und Stagnation verwenden. Erst dann erfahren wir eines der Schlüsselergebnisse der emotionalen Alchimie – den Zusammenfluß, bei dem sich grundverschiedene Intuitionen und Begabungen, Aufgaben und Fähigkeiten, Menschen und Möglichkeiten zu einem Ganzen vereinen.

James Autry, ehemalige Führungskraft eines Fortune-500-Unternehmens und President der Meredith Corporation, bemerkt in diesem Zusammenhang, daß bei der abschließenden Analyse die letzte Zeile von allem anderen abhängt, und daß es deshalb die Aufgabe der Führungskräfte ist, Umgebungen zu schaffen, in denen sie – und alle um sie herum – in der Lage sind, ihr Bestes zu geben, um diese letzte Zeile zu produzieren. Autry verweist auf sein Gedicht »Threads«:[2]

»Listen.
In every office
you hear the threads
of love and joy and fear and guilt,
the cries for celebration and reassurance,
and somehow you know that connecting these threads
is what you are supposed to do…« *

Bei diesem letzten Eckstein der emotionalen Intelligenz werden wir unsere Reise durch die Landkarte des Lebens und der Arbeit fortsetzen und dabei einige wirkungsvolle Methoden vorstellen, mit denen es die emotionale Intelligenz uns ermöglicht, effektiv mit Herausforderungen zu fließen, schwierige Situationen zu verwandeln, Gelegenheiten zu spüren, unerforschtes Terrain zu betreten, die Regeln zu ändern und die Zukunft zu schaffen. Dabei werden wir die Fäden unserer emotionalen Intelligenz weiter miteinander verknüpfen, so daß wir unsere Arbeit und unser Leben, unsere Aufgabe und unsere Beziehungen, unser Wissen und unser Vermächtnis voranbringen können.

»Arbeit ist der Versuch,
eine entsprechende Alchimie zu finden,
die den innersten Kern des Daseins
erweckt und befriedigt.«
Thomas Moore, *Care of the Soul*

* »Hör zu. / In jedem Büro / hörst du die Fäden / aus Liebe und Freude und Angst und Schuld, / die Rufe nach Lob und Bestätigung, / und irgendwie weißt du, daß es deine Aufgabe ist, / diese Fäden miteinander zu verbinden…«

13
Intuitives Fließen

Wenn Ihre Intuition sehr hoch entwickelt ist, brauchen Sie sich nicht anzustrengen, um sie einzuschalten – sie bleibt eingeschaltet. Sie *fließt*. Sie wird Teil der Art und Weise, in der Ihr Herz und Ihre Sinne auf jede Erfahrung und jede Situation reagieren. Inmitten von zahlreichen Details, Diskussionen, einem Riesenstapel aus Berichten und einem Megabyte Computerdaten nach dem anderen appellieren wir an einen sechsten Sinn, der uns genau an den Ort bringt, wo wir handeln müssen – an den zentralen Punkt inmitten des riesigen, ständig wechselnden Musters, das wir Arbeit nennen, an den Punkt, an dem wir in diesem Augenblick das größte Interesse und den größten Einfluß haben: wo unsere Präsenz etwas bewirken kann.

»Man sollte so nah wie möglich an dem Kanal bleiben, in dem unser Leben fließt.«
Henry David Thoreau

Dieser sechste Sinn ist intuitives Fließen. Fast alle erfahren wir ihn von Zeit zu Zeit, etwa wenn wir in »Höchstform« arbeiten oder uns so anstrengen, daß wir unsere Grenzen überwinden – in Kunst, Musik, Literatur, Musik, Sport, Management; oder wenn wir aufrichtig empfundene Ziele in der Schule, bei Beziehungen oder in unserer Firma verfolgen. Solche Momente bleiben uns als die besten Augenblicke unseres Lebens in Erinnerung. Ein Komponist beschreibt den Flow folgendermaßen:[1]

> »Man befindet sich in einem derart ekstatischen Zustand, daß man fast den Eindruck hat, überhaupt nicht zu existieren. Ich habe das immer wieder erlebt. Meine Hand scheint ein Eigenleben zu entwickeln, und ich habe keinen Einfluß auf das, was

geschieht. Ich sitze einfach nur da und sehe mit einem Gefühl der Ehrfurcht und des Staunens zu. Und die Musik fließt einfach so aus mir heraus.«

Diese Beschreibung ähnelt zahllosen anderen, die der Psychologe Mihaly Csikszentmihalyi von der University of Chicago in den 20 Jahren gehört hat, in denen er nun schon Untersuchungen im Bereich Flow und Kreativität durchführt.[2] Bergsteiger, Tänzer, Schachgroßmeister, Chirurgen, Wissenschaftler, Führungskräfte, Basketballspieler, Ingenieure, Buchhalter und sogar Bürokräfte berichten von Erfahrungen mit dem Fließzustand. Zu den Merkmalen dieses Zustandes gehört ein Gefühl der spontanen Herausforderung und der Hochstimmung, gelegentlich sogar Ekstase. Sie arbeiten dabei auf einem sehr hohen Niveau der Aufmerksamkeit und Leistungsfähigkeit. Da dieser Fließzustand ein ausgewogenes, fließendes Gefühl vermittelt, ist er an sich schon lohnend und verstärkt unser kreatives Selbstvertrauen. Er bringt uns dazu, kreative Risiken auf uns zu nehmen und herausragende Leistungen zu erbringen. Sie überwinden die tägliche Routine und alles, was Sie bedrückt. Der Flow verleiht Ihnen ein gesteigertes Selbstwertgefühl und tiefe Befriedigung. Es gibt Anzeichen dafür, daß wir *bestimmen* können, ob wir diesen Zustand bei unserer Arbeit und in unserem Privatleben häufiger oder vielleicht sogar ständig erleben wollen.[3] Aber die meisten tun dies nicht.

Zumindest noch nicht.

Ich kenne einige außergewöhnliche Männer und Frauen, die an ihren besten Tagen im Fließzustand gearbeitet haben. Eines der bemerkenswertesten Beispiele für den Fließzustand hat nichts mit der Wirtschaft zu tun. Ich erlebte es, als ich Gelegenheit hatte, einem Experten im Aufspüren vermißter Kinder einige Tage bei seiner Arbeit zuzusehen – Ab Taylor. Taylor war einer der erfolgreichsten Spurenleser der amerikanischen Grenzpolizei. Charles Bronson spielte in der Verfilmung seines Lebens die Hauptrolle.

30 Jahre lang wurde Ab gerufen, wenn es darum ging, unter gefährlichen Bedingungen und im unwegsamen Gelände bewaffnete Flüchtlinge zu finden oder Kinder, die ihren Eltern auf einem Campingplatz in der Wildnis weggelaufen oder von zu Hause ausgerissen waren. Diesen Kindern galt sein ganzes Mitgefühl. Meistens fand er sie, völlig verängstigt, weil niemand ihre Hilferufe gehört hatte und sie manchmal mehrere Tage lang allein gewesen waren. Diese Kin-

der waren in einem Alptraum gefangen. Einige starben. Wenn die örtlichen Polizeibehörden und Such- und Rettungsmannschaften ein Kind nicht fanden, wurde Ab eingeflogen.

Ihn bei der Arbeit zu beobachten rief in mir ein Gefühl ehrfürchtiger Scheu hervor. Er konnte eine Spur an jedem beliebigen Punkt aufnehmen und ihr Tag und Nacht durch den dichten Wald folgen, wenn es sein mußte mehrere Tage lang. Er hatte gelernt, jeden Abdruck zu lesen, den ein menschlicher Fuß hinterlassen kann. Er kannte jedes der kleinen Zeichen, die zurückbleiben, wenn das Laub von einem Bein oder einem Arm gestreift wird. Er wußte, was der Regen mit einer Spur macht, oder wie sie nach einiger Zeit aussieht. Mitten in der Nacht und selbst während eines Sturms konnte er »alte« Spuren verfolgen, einschließlich solcher, die durch die Fußabdrücke übereifriger, unausgebildeter Suchgruppen schon fast unkenntlich gemacht worden waren.

Zunächst ließ Ab den Blick umherschweifen, um sich einen Überblick über das Gelände zu verschaffen, wo er die Spur gefunden hatte. In der Regel hatte man ihm einige Informationen zu der vermißten Person gegeben, und er sagte mir, daß er sich immer die Zeit nahm, um sich folgende Frage zu stellen: Was wäre, wenn er diese Person wäre? Was für ein Gefühl wäre es für ihn, auf der Flucht zu sein oder sich verirrt zu haben? Wohin würde er gehen?

Dann überließ er sich seinen Instinkten und seiner Intuition und folgte der Spur auf diese Art. Beinahe sofort geriet er in einen intuitiven Fließzustand. Bei Untersuchungen dieses »Bestzustandes« hat sich herausgestellt, daß der intuitive Fließzustand nicht auftritt, wenn wir passiv sind oder von unserem Bewußtsein in der entsprechenden Situation auf Distanz gehalten werden. Er kommt dann vor, wenn wir uns voll und ganz mit dieser Situation beschäftigen und uns anstrengen, etwas Schwieriges oder Lohnendes zu vollbringen.[4] Anders ausgedrückt: Flow geschieht nicht einfach mit uns, schon gar nicht aus Zufall, sondern *wir lassen ihn geschehen.*

Ging man neben Ab Taylor, wenn er einer Spur folgte, sah man einen Mann, der sich schnell und geschickt, beinahe lautlos bewegte. Er spürte die Spur mehr, als daß er sie sah. Ab und zu blieb er stehen, um zu erklären, wie seine Intuition einige fast unsichtbare Zeichen wahrgenommen hatte, die er perfekt miteinander kombinierte. Aus unzähligen kleinen Zeichen spürte er die Angst oder die Panik des Gesuchten, das Ausmaß seiner Anspannung oder Erschöpfung, als wäre er die verfolgte Person. Ab wußte, daß er keinen Augenblick vergeuden durfte. Er hatte Angst davor, ein Kind zu finden, das gerade gestorben war, vielleicht nur wenige Stunden, bevor er es gefunden hatte. Dieser Gedanke verfolgte ihn.

Während der Zeit, die ich mit ihm verbrachte, mußte ich daran denken, daß die komplexen Situationen, die Ab Taylor erlebte, eine treffende Metapher für das sind, womit viele Menschen fertig werden müssen. Wir suchen etwas, was vor uns liegt, im Unbekannten. Der Dschungel unserer Arbeitswelt verändert sich ständig, er ist vielschichtig und ungewiß. Wir müssen jede Möglichkeit nutzen, die uns zur Verfügung steht, jeden Instinkt, jede Art von Intelligenz, um damit umgehen zu können. Wir dürfen es uns nicht leisten, Zeichen zu übersehen oder vom Weg abzukommen und uns zu verirren. Der rationale Verstand kann diese Aufgaben nicht erfüllen. Nicht alle auf einmal, das ist unmöglich. Dazu brauchen wir unser Herz. Wir brauchen Ab Taylors intuitiven Fließzustand.

Oder etwas ähnlich Wirkungsvolles. Max Planck, der Vater der Quantentheorie, war der Meinung, daß ein wegbereitender Wissenschaftler eine »lebhafte, intuitive Vorstellungskraft in bezug auf neue Ideen besitzen muß, die sich nicht durch logische Schlußfolgerungen ergeben«.[5] Dabei fällt mir ein Besuch in einem Labor des Max-Planck-Instituts in Deutschland ein. Es war früh am Morgen, und ich unterhielt mich mit Wissenschaftlern, die die zellulare Produktion von Adenosin-5′-triphospat (ATP) erforschten, das auch »Energie des Lebens« genannt wird. Ich werde niemals die Aufregung vergessen, die in diesem Labor herrschte. Sie war geradezu ansteckend. Als ich weitere Mitglieder des Forschungsteams kennenlernte, die sich mit anderen Aspekten der wissenschaftlichen Untersuchung beschäftigten, wurde mir klar, daß hier eine innovative Zusammenarbeit ganz besonderer Art stattfand. Hier herrschte ein intuitives Fließen. Von einer Entdeckung zur nächsten, von einem Verstand und Herzen zum anderen, vom Rand des Bekannten hinein in das Unbekannte.

Der Leiter des Instituts erklärte mir, daß die Wissenschaftler aus mehr als einem Dutzend verschiedener Länder kamen. Sie wurden – einzeln oder als Team – damit beauftragt, Forschungsprojekte zu planen und durchzuführen, die in vielen Fällen an keinem anderen wissenschaftlichen Institut der Welt realisiert wurden. Sobald ein Projekt an einem Punkt angelangt war, an dem eine Universität oder ein anderes Institut die Arbeit fortsetzen konnte, schlossen die Wissenschaftler des Max-Planck-Instituts ihre Untersuchungen ab und wandten sich der nächsten Grenze zu, die ihnen den Weg zu versperren schien. Man erzählte mir, daß jedes Projekt Anlaß zur Hoffnung geben müsse, etwas zum Nutzen der Menschheit oder zu der Gesundheit unseres Planeten beizutragen. Hier, inmitten all der wissenschaftlichen Genauigkeit, schienen die ganze Zeit über kreative Eingebungen mit im Spiel zu sein – und auch Humor! Trotz der vielen Überstunden und ihres bescheidenen Gehalts wurden diese Männer und Frauen von dem Reiz *ständiger* Innovation in einen Zustand intuitiven Fließens versetzt, der von akribischer Analyse begleitet war. Keine gelegentliche Kreativität, die »wie ein Blitz aus heiterem Himmel einschlug«, wie an anderen Instituten. Hier gehörte Kreativität zum Alltag. Jedes Jahr veröffentlichten die Mitarbeiter Hunderte von Studien zu ihren Ergebnissen. Einfach toll.

Bis zum heutigen Tag, 15 Jahre später, kann ich mich gut an das Gefühl erinnern, das dieses Institut in mir hervorgerufen hat. Bei meiner Arbeit für 3M und einige andere Unternehmen habe ich manchmal ein ähnliches Gefühl gespürt. Welches Unternehmen würde wohl nicht von mehr intuitivem Fließen und kreativer Steigerung bei seinen Führungskräften und Mitarbeitern profitieren? Als Ralph Larsen, Chairman und CEO von Johnson & Johnson, gefragt wurde: »Welchen Rat würden Sie aufstrebenden Führungskräften in bezug auf Entscheidungsfindung geben?«, antwortete er: »Folgen Sie Ihrem Instinkt. Ich glaube, alle meine Fehlentscheidungen sind darauf zurückzuführen, daß ich nicht auf meinen Instinkt gehört habe.«[6]

Diese intuitiven Instinkte stehen – davon bin ich überzeugt – jedem zur Verfügung, unabhängig davon, in welchem Bereich er arbeitet.

Unmittelbares Wissen ohne den bewußten Einsatz logischen Denkens

Thomas Edison verwendete bei der Einstellung neuer Ingenieure besondere Auswahlkriterien.[7] Wenn das Gespräch mit dem Bewerber zu Ende war, drückte er ihm eine Glühbirne in die Hand und fragte: »Wieviel Wasser paßt in die Birne?«

Es gab zwei grundlegende Methoden, um die Antwort auf seine Frage herauszufinden. Die erste bestand darin, mit den entsprechenden Meßinstrumenten

»Das wirklich Wertvolle ist Intuition.«
Albert Einstein

alle vorhandenen Winkel der Birne auszumessen, die Zahlen auf einem Blatt Papier zu notieren, einige schwierige mathematische Schätzungen in bezug auf die Oberfläche der Birne anzustellen und dann unter Berücksichtigung der Glasdicke das Volumen zu berechnen. Das war ein recht schwieriges Unterfangen – man denke nur an die Form einer Glühbirne – und konnte bis zu 30 Minuten oder noch länger dauern.

Die zweite Methode bestand darin, die Glühbirne mit Wasser zu füllen und den Inhalt in einen Meßbecher zu kippen. Benötigte Zeit: etwa eine Minute.

Bei den Ingenieuren, die alle sonstigen Anforderungen erfüllten, aber bei der Glühbirnenfrage den ersten Ansatz verfolgten und ihre Berechnungen nach allen Regeln der Kunst durchführten, bedankte sich Edison für ihre Zeit und verabschiedete sich von ihnen. Die anderen stellte er ein.

In der dunkelsten Zeit des amerikanischen Freiheitskrieges vertraute George Washington die schwierigsten Entscheidungen seinem kreativen, intuitiven Teil an. Nach eigener Aussage[8] ließ sich Washington in seiner ganzen Amtszeit als Präsident von dieser Art der Einsicht leiten. So war es auch bei Abraham Lincoln. Laut Willis W. Harman, President des Institute for Noetic Sciences, waren die Gründerväter der Vereinigten Staaten der Meinung, Intuition sei wichtig. Deshalb erinnern sie uns auf der Rückseite des amerikanischen Eindollarscheins mit einer Pyramide ohne Spitze und einem darüber schwebenden Auge daran. Dieses Symbol hat eine jahrtausendealte Bedeutung: »den Weg erleuchten.« Wir werden erst dann ganz und erfolgreich, wenn unsere Intuition eine integrale Rolle bei unserer Entscheidungsfindung spielt.[9]

Wir haben viele Namen für Intuition: innerer Weg der Erkenntnis, sechster Sinn, Gefühl aus dem Bauch, tieferes Selbst, höherer Instinkt. Andere sprechen von innerer Führung. Mein Wörterbuch definiert »Intuition« als »unmittelbares Wissen ohne den bewußten Einsatz logischen Denkens«. Wie bereits in Kapitel 4 angemerkt, ist Intuition eine der gefragtesten Eigenschaften bei einem Unternehmer oder einer Führungspersönlichkeit. Wie wir gesehen haben, ist sie eng mit emotionaler Intelligenz verwandt und kann über diese hinausgehen. Sie *bewegt* uns. Auf einem fortgeschrittenen Niveau können wir lernen, intuitives Fließen bewußt hervorzurufen, so daß wir uns dabei nicht auf den Zufall verlassen müssen. Intuition hilft uns dabei, auf unser Herz zu hören, Gelegenheit von Gefahr zu unterscheiden. Wahrheit von Firmenpolitik. Tiefe von Bewegung. Intuition ist eine höhere Dimension der emotionalen Intelligenz. Weston Agor, Professor an einer Business School, nennt sie »intuitive Signale, die in Form von *Gefühlen* übertragen werden«.[10]

Im Laufe der Geschichte haben viele der bedeutendsten Naturwissenschaftler, Philosophen, Musiker, Künstler, Unternehmer und Führungspersönlichkeiten wie Einstein, Churchill, Gandhi, Eleanor Roosevelt, Rachel Carson, Beethoven oder Mozart freimütig zugegeben, daß sie ihre größten Errungenschaften ihrer Intuition zu verdanken haben. Intuition ist nicht mehr ausschließlich einigen wenigen Begabten vorbehalten, sondern wird heute als angeborene menschliche Fähigkeit und Schlüsseldimension bei kreativen Prozessen, Problemlösung und Entscheidungsfindung gesehen.

In einem klassischen Fall testeten Wissenschaftler des Newark College for Engineering Führungskräfte aus der Wirtschaft auf ihre Präkognition hin – die Fähigkeit, die Zukunft zu spüren oder vorauszusehen. Sie stellten dabei fest, daß CEOs erfolgreicher Firmen in der Regel mit Hilfe ihrer Intuition die Zukunft mit einer Trefferquote voraussagen konnten, die erheblich über zufällige Erwartungswerte hinausging. Führungskräfte von Unternehmen, die Verluste machten, erreichten nur unterdurchschnittliche Ergebnisse und wichen erheblich von der Quote der Zufallstreffer ab.[11]

»Wenn ich eine Fabrik betrete – egal wo –, spüre ich die Atmosphäre, wenn ich eine halbe Stunde mit dem Betriebsleiter herumgehe«, sagt Jan Timmer, CEO des Elektronikkonzerns Philips in den Niederlanden, der 241 000 Mitarbeiter beschäftigt.[12] »Ich kann Ihnen sagen, ob diese Fabrik funktioniert oder nicht. Ich erkenne es an der Körpersprache der Mitarbeiter und an der Art, wie sie auf die Aufsicht reagieren, an den Antworten, die sie ihm/ihr und den Managern geben, daran, wie unerschrocken sie sind. Ich gehe einfach ein bißchen herum, ohne mir die Bücher anzusehen, und dann kann ich Ihnen sagen, ob diese Fabrik Gewinn macht.« Das ist nichts anderes als ein eindeutiges *Gefühl* für Menschen, Tendenzen und Möglichkeiten – begleitet von Wissen, Erfahrung und Interesse.

Denken Sie einmal an den Anfang Ihrer Karriere zurück. Was geschah, als Ihnen auffiel, daß Ihr

»Die wichtigste Weisheit ist Intuition. In dieser unergründlichen Kraft, der letzten Tatsache, die nicht von einer Analyse erfaßt werden kann, hat alles seinen Ursprung.«
Ralph Waldo Emerson

Chef oder ein Kunde beunruhigt wirkten, während über die Umsatzzahlen des letzten Monats gesprochen oder das Wachstum einer neuen Produktlinie ermittelt wurde? Weil Sie die Bedeutung dieses Eindrucks gespürt haben, haben Sie vielleicht gesagt: »Mir ist aufgefallen, daß Sie etwas beunruhigt ausgesehen haben, als wir über die Umsatzzahlen und die Wachstumsprognosen gesprochen haben. Was ist los?« Wenn der andere gerade allein und entspannt war, wurde er vielleicht ein bißchen verlegen und sagte: »Gar nichts. Nichts, weshalb Sie sich Sorgen machen müßten.« Aber wenn Sie Ihre Bemerkung vor einer Gruppe gemacht haben, oder wenn der andere nervös oder müde war, haben Sie vermutlich einen Tadel und den Hinweis erhalten, daß eine solche Insubordination in der Firma nicht geduldet werde und Sie sich besser um Ihre eigenen Leistungen und Umsatzzahlen kümmern sollten als um Dinge, die Ihr ungeübtes Auge beobachte. Manchmal genügt eine Erfahrung wie diese, um Ihre angeborene Stimme der Intuition zum Schweigen zu bringen. Und je öfter so etwas passiert, desto härter müssen Sie später daran arbeiten, sie wieder hören zu können.

Herausforderungen des Typs 1 und des Typs 2

Viele Geschäftsleute sehen Management immer noch als eine Folge von einzelnen Situationen an, die sich wiederholen, oft im voraus analysiert und geplant werden können und Lösungen erfordern, die man schon vor Eintreten der jeweiligen Situation festlegen kann.[13] Diese sogenannten Typ-1-Situationen sind das Schwergewicht von Managementseminaren. Aber Umfragen unter den 50 besten amerikanischen CEOs[14] und ähnliche Studien[15] haben ergeben, daß sich Führungskräfte, Manager und andere Berufsgruppen heute mit einem wahren Labyrinth aus Problemen und Gelegenheiten konfrontiert sehen, das weit über das hinausgeht, was sie in der Schule, an der Universität oder im Berufsleben gelernt haben. Sehen Sie sich einmal folgende Aufstellung an:[16]

Typ-1-Situationen	*Typ-2-Situationen*
einfach oder analysierbar	komplex, nicht analysierbar
Lösungen vorhersehbar	Lösungen nicht vorhersehbar
Lösungen kalkulierbar	Lösungen nicht kalkulierbar

Gelegenheiten offensichtlich	Gelegenheiten versteckt
unveränderte Bedingungen	wechselnde Bedingungen
programmierbar	nicht programmierbar
»A« führt zu »B«	»A« führt vielleicht zu »B«
werden eventuell zu Routine	sind nie Routine
ähnlich wie »XYZ«	einzigartig
können im voraus geplant werden	können nicht im voraus geplant werden

Aufgrund des zunehmenden Wandels im sozialen, politischen und technischen Bereich treten Situationen vom Typ 2 immer häufiger auf. Unternehmen werden nur dann erfolgreich bleiben, wenn ihre Führungskräfte und Mitarbeiter mit ständig wechselnden Bedingungen umgehen können, auf die sich Standard-Managementlösungen nicht anwenden lassen. Solche Bedingungen erfordern mehr als eine technische Analyse – sie erfordern emotionale Intelligenz und insbesondere intuitives Fließen.

Mit etwas Übung ist das sowohl ein natürlicher als auch ein andauernder Zustand, der Sie in die Lage versetzt, mit Herausforderungen vom Typ 2 fließender umzugehen. Im wesentlichen erreichen Sie intuitives Fließen dann, wenn Sie Ihren inneren Sinnen erlauben, Sie zu führen, nicht darum, den Fließzustand zu kontrollieren oder durch Zwang herbeizuführen. Emerson nannte Intuition den »willkommenen Impuls«, der Neurologe Antonio Damasio bezeichnet sie als »den geheimnisvollen Mechanismus, durch den wir zur Lösung eines Problems gelangen, ohne logisch darüber nachzudenken«.[17] Intuition ist eine effektive Form des Wissens, die von immer mehr Führungskräften anerkannt und eingesetzt wird.

Vor zwei Jahrzehnten stellte Henry Mintzberg in der *Harvard Business Review* die Ergebnisse einer umfangreichen Studie über Führungskräfte vor.[18] Er war der Ansicht, daß der beste Manager unter chaotischen und unvorhersehbaren Bedingungen »ein ganzheitlicher Denker ist, der ständig auf seine Eingebungen vertraut, um mit Problemen fertig zu werden, die viel zu komplex für eine rationale Analyse sind«. Mintzberg zog daraus den Schluß, daß »die Effektivität von Unternehmen nicht in dem beschränkten Konzept namens ›Rationalität‹ liegt, sondern in einer Mischung aus klar denkender Logik *und* wirkungsvoller Intuition.«[19]

Mintzbergs Feststellungen werden in einem vor kurzem in der *HBR* erschienenen Bericht bestätigt. Darin heißt es: »Der vollkom-

»In uns steckt etwas drin, das sehr viel mehr weiß als wir.«
Rochelle Myers,
Coautorin von *Creativity in Business*

mene Ausdruck von Verständnis ist eine hochentwickelte Intuition – zum Beispiel der Scharfblick einer erfahrenen Führungskraft, die instinktiv weiß, welche Projekte wann finanziert werden sollen.«[20] Dasselbe gilt für den erfahrenen Manager, der Personal einstellt, Personalbeurteilungen verfaßt, plant oder Interaktionen durchführt. Oder den Unternehmer, der nach einer durchschlagenden Idee sucht, einen Investmentberater, der erkannt hat, daß wir mit den üblichen Faustregeln im Finanzbereich nur etwa 20 bis 30 % des Anlagerisikos berechnen können.[21] Ed McCracken, CEO von Silicon Graphics, sagt in diesem Zusammenhang: »Sie müssen Ihre Hausaufgaben machen, aber dann müssen Sie auf Ihre Intuition vertrauen und den Verstand aus dem Spiel lassen.«[22]

3M ist eines der Unternehmen, die Lehrgeld bezahlen mußten, bevor sie den Flow berücksichtigten. Nachdem sie kurz nach der Jahrhundertwende einen Bankrott gerade noch abwenden konnten, schworen die Manager und Wissenschaftler von 3M, eine Firmenkultur zu schaffen, in der jede neue Idee begrüßt und berücksichtigt wurde. Kurz nach dem Zweiten Weltkrieg brachte das Unternehmen ein durchsichtiges Band aus Zelluloseazetat auf den Markt, das auf einer Seite mit druckempfindlichem Klebstoff beschichtet war.[23] Es wurde *Scotch Tape* genannt und war eigentlich zum Reparieren von beschädigten Büchern und anderen Dingen gedacht, die man sonst weggeworfen hätte, doch die Verbraucher benutzten das Produkt plötzlich auch für viele andere Zwecke. Sie verpackten Pakete damit, nahmen es für Dekorationszwecke, befestigten Etiketten, klebten Poster an die Wand und Fotos in ein Fotoalbum und verwendeten es sogar dazu, Haare zu locken und Fussel von der Kleidung zu bekommen.

Die Manager von 3M sahen diese unerwartete Verwendung ihres Produkts nicht als Fehlschlag ihres Marketingplans an und schrieben sie auch nicht dem Zufall zu. Sie nahmen sie wahr. Sie *spürten* oder *fühlten* die Begeisterung des Verbrauchers und verknüpften ihre Intuition mit aufkommenden Ideen, um neue Märkte und Produktvarianten zu testen. Bei jedem Schritt blieben sie für Überraschungen und Möglichkeiten offen und wurden sogar noch besser im Zuhören. Sie schätzten den kreativen Dialog mit Kunden und potentiellen Kunden, unterstützten jede neue Eingebung durch exakte Analysen und – wann immer sie den Eindruck hatten, daß an der Idee etwas dran war – durch Investitionen und Entwicklungsprozesse.

»Intuitive Manager besitzen besondere Fähigkeiten, die in dem rapide wechselnden Umfeld von morgen vermutlich noch wertvoller werden. Diese Menschen werden sich die neuen Produkte ausdenken … Diese Menschen werden ein Gefühl dafür haben, was der Verbraucher will.«
Weston H. Agor,
University of Texas

Führungskräfte in einer Handvoll anderer visionärer Firmen machten sich einen ähnlichen Ansatz zu eigen. Max Palevsky arbeitete zunächst als Mathematiker bei der Bendix Corporation, dann gründete er die Packard Bell Computer Corporation, als nächstes Scientific Data Systems Inc. und wurde schließlich Mitglied des Board of Directors von Xerox, nachdem Scientific Data Systems von diesem Unternehmen übernommen worden war. Er hat gelernt, auf seine Intuition zu vertrauen, und sagt: »Die Entscheidungen, bei denen ich auf meine Intuition vertraut habe, waren bei weitem besser als jene, bei denen ich einfach nur geraten habe.«[24]

Nehmen Sie als Beispiel folgende Geschichte, die mir eine Freundin erzählt hat, Kate Ludeman. Sie ist Ingenieurin, promovierte Psychologin und CEO der Worth Ethic Corporation in Austin, Texas:[25]

»Ich nahm mir den Januar 1991 frei, als Belohnung für das erste Jahr, in dem ich als Beraterin einen Umsatz von einer halben Million Dollar erzielt hatte. Ich verbrachte viel Zeit mit meiner Tochter, war oft draußen in der Natur. Seit einem Jahr spielte ich mit der Idee, eine Software zu entwickeln, mit der Personalbeurteilungen und andere Umfragen durchgeführt werden konnten. Jedesmal, wenn ich darüber nachdachte, spürte ich wieder dieses beunruhigende Gefühl in der Brust, das ich immer dann habe, wenn mir meine Intuition sagt, daß ich mich besser beeilen sollte. Das Problem dabei war, daß solche Entwicklungen ziemlich teuer sind. Ich würde also tief in die eigene Tasche greifen müssen, um das Projekt zu verwirklichen. Außerdem hatte ich mit einigen Unternehmen gesprochen, um das Interesse für 360-Grad-Beurteilungen einschätzen zu können. Es war bestenfalls lauwarm, weil niemand wußte, daß solche Beurteilungen ein paar Jahre später sehr populär werden sollten.

Ich beschloß, Ken Schroeder, President von KLA Instruments,

der Mitte der 80er Jahre mein Mentor und Trainer gewesen war, von der Idee zu erzählen. Ken riet mir weiterzumachen. Ich baute noch etwas Widerstand vor mir auf, sagte mir, daß meine Tochter gerade mit dem College anfange und ich eigentlich kein Geld übrig hätte. Aber trotz der Einwände meines inneren Kritikers vertraute ich Ken, und ich vertraute meiner Intuition. Obwohl ich von meinen potentiellen Kunden nur wenig Unterstützung erhielt, beschloß ich, das Projekt zu starten. 1991 investierte ich 20000 Dollar in die Entwicklung. Später bekam ich von Intel 15000 Dollar, um die Software dem Unternehmen anzupassen, so daß ich letzten Endes nur 5000 Dollar eigenes Geld aufwenden mußte. Bis heute (Herbst 1995) hat die Software 3 Millionen Dollar eingebracht. Ich bin Ken ungeheuer dankbar dafür, daß er mir geholfen hat, an das Projekt und an meine Intuition zu glauben.«

Das ist ja gut und schön, denken Sie jetzt vielleicht, aber gibt es beim intuitiven Fließzustand in der Wirtschaft nicht auch Nachteile? Eigentlich nicht, obwohl er wie jeder andere Aspekt der emotionalen Intelligenz auch durch Übung entwickelt und bewußt eingesetzt werden muß. Sie sollten folgendes berücksichtigen: Einige sozialpsychologische Studien zweifeln die Zuverlässigkeit von alltäglichen Intuitionen zu Absichten, Gedanken und Gefühlen anderer an.[26] Wir nehmen unsere Umwelt durch einen Filter aus unseren eigenen Gedanken, Gewohnheiten und Gefühlen wahr. Wenn Sie also zum Beispiel den Eindruck haben, daß Sie von jemandem ignoriert oder getäuscht werden, sollten Sie ihn fragen, ob Ihr Eindruck stimmt. Manchmal stimmt er nämlich nicht.

»Wenn man in der Wirtschaft von Punkt A nach Punkt B kommen will, gibt es dafür keine gerade Linie.«
William Ahmanson,
Chairman, National American Life Insurance Company

Erinnern Sie sich an unsere Diskussion in den Kapiteln 1 und 3, wo wir über das retikulare Aktivierungssystem (RAS) des Gehirns gesprochen haben, das eine zentrale Rolle bei der Betonung oder Übertreibung von Kritik zu spielen scheint und Sie dazu bringt, immer vom Schlimmsten auszugehen, wenn Sie widersprüchliche Signale von anderen erhalten? Ein Beispiel: Wenn jemand den Blick abwendet, während Sie Ihren Standpunkt erläutern, sind sehr wahrscheinlich *nicht* Sie die Ursache dafür – er kann angespannt oder müde sein oder sich Gedanken wegen eines Problems machen. Leider neigen wir dazu, solche Gesten persönlich zu nehmen und sie als negativ zu werten. Schuld daran ist das RAS, das immer übertreibt und vom schlimmsten Fall ausgeht. Eine solche »Intuition« müssen Sie hinterfragen. Wenn Sie einen bestimmten Eindruck von den Absichten, Gedanken oder Gefühlen eines anderen haben, sollten Sie also besser nachfragen.

Verbindung zur EQ Map: Intuitives Fließen

Dieses Kapitel bezieht sich auf folgende Tabellenspalten der EQ Map: Lebensereignisse, emotionales Bewußtsein gegenüber anderen, Kreativität, Intuition und persönliche Kraft

EQ in der Praxis
Intuitives Fließen üben

Sie sollten nicht vergessen, daß Sie in den meisten Fällen nicht *mehr* Intuition brauchen, sondern eine *bessere* Intuition – eine besser verständliche und vertrauenswürdigere innere Stimme. Sie muß gepflegt und beobachtet, hinterfragt, erweitert und respektiert werden. Es gibt keinen »idealen Zeitpunkt«, um Intuition zu üben und anzuwenden, also warten Sie auch nicht darauf. Fangen Sie dort an, wo immer Sie sich gerade befinden. Der indische Mystiker und Dichter Kabir sagte einmal: »Der Ausgangspunkt ist immer dort, wo man gerade steht.« Ich habe festgestellt, daß dies nicht nur der Wahrheit entspricht, sondern mir in meinem Leben und bei meiner Arbeit auch bemerkenswert viel Zeit spart. Hier nun einige erprobte Methoden, die Ihnen dabei helfen sollen, den intuitiven Fließzustand zu erreichen:[27]

- *Tauchen Sie in die Erfahrung ein.* Intuitives Fließen ist eine angeborene Fähigkeit des Menschen, daher brauchen Sie nicht erst zu *versuchen*, Eindrücke zu empfangen oder sich dazu zu zwingen, diesen Zustand zu empfinden. Sie *lassen ihn einfach zu*, indem Sie mit »eingeschalteten« Sinnen in die Erfahrung eintauchen. Achten Sie bewußt darauf, daß Sie Ihre Aufmerksamkeit voll und ganz auf die vor Ihnen liegende Aufgabe oder Herausforderung richten, da sich Gedanken und Gefühle in einer Art

»Alarmzustand« befinden müssen, um intuitives Fließen hervorzurufen.

- *Fordern Sie Ihre Fähigkeiten heraus.* Der Fließzustand kann eintreten, wenn Sie sich mit Aufgaben beschäftigen, in denen Sie noch besser werden wollen, und dann das Niveau der Herausforderung etwas höher ansetzen, so daß Sie sich etwas mehr anstrengen müssen. Csikszentmihalyi erklärt dies folgendermaßen: »Menschen scheinen den Fließzustand am besten erreichen zu können, wenn die Anforderungen, die an sie gestellt werden, etwas höher liegen als sonst. Wenn zuwenig von ihnen verlangt wird, langweilen sie sich. Wenn zuviel von ihnen verlangt wird, bekommen sie Angst. Fließen tritt in dem diffizilen Bereich zwischen Langeweile und Angst auf.«
- *Bleiben Sie offen für alle Möglichkeiten, und überwinden Sie Ihre Angst.* Sie können nicht intuitiv sein, wenn Sie versuchen, recht zu haben. Machen Sie sich keine Gedanken darüber, ob Ihre intuitiven Vermutungen »richtig« oder »falsch« sind. Vergessen Sie nicht, daß intuitives Fließen ein innerer Prozeß zur Informationsbeschaffung ist, der Ihnen dabei helfen kann, der Wahrheit oder dem Erfolg ein Stück näherzukommen. Die ersten Eindrücke, die Sie wahrnehmen, müssen nicht unbedingt einen Sinn ergeben. Sie können sich sogar widersprechen. Warten Sie eine Weile, bevor Sie Ihren Gedanken erlauben, darüber zu entscheiden, was für Sie richtig ist. Ihre Ahnungen können Sie in der Regel auch noch später bewerten und ändern.

Darüber hinaus tritt intuitives Fließen oft am leichtesten bei den Menschen auf, die Übung darin haben, sich über allzu starre Überzeugungen, Positionen, Vorurteile und Meinungen hinwegzusetzen. Angst führt zu Projektion – eingebildete Übel, die nur selten wahr werden. Es wurde zum Beispiel festgestellt, daß viele Menschen – vor allem dann, wenn sie angespannt oder müde sind –, die gerade im Stau stecken oder sich beeilen, um ihren Flug nicht zu versäumen, sich vorstellen, daß sie einen Autounfall haben oder mit dem Flugzeug abstürzen. Aber solche »Blitze« in unseren Gedanken sind in den seltensten Fällen echte Eingebungen, sondern vielmehr Ängste, die auf kommende Ereignisse übertragen werden. Üben Sie während Ihres Arbeitstages, das Gefühl von Angst von der Stimme der Intuition zu unterscheiden. Lernen Sie, zwischen Angst und echten intuitiven Ahnungen zu unterscheiden. Wir brauchen etwas Übung, um uns nicht von dem Voraussagbaren gefangennehmen zu lassen. Wenn uns das nicht gelingt, werden unsere Wettbewerber, die solche Ängste längst überwunden haben, neue Produkte und Dienstleistungen schaffen, sich geistreiche Werbekampagnen ausdenken und mit einfallsreichen Lösungen aufwarten, während wir uns noch Gedanken darüber machen, ob wir in den Augen der anderen nicht albern aussehen.

Damit Ihre Intuition fließen kann, sollten Sie darauf achten, ob sich die Hürde der Selbstzensur vor Ihnen aufbaut. Michael Ray, der bekannte Kreativitätsprofessor (Stanford Graduate School of Business), nennt dies die »Stimme des Richters«.[28] Sie können diesen inneren Kritiker unter anderem daran erkennen, daß Sie ein Gefühl der Furcht empfinden und eine Stimme Ihnen zuflüstert, sich zurückzuziehen, mit Fühlen und Erforschen aufzuhören. Diese negative und beurteilende Stimme sagt: »Das ist Zeitverschwendung«, »Es wird nie funktionieren«, »Sie werden mich alle für einen kompletten Idioten halten«. Stellen Sie sich vor, Sie unterhalten sich am Telefon mit einem potentiellen Kunden. Statt Ihres üblichen instinktiven Gedankens, in die Stadt zu fliegen, in der sich das Unternehmen dieses Kunden befindet, haben Sie plötzlich den Eindruck, es wäre besser, *nicht* zu fliegen. Rührt dieser Eindruck von der Angst her, daß es vielleicht schwierig sein könnte, den Abschluß zu machen, oder ist es eine echte Intuition, die Sie darauf hinweisen will, daß die geplante Besprechung unnötig oder unproduktiv sein wird oder daß es etwas anderes gibt, was zur Zeit wichtiger ist?

- *Identifizieren Sie, was Sie am Fließen hindert, und finden Sie eine Möglichkeit, es auszuschalten.* Einige Menschen haben Probleme damit, den Flow aufrechtzuerhalten, wenn sie zu oft von Kollegen oder dem Klingeln des Telefons unterbrochen werden. Trifft dies auch für Sie zu, sollten Sie versuchen, während des Tages für einige längere Phasen – zehn oder 15 ungestörte Minuten können schon ausreichen – zu sorgen, in denen Sie Ihre Telefonanrufe auf einen anderen Apparat, Voice-Mail oder einen Anrufbeantworter umleiten. Andere wiederum kann ein Gefühl der Beengtheit oder der Eintönigkeit davon abhalten, den Fließzustand zu erreichen – sie brauchen externe Anreize, so daß es unter Umständen sinnvoll ist, in regelmäßigen Abständen ein paar Minuten vor die Tür zu gehen oder öfter einmal für ein anderes Umfeld zu sorgen.

- *Setzen Sie Ihre Sinne nicht nur bei Ihrer Arbeit ein.* Intuitives Fließen in einem Bereich Ihres Lebens wird sich sehr wahrscheinlich auch in anderen Bereichen Ihres Lebens positiv auswirken. Dabei fällt mir eine Schilderung des Theoretikers der Computerwissenschaften, Norbert Wiener, ein, der das wissenschaftliche Fachgebiet der Kybernetik begründet hat. Durch Zufall traf er am Genfer See in einem Zug Albert Einstein. Wiener sagt, sie hätten in der ganzen Zeit, die sie zusammen in diesem Zug verbrachten, nicht ein einziges Mal von Physik oder Mathematik gesprochen, sondern seien im wesentlichen in einem Fließzustand versunken gewesen, während sie nebeneinander gesessen und das Spiel aus Licht und Farben auf den Wolken, dem See und der hügeligen Landschaft beobachtet hätten. Die Welt der Natur teilte sich ihnen mit, und sie hörten voller Dankbarkeit und Staunen zu. Dies kann eine kreative, aufnahmefähige Offenheit für intuitives Fließen auch in anderen Bereichen des Lebens und der Arbeit begünstigen.[29] Wie lange ist es her, daß eine Beschäftigung, die nichts mit Ihrer Arbeit zu tun hatte, Ihre *volle* Aufmerksamkeit auf sich gezogen hat?
- *Achten Sie besonders auf die* erste *Reaktion auf Fragen.* Der Flow setzt oft dann ein, wenn gute Fragen aufkommen – sowohl Fragen, die wir uns insgeheim stellen, als auch jene, die wir laut aussprechen. Wir verlieren das intuitive Fließen in dem Augenblick, in dem wir nicht mehr ehrlich zu uns selbst sind oder versuchen, besonders klug zu sein oder auf eine Art zu reagieren, die andere beeindrucken oder uns in ein möglichst gutes Licht rücken soll. Sie werden feststellen, daß Sie sich tagsüber oft Fragen stellen – »Wie komme ich voran?«, »Was passiert als nächstes?«, »Lerne ich etwas?«, »Wird sich das hier auszahlen?«, »Was will ich, jetzt, in diesem Moment?«, »Wie sehen die versteckten Zeichen aus, die mir weiterhelfen könnten?« Sie sollten sich diese Fragen so einfach und direkt wie möglich stellen, damit sie als Katalysatoren dienen können, die nützliche intuitive Informationen und Erkenntnisse generieren.
- *Achten Sie darauf, wie sich Ihre Intuition Ihnen mitteilt.* Intuition scheint drei verschiedene Kanäle zu benutzen: Wort, Bild und emotionales Körperempfinden. Die meisten Menschen empfangen alle drei, können jedoch meistens einen der drei Kanäle am besten verstehen. Den Wissenschaftlern Gay Hendricks und Kate Ludemann zufolge erhält die Mehrheit der Menschen Intuitionen offenbar in Form von Bildern und »Gefühlen im Bauch«.[30] Des-

halb sollten Sie besser darauf achten, was Sie empfinden und welche Bilder Sie vor sich sehen, wenn Sie mit dem nächsten Problem konfrontiert sind oder sich die Zukunft vorstellen. Durch Selbstbeobachtung bekommen Sie ein besseres Gespür dafür, wann Ihre Intuition Ihnen etwas mitzuteilen hat.

- *Reservieren Sie einige Minuten am Tag für die EQ Notes.* Um unser intuitives Fließen zu aktivieren, müssen wir mit konkreten Maßnahmen dafür sorgen, daß wir das meiste von dem frustrierenden, belanglosen Zeug loswerden, das in unseren Köpfen herumspukt und sich zwischen uns und unsere kreative Kraft stellt. Das schaffen Sie am besten dadurch, daß Sie es aufschreiben. Im Ernst! Es gibt ausgezeichnete Studien darüber, daß es dazu beitragen kann, emotionale Intelligenz zu entwickeln und erlittene Kränkungen wiedergutzumachen, wenn Sie jeden Tag einige Seiten mit Ihren Bewußtseinsströmen füllen, egal wie zufällig oder vage sie auch sein mögen.[31] Wir haben die EQ Morning Notes und ein EQ-Tagebuch in Kapitel 1 vorgestellt und hoffen, daß Sie damit fortfahren. Sie *aktivieren* Ihre inneren Sinne und können direkt zu Ihrem intuitiven Fließen während des Tages beitragen.

Wenn Sie jeden Tag mit einigen Minuten emotional ehrlichem Schreiben beginnen – denken Sie daran, Sie können dabei nichts »falsch« machen –, kann Ihnen das dabei helfen, den Kritiker in sich zum Schweigen zu bringen, der Sie so oft schlechter macht, als Sie eigentlich sind. Vielleicht hören Sie eine innere Stimme, die sagt: »Das hat keinen Sinn. Hör auf damit.« Denken Sie daran: Das ist Ihr logischer Verstand, der als Zensor fungiert und Ihre Intuition übertönen will. Das kann er gut, sehr gut sogar. Ignorieren Sie diese Stimme nicht, aber lassen Sie sich nicht von ihr beherrschen. Schreiben Sie es auf, und machen Sie dann weiter. Achten Sie auf Ihre Eindrücke. Sind Sie müde oder nervös wegen einer bevorstehenden Besprechung oder dem vor Ihnen liegenden Arbeitstag oder voller Zuversicht hinsichtlich eines neuen Projekts? Schreiben Sie es auf. Es ist wichtig, daß Sie mit der Hand schreiben und Ihre Gedanken und Gefühle nicht tippen oder diktieren. Mit der Hand – langsamer als die Zunge, aber mit dem Herzen verknüpft – wird uns klar, wie wir uns fühlen. Die Stimme auf der Seite lügt fast nie.

Und deshalb müssen Sie mit den Morning Notes einfach weitermachen, egal wie sehr sich das Geplapper in Ihrem Kopf bemüht, Sie davon abzubringen. Hören Sie gern Musik? Dann schalten Sie das Radio ein, und suchen Sie sich Musik, am besten solche, die Ihnen Sicherheit gibt und Ihre Stimmung hebt. Probieren Sie aus, ob Ihnen das dabei hilft, Ihren geistigen Zensor zu umgehen. Doch mit oder ohne Musik, notieren Sie einfach alles, was Ihnen einfällt – Gedanken zu Ihrer Arbeit, welches Auto Sie sich als nächstes kaufen wollen, das Essen heute abend oder der sonderbare Blick, der Ihnen an einem anderen aufgefallen ist. Einiges davon kann auch von tieferer Bedeutung sein, wie zum Beispiel:

»Ich muß besser auf meine Gesundheit achten.«
»Mein Instinkt sagt mir, daß es noch eine bessere Gelegenheit gibt.«
»Ich spüre, daß unser Unternehmen seinen Wettbewerbsvorsprung verliert, aber ich weiß nicht, warum.«
»Ich spüre, daß (Name) ein Problem hat, aber versucht, sich nichts anmerken zu lassen.«

Durch die EQ Morning Notes und das EQ-Tagebuch lernen Sie, sich und Ihre kreativen Fähigkeiten nicht mehr zu beurteilen. Indem Sie jeden Tag ein paar Seiten mit der Hand schreiben, lassen Sie zu, daß Sie die Stimme Ihrer Gefühle hören und den Weg freimachen für intuitives Fließen.

- *Zeigen Sie Zuversicht.* Als einen der wichtigsten Punkte sollten Sie sich merken, daß Intuition zu einem guten Urteilsvermögen beiträgt, es aber nicht ersetzt. Es gibt viele effektive Methoden, um Intuition abzuklären. Experten für Entscheidungsprozesse schlagen vor, daß jede Schätzung und Entscheidung, egal wie intuitiv sie auch ist, ein gewisses Maß an Zuversicht enthalten sollte.[30] Nehmen wir an, Sie geben bei einem Gespräch oder einer Besprechung eine Schätzung ab, wie zum Beispiel: »Ich glaube, wir können nächstes Jahr zwischen 150 000 und 200 000 des Produkts A auf dem Markt B verkaufen.« Wenn Sie hinzufügen: »Da bin ich mir zu 80 % sicher«, drückt dies Ihre Zuversicht ganz anders aus als »Da ich bin ich mir ziemlich sicher«, was auch heißen könnte, daß Sie sich zu 10 bis 15 % sicher sind. In der Wirtschaft, in der Zahlen immer wichtig sind und Genauigkeit unerläßlich ist, kann diese Art der Ausdrucksweise dazu beitragen, Herz und Kopf miteinander zu verbinden und Intuition zu verdeutlichen.

Wenn Sie intuitives Fließen entwickeln, erfahren Sie wie viele andere Führungspersönlichkeiten und Spitzenkräfte (z. B. Ab Taylor) vielleicht auch noch ein anderes Gefühl – das der Zeitlosigkeit. Das Gefühl, völlig von dem in Anspruch genommen zu sein, was Sie gerade tun, ihm Ihre ganze Aufmerksamkeit zu widmen. Doch was ist mit jenen Situationen, in denen Sie sich abmühen, ein Dutzend völlig unterschiedlicher Aufgaben zu erledigen, und darüber hinaus noch mit ständigen Unterbrechungen zu kämpfen haben? Unter solchen Umständen müssen wir eine andere Dimension der emotionalen Intelligenz nutzen, die ich »gedankliche Zeitverschiebung« nenne. Sie ist Thema des nächsten Kapitels.

14
Gedankliche Zeitverschiebung

Immer wenn jemand in seiner Firma eine ungewöhnliche, kreative Idee hat oder einen unkonventionellen Weg vorschlägt, um eine Leistungssteigerung zu erreichen oder ein Problem zu lösen, wird es auch jemanden geben, der fragt: »Wie genau wollen Sie das in die Praxis umsetzen?« Gute Frage. Ich möchte Ihnen erzählen, was passierte, als der Vice President und der Cheflektor eines weltweit führenden Verlagshauses *mir* diese Frage stellten.

»Zeit ist der Stoff,
aus dem ich gemacht bin.
Zeit ist der Fluß,
der mich mit sich fortreißt,
aber ich bin der Fluß;
sie ist ein Tiger, der mich zerreißt,
aber ich bin der Tiger;
sie ist ein Feuer, das mich verbrennt,
aber ich bin das Feuer.«
Jorge Luis Borges

Ich befand mich in einer Verlagsbesprechung in Manhattan und hatte gerade einige persönliche Erfahrungen mit Führungskräften geschildert, die den Zeigarnick-Effekt als kreatives Prinzip einsetzen.[1] Dabei werden alle kreativen Möglichkeiten bei wichtigen Projekten so lange wie möglich im Spiel gelassen, statt alles zu überstürzen oder etwas auf die übliche Art zu erledigen, nur um es abhaken zu können. In dem Moment, in dem ein Projekt abgeschlossen wird, besteht die Gefahr, daß jede Spur von Kreativität zu diesem Projekt oder Problem einfach verschwindet. Es kommt nichts mehr.

»Aber so arbeiten wir hier nun mal«, höre ich dann immer. Mag ja sein, aber vermutlich kommen dabei keine Höchstleistungen heraus. Wenn Sie etwas Außergewöhnliches tun, erledigen Sie Ihre Aufgabe auch selten als reiner Verwalter. Irgend etwas fesselt Ihre Aufmerksamkeit, und Sie fangen an, sich Gedanken darüber zu machen, um was es bei diesem Projekt oder dieser Herausforderung *wirklich* geht. Sie fühlen sich voller Elan und gehen instinktiv davon aus, daß Sie und andere kreative Einfälle beitragen und das Beste geben werden. Sie strengen sich an, suchen neue Wege, bis zur letzten möglichen Minute. Und wahrscheinlich macht es Ihnen auch noch mehr Spaß als sonst, obwohl es für Sie immer anstrengender wird, je näher der Termin rückt. So gut wie immer gelingt Ihnen schließlich etwas sehr Gutes, oder Sie machen eine wertvolle Erfahrung.

Bei der Besprechung im Verlag stellte ich folgende Frage: »Nennen Sie mir von allen wichtigen Projekten, die Sie für dieses Jahr geplant haben, das Projekt, von dem Ihre Intuition Ihnen sagt, daß es zu einem noch größeren Erfolg Ihres Unternehmens beitragen könnte.« Die Antwort kam sofort: saisonale Vertriebskonferenzen. Diese Konferenzen, die halbjährlich stattfinden, wenn die Kataloge mit den Neuerscheinungen herausgegeben werden, sind das zentrale Verkaufsinstrument, mit dem ein Verlagshaus seine Vertriebsrepräsentanten dazu motiviert, die Buchhändler zu Vorausbestellungen zu bewegen.

»Was sagt Ihre Intuition dazu – was fehlt bei Ihren Katalogen und Vertriebskonferenzen?« fragte ich.

»Es sieht so aus, als würde es uns nur selten gelingen, unsere besten kreativen Ideen zu sammeln, bevor die Kataloge in Druck gehen und die Vertriebskonferenzen stattfinden«, sagte der Lektor.

Die Verlagsleiterin nickte, und dann fügte sie hinzu: »Wir wissen, daß wir einige der wichtigsten und interessantesten Bücher herausgeben, Bücher, die sich viel besser verkaufen ließen, wenn wir alles, was an ihnen so toll ist, durch unseren Katalog vermitteln und es auch den Vertriebsrepräsentanten klarmachen könnten.«

»Um ein Beispiel zu geben«, sagte ich, »schauen wir uns einmal die Bücher an, die gerade an die Buchhandlungen ausgeliefert werden. Vor etlichen Monaten haben Sie den Katalog dafür zusammengestellt und die Vertreter auf der Konferenz über sie informiert – in der Hoffnung, viele Vorausbestellungen von den Buchhändlern zu bekommen. Wenn Sie jetzt die Zeit zurückdrehen und etwas an dem Katalog und der Vertriebskonferenz ändern könnten – was wäre das?«

»Wir hätten die Grafiker für die Buchtitel und das Layout des Katalogs früher als üblich festlegen können«, erwiderte der Lektor, »um mehr Entwürfe für die Bücher zu bekommen, die wir am interessantesten fanden.«

»Und wir hätten die wichtigsten Vertriebsmitarbeiter dazuholen können«, ergänzte die Verlagsleiterin.

»Okay. Richten wir nun unsere Aufmerksamkeit auf die nächste Saison«, schlug ich vor. »Sehen wir uns die Bücher an, die Sie gerade druckfertig gemacht haben, die Bücher, die im nächsten Katalog enthalten sind und bei der kommenden Vertriebskonferenz vorgestellt werden. Nehmen wir an, es gibt keinerlei Einschränkungen, was Zeit oder Ressourcen anbelangt. Was sagt Ihnen Ihre Intuition – was müssen Sie jetzt richtig machen, in diesem Monat, damit Ihr neuer Katalog einen Umsatzrekord bewirkt? Wie könnten Sie jedes dieser Bücher erfolgreicher machen?«

Die Verlagsleiterin antwortete als erste. »Bei unseren wöchentlich stattfindenden Besprechungen könnten wir viel von der Zeit, in der wir über relativ unwichtige Kleinigkeiten sprechen oder über die Bücher, die bereits in den Regalen stehen, dazu nutzen, innovativere Möglichkeiten zu finden, um neue Bücher zu verkaufen.«

»Es würde auch viel ausmachen, wenn die Vorlaufzeit für den Katalog und die Vertriebskonferenz mindestens zwei Monate länger wäre«, fügte der Lektor hinzu und trommelte mit den Fingern auf den Tisch.

»Weitere Ideen?«

»Was wäre, wenn wir versuchen würden, alle – Grafiker, Publizisten, Marketingmitarbeiter, Vertriebsrepräsentanten, Autoren und Lektoren – ein- oder zweimal im Monat zu einer Videokonferenz einzuladen, vielleicht im Internet oder über ein anderes innovatives und effektives Medium, um kreative Ideen zu jedem neuen Buch zu fördern?« schlug die Verlagsleiterin vor.

»Wenn Sie eine neue Idee, eine neue Firma oder ein neues Produkt in Angriff nehmen ..., müssen Sie dafür sorgen, daß alle im Unternehmen so frühzeitig darüber Bescheid wissen, daß jeder Teil der Organisation sein Potential für jeden Markt, jedes Produkt und jeden Kontext steigern oder ausnutzen kann.«
Michael Eisner,
Chairman und CEO,
Walt Disney Co.

»Ja«, stimmte der Lektor zu, »das wäre eine Möglichkeit, um bessere Werbe- und Vertriebskonzepte zu erarbeiten. Und mit etwas mehr Vorlaufzeit können wir noch viele andere Möglichkeiten finden.«

Unsere Besprechung ging zu Ende. Nachdem wir uns verabschiedet hatten, sagte einer der beiden, während er den Raum verließ: »Bei der Sitzung des Board of Directors nächste Woche werde ich Vorschläge machen, was wir verändern können.«

Befreiung von der Zeit

Dieses Beispiel veranschaulicht das, was ich gedankliche Zeitverschiebung nenne.[2] Sie beruht auf der Tatsache, daß jeder von uns ein bestimmtes *Zeitempfinden* hat. Wenn wir diesen Aspekt der emotionalen Intelligenz einsetzen, sind wir in der Lage, unsere Gefühle, zu denen auch kreative Intuition gehört, bewußt von einer *Erfahrung in der Vergangenheit* zu einer *Erfahrung in der Zukunft* und dann zu einer *Erfahrung in der Gegenwart* zu lenken. Dadurch verändern wir unsere Perspektive und können wählen, ob wir die Zukunft erspüren und neue Gelegenheiten wahrnehmen, uns an vergangene Erfahrungen erinnern oder uns voll und ganz der Gegenwart widmen wollen. Mit etwas Übung können wir diese sensorische Anpassung an die Zeit innerhalb von wenigen Augenblicken durchführen. Dadurch werden wir flexibler und können besser auf die jeweilige Situation reagieren. Wir sind innovativer. Wir geraten nicht so oft ins Stocken. Wir fließen.

Albert Einstein war ein Meister dieser intuitiven gedanklichen Zeitverschiebung. Nehmen Sie folgendes Beispiel – es beschreibt, was geschah, wenn Einstein bei seiner Arbeit auf ein unüberwindbares Hindernis stieß oder andere auf ein solches Hindernis trafen und ihn um seine Hilfe baten (nach dem Physiker Banesh Hoffmann, der 1937 Einsteins Assistent war):[3]

> »Wir erstarrten alle, während Einstein ganz ruhig aufstand und in seinem seltsamen Englisch sagte: ›Ich werde ein wenig nachdenken.‹ Dann ging er eine Weile auf und ab und im Kreis herum ... In diesen dramatischen Momenten standen wir regungslos da, wir wagten es nicht, auch nur das leiseste Geräusch zu machen, weil wir seine intuitiven Gefühle oder Gedankengänge nicht unterbrechen wollten.
>
> Minuten verstrichen. Dann, ganz plötzlich, entspannte er sich sichtlich. Ein Lächeln erschien auf seinem Gesicht ..., und dann teilte er uns die Lösung mit, die er für das Problem gespürt hatte, und fast immer funktionierte sie auch ... Manchmal war sie so einfach, daß wir uns am liebsten geohrfeigt hätten, weil sie uns nicht selbst eingefallen war. Aber dieses Wunder ereignete sich für uns alle verborgen in den Tiefen von Einsteins Intelligenz.«

Bei der gedanklichen Zeitverschiebung geht es darum, einen bestimmten zukünftigen oder vergangenen Zeitpunkt besser zu erfahren und intuitiv Verbindungen und Gefühle zu erfassen, die dabei wachgerufen werden. Es ist nicht einfach die *Vorstellung* der Zukunft oder der Vergangenheit. Fühlen und – egal, wie kurz – stellen sie sich vor, tatsächlich dort zu sein, spüren Sie die Erfahrung, denken Sie darüber nach, und versetzen Sie sich dadurch in die Lage, eine Aufgabe der Gegenwart effektiver und vielleicht innovativer zu erledigen, die nicht so sehr auf Reaktion und Zweckmäßigkeit beruht, sondern auf inneren Werten.

Gedankliche Zeitverschiebung ist eine Dimension der emotionalen Alchimie, weil Sie damit genau das sehen, was die anderen um Sie herum auch sehen, allerdings mit einem geschärften Instinkt oder größerem kreativem Engagement. So können Sie anders reagieren, klüger und innovativer, weil Ihre Gefühle und Gedanken nicht von der Zeit gefangengehalten werden. Darüber hinaus entwickeln Sie mit der Zeit eine außergewöhnliche *Toleranz für Mehrdeutigkeit* und können Dinge »im Prozeß« oder »im Entstehen« belassen. Trotzdem sind Sie noch in hohem Maße effektiv und erreichen Ihre Ziele. Aber Sie sind gleichzeitig offener und einfallsreicher als Ihre Mitbewerber. Außerdem fördern Sie diese Fähigkeiten auch in anderen. Sie umgehen damit die vor allem bei Amerikanern besonders ausgeprägte Neigung, Möglichkeiten und Herausforderungen mit einem Etikett zu versehen, sie als »richtig«, »falsch« oder »schlecht« zu beurteilen.

Francis Crick und James Watson haben einige der fehlenden Teile für ihre Arbeit an der DNS-Struktur in bereits veröffentlichten Werken von Linus Pauling gefunden, der den Ruhm für diese Entdeckung nicht in Anspruch nehmen konnte, weil er die Mehrdeutigkeit nicht lange genug aushielt und sich auf eine spiralförmige Struktur festlegte, die aber nicht ganz die richtige war. Wenn kreative Ideen entwickelt werden, neigen viele Menschen dazu, bei auftretenden Problemen ungeduldig zu werden, und entscheiden sich dann manchmal zu schnell für etwas, was nicht die bestmögliche Lösung oder unser bestmöglicher Beitrag ist. Vielleicht übt auch unser Chef oder Partner oder Kunde Druck auf uns aus, um etwas schnell über die Bühne zu bekommen. Immer wieder werden Produkte und Dienstleistungen auf den Markt gebracht, die nicht ganz einwandfrei sind. In vielen Fällen muß der Grund dafür in der Tatsache gesucht werden, daß ein Mitarbeiter oder ein Unternehmen nicht bereit waren, den Zeigarnick-Effekt zu nutzen, also so lange wie möglich offen zu bleiben und von der sich ergebenden kreativen »Spannung« zu profitieren, wodurch er mehr Erkenntnisse gewonnen und letztendlich ein besseres Produkt hergestellt hätte. Was ein großer Erfolg hätte werden können, endet im Mittelmaß oder schneidet noch schlechter ab. Oder ein Wettbewerber stürzt sich darauf und optimiert es.

Kreative Zeitabbildung

Auf den nächsten Seiten werde ich mich nicht mehr auf den einzelnen, sondern auf die Gruppe konzentrieren und Ihnen einige einfache Hilfsmittel vorstellen, die Führungskräften, Managern und Angehörigen anderer Berufsgruppen dabei geholfen haben, ihre Fähigkeiten zur Zeitverschiebung zu verbessern und länger für kreative Einfälle offen zu bleiben. Eine Reihe bahnbrechender Ideen wurde durch den Prozeß der Erstellung von Ablaufdiagrammen ausgelöst, die auch »kreative Zeitabbildung« genannt wird. In einigen Unternehmen wird eine ausgeklügelte Software verwendet, um neue Ideen digital anzuzeigen und miteinander zu verknüpfen. In anderen werden für diesen Prozeß große Tafeln und Pinnwände verwendet, die kreative Einfälle festhalten sollen. Man stellt sie an zentralen Punkten auf, so daß jedes Mitglied der Gruppe problemlos Zugang dazu hat und Verbesserungsvorschläge, Kritik oder ein intuitives Anliegen darauf hinterlassen kann. Es ist dann Aufgabe des Managements, eindeutige, aufschlußreiche Antworten zu geben. Das klingt simpel, ist aber eine effektive Methode, um Gefühle auszudrücken und die Kreativität der Gruppe einzufangen.

In anderen innovationsbewußten Unternehmen verwenden Einzelpersonen und Teams die gelben Post-it-Notizzettel oder auch sechseckige Notizzettel, die *keynotes* genannt werden.[4] Diese Methode ähnelt jener, deren sich Physikabteilungen vieler führender Labors und Universitäten bedienen. Dort hängen auf den Gängen Tafeln. Sie fördern einen ständigen Dialog zwischen Physikern und anderen Wissenschaftlern, die nach neuen Erkenntnissen und Durchbrüchen suchen.

In den Unternehmen erfordern kreative Zeitabbildung oder Ablaufdiagramme entweder eine Flipchart, einen übergroßen Schreibblock auf dem Konferenztisch oder ein großes Blatt Papier (solche

Sondergrößen sind in vielen Schreibwarengeschäften erhältlich), das an der Wand eines Besprechungsraumes befestigt wird. Sie wählen eine Kritik, eine kreative Idee oder eine Frage aus und schreiben sie mit großen Buchstaben an den oberen Rand des Blattes. Dann fangen Sie an, das Diagramm aufzubauen. Auf rechteckige oder sechseckige Notizzettel schreiben Sie zum Beispiel die einzelnen Elemente eines abgeänderten Arbeitsprozesses, einen Zeitablauf oder eine bessere Möglichkeit, einen neuen Markt zu erobern oder eine neue Idee auszuprobieren. Dann kleben Sie die Notizzettel auf das Papier, wobei Sie den Rand eines Zettels mit dem eines anderen verbinden.

Vermutlich werden Ihnen sofort unerwartete Zusammenhänge auffallen, einschließlich fehlender Verbindungsstücke, Schwachstellen oder versteckter Gelegenheiten. Die gelben Post-it-Notizzettel verwenden Sie deshalb, weil sie leicht wieder entfernt werden können. Sie helfen Ihnen dabei, nicht nur in Linien und Kästchen zu denken. Jeder, der bei einem Projekt mitarbeitet, kann die Position der einzelnen Zettel verändern, Fragen stellen und neue Ideen hinzufügen, um eine Verbesserung oder einen Durchbruch zu erreichen. Die sechseckigen keynotes regen dazu an, eine Zeitverschiebung in mehrere Richtungen durchzuführen und intuitive Eingebungen auszuprobieren. Wenn das Ablaufdiagramm wächst, fangen Sie an, verborgene Verknüpfungen visuell und emotional wahrzunehmen. Dies läßt Teams und einzelne Mitarbeiter näher zusammenrücken, wenn es darum geht, die Zukunft des Unternehmens zu gestalten.

Mit einem solchen Ablaufdiagramm können Sie eine Zeitverschiebung in die Zukunft durchführen und sich vorstellen, wie Sie verschiedene Resultate empfinden würden, und dann wieder zu der Situation und den Problemen der Gegenwart zurückkehren, um ein besseres Ergebnis in der Zukunft zu ermitteln. Das Diagramm kann sich zu jeder beliebigen Form entwickeln und enthält am Ende vielleicht nicht nur Ihr Unternehmen, sondern auch aktuelle und potentielle Märkte und Kunden, Lieferanten und Mitstreiter, Freunde und Familien, heute und weit in der Zukunft. Sie können das Diagramm jederzeit verändern, indem Sie Notizzettel drehen, verschieben oder austauschen. Wenn Sie wollen, verwenden Sie verschiedene Farben für verschiedene Zwecke.

Fragen Sie sich ständig: Was für ein Gefühl habe ich bei diesem Bild, bei diesen Verbindungen? Was fehlt oder wäre noch möglich? Das Diagramm regt Sie dazu an, flexibel zu sein, nicht nur, was den

Prozeß angeht, sondern auch hinsichtlich der *Zeit*, und läßt sie unerwartete Verknüpfungen von Idee zu Idee, von Problem zu Möglichkeit sehen. Wenn die Besprechung zu Ende ist, können Sie das Diagramm »unfertig« lassen, so daß es als visueller und intuitionsfördernder Anreiz für weitere Ideen dient. Auf diese Weise nutzen Sie den Zeigarnick-Effekt, was sich als ungeheuer produktiv herausstellen kann.

Bei Hughes Technical Management Systems werden alle Vorschläge durch eine »Wandüberprüfung« mit einem Ablaufdiagramm aus Post-it-Notizzetteln getestet. »Die Kommentare und die Kommentare zu den Kommentaren ergeben dann einen viel besseren Vorschlag«, sagt Tom McDaniel, einer der Manager von Hughes.[5]

Mark Morgan, Manager des Qualitätssicherungsprogamms von Grumman Technical Services, forderte sein Team auf, ein Ablaufdiagramm zu erstellen, das er »Prozeßbaum« nannte.[5] Sie fingen damit an, die wichtigsten Abläufe, Prozesse, sonstige Dienstleistungen im Unternehmen (wie Buchhaltung und Personalabteilung), technische Dienstleistungen (Ausrüstung, Systeme, Meßmethoden usw.) und den Wert für vorhandene und potentielle Kunden zu identifizieren. Einzelne Teams wurden aktiv an dieser Aufgabe beteiligt. Morgan berichtet:

> »Alles, was wir als Organisation leisteten, wurde auf einer Fläche von drei auf zwei Metern dargestellt – auf diesem Diagramm waren 850 einzelne Aufgaben miteinander verknüpft. Als wir alles aufgezeichnet hatten, geschah etwas Unerwartetes. Wir hatten das Diagramm in einem Raum aufgestellt, in dem viele Besprechungen stattfanden – im Verlauf der Woche kam fast jeder einmal herein. Wir bemerkten, daß die Mitarbeiter stehenblieben, sich das Diagramm anschauten und es verstanden – sie suchten ihren Platz darin und sagten dann: ›Also das mache ich hier – ich habe eigentlich nie verstanden, wo ich in dem ganzen Prozeß stehe.‹ Sie hatten ihre Rolle als einzelne Mitarbeiter begriffen.
>
> Dann begannen sie, Anmerkungen zu hinterlassen, mit denen sie Bezeichnungen und Prozesse korrigierten. Sie interessierten sich für die Prozeßkarte, und als der Lenkungsausschuß nach Verbesserungen zu suchen begann, hatte er ein vollständiges Bild des gesamten Betriebes. Ihnen wurde klar, welchen Einfluß Änderungen auf die gesamte Organisation haben.

Davor hatten wir immer ein Team beauftragt, sich einen Teil des Systems anzusehen. Aber die Teilnehmer fühlten sich dann immer abgeschnitten. Wenn wir über etwas sprachen, das die Gewinnsituation beeinflußte, sagten sie: ›Wir haben doch gar nichts mit dem Gewinn zu tun‹, oder ›Unsere Arbeit hat doch gar keinen Einfluß darauf.‹ Durch dieses Diagramm konnten wir ihnen zeigen, welcher Zusammenhang zwischen ihnen und Kosten, Entwicklung, Service oder Fehlermaßnahmen besteht, den Bereichen, die sich auf die Gewinnsituation auswirken.

Wir konnten unseren Gemeinkostensatz um 18 % senken, was uns dabei half, einen Auftrag mit einem Volumen von 340 Millionen Dollar zu bekommen. Bei allen zwölf Schlüsselindikatoren haben wir erhebliche Verbesserungen festgestellt. Die Art und Weise, wie unsere Buchhaltung Informationen bereitstellt, hat sich erheblich verbessert. Dort wurden einige Prozesse konsolidiert, so daß der Arbeitszyklus für die Erstellung von Finanzberichten um 88 % gekürzt werden konnte.«

Kleine Anmerkung hierzu: Einige Führungspersönlichkeiten und Manager, mit denen ich gearbeitet habe, stellten eine kleine Tafel in einem gemeinsam genutzten Bereich des Büros auf und begannen damit, kreative Zeitabbildung oder die Erstellung von Ablaufdiagrammen für ihre wichtigsten Projekte und persönliche oder gemeinsame kreative Ideen einzusetzen. Könnte davon nicht auch Ihre Arbeit profitieren?

Den Zeithorizont erweitern

Wie wir mit der Zeit umgehen, sagt viel über uns aus. Es gibt immer mehr Anhaltspunkte dafür, daß wir um so besser mit komplexen, vielfältigen Tätigkeitsbereichen und Aufgaben zurechtkommen, je weiter in der Zukunft wir uns unser Unternehmen und uns selbst vorstellen – und wahrnehmen.

»Unser Zeithorizont ist etwas sehr Reales. Er definiert die Reichweite der Welt, in der jeder von uns lebt.«
Dr. med. Dr. phil. Elliott Jaques,
The Form of Time
und *Executive Leadership*

Der sowjetische Neurochirurg A. R. Luria stellte fest, daß die Stirnlappen des Gehirns »an einem Programm beteiligt sind, welches die Testperson nicht nur auf tatsächliche Reize reagieren, sondern auch innerhalb bestimmter Grenzen die Zukunft vorhersehen läßt. Die Testperson ahnt dabei die Wahrscheinlichkeit, mit der ein bestimmtes Ereignis stattfinden wird, und ist darauf vorbereitet, falls es tatsächlich stattfindet. Als Folge davon erstellt sie ein entsprechendes Verhaltensprogramm.«[8]

Laut Elliot Jaques, Arzt und Sozialpsychologe, der mehr als drei Jahrzehnte lang die Entwicklung von Führungskräften und den Zusammenhang zwischen Zeit- und Aufgabenkompetenz erforschte, ist dieses »Zeitfenster« für die Leistung eines Menschen von großer Bedeutung. Jaques' Untersuchungen haben einen erheblichen Zusammenhang zwischen dem »Zeithorizont« eines Menschen und seiner Leistungsfähigkeit nachgewiesen.[9]

Bei einem beschränkten Zeithorizont – zum Beispiel weniger als ein Jahr – scheint das Gehirn unbeweglich und »regelgläubig« zu sein. Die Führungskraft neigt dazu, auf kleine Probleme eine zu starke Reaktion zu zeigen – sowohl geistig als auch emotional –, und hat Schwierigkeiten damit, die langfristigen Konsequenzen des momentanen Verhaltens wahrzunehmen. Im Gegensatz dazu steigt bei einem Zeithorizont von fünf bis zehn Jahren oder mehr die Fähigkeit der Führungskraft, in von Chaos, Komplexität, Ungewißheit und Paradoxa gekennzeichneten Phasen kreativ und effektiv arbeiten zu können, womöglich drastisch an.

Nehmen wir als Beispiel Matsushita, den riesigen japanischen Mischkonzern, zu dessen Unternehmen unter anderem Panasonic gehört. Matsushita hat einen auf 100 Jahre angelegten Unternehmensplan, mit dem auf mögliche Wirtschafts- und Marktänderungen reagiert werden soll.[10] Es spielt keine Rolle, ob diese projizierte Welt in einem Jahrhundert auch tatsächlich existieren wird. Der Nutzen dieses Plans besteht darin, daß Intuition und Sinne angeregt werden, alles wahrzunehmen, was möglich sein könnte. Alle Führungskräfte von Matsushita setzen gedankliche Zeitverschiebung ein, um die gedachte Zukunft direkt in kreative Entwicklungen und Arbeitsprozesse der Gegenwart einzubringen. Dadurch helfen sie mit, die Zukunft zu *gestalten*.

Gedankliche Zeitverschiebung ist etwas ganz anderes als die Verfahren, die viele von uns als strategisches Denken oder Planung kennen. Der Unternehmensstratege Gary Hamel erklärt:

> »Dabei wird von heute auf morgen projiziert, nicht von der Zukunft auf die Gegenwart, und implizit davon ausgegangen, daß die Zukunft der Gegenwart mehr oder weniger ähneln wird … Nur ein winziger Prozentsatz der Konventionen in einer Branche wird in Frage gestellt … Die Grenzen innerhalb einer Branche werden als gegeben hingenommen, daher lautet die Frage, wie Produkte und Dienstleistungen innerhalb dieser Grenzen positioniert werden können, und nicht, wie man sich einen neuen, unangefochtenen Platz im Wettbewerb schaffen könnte.«[11]

In vielen Unternehmen ist Strategieplanung immer noch ein leeres Ritual, das vom Kalender ausgelöst wird. Wir erstellen unseren Plan mechanisch. Aber wir versäumen es, unsere emotionale Intelligenz einzusetzen, um unsere Vorstellungskraft mit den Eindrücken zu beflügeln, die wir erhalten, wenn wir in der Zukunft *sind*. Erst dadurch wird es uns möglich, verschiedene Szenarien zu erfahren und eine große Bandbreite verborgener Möglichkeiten zu erahnen (worüber wir im nächsten Kapital noch sprechen werden). Wenn Planung nur abstrakt und darauf beschränkt ist, Ideen *aufzulisten*, können wir uns viel leichter und viel öfter selbst betrügen, als wenn wir unsere Intuition und unsere Gefühle mit Hilfe unserer Vorstellungskraft in die Vergangenheit oder Zukunft projizieren und unsere emotionale Intelligenz einsetzen, um solche Ideen aktiv zu *erfahren* und hypothetisch zu *erproben*.

Verbindung zur EQ Map: Gedankliche Zeitverschiebung
Dieses Kapitel bezieht sich auf folgende Tabellenspalten der EQ Map: emotionales Selbstbewußtsein, emotionales Bewußtsein gegenüber anderen, Zielstrebigkeit, Kreativität und Einstellung

EQ in der Praxis
In die Zukunft blicken und rückwärts denken

Um Ihre Fähigkeiten in bezug auf die gedankliche Zeitverschiebung zu verbessern, sollten Sie die folgenden drei Übungen durchführen, die sich bei meiner Arbeit mit Führungskräften und Managern als überaus effektiv herausgestellt haben. Suchen Sie sich ein gemütliches Plätzchen, und legen Sie einen Block und einen Stift vor sich.

Die erste Übung: Viele Manager und Unternehmen nennen sich selbst »Marktführer«. Aber heute an der Spitze zu stehen ist keinesfalls eine Garantie dafür, diese Position auch in der Welt von morgen halten zu können, erschwert es in gewisser Weise sogar.

»Für die meisten Menschen ist es trotz der Risiken besser, einen Sprung in die Zukunft zu wagen. Und dies sollten wir eher früher als später tun.«
John P. Kotter,
Harvard Business School

Beantworten Sie folgende Fragen sowohl für *heute* als auch für die *Zukunft* (stellen Sie sich dabei vor, daß Sie diese Fragen in zehn bis 15 Jahren von heute an beantworten):

Fragen zur Zeitverschiebung	heute	in zehn bis 15 Jahren
– Welche vier EQ-Fähigkeiten oder EQ-Eigenschaften machen mich als Führungskraft wertvoll?		
– Wer sind meine wichtigsten Geschäftspartner und Kunden?		
– Wie gut kenne ich sie als Individuen mit einzigartigen Begabungen? Mit Potential, Leidenschaften, Zielen?		
– Auf welche Weise kann ich ihnen dabei helfen, ihre Prioritäten besser zu erreichen?		
– Wie viele Menschen gehören zu meinem Vertrauensradius?		
– Wie viele von ihnen haben etwas mit meinem Unternehmen zu tun?		
– Wie viele Menschen vertrauen mir bedingungslos?		
– Wer sind meine wichtigsten Mitbewerber?		
– Auf welche Weise versuche ich, die menschliche Seite im Unternehmen zu verbessern, statt nur nach Gewinn zu streben?		
– Was ist an meiner Arbeitsweise und an meiner Art zu leben einzigartig?		

Fragen zur Zeitverschiebung	heute	in zehn bis 15 Jahren
– Wie sehen die beiden wichtigsten Methoden aus, mit denen ich mich so positioniere, daß ich das größtmögliche Wertwachstum in meiner Karriere erreiche?		

Vergleichen Sie die beiden Spalten mit Ihren Antworten. Unterscheiden sich die Antworten auf die Fragen in der *Zukunft* erheblich von den Antworten für *heute*? Falls nicht, besteht Grund zu der Annahme, daß Sie Ihr einzigartiges Potential nicht erfüllen werden und es Ihrem Unternehmen nicht gelingen wird, eine marktführende Position zu erreichen oder zu halten.[13] Was die Frage zur Verbesserung der menschlichen Seite im Unternehmen angeht, so haben anerkannte Strategieforscher herausgefunden, daß jene Führungskräfte und Manager, deren Arbeit die Wettbewerbsfähigkeit des Unternehmens in der Zukunft sichert, immer öfter auch die grundlegenden Bedürfnisse des Menschen sehen und ständig danach streben, die Arbeitsbedingungen für die Mitarbeiter zu verbessern.[14]

Zu unserer zweiten Übung zur Zeitverschiebung: Entspannen Sie sich, schließen Sie die Augen, und lassen Sie Ihre Sinne in der Zeit zurückwandern. Rufen Sie sich eine Erfahrung ins Gedächtnis, bei der Sie in Bestform gedacht, gefühlt und gearbeitet haben. Das kann eine Situation sein, in der Sie außergewöhnlich begeistert oder dankbar oder zuversichtlich und ruhig gewesen sind. Stellen Sie fest, wie schnell Sie diesen emotionalen Zustand noch einmal hervorrufen können, und »ziehen« Sie ihn dann aus der Zukunft mit sich in die Gegenwart. Bei der emotionalen Alchimie können Sie die Fähigkeit entwickeln, bestimmte erweiternde oder generative Gefühle in sich entstehen zu lassen und sie dann dazu einzusetzen, fließender und konsequenter zu arbeiten und zu lernen – auf einer Ebene, die die meisten anderen Menschen nicht erreichen.

Verbindung zur EQ Map: Gedankliche Zeitverschiebung
Dieses Kapitel bezieht sich auf folgende Tabellenspalten der EQ Map: emotionales Selbstbewußtsein, emotionales Bewußtsein gegenüber anderen, Zielstrebigkeit, Kreativität und Einstellung

Bevor Sie die nächste Interaktion mit einer Gruppe wütender

Kunden oder erbitterter Wettbewerber beginnen, sollten Sie einen Moment innehalten, um sich ein Gefühl der Dankbarkeit ins Gedächtnis zu rufen. Ich meine Dankbarkeit für eine Gefälligkeit, die eine oder mehrere Personen in diesem Raum – oder Personen *wie* die Personen in diesem Raum – Ihnen einmal erwiesen haben. Sie können sich auch an ein starkes Gefühl der inneren Zuversicht oder der Kreativität bei der Suche nach Lösungen erinnern. Auf diese Weise rufen Sie Gefühle hervor, die Ihnen dabei helfen, entspannt und neugierig zu bleiben, statt nervös und feindselig zu reagieren, wenn die Stimmung bei dem Dialog immer gereizter wird. Können Sie sich noch weitere Einsatzmöglichkeiten für diese Art der emotionalen Alchimie vorstellen?

Die dritte Übung zur Zeitverschiebung: Setzen Sie sich bequem hin, und entspannen Sie sich. Stellen Sie sich vor, daß alle Einschränkungen weggefallen sind, einschließlich der zur Zeit existierenden Grenzen bei Finanzen, Logik, Wissenschaft, Medien, Telekommunikation und Rationalität. Es ist alles weg. Projizieren Sie Ihre Gedanken in die Zukunft. Nehmen Sie dann Ihren Block und einen Stift zur Hand. Wählen Sie einige der folgenden Aufgaben:

- Skizzieren oder nennen Sie einige unerwartete Designmerkmale von überaus erfolgreichen neuen Produkten des Jahres 2015. Stellen Sie sich das gleiche für eine neue Dienstleistung vor. Fragen Sie sich bei jedem dieser Merkmale: »Wie würde es *aussehen* und sich *anfühlen* – wenn Sie es benutzen, bekommen oder verwenden?«
- Bringen Sie Ideen oder Skizzen für das Design eines EQ-Notebook-Computers für das Jahr 2020 zu Papier. Seymour Cray, der Vater des Supercomputers und Designer der schnellsten Computer jeder Generation seit 1950, entwickelt das Design für seine Computer immer mit Papier und Bleistift, weil er der Meinung ist, daß das Gesamtdesign eines Computers immer der Intuition eines einzelnen entspringen sollte.[15]
- Stellen Sie sich ein Modell zur Gesundheitsfürsorge im Jahr 2050 vor.
- Erfinden Sie einige bahnbrechende Designmerkmale für eine Chrysler-Großraumlimousine oder ein BMW-Coupé des Jahres 2025.
- Stellen Sie sich das ideale Design für eine Firmentagung im Jahr 2040 vor.
- Starten Sie einen Ideenstrom für einen beliebigen Bereich oder Markt.

Kehren Sie jetzt in die Gegenwart zurück und denken Sie über Ihre Notizen oder Skizzen nach. Welche sind für Sie, intuitiv gesehen, am interessantesten? Welche davon ließen sich unter Umständen im kommenden Jahr bei Ihrer Arbeit verwirklichen? Wiederholen Sie diese Übung regelmäßig. »In die Zukunft blicken und rückwärts denken« – so nennen es einige meiner Kollegen. Befestigen Sie die Blätter mit Ihren Ideen an der Wand neben Ihrem Schreibtisch (damit Sie zu weiteren Ideen angeregt werden), oder schreiben Sie sie in ein spezielles Notizbuch, das Sie immer in Reichweite haben.

Neue Lösungen ergeben sich nicht deshalb, weil wir gerade ein bißchen besser sind als unsere Mitbewerber, sondern erheblich unkonventioneller und deshalb auch bereit, unsere Sinne noch weiter in die Zukunft zu projizieren und unsere Vorstellungen mit den Anforderungen und Chancen der Gegenwart zu verknüpfen. Niemand kann die Zukunft mit Gewißheit voraussagen. Aber wir können sie gestalten und durch unsere aktive Beteiligung dazu beitragen, sie zu schaffen. Wenn Sie Ihre Intuition und Ihre Sinne in die Zukunft wandern lassen, werden Sie kreativer und anpassungsfähiger. Das alles vermag gedankliche Zeitverschiebung zu bewirken.

Abschließend möchte ich hier noch anmerken, daß sich auf Computertastaturen immer eine Taste »Pause« befindet. Der Arzt Stephan Rechtschaffen empfiehlt uns, auch für uns eine solche »Taste« anzulegen.[16] Immer wenn Sie aufkommende Unruhe spüren oder eine gute Gelegenheit erkennen, sollten Sie einen Moment unterbrechen. Treffen Sie innerhalb von Sekundenbruchteilen intuitiv die Entscheidung, auf welchen Zeitpunkt Sie Ihre Aufmerksamkeit richten sollen. Wenn bei einem Problem oder einer Gelegenheit zum Beispiel die Perspektive fehlt, sollten Sie in die Zukunft blicken – die Situation in einem Tag, einem Monat, einem Jahr, einem Jahrzehnt, oder was immer Sie intuitiv als zutreffend empfinden – und dann rückwärts denken. Stellen Sie eine unerwartete Frage. Suchen Sie sich einen neuen Rhythmus für Ihre Arbeit.

Es stellt sich heraus, daß unsere Fähigkeit zur gedanklichen Zeitverschiebung zum Teil von einem Rhythmus abhängt.

Nehmen Sie zum Beispiel Bill Gates. Er schaukelt.

Wirklich. Der Gründer von Microsoft, einer der reichsten Männer der Welt, sitzt bei seinen Besprechungen in einem Schaukelstuhl. Er schafft seinen eigenen Rhythmus und kreatives Fließen und zieht andere mit hinein.[17] Tom Jackson, President des Beratungsunternehmens Equinox, beginnt jede Besprechung mit einer Pause von einer Minute, eine Zeit der Stille und des Nachdenkens. Damit will er den Teilnehmern ein Zeichen geben, sie von ihrem Arbeitsrhythmus der Ruhelosigkeit und Hektik lösen und auf eine kreativere und auf Zusammenarbeit ausgerichtete Atmosphäre für die bevorstehende Besprechung einstimmen.[18]

Wenn Sie gelernt haben, Ihre intuitive emotionale Intelligenz auf jeden beliebigen Zeitpunkt in Ihrem Zeithorizont zu richten, wird Ihnen als erstes vermutlich eine gesteigerte Wahrnehmung für die unzähligen verborgenen und entstehenden Gelegenheiten auffallen, die jetzt in Ihrer Reichweite sind. Dies ist das Thema des nächsten Kapitels.

15
Gelegenheiten wahrnehmen

»In den meisten Unternehmen gibt es riesige, unentdeckte Goldgruben aus Ideen.«
Hermann Simon,
CEO von Simon,
Kucher & Partner, Bonn

Von jedem Problem und jeder Gelegenheit geht eine Art Kraftfeld aus. Die Energie dieses Kraftfelds ist entweder auf Sie gerichtet – zum Beispiel bei einem Problem, persönlicher Kritik oder dem Angriff eines Wettbewerbers – oder wird von Ihnen gelenkt, wenn Sie beispielsweise aktiv nach neuen Erkenntnissen, Lösungen oder Gelegenheiten suchen.

Stellen Sie sich vor, daß Sie auf einem großen Kompaß stehen und nach Norden blicken. Sehen wir uns das Ganze jetzt von der Luft aus an, so daß wir von oben auf Sie hinunterschauen. Stellen Sie sich vor, daß eine kritische Bemerkung auf Sie gerichtet wird – auf Ihr Herz – und die Energie von Norden nach Süden auf Sie zukommt. Wenn Sie jetzt einfach stehenbleiben – entweder wörtlich genommen oder im übertragenen Sinne –, werden Sie direkt von dieser Energie getroffen und vielleicht umgeworfen. Emotional, aber auch körperlich oder geistig.

Stellen Sie sich jetzt vor, daß Sie sich gerade mit einer neuen Herausforderung oder einem alten Problem abmühen, das aus der gleichen Richtung oder von derselben Person kommt. Ihre Gewohnheiten und Instinkte werden Ihnen vermutlich sagen, daß Sie sich jetzt auf eine »Attacke« gefaßt machen müssen. Sie hoffen, daß Sie damit fertig werden. Manchmal schaffen Sie es, manchmal nicht. Die Grundregel lautet: Wenn das Problem Druck ausübt, üben Sie ebenfalls Druck aus. Und das tun Sie so lange, bis Sie gewinnen, verlieren, nachgeben oder aufgeben. Oder bis Verstärkung eintrifft, in Form von Geld, Motivation oder Personal.

Das ist ein angeborener Reflex. Sie stellen fest, daß Druck auf Sie ausgeübt wird – von Ihrem Chef, Ihrem Ehepartner, Kunden, von Papierkram oder Terminen –, und leisten Widerstand. Sie üben Ihrerseits wieder Druck aus. Und wenn Ihr Arbeitstag zu Ende ist, fühlen Sie sich angespannt und müde, sind entmutigt und gereizt oder pessimistisch und zynisch. Kennen Sie das? Es ist einer der Hauptgründe dafür, weshalb so viele Menschen den Eindruck haben, in der einengenden Routine ihrer Arbeit gefangen zu sein. Je mehr Druck wir ausüben, desto größer ist das Risiko, daß wir uns dabei kaputtmachen.

Zurück zu unserem Experiment: Nehmen wir an, Sie stehen ganz entspannt oben auf dem Kompaß und spüren die ankommende Energie eines Arguments oder eines schwierigen Problems. Mit Ausnahme von Situationen, in denen Sie echtes, ehrliches Feedback von jemandem bekommen, ist die Position, in der Sie sich gerade befinden, von einer geometrischen Perspektive aus gesehen genau der Winkel oder Standpunkt, den Sie besser nicht einnehmen sollten: bei unserem Beispiel die Gerade von Nord nach Süd. In dieser Stellung werden Sie nämlich von Worten oder mit Problemen zusammenhängenden Bildern getroffen. Wenn Sie sich nicht von der Stelle rühren, kann es auch vorkommen, daß Sie schließlich zu nah an dem jeweiligen Problem »dran« sind, was genauso schlecht ist, weil Sie dann den emotionalen und geistigen Kontext aus dem Blick verlieren – Sie sehen den Wald vor lauter Bäumen nicht mehr.

Schauen wir uns die Alternative an. Wenn Sie Ihre Aufmerksamkeit auf einem hohen Niveau halten (Kapitel 2) und sich vielleicht auch im Zustand des intuitiven Fließens (Kapitel 13) befinden, wird Ihnen ein effektives »Frühwarnsystem« zur Verfügung stehen, mit dem Sie viele auftretende Schwierigkeiten und Probleme im Unternehmen erkennen, bevor diese über Sie hereinbrechen. Und wenn Sie spüren, daß sie sich nähern, ist es viel einfacher für Sie, Ihre Position oder Ihren Standpunkt zu ändern und in eine andere Richtung zu gehen, *damit Sie nicht in der Schußlinie der herannahenden Energie stehen.* Verlassen Sie das Terrain, auf dem Sie sich gerade befinden, ändern Sie Ihre Einstellung oder Haltung, und fließen Sie mit der Herausforderung. Wenn Sie zum richtigen Zeitpunkt einen kleinen Schritt zur Seite machen – mit Ihrem Körper oder, bildlich gesprochen, mit Ihrem Verstand oder Ihrem Herzen –, sind Sie plötzlich kein Ziel mehr, sondern in der Lage zu lenken. Sie sind aus der Schußlinie der Energie heraus und können Ihre Sinne einsetzen, um jede Möglichkeit zur Lösung des Problems wahrzunehmen oder eine ehrliche Antwort auf die Beschwerde zu finden. Falls notwendig, können Sie die herannahende Energie auch umlenken und deren Bewegungsrichtung ändern, indem Sie zum Beispiel eine unerwartete Reaktion zeigen und einfach eine geschickte Frage stellen. Auf diese Weise rücken Sie das Ergebnis eher in die Nähe von neuen Optionen statt von alten Verwicklungen.

Spinnen wir dieses Bild weiter. Jetzt befinden Sie sich nicht mehr auf einem zweidimensionalen Kreis, sondern in einer dreidimensionalen Kugel, die aus Energie oder Einfluß besteht. Sie bleiben so offen, emotional flexibel und geistig entspannt wie möglich. Sie sind in Bewegung und nehmen die Probleme zur Kenntnis, mit denen Sie konfrontiert werden, statt sie zu verleugnen. Ihre Sinne klammern sich nicht an der ersten Beschreibung oder an dem anfänglichen Gefühl zu einem Problem fest. Statt dessen vertrauen Sie darauf, daß Ihnen fast unendlich viele Kombinationsmöglichkeiten aus sensorischen, körperlichen und geistigen Bewegungen – über Ihnen, hinter oder neben Ihnen, schräg links oder rechts usw. – offenstehen, innerhalb deren Sie Alternativen finden können. Dieses Bild von Interaktion ist mir zum erstenmal mit zwölf Jahren im Aikido-Unterricht begegnet. In den folgenden 35 Jahren habe ich festgestellt, daß es auf einen Sitzungssaal oder ein Büro genauso zutrifft wie auf Selbstverteidigung.

Lassen Sie mich dieses Thema noch etwas ausführlicher erläutern. Bei der Wahrnehmung von Gelegenheiten geht es darum, die »Fühler« Ihres Bewußtseins so weit wie möglich auszustrecken und dazu Ihre herkömmlichen fünf Sinne plus Ihren intuitiven sechsten Sinn (Kapitel 13) und das Gefühl aus dem Bauch (siebter Sinn?) einzusetzen, zusammen mit allen anderen Dimensionen der menschlichen Wahrnehmung und Intelligenz, die Ihnen zur Verfügung stehen. Auf diese Weise können Sie Ihre Aufmerksamkeit voll und ganz der Gegenwart widmen, aber gleichzeitig *spüren, was danach kommt.* Natürlich ist noch mehr als emotionale Intelligenz erforderlich, um günstige Gelegenheiten wahrzunehmen. Trotzdem glaube ich, daß unsere innersten Gefühle diesen Prozeß aktivieren oder in Gang halten, so daß wir in der Lage sind, in jeder Situation instinktiv nach verborgenen Möglichkeiten zu suchen, statt das zu tun, was wir gewöhnlich tun: auf Autopilot schalten und mit dem Problem Nummer 27 kämpfen.

Nehmen wir an, daß Sie von Ihrem Chef den Auftrag erhalten oder die Entscheidung selbst getroffen haben, sich um ein anstehendes Problem oder einen Engpaß zu kümmern, eine wichtige Partnerschaft mit einem Unternehmen einzugehen oder eine neue Dienstleistung oder ein neues Produkt zu erfinden. Es spielt keine Rolle, was es ist. Viele Führungskräfte und Manager, mit denen ich gearbeitet habe, neigen dazu, solche Herausforderungen auf eine lineare, sequentielle Art und Weise anzugehen, ähnlich wie ein römischer Truppenkommandeur: Sobald ich mich für eine Richtung entschieden habe, gehe ich schnurstracks darauf zu. Manchmal funktioniert das. Aber meistens funktioniert es nicht. Oder um es anders auszudrücken: Diese Vorgehensweise liefert nicht die bestmöglichen Lösungen.[1] Später sagen Sie vielleicht: »Diese Möglichkeit ist mir nie in den Sinn gekommen«, oder »Mir fiel nicht mehr ein, als auf die herkömmliche Art an dieses Problem heranzugehen.«

Nehmen Sie Jim Clark, der 1992 Chairman von Silicon Graphics war. Er hatte alles erreicht, was man in seinem Beruf nur erreichen konnte, und eigentlich nicht die Absicht, den Job zu wechseln oder etwas Riskantes zu unternehmen. Trotzdem spürte er intuitiv eine Unmenge phantastischer Möglichkeiten, die noch keinem anderen aufgefallen waren. Clark handelte, ohne zu zögern. Er folgte seinen Eingebungen und untersuchte eine Reihe möglicher Szenarien. Als es darum ging, einen Partner auszuwählen, ging er einen ganz und gar ungewöhnlichen Weg. Er hörte auf seine Intuition und suchte sich Marc Andreessen aus, einen 21jährigen Studenten der University of Illinois mit einer ausgesprochenen Begabung für Softwareentwicklung und einem ungewöhnlich ausgeprägten Sinn für zukünftige Möglichkeiten, eine Fähigkeit, die er als Mitautor von *Mosaic* während seiner Collegezeit weiterentwickelt hatte.

»Entdeckung besteht darin, daß wir etwas sehen, was alle anderen auch sehen, und etwas anderes daran wahrnehmen.«
Dr. med. Dr. phil. Albert Szent-Györgyi,
zweifacher Nobelpreisträger

Clark machte Andreessen den Vorschlag, mit ihm zusammenzuarbeiten. Die beiden gründeten Netscape, ein Unternehmen, das die beispiellose Entwicklung des Internet voraussehen würde. Netscape hat inzwischen Versionen seiner Software Navigator im Wert von 12 Millionen Dollar verschenkt und dabei die unkonventionelle Einstellung verfolgt, daß sich der Einfluß des Internets mit der Anzahl der Knoten quadrieren werde. Clark und Andreessen haben auf ihre Vision reagiert, indem sie etwas gegeben haben, um dafür etwas zu bekommen. Clark: »Wenn das hier nicht funktioniert, werden die Leute mich für einen ausgemachten Dummkopf halten.« So weit kam es nicht, denn Netscape beherrscht inzwischen 75 % des Marktes für Web-Browser. Navigator läuft auf 45 Millionen PCs, hat Clark zum ersten Internet-Millionär gemacht und Andreessen über 100 Millionen Dollar eingebracht.[2] In einem vor kurzem veröffentlichten Interview berichten Andreessens Lehrer und Freunde, daß er in allen Fächern gut war, vor allem in jenen, die ihn besonders interessierten. Eine Bemerkung hat mich am meisten fasziniert: »Marc schien *einfach alles in einem größeren Zusammenhang zu sehen als der Rest von uns* (Hervorhebung von mir). Er sah alles als Ganzes, aus verschiedenen Perspektiven. Und wir saßen einfach nur da und sagten: ›O Mann.‹«[3]

Das sensorische Feld erweitern

So gut wie alle Menschen sind näher an neuen Gelegenheiten – zu lernen, etwas weiterzuentwickeln, Neues zu schaffen, Erfolg zu haben – dran, als ihnen bewußt ist. Ich glaube, daß eines der charakteristischen Merkmale vieler Männer und Frauen mit einem hohen EQ die Fähigkeit ist, weiter, tiefer und schneller wahrzunehmen als jene Menschen, die nur auf ihren IQ vertrauen. Ich möchte behaupten, daß der sechste und der siebte Sinn – Intuition und das Gefühl aus dem Bauch – eine zentrale Rolle dabei spielen, wenn wir unseren Zugang zu solchen Gelegenheiten verbessern und nicht nur die naheliegenden Wege und eingefahrenen Gleise in unserem Leben sehen wollen. Meine Kollegen und ich begegnen fast überall bei unserer Arbeit mit Führungskräften, Managern und Unternehmen Beispielen dafür.

»Die Vorstellungskraft ist ein geheimes Reservoir für die Reichtümer der menschlichen Rasse.«
Maude L. Frandsen, *Forbes*

Ich möchte Ihnen eine etwas unkonventionelle Methode vorstellen, mit der Sie Ihr sensorisches Feld erweitern können. Sie stammt aus der Biologie. Die *Fovea* ist ein winziger Bereich im Zentrum der Augennetzhaut. Es handelt sich um eine mikroskopisch kleine Stelle, an der die lichtempfindlichen Zellen besonders dicht gepackt sind. Hier befindet sich auch die Stelle des schärfsten Sehens. Je weiter von der Fovea entfernt, desto undeutlicher wird das Bild, bis es im peripheren Gesichtsfeld nur noch verschwommen wahrzunehmen ist. Wenn Sie sich zum Beispiel diese Seite ansehen, beträgt die Zone des schärfsten Sehens nur etwa ein Vierzigtausendstel des Gesichtsfeldes (der gesamte Bereich, den Sie sehen können). Das heißt, Sie können vermutlich fünf bis zehn Buchstaben richtig scharf sehen. Probieren Sie es aus: Sehen Sie auf das Wort *Eins* in diesem Satz. Schauen Sie weiter darauf. Sie werden feststellen, daß Sie nur ein oder zwei Wörter scharf erkennen. Zum Rand Ihres Blickfelds hin werden die Buchstaben immer verschwommener.

Die Physiologie des Auges ist so aufgebaut, daß die Fovea etwa viermal pro Sekunde fixieren muß – ähnlich wie ein Schnappschuß mit dem Fotoapparat –, um sinnvolle Bilder an das Gehirn übertragen zu können. Daher könnte man die Art, in der die Augen das Blickfeld wahrnehmen, mit kleinen visuellen Schlucken vergleichen. Viele Menschen können deswegen nur etwa ein Wort pro Schnappschuß beziehungsweise vier Wörter pro Sekunde lesen, was umgerechnet etwa 240 Wörter pro Minute ergibt. In zahlreichen Untersuchungen wurde nachgewiesen, daß »Schnelleser« – Menschen, die weitaus schneller und mit einem besseren Verständnis lesen können als der durchschnittliche Erwachsene – nicht Wort für Wort lesen.[4] Statt dessen haben die meisten von ihnen ihre Sinne so erweitert, daß sie mit jeder visuellen Fixierung der Fovea mehrere Wörter, Ausdrücke, Sätze und sogar Abschnitte aufnehmen. Die besten Schnelleser können 5000 oder mehr Wörter pro Minute aufnehmen, die sie verstehen und behalten.

Auch Sie können das lernen – beinahe alle können es lernen. Mit einigen einfachen visuellen Übungen, wie z.B. dem Lesen von »Buchstabenspalten« auf einer Seite. Sie konzentrieren sich auf die Mitte der Seite, nehmen mit zunehmender Übung aber immer mehr Buchstaben und Wörter wahr. So kann der Bereich, in dem die Fovea scharf sieht, erheblich erweitert werden.[5] Ich habe bei vielen Managern und Angehörigen anderer Berufsgruppen das »Vorher« und »Nachher« gesehen. Die Fortschritte sind mitunter erheblich. In Zusammenhang mit dem Thema dieses Kapitels – dem Wahrnehmen von Gelegenheiten – ist besonders interessant, daß mir viele dieser Leute erzählten, sie hätten bei der Erweiterung ihres Leseverhaltens auch eine Erweiterung in anderen Bereichen festgestellt, etwa darin, wie sie auf Menschen und Situationen reagierten. Ich kann mich noch gut an einen Manager erinnern, der berichtete, daß er bei Gesprächen besser in der Lage war, seine Aufmerksamkeit auf den Sprecher zu richten und *gleichzeitig* mit seinem peripheren Sehvermögen mehr von der Umgebung um sich herum wahrzunehmen. Wie viele andere aus meinem Bekanntenkreis hatte er gelernt, auf Interaktionen – und den »Gelegenheitshorizont« – *in einem größeren Zusammenhang* zu reagieren.

Ich habe genügend Berichte aus erster Hand gehört, um zu glauben, daß Sie mit einiger Übung auch andere Sinne erweitern können, um nicht nur mehr Informationen aufzunehmen, sondern auch Dinge wahrzunehmen, die sich dem üblichen Blickfeld entziehen – sozusagen zwischen den Zeilen lesen und erkennen, was hinter den Worten steckt. Mit Hilfe von Intuition und unserem Gefühl aus dem Bauch können wir zum Beispiel lernen, häufiger Situationen zu erkennen, in denen wir unsere Hand ausstrecken müssen, um jemandem zu helfen, der sich abmüht, und ihm ein Wort der Aufmunterung und unsere Hilfe anbieten. Oder wir »erwischen Mitarbeiter dabei, wie sie etwas richtig machen«, wie Ken Blanchard es formuliert, und können sie sofort loben, statt zu warten, bis etwas schiefgeht – was jedem aufzufallen scheint – und die üblichen Vorwürfe und Entschuldigungen erklingen. In welcher anderen Hinsicht könnten Sie Ihre Sinne – Sehen, Hören, Intuition und das Gefühl aus dem Bauch – noch verbessern? Wie verlassen Sie die eingefahrenen Gleise und haben mehr Spaß daran, Ihre Arbeitsbeziehungen zu verbessern und einen breiteren Zugang zu Gelegenheiten zu finden, wenn Sie Ihre sieben Sinne weiter »öffnen«, sie entwickeln und erweitern? Dies ist natürlich kein reiner EQ-Prozeß, da neben dem Gefühl aus dem Bauch und intuitivem Fließen auch die fünf physischen Sinne beteiligt sind, aber ich glaube, daß die beiden erstgenannten Sinne der Schlüssel zu diesem Prozeß sind.

Den Gelegenheitshorizont erweitern

Vor einigen Jahren hielt ich einmal eine zweitägige Präsentation im Rahmen des Arthur Andersen Masters Forum. James Kackley, Senior Managing Partner des Unternehmens und Leiter des Programms, war ebenfalls anwesend. In einer der Pausen sprach Jim darüber, daß er im Laufe der Jahre gelernt habe, wie wichtig es sei, klar zwischen der Konzentration auf *Themen* – oder Probleme – und der Suche nach *Gelegenheiten* zu unterscheiden. Das gleiche gelte für *Wiederholen* eingefahrener Gewohnheiten und bewußtem *Erfinden* eines neuen Verhaltens gegenüber Herausforderungen, Kommunikation oder Lernen. Seine Worte sind mir im Gedächtnis geblieben.

Die meisten Menschen sind recht gut darin, Fehler bei anderen zu entdecken und mit dem Finger auf vorhandene Probleme zu zeigen oder Aufgaben zu erledigen und Routineentscheidungen zu treffen. Darauf wurden wir trainiert. Wir sind zum größten Teil problemorientiert und problemkonzentriert. Das kann uns allerdings auch ausbremsen.

Peter Drucker nennt es eine »Todsünde der Unternehmen«, wenn die besten Mitarbeiter nur noch als Problemlöser eingesetzt werden. Er ist der Meinung, daß Gelegenheiten zu Wachstum führen, während Problemlösung eher mit Schadensbegrenzung zu vergleichen sei.[6] Bei Arthur Andersen setzen Partner und Projektgruppen die lange Tradition der Prüfung von historischen Abschlüssen fort. Aber in den letzten Jahren ist eine verstärkte Nachfrage nach einer anderen Dienstleistung entstanden: eine Buchprüfung »nach vorn«, bei der nach allen Möglichkeiten gesucht wird, die dem Kunden dabei helfen können, seine Unternehmensergebnisse zu verbessern. Was im wesentlichen bedeutet, daß intuitiv und mit Hilfe von Analysen versteckte Unternehmensrisiken ermittelt und jede mögliche Gelegenheit oder Richtung für neues Wachstum und Wertschöpfung aufgedeckt wird, die dem Kunden einen Wettbewerbsvorteil verschaffen kann. Unternehmen in der ganzen Welt nehmen diese Dienstleistung in Anspruch.

Bei Hewlett-Packard (HP), einem der am meisten bewunderten amerikanischen Unternehmen, betrachten Manager und Angehörige anderer Berufsgruppen die Welt mit einer Methode, die *Scanning* genannt wird. Sie wurde entwickelt, um eine große Bandbreite *möglicher* Szenarien in der Zukunft wahrzunehmen und dadurch eine Perspektive zu schaffen, in der neue Technologien, Produkte und Dienstleistungen erfunden und Arbeitsprozesse verbessert werden können. Lew Platt, Chairman und CEO, ist der Meinung, daß Scanning einer der Schlüssel zu HPs anhaltendem Erfolg und Wachstum ist.[7]

Doch die meisten von uns arbeiten immer noch rein mechanisch. Wir fühlen uns, als würden wir uns in einer Tretmühle abstrampeln oder auf eingefahrenen Gleisen bewegen. Wir widersetzen uns verschiedenen Perspektiven. Wir geraten in Panik, wenn wir mit Veränderung konfrontiert werden. Wir begreifen nicht, daß wir die größeren Wirtschaftssysteme verstehen müssen, die sich um uns herum entwickeln, und einen Weg finden, um einen Beitrag dazu zu leisten. Wenn nicht, werden wir immer schwächer. Vielleicht sind wir auch bereits am Ende und wissen es nur noch nicht.

Einstein hat einmal die geistreiche Bemerkung gemacht, daß der Mond nicht vom Himmel falle, wenn man die Augen schließe.[8] Denken Sie einmal darüber nach, wie viele Erfindungen und Dienstleistungen wir heute als selbstverständlich ansehen, obwohl sie noch vor wenigen Jahren als undurchführbar galten. Die wenigen Menschen, die ihre Sinne offen hielten und nach Gelegenheiten suchten, fanden sie auch. Denken Sie daran, wie viele Kunstwerke ein Künstler in seinem Leben beginnt. Die Menge ist schier überwältigend. Picasso wird nachgesagt, mehr als 10000 Werke gemalt oder gezeichnet zu haben. Dies stimmt in etwa mit der Anzahl der neuen Software-Produkte überein, die jedes Jahr herausgebracht werden.

Es ist sehr aufschlußreich, daß Picasso noch mit weit über 90 Jahren malte und im Durchschnitt zwei von drei seiner Bilder vernichtete. Die Welt hielt sich nie mit Picassos »Mißerfolgen« auf, sondern hat einen gewaltigen Respekt vor seinen gelungenen Werken. Das gleiche gilt für Leonardo da Vinci. Ich habe immer eine Reproduktion seiner Skizzenbücher auf meinem Schreibtisch, um mich daran zu erinnern. Er hatte eindeutig einen langen Zeithorizont und dachte sich fast ununterbrochen faszinierende Möglichkeiten aus, von denen viele lange nach dem 16. Jahrhundert, in dem er gelebt hat, verwirklicht werden sollten. Da Vinci war als Maler am bekanntesten, aber er tat sich auch als Bildhauer, Architekt, Musiker, Anatom, Botaniker, Ingenieur, Geologe und Kartenzeichner hervor.

»Zuerst will niemand glauben, daß etwas Eigenartiges und Neues erfunden werden kann, dann fangen alle an zu hoffen, daß es erfunden werden kann, dann sehen sie, daß es erfunden werden kann – dann ist es erfunden, und die ganze Welt fragt sich, warum man es nicht schon vor Jahrhunderten erfunden hat.«
Frances Hodgson Burnett (1849-1924), in England geborener amerikanischer Schriftsteller

Im Gegensatz dazu steht die heute allgemein übliche Tendenz, sich auf einen einzigen Beruf und einen einzigen Aspekt dieses Berufes zu konzentrieren und zunehmend in geraden, engen Bahnen zu denken (Thomas Carlyle bezeichnete das 1829 als »Dampfmaschinenintellekt«[9]). Bei einigen Unternehmen bedeutet dies, sich nie auf »unerforschte Gebiete« zu wagen. Es heißt außerdem, den »Mißerfolg« neuer Produktideen zu vermeiden und sich statt dessen darauf zu konzentrieren, aus einer Verringerung des Personalbestands, Reduzierung des Arbeitszyklus und Ressourcenumschichtung auch noch den letzten Pfennig herauszuquetschen. Keine dieser Maßnahmen ist eine schlechte Idee. Ich habe nur noch nie jemanden getroffen, der morgens aufwacht und darauf brennt, noch einen Pfennig mehr zu machen oder eine weitere Verbesserung der gewohnten Art vorzunehmen. Meg Wheatley erinnert uns: »Das, was wir in den Unternehmen am meisten fürchten – Schwankungen, Störungen, Ungleichgewichte –, sind auch die primären Quellen von Kreativität.«[10]

Die Zukunft beeinflussen

Wenn Menschen gebeten werden, zu bewerten, wie sie sich fühlen (von überaus engagiert und begeistert bis hin zu wenig engagiert und wenig begeistert), wenn sie sich bei verschiedenen Aufgaben (von eher prosaischen bis hin zu kreativen) nach besten Kräften bemühen, wird meiner Erfahrung nach folgende Antwort immer am höchsten bewertet: »Ich entwerfe oder entdecke etwas Neues.«[11] Keine statistische Prozeßkontrolle. Oder Berichterstellung. Oder Überarbeitung des alten. Wenn man uns die Chance gibt und vielleicht auch noch ein wenig Training oder einen Anreiz, werden sich die meisten gern anstrengen, auf ihren inneren Sinn für Möglichkeiten hören und eine wahre Begeisterung dafür entwickeln, die Zukunft zu beeinflussen – das heißt, sie auf eine sinnvolle Art zu formen.

Die Geschichte unterstützt uns in diesem Bestreben. Bis 1543 ging die Menschheit davon aus, daß sich die Sonne und die Planeten um die Erde bewegten, doch dann stellte Kopernikus, seiner Intuition folgend, die unorthodoxe Frage: »Was wäre, wenn man sich das ganze Universum aus einer anderen Perspektive vorstellen würde? Was wäre, wenn wir statt der Erde die Sonne in den Mittelpunkt der Planetenbewegungen stellen würden?« Weil er die anderen Möglichkeiten untersuchte und dann die allgemein akzeptierten Fakten seiner Zeit umging, war Kopernikus in der Lage, das zu ahnen und auszuarbeiten, was sich schließlich als weitaus sinnvolleres und genaueres Modell des Sonnensystems herausstellte.

1746 reiste Benjamin Franklin nach Boston, um dort einer Demonstration von Elektrizität beizuwohnen, die von einem Schotten namens Dr. Adam Spencer abgehalten wurde.[12] Franklin war von der statischen Hochspannungselektrizität so fasziniert, daß er Spencers Geräte unbedingt haben wollte. Er sprach den Erfinder an und kaufte ihm alles ab. Einer von Franklins englischen Freunden, Peter Collinson, schickte ihm Notizen zu den verschiedenen Experimenten mit Elektrizität, die dort durchgeführt wurden. Franklin setzte sich sofort mit der allgemeinen Auffassung der führenden europäischen Wissenschaftler auseinander, die behaupteten, es gebe zwei verschiedene Arten von Elektrizität. Unsinn, flüsterte Franklins Intuition, Elektrizität ist Elektrizität, und sie fließt von der größeren Ladung zur kleineren Ladung. Man kann sie dort lagern und wieder zurückschießen lassen, wenn man den Funken eines elektrischen Feuers entzündet. Dieser Funke gleicht die Ladungen aus, die getrennt wurden. Franklins Experimente versetzten ganz Europa in helle Aufregung. Alle fragten sich, wer denn wohl dieser junge Emporkömmling sei, der sich erst seit einigen Jahren mit der Elektrizität beschäftigte. Aber seine Experimente konnten nicht widerlegt werden und revolutionierten die Entwicklung der Elektrizität.

Kurz nach Beginn des 20. Jahrhunderts zweifelte Albert Einstein eine wissenschaftliche Sichtweise an, als er sich die Frage stellte: »Was wäre, wenn man mit Lichtgeschwindigkeit neben einem Lichtstrahl herlaufen würde?«[13] Er vertraute auf seinen intuitiven Sinn und vermutete, daß es im Gegensatz zu dem allgemein anerkannten Prinzip noch einen anderen, grundlegenderen Zusammenhang zwischen Raum und Zeit gab. Dadurch widerlegte er eine allgemein anerkannte wissenschaftliche »Tatsache«. Er bewies, daß der Verlauf der Zeit relativ ist und die Eigenschaften eines Objekts nicht absolut oder unveränderlich sind, sondern relativ zum Standpunkt des Beobachters.

»Es stimmt, daß unser Unternehmen durch Zufall über einige seiner neuen Produkte gestolpert ist. Aber Sie sollten dabei nicht vergessen, daß man erst dann über etwas stolpern kann, wenn man sich bewegt.«
Richard P. Carlton,
ehemaliger CEO von 3M, 1950

Viele Menschen wissen nicht, daß emotionale Intelligenz ein integraler Bestandteil von Einsteins Kreativitätsansatz war. Robert Dilts zufolge, dem Autor von *Strategies of a Genius*, »sagte Einstein über sich, daß er in erster Linie in visuellen Bildern und Empfindungen dachte. Die verbale und mathematische Darstellung seiner Gedanken erfolgte erst, *nachdem* die wichtige kreative Denkarbeit geleistet war.«[14] Einstein schrieb sein überragendes wissenschaftliches Können seiner Neigung zu »vager Spielerei« mit »Empfindungen«, »Signalen«, »Bildern« und anderen Elementen zu. »Dieses Kombinationsspiel«, erklärte er, »scheint das wesentliche Merkmal eines produktiven Geistes zu sein.«[15] Inzwischen hat sich herausgestellt, daß *emotionale Energie* der Anreiz dafür ist, nach versteckten Gelegenheiten zu suchen, und als Kraftstoff der kreativen Vorstellungskraft dient.[16]

Einstein hat die Newtonsche Physik herausgefordert. Die Wikinger haben die Weltmeere herausgefordert. Die amerikanischen Siedler haben die Feudalzwänge und ererbten Sonderrechte der europäischen Gesellschaft herausgefordert. Picasso und andere Künstler der Moderne haben die gegenständliche Kunst herausgefordert. Galilei, Kopernikus und Kepler haben das Weltbild mit der Erde als Mittelpunkt des Universums herausgefordert. Beethoven hat seine Taubheit herausgefordert, so wie Milton seine Blindheit und Helen Keller beide Behinderungen.

Einige wenige der innovativsten und erfolgreichsten Unternehmen der Welt, darunter Hewlett-Packard, Wal-Mart, Intel, Shell, 3M, ABB und Creative Artists Agency, sind ständig auf der Suche nach neuen Gelegenheiten. Sie entwickeln neue Wettbewerbsvorteile, indem sie in der Koevolution der Wirtschaftssysteme eine führende Stellung einnehmen. Das heißt, diese Unternehmen suchen nach jedem möglichen Zentrum der Innovation, sowohl innerhalb als auch außerhalb der Unternehmensgrenzen, und bauen kooperative Bündnisse mit Einzelpersonen und Netzwerken aus Firmen auf, aus denen neue Wirtschaftszweige und Märkte entstehen.[17] Sie verfolgen aggressiv bisher nicht erfüllte Bedürfnisse des Kunden und nicht genutzte Technologien und identifizieren sich mit diesen.

Anita Roddick, die Gründerin des international erfolgreichen Unternehmens Body Shop, sah sich Charles Revlons Schönheit-in-der-Flasche-Philosophie an, die Kosmetika nach dem Prinzip

»Es ist gut möglich, daß die meisten Menschen nach der Jahrhundertwende in Wirtschaftszweigen arbeiten werden, die heute noch nicht einmal existieren.«
Nicholas Imparato und Oren Harai,
Jumping the Curve

der Hoffnung anpries, und ging genau den entgegengesetzten Weg. Sie sagt: »Ich beobachte, wohin die Kosmetikindustrie marschiert, und dann gehe ich in die entgegengesetzte Richtung.«[18] Im Gegensatz zu der von der Kosmetikindustrie vertretenen Auffassung, es fehle Frauen so sehr an Selbstvertrauen, daß sie maßlos übersteigerte Preise für stark vereinfachte Rezepturen bezahlten, wenn die Werbung ihnen versichere, daß sie damit attraktiver würden, glaubte Roddick, daß Frauen genügend Selbstachtung besitzen und einfache, gut riechende und ökologisch verantwortliche Produkte haben wollen.

3M, seit langem einer der weltweit führenden Produktinnovatoren, hat eine Firmendirektive erstellt, nach der jeder Geschäftsbereich mindestens 30 % seines Jahresumsatzes mit Produkten erzielen muß, die innerhalb der letzten vier Jahre auf den Markt gebracht worden sind. Die Organisation stellt Training und Ressourcen zur Verfügung, um dieses Ziel zu erreichen, aber die meisten neuen Produkte ergeben sich aus den *zwanglosen Interaktionen* neugieriger technischer Mitarbeiter auf jeder Ebene des Unternehmens, die dazu ermutigt werden, mindestens 15 % ihrer Arbeitszeit mit Projekten zu verbringen, welche nichts mit ihrem eigentlichen Arbeitsgebiet zu tun haben.

»Microsofts Betriebskapital besteht aus menschlicher Vorstellungskraft«, bemerkte Fred Moody, der für die *New York Times* schreibt.[19] SmithKline Beecham zahlte 125 Millionen Dollar an Human Genome Sciences, ein Unternehmen, dessen einziges Kapital – es wird vermutlich erst in zehn Jahren ein Produkt marktreif haben – eine Gruppe brillanter Wissenschaftler ist. IBM hat nicht 3,5 Milliarden Dollar für Lotus gezahlt, nur um dessen Software und geistiges Eigentum übernehmen zu können. Das Unternehmen kaufte das ungenutzte kreative Talent eines Entwicklers, Ray Ozzie, der die leistungsfähige Netzwerksoftware *Notes* entwickelt hat, und dessen eingeschworenes Team. Als die Giganten der Unterhaltungsindustrie, Steven Spielberg, David Geffen und Jeffey Katzenberg, das Unternehmen Dreamworks SKG gründeten, gaben sie bekannt, daß sie für 900 Millionen Dollar ein Drittel des neuen Unternehmens verkaufen würden. Sie schätzten den Gesamtwert auf 2,7 Milliarden Dollar und ihre Kapitaldecke auf 1,8 Milliarden Dollar. Diese Zahlen ergaben sich allerdings nicht aufgrund der sonst üblichen Bewertung der Vermögensgegenstände. Sie hatten nämlich keine. Ein starker, kreativer Anfang für eine neue Firma mit gemieteten Büros, Leasingverträgen für Computer und Kopiergeräte und so gut wie keinen Sachanlagen. Das ist kreative Schöpferkraft voller Emotionen in Aktion, begleitet von einer festen Überzeugung und der treibenden Kraft von Zielstrebigkeit und Neugier.

Ich möchte Ihnen noch ein weiteres Beispiel geben:[20] ABB Asea Brown Boveri ist ein weltweit tätiges Elektrotechnikunternehmen, das Technologien zur Energieerzeugung, Systeme zur Elektrizitätsübertragung und -verteilung und eine ganze Reihe anderer stromgetriebener Industrieanlagen vertreibt. Das Unternehmen, das von schwedischen und Schweizer Eigentümern gehalten wird und seinen Hauptsitz in Zürich hat, ist in 140 Ländern tätig und bekannt für sein herausragendes Management.

»Entweder Sie lernen, kreative Mitarbeiter einzustellen und zu fördern, oder Sie werden bei lebendigem Leibe aufgefressen.«
Leon Royer,
Executive Director, 3M

1994 wurde Paul Kefalas CEO von ABB Canada, zu einer Zeit, als dort mit einem schleppenden Absatz zu kämpfen war. Das traditionelle Konzept zur Umsatzbelebung wäre gewesen, sich auf die Produktverbesserung zu konzentrieren, eine Entscheidung darüber zu versuchen, welche neuen Angebote das Interesse des Marktes erringen würden, und dann auszurechnen, wie diese gewinnbringend produziert werden konnten. Kefalas wählte einen völlig anderen Weg. Er forderte seine Mitarbeiter auf, das zu untersuchen, was man als den Gelegenheitshorizont des Unternehmens bezeichnen könnte, einschließlich des wichtigsten betrieblichen Umfeldes, in dem es in der Zukunft tätig werden wollte. Er fragte sich: Wer wird die Zukunft der Region am meisten beeinflussen? Indem er nach neuen Erkenntnissen über Einflüsse und Interessen suchte, von denen die einzelnen Wirtschaftszweige in Kanada gestaltet wurden, konnte er seine Führungsteams anweisen, jeden möglichen kreativen Weg zu finden, um Partnerschaften mit diesen führenden Unternehmen einzugehen, in denen ABB zu deren Erfolg beitragen konnte.

Mögliche Kandidaten wurden aufgrund ihrer Rolle bei der Gestaltung der Zukunft ausgewählt, gleichgültig ob sie bereits Kunden von ABB waren oder nicht. Viele dieser Unternehmen hätte man durch konventionelle, produktorientierte Vertriebsprogramme nie erreicht. Für Unternehmen, die zu einer Zusammenarbeit bereit waren, stellte ABB ein Expertenteam aus Mitarbeitern verschiedener Abteilungen zusammen und ließ dieses mit den Führungskräften des anderen Unternehmens zusammenarbeiten, um kreative Wege zu finden, mit denen es unerwartete Gelegenheiten ergreifen und seine Wachstumsziele verwirklichen konnte. Diese Strategie hat unzählige neue Gelegenheiten und Ertragsmöglichkeiten für ABB Canada geschaffen. Mehr als ein Dutzend große, langfristig angelegte Vereinbarungen mit Kunden, zu denen auch mehrere Jointventures gehören, werden gerade abgeschlossen, und der Umsatz von ABB hat sich erheblich gesteigert.

Z x (M + B + E) = WG
Zeigarnick x (Möglichkeiten + Bewußtsein + Engagement) = Wahrnehmung von Gelegenheiten

Sehen Sie sich einmal diese EQ-Gleichung an, die als einfaches Hilfsmittel eingesetzt werden kann, um Ihre Fähigkeiten zur Wahrnehmung von Gelegenheiten zu überprüfen und zu erweitern. Bewerten Sie jeden Faktor auf der linken Seite der Gleichung auf einer Skala von 0 (am niedrigsten) bis 10 (am höchsten). WG gibt Ihre momentane Fähigkeit zur *Wahrnehmung von Gelegenheiten* an.

M steht für den aktuellen Bereich – oder die Bandbreite – konkreter *Möglichkeiten*, sichtbar oder unsichtbar, die Ihnen jetzt gerade zur Verfügung stehen, egal ob Sie sich ihrer bewußt sind oder nicht. Wenn Sie Ihre Arbeit in einem Unternehmen mit einer geringen emotionalen Intelligenz als einengend empfinden, kann dieser Wert unter Umständen sehr klein sein, vielleicht nur 2 oder 3. Wenn Sie jedoch in einem flexiblen, kreativen Umfeld in einem Unternehmen mit einem hohen EQ arbeiten, gibt es für diesen Wert praktisch keine Grenzen, so daß er bei 10 liegt.

B zeigt Ihr momentanes *Bewußtsein* für die Gelegenheiten an, die sich Ihnen gerade bieten. Sind Sie sich über den Bereich von Möglichkeiten im klaren, egal wie groß er auch sein mag? Oder arbeiten Sie auf Autopilot und können ihn gar nicht wahrnehmen? E verkörpert Ihr aktuelles Niveau an aktivem *Engagement* – wie engagiert Sie daran arbeiten, die potentiellen Möglichkeiten in dieser bestimmten Situation zu untersuchen. Z schließlich ist der Zeigarnick-Effekt, der als Indikator für Ihre momentane Fähigkeit gesehen werden kann, möglichst lange offen und kreativ zu bleiben, bis zum Abschluß des Projekts. Wenn der Wert für Z null ist, deutet das auf ein starkes Bedürfnis Ihrerseits hin, zum Ende zu kommen – Sie wollen das Projekt vom Tisch haben und endlich auf Ihrer Liste abhaken. Das kann alle anderen Faktoren in der Gleichung sabotieren und für WG den Wert 0 ergeben.

Die höchste Punktzahl ist 300, die niedrigste 0. Diese Gleichung erinnert mich an eine Karikatur, die ich vor einigen Jahren im *New Yorker* gesehen habe. Darin schwebte ein Engel vor dem Fenster eines Büros, in dem ein Manager an seinem Schreibtisch saß. Der himmlische Bote hielt eine Stange Dynamit in der Hand, auf der »Innovation!« stand. Dies illustriert einen weitverbreiteten Glauben unter vielen Managern – wenn es an der Zeit ist, kreativ zu werden, kein Problem, dann *werden* wir eben kreativ. Bis auf wenige Ausnahmen wird dies jedoch nicht gelingen. Innovation entsteht nicht auf Befehl. Sie läßt sich nicht einfach auf- und abdrehen wie ein Wasserhahn.

Mitarbeiter von 3M und anderen Unternehmen haben festgestellt, daß konsequente und effektive Innovation eine persönliche – oder besser noch betriebliche – Arbeitskultur erfordert, in der die Wahrnehmung von Gelegenheiten ein alltäglicher Prozeß und kein besonderes Ereignis ist. Räumen Sie doch einmal Ihren Schreibtisch auf, und legen Sie einen Schreibblock und einen Stift vor sich. Dann befehlen Sie sich: »Erfinde etwas.« Das wird kaum funktionieren. Die meisten Menschen müssen offen bleiben oder in das Meer von Möglichkeiten eintauchen, um neue Gelegenheiten zu identifizieren.

Nehmen wir einmal an, Sie werden kurz vor einer wichtigen Leistungsbeurteilung mit einem schwierigen Projekt konfrontiert, das eine enge Zusammenarbeit erfordert, oder müssen eine Teambesprechung leiten, nachdem Ihr Unternehmen gerade einen großen Kunden oder einen wichtigen Auftrag verloren hat. Oder Ihr Chef hat plötzlich erkannt, wie dringend das Unternehmen neue Ideen oder Möglichkeiten zur Umsatzsteigerung benötigt, um Entlassungen zu vermeiden oder sich gegen einen entschlossenen Mitbewerber durchzusetzen. In der Regel neigt das Gehirn in solchen, von hohem Streß gekennzeichneten Situationen dazu, *weniger* offen und anpassungsfähig zu sein, und wird versuchen, den alten Verhaltensmustern noch energischer als bislang zu folgen.[21] Während ein solches Verhalten bei der Evolution des Menschen vor einer halben Ewigkeit vielleicht noch eine Berechtigung hatte, kann es heute ein ernstes Problem für das Wachstum des Unternehmens und die eigene Karriere darstellen.

Nehmen Sie sich jetzt ein paar Minuten Zeit, und führen Sie für unser Beispiel oben eine Bewertung mit dieser EQ-Gleichung durch: *Zeigarnick x (Möglichkeiten + Bewußtsein + Engagement) = Wahrnehmung von Gelegenheiten.* Gehen wir davon aus, daß es jetzt kurz nach dem Mittagessen ist – das Sie, wie so oft, ausgelassen haben, weil Ihre Besprechungen am Vormittag länger gedauert haben oder Sie durch etwas anderes aufgehalten wurden. Sie würden der bevorstehenden Diskussion oder Interaktion am liebsten aus dem Weg gehen. Weil Sie diese Sache so schnell wie möglich erledigen wollen, ist Ihre erste Bewertung für die Variable *Zeigarnick* eine 3. Sie haben den Eindruck, daß es zur Zeit nicht viele *Möglichkeiten* gibt – das M in unserer Gleichung –, und hoffen, daß jemand anders eine Lösung parat hat. Bewertung: noch eine 3. Bei der Bewertung Ihres momentanen *Bewußtseins* für die Bandbreite der Möglichkeiten sind Sie der Ansicht, daß es in diesem Fall einfach nicht viele Gelegenheiten gibt, daher setzen Sie für das B eine 7 ein.

Was Ihre momentane Bereitschaft angeht, sich kopfüber in das interaktive Projekt oder die Besprechung zu stürzen – das E für *Engagement* in unserer Gleichung –, so zögern Sie diesbezüglich ein wenig. Daher eine 4. Gesamtpunktzahl: 42 von 300 möglichen Punkten. Könnte schlimmer sein, sagen Sie sich. Stimmt.

Aber sobald die Diskussion oder Besprechung losgeht, fühlen Sie sich zunehmend im Nachteil. Es ist einfach kein Ende in Sicht. Die meisten Teilnehmer sind gereizt, andere versuchen, die Leitung der Diskussion an sich zu reißen. Sie sehen dauernd auf Ihre Uhr und wünschen sich, daß das Theater hier endlich vorbei wäre. Was nun?

Zurück zu unserer Gleichung. Der Faktor mit dem größten Einfluß ist Z, der Zeigarnick-Effekt, mit dem Ihre Bereitschaft angegeben wird, den Abschluß bis zum letztmöglichen Moment hinauszuzögern und für alle Möglichkeiten offen zu bleiben. In vielen Fällen können Sie Ihre erste Bewertung von 3 bewußt steigern. Einige Vorschläge hierzu: Nehmen Sie als erstes Ihre Armbanduhr ab, und stecken Sie sie in Ihren Aktenkoffer, Ihre Hosentasche oder Handtasche. Nervöses Auf-die-Uhr-Sehen kann den Zeigarnick-Effekt schneller als alles andere absenken. Als nächstes fordern Sie sich selbst heraus – werden Sie *wirklich* neugierig darauf, wie lange Sie von jetzt an bis zum Ende der Diskussion oder der Besprechung *offener* und *kreativer* sein können. Dazu müssen Sie sich entspannen. Das heißt, Sie lassen ganz bewußt alle körperliche Anspannung von sich abfallen und hören damit auf, sich und Ihren Standpunkt einzumauern oder verbale Pfeile auf die anderen Anwesenden abzuschießen. Gleichzeitig beschließen Sie, nicht mehr ständig das Ende der Diskussion oder eine abschließende Lösung vor Augen zu haben, sondern konzentrieren sich mit all Ihren Sinnen auf die Frage, welche unkonventionellen oder unerwarteten Ideen vor Ihnen liegen könnten, die die anderen einfach nicht sehen. Achten Sie darauf, wie Sie sich jetzt fühlen. Einige Führungskräfte und Manager, mit denen ich gearbeitet habe, berichten, daß sich beinahe sofort eine andere Perspektive ergeben kann.

Und damit wäre Ihr Wert für Z jetzt 8, zumindest für eine Weile. Ihre Bewertung für die Wahrnehmung von Gelegenheiten ist also von 42 auf 112 gestiegen, und zwar einfach dadurch, daß der Wert einer Variablen sich verändert hat. Dies kann noch weitere Änderungen auslösen. Bei einem höheren Wert für Z sind Sie in der Regel entspannter und aufmerksamer, so daß Sie den Bereich der Möglichkeiten besser einschätzen können (wenn wir angespannt oder nervös sind, neigen wir dazu, die vorhandenen Möglichkeiten zu unterschätzen).[22] Statt bei 3 liegt dieser Wert jetzt bei 5.

Wir sind damit bei einer Gesamtpunktzahl von 128. Und weil Sie inzwischen nicht mehr der Meinung sind, daß Sie sich unbedingt verteidigen und die Diskussion zu Ende bringen müssen, hebt Ihre gesteigerte Gelassenheit und Neugier auch das Niveau für Beteiligung oder Engagement (E) an, in diesem Fall von 4 auf 6. Dieser Wert kann sich sogar noch steigern, wenn Sie sich am Dialog beteiligen und einige kreative Fragen stellen, was bis jetzt noch niemand tut. Wir sind inzwischen bei 144, was eine ganz erhebliche Veränderung darstellt. Mit einem so hohen Niveau dürften Sie auch das Gefühl haben, daß die Suche nach neuen Ideen und Lösungen mehr Spaß macht – obwohl immer noch eine Menge Konflikt und Unzufriedenheit zu spüren ist –, so daß Ihre Offenheit und Ihr Einfluß auch von den anderen wahrgenommen werden. Dies ist ein Beispiel dafür, wie Ihnen eine EQ-Gleichung dabei helfen kann, die Fähigkeiten und Grundsätze der emotionalen Intelligenz stärker auf Ihre tägliche Arbeit anzuwenden.

Sehen wir uns nun ein Beispiel aus der Wirtschaft an, bei dem es um ein Unternehmen mit einem erstklassigen System zur Wahrnehmung von Gelegenheiten geht: den britischen Hi-Fi-Einzelhändler Richer Sounds. Das Hauptgeschäft liegt am Ufer der Themse, genau gegenüber dem Einkaufszentrum Square Mile, weltweit eine der teuersten Verkaufsflächen im Einzelhandel. Pro Quadratmeter werden hier im Durchschnitt etwa 3000 Dollar umgesetzt, was dem Geschäft einen Eintrag ins *Guinness-Buch der Rekorde* als das weltweit ertragreichste Ladengeschäft einbrachte. Dies ist um so bemerkenswerter, wenn man das Ergebnis mit dem in Großbritannien erzielten durchschnittlichen Umsatz von etwa 120 Dollar pro Quadratmeter vergleicht.

Die 26 Geschäfte des Unternehmens mit 200 Mitarbeitern und einem Jahresumsatz von 38,5 Millionen Dollar setzen die Ideen von Gründer und President Julian Richer um, die sich vor allem an neuen Gelegenheiten orientieren.[23] Richers Firmenphilosophie kann mit einem Satz zusammengefaßt werden: pausenlose Wahrnehmung von Gelegenheiten und Respekt. »Respekt gegenüber dem einzelnen ist für mich immer ein Leitmotiv gewesen«, sagt Richer. »›Was du nicht willst, daß man dir tu, das füg auch keinem andern zu‹, sollte für die Arbeit und für alle anderen Bereiche des Lebens gelten.« Angestellte von Richer Sounds – die voller Respekt »Kollegen« genannt werden – erfahren dies tagtäglich bei ihrer Arbeit. In einer Branche mit hoher Personalfluktuation kann Richer eine außerordentliche Loyalität seiner Mitarbeiter vermelden. Alle Mitarbeiter, die länger als fünf Jahre bei der Firma beschäftigt sind, werden zu einem Geburtstagsessen mit dem CEO in eines der besten Restaurants von London eingeladen. »Die Haltung, Personal nach Belieben einzustellen und wieder zu feuern, paßt nicht zu einem Unternehmen, das den Dienst am Kunden ernst nimmt«, sagt er und merkt an, daß Personalfluktuation und »Schwund« (ein Euphemismus des Einzelhandels für Diebstähle durch Angestellte) bei Richer Sounds weit unter dem Branchendurchschnitt liegen. Das Unternehmen unterhält auch einen Härtefonds – 1 % des Gewinns –, der zinslose Darlehen und Zuschüsse für Angestellte und deren Angehörige zur Verfügung stellt, wenn diese schwere Zeiten durchmachen.

Einmal im Monat bekommen die Mitarbeiter 5 Dollar, damit sie das nächste Pub besuchen und dort in aller Ruhe bei einem Drink darüber nachdenken können, welche neuen Möglichkeiten es gibt, das Geschäft noch erfolgreicher zu machen. Die Ideen reichen von praktisch bis genial – darunter finden sich Maßbänder für die Kunden, damit diese die Größe der Geräte messen können, bequeme Stühle, Kaffeemaschinen und kostenlose Snacks in den Geschäften, Versandhauskataloge, Griffe für die Kartons, damit sie besser zu tragen sind, und kostenlose Müllsäcke für die Kunden, damit potentielle Diebe nicht erkennen können, welche Ware in einem Karton steckt. Pro Quartal gewinnt der Mitarbeiter mit dem besten Vorschlag eine Fahrt mit dem Orient-Expreß, einen Aufenthalt in einem Kurort oder einen Tag auf der berühmten Rennstrecke Brands Hatch. Richer Sounds ist in ganz Großbritannien dafür bekannt, daß es pro Mitarbeiter mehr Ideen entwickelt als jede andere Firma. Das Unternehmen zahlt sogar die Hälfte des Flugtickets in die Vereinigten Staaten, wenn die Mitarbeiter sich Notizen darüber machen, welche amerikanischen Verkaufsmethoden aus dem Einzelhandel bei Richer Sounds eingesetzt werden könnten.

Überall im Unternehmen gibt es Anreize und kreative Möglichkeiten für die Mitarbeiter: Neben dem Feedback von Testkäufern, Telefonumfragen und Managern druckt das Unternehmen auf alle Verkaufsquittungen ein bereits frankiertes Formular, auf dem die Kunden den Service bewerten können. Jedesmal, wenn ein Kunde »hervorragend« ankreuzt, erhält der jeweilige Verkäufer eine Prämie von 5 Dollar, egal welchen Betrag der Kunde ausgegeben hat. Wenn ein Kunde den Service als schlecht bewertet, werden dem Verkäufer 5 Dollar vom Gehalt abgezogen. Das Geld wird zwar nicht wirklich vom Gehalt einbehalten, aber jeder, der am Monatsende in den roten Zahlen ist, muß sich erklären. Die Ergebnisse werden wöchentlich bekanntgegeben. Am Ende des Monats gewinnen die drei Geschäfte, die bei dem Wettbewerb – der *Richer Way League* genannt wird – am besten abgeschnitten haben, ein Auto für einen Monat. Zwei Geschäfte bekommen Bentleys, eines ein Jaguar-XJS-Cabrio. Die Autos können von allen Kollegen gefahren werden. Das Unternehmen bezahlt das Benzin und für die Mitarbeiter, die keinen Führerschein besitzen, stundenweise einen Fahrer.

Richer ist außerdem der Meinung, daß Arbeit Spaß machen und daß jeder weniger arbeiten sollte. Das Unternehmen besitzt fünf Ferienhäuser in Großbritannien und Irland und hat vor, ein weiteres in Paris zu kaufen. Jeder Mitarbeiter kann sie mit seiner Familie und Freunden (und Haustieren) benutzen. Die Häuser werden nach Eingang der Anmeldung vergeben. Wenn jemand das ganze Jahr über keinen Urlaub nehmen konnte, hat er Vorrang vor Kollegen, die bereits einen zweiten Urlaub buchen wollen, aber Manager erhalten keine Sonderbehandlung. Alles dreht sich um Respekt und kreative Initiative.

Intuitiv einen größeren Bereich von Möglichkeiten untersuchen

Wie Sie in der letzten EQ-Gleichung gesehen haben, gibt es zahlreiche Fähigkeiten der emotionalen Intelligenz, die effektiv eingesetzt werden können, wenn sich Ihnen Hindernisse in den Weg stellen. Hier das Beispiel eines Marketingteams, das diese Art von Initiative ergriffen hat:[24]

> Die Marketingfirma Hallberg Schireson führte einen Auftrag für eine Firma aus, die für ihre Holzbeize bekannt war, aber mehr von ihrer Anstreichfarbe verkaufen wollte. Doch der Preis war zu hoch: 17 Dollar für den Eimer, während ähnliche Farben schon für 14 Dollar pro Eimer zu haben waren.
>
> »Warum?« fragte Hallberg. Niemand bei der Firma konnte die Frage beantworten. Hallbergs Neugier löste eine Reihe kreativer Fragen aus. Die Mitarbeiter in Forschung und Entwicklung antworteten schließlich: »Weil wir teurere Rohstoffe verwenden.« Hallberg: »Warum?« »Wir mischen irgend etwas in die Farbe, was besser ist als alles andere, aber wir wissen nicht genau, was es eigentlich kann.« Hallberg: »Können Sie das herausfinden?« F & E: »Das wird nicht leicht sein, aber wir wissen, daß es irgendwelche gesetzlichen Mindestanforderungen übertrifft.«
>
> Die Marketingleute von Hallberg, inzwischen frustriert, aber auch neugierig, gaben sich damit nicht zufrieden. Sie machten sich selbst daran, in dicken Wälzern die gesetzlichen Mindestanforderungen nachzuschlagen. Als erstes fanden sie heraus, daß 80 % aller Anstriche auf bereits vorhandene Farbe aufgetragen wird. Das überraschte sie. Dann erfuhren sie noch etwas – der teure Rohstoff sorgte dafür, daß die Farbe besser auf der bereits gestrichenen Oberfläche haften blieb. Die Abteilung Forschung und Entwicklung hatte zwar keine Antwort gewußt, aber die Marketingfirma erreichte ihr Ziel trotzdem – sie wußte jetzt, daß die Anstreichfarbe von Olympic zwar teurer, aber ihren Preis wert war. Und hatte damit auch gleich ein unschlagbares Verkaufsargument gefunden.
>
> Der Umsatz schoß in die Höhe – und wächst immer noch.

Sehen wir uns noch einige andere Beispiele an. Bei der First Direct, einer Bank in Großbritannien, fällt eine Tatsache sofort ins Auge – man kann sie nur per Telefon erreichen. Und das 24 Stunden am Tag. Dieses Konzept wurde entwickelt, als ihre Gründer mit genau dem Problem konfrontiert waren, das die größte Hürde für das Wachstum einer Bank ist: Zeit und Bequemlichkeit sind Geld, und wenn eine Bank nicht an jeder Straßenecke eine Filiale hat – was kaum machbar ist –, werden berufstätige Kunden letztendlich beides verschwenden, wenn sie ihre Bankgeschäfte abwickeln wollen. First Direct hat eine halbe Million Kunden, viele von ihnen Workaholics, deren Kontostand im Durchschnitt zehnmal so hoch ist wie der durchschnittliche Kontostand bei der Midland Bank, der Muttergesellschaft von First Direct, während die Gesamtkosten pro Kunde um 61 % geringer sind. First Direct ist inzwischen die am schnellsten wachsende Bank in Großbritannien[25], bei der Mitte 1995 im Schnitt 10000 neue Konten pro Monat eröffnet wurden, was in etwa der Gründung von zwei bis drei neuen Filialen alle 30 Tage entspricht.

Richard Branson ist ein weiteres Beispiel für eine Führungskraft, die hart gearbeitet hat, um ihre Intuition und ihre Fähigkeiten zur Wahrnehmung von Gelegenheiten zu verbessern. Er ist der Gründer von Virgin Group, bekannt wegen seiner äußerst erfolgreichen Fluggesellschaft und der Einzelhandelskette Megastore. Die Art, in der er seine Unternehmen leitet, hat Branson nicht nur zu einem der reichsten Männer der Welt gemacht, sondern in Großbritannien gewissermaßen auch zu einem Volkshelden, obwohl er auch viele Mißerfolge hinnehmen mußte. Der Verleger John Brown sagt über ihn: »Das ganze Geheimnis von Bransons Erfolg sind seine Mißerfolge. Er versucht immer wieder etwas Neues, und vieles davon geht schief – aber das kümmert ihn einen Sch... Er macht einfach weiter!«[26]

»Es gibt keinen Gesamtplan, der Veränderung voraussagen kann. Daher hat mein Vater geraten: ›Immer in Bewegung bleiben.‹«
Robert Galvin,
CEO, Motorola

Branson hat keine Firmenzentrale im eigentlichen Sinne und lehnt viele der üblichen Vorrechte und Statussymbole der Macht ab. Sein letztes Büro war ein Hausboot auf der Themse, obwohl er über 6000 Mitarbeiter in mehr als 16 Ländern beschäftigt. Dezentralisierung ist für Branson ein wichtiges Thema. Wenn sich mehr als

70 Mitarbeiter in einem Gebäude befinden, sollten sie, findet er, in neue, kleinere Teams aufgeteilt werden, weil sie sonst ihre Identität und ihr kreatives Engagement verlieren.

Bei der Virgin Group tragen Ungezwungenheit (bequeme Kleidung, das Fehlen von Hierarchien, ein angenehmes Arbeitsumfeld und kein Zwang zur Anpassung) und echter Dialog dazu bei, daß sich jeder Mitarbeiter an der Suche nach neuen Gelegenheiten beteiligen kann, während er mit den Herausforderungen fließt und Probleme löst. Virgin ist von offener, ehrlicher und lateraler Kommunikation geprägt und wird von Branson als Organisation ohne Grenzen gesehen. Er verabscheut präzise definierte Arbeitsplatzbeschreibungen und ermutigt seine Mitarbeiter dazu, sich überall umzusehen. Er glaubt an organisches Wachstum und Rentabilität und hält nichts davon, andere Unternehmen anzugreifen, um Marktanteile zu gewinnen. Der Kern seiner Unternehmensphilosophie besteht darin, daß ein Mitarbeiter mit einer kreativen Idee vollen Zugang zu allen Ressourcen haben sollte, mit denen diese Idee verwirklicht werden kann. Branson ermuntert seine Mitarbeiter dazu, ihrer Intuition zu folgen und intelligente Risiken einzugehen, flexibel zu sein und ständig etwas Neues zu schaffen. Fehler nimmt er daher nicht tragisch. Er lernt lieber daraus, während er weitergeht, und ist der Meinung, daß es besser ist, um Verzeihung als um Erlaubnis zu bitten. Mitarbeiter, die kreative Ideen verwirklichen, werden von ihm belohnt und erhalten einen Teil des Gewinns. Das ist eine seiner Methoden, um die besten Mitarbeiter im Unternehmen zu halten – sie werden Millionäre bei Virgin, statt ihr eigenes Unternehmen zu gründen.

Was, wenn es Ihrem Unternehmen an einer solchen Philosophie oder kreativen Vision fehlt? Denken Sie an die Geschichten von Rachel Carson, John Woolman und anderen, die Sie in diesem Buch gelesen haben. Viele wichtige Änderungen hatten ihren Anfang im Einfallsreichtum und Engagement eines einzelnen. Darüber hinaus sollten Sie einige dieser neuen Fähigkeiten der emotionalen Intelligenz weiterentwickeln, eine nach der anderen in die Praxis umsetzen und mit

Verbindung zur EQ Map: Gelegenheiten wahrnehmen

Dieses Kapitel bezieht sich auf folgende Tabellenspalten der EQ Map: emotionales Selbstbewußtsein, emotionales Bewußtsein gegenüber anderen, Kreativität, soziale Verbundenheit, Einstellung, Intuition und Vertrauensradius

Ihnen nahestehenden Menschen darüber sprechen. Dies kann dazu beitragen Ihr Unternehmen zu ändern oder sogar zu retten, oder Sie in die Lage versetzen, zu einem Unternehmen zu wechseln, das solche Fähigkeiten höher einschätzt.

EQ in der Praxis
Katalysatoren zur Wahrnehmung von Gelegenheiten

»Selbstzufriedenheit kann von unseren Kenntnissen verursacht werden. Es wird für uns zur Selbstverständlichkeit, davon auszugehen, daß wir alles wissen, was wir wissen müssen. Dann hören wir auf, uns weiterzuentwickeln. Wir lassen uns keine neuen Ideen mehr einfallen und sträuben uns dagegen, neue Ideen anderer zu berücksichtigen. Und in der Zwischenzeit überholt uns die Welt.«
Robert J. Sternberg,
Yale University

Um Ihre emotional-intuitive Fähigkeit zur Wahrnehmung großer Bandbreiten von Möglichkeiten und Gelegenheiten zu verbessern, sollten Sie folgendes tun:

- *Machen Sie es sich zum Prinzip, sich jeden Tag von etwas Neuem überraschen zu lassen.* Wenn Sie sich immer nur in vertrautem Gelände bewegen, werden Sie nie ahnen können, wie viele Möglichkeiten es um Sie herum gibt. Stellen Sie eine Frage, die Sie eigentlich nie stellen würden, oder bringen Sie eine tiefe Überzeugung zum Ausdruck. Hören Sie sich die Geschichte eines Unbekannten an. Gehen Sie durch eine andere Menschenmenge oder einen anderen Park oder einen anderen Flur. Spüren Sie, was so einzigartig daran ist, was anders ist, was sich verändert. Wo sind die verborgenen Möglichkeiten? Tauchen Sie darin ein. Lernen Sie darüber, was Sie nur können. Wenn Sie als Führungskraft arbeiten, dann bombardieren Sie Ihre Mitarbeiter mit Informationen über zukünftige Gelegenheiten, sagen Sie ihnen, welche Belohnungen es dafür gibt, solche Gelegenheiten zu nutzen, und sprechen Sie die momentanen Unzulänglichkeiten des Teams oder des Unternehmens an, solche Gelegenheiten weiterzuverfolgen.[27]
- *Treten Sie für kreative Unkonventionalität ein.* Viele grundlegende und lukrative Entdeckungen sind mit unorthodoxen Methoden gemacht worden. Die Gebrüder Wright gaben es irgendwann auf,

eine formstabile Flugmaschine bauen zu wollen. Erst nachdem sie sich mit dem Gedanken an ein »instabiles« Flugzeug angefreundet hatten, kam der Erfolg. Roger Schank, Leiter des Learning Institute an der Northwestern University, gibt folgendes zu bedenken:[28] »Wenn eine Idee noch nicht bewiesen ist, werden die meisten Wissenschaftler anderen Wissenschaftlern nicht die Gelegenheit geben, einen Beweis zu versuchen. Man muß nachweisen, warum etwas funktionieren wird, um damit arbeiten zu können. Außerdem muß man das zur Zeit gerade vereinbarte Forschungsparadigma verwenden, um anerkannt zu werden. Wissenschaftler sind mindestens genauso unbeweglich wie alle anderen Menschen. Die traurige Tatsache ist, daß die meisten Wissenschaftler in ihrem ganzen Leben nichts Innovatives zustande gebracht haben. Sie folgen einfach den Regeln und tun das, was man von ihnen erwartet.«

Viele bahnbrechende Erfindungen wurden nur deshalb gemacht, weil völlig unorthodoxe Methoden verwendet wurden. Nehmen Sie zum Beispiel Edison und die Glühbirne. Edison probierte Hunderte von Bestandteilen aus, um eine Glühbirne herzustellen, bis er endlich eine entwickelte, die funktionierte. Viele andere Wissenschaftler hatten das gleiche Ziel wie er, aber sie versuchten alle, eine Glühlampe auf der Grundlage ihrer Theorien von Elektrizität, Metallen und Lampen herzustellen. Sie wollten erst die Theorie hundertprozentig ausarbeiten, bevor sie einen praktischen Versuch unternahmen, um zu sehen, ob es funktionierte. Sie waren nicht bereit, etwas vorzuschlagen – geschweige denn, es zu versuchen –, was vielleicht falsch war. Edison stellte sich einfach an seine Werkbank und verdrahtete ein paar Gegenstände miteinander, wobei er seiner Intuition und seinem kreativen Instinkt folgte. Mit jedem Schritt lernte er wieder etwas Neues, weil er fest entschlossen war, etwas zu finden, was funktionierte.

»Wenn Sie in einer bestimmten Situation nur das sehen, was alle anderen auch sehen, kann man von Ihnen behaupten, daß Sie einen derart typischen Vertreter Ihrer Kultur darstellen, daß Sie ihr zum Opfer gefallen sind.«
S. I. Hayakawa,
amerikanischer Senator und Pädagoge

- *Führen Sie ein »Möglichkeitenbuch«.* Nehmen Sie sich Leonardo da Vinci zum Vorbild. Seine Notizbücher waren eine ständige Quelle der Inspiration, wenn er an das »Unmögliche« dachte. Sie könnten zum Beispiel jeden Abend die überraschendsten oder emotional bewegendsten Erfahrungen des Tages darin eintragen, und wie Sie darauf reagiert haben. Nach einer Woche lesen Sie Ihre Eintragungen noch einmal. Dann wird Ihnen ein bestimmtes Muster bei Ihren Interessen auffallen, das Sie vielleicht auf neue Ideen und Projekte für die Zukunft hinweist.

- *Entfernen Sie »geistige Sperren«, die den kreativen Prozeß verhindern.* In vielen Fällen können Sie den natürlichen Fluß der EQ-generierten Innovation erleichtern, wenn Sie so viele Hindernisse wie möglich entfernen. Zu diesen »geistigen Sperren« gehört:[29] »Alles ist in Ordnung«, »Folgen Sie den Regeln«, »Irren ist falsch«, »Spielerei ist leichtfertig«, »Das gehört nicht zu meinen Aufgaben«, »Denken Sie doch praktisch«, »Ich bin einfach nicht kreativ«. Sie sollten außerdem versuchen, etwas mehr Zeit an den *kreativen Orten* zu verbringen, die Ihren besten Ideenfluß auszulösen scheinen: Chiat/Day verwenden in ihrer Firmenzentrale in New York gemütliche »Team- und Prozeßräume« anstelle von einzelnen Büros und einen »Gesprächsbereich« anstelle eines Besprechungszimmers. Steelcase und Herman Miller, Büromöbelfirmen, die sich auf solche Bereiche spezialisiert haben, benutzen Begriffe wie »Häfen«, »Oasen«, »Nachbarschaft« und »Aktivitäten« anstelle hierarchischer Sterilität.
- *Profitieren Sie von dem Zusammenhang Übung-EQ-Innovation.* Sie werden vielleicht überrascht sein zu hören, daß Übungen die Wahrnehmung von Gelegenheiten verstärken und Kreativität am Arbeitsplatz auslösen können. Thomas Backer, Professor der medizinischen Fakultät der UCLA in der Forschung, sagt hierzu: »Bei meiner Arbeit mit Tausenden von kreativen Menschen empfehle ich inzwischen ein regelmäßiges Übungsprogramm, das als die beste Einzelmethode angesehen werden kann, um die Streßresistenz zu verbessern und persönliche Kreativität zu fördern.«[30] Wie bereits in Kapitel 2 angemerkt, können regelmäßige Übungen auch die emotionale Energie und die Widerstandsfähigkeit erhöhen.
- *Suchen Sie die Nähe hochkreativer Menschen.* Hallmark, das Megaunternehmen für Glückwunschkarten in Kansas City, Missouri, fordert seine Künstler auf, Museen auf der ganzen Welt zu besuchen, um ihre kreativen Sinne zu stimulieren. Samsung, der Elektronikriese aus Korea, schickt seine Führungskräfte regelmäßig in die Zentrale der Designfirma IDEO in Palo Alto/Kalifornien, um deren kreative Atmosphäre in sich aufzunehmen. Sam-

sung unterhält Büros direkt neben IDEO, aber trotzdem bezahlt man dafür, an der Atmosphäre von IDEO »teilhaben« zu können. Bewerten Sie Ihr Arbeitsumfeld: Können Sie darin das Beste aus Ihren Begabungen und Interessen machen? Welche kleinen, wenn auch wichtigen Veränderungen könnten Sie persönlich für Ihre Arbeitsatmosphäre oder Umgebung vornehmen? Wie könnten Sie mehr aus Ihren eigenen Gelegenheiten machen, statt sich von den Verhältnissen einschränken zu lassen, die Sie vorfinden?

- *Gehen Sie nicht immer denselben Weg.* Ich muß oft an einen Satz des Psychologen Abraham Maslow denken: »Wenn Ihr einziges Werkzeug ein Hammer ist, neigen Sie dazu, alles so zu behandeln, als wäre es ein Nagel.« Stellen Sie eine Liste der Gelegenheiten zusammen – große und kleine –, die für Sie und Ihr Unternehmen zur Zeit oder in der Zukunft möglich sind. Legen Sie die Liste an einen Platz, an dem Sie sie ständig vor Augen haben. Fragen Sie sich ständig: »Suche ich Gelegenheiten – und die Gelegenheiten in Problemen – mit der gleichen kreativen Energie und ebenso vielen Ressourcen, wie ich sie auch bei der Lösung von alltäglichen Problemen einsetze?«
- *Denken Sie an die positiven Dinge in Ihrem Leben.* Eine der ungewöhnlichsten Methoden, die Bandbreite und Tiefe der zukünftigen Gelegenheiten zu erweitern, basiert auf Vorstellungskraft und Dankbarkeit. Dr. Anees Sheikh, Leiter des Fachbereichs für Psychologie an der Marquette University, gab mir auf der Grundlage jahrelanger Beobachtungen und Erfahrung vor zehn Jahren folgenden Ratschlag: »Seien Sie nicht nur dankbar dafür, daß es Ihnen gutgeht, sondern *denken* Sie an das, was in Ihrem Leben positiv ist.«[31] Er empfiehlt, zehn positive Dinge zu notieren und diese kurz zu beschreiben. Rufen Sie sich jede Woche zwei oder drei weitere ins Gedächtnis. Einmal am Tag, vielleicht in den fünf Minuten, in denen Sie Ihre EQ Morning Notes schreiben (Kapitel 1), suchen Sie sich ein ruhiges Plätzchen und denken für mindestens zehn Sekunden intensiv an fünf der positiven Dinge auf Ihrer Liste. Dr. Sheikh hat in vielen Fällen beobachtet, daß seine einfache Übung mit der Zeit die gesamte Beziehung eines Men-

»Die Welt bleibt ein grenzenloser Raum für weitere Entdeckungen. Die wichtigsten Worte, die je auf die Landkarte der menschlichen Erfahrung geschrieben wurden, sind *Terra incognita* – unerforschtes Land.«
Daniel J. Boorstin,
The Discoverers

schen zu seiner Arbeit oder seinem Leben verändert, daß er sich von Hilflosigkeit, Aufopferung und Selbstmitleid löst und mit gestärkter Widerstandskraft nach Chancen sucht. Darüber hinaus beginnen viele Menschen damit, positive Ereignisse und kreative Gelegenheiten in ihrem Alltagsleben zu bemerken, die sie bis jetzt nur selten wahrgenommen haben.

16
Die Zukunft gestalten

> »Die Zukunft geschieht nicht einfach so. Sie wird geschaffen.«
> **Will und Ariel Durant,**
> *The Lessons of History*

Wenn wir von Veränderung sprechen, meinen wir meistens eine Veränderung, die Ergebnis einer rationalen, sequentiellen Analyse und eines ordentlichen Planungsprozesses ist. Eine solche Veränderung wird in erster Linie von unserem Intellekt verursacht.

Sie ist kurzfristig, besitzt nur einen eingeschränkten Spielraum und tendiert dazu, umkehrbar zu sein. Wir können davon Abstand nehmen und zu alten Mustern zurückkehren. Indem wir uns, andere, Situationen kontrollieren, bleiben wir auf der Schattenseite dieses Ecksteins der emotionalen Intelligenz stecken. Robert Quinn von der University of Michigan Business School bezeichnet das als »Dilemma des langsames Todes«.[1]

Im Grunde genommen ist es einfacher und ungefährlicher, in einem sicheren, bekannten Bereich zu bleiben. Wir suchen nach der schmerzlosen Patentlösung. Wir passen uns an. Wenn alles gutgeht, leisten wir bestenfalls mittelmäßige Arbeit. Wir verrichten sie mechanisch, und tief in unserem Inneren haben wir es aufgegeben, uns den größeren Herausforderungen und Möglichkeiten zu stellen. Wir lassen uns unser Gehalt überweisen und ignorieren das Kneifen im Bauch und die Botschaft, daß wir alles tun sollten, um uns und unsere Lage zu ändern.

Im Gegensatz dazu hinterfragen emotional intelligente Führungspersönlichkeiten und Manager das, was andere akzeptieren. Sie zeigen kein eingefahrenes Verhalten, wenn sie gegen den Status quo angehen, sondern fordern ihn heraus, nehmen die Risiken und Grenzen wahr und finden in vielen Fällen Möglichkeiten, diese zu überwinden. Sie haben den Mut, ein kreatives Risiko einzugehen. Sie lassen zu, daß sie selbst und andere Fehler machen, und wagen sich in unerforschtes Land. Manchmal rutschen sie dabei aus und stürzen. Aber sie stehen sofort wieder auf und machen weiter. Sie wissen, daß wir nicht einfach auf die Zukunft warten dürfen. Wir müssen aktiv und engagiert dazu beitragen, sie zu gestalten. Dabei spielt die emotionale Intelligenz eine entscheidende Rolle.

Das einigende Prinzip der Umgestaltung

Wachstum ist der einzige Prozeß, der Gefühle, Gedanken, Bewegung und Energie jedes lebenden Wesens eint. Der Aufbau einer lebenden Zelle – von der wir Menschen Billionen besitzen – und das, was wir die »menschliche Natur« nennen, ist nicht »fertig«, sondern durchläuft einen ständigen Prozeß des *Werdens*.[2] Uns Menschen ist eine besondere Rolle zugedacht worden, da wir uns durch die Art und Weise, wie wir wachsen, selbst bestimmen können – durch das »einigende Prinzip der Umgestaltung«, wie der Biologe und Experte für Führungsqualitäten George Land es nennt. Dies ist der Grund dafür, daß eines der wichtigsten Ergebnisse des vierten Ecksteins der emotionalen Intelligenz *Zusammenfluß* ist – das Zusammenströmen unserer Fähigkeiten, Begabungen, Träume und Energien in eine einzige Kraft für Veränderung und Wachstum als Mensch, Familienmitglied, Berufstätiger und Angehöriger der Menschheit.

»Wir brauchen einfach mehr Menschen, die sich auf das Unmögliche spezialisieren.«
Theodore Roethke
(1908-1963), amerikanischer Dichter und Pädagoge

In Unternehmen, in denen Führungspersönlichkeiten und Manager die Mitarbeiter auffordern, sich zu ändern und kreativer zu sein, klingt das vielleicht wie eine wundervolle Idee. Aber tief in unserem Inneren kann es rätselhaft oder bedrohlich wirken, weil kreativ sein auch bedeutet, die Möglichkeit, etwas nicht zu wissen, gelten zu lassen, genauso wie die Möglichkeit, vielleicht nicht nur Großes zu erreichen, sondern auch zu scheitern. Es bedarf emotionaler Intelligenz, um diesen Änderungsprozeß der kreativen Umgestaltung zu beginnen. Er besitzt einen großen Spielraum, läßt die Vergangenheit hinter sich und ist in der Regel nicht umkehrbar. Die Reise folgt nicht den Annahmen oder der geraden Linie rationaler Planung. Sie birgt alle Risiken des Versuchs, in unerforschtes Land vorzudringen, und kann es erforderlich machen, viel und manchmal auch alle Kontrolle aufzugeben. Sie vertraut auf die Größe Ihres Charakters und zieht ihn mit ganzer Kraft in den risikoreichen Schnittpunkt von Veränderung, Schicksal und ungeschriebener Zukunft.

»Wir müssen Kontakt zu unseren emotionalen Tiefen haben, wenn wir unsere stärksten und kreativsten Kräfte freisetzen«, sagt Michael Eisner, Chairman und CEO der Walt Disney Company. »Wenn wir diese tiefere Ebene verleugnen, führt es zu einer ›Loslösung‹. Viele Menschen verlieren den Kontakt zu einzelnen Aspekten ihres Selbst. Das mündet in der Regel in Verwundbarkeit, Angst und Selbstverleugnung, wie auch in Oberflächlichkeit, Falschheit und ein Mißtrauen gegenüber der eigenen Intuition, was echten, kreativen Ausdruck verhindern kann. Angst vor Kritik und ein Mangel an Akzeptanz sind einer der Hauptgründe dafür, warum Menschen ihre Gefühle und Intuition zensieren und ihr Inneres verschließen. Wenn wir unserer Intuition und unseren Instinkten vertrauen, werden wir vielleicht konträre Ergebnisse, Druck von Gleichrangigen, herkömmliche Meinungen oder Einschüchterung überwinden.«[3]

»Das Herz ist der Ursprung kreativer Impulse. Alles wird in unserem Inneren geprüft und sortiert, Gold wird von Unrat getrennt.«
Julia Cameron,
The Vein of Gold

In ähnlicher Weise kann kreative Umgestaltung, die im wesentlichen eine Richtungsänderung bei der Gestaltung Ihres Selbst, einer Idee, eines Produkts, einer Dienstleistung oder eines ganzen Unternehmens ist, die Zukunft entscheidend beeinflussen. Sie hat nur wenig mit Schönwetterkreativität zu tun, jener Kreativität, die lange Phasen friedlicher Isolation braucht und angesichts von Konflikt und Unruhe in der Regel spurlos verschwindet. Ich behaupte, daß echte, tiefe, EQ-verknüpfte Kreativität gleichzeitig mit Denken und Nichtdenken verbunden ist[4] und oft durch emotionale Alchimie ausgelöst wird. Sie breitet sich immer mehr aus, über Raum und Zeit hinweg. An diesem Ort kann echtes Wachstum stattfinden, von Menschen und Seelen. An diesem Ort wird an unseren Sinn für Humor appelliert. An diesem Ort finden Sie heraus, wie sehr Sie Ihre praktischen und kreativen Fähigkeiten verbessern können, und woraus Sie bestehen.

In der Physik gibt es das Elektronenfeld. Ideen und kreative Lösungen operieren auf ähnliche Weise in einem gemeinsamen Feld. Wenn Sie intuitives Fließen und die anderen Fähigkeiten der emotionalen Intelligenz einsetzen, werden Sie vermutlich besser in der Lage sein, dieses ungenutzte Feld unerforschter Möglichkeiten zu nutzen, Perspektiven bereitwilliger ändern können und unerwartete Wege spüren, um schwierige oder komplexe Situationen zu meistern oder daraus zu lernen. Manchmal werden Sie unerwartete Erfolge in Situationen erzielen, obwohl alles auf einen Mißerfolg hindeutete und die Kollegen behaupteten, es sei unmöglich.

»Kreative Menschen treffen immer auf Hindernisse und fast zwangsläufig auch auf Widerstand.«
Robert J. Sternberg,
Yale University

Vor kurzem erhielt Ayman Sawaf, Chairman der Foundation for Education in Emotional Literacy, einen Auftrag von einem amerikanischen Vertriebs- und Marketingunternehmen, das in Schwierigkeiten steckte. In der aus einigen tausend Mitarbeitern bestehenden Vertriebsorganisation des Unternehmens war Unruhe ausgebrochen, die schon fast an Rebellion grenzte. Der Umsatz war im Keller. Er lag bei etwa fünf Millionen Dollar, nachdem er im Verlauf von sieben Jahren von einem Höchststand mit mehr als 50 Millionen Dollar abgesackt war. Barreserven und Kreditrahmen reichten für eine dreimonatige Erholungsphase. Falls es nicht aufwärtsgehen würde, drohte dem Unternehmen der Bankrott. Eine Verringerung des Personalbestands hatte es hart getroffen, weil viele der besten Vertriebsleute gegangen waren und einzelne Abteilungen nicht mehr richtig funktionierten. Nur wenige neue Produkte befanden sich in der Entwicklung. Viele der verbliebenen Vertriebsmitarbeiter waren wütend, hatten Angst vor einem weiteren Personalabbau und schienen jegliches Interesse am Unternehmensziel verloren zu haben. Von dem Geist, der das Unternehmen groß gemacht hatte, war nichts mehr zu spüren.

Als erstes führte Ayman eine EQ-Umfrage (die EQ Map und Organizational EQ Profiles von Q-Metrics befanden sich damals noch in der ersten Entwicklungsphase) unter den momentanen und früheren Managern und Vertriebsmitarbeitern durch. Er stellte zunächst einmal einen Mangel an Vertrauen im ganzen Unternehmen fest. Viele Vertriebsmitarbeiter waren seit Jahren bei dem Unternehmen beschäftigt und der Meinung, daß sie Anspruch auf hohe Gewinnspannen und Prämien hätten – die es jetzt jedoch nicht mehr gab. Obwohl die Produkte mit erheblichen Preisnachlässen vertrieben wurden, fielen die Unternehmensgewinne weiter. Die Lieferzeiten wurden immer länger. In der Hauptverwaltung wurden die Ideen aus dem Außendienst einfach ignoriert, Beschwerden blieben unbeantwortet. Jeder schien den Eindruck zu haben, daß seine Arbeit nicht genügend geschätzt wurde. Das Personal in der Zentrale und im Versand war verärgert und beklagte sich: »Nach allem, was wir für sie (die Vertriebsorganisation) getan haben.« Die Lage im Vertrieb war ähnlich festgefahren. Die Mitarbeiter beschwerten sich und sagten: »Nach allem, was wir für sie (die Hauptverwaltung) geleistet haben.« Einige der Vertriebsleiter fühlten sich wie Märtyrer. Sie waren wütend und gaben allen anderen die Schuld, nur nicht sich selbst. Manche wiederum fühlten sich durch die Situation in eine Opferrolle gedrängt. Und alle schienen auf jemanden zu warten, der das Problem beseitigte – sie waren der Meinung, daß das nicht *ihre* Aufgabe sei.

Da keine Zeit war, um neue Führungskräfte einzustellen, wurden Ayman für einen Zeitraum von drei Monaten die Vollmachten eines Senior Managers verliehen. Mit Hilfe seiner Frau Rowan stellte er ein Trainerteam ein. Dann reisten sie von einem Teil des Landes in den nächsten, hielten Besprechungen ab und begannen einen offenen, kreativen Dialog mit den einzelnen Vertriebsgruppen. Sie weckten Begeisterung und Hoffnung, als sie von den in die Wege geleiteten Änderungen sprachen. Dabei wurden sie mit der Wahrheit über das Unternehmen konfrontiert, so, wie die Vertriebsmitarbeiter sie sahen. Sie hörten aufmerksam zu, was für die Vertriebsmitarbeiter völlig unerwartet kam. Viele berichteten, daß sie seit langem zum erstenmal wieder den Eindruck gehabt hätten, das Unternehmen wisse ihre Arbeit zu schätzen. Die Umsätze stiegen sofort. Und das nur, weil einige Führungskräfte ihnen zugehört hatten und den Mut, den Einfallsreichtum und die Intelligenz besaßen, eine heterogene Gruppe von Menschen, die Probleme bei Produktentwicklung und Versand und die Marketingfaktoren in ein kontroverses, aber doch vereintes Ganzes zu bringen. Die wissenschaftliche Bezeichnung für diese Fähigkeit ist *esemplastische Vorstellungskraft.*[5]

Innerhalb eines Monats bekam Ayman mehr als 100 konkrete Vorschläge von Managern und Vertriebsmitarbeitern, wie man das Unternehmen mit einem knappen Budget umgestalten könnte.

»Logik ist ein enggefaßtes System, das zu einer Ideologie aufgebläht worden ist. Mit Zeit und Kraft ist sie zu einem Dogma geworden, die keine Richtung hat und sich als objektive Untersuchung verkleidet. Logik präsentiert sich als Lösung für die Probleme, die von ihr geschaffen wurden.«
John Ralston Saul,
Führungskraft und Historiker

Einige Vertriebsmitarbeiter flogen sogar auf eigene Kosten in die Firmenzentrale, um an den »Dialogen am runden Tisch« teilnehmen zu können, die von Ayman initiiert worden waren. Zum erstenmal seit langem redeten die Menschen wieder offen und ehrlich miteinander. Ein großer Teil ihres Ärgers und ihrer Frustration wurde in konstruktive Maßnahmen gelenkt. Methoden zur Reduzierung der Gemeinkosten und zur Verbesserung des Kundendienstes wurden eingeführt. Das Management gab über eine landesweite Videokonferenz bekannt, daß das Unternehmen den Morast aus Ungerechtigkeit und Untergangsstimmung austrocknen wolle, und versprach als erstes, alle Anfragen aus dem Außendienst prompt zu beantworten, alte Versprechen, die gebrochen worden waren, wieder zu respektieren und Mißverständnisse aus der Welt zu schaffen. Es erwartete von den Vertriebsmitarbeitern nicht mehr, daß diese unangemessen viel Zeit und Energie aufwendeten, ohne dafür Anerkennung und finanzielle Vorteile zu bekommen. Ein neues Gehaltssystem wurde vorgestellt und implementiert.

»Wir haben Ihr Vertrauen verloren«, gab der CEO offen zu, »und wir wollen es wieder zurückgewinnen, mit einer Maßnahme nach der anderen.« Dieser Prozeß profitierte von vielen der Ideen, die an Ayman herangetragen worden waren, wie zum Beispiel wöchentliche Telefonkonferenzen, an denen das Management und die einzelnen Regionalgruppen der Vertriebsmitarbeiter teilnahmen, Tonbänder für den Vertrieb und Videopräsentationen von jedem neuen Produkt. Innerhalb von 40 Tagen hatten die Entwicklungsteams fünf neue Produktlinien bei sehr geringen Kosten fertiggestellt. Auf Aymans Bitte hin wurden die Bücher zugänglich gemacht, damit sich die Vertriebsmitarbeiter davon überzeugen konnten, daß faire Provisionen gezahlt wurden. Nichts wurde mehr versteckt. Als das Gefühl von Vertrauen und Zuversicht wuchs, beteiligten sich immer mehr Vertriebsmitarbeiter an der Umgestaltung des Unternehmens.

Zusammen mit den Vertriebsleitern plante Ayman regionale Trainingsprogramme für jeweils 100 bis 200 Mitarbeiter. Jede Region formulierte ihr Ziel neu und fing an, Gelegenheiten zu identifizieren, um Neukunden zu gewinnen und das Unternehmen weiterzubringen. Die Stärken und charakteristischen Merkmale jeder Produktlinie wurden definiert, die konzeptionelle Führungsposition des Unternehmens gestärkt. Das Gefühl von Stolz kehrte zurück, da die Mitarbeiter sich wieder gegenseitig schätzten und respektierten. Innerhalb von drei Monaten stieg der Umsatz beinahe um eine Million Dollar. Nach sechs Monaten hatte er sich verdoppelt. Er steigt immer noch.

Welche Geschichten haben Sie von Menschen gehört, die mit scheinbar ungerechten oder hoffnungslosen Situationen konfrontiert waren, ihren Instinkten oder ihrer Intuition gefolgt sind – hier eine kleine Änderung durchgeführt, dort ein bestimmtes Gefühl oder eine Maßnahme hinzugefügt haben – und das Ruder herumgerissen haben, bis die Situation plötzlich ganz anders aussah? Sie könnten zum Beispiel ein Benchmarking für die kreativen Fähigkeiten von Unternehmen, Abteilung, Team oder Arbeitsgruppe einführen. Realisieren Sie eine Art Innovationsprüfung, die untersucht, welche Umsätze prozentual gesehen mit Produkten und Dienstleistungen erzielt werden, die unter fünf Jahre auf dem Markt sind, unter zweieinhalb, unter einem Jahr. Sie können diese Zahlen mit ihren Wettbewerbern vergleichen, wenn Sie für jeden Absatzbereich die gleichen Achsen verwenden. Im Grunde genommen entwickeln Sie damit eine einfache Bewertungsskala, anhand deren Sie feststellen, wie gut Sie mit Problemen und Gelegenheiten umgehen können, indem Sie diese in umsatzsteigernde Produkte und Dienstleistungen verwandeln, die Marktanteile erobern und Ihren Wert als Führungskraft und den Wert Ihres Unternehmens steigern.

Wendepunkte

Im Laufe der Jahre habe mir viele Führungskräfte ihre Gedanken dazu mitgeteilt, was sie aus ihren »Wendepunkten« in ihrer beruflichen Laufbahn und der ihrer Unternehmen gelernt haben – die Zeiten, in denen plötzlich alles auf dem Spiel stand, als Engagement oder Geld ausgingen oder Ideen gegen eine Wand prallten und zurückgewiesen wurden. Überraschend viele solcher Situationen führen in eine erfolgreiche Zukunft. Es ist nicht so, daß die betroffenen Männer und Frauen weniger Probleme hatten als andere. Sie haben einfach nur mehr Lösungen gefunden.

Es ist bemerkenswert, wie oft wir feststellen, daß nicht die guten Zeiten das Beste in uns zum Vorschein bringen, sondern jene Erfahrungen, die von Physikern »Gabelpunkte« genannt werden[6] – die unerwarteten »Zusammenstöße« mit den Hindernissen von Zeit oder Umständen. In solchen Momenten kommen wir zu Bewußtsein, drehen uns um und gehen in eine neue Richtung. Oft in eine Richtung, die vor diesem Zeitpunkt noch nicht einmal auf unserem »Radar« war. Nicht einmal die gesamte strategische Planung der Welt hätte uns darauf hinweisen können.

»Die Zukunft ist nicht einfach ein Ort, an den wir gehen, sondern ein Ort, den wir gestalten. Die Wege dorthin werden nicht gefunden, sondern geschaffen. Dieser Vorgang verändert sowohl den, der den Weg schafft, als auch die Richtung.«
John Schaar,
amerikanischer Soziologe

Wir lernen von kreativer Umgestaltung, daß wir nicht den Mut verlieren sollen, wenn wir *diesen* Verkauf nicht machen oder *diesen* Vertrag nicht bekommen, eine Menge Geld oder Zeit in den Sand setzen oder wenn sich unser Weg plötzlich gabelt oder unsere Erwartungen enttäuscht werden. Wir spüren, daß wir in den meisten Fällen mit kreativer Intelligenz einen unternehmerischen Weg finden werden, um die Schwierigkeiten zu überwinden und uns selbst und unser Unternehmen in diesem Prozeß regenerieren und oft verbessern können. Und wir haben den Mut – und den Instinkt – zu wissen, wann wir ein Ziel besser allein verfolgen sollten.

In einem wissenschaftlichen Seminar, das ich an der Universität besuchte, erzählte uns eine bekannte Autorität auf dem Gebiet der Forschungsmethodik, daß er seine jüngsten Studien selbst finanzieren mußte. Er gab uns noch eine Reihe anderer Beispiele dafür, daß weltbekannte Wissenschaftler auf vielen Gebieten einschließlich der Wirtschaft in der gleichen Lage waren. Warum? Niemand wollte ihre Untersuchungen finanzieren, weil die neuen Projekte, die sie vorschlugen, bahnbrechend waren und aus einem Fachgebiet stammten, in denen sie sonst nicht forschten. Die Agenturen für die Vermittlung der Forschungsgelder hatten diesen kreativen Führungspersönlichkeiten ein Etikett angehängt und sie in die Schachtel mit der Aufschrift »genehmigt« gesteckt, als ob ihre Fachkenntnisse linear und eingeschränkt wären. Wissenschaftliche Studien haben ergeben, daß Menschen dann am kreativsten arbeiten, wenn ihnen ihre Arbeit Spaß macht.[7] Wenn Sie gern in einer kleinen Schachtel oder nach engen Vorgaben arbeiten, ist das in Ordnung. Aber wenn Sie feststellen, daß Sie das nicht gern tun, werden Sie vor die Wahl gestellt: Entweder lassen Sie zu, daß andere den Deckel auf dieser Schachtel halten, oder Sie brechen aus, wie viele jener Menschen, die ihrer Neigung gefolgt sind und auf anderen Gebieten berühmt geworden sind oder neue Konzepte zur Lösung von »unlösbaren« Problemen gefunden haben.

Wenn ich an Menschen denke, die ihrer Neigung gefolgt sind, fällt mir eine Freundin ein, Esther Orioli, Gründerin und President von Essi Systems, Inc., einem in San Francisco ansässigen Unternehmen, das sich auf Leistungsbeurteilung und Weiterbildung von Unternehmen und deren Mitarbeitern spezialisiert hat. Esther erzählt, wie sie vor 14 Jahren ihre gesamten Ersparnisse – etwa 100000 Dollar – investierte, um Essi Systems zu gründen und die *StressMap* zu entwickeln. Bald hatte sie 50 Firmenkunden und einen Umsatz von 90000 Dollar im Monat. Doch dann war der Bestand erschöpft und kein Geld vorhanden, um neue Produkte zu entwickeln. Also setzte sie sich mit ihren Finanzberatern zusammen und entwickelte einen Unternehmensplan, mit dem sie einen Kredit bei einer der größten Banken im Raum San Francisco beantragte. Der Kreditsachbearbeiter der Bank verlangte einen Bürgen.

Kein Problem, dachte Esther. Einer ihrer Berater war Multimillionär und hatte sich bereits damit einverstanden erklärt, den Kreditvertrag als Bürge für die beantragten 300000 Dollar zu unterschreiben. Aber wieder sagte die Bank nein, diesmal, weil der Bürge kein Mitglied ihres Führungsteams war. »Also schön«, erwiderte Esther, »dann wird er eben in das Management aufgenommen.« Und so geschah es.

Doch die Bank lehnte den Kredit erneut ab. »Wir wollen zwei Jahre warten und sehen, wie sich Ihr Umsatz entwickelt«, sagten sie. Ihr Freund, der Millionär, rief bei der Bank an. In Wahrheit hatten sie den Kredit abgelehnt, weil Esther eine Frau war. Genau wie fünf andere Banken, bei denen sie ebenfalls einen Kredit beantragt hatte. Esther wandte sich an eine Risikokapitalfirma, die 80 % ihres Unternehmens haben und sie als erstes durch einen Mann ersetzen wollte. Sie lehnte ab. Sie wollte sich nicht einfach durch einen Mann ersetzen lassen. Es ging um ihr Unternehmen, ihren Traum.

Sie verließ diese Besprechung mit einer unbändigen Wut, kehrte in ihr Büro zurück und schrieb einen flammenden Brief, in dem sie ihre Firma und ihre Situation beschrieb. Sie verschickte ihn an mehrere hundert Freunde und Bekannte. Innerhalb weniger Tage traf das erste Geld per Post ein – ein Beispiel dafür, was kreative Unzufriedenheit alles vermag. Die Menschen spürten Esthers Engagement und ihr Potential und hoben Geld von ihrem Sparkonto ab. Das brachte Esther auf eine Idee. »Sie können sich genausogut hinlegen und so tun, als wären Sie schon tot«, hatte einer der Risikokapitalgeber zu ihr gesagt. »Ich werde so tun, als wäre ich eine Bank«, dachte sie jetzt mit einem Lächeln.

Und genau das tat sie auch. Sie gründete PlayBank. Esther nahm Geld von einzelnen Investoren, verzinste es mit 20 % und zahlte die Summe innerhalb eines Jahres wieder zurück. Heute gibt es eine lange Liste mit Namen von Leuten, die in PlayBank investieren wollen. Seit mehr als einem Jahrzehnt zahlt Esther das ihr anvertraute Kapital pünktlich zurück. Sie mußte nie wieder einen Kredit bei einem Finanzinstitut beantragen – allerdings sind inzwischen viele Banken an sie herangetreten und haben ihr Kredite *angeboten*. Essi Systems arbeitet inzwischen mit 2000 Firmenkunden in den Vereinigten Staaten und 400 in Kanada zusammen und hat als Teil seiner umfangreichen Produktpalette fast 500 000 *StressMaps* verkauft.

Das ist angewandte kreative Umgestaltung.

Auch in der nächsten Geschichte über einen meiner Mentoren geht es darum.

1966 verließ Nido Qubein mit 17 Jahren den Libanon. Er hatte ein paar Scheine im Gegenwert von unter 100 Dollar in der Tasche, besaß so gut wie keine Englischkenntnisse, aber er hatte den Traum, ein erfolgreicher amerikanischer Staatsbürger zu werden. Er kannte niemanden und wußte nur eines – er wollte 11 000 Kilometer reisen, um das Mount Olive College in North Carolina zu besuchen, wo er hart und kreativ arbeiten würde. Und genau das tat er. Während des Semesters verdiente er sich sein Geld mit Teilzeitjobs, und im Sommer arbeitete er in Feriencamps. Er machte seinen Abschluß in Soziologie und verließ die University of North Carolina mit einem MBA.

1971 gründete er mit gesparten 500 Dollar eine kleine Beratungs- und Verlagsfirma, Creative Services, Inc. Er arbeitete unermüdlich daran, sein Englisch zu verbessern, und fing 1973 an, als Redner und Berater zu arbeiten. Nido schwor, sich von nichts aufhalten zu lassen. Immer wieder veränderte er sich und sein Firmenkonzept, lernte jede Möglichkeit, um einer großen Bandbreite von Kunden –

von kleinen Firmen bis hin zu General Electric und AT&T – dabei zu helfen, noch erfolgreicher zu werden.

> »Die Zukunft wird nicht von den Menschen gestaltet, die eigentlich nicht an die Zukunft glauben.«
> **John W. Gardner,**
> *On Leadership*

Im Laufe der Jahre veröffentlichte er ein Dutzend Bücher und wurde zu einem der gefragtesten Redner der amerikanischen Wirtschaft. Vor kurzem nahm man ihn in die *International Speakers Hall of Fame* auf. Er wurde Partner einer Immobilienfirma mit einem Umsatz von 20 Millionen Dollar und Partner in der PR- und Werbeagentur McNeill Lehman. Darüber hinaus ist er heute Director und Großaktionär der Southern National Bank Corporation, einer Bankholding, deren Vermögenswerte von 100 Millionen auf 22 Milliarden Dollar gestiegen sind. Mit 24 Jahren gründete Nido Qubein den *Associates Scholarship Fund*, der fast eine Million Dollar als Stipendien für begabte Collegestudenten aufbrachte. Darüber hinaus ist er inzwischen Leiter der Abteilung Wirtschaftsentwicklung der Handelskammer von High Point in North Carolina.

Menschen jeder Herkunft und Unternehmen jeglicher Größe engagieren sich für kreative Umgestaltung, um die von ihnen gewählten Bereiche in die Zukunft zu führen. Nehmen Sie als Beispiel Intel. Der weltweit größte Hersteller von Computerchips, der zu den fünf Unternehmen gehört, die in den Vereinigten Staaten am meisten bewundert werden, hat sich aus seinem eigentlichen Geschäftsfeld zurückgezogen und sich darauf konzentriert, eine neue Identität in einem gänzlich anderen Industriezweig aufzubauen, und zwar inmitten einer Krise von wahrhaft gigantischem Ausmaß.[8] Das ist kreative Umgestaltung in der Praxis.

Gleiches gilt für 3M, das heute einen Umsatz von 14 Milliarden Dollar erzielt. Seine Existenz begann 1904 mit einem großen Fehler, da sich der ursprüngliche Plan, Korund zu fördern, als Mißerfolg herausstellte. Doch ein paar bemerkenswerte Menschen griffen ein und bewahrten die Firma vor dem Ruin.[9] Die Gründer von 3M waren fest entschlossen, das Unternehmen nicht aufzugeben, und schließlich stimmte die Firmenleitung dem Vorschlag zu, daß sich das Unternehmen aus dem Bergbau zurückziehen und statt dessen Sandpapier und Schleifscheiben produzieren solle, was angesichts des Sandsteins minderer Qualität aus dem fehlgeschlagenen Minenprojekt Sinn machte. Ein Jahrzehnt lang mühte sich 3M mit Qualitätsproblemen, Cash-flow-Problemen, geringen Gewinnspannen und Überbestand ab. Dann, 1914, beförderte das Unternehmen William McKnight zum General Manager. Trotz der Hindernisse, die fast jedem Prozeß von 3M im Weg standen, stellte sich McKnight, der noch keine 30 Jahre alt war, als Mann mit einer ausgeprägten Begabung für Organisation und dem Instinkt für kreative Umgestaltung heraus. Eine seiner ersten Maßnahmen bestand darin, einen zwei Meter breiten und drei Meter langen Lagerraum ausfindig zu machen und 500 Dollar in ein Spülbecken und Geräte für Experimente und Tests zu investieren. Damit richtete er das erste »Labor« von 3M ein. Nach monatelangen Experimenten brachte das Unternehmen ein neues Produkt auf den Markt, das großen Erfolg hatte. Es handelte sich um ein Gewebeschleifmittel namens »Three-M-Ite«. 3M machte damit so viel Gewinn, daß es zum erstenmal eine Dividende auszahlen konnte.

McKnight, der äußerlich bescheiden und fast schüchtern wirkte, zeigte *innerlich* viele starke EQ-Eigenschaften: grenzenlose Neugier, scharfsinnige Intuition, Vertrauenswürdigkeit, starkes Engagement für sein einzigartiges Potential und seine Aufgabe und ungeheure Begeisterung für Innovation und Fortschritt. Er suchte ständig nach neuen Möglichkeiten, die das Unternehmen nutzen konnte, nach sich bietenden Chancen, nach Chancen, die *in* Problemen verborgen waren. Zwei Beispiele dafür:

Im Januar 1920 erhielt McKnight einen Brief:

> »Bitte schicken Sie mir Proben sämtlicher Gesteinsgrößen, die Sie bei der Herstellung von Sandpapier verwenden. Adresse: Francis G. Okie, Hersteller von Drucktinten, Bronzepulvern und Goldtinten, Philadelphia.«

Das machte McKnight neugierig. 3M verkaufte keine Rohstoffe, deshalb war hier auch kein Geschäft zu machen. Aber da er ständig nach neuen Ideen suchte, die das Unternehmen weiterbringen konnten, stellte sich McKnight die Frage: »*Warum* will Mr. Okie diese Proben haben?« Auf diese Weise – einfach, weil jemand eine Frage stellte – fand 3M eines der wichtigsten Produkte in seiner Firmengeschichte, denn Mr. Okie hatte ein revolutionäres, wasserfestes Sandpapier erfunden, das sich für Automobilhersteller und Lackierwerkstätten in der ganzen Welt als überaus zweckmäßig erweisen sollte. Es stellte sich heraus, daß Mr. Okie von zahlreichen

Unternehmen aus dem Bergbau und Sandpapierherstellern Proben erbeten hatte, doch keine dieser Firmen – mit Ausnahme von 3M – hatte sich die Mühe gemacht, ihn zu fragen, warum er die Proben eigentlich haben wollte. 3M kaufte die Rechte an dem Verfahren und fing an, das neue Sandpapier zu vertreiben. Aber McKnight gestaltete das Unternehmen noch ein zweites Mal um: Er schloß nicht nur einen Vertrag mit Okie ab, sondern stellte ihn gleich ein. Okie zog nach St. Paul und leistete bis zu seiner Pensionierung 19 Jahre später viele der wichtigsten Beiträge zur Entwicklung von neuen Produkten für 3M.

Was uns zu einem weiteren großartigen Beispiel für kreative Umgestaltung bei 3M führt: 1924 versuchte das Unternehmen, andere Geschäftsfelder neben der Sandpapierherstellung zu erschließen und brachte ein Sortiment von Autowachsen und -polituren heraus, das sich jedoch als kostspieliger Flop erwies und wieder vom Markt genommen wurde. Dies tat der von Innovation geprägten Atmosphäre, die von McKnight geschaffen worden war, jedoch keinen Abbruch. Ein junger Angestellter von 3M namens Dick Drew besuchte einen Kunden – eine Autolackierwerkstätte – und bekam zufällig mit, wie der Lackierer vor sich hinschimpfte. Zu dieser Zeit waren zweifarbige Lackierungen gerade sehr beliebt, aber die improvisierten Haftmittel und Klebebänder, mit denen die Farben voneinander getrennt wurden, deckten nicht richtig ab und führten zu ausgefransten Rändern und Flecken.

»Kann denn keiner etwas liefern, was auch funktioniert?« rief der Lackierer aus.

»Wir können!« erwiderte Drew. »Ich wette, wir haben etwas in unserem Labor, das wir nur ein bißchen verändern müssen, um daraus ein hervorragendes Abdeckband zu machen.«

Zurück in der Firma, stellt Drew fest, daß es im Labor von 3M kein Produkt gab, das man entsprechend verändern könnte. Also folgte er der innovativen Firmenphilosophie seines Unternehmens und erfand eines: das 3M-Abdeckband, das sich als durchschlagender Erfolg erweisen sollte. Drew war erfolgreich, weil er auf eine Gelegenheit reagierte, die *in* einem Problem ver-

»Hören Sie jedem zu, der eine originelle Idee hat... Seien Sie nicht pingelig, sondern ermutigen Sie die Mitarbeiter. Lassen Sie zu, daß sie von ihren Ideen begeistert sind.«
William McKnight,
1914-1955
General Manager von 3M

steckt war – eine Strategie der Umgestaltung, die bei 3M später noch unzählige Male wiederholt wurde. Fünf Jahre danach gelang es ihm noch einmal: Als Reaktion auf Beschwerden über die schlechte Qualität von Packbändern machte sich Drew daran, das Abdeckband von 3M zu verbessern, und entwickelte daraus das erste wasserfeste Packband, das ein großer Erfolg wurde. Aber Drew hatte nicht daran gedacht, daß es von den Kunden noch für unzählige andere Zwecke verwendet werden würde. 3M sah aufmerksam zu, stellte McKnights berühmte Frage *Warum?* und entwickelte aus dem Packband ein ganzes Sortiment von Klebebändern, aus dem Mitte der 30er Jahre das wichtigste Produkt des Unternehmens hervorgehen sollte: das durchsichtige Klebeband *Scotch Tape.*

Der springende Punkt dabei ist, daß dieses Produkt nicht geplant war. Ein Problem wies auf eine Gelegenheit hin, die zu anderen Gelegenheiten führte, die wiederum Fragen darüber auslösten, was möglich war. Es forderte die emotionale Flexibilität und Initiative aller Beteiligten heraus und endete schließlich in einer Reihe unkonventioneller Methoden, mit denen man zusammenhängende Probleme umgehen konnte. Ein neues Produkt entstand, das einen völlig neuen Markt erschloß.

Dieser innovative Geist ist bei 3M heute noch vorhanden und hat inzwischen auch viele andere Unternehmen in der ganzen Welt erfaßt. Selbst EDS, der Fremdbeschaffungsriese im Computerbereich mit einem Umsatz von 12,4 Milliarden Dollar (1995), wurde zu einem engagierten Anhänger eines Programms zur kreativen Umgestaltung. Es wurde von CEO Les Alberthal entwickelt und soll eine völlige neue Identität als das sensibelste Serviceunternehmen der Welt schaffen.[10]

Dies stellte eine drastische Richtungsänderung in der Firmenkultur des Unternehmens dar, die bisher von starkem Druck gekennzeichnet war. 1994 fing Alberthal damit an, jeden Manager von EDS – angefangen mit sich selbst – zu einer Reihe von Seminaren zu schicken, die eine persönliche Veränderung bewirken sollen und in der Welt der Gefühle und der Kreativität arbeiten, um bei den Teilnehmern neue Ideen und größere Sensibilität gegenüber Kollegen, Mitarbeitern und Kunden zu entwickeln. Dean Lindeman, der ein enger Freund von Alberthal ist und

»Der Grund für Ihren Erfolg in der Vergangenheit wird nicht der Grund für Ihren Erfolg in der Zukunft sein.«
Lew Platt,
CEO, Hewlett-Packard

bei der Entwicklung der Führungsqualitäten mitarbeitet, sagt in diesem Zusammenhang: »In einer Organisation, die bis dato den ›weichen Faktoren‹ wie Herz und Seele immer aus dem Weg gegangen ist, sagen wir jetzt, daß Herz und Seele nicht nur wichtig sind, sondern auch eine Grundvoraussetzung dafür, daß das Unternehmen die gesetzten Ziele erreicht.« Im Falle von EDS hat dies – nicht ganz unerwartet – dazu geführt, daß eine Reihe von Managern angeblich nicht aus Vergnügen auf ihre Gefühle hören, sondern weil sie damit Vertrauensverhältnisse schaffen und vertiefen und steigende Umsatzzahlen erreichen können.[11]

Was man zum Teil wohl als eine Art Rückfall in alte Zeiten bezeichnen könnte.

Humor und emotionale Intelligenz

Bei Managern und Führungskräften mit einem hohen EQ ist mir aufgefallen, daß die meisten von ihnen recht schlagfertig sind.[12] Ich glaube, das ist kein Zufall. Aber ich kenne auch Männer und Frauen in Führungspositionen, die – um es in Ermangelung einer besseren Umschreibung einmal so auszudrücken – Angst vor Spaß haben. »Arbeit ist nicht alles im Leben«, sagen wir alle. Aber wir verhalten uns nicht so. Oder erst, wenn wir kurz vor einem Herzinfarkt stehen, unser erstes Enkelkind bekommen oder etwas anderes geschieht, was uns aufrüttelt. Gut, besser spät als gar nicht, aber warum nicht früher?

»Unser Zwang, uns selbst ernst zu nehmen, ist umgekehrt proportional zu unseren kreativen Fähigkeiten.«
Eric Hoffer,
amerikanischer Soziologe

»Humor«, erklärt Dr. Edward de Bono, Arzt und Experte für Kreativität in Unternehmen, »ist bei weitem das wichtigste Verhalten, in dem menschliche Intelligenz zum Ausdruck kommt.«[13] Wissenschaftliche Studien haben ergeben, daß ein kurzer Anflug von Heiterkeit mehr kann, als nur Ihre Energie ankurbeln. Humor fördert intuitives Fließen, läßt Sie anderen gegenüber hilfsbereiter sein und verbessert Intelligenzprozesse wie Urteilsvermögen, Problemlösung und Entscheidungsfindung, wenn Sie mit schwierigen Herausforderungen konfrontiert werden.[14] Humor ist ein großartiges Hilfsmittel für kreative Umgestaltung.

Und für Verbundenheit. Nur wenige Dinge können so schnell Verbundenheit zwischen Menschen schaffen wie Lachen. Menschen, die alles nicht so fürchterlich ernst nehmen, reagieren in der Regel kreativer, wenn es einmal Probleme gibt, und lassen sich auch in schwierigen Situationen nicht so leicht unterkriegen. »Ein humorvoller Mensch ist angesichts möglicherweise aufreibender Situationen nicht nur entspannter, sondern auch flexibler in seiner Reaktion darauf«, sagt der Philosoph John Morreall. »Selbst wenn in seiner Umgebung nicht viel passiert, werden ihm seine Vorstellungskraft und sein Einfallsreichtum dabei helfen, nicht in einen geistig eintönigen Trott zu geraten. Sie werden es ihm ermöglichen, trotzdem Spaß zu haben, und Langeweile und Depressionen verhindern.«[15]

Leider beklagen sich viele Manager, die ich kenne, daß es bei ihrer Arbeit für spontane Heiterkeit einfach keinen Platz mehr gebe. Richard Branson ist sich dessen bewußt. Er hat sich darauf konzentriert, die Virgin Group als Gemeinschaft erfolgreicher Mitarbeiter an die Spitze zu bringen, die sich gegenseitig eine kreative Hilfe sind, während sie gleichzeitig Spaß und Aufregung erleben. Spaß zu haben ist in Virgins Unternehmenskultur von zentraler Bedeutung.[16] Branson hat festgestellt, daß Menschen, die Spaß haben, langfristig gesehen anderen gegenüber offener sind, kreativer und umfassender denken und darüber hinaus härter arbeiten.

Herb Kelleher, CEO von Southwest Airlines, hat fast das gleiche festgestellt. Bei seiner mehrfach ausgezeichneten, über Jahre hinweg gleichbleibend rentablen Fluggesellschaft mit einem Umsatz von mehr als 2,6 Milliarden Dollar sieht man Humor als einen der zentralen Werte des Unternehmens an.[17] Southwest gewinnt regelmäßig Auszeichnungen des amerikanischen Verkehrsministeriums für den besten Service, die meisten pünktlichen Flüge und hervorragenden Gepäcktransport. 1994 wurde Kelleher von der Zeitschrift *Fortune* als bester amerikanischer CEO geehrt. Im selben Jahr bewarben sich 125 000 Menschen für 3000 offene Stellen bei Southwest Airlines. Das Erfolgsgeheimnis? »Man kann die Flugzeuge kopieren. Man kann die Flugsteige und die Abfertigung kopieren, die ›harten‹ Faktoren, alle materiellen Dinge, auf die man den Finger legen kann. Aber der Erfolg wird von den immateriellen Dingen bestimmt. Sie sind am schwersten zu kopieren, falls es überhaupt möglich ist. Wir haben die richtigen immateriellen Dinge.«

Die richtigen immateriellen Dinge heißen bei Southwest Airlines und anderen führenden Unternehmen: hervorragende Mitarbeiter.

Kelleher sagt dazu, daß er seine 18 000 Leute »schätzt und respektiert«, und daß seine »Liebe« als »spontanes, freiwilliges Überfließen von Gefühlen«, wie er es nennt, erwidert werde. Eigentlich ist das viel pragmatischer, als es auf den ersten Blick erscheint. Es basiert auf einem System aus Maßnahmen und zentralen Werten, zu denen Humor, Unabhängigkeit und Respekt gehören, die jeden Aspekt der Unternehmensführung von Southwest beeinflussen, einschließlich der Art und Weise, wie die Mitarbeiter mit Kollegen, Kunden und Lieferanten umgehen. Um sicher zu sein, daß dieses Wertesystem auch *gelebt* wird, hat Kelleher vor kurzem mehrere Dutzend »Botschafter« ernannt, die ihm dabei helfen sollen, das System zu »überwachen« und zu kräftigen. Er nennt diese Gruppe »den wichtigsten Ausschuß im ganzen Unternehmen«.

Auf jeder Ebene von Southwest gibt es Anzeichen dafür, daß Humor ein Teil jener Begeisterung ist, die das Unternehmen zum Marktführer gemacht hat. Es legt Wert darauf, daß jeder einzelne diese emotionale Intelligenz besitzt. Daher wird zum Beispiel darauf geachtet, wie ein Bewerber die Rezeptionistin behandelt, von der er begrüßt wird. Wenn er sich wichtigtuerisch verhält und herrisch nach Aufmerksamkeit verlangt, »wird er die Stelle auf keinen Fall bekommen«, sagt Kelleher. Darüber hinaus werden sämtliche Bewerber – von Piloten bis hin zu Mechanikern – gefragt: »Wie hat Humor Ihnen dabei geholfen, aus einer peinlichen Situation herauszukommen?«, und »Was ist das Lustigste, das Ihnen je passiert ist?« Außerdem wird mindestens einmal getestet, wie Bewerber reagieren, wenn man ihnen einen kleinen Streich spielt.

Spaß erfüllt harte Arbeit mit einer Portion gesunder Energie und fördert Flexibilität und Anpassungsfähigkeit in wechselnden Situationen. »Das neue Ziel in unserer Gesellschaft«, so der Unternehmensstratege Gary Hamel, »ist Benutzerspaß. Wir wollen einfallsreiche, fühlbare, informative Produkte, die ganz einfach Spaß machen. Jedes Unternehmen, das ein ganz banales Produkt oder eine Dienstleistung mit diesen Attributen verkaufen kann, hat die Chance, die Wirtschaft zu revolutionieren.«[18] Ein Beispiel? Die erfolgreichste Lebensmittelkette in den Vereinigten Staaten: Trader Joe's, eine Mischung aus Delikatessengeschäft und Supermarkt. CEO John Shields bezeichnet sein Unternehmen als »Geschäft für Lebensmittel, die im Trend liegen.« Trader Joe's nutzt

»Es macht immer Spaß, das Unmögliche zu tun.«
Walt Disney

mit seinen 74 Geschäften eine Marktnische, in der es so gut wie keine Konkurrenz gibt, und hat 1995 einen Jahresumsatz von durchschnittlich 120 Dollar pro Quadratmeter erzielt, doppelt soviel wie herkömmliche Supermärkte. Warum ist Trader Joe's für seine Kunden so attraktiv? Wegen der Lebensmittel – aber offenbar auch wegen Spaß und Unterhaltung. Die Geschäfte bieten ein großes Sortiment an außergewöhnlichen und ausgefallenen Lebensmitteln an – zum Beispiel Himbeersalsa, Jasminreis und Lachsburger –, aber auch eine reichhaltige Auswahl an preisgünstiger Stapelware. Trader Joe's hat aus einem langweiligen Einkaufserlebnis eine kulinarische Schatzsuche gemacht, die allen Altersgruppen Spaß vermittelt, und konnte dadurch den Umsatz in den letzten fünf Jahren auf 605 Millionen Dollar verdoppeln.

Humorvolle Gedanken und insbesondere »fröhliches Gelächter« wirken Wunder, weil sie den rationalen, linear denkenden Verstand ablenken und gleichzeitig dafür sorgen, daß uns das Herz »aufgeht« und wir uns hellwach, aber entspannt fühlen.[19] »Silicon Graphics geht es darum, daß Technik Spaß machen und brauchbar sein soll«, sagt CEO Ed McCracken, »und das bedeutet, daß es Spaß machen muß, für Silicon Graphics zu arbeiten. Viel zu viele Unternehmen in den Vereinigten Staaten und Japan haben Spaß vom Arbeitsplatz verbannt... Spaß und Respektlosigkeit sorgen außerdem dafür, daß Veränderungen nicht so bedrohlich wirken.«[20] Wissenschaftler vermuten, daß Lachen und Spaß die Produktion von Katecholaminen und Endorphinen im Gehirn stimulieren. Die wiederum beeinflussen verschiedene Hormone im Körper, von denen einige mit dem Gefühl der Freude, geringerer Schmerzempfindlichkeit und einem gesteigerten Bewußtsein für Kreativität und Perspektive zusammenhängen.[21]

Hier nun ein Beispiel für kreative Umgestaltung in der Praxis, die zum Teil *wegen* und nicht trotz Humor zum Erfolg führte:[22]

> Eine Geschichte, die irgendwann einmal durchgesickert ist: Ingenieure bei Mercedes, die sich für flottere Motoren

Verbindung zur EQ Map: Die Zukunft gestalten

Dieses Kapitel bezieht sich auf folgende Tabellenspalten der EQ Map: emotionales Selbstbewußtsein, emotionale Ausdrucksfähigkeit, emotionales Bewußtsein gegenüber anderen, Zielstrebigkeit, Kreativität, Widerstandsfähigkeit, konstruktive Unzufriedenheit, Einstellung, Intuition, Vertrauensradius, persönliche Kraft und Integrität einsetzten, ließen eine Limousine »verschwinden«. Nach ein paar Tagen tauchte der Wagen wieder auf, mit festgeschweißter Motorhaube, einer Abdeckung auf der Unterseite und einem Motor, der erstaunlich kräftig klang. Einige Manager aus der Chefetage schnappten sich das Auto, rasten damit auf die Autobahn bis in die Alpen und kamen dann schnell wieder zurück, weil sie sehen wollten, was an dem Motor verbessert worden war. Die Ingenieure entfernten die Motorhaube und zeigten den Managern, was sich darunter verbarg – ein Motor von BMW. Daraufhin ließ Mercedes seine Motoren aufmöbeln.

Ein Gefühl, eine Wahl

Über meinem Schreibtisch hängt ein fünf mal sieben Zentimeter großer Schaukasten mit dem Titel »DNS: Der Plan des Lebens.« Im Inneren befinden sich drei sehr dünne, ineinander verschlungene Stränge, die aussehen wie baumwollähnliche Fasern. Aber es ist die Desoxyribonukleinsäure (DNS) einer Pflanze. Unter der DNS steht: »Alle heute auf der Erde lebenden Menschen haben ihre Erbmasse durch eine DNS-Menge erhalten, die der hier gezeigten entspricht.« Seit 20 Jahren sehe ich mir diese DNS fast jeden Tag an, aber sie versetzt mich immer wieder in Erstaunen. Der springende Punkt dabei ist: Wir sind mehr als nur Gene. Wir sind mehr als nur ein Körper mit einem Gehirn. Wir fühlen. Wir schaffen intuitiv. Wir verwandeln Dinge. Wir sind Lebewesen mit einer Seele.

Wie ich bereits am Anfang dieses Buches angemerkt habe, legen wissenschaftliche Studien nahe, daß ein einzelner mit einem niedrigen EQ den kollektiven IQ einer ganzen Gruppe senken kann.[23] Aber gilt das auch umgekehrt? Kann ein einzelner mit einem *hohen* EQ den IQ einer ganzen Gruppe erhöhen? Dies werden künftige Untersuchungen zeigen. Bei der Erforschung der emotionalen Intelligenz bei Führungskräften und Unternehmen habe ich unter anderem etwas sehr Ermutigendes festgestellt: Wenn wir emotionale Intelligenz entwickeln, können wir eine große Bandbreite bisher ungenutzter Möglichkeiten entdecken, mit denen wir unserer Arbeit und unserem Leben einen Sinn geben, selbst wenn wir zunächst allein handeln müssen.

Stellen Sie sich für einen Augenblick die 100 Billionen Zellen in Ihrem Körper vor. Eine einzige von ihnen kann der Auslöser für eine

Krankheit sein. Andererseits kann jede einzelne Zelle in Ihrem Körper einen Heilungsprozeß beginnen, von dem schließlich alle übrigen Billionen Zellen profitieren. In ähnlicher Weise ruft ein einziges Gefühl oder eine Einstellung in einem Menschen auf ganz einzigartige Weise eine Veränderung in den Windungen der lebenden Energie hervor, die nach außen dringt und alles andere beeinflußt.

Umgestaltung findet innerhalb der Dynamik eines offenen biologischen und spirituellen Systems statt. Der einzelne entwickelt sich weiter, indem er lernt, seine Fähigkeiten zu erweitern und das Leben anderer zu bereichern. In dieser Hinsicht ist jeder von uns ein Alchimist, ein Reaktionsmittel der kreativen Umgestaltung auf unserem Weg durch das Leben, bei dem wir uns und unsere Umgebung ständig neu definieren, den *Status quo* überwinden – wenn wir das wagen – und das schaffen, was *Status ascendium* genannt wird.[24] Wir hinterlassen einen einzigartigen sensorischen Eindruck unserer Gegenwart und unseres Einflusses, eine Art Stempel, der auf irgendeiner Ebene und auf irgendeine Art und Weise von den Kindern unserer Kinder und deren Kindern empfunden werden wird. Dies ist unser Vermächtnis dafür, gelebt zu haben. Deshalb geht es hier nicht um unser *Vermögen*, Einfluß auszuüben oder eine Umgestaltung herbeizuführen, sondern darum, wie wir diesen Einfluß *ausdrücken*.

Das Geheimnis des Lebens, das vor vier Milliarden Jahren in den Meeren des Planeten Erde entdeckt wurde, besteht in der Fähigkeit, benötigte Moleküle aufzubauen. Jede unserer Zellen enthält die Information, die gebraucht wird, um sämtliche Proteine zu reproduzieren, die in den Nukleotidsträngen kodiert sind. Die DNS enthält die Erbanlagen, die von den Eltern auf das Kind und von Generation zu Generation weitergegeben werden, und stellt auf diese Weise eine lebende Verknüpfung her, die die Zeit überwindet und uns mit den ersten Zellen auf der Erde verbindet.

Die DNS ist vielleicht das schönste und geheimnisvollste unserer Moleküle. Ihre Schönheit liegt nicht darin, wie sie aussieht, sondern – weitaus wichtiger – darin, was in ihr gebildet und ausgedrückt wird. Sie besteht aus zwei langen Strängen von Nukleinsäuren, die in einer Doppelhelix ineinander verschlungen sind. Die Sequenz der einzelnen Basen in jeder DNS ist unser genetischer Text, die reinste Quelle von Hoffnung und Potential, die den Plan enthält, mit dem jedes unserer Proteine gebaut und unser Leben erneuert werden kann. Ich stelle mir gern das Bild vor, daß unsere emotionale Intelligenz – und zwar sowohl das Licht als auch der Schatten – auf ähnliche Weise mit den Zellen des menschlichen Herzens verflochten ist.

Eine emotional intelligente Zukunft schaffen

Jeder/jede der bemerkenswerten Männer und Frauen, die ich im Laufe der Jahre kennengelernt habe, einschließlich des älteren Tibeters in der Geschichte am Anfang dieses Buches, hat seinen oder ihren Weg gefunden, um mit dem Puls des Lebens in Kontakt zu bleiben, mit jenem inneren Funken, der ihn/sie dazu bringt, den eigenen Weg fortzusetzen, sich weiterzuentwickeln und Herausforderungen anzunehmen. Durch Humor und Begeisterung, aber auch durch Schwierigkeiten und Zweifel und den Mut zu Veränderungen erhält jeder von uns die Chance, aus den Erfahrungen des Lebens zu lernen und mit ihnen auf eine Art und Weise zu kommunizieren, die es ihm ermöglicht, zu wachsen und zu lernen, zuzuhören und zu führen und im Geist der Kreativität zu leben.

Einmal bekam John Gardner, Professor in Stanford, einen Brief von einem Mann, dessen Tochter im Alter von 20 Jahren bei einem Autounfall getötet worden war. Er hatte einen Absatz aus der Mitschrift einer Rede, die Gardner gehalten hatte, in ihrer Handtasche gefunden.[25] Der Vater war dankbar dafür, daß seine Tochter den Text bei sich getragen hatte, weil er ihm etwas über ihre Werte und ihre Interessen sagte, was er sonst vielleicht nie erfahren hätte:

> »Sinn ist nicht etwas, über das man einfach so stolpert wie über die Antwort auf ein Rätsel oder das Gold bei einer Schatzsuche. Sinn ist etwas, das Sie in Ihrem Leben aufbauen. Sie bauen es aus Ihrer Vergangenheit, Ihren Gefühlen und Loyalitäten, aus den Erfahrungen der Menschheit, die an Sie weitergegeben werden, aus Ihrem Talent und Wissen, aus dem, woran Sie glauben, aus den Dingen und Menschen, die Sie lieben, aus den Werten, für die Sie etwas zu opfern bereit sind. Die einzelnen Komponenten sind vorhanden. Sie sind der einzige, der sie zu dem einzigartigen Muster zusammensetzen kann, das Ihr Leben sein wird. Tun Sie es so, daß dieses Leben Würde und Sinn für Sie hat.«

Emerson schrieb 1842 in sein Tagebuch: »Die züngelnden Flammen, das Bild, das die Zeitungen von dem letzten Brand in Liverpool malten, die Berge brennender Baumwolle, über denen sich die Flammen auftürmten, und auch der Vulkan, aus dem die Feuersbrunst hinauf zum Zenit und bis weit zu den Sternen geschleudert wird – dies sind die großartigsten Symbole für das, was der Mensch sein sollte. Ein Funke kann unendlich tief gehen, aber die Wucht des Feuers, das sich aus der Erde erhebt und gen Himmel strebt, das ist das Zeichen der starken, vereinten, brennenden, leuchtenden Seele.«

Das war Emersons Bild für die Energie hinter dem poetischen Impuls und dem Impuls, als Führungspersönlichkeit zu handeln. Für ihn war dies nicht nur eine Metapher, sondern stand dafür, daß die eigene kleine Flamme fortwährend mit den großen, zentralen Flammen des Lebens und der Welt verbunden war.[26] Obwohl wir die Zukunft nicht bis ins einzelne voraussagen können, haben wir doch Anteil daran, das *Herz* der Zukunft zu gestalten und damit auch den Sinnzusammenhang und unser Engagement und unseren Mut bei dem Weg in das Unbekannte.

Emotionale Intelligenz ist eine primäre Quelle für diese zentralen Flammen in unserem Leben, und sie ist die Quelle für die Impulse, die uns aufwecken und dazu inspirieren, in das große Unbekannte vorzudringen. Aber was ist mit jenen Führungskräften, die sich bei jedem Schritt absichern wollen und fragen: »Wer sonst ist noch dabei, so etwas Neues zu tun, und hat er dabei Erfolg?« Zugegeben, diese Frage klingt vernünftig. Und muß zu einem späteren Zeitpunkt sicherlich berücksichtigt werden. Aber als einleitende Frage ist sie eine Sackgasse. Diese Frage spielt sozusagen die zweite kreative Geige, aber nie die erste. Und deshalb warten auch so viele darauf, daß andere die Führung und die Verantwortung bei der Gestaltung der Zukunft übernehmen. David J. Wolpe schreibt: »Es gibt eine wunderbare Geschichte über einen Mann, der zu Gott ging, weil ihm das Herz brach vor lauter Schmerz und Ungerechtigkeit in der Welt. ›Lieber Gott‹, rief er aus, ›sieh dir doch all das Leid, die Verzweiflung und das Elend in der Welt an. Warum hast du denn niemanden geschickt, der helfen kann?‹

›Aber das habe ich doch. Ich habe dich geschickt‹, antwortete Gott.«[27]

Das trifft meiner Meinung nach für unsere Arbeit genauso zu wie für unser Privatleben. Wir wissen, daß Erfolg im Zeitalter des Wissens – um es mit den Worten von John Seely Brown zu sagen, dem

Vice President und Leiter der Forschungsabteilung von Xerox – »ebenso von der Kultur des Unternehmens wie von den ökonomischen Aspekten der Wirtschaft abhängt; von der positiven Energie, die von dem Unternehmen freigesetzt wird, ebenso wie von dem positiven Cash-flow, den es generiert.«[28] Die Wirtschaft ist im Verlauf des letzten Jahrhunderts zur mächtigsten Institution der Welt geworden. Die dominierende Institution einer Gesellschaft muß Verantwortung für das Ganze übernehmen, muß ein Beispiel geben und den Weg in die Zukunft anführen. Jede Entscheidung, die getroffen, jede Maßnahme, die durchgeführt wird, muß unter dem Aspekt – und im Kontext – dieser Art von Verantwortung gesehen werden.

Ähnlich wie die Augen werden auch Gefühle seit langem als Spiegel der Seele bezeichnet. Mit unserem Herzen finden wir unsere Menschlichkeit und schaffen die Möglichkeit, Großes zu vollbringen und zu dienen. In den Sprüchen Salomos – in 4,23 – steht geschrieben: »Behüte dein Herz mit allem Fleiß; denn daraus geht das Leben.« Wir dürfen nicht zulassen, daß es durch Nachlässigkeit vergeudet wird oder sich in den Schatten des Intellekts verliert.

Wie oft fragen Sie sich – wie die meisten von uns – in der Stille der Nacht: »Wozu das alles?« Die meisten Stunden, in denen wir wach sind, verbringen wir mit unserer Arbeit. Während wir uns vielleicht einreden, daß wir das nur tun, um unseren Lebensunterhalt zu verdienen, weiß unser Herz, daß es sich hier im Kampf ums Dasein abmüht. William James, der Vater der amerikanischen Psychologie, hat festgestellt, daß die Gesetze der Gewohnheit – die kleinen Entscheidungen, die wir tagtäglich treffen oder ignorieren – »uns unwiderstehlich unserem Schicksal näherbringen.« Vor allem die Gewohnheiten des Herzen geben unserem Leben einen Sinn.

Fragen Sie sich: »Was wäre möglich, wenn alle Mitglieder meiner Familie mehr emotionale Intelligenz entwickeln würden? Was wäre, wenn jedes Mitglied meiner Arbeitsgruppe, meiner Abteilung, meines Unternehmens, meiner sozialen Gemeinschaft einen hohen EQ hätte? Wieviel mehr könnten ich und sie für den Rest unseres Lebens geben, lernen, verdienen, kooperieren, schaffen und erreichen?« Die Führungspersönlichkeiten von Unternehmen müssen einen Weg finden, um die soziale Gemeinschaft in der Arbeitswelt zu verändern. Sie müssen in den Unternehmen eine Umgebung schaffen, in der die Art, wie wir mit unseren Geschäftspartnern umgehen, genauso zählt wie das Produkt, das wir produzieren, in der nicht nur entscheidend ist, wieviel Gewinn wir erzielen, sondern auch, wie wir anderen dienen.

»Es wurde einmal gesagt, daß große Ideen auf den leisen Schwingen einer Taube daherkommen«, schrieb Albert Camus 1961. »Wenn wir genau hinhören, hören wir vielleicht inmitten des Tumults von Imperien und Nationen ein leises Flügelschlagen, die sanfte Bewegung von Leben und Hoffnung. Einige werden sagen, daß diese Hoffnung in einer Nation liege, andere behaupten, in einem Mann oder einer Frau. Aber ich glaube, daß sie von Millionen einzelner Menschen geweckt, wiederbelebt und genährt wird, deren Arbeit jeden Tag Grenzen und die barbarischen Folgen der Geschichte aufhebt. Als Ergebnis davon leuchtet die ständig bedrohte Wahrheit flüchtig auf und baut jeder einzelne Mensch auf der Grundlage seines Leids und seiner Freude für uns alle.«

Dabei muß ich an die Worte des Gelehrten Hillel aus dem 1. Jahrhundert denken: »Wenn ich nicht für mich selbst bin, wer wird für mich sein? Und wenn ich nur für mich selbst bin, was bin ich? Wenn nicht jetzt – wann dann?«

Wie ich eingangs bereits sagte, wurde dieses Buch geschrieben, um einige adäquate Fragen zu den charakteristischen Merkmalen und Werten der emotionalen Intelligenz bei Führungskräften, Unternehmen und im Privatleben zu stellen und näher zu erläutern. Ich hoffe, daß diese Seiten als Ausgangspunkt für eine sehr persönliche Reise dienen. Die einzelnen Komponenten sind vorhanden, in Ihrem Herzen wie auch in Ihrem Kopf. Sie haben die Führung. Sie sind der Prozeß. Mahatma Gandhi sagte einmal, »Man muß die Änderung *sein*, die man in der Welt sehen möchte.«

Wenn nicht jetzt – wann dann?

EQ Map

EQ Map
Persönlicher Hintergrund

Standardisierte Test-Version III.5
Prototyp

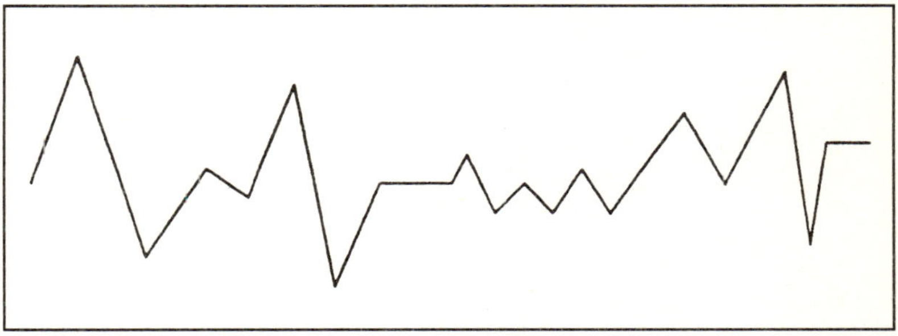

Bitte zusammen mit dem Fragebogen zur EQ Map einsenden.
Streng vertraulich. Geben Sie hier Ihren Namen bitte nicht an.

Teil 1: Persönlicher Hintergrund

Fragen zu Ihrem persönlichen Hintergrund und Ihrer aktuellen Lebenssituation.

1. Geschlecht: ○ Männlich ○ Weiblich
2. Alter ☐☐
3. Bildungsstand:
   ○ Hauptschulabschluß
   ○ Realschulabschluß
   ○ Abitur
   ○ Fachhochschule
   ○ Universität
   ○ Akademische(r) Grad(e): Diplom, Magister etc.
   ○ Akademische(r) Titel: Doktor, Professor etc.
4. Familienstand zur Zeit:
   ○ Verheiratet
   ○ In häuslicher Gemeinschaft mit einem Partner lebend
   ○ Nie verheiratet gewesen
   ○ Geschieden
   ○ Getrennt lebend
   ○ Verwitwet
5. Im Haushalt lebende Kinder:
   ○0 ○1 ○2 ○3 ○4 ○5 ○ 6 ○7 oder mehr
6. Wie viele Familienangehörige leben mit Ihnen im selben Haushalt?
   ○0 ○1 ○2 ○3 oder mehr

Teil 2: Beruflicher Hintergrund

Fragen zu Ihrem Arbeitsplatz.

7. Jahreseinkommen in DM (bitte in US-Dollar umrechnen, falls Sie den Fragebogen einschicken!)
   ○ unter 15 000 ○ 61 000-75 000
   ○ 15 000-45 000 ○ 76 000-120 000
   ○ 46 000-60 000 ○ 121 000 oder mehr
8. Berufsbezeichnung:
   ☐

9. Auf welcher Führungsebene sind Sie tätig?
   ○ nicht im Management tätig
   ○ Anfangsstellung im Management
   ○ Mittleres Management
   ○ Oberes Management
   ○ Unternehmer
   ○ Experte
10. Tragen Sie Personalverantwortung?
   ○ Ja ○ Nein
   10a. Falls ja, wie viele Personen führen Sie? ☐☐
11. Seit wie vielen Jahren arbeiten Sie bei Ihrem jetzigen Arbeitgeber? ☐☐
12. Seit wie vielen Jahren arbeiten Sie in Ihrem Beruf? ☐☐
13. Wie viele Stunden pro Woche arbeiten Sie in der Regel?
   ○ Weniger als 25 Stunden
   ○ 26-35 Stunden
   ○ 36-40 Stunden
   ○ 41-50 Stunden
   ○ 51-59 Stunden
   ○ 60 Stunden oder mehr

Fragen zur Sicherheit am Arbeitsplatz. Ihre Antworten werden streng vertraulich behandelt.

14a. Haben Sie sich an Ihrem Arbeitsplatz schon einmal verletzt?
   ○ Ja ○ Nein
14b. Falls ja, hat sich dies in den letzten zwölf Monaten zugetragen?
   ○ Ja ○ Nein
14c. Falls ja, um was für eine Verletzung handelte es sich dabei? Bitte erläutern.
   ☐
14d. Waren Sie aufgrund dieser Verletzung zeitweise oder länger arbeitsunfähig?
   ○ Ja ○ Nein

15. Haben Sie sich an Ihrem Arbeitsplatz schon einmal gefährdet gefühlt?
○ Ja ○ Nein
16. Haben Sie schon einmal einen Antrag auf Leistungen aus Ihrer beruflichen Unfallversicherung gestellt?
○ Ja ○ Nein
16b. Falls ja: Geschah das in den letzten zwölf Monaten?
○ Ja ○ Nein
16c. Falls ja: Geschah das bei Ihrem jetzigen Arbeitgeber?
○ Ja ○ Nein

Teil 3: Gesundheit

Beantworten Sie die Fragen zu Ihrer Gesundheit bitte so genau wie möglich.

17. Wie geht es Ihnen Ihrer Meinung nach zur Zeit gesundheitlich?
○ Ausgezeichnet ○ Gut
○ Mittelmäßig ○ Nicht gut
18. Falls Sie »Mittelmäßig« oder »Nicht gut« angekreuzt haben, bitte erläutern:
19. Wie viele Probleme haben Sie zur Zeit in Ihrem Leben?
○ Sehr viele ○ Einige
○ Nicht viele ○ Keine
20. Was ist Ihrer Meinung nach zur Zeit die Hauptursache Ihrer Probleme? (Bitte genau angeben)
21. Wie oft haben Sie in den letzten zwölf Monaten eine Vorsorgeuntersuchung bei einem Arzt durchführen lassen?
○ 1mal ○ 2mal ○ 3-5mal
○ 6mal oder öfter
22. Wie oft sind Sie oder ein Mitglied Ihrer Familie in den letzten zwölf Monaten in der Notfallaufnahme eines Krankenhauses behandelt worden?
○ 0 ○ 1 ○ 2-3 ○ 4-6 ○ 7-9
○ 10 oder öfter
23. Wie oft sind Sie in den letzten zwölf Monaten wegen einer Krankheit bei einem Arzt gewesen?
○ keinmal ○ 1mal ○ 2mal
○ 3-5mal ○ 6mal oder öfter
24. Wie viele Tage konnten Sie in den letzten zwölf Monaten nicht arbeiten wegen
a) durch Arbeitsunfall bedingter Verletzungen?
○ 1 ○ 1-2 ○ 3-5 ○ 6-10
○ 11 oder mehr
b) nicht durch Arbeitsunfall bedingter Verletzungen?
○ 1 ○ 1-2 ○ 3-5 ○ 6-10
○ 11 oder mehr
c) Krankheit?
○ 1 ○ 1-2 ○ 3-5 ○ 6-10
○ 11 oder mehr
d) anderen Gründen?
○ 1 ○ 1-2 ○ 3-5 ○ 6-10
○ 11 oder mehr
25. Hat Ihnen schon einmal ein Arzt oder eine andere medizinische Fachkraft gesagt, daß Sie Hypertonie haben (hoher Blutdruck)?
○ Ja ○ Nein ○ an der Grenze
○ Nur während der Schwangerschaft
○ Ich weiß nicht
26. Meine Blutdruckwerte sind:
○ niedrig (weniger als 99/60)
○ in Ordnung (100/60 bis 150/90)
○ hoch (150/90 und höher)
○ Ich kenne meine Blutdruckwerte nicht
27. Mein Cholesterinwert ist:
○ in Ordnung (weniger als 200 mgdL)
○ an der Grenze zu hoch (201-239 mgdL)
○ hoch (240+ mgdL)

- ○ Ich kenne meinen Cholesterinwert nicht

28. Haben Sie schon einmal längere Zeit regelmäßig geraucht?
○ Ja ○ Nein
28a. Falls Sie heute rauchen: wie viele Zigaretten pro Tag? ☐☐

29. Seit wie vielen Jahren rauchen Sie bzw. wie viele Jahre haben Sie geraucht? ☐☐

30. Wie oft trinken Sie Alkohol (Wein, Bier, Spirituosen)?
(Bitte nur EINE Antwort ankreuzen)
○ Einmal oder öfter pro Tag
○ Beinahe jeden Tag
○ Drei- oder viermal pro Woche
○ Ein- oder zweimal pro Woche
○ Zwei- oder dreimal pro Woche
○ Ungefähr einmal pro Monat
○ Selten oder nie

31. Wenn Sie Alkohol trinken, wie viele Gläser trinken Sie dann bei einer Gelegenheit? ☐☐

32. Haben Sie jemals regelmäßig mindestens einmal pro Woche fünf oder mehr Gläser auf einmal getrunken?
○ Ja ○ Nein

33. Wie oft verschaffen Sie sich mindestens 30 Minuten körperliche Bewegung? (Nur EINE Antwort)
○ Jeden Tag
○ Drei- oder viermal pro Woche
○ Ein- oder zweimal pro Woche
○ Zwei- oder dreimal pro Monat
○ Selten oder nie

Beurteilung Ihrer persönlichen Fähigkeiten

Bei einigen der folgenden Fragen geht es um Fähigkeiten, die Sie bei Ihrer Arbeit benötigen, bei anderen um Fähigkeiten, die eher mit Ihrem Privatleben zu tun haben. *Bitte schätzen Sie ehrlich ein, inwieweit Sie in der Lage sind, zufriedenstellende Ergebnisse in diesen Bereichen zu erzielen.* Obwohl eine Selbstbeurteilung manchmal schwierig ist, sollten Sie trotzdem versuchen, eine allgemeine Beurteilung Ihrer Fähigkeiten in den angegebenen Bereichen abzugeben.

Wie gut können Sie langfristige Ziele erreichen?	Sehr gut	Gut	Nicht so gut	Überhaupt nicht
Wie gut können Sie Beziehungen entwickeln und bestehende Beziehungen zu Mitarbeitern an Ihrem Arbeitsplatz aufrechterhalten?	Sehr gut	Gut	Nicht so gut	Überhaupt nicht
Wie gut können Sie in Ihrem Privatleben Freundschaften entwickeln und aufrechterhalten?	Sehr gut	Gut	Nicht so gut	Überhaupt nicht
Wie gut können Sie Ihrer Meinung nach enge Beziehungen zu anderen Menschen aufrechterhalten? .	Sehr gut	Gut	Nicht so gut	Überhaupt nicht
Wie gut können Sie mit anderen Menschen interagieren, und zwar unabhängig davon, ob Sie sie gut kennen oder nicht?	Sehr gut	Gut	Nicht so gut	Überhaupt nicht
Wie gut ist der tägliche »Kontakt« zu Ihren Gefühlen und Empfindungen?	Sehr gut	Gut	Nicht so gut	Nicht vorhanden
Wie gut können Sie Ihrer Meinung nach bei den täglichen Interaktionen mit anderen Menschen spüren, was diese empfinden?	Sehr gut	Gut	Nicht so gut	Überhaupt nicht
Wenn Sie in einer bestimmten Situation mit einem aufgebrachten oder wütenden Kollegen oder Kunden konfrontiert werden, wie gut können Sie die Situation beruhigen und lösen?	Sehr gut	Gut	Nicht so gut	Überhaupt nicht
Wie gut können Sie sich auf eine Aufgabe konzentrieren, wenn Sie von etwas abgelenkt werden oder sich eigentlich nicht damit beschäftigen wollen?	Sehr gut	Gut	Nicht so gut	Überhaupt nicht
Wie würden Sie Ihre Fähigkeiten, Ihr Selbstvertrauen und Ihr Durchhaltevermögen beurteilen, wenn es darum ginge, eine Firma aufzubauen?	Sehr gut	Gut	Mittelmäßig	Schlecht

Wie würden Sie Ihre kreativen Fähigkeiten einschätzen?

Bei der Arbeit:	Sehr gut	Gut	Mittelmäßig	Schlecht
Im Privatleben:	Sehr gut	Gut	Mittelmäßig	Schlecht

EQ Map
Fragebogen

So stellen Sie fest, wie es um Ihre emotionale Intelligenz steht

Standardisierte Test-Version III.5

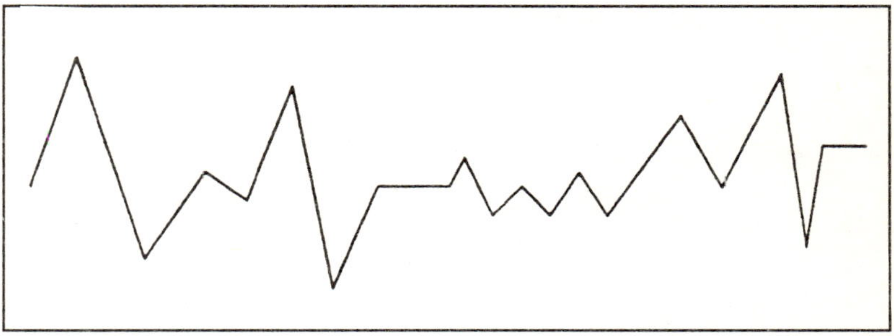

Integrierte EQ-Beurteilung & individuelles Profil

Bitte zusammen mit den Angaben zum Persönlichen Hintergrund zur EQ Map zurücksenden.

Streng vertraulich. Geben Sie hier Ihren Namen bitte nicht an.

30.01.97
Prototyp III.5

Emotionale Intelligenz

Emotionale Intelligenz ist die Fähigkeit, die Kraft und den Scharfsinn von Gefühlen als Quelle von menschlicher Energie, Information und Einfluß zu erkennen, zu verstehen und effektiv einzusetzen. Menschliche Emotionen sind die Domäne von Gefühlen, Instinkten und emotionalen Empfindungen. Wenn Sie Ihrer emotionalen Intelligenz vertrauen und sie respektieren, kann sie Ihnen dabei helfen, ein tieferes Verständnis von sich selbst und anderen zu gewinnen.

Die EQ Map

Zu dem vor Ihnen liegenden Fragebogen wurden eingehende Untersuchungen durchgeführt. Er ist statistisch zuverlässig und wurde mit Hilfe von Angestellten in den Vereinigten Staaten und Kanada getestet.

Die EQ Map soll Ihnen bei der Erforschung Ihrer emotionalen Intelligenz helfen, indem Sie Ihre persönlichen Stärken und Schwächen feststellen und so individuelle Erfolgsmuster erkennen.

Die EQ Map zur Selbstauswertung besteht aus zwei Teilen:

Dem **Fragebogen zur EQ Map**, der Ihnen bei der Bewertung der einzelnen EQ-Komponenten und der zugehörigen Fähigkeiten hilft.

Der **Punktetabelle zur EQ Map**, in der Sie Ihre persönliche Leistungsfähigkeit eintragen und so eine individuelle Momentaufnahme Ihrer Stärken und Schwächen im Bereich der emotionalen Intelligenz schaffen.

So füllen Sie den Fragebogen zur EQ Map aus

Nehmen Sie sich mindestens 30 Minuten Zeit, um den Fragebogen auszufüllen. Beginnen Sie am Anfang. Ermitteln Sie Ihre Wertung, indem Sie in der Spalte, die Ihrer Antwort zu einer Aussage oder Frage am besten entspricht, um die entsprechende Zahl (3, 2, 1, 0) oder den entsprechenden Buchstaben (A, B, C, D) einen Kreis ziehen. (Die Begriffe »Bereich« und »Spalte« beziehen sich auf die Bereiche bzw. Tabellenspalten der Auswertungstabelle.)

Beantworten Sie die Fragen in der richtigen Reihenfolge. Denken Sie nicht zu lange nach, und seien Sie so ehrlich wie möglich mit sich. Die EQ Map wird streng vertraulich behandelt, wenn Sie den Fragebogen an uns einsenden. Niemand wird Ihre Antworten mit Ihrem Namen in Verbindung bringen können. (Zur Identifizierung erstellen Sie einen eindeutigen Code, geben Sie also bitte nicht Ihren Namen an.)

So ermitteln Sie Ihre Wertung

Addieren Sie für jede senkrechte Spalte die Zahlen, um die Sie einen Kreis gezogen haben. Schreiben Sie das Ergebnis an die dafür vorgesehene Stelle unter der entsprechenden Spalte.

Addieren Sie die Summen unter den senkrechten Spalten, um die Wertung für diese Tabellenspalte zu erhalten. Schreiben Sie das Ergebnis in das dafür vorgesehene Kästchen. Diesen Wert übertragen Sie dann später in die Punktetabelle zur EQ Map.

Beispiel

	Sehr	ein bißchen	kaum	gar nicht	
....	③	②	1	⓪	
....	⓪	1	2	3	
....	0	1	2	③	
....	3	2	①	⓪	
	3	**2**	**0**	**3**	**= 8**

Erfahrungen in Kindheit und Jugend

Der Haushalt, in dem wir aufwachsen, bildet die Grundlage für viele unserer EQ-Erfahrungen. Bei diesen Fragen geht es um Ihre Erziehung und einige der Einflüsse, die Ihre frühe Kindheit geprägt haben könnten.

> Anmerkung: Die von uns verwendeten Begriffe »Mutter«/»Vater«/»Elternteil« beziehen sich auf den erwachsenen Erziehungsberechtigten in dem Haushalt, in dem Sie aufgewachsen sind. »Familie« bezieht sich auf die Personen, die dem Haushalt außer Ihnen angehörten.

Familiärer Hintergrund

Welche der folgenden Aussagen beschreibt den Haushalt, in dem Sie aufgewachsen sind? Kreuzen Sie alle zutreffenden Aussagen an.

☐ Meine biologischen Eltern waren miteinander verheiratet und lebten zusammen

☐ Nur ein Teil meiner biologischen Eltern lebte im Haushalt

☐ Kein Teil meiner biologischen Eltern lebte im Haushalt
☐ Meine Großeltern oder (ein) andere(r) Erziehungsberechtigte(r) stand(en) dem Haushalt vor
☐ Ein oder beide Elternteile waren Stiefeltern
☐ Ich habe bei einer Familie gelebt, die mich adoptiert hat

Wie viele Kinder gab es in Ihrer Familie? ___________
Sind Sie ein Einzelkind? Wenn Sie Geschwister hatten: Waren diese älter oder jünger als Sie (mögliche Antworten z. B. Einzelkind, Erstgeborener, Zweitgeborener etc.)? ___________

Erziehung

Wie gut treffen die folgenden Aussagen auf Ihre Erziehung zu?

	Sehr gut	In etwa	Ein wenig	Überhaupt nicht/ Trifft nicht auf mich zu
Ich habe sehr viel Zuneigung bekommen von:				
Mutter	A	B	C	D
Vater	A	B	C	D
Meine Ideen oder Leistungen wurden kritisiert von:				
Mutter	A	B	C	D
Vater	A	B	C	D
Folgende Familienangehörige litten unter Alkoholproblem/Geisteskrankheit/Körperbehinderung oder schwerer körperlicher Krankheit:				
Mutter	A	B	C	D
Vater	A	B	C	D
Ich bin als Teenager immer in Schwierigkeiten geraten	A	B	C	D
Ich bekam mit zunehmendem Alter immer mehr Verantwortung	A	B	C	D
Ich wurde gelobt, wenn ich es verdient hatte	A	B	C	D
Ich bin körperlich, sexuell oder emotionell mißbraucht worden	A	B	C	D

Erfahrungen in Kindheit und Jugend

Angelernte Ausdrucksfähigkeit
Geben Sie an, wie oft in Ihrer Kindheit und Jugend in Ihrer Familie die folgenden Situationen aufgetreten sind:

	Sehr oft	Oft	Manch- mal	Überhaupt nicht/ Nicht zutreffend
Lob, wenn ein Familienmitglied etwas gut gemacht hat	A	B	C	D
Entschuldigung an ein Familienmitglied, wenn ein Fehler gemacht wurde	A	B	C	D
Ausdruck von Liebe und Zuneigung gegenüber einem anderen	A	B	C	D
Küssen oder Umarmen eines Familienmitglieds bei der Begrüßung	A	B	C	D
Ausdruck von Traurigkeit gegenüber einem Familienmitglied	A	B	C	D
Vorwürfe gegenüber einem Familienmitglied, wenn etwas falsch lief	A	B	C	D
Trösten eines traurigen Familienmitglieds	A	B	C	D
Kritik an einem Familienmitglied	A	B	C	D
Drohungen gegenüber einem Familienmitglied	A	B	C	D
Angebot von Hilfe an ein Familienmitglied	A	B	C	D
Herabsetzung oder Demütigung durch ein Familienmitglied in der Öffentlichkeit	A	B	C	D
Weinen nach unfreundlichen Worten eines Familienmitglieds	A	B	C	D

Danke für Ihre Antworten. Im nächsten Abschnitt geht es um Ihr momentanes Berufs- und Privatleben. Bitte fahren Sie fort …

Bereich I
Momentanes Umfeld:
Ereignisse, Druck & Befriedigung

Spalte 1: Lebensereignisse
Denken Sie an das letzte Jahr zurück. Geben Sie bitte für jedes der unten aufgeführten Ereignisse aus dem Berufs- und Privatleben an, wie viele Probleme es Ihnen bereitet hat.

Beruf	Viele	Einige	Wenige	Keine/ Nicht zutreffend
Entlassung, Kündigung oder Pensionierung	3	2	1	0
Neue Stelle oder neuer Arbeitgeber	3	2	1	0
Neuer Arbeitsplatz	3	2	1	0
Personalabbau oder Umstrukturierung in meiner Firma	3	2	1	0
Eine andere Veränderung an Ihrem Arbeitsplatz, die hier nicht angegeben ist und Probleme verursacht hat	3	2	1	0
Privatleben				
Finanzielle Verluste oder geringeres Einkommen	3	2	1	0
Tod eines nahestehenden Freundes oder Familienangehörigen	3	2	1	0
Umzug oder Versetzung durch den Arbeitgeber	3	2	1	0
Trennung oder Scheidung vom Partner	3	2	1	0
Ihre Ehe	3	2	1	0
Kauf eines neuen Hauses	3	2	1	0
Opfer eines Verbrechens	3	2	1	0
Geburt eines Kindes, Adoption, Stiefkind(er) oder andere Person(en), die zu Ihrem Haushalt hinzugekommen sind	3	2	1	0
Rechtsstreitigkeiten oder ähnliches	3	2	1	0
Schwere eigene Krankheit oder Verletzung	3	2	1	0
Schwere Krankheit oder Verletzung eines nahestehenden Freundes oder Familienangehörigen	3	2	1	0
Eine andere Veränderung in Ihrem Privatleben, die hier nicht angegeben ist und Probleme verursacht hat	3	2	1	0

Spalte 1

____ + ____ + ____ + ____ = ☐

Zählen Sie hier bitte Ihre Punkte bei Beruf und Privatleben zusammen. Das Ergebnis tragen Sie dann in die entsprechende Tabellenspalte Ihrer EQ Map ein. Bitte verfahren Sie bei den folgenden Spalten genauso.

Spalte 2: Druck und Befriedigung am Arbeitsplatz

Befriedigung am Arbeitsplatz

Denken Sie an den letzten Monat zurück. Geben Sie bitte für jede der unten aufgeführten Aussagen an, inwieweit sie auf Sie zutrifft.

	Genau zutreffend	Zutreffend	Teilweise zutreffend	Nicht zutreffend
Meine Arbeit gefällt mir	3	2	1	0
Ich finde meinen Vorgesetzten sympathisch und vertraue ihm	3	2	1	0
Ich würde lieber mehr Geld verdienen und dafür eine Stelle annehmen, die weniger interessant ist	3	2	1	0
Ich glaube an das, wofür mein Arbeitgeber steht	3	2	1	0
Ich arbeite in einem angenehmen Umfeld, das nicht gesundheitsgefährdend ist	3	2	1	0
Ich erhalte ein angemessenes Gehalt für meine Arbeit	3	2	1	0
Ich fühle mich von meinen Kollegen und Vorgesetzten am Arbeitsplatz geschätzt und anerkannt	3	2	1	0
Ich erhalte ein Feedback darüber, wie gut die von mir geleistete Arbeit ist	3	2	1	0
Ich setze meine Kenntnisse und Fähigkeiten bei meiner Arbeit ein	3	2	1	0
Ich nehme bei der Arbeit an Entscheidungen teil, die direkte Auswirkungen für mich haben	3	2	1	0
Ich werde von den Menschen in meiner sozialen Gemeinschaft wegen meiner beruflichen Tätigkeit respektiert	3	2	1	0
Angesichts meines Beitrages fühle ich mich von meiner Firma benachteiligt	3	2	1	0
Die Mittel sind beschränkt, ich muß darum kämpfen, etwas zu bekommen	3	2	1	0

Druck am Arbeitsplatz

Denken Sie an den letzten Monat zurück. Geben Sie bitte für jeden der unten aufgeführten Streßfaktoren am Arbeitsplatz an, wie viele Probleme Ihnen diese bereitet haben.

	Viele	Einige	Wenige	Keine/ Nicht zutreffend
Sicherheit am Arbeitsplatz	3	2	1	0
Verhältnis zu direktem Vorgesetzten	3	2	1	0
Wechselnde Prioritäten bei der Arbeit	3	2	1	0
Verhältnis zu Kollegen	3	2	1	0
Gelegenheit zu persönlicher Weiterentwicklung	3	2	1	0
Zuviel Arbeit	3	2	1	0
Kontrolle über die Arbeitsmenge	3	2	1	0
Mangelnde Flexibilität am Arbeitsplatz, um auf familiäre und/oder persönliche Notfälle reagieren zu können	3	2	1	0
Bevorzugung oder ungerechte Einstellungs- und/oder Beförderungspolitik in der Firma	3	2	1	0
Ständige Überwachung der Arbeitsleistung durch das Management	3	2	1	0
Langweilige oder uninteressante Arbeit	3	2	1	0
Besondere Anerkennung der Leistungen	3	2	1	0
Druck aufgrund knapper Termine	3	2	1	0
Keine Identifikation mehr mit der Arbeit	3	2	1	0
Das Gefühl, von Vorschriften erstickt zu werden und nichts fertigmachen zu können	3	2	1	0
Flexible Arbeitsstunden	3	2	1	0
Die Fahrt zum Arbeitsplatz und nach Hause	3	2	1	0

Spalte 2

____ + ____ + ____ + ____ = ☐

Spalte 3: Druck und Befriedigung im Privatleben

Druck im Privatleben

Denken Sie an den letzten Monat zurück. Geben Sie bitte für jeden der unten aufgeführten Streßfaktoren im Privatleben an, wie viele Probleme Ihnen diese bereitet haben.

	Viele	Einige	Wenige	Keine/ Nicht zutreffend
Finanzielle Schwierigkeiten	3	2	1	0
Zunehmende Fürsorgepflicht für einen älteren/ behinderten Verwandten	3	2	1	0
Streit mit Partner oder Ehepartner	3	2	1	0
Erziehung eines Kindes	3	2	1	0
Trennung vom Ehepartner	3	2	1	0
Schlechter werdende gesundheitliche Verfassung	3	2	1	0
Schwierigkeiten, qualifizierte Kinderbetreuung zu finden, oder Probleme mit der momentanen Kinderbetreuung	3	2	1	0
Nicht genug Zeit haben für die Menschen, die mir nahestehen	3	2	1	0
Gefährliche oder unsichere Wohngegend	3	2	1	0
Verhältnis zu einem engen Verwandten (Elternteil, Bruder, Schwester, Schwager, Schwägerin)	3	2	1	0
Sexuelle Schwierigkeiten oder Frustration	3	2	1	0
Konflikt zwischen Arbeit und Familie	3	2	1	0
Einsamkeit oder mangelnde Vertrautheit	3	2	1	0
Nicht erfüllter Kinderwunsch	3	2	1	0

Befriedigung im Privatleben

Denken Sie an den letzten Monat zurück. Geben Sie bitte für jede unten aufgeführte Aussage an, inwieweit diese auf Sie zutrifft.

	Genau zutreffend	Zutreffend	Teilweise zutreffend	Nicht zutreffend
Die Menschen in meiner Umgebung nehmen sich Zeit für mich, wenn ich sie brauche	3	2	1	0
Die mir am nächsten stehenden Menschen erkennen, wenn ich mich aufrege, und helfen mir dann	3	2	1	0
Ich fühle mich von den Menschen, die mir am nächsten stehen, geliebt und akzeptiert	3	2	1	0
Mir nahestehende Menschen unterstützen mich dabei, Neues zu beginnen und mein Leben zu ändern	3	2	1	0
Ich erlebe die Zeit, die ich mit meinen Freunden/meiner Familie verbringe, sehr intensiv	3	2	1	0
Ich kann meinen Freunden/meiner Familie das geben, was ich ihnen geben will	3	2	1	0
Ich kann Familie und Freunde um Hilfe bitten, wenn ich sie brauche	3	2	1	0
Ich weiß, daß andere für mich da sind	3	2	1	0

Spalte 3

___ + ___ + ___ + ___ = ☐

Bereich II
Emotionale Bildung

Spalte 4: Emotionales Selbstbewußtsein
Geben Sie bitte für jede der unten aufgeführten Aussagen an, wie gut sie die Art beschreibt, in der Sie **zur Zeit** über sich denken.

	Beschreibt mich: Sehr gut	Einigermaßen	Ein wenig	Überhaupt nicht
Ich kann meine Gefühle benennen	3	2	1	0
Ich habe viel über mich gelernt, indem ich auf meine Gefühle geachtet habe	3	2	1	0
Ich bin mir meiner Gefühle die meiste Zeit über bewußt	3	2	1	0
Ich weiß, wann ich wütend werde	3	2	1	0
Wenn ich traurig bin, kenne ich auch den Grund/die Gründe dafür	3	2	1	0
Ich beurteile mich in der Regel so, wie andere mich meiner Meinung nach sehen	3	2	1	0
Ich genieße mein emotionales Leben	3	2	1	0
Menschen, die stark gefühlsbetont reagieren, machen mir angst	3	2	1	0
Ich wünsche mir oft, jemand anders zu sein	3	2	1	0
Ich höre oft in meinem Körper hinein, um meine Gefühle zu verstehen	3	2	1	0
Ich akzeptiere meine Gefühle	3	2	1	0

Spalte 4

___ + ___ + ___ + ___ = ☐

Spalte 5: Emotionale Ausdrucksfähigkeit

Geben Sie bitte für jede der unten aufgeführten Aussagen an, wie gut sie die Art beschreibt, in der Sie **zur Zeit** über sich denken.

	Beschreibt mich: Sehr gut	Einigermaßen	Ein wenig	Überhaupt nicht
Ich sage es anderen Menschen, wenn diese etwas gut gemacht haben	3	2	1	0
Ich drücke meine Gefühle aus, selbst wenn sie »negativ« sind	3	2	1	0
Ich sage anderen Menschen, was ich will und brauche	3	2	1	0
Meine engsten Freunde würden sagen, daß ich ihnen gegenüber zum Ausdruck bringe, wie sehr ich sie mag	3	2	1	0
Ich behalte meine Gefühle für mich	3	2	1	0
Ich sage es anderen Menschen, wenn »negative« Gefühle unsere Arbeit beeinflussen	3	2	1	0
Ich habe Schwierigkeiten damit, anderen Menschen zu sagen, daß ich Hilfe brauche	3	2	1	0
Bei Interaktionen mit anderen Menschen kann ich spüren, was diese empfinden	3	2	1	0
Ich würde alles tun, um in den Augen von Kollegen nicht dumm dazustehen	3	2	1	0

Spalte 5

____ + ____ + ____ + ____ = ☐

Spalte 6: Emotionales Bewußtsein gegenüber anderen

Geben Sie bitte für jede der unten aufgeführten Aussagen an, wie gut sie die Art beschreibt, wie Sie **zur Zeit** über sich denken.

	Beschreibt mich: Sehr gut	Einigermaßen	Ein wenig	Überhaupt nicht
Ich kann die Gefühle anderer Menschen erkennen, wenn ich ihnen in die Augen sehe	3	2	1	0
Ich habe Schwierigkeiten damit, mit Menschen zu sprechen, deren Ansichten sich von den meinen unterscheiden	3	2	1	0
Ich konzentriere mich auf die positiven Eigenschaften von anderen Menschen	3	2	1	0
Ich empfinde nur selten das Bedürfnis, jemanden für etwas zu tadeln	3	2	1	0
Ich denke darüber nach, wie andere sich fühlen könnten, bevor ich meine Meinung sage	3	2	1	0
Ich bin immer ein guter Zuhörer, egal mit wem ich spreche	3	2	1	0
Ich kann die Stimmung in einer Gruppe spüren, wenn ich den Raum betrete	3	2	1	0
Menschen, die ich gerade erst kennengelernt habe, erzählen mir bereitwillig etwas über sich selbst	3	2	1	0
Ich kann gut zwischen den Zeilen lesen, wenn jemand etwas sagt	3	2	1	0
Ich weiß in der Regel, was andere von mir halten	3	2	1	0
Ich kann die Gefühle eines anderen Menschen spüren, selbst wenn er nichts darüber sagt.........	3	2	1	0
Je nachdem, mit wem ich zusammen bin, ändere ich meine emotionale Ausdrucksweise...	3	2	1	0
Ich weiß es, wenn ein mir nahestehender Mensch Probleme hat...	3	2	1	0

Spalte 6

—— + —— + —— + —— = ☐

Bereich III
Fähigkeiten der emotionalen Intelligenz

Spalte 7: Zielstrebigkeit

Denken Sie an den letzten Monat zurück. Geben Sie bitte für jede der unten aufgeführten Aussagen an, wie gut sie Ihr Verhalten oder Ihre Pläne beschreibt.

	Beschreibt mich: Sehr gut	Einigermaßen	Ein wenig	Überhaupt nicht
Wenn ich mich konzentrieren muß, lasse ich mich durch nichts ablenken	3	2	1	0
Das, was ich anfange, bringe ich meistens auch zu Ende	3	2	1	0
Wenn es sein muß, kann ich auch nein sagen	3	2	1	0
Wenn ich ein bestimmtes Ziel erreicht habe, belohne ich mich selbst	3	2	1	0
Wenn es um langfristige Ziele geht, kann ich kurzfristige Belohnungen zurückstellen	3	2	1	0
Wenn es sein muß, kann ich mich voll und ganz auf eine Aufgabe konzentrieren	3	2	1	0
Manchmal tue ich etwas, was ich später bereue.	3	2	1	0
Ich übernehme die Verantwortung für meine Gefühle	3	2	1	0
Wenn ich mit einem Problem konfrontiert werde, gehe ich es am liebsten sofort an	3	2	1	0
Ich denke darüber nach, was ich will, bevor ich handle	3	2	1	0
Ich kann persönliche Befriedigung zurückstellen, wenn es um ein größeres Ziel geht	3	2	1	0
Wenn ich einmal schlecht gelaunt bin, kann ich mich schnell wieder aus dieser Stimmung herausholen	3	2	1	0
Ich werde wütend, wenn ich kritisiert werde	3	2	1	0
Ich weiß nicht, warum ich mich in bestimmten Situationen immer aufrege	3	2	1	0

Spalte 7

____ + ____ + ____ + ____ = ☐

Spalte 8: Kreativität

Denken Sie an den letzten Monat zurück. Geben Sie bitte für jede der unten aufgeführten Aussagen an, wie gut diese Ihr Verhalten oder Ihre Pläne beschreibt.

	Beschreibt mich: Sehr gut	Einigermaßen	Ein wenig	Überhaupt nicht
Ich habe innovative Vorschläge für meine Firma gemacht	3	2	1	0
Ich beteilige mich am Austausch von Informationen und Ideen	3	2	1	0
Ich male mir die Zukunft aus, um mir besser vorstellen zu können, in welche Richtung ich gehe	3	2	1	0
Die besten Ideen fallen mir immer dann ein, wenn ich eigentlich gar nicht darüber nachdenke	3	2	1	0
Ich hatte schon brillante Ideen, die mir ganz plötzlich eingefallen sind und einfach da waren	3	2	1	0
Ich habe ein gutes Gespür dafür, ob eine neue Idee ein Erfolg oder ein Mißerfolg werden wird	3	2	1	0
Neue und ungewöhnliche Konzepte faszinieren mich	3	2	1	0
Ich habe in meiner Firma innovative Ideen eingeführt	3	2	1	0
Ich begeistere mich für neue Ideen oder Lösungen	3	2	1	0
Ich bin gut im Brainstorming bezüglich eines Problems und finde dabei Alternativmöglichkeiten	3	2	1	0

Spalte 8

___ + ___ + ___ + ___ = ☐

Spalte 9: Widerstandsfähigkeit

Denken Sie an den letzten Monat zurück. Geben Sie bitte für jede der unten aufgeführten Aussagen an, wie gut sie Ihr Verhalten oder Ihre Pläne beschreibt.

	Beschreibt mich: Sehr gut	Einigermaßen	Ein wenig	Überhaupt nicht
Von Enttäuschungen erhole ich mich schnell	3	2	1	0
Wenn ich mich auf etwas konzentriere, gelingt es mir auch........	3	2	1	0
Hindernisse oder Probleme in meinem Leben hatten eine unerwartete Wendung zum Guten ..	3	2	1	0
Wenn es sein muß, fällt es mir leicht, geduldig zu warten	3	2	1	0
Es gibt immer mehr als eine richtige Antwort....	3	2	1	0
Ich weiß, wie ich alle Teile meines Ichs befriedigen kann	3	2	1	0
Ich schiebe Dinge nicht gern vor mir her	3	2	1	0
Wenn mir etwas nicht gelungen ist, habe ich Angst davor, es noch einmal zu versuchen	3	2	1	0
Ich bin der Meinung, daß bestimmte Probleme es nicht wert sind, daß man sich darüber Gedanken macht	3	2	1	0
Ich entspanne mich, wenn der Druck zunimmt.	3	2	1	0
Ich kann das Komische an einer Situation erkennen	3	2	1	0
Ich lege die Sache, an der ich gerade arbeite, oft für eine Weile beiseite, um eine andere Perspektive zu bekommen........	3	2	1	0
Wenn ich mit einem Problem konfrontiert werde, konzentriere ich mich darauf, was ich tun kann, um es zu lösen	3	2	1	0

Spalte 9

____ + ____ + ____ + ____ = ☐

Spalte 10: Soziale Verbundenheit

Denken Sie an den letzten Monat zurück. Geben Sie bitte für jede der unten aufgeführten Aussagen an, wie gut sie Ihr Verhalten oder Ihre Pläne beschreibt.

	Beschreibt mich: Sehr gut	Einigermaßen	Ein wenig	Überhaupt nicht
Ich kann trauern, wenn ich etwas verliere, das mir viel bedeutet	3	2	1	0
Es ist mir unangenehm, wenn mir jemand emotional gesehen zu nahe kommt	3	2	1	0
Ich habe einige Freunde, auf die ich mich bei Problemen verlassen habe	3	2	1	0
Ich bringe meinen Freunden und meiner Familie gegenüber viel Liebe und Zuneigung zum Ausdruck	3	2	1	0
Wenn ich ein Problem habe, weiß ich, zu wem ich gehen oder was ich tun muß, um es zu lösen	3	2	1	0
Mein Verhalten wird durch meine moralischen Werte und Anschauungen bestimmt	3	2	1	0
Meine Familie ist immer für mich da, wenn ich sie brauche	3	2	1	0
Ich glaube nicht, daß sich meine Kollegen etwas aus mir machen	3	2	1	0
Ich schließe nur schwer Freundschaften	3	2	1	0
Ich weine selten	3	2	1	0

Spalte 10

____ + ____ + ____ + ____ = ☐

Spalte 11: Konstruktive Unzufriedenheit

Denken Sie an den letzten Monat zurück. Geben Sie bitte für jede der unten aufgeführten Aussagen an, wie gut diese Ihr Verhalten oder Ihre Pläne beschreibt.

	Beschreibt mich: Sehr gut	Einigermaßen	Ein wenig	Überhaupt nicht
Ich kann konstruktiv anderer Meinung sein, wenn ich Änderungen durchsetzen will	3	2	1	0
Ich würde meine Gefühle nicht ausdrücken, wenn ich dadurch zu Uneinigkeit beitragen würde	3	2	1	0
Wenn es wirklich darauf ankommt, kann ich mich nur auf mich selbst verlassen, um etwas zu erledigen	3	2	1	0
Ich bleibe selbst in Situationen ruhig, in denen andere wütend werden	3	2	1	0
Wenn es sich vermeiden läßt, sollte man Probleme besser nicht ansprechen	3	2	1	0
Es ist schwierig, in meinem Team eine gemeinsame Meinung zu erreichen	3	2	1	0
Ich fordere meine Kollegen auf, mir ihre Meinung zu meiner Leistung am Arbeitsplatz zu sagen	3	2	1	0
Ich bin gut darin, Gruppen zu organisieren und zu motivieren	3	2	1	0
Ich genieße die Herausforderung, bei meiner Arbeit mit Problemen konfrontiert zu werden und diese zu lösen	3	2	1	0
Ich höre mir Kritik unvoreingenommen an und akzeptiere sie, wenn sie berechtigt ist	3	2	1	0
Ich warte so lange, bis die Krise unmittelbar bevorsteht, bevor ich darüber rede	3	2	1	0
Wenn ich eine kritische Bemerkung mache, konzentriere ich mich auf das Verhalten und nicht auf den Menschen	3	2	1	0
Ich gehe Konfrontationen aus dem Weg	3	2	1	0

Spalte 11

___ + ___ + ___ + ___ = ☐

Bereich IV
Werte und Anschauungen der emotionalen Intelligenz

Spalte 12: Mitgefühl

Denken Sie an den letzten Monat zurück. Geben Sie bitte für jede der unten aufgeführten Aussagen an, wie gut sie Ihr Verhalten oder Ihre Pläne beschreibt.

	Beschreibt mich: Sehr gut	Einigermaßen	Ein wenig	Überhaupt nicht
Ich sehe es, wenn andere Menschen Kummer haben, selbst wenn sie nicht darüber reden	3	2	1	0
Ich kann die Gefühle anderer Menschen an ihrer Körpersprache erkennen............................	3	2	1	0
Mein Verhalten gegenüber anderen Menschen wird von moralischen Grundsätzen bestimmt ...	3	2	1	0
Ich würde nicht zögern, Unannehmlichkeiten auf mich zu nehmen, um jemandem zu helfen, der in Schwierigkeiten steckt	3	2	1	0
Ich berücksichtige bei meinen Interaktionen mit anderen Menschen deren Gefühle	3	2	1	0
Ich kann mich gut in die Lage eines anderen versetzen	3	2	1	0
Es gibt Menschen, denen ich bis heute nicht verziehen habe	3	2	1	0
Ich verzeihe mir selbst dafür, daß ich nicht perfekt bin	3	2	1	0
Wenn mir etwas gelingt, habe ich oft den Eindruck, daß ich es noch besser hätte machen können	3	2	1	0
Ich helfe anderen, um in einer schwierigen Situation nicht das Gesicht zu verlieren	3	2	1	0
Ich mache mir ständig Gedanken wegen meiner Fehler	3	2	1	0
Ich beneide Menschen, die mehr haben als ich	3	2	1	0

Spalte 12

____ + ____ + ____ + ____ = ☐

Spalte 13: Einstellung

Denken Sie an den letzten Monat zurück. Geben Sie bitte für jede der unten aufgeführten Aussagen an, wie gut sie Ihr Verhalten oder Ihre Pläne beschreibt.

	Beschreibt mich:			
	Sehr gut	Einigermaßen	Ein wenig	Überhaupt nicht
Ich betrachte das Leben von seiner heiteren Seite	3	2	1	0
Ich liebe mein Leben	3	2	1	0
Ich weiß, daß ich für schwierige Probleme immer eine Lösung finden kann	3	2	1	0
Ich glaube daran, daß in der Regel alles gut ausgeht	3	2	1	0
Ich bin vom Leben immer enttäuscht worden, weil ich soviel Pech hatte	3	2	1	0
Ich mag mich selbst	3	2	1	0
Ich sehe Herausforderungen als Gelegenheit zum Lernen an	3	2	1	0
Wenn ich unter Druck gesetzt werde, bin ich sicher, daß ich eine Lösung finden werde	3	2	1	0

Spalte 13

____ + ____ + ____ + ____ = ☐

Spalte 14: Intuition

Denken Sie an den letzten Monat zurück. Geben Sie bitte für jede der unten aufgeführten Aussagen an, wie gut sie Ihr Verhalten oder Ihre Pläne beschreibt.

	Beschreibt mich: Sehr gut	Einigermaßen	Ein wenig	Überhaupt nicht
Manchmal kenne ich die richtige Antwort, ohne zu wissen, warum	3	2	1	0
Mit meinen Ahnungen liege ich in der Regel richtig	3	2	1	0
Ich kann mir meine Ziele in der Zukunft gut vorstellen	3	2	1	0
Ich kann das geplante Produkt oder Bild vor mir sehen, bevor es fertig ist	3	2	1	0
Ich glaube an meine Träume, selbst wenn andere sie nicht für möglich halten oder sie nicht verstehen	3	2	1	0
Wenn ich vor einer schwierigen Entscheidung stehe, folge ich meinem Herzen	3	2	1	0
Ich achte darauf, wenn ich bei etwas ein sonderbares Gefühl habe	3	2	1	0
Wenn ich mich einmal entschieden habe, ändere ich meine Meinung nur selten	3	2	1	0
Man sagt, ich sei ein Visionär	3	2	1	0
Wenn jemand anderer Meinung ist als ich, kann ich das nur schwer akzeptieren	3	2	1	0
Ich achte auf mein Gefühl aus dem Bauch, wenn ich eine Entscheidung treffe	3	2	1	0

Spalte 14

___ + ___ + ___ + ___ = ☐

Spalte 15: Vertrauensradius

Denken Sie an den letzten Monat zurück. Geben Sie bitte für jede der unten aufgeführten Aussagen an, wie gut sie Ihr Verhalten oder Ihre Pläne beschreibt.

	Beschreibt mich: Sehr gut	Einigermaßen	Ein wenig	Überhaupt nicht
Wenn ich es zuließe, würden mich alle nur ausnutzen	3	2	1	0
Ich vertraue anderen so lange, bis es einen Grund dafür gibt, es nicht mehr zu tun	3	2	1	0
Ich bin sehr vorsichtig damit, wem ich mein Vertrauen schenke	3	2	1	0
Ich respektiere meine Kollegen	3	2	1	0
Kollegen in einer ähnlichen Position werden besser behandelt als ich (z. B. bezüglich Gehaltserhöhung, Beförderung, Karrierechancen, Erfolg usw.)	3	2	1	0
Die Menschen, mit denen ich verkehre, sind vertrauenswürdig	3	2	1	0
Ich scheine immer nur den kürzeren zu ziehen	3	2	1	0
Im Leben gibt es nur wenig, das gerecht ist	3	2	1	0
Wenn etwas nicht funktioniert, versuche ich, mir einen anderen Plan auszudenken	3	2	1	0
Wenn ich jemanden gerade erst kennengelernt habe, erzähle ich nur wenig Persönliches über mich	3	2	1	0

Spalte 15

____ + ____ + ____ + ____ = ☐

Spalte 16: Persönliche Kraft

Denken Sie an den letzten Monat zurück. Geben Sie bitte für jede der unten aufgeführten Aussagen an, wie gut sie Ihr Verhalten oder Ihre Pläne beschreibt.

	Beschreibt mich: Sehr gut	Einigermaßen	Ein wenig	Überhaupt nicht
Ich kann etwas bewegen	3	2	1	9
Das Schicksal spielt in meinem Leben eine große Rolle	3	2	1	0
Es ist zwecklos, die etablierte Hierarchie in meiner Firma zu bekämpfen	3	2	1	0
Die Umstände kann ich nicht beeinflussen	3	2	1	0
Ich brauche Anerkennung von anderen, damit meine Arbeit lohnenswert wird	3	2	1	0
Es ist leicht, mich zu mögen	3	2	1	0
Ich werde verlegen, wenn mir jemand ein Kompliment macht	3	2	1	0
Ich bekomme immer das, was ich will	3	2	1	0
Ich bin der Ansicht, daß ich mein Leben im Griff habe	3	2	1	0
Wenn ich über mein Leben nachdenke, würde ich vermutlich herausfinden, daß ich im Grunde genommen unglücklich bin	3	2	1	0
Wenn sich etwas ganz plötzlich ändert, bekomme ich Angst und glaube, die Kontrolle verloren zu haben	3	2	1	0
Ich übernehme gern Verantwortung für etwas	3	2	1	0
Ich weiß, was ich will, und verfolge es zielstrebig	3	2	1	0

Spalte 16

___ + ___ + ___ + ___ = ☐

Spalte 17: Integrität

Denken Sie an den letzten Monat zurück. Geben Sie bitte für jede der unten aufgeführten Aussagen an, wie gut sie Ihr Verhalten oder Ihre Pläne beschreibt.

	Beschreibt mich: Sehr gut	Einigermaßen	Ein wenig	Überhaupt nicht
Wenn ich einen Fehler gemacht habe, gebe ich das auch zu	3	2	1	0
Ich fühle mich wie ein Betrüger	3	2	1	0
Wenn ich mich nicht mehr länger für meine Arbeit begeistern könnte, würde ich mir eine andere Stelle suchen	3	2	1	0
Mein persönliches Wertesystem kommt auch in meiner Arbeit zum Ausdruck	3	2	1	0
Ich lüge nie	3	2	1	0
Ich führe eine Sache auch dann fort, wenn ich weiß, daß ich nicht daran glaube	3	2	1	0
Ich strenge mich an, um weiterzukommen	3	2	1	0
Ich sage die Wahrheit, auch wenn das schwierig ist	3	2	1	0
Ich habe bei meiner Arbeit Dinge getan, die gegen meine Anschauung verstoßen	3	2	1	0

Spalte 17

___ + ___ + ___ + ___ = ☐

Bereich V
Auswirkungen der emotionalen Intelligenz

Spalte 18: Gesundheit

Denken Sie an den letzten Monat zurück. Geben Sie bitte an, wie oft (wenn überhaupt) Sie die folgenden Symptome bei sich wahrgenommen haben.

	Nie	Einmal oder zweimal im Monat	Jede Woche	Fast jeden Tag
Körperliche Symptome				
Rückenschmerzen	3	2	1	0
Problem(e) mit dem Körpergewicht (Übergewicht oder Untergewicht)	3	2	1	0
Spannungskopfschmerzen	3	2	1	0
Migräne	3	2	1	0
Erkältungen oder Probleme der Atemwege	3	2	1	0
Magenprobleme (häufige Blähungen, Verdauungsprobleme oder Magengeschwür)	3	2	1	0
Schmerzen in der Brust	3	2	1	0
Unerklärliche Schmerzen	3	2	1	0
Andere chronische Schmerzen, die hier nicht aufgeführt sind	3	2	1	0
Verhaltenssymptome				
Essen (kein Appetit, zuviel essen, keine Zeit zum Essen)	3	2	1	0
Rauchen	3	2	1	0
Alkoholische Getränke	3	2	1	0
Einnahme von Beruhigungsmitteln	3	2	1	0
Einnahme von Aspirin oder anderen Schmerzmitteln	3	2	1	0
Einnahme anderer Medikamente	3	2	1	0
Zurückziehen aus engen Beziehungen	3	2	1	0
Andere kritisieren, ihnen Vorwürfe machen oder sie verspotten	3	2	1	0
Das Gefühl, ungerecht behandelt oder ausgenutzt zu werden	3	2	1	0
Fernsehen (länger als zwei Stunden pro Tag)	3	2	1	0
Video-/Computerspiele oder im Internet surfen (länger als zwei Stunden pro Tag)	3	2	1	0

Mich über Menschen ärgern, mit denen ich zu tun habe	3	2	1	0
Unfälle oder Verletzungen	3	2	1	0
Emotionale Symptome				
Schwierigkeiten, mich zu konzentrieren	3	2	1	0
Von Arbeit überhäuft	3	2	1	0
Leicht abgelenkt	3	2	1	0
Bestimmte Dinge gehen mir nicht aus dem Kopf/ständiges Grübeln oder Nachdenken	3	2	1	0
Deprimiert, niedergeschlagen oder hoffnungslos	3	2	1	0
Einsam	3	2	1	0
Plötzliche Leere im Kopf	3	2	1	0
Gefühl, völlig erschöpft zu sein	3	2	1	0
Schwierigkeiten, eine Entscheidung zu treffen	3	2	1	0
Schwierigkeiten, mich zu motivieren oder zu beruhigen	3	2	1	0

Spalte 18

___ + ___ + ___ + ___ = ☐

Spalte 19: Lebensqualität

Geben Sie bitte für jede der unten aufgeführten Aussagen an, wie gut diese die Art beschreibt, in der Sie zur Zeit über sich denken.

	Beschreibt mich: Sehr gut	Einigermaßen	Ein wenig	Überhaupt nicht
Ich bin mit meinem Leben voll und ganz zufrieden	3	2	1	0
Ich bin energiegeladen, glücklich und gesund	3	2	1	0
Ich empfinde ein Gefühl des inneren Friedens und des Wohlbefindens	3	2	1	0
Ich müßte vieles in meinem Leben ändern, um wirklich glücklich zu sein	3	2	1	0
Mein Leben erfüllt all meine Bedürfnisse	3	2	1	0
Ich habe vom Leben weniger bekommen, als ich erhofft hatte	3	2	1	0
Ich mag mich so, wie ich bin	3	2	1	0
Arbeit macht mir Spaß	3	2	1	0
Ich habe eine sinnvolle Arbeit gefunden	3	2	1	0
Ich bin auf einem Weg, der mir Zufriedenheit bringt	3	2	1	0
Ich habe das Beste aus meinen Fähigkeiten gemacht	3	2	1	0

Spalte 19

—— + —— + —— + —— = ☐

Spalte 20: Beziehungsquotient

Geben Sie bitte für jede der unten aufgeführten Aussagen an, wie gut sie die Art beschreibt, wie Sie zur Zeit über sich denken.

	Beschreibt mich: Sehr gut	Einigermaßen	Ein wenig	Überhaupt nicht
Es gibt einige Menschen, mit denen ich auf einer tieferen Ebene »verbunden« bin	3	2	1	0
Ich bin mir nahestehenden Menschen gegenüber ehrlich, und sie sind mir gegenüber ehrlich	3	2	1	0
Ich habe einen anderen Menschen aus tiefstem Herzen geliebt	3	2	1	0
In der Regel habe ich keine Probleme damit, Menschen zu finden, mit denen ich meine Freizeit verbringen kann	3	2	1	0
Ich bin fähig, eine langfristige Beziehung einzugehen	3	2	1	0
Ich weiß, daß ich den Menschen, die mir am nächsten stehen, etwas bedeute	3	2	1	0
Ich habe keine Probleme damit, jemandem zu sagen, daß er/sie mir etwas bedeutet	3	2	1	0

Spalte 20

____ + ____ + ____ + ____ = ☐

Spalte 21: Optimale Leistung

Geben Sie bitte für jede der unten aufgeführten Aussagen an, wie gut sie die Art beschreibt, wie Sie zur Zeit über sich denken.

	Beschreibt mich: Sehr gut	Einigermaßen	Ein wenig	Überhaupt nicht
Ich bin zufrieden mit meiner Leistung am Arbeitsplatz	3	2	1	0
Meine Kollegen würden sagen, daß ich eine gute Kommunikation zwischen den Mitgliedern meiner Arbeitsgruppe fördere	3	2	1	0
Ich fühle mich meiner Arbeit entfremdet und kann mich nicht mit ihr identifizieren	3	2	1	0
Ich habe Schwierigkeiten damit, mich am Arbeitsplatz auf meine Aufgaben zu konzentrieren	3	2	1	0
In meiner Arbeitsgruppe bin ich an Entscheidungen beteiligt	3	2	1	0
Ich habe Schwierigkeiten damit, Verpflichtungen zu erfüllen oder Aufgaben zu erledigen	3	2	1	0
Ich gebe an meinem Arbeitsplatz immer das Beste	3	2	1	0

Spalte 21

___ + ___ + ___ + ___ = ☐

Danke für Ihre Antworten!
Sie haben den Fragebogen zur EQ Map ausgefüllt. Tragen Sie jetzt die Punkte aus den einzelnen Spalten in die **Punktetabelle der EQ Map** ein.

EQ-Auswertungstabelle

Integrierte EQ-Beurteilung und individuelles Profil

So stellen Sie fest, wie es um Ihre emotionale Intelligenz bestellt ist

Standardisierte Test-Version III.5

Q-METRICS
70 Otis Street
San Francisco, CA 94103
Tel: 001-800-252-3774 oder 001-415-252-7557
Fax: 001-415-252-5732

Punktetabelle

	Lebensereignisse	Druck und Befriedigung am Arbeitsplatz	Druck und Befriedigung im Privatleben	Emotionales Selbstbewußtsein	Emotionale Ausdrucksfähigkeit	Emotionales Bewußtsein gegenüber anderen	Zielstrebigkeit	Kreativität	Widerstandsfähigkeit	Soziale Verbundenh
Optimal	☐	☐	☐	☐	☐	☐	☐	☐	☐	☐
Gut	☐	☐	☐	☐	☐	☐	☐	☐	☐	☐
Schwächen	☐	☐	☐	☐	☐	☐	☐	☐	☐	☐
Vorsicht!	☐	☐	☐	☐	☐	☐	☐	☐	☐	☐
	Momentanes Umfeld			Emotionales Bewußtsein			Fähigkeiten			
Tragen Sie hier die Punkte aus den einzelnen Spalten des Fragebogens zur EQ Map ein.	☐	☐	☐	☐	☐	☐	☐	☐	☐	☐

Konstruktive Unzufriedenheit	Mitgefühl	Einstellung	Intuition	Vertrauensradius	Persönliche Kraft	Integrität	Gesundheit	Lebensqualität	Beziehungsquotient	Optimale Leistung
☐	☐	☐	☐	☐	☐	☐	☐	☐	☐	☐
☐	☐	☐	☐	☐	☐	☐	☐	☐	☐	☐
☐	☐	☐	☐	☐	☐	☐	☐	☐	☐	☐
☐	☐	☐	☐	☐	☐	☐	☐	☐	☐	☐
	Werte und Anschauungen						Auswirkungen der emotionalen Intelligenz			
☐	☐	☐	☐	☐	☐	☐	☐	☐	☐	☐

Emotionale Intelligenz

Nachdruckgenehmigung*

Es wurde jede nur mögliche Anstrengung unternommen, um für den Nachdruck der zitierten Werke eine Genehmigung der entsprechenden Originalverlage einzuholen. Sollte es in diesem Zusammenhang trotzdem zu Irrtümern gekommen sein, werden wir diese selbstverständlich berichtigen. Wir möchten uns für folgende Genehmigungen bedanken:

Auszug aus »What is Integrity?« von Jack Hawley, in: Jack Canfield und Jacqueline Miller, *Heart at Work*. Copyright 1996. Nachdruck mit freundlicher Genehmigung von Jacqueline Miller und McGraw-Hill.

Auszug aus »Dian Owen's Story« in: Enkelis und Karen Olsen mit Marion Lewenstein, *On Our Own Terms. Portraits of Women Business Leaders*. Copyright 1995. Nachdruck mit freundlicher Genehmigung von Berrett-Koehler Publishers.

Auszug aus »Something unexpected happened« in: *Transformation Thinking* von Joyce Wycott mit Tim Richardson. Copyright 1995. Nachdruck mit freundlicher Genehmeigung von Berkley Publishing Group.

Auszug aus »Threads« in: James A. Autry, *Love and Profit*. Copyright 1991. Nachdruck mit freundlicher Genehmigung von William Morrow & Company.

Auszug/Bearbeitung aus »First Person. The Purpose at the Heart of Management« von Kye Anderson in der *Harvard Business Review* (Mai/Juni 1992). Copyright by the President and Fellows of Harvard College. Alle Rechte vorbehalten. Nachdruck mit freundlicher Genehmigung der *Harvard Business Review*.

---

* Anmerk. d. Übers.: Die Übertragung der Passagen aus den folgenden Titeln ins Deutsche stammt von der Übersetzerin.

Auszug/Bearbeitung aus »First Person. The Hard Work of Being a Soft Manager« von William H. Peace in *Harvard Business Review* (November/Dezember 1991). Copyright by the President and Fellows of Harvard College. Alle Rechte vorbehalten. Nachdruck mit freundlicher Genehmigung der *Harvard Business Review.*

Auszug/Bearbeitung aus »First Person. Why My Former Employees Still Work for Me« von Ricardo Semler in *Harvard Business Review* (Januar/Februar 1994). Copyright by the President and Fellows of Harvard College. Alle Rechte vorbehalten. Nachdruck mit freundlicher Genehmigung der *Harvard Business Review.*

Auszug aus »Emotions. Conventional vs. High-Performance Meaning« von Josh Hammons und James Morrison, in: *The Stuff Americans Are Made Of.* Copyright 1996. Nachdruck mit freundlicher Genehmigung von Macmillan.

Auszug aus »Type 1 and Type 2 Situations« von Warren J. Pelton, Sonja Sackmann und Robert Boguslaw. Copyright 1990. Nachdruck mit freundlicher Genehmigung von Richard D. Irwin, Inc.

Auszug aus »The Cafeteria« von David M. Armstrong, in: Armstrong, David M., *Managing by Storying Around.* Copyright 1992. Nachdruck mit freundlicher Genehmigung von Doubleday Currency.

Auszug aus »Three Million Dollars' Worth of Intuition« von Kate Ludeman, in: Kate Ludeman und Gay Hendricks, *The Corporate Mystic.* Copyright 1996. Nachdruck mit freundlicher Genehmigung von Bantam Books.

Auszug aus »Be Nice to Employees? It's So Crazy, It Just Might Work« von Liz Mitchell in *Tom Peters Fast Forward Newsletter* (Band 11, Ausgabe 3, März 1996). Copyright 1996. Nachdruck mit freundlicher Genehmigung der Autorin und *Fast Forward.*

Auszug/Bearbeitung aus »At Esai. ›Encountering Mortality‹ to Gain Expertise« von Charles M. Farkas und Philippe DeBacker, in: Farkas, *Maximum Leadership.* Copyright 1996. Nachdruck mit freundlicher Genehmigung von Henry Holt and Company.

Danksagung

Die Grundlage dieses Buches bilden wissenschaftliche Studien, Erfahrungen und Erkenntnisse einer ganzen Reihe von Menschen. Wir möchten den zahlreichen Forschern und Experten, die ihre Entdeckungen und ihr Wissen mit uns geteilt haben und durch ihre Vorschläge zu diesem Buch beigetragen haben, unseren tiefen Respekt und unseren Dank aussprechen. Als erster begann in den frühen 80er Jahren der Psychologe Claude Steiner damit, das Konzept der »emotionalen Bildung« zu untersuchen. Die ersten, wegbereitenden Studien über »emotionale Intelligenz« wurden von Peter Salovey an der Yale University und John Mayer an der University of New Hampshire durchgeführt. Die Erkenntnisse von Robert Solomon von der University of Texas und Antonio Damasio von der medizinischen Fakultät der University of Iowa waren für uns eine besonders inspirierende Quelle. Howard Gardner von der Harvard University hat unseren Horizont durch seine Werke über multiple Intelligenz, Kreativität und Führungsqualitäten beträchtlich erweitert, und Robert Sternberg von der Yale University hat viel dazu beigetragen, unser Verständnis der praktischen, kreativen und erfolgreichen Intelligenz noch weiter zu vertiefen. Daniel Goleman gebührt besonderer Dank dafür, daß er mit viel Engagement und einer klaren Ausdrucksweise das Interesse der breiten Öffentlichkeit für emotionale Intelligenz geweckt hat.

Viele Führungspersönlichkeiten, Wissenschaftler und Pädagogen haben uns mit ihrer Arbeit, ihren Werken und/oder persönlichen Gesprächen inspiriert, darunter Kye Anderson, William Arnold, James Autry, Warren Bennis, Peter Block, Alan Briskin, Julia Cameron, Stephen Carter, Donald Clifton, Jim Collins, Mihaly Csikszentmihalyi, Bert Decker, Francis Fukuyama, John Gardner, Joseph Gauld, Gary Hamel, Hohn Hartfield, Gay Hendricks, James Hillman, Richard Huseman, Joseph Jaworski, Prasa Kaipa, John Kao,

Rushworth Kidder, Peter Koestenbaum, James Kouzes, Kate Ludeman, James Lynch, Martin Moore-Ede, Michael Novak, James O'Toole, Dian Owen, William Peace, Jeanne Plas, Jerry Porras, Barry Posner, C. K. Prahald, Robert Quinn, Michael Ray, Robert Rosen, John Ralston Saul, Ricardo Semler, Peter Senge, Robert Thayer, Dean Tjosvold, Peter Vaill und David Whyte.

Wir möchten uns besonders bei jenen bedanken, die einzelne Teile des Manuskripts gelesen und uns ihre Anregungen dazu gegeben haben: Deborah Kiley von Arthur Andersen and Andersen Consulting; Prasad Kaipa von Knowlege Architecture; James Kackley und Norm Carlson von Arthur Andersen; Esther Orioli von Q-Metrics/Essi Systems; Agnew Meek von 3M; Michael Ray von der Stanford Graduate School of Business; Barry Posner von der Leavy Graduate School of Business an der University of Santa Clara; Charles Manz von der Arizona State University School of Management; Nancy Badore, Robert Webster von SmithKline Beecham; Eunice Azzani von Korn/Ferry International; Eldon McBride von Boeing; Russ Volckmann von der CPR Group; Larry Taylor von Pinkerton Security; Charlotte Roberts; Jacqueline Miller von Partnerships for Change; Gayle Holmes von MenTTium; Lucille Ueltzen von Octel Communications; Marie Kenerson vom Lernzirkel; Brian Robb von Carlson Companies, Jim White, Woody Numainville, Carol Kelsey und Dawn Sorensen von North Memorial Health Care, und James Ericson vom Masters Forum.

Wir möchten uns bei dem Team von Q-Metrics/Essi Systems, Inc. in San Francisco bedanken. Das Engagement und die herausragenden Leistungen dieser Gruppe haben uns von dem Moment an unterstützt, in dem wir uns zu einer tiefgreifenden Untersuchung der emotionalen Intelligenz für Unternehmen und der Entwicklung der EQ Map und der Organizational EQ Profiles entschlossen hatten. Unser besonderer Dank gilt Esther Orioli, CEO; Karen Trocki, Leiterin der Forschungsabteilung, und Sandra Trafalis, Managerin im Bereich Forschung; Susan Yeres, Karla Carmony, Myron Binder, Paul Krawshuk, Brenda Aguilar und Guillermina Kirk.

Das Konzept dieses Buches wurde durch die außergewöhnliche Partnerschaft mit Prasad Kaipa, CEO von Knowledge Architecture, erheblich verbessert, der mit uns zusammen die EQ-in-der-Praxis-Pyramiden entwickelt hat.

Für Erklärungen zu Design, Network und wertvolle Hilfe bei der Entwicklung und Vermarktung der Lernsysteme zur emotionalen

Intelligenz bei Führungskräften und Unternehmen möchte Robert Esther Orioli, Prasad Kaipa, Robert Bixler, Gwen Riscoe und dem Lernzirkel (Rita und Bill Cleary, Marie Kenerson, Sandy Billings und Anne Starr) seinen Dank aussprechen.

Außerdem drückt Robert dem Volk von Tibet gegenüber seine Anerkennung aus, und insbesondere jenen Menschen, deren Geschichten in diesem Buch erzählt werden, jene Menschen, die ihn gelehrt haben, Mut im Angesicht von Tod und Vergebung im Angesicht von Verrat zu zeigen, und daß wir Frieden zuerst einmal in uns selbst finden müssen, bevor wir Frieden in der Welt erwarten können. Darüber hinaus möchte er sich für die persönliche Unterstützung, das Wissen und die Anregungen bedanken, die er im Rahmen dieses Projekts von so vielen Menschen erfahren hat: Larry und Lynn Taylor, Esther Orioli, Deborah Kiley, Prasad Kaipa, Jim Ericson, Tom Miller, Nancy Badore, Harold Bloomfield und Sirah Vettese, Kathleen Dannemiller, Al Wiswanathan, Karen Trocki, Michael Ray, Jim Kackley, Norm Carlson, Ruth Hapgood, Elizabeth Wright, Nido Qubein, Brent und Dottie Williams, Ken und Claire Grant, Paul und Laurie Hurd, Ag und Peg Meek, Rita und Bill Cleary, Sandy Billings, Marie Kenerson, Gayle Holmes, Lynn Sontag und dem ganzen Team von MenTTium.

Unsere Literaturagentin Stephanie Tade ist für uns eine Quelle ständiger Ermutigung, Erkenntnis und kreativer Initiative geworden. Sie ist in jeder Hinsicht eine Führungspersönlichkeit auf ihrem Gebiet. Phyllis Grann, Susan Petersen und Jane Isay waren sofort von dem Buch begeistert und stellten Mittel von G. P. Putnam's Sons Publishers zur Verfügung. Jane Isay, Verlegerin von Grosset/ Putnam Books, übernahm die Lektoratsleitung. Ihr ist die phantastische Umgestaltung des Buches von einem schulhaften, forschungsorientierten Manuskript zu einem anwendungsorientierten Buch zu verdanken, das mit Einsichten, Fragen und praktischen Beispielen aufwarten kann. Mit der Hilfe von John Duff, dem Verleger von Perigee Books, ist ihr ein Wunder gelungen.

Dr. Hans-Peter Übleis und seine Mitarbeiter beim Wilhelm Heyne Verlag haben uns in jeder Phase der Recherche und der Arbeit an diesem Buch mit Hinweisen und Ratschlägen unterstützt.

Unseren größten Dank möchten wir schließlich unseren Familien aussprechen. Ayman möchte seine Dankbarkeit und Anerkennung gegenüber seinem Vater und Mentor, Abdul Aziz Sawaf, seinen Brüdern Omar und Bachar und seiner Frau Rowan Gabrielle zum Ausdruck bringen. Robert möchte sich bei seinen Eltern, Hugh und Margaret Cooper, seiner Schwester Mary, seinem Bruder David, seinem Sohn Chris und seinen Töchtern Chelsea und Shanna bedanken. Während der gesamten Recherchen und der eigentlichen Arbeit an diesem Buch war es vor allem seine Frau Leslie, die ihn mit grenzenloser Liebe, Freundschaft, Lachen und Intelligenz unterstützt hat und dadurch den Abschluß dieses Projekts erst ermöglichte.

Weiterführende Literatur

Der autonome Manager. Macht und Einfluß am Arbeitsplatz von Peter Block (Frankfurt/M., New York. Campus-Verlag, 1992).

Business as a Calling. Work and the Examined Life von Michael Novak (New York. Free Press, 1996).

Certain Trumpets. The Call of Leaders von Garry Wills (New York. Simon & Schuster, 1994).

Character First von Joseph W. Gauld (San Francisco. Institute for Contemporary Studies Press, 1993).

Common Fire. Lives of Commitment in a Complex World von Laurent A. Parks Daloz, Cheryl H. Keen, James P. Keen und Sharon Daloz Parks (Boston. Beacon Press, 1996).

Common Values von Sissela Bok (Columbia. University of Missouri Press, 1996).

Creativity in Business von Michael Ray und Rochelle Myers (New York. Doubleday, 1986).

Credibility von James M. Kouzes und Barry Z. Posner (San Francisco. Jossey-Bass, 1993).

Deep Change. Discovering the Leader Within von Robert E. Quinn (San Francisco. Jossey-Bass, 1996).

Descartes' Irrtum. Fühlen, Denken und das menschliche Gehirn von Antonio R. Damasio (München, Leipzig. List, 1995).

The Economics of Trust. Liberating Profits & Restoring Corporate Vitality von John O. Whitney (New York. McGraw-Hill, 1995).

Emotionale Intelligenz von Daniel Goleman (München, Wien. Hanser, 1996).

First Person. Tales of Management Courage and Tenacity von Thomas Teal (Boston. Harvard Business School Press, 1995).

Geben wir der Arbeit Herz und Seele zurück. Betrachtungen zur Sinnfrage der Arbeit und zur Stärkung des Selbstwertgefühls von

Jack Canfield und Jacqueline Miller. Ueberreuter Wirtschaftsverlag, 1997.

The Heart Aroused von David Whyte (New York. Doubleday Currency, 1994).

(integrity) von Stephen L. Carter (New York. Basic Books, 1996).

Jamming. The Art & Discipline of Business Creativity von John Kao (New York. McGraw-Hill, 1996).

The Language of the Heart. The Body's Response to Human Dialogue von James J. Lynch (New York. Basic Books, 1985).

The Leadership Challenge von James R. Kouzes und Barry Z. Posner (San Francisco. Jossey-Bass, 1995).

Leading Change von James O'Toole (New York. Ballantine, 1995).

Learning as a Way of Being von Peter B. Vaill (San Francisco. Jossey-Bass, 1996).

Love & Profit von James A. Autry (New York. Morrow, 1991).

Managing the Equity Factor… or »After All I've Done for You…« von Richard C. Huseman und John D. Hatfield (Boston. Houghton Mifflin, 1989).

The Moral Intelligence of Children von Robert Coles (New York. Random House, 1997).

The New Paradigm in Business Herausgegeben von Michael Ray und Alan Rinzler für die World Business Academy (New York. Tarcher/Putnam, 1993).

The Origin of Everyday Moods von Robert E. Thayer (London. Oxford University Press, 1996).

The Passions. Emotions and the Meaning of Life von Robert C. Solomon (Indianapolis. Hackett Publishing, 1993).

Reflections on Leadership Hrsg. von Larry C. Spears (New York. Wiley, 1995).

Sag, was dich bedrückt. Die befreiende Kraft des Redens von James W. Pennebaker (Düsseldorf. Econ, 1991).

Die Schattenseite der Seele. Wie man die dunklen Bereiche unserer Psyche ans Licht holt und in die Persönlichkeit integriert. Zum Begriff des Schattens in der modernen Psychologie Hrsg. von Connie Zweig und Jeremiah Abrams (Bern, München, Wien. Scherz, 1993).

Stärken richtig fördern. Wie Sie persönlich und beruflich erfolgreicher werden von Donald O. Clifton und Paula Nelson (Frankfurt/M., Berlin. Ullstein, 1994).

Stewardship von Peter Block (San Francisco. Berrett-Koehler. 1993).

The Stuff Americans Are Made Of von Josh Hammond und James Morrison (New York. Macmillan, 1996).

Successful Intelligence von Robert J. Sternberg (New York. Simon & Schuster, 1996).

Taking Responsibility von Nathaniel Branden (Simon & Schuster, 1996).

Trust. The Social Virtues & The Creation of Prosperity von Francis Fukuyama (New York. Free Press, 1995).

The Vein of Gold von Julia Cameron (New York. Tarcher/Putnam, 1996).

Visionäres Management. Das Führungskonzept der Zukunft. Wirtschaftlicher Erfolg durch Integrität, Intuition und Spiritualität von Gay Hendricks und Kate Ludeman (München. Droemer Knaur, 1997.)

Wenn Tiere weinen von Jeffrey Moussaieff Masson und Susan McCarthy (Reinbek bei Hamburg. Rowohlt, 1996).

You've Got to Be Believed to be Heard von Bert Decker (New York. St. Martin's Press, 1993).

Die Zukunft der Vorbilder. Das Profil der innovativen Führungskraft von Howard Gardner (Stuttgart. Klett-Cotta, 1997).

Anmerkungen*

Bedeutung der emotionalen Intelligenz
für Führungskräfte und Manager, Vorwort

1 Mayer, J. D. und Salovey, P., »The Intelligence of Emotional Intelligence.« *Intelligence*, 17, 1993. S. 433-442.

2 Siehe zum Beispiel: Solomon, R. C., *The Passions. Emotions and the Meaning of Life.* Indianapolis. Hackett Publishing, 1993; Lazarus, R. S., *Emotion & Adaptation.* Oxford. Oxford University Press, 1991; Lazarus, R. S. und Lazarus, B. N., *Passion & Reason.* Oxford. Oxford University Press, 1995; und Damasio, Antonio R., *Descartes' Irrtum. Fühlen, Denken und das menschliche Gehirn.* München, Leipzig. List, 1995.

3 Institute of HeartMath (14700 W. Park Avenue, Boulder Creek, CA 95006, USA, 001-408-338-8700); Rein, G., Atkinson, M. und McCraty, R., »The Physiological and Psychological Effects of Compassion and Anger.« *Journal of Advancement in Medicine.* 8 (2) Sommer 1995. S. 87-105; McCraty, R., Atkinson, M. und Tiller, W. A., »New Electrophysiological Correlates Associated with Intentional Heart Focus.« *Subtle Energies.* 4 (3) 1995. S. 251-268.

4 Burns, J. M., *Leadership.* New York. HarperCollins, 1978.

5 Sternberg, R. J., *Successful Intelligence.* New York. Simon & Schuster, 1996.

6 Siehe zum Beispiel: Damasio, A. R., *Descartes' Irrtum. Fühlen, Denken und das menschliche Gehirn.*

7 Winter, A. und R., *Build Your Brainpower.* New York. St. Martin's Press, 1986. S. 1.

8 Siehe zum Beispiel: Gardner, Howard, *Abschied vom IQ. Die Rahmentheorie der vielfachen Intelligenzen*; ders., *Multiple Intelligences. The*

* Anmerk. d. Übers.: Titel, die ins Deutsche übertragen wurden, werden im folgenden in der deutschen Ausgabe genannt, um dem Leser den Zugang zu diesen Texten zu ermöglichen.

Theory in Practice. New York. Basic Books, 1993; Perkins, D., *Outsmarting IQ. The Emerging Science of Learnable Intelligence.* New York. The Free Press, 1995; Goleman, D., *Emotionale Intelligenz.* München, Wien. Hanser, 1996; und Sternberg, R. J., *Successful Intelligence.* New York. Simon & Schuster, 1996.

9 Sternberg, R. J., *Successful Intelligence.* S. 17.

10 Siehe zum Beispiel: Perkins, D., *Outsmarting IQ. The Emerging Science of Learnable Intelligence.* New York. The Free Press, 1995; Sternberg, R. J., *Successful Intelligence.* Farnham, A., »Are You Smart Enough to Keep Your Job?« *Fortune.* 15. Januar 1996. S. 34-48; und Goleman, D., *Emotionale Intelligenz.*

Einleitung
Der Ruf nach emotional intelligenten Führungskräften und Unternehmen

1 Siehe: Zukav, G., *The Seat of the Soul.* New York. Fireside, 1989. S. 105-106.

2 Siehe zum Beispiel: Sternberg, R. J., *Successful Intelligence*; Whitney, J. O., *The Economics of Trust.* New York. McGraw-Hill, 1995; und Moore, J. F., *The Death of Competition.* New York. HarperBusiness, 1996.

3 Siehe: Sternberg, R. J., *Successful Intelligence.* S. 11.

4 Siehe zum Beispiel: Mehrabian, A., *Silent Messages.* Belomont/Kalifornien. Wadsworth Publishing, 1981; und Decker, B., *You've Got to be Believed to be Heard.* New York. St. Martin's Press, 1992.

5 Siehe zum Beispiel: Damasio, A. R., *Descartes' Irrtum. Fühlen, Denken und das menschliche Gehirn.*

6 Hammond, J., und Morrison, J., *The Stuff Americans Are Made Of.* New York. Macmillan, 1996. S. 197.

7 Siehe zum Beispiel: Solomon, R. C., *The Passions. Emotions and the Meaning of Life.* Indianapolis/Cambridge. Hackett Publishing, 1993.

8 Siehe zum Beispiel: Whitney, J. O., *The Economics of Trust.* New York. McGraw-Hill, 1996; und Fukuyama, F., *Trust. The Social Virtues and the Creation of Prosperity.* New York. The Free Press, 1995.

9 Siehe zum Beispiel: Perkins, D., *Outsmarting IQ. The Emerging Science of Learnable Intelligence.* New York. The Free Press, 1994; Goleman, D., *Emotionale Intelligenz*; und Sternberg, R. J., *Successful Intelligence.*

10 Rosenthal, R., u. a., »The PONS Test. Measuring Sensitivity to Nonverbal Clues.« In: McReynolds, P. (Hrsg.), *Advances in Psychological Assessment.* San Francisco. Jossey-Bass, 1977.

11 Argyris, C., *Wissen in Aktion. Eine Fallstudie zur Lernenden Organisation.* Stuttgart. Klett-Cotta, 1997; Argyris, C., *Overcoming Organizatio-*

nal Defenses. Facilitating Organizational Learning. Boston. Allyn and Bacon, 1990, und Argyris, C., und Schon, D. A., *Organizational Learning II. Theory, Method, and Practice.* Reading, MA. Addison-Wesley, 1996.

12 Das Thema Gruppenintelligenz wird von Robert Sternberg und Wendy Williams erläutert in »Group Intelligence. Why Some Groups Are Better Than Others.« *Intelligence.* 1988.

13 Kelley, R., und Caplan, J., »How Bell Labs Creates Star Performers.« *Harvard Business Review.* Juli-August, 1993.

14 Informationen über Lernmaterial, Seminare und Workshops zu emotionaler Intelligenz in der Wirtschaft und in Unternehmen erhalten Sie bei The Learning Circle, 142 North Road, Sudbury, MA 01776, USA, Tel. 001-508-371-8818, Fax 001-508-371-5903 (siehe weitere Informationen am Ende des Buches).

15 Die EQ Map kann bei Q-Metrics unter der Telefonnummer 001-415-252-7557 bestellt werden (siehe weitere Informationen am Ende des Buches).

Der erste Eckstein: Emotionale Bildung
1. Emotionale Ehrlichkeit

1 Ich möchte mich bei Joseph W. Gauld, Gründer der Hyde School in Bath/Maine, dafür bedanken, daß er mir ein tieferes Verständnis des Begriffes »einzigartiges Potential« vermittelt hat.

2 Siehe zum Beispiel: Solomon, R. C., *The Passions. Emotions and the Meaning of Life.* Indianapolis. Hackett Publishing, 1991.

3 Die Zusammenstellung von Untersuchungen und Perspektiven, die mich bei diesen Punkten am stärksten beeinflußt hat, war *The Passions* von Robert Solomon.

4 Siehe zum Beispiel: Sorokin, P. A., *Social and Cultural Dynamics,* Vol. 4. Bedminster Press, 1962. S. 746-764; Mishlove, J. »Intuition. The Source of True Knowing.« *Noetic Sciences Review.* Frühjahr, 1994. S. 31-36.

5 Siehe zum Beispiel: Parikh, J. D., u. a., *Intuition. The New Frontier of Management.* New York. Blackwell, 1994; Schultz, R., *Unconventional Wisdom.* Harper Collins, 1994; Agor, W., *Intuition in Organizations.* Sage Publications, 1989; Agor, W. H., *The Intuitive Manager.* New York. Prentice Hall, 1984; Rowan, R., *The Intuitive Manager.* Boston. Little, Brown, 1986; The Intuition Network (Jeffrey Mishlove, Director, 369-B Third St., #161, San Rafael/Kalifornien 94901, USA).

6 Wanless, D. In: Farkas, C. M., und DeBacker, P., *Spitzenmanager und ihre Führungsstrategien. 160 Interviews mit internationalen Führungskräften.* Frankfurt/M., New York. Campus-Verlag, 1996.

7 Marshall, C. In: Farkas, C. M., und DeBacker, P., *Spitzenmanager und ihre Führungsstrategien.*
8 Oshry, B., *Seeing Systems.* San Francisco. Berrett-Koehler, 1995.
9 Wir setzen die EQ Morning Notes schon seit Jahren als Technik zur persönlichen Weiterentwicklung von Managern ein. Eine Zusammenfassung der psychologischen Untersuchungen zu diesem Thema finden Sie in: Pennebaker, J. W., *Sag, was dich bedrückt. Die befreiende Kraft des Redens.* Düsseldorf. ECON, 1991. Eher allgemein interessierte Leser finden eine der brauchbarsten und aufschlußreichsten Annäherungen an dieses Konzept in Julia Camerons Büchern: *Der Weg des Künstlers. Ein spiritueller Pfad zur Aktivierung unserer Kreativität.* München. Droemer Knaur, 1996; *The Vein of Gold.* New York. Tarcher/Putnam, 1996.
10 Ray, M. und Myers, R., *Creativity in Business.* New York. Doubleday, 1987.
11 Siehe zum Beispiel: Pennebaker, J. W., *Sag, was dich bedrückt. Die befreiende Kraft des Redens.* Düsseldorf. ECON, 1991; Francis, M. E., und Pennebaker, J. W., »Talking and Writing as Illness Prevention.« *Medicine, Exercise, Nutrition and Health* 1 (1) Januar/Februar 1992. S. 27-33.
12 Ich möchte mich bei Esther M. Orioli für ihre aufschlußreichen Bemerkungen zu diesem einfachen, erfolgreichen Prozeß der Verhaltensänderung bedanken. Siehe zum Beispiel: Orioli, E. M., *The StressMap 21-Day Rule Action Planning Workbook.* (Essi Systems, Inc., 70 Otis St., San Francisco, CA 94103, USA), 1993 und 1995.

2. Emotionale Energie

1 Stewart, T. A., »3M Fights Back.« *Fortune.* 5. Februar 1996. S. 94-99.
2 Huseman, R. C., und Hatfield, J. D., *The Equity Factor.* Boston. Houghton Mifflin, 1989.
3 Siehe zum Beispiel: Thayer, R. E., *The Biopsychology of Mood & Arousal.* Oxford. Oxford University Press, 1992; und Thayer, R. E., *The Origin of Everyday Moods.* Oxford. Oxford University Press, 1996.
4 Dilts, R. B. *Strategies of Genius* Vol II. Capitola/Kalifornien. Meta Publications, 1994; Pais, A., *Raffiniert ist der Herrgott… Albert Einstein: Eine wissenschaftliche Biographie.* Wiesbaden. Vieweg, 1986; Pais, A., *Ich vertraue auf Intuition. Der andere Albert Einstein:* Heidelberg, Berlin, Oxford. Spektrum, Akad. Verlag, 1995; Einstein, A., *Aus meinen späten Jahren.* 4. Aufl. Frankfurt/M., Berlin. Ullstein, 1993
5 Simon, H., Die heimlichen Gewinner (*Hidden Champions). Campus.*

6 Decker, B., *You've Got to be Believed to be Heard.* New York. St. Martin's Press, 1993. S. 117-120.
7 Siehe zum Beispiel: Ray, M., und Myers, R., *Creativity in Business.* New York. Doubleday, 1986; Goleman, D., Kaufman, P., und Ray, M., *The Creative Spirit.* New York. Dutton, 1992; Catford, L., und Ray, M., *The Path of the Everyday Hero.* New York. Tarcher/Putnam, 1991; und Ray, M., und Rinzler, A. (Hrsg.), *The New Paradigms in Business.* New York. Tarcher/Putnam, 1993.
8 Kao, J., *Jamming.* New York. HarperBusiness, 1996. S. 48.
9 Thayer, R. E., *The Origin of Everyday Moods.* S. 183.
10 Siehe zum Beispiel: Fritz, R., *Creating.* New York. Ballantine, 1991; und Fritz, R., *Corporate Tides.* San Francisco. Berrett-Koehler, 1996.
11 Gallagher, W., *The Power of Place.* New York. Poseidon, 1993.
12 Siehe: Becker, F., *The Total Workplace. Facilities Management and the Elastic Organization.* New York. Van Nostrand Reinhold, 1990.
13 Royer, L., Zitiert in: Stewart, T. A., »3M Fights Back.« *Fortune.* 5. Februar 1996. S. 94-99.
14 Yhtyneet Kuvalehdet Oy. In: Kouzes, J. M., und Posner, B. Z., *The Leadership Challenge.* San Francisco. Jossey-Bass, 1995. S. 158.
15 Siehe: Becker, F., und Steele, F., *Workplace in Design. Mapping the High-Performance Workscape.* San Francisco. Josey-Bass, 1995. S. 83-84.
16 Coots, L. Zitiert in: Becker, F., und Steele, F., *Workplace in Design.* S. 138-139.
17 Moore-Ede, M. C., *Die Nonstop-Gesellschaft. Risikofaktoren und Grenzen menschlicher Leistungsfähigkeit in der 24-Stunden-Welt. Ein Report.* München. Heyne, 1993.
18 Siehe zum Beispiel: Moore-Ede, M. C., *Die Nonstop-Gesellschaft*; Thayer, R. E., *The Origin of Everyday Moods*; und Solomon, R. J., *The Passions.*
19 Norfolk, D., *Executive Stress.* New York. Warner, 1986.
20 Siehe zum Beispiel: Grandjean, E., *Fitting the Task* 4. Aufl. London. Taylor & Francis, 1988; und Moore-Ede, M. C., *Die Nonstop-Gesellschaft.*
21 Siehe zum Beispiel: Grandjean, E., *Fitting the Task*; und Moore-Ede, M. C., *Die Nonstop-Gesellschaft.*
22 Siehe zum Beispiel: Thayer, R. E., *The Origin of Everyday Moods.*
23 Backer, T. E., »How Health Promotion Programs Can Enhance Workplace Creativity.« In: Klarreich, S. H. (Hrsg.), *Health and Fitness in the Workplace.* New York. Praeger, 1987. S. 325-337.
24 Maddi, S. R., und Kobasa, S. C., *The Hardy Executive. Health Under Stress.* Homewood/Illinois. Dow Jones Irwin, 1984.
25 Siehe: Loehr, J. R. In: Callan, K., »Personal Power.« *Success.* September 1996. S. 22; Loehr, J. R., In: Smith, L. »Stamina. Who Has It, Why You Need It, How to Get It.« *Fortune.* 28. November 1994. S. 127-140;

Cooper, R. K., *Health & Fitness Excellence*. Boston. Houghton Mifflin, 1989.

26 Siehe zum Beispiel: Grandjean, E., *Fitting the Task*; und Moore-Ede, M. C., *Die Nonstop-Gesellschaft*.

27 Siehe: Grandjean, E., *Fitting the Task*; Jenkins, D. A., u. a., »Nibbling Versus Gorging. Metabolic Advantages of Increased Meal Frequency.« *New England Journal of Medicine*. 321 (4) 5. Oktober 1989. S. 929-934; Edelstein, S. L., u. a., »Increased Meal Frequency Associated with Decreased Cholesterol Concentrations.« *American Journal of Clinical Nutrition*. (55) 1992. S. 664-669.

28 Siehe zum Beispiel: Chafetz, M. D., *Smart for Life*. New York. Penguin, 1993; Wurtman, J. J., *Managing Your Mind and Mood Through Food*. New York. HarperCollins, 1987; Wurtmann, J. J., *The Serotonin Solution*. New York, Fawcett, 1996.

29 de Bono, E., *I Am Right, You Are Wrong*. New York. Viking, 1991. S. 1.

30 Siehe: Isen, A. M., »Toward Understanding the Influence of Positive Affect on Social Behavior, Decision Making, and Problem Solving. The Role of Cognitive Organization.« Vortrag bei der Jahrestagung der American Association for the Advancement of Science in Boston, 11.-15. Februar 1988; Isen, A. M., u. a. »The Influence of Positive Affection the Unusualness of Word Associations.« *Journal of Personality and Social Psychology*. (48) 1985. S. 1413-1426; Isen, A. M., u. a. »Positive Affect Facilitates Creative Problem Solving.« *Journal of Personality and Social Psychology*. (52) 1987. S. 1122-1131; und Isen, A. M., »Positive Affect, Cognitive Processes, and Social Behavior.« *Advances in Experimental Social Psychology*. (20) 1987. S. 203-253.

31 Siehe zum Beispiel: Jasnoski, M. B., »Architectural and Interior Features Affect Mood and Cognitive Performance.« *Journal of Applied Developmental Psychology*. 1991; Kleeman, W. B., Jr., u. a., *The Interior Design of the Electronic Office*. New York. Van Nostrand Reinhold, 1991.

32 Siehe zum Beispiel: Kleeman, W. B., Jr., *The Interior Design of the Electronic Office*; Grandjean, E., *Fitting the Task*; Moore-Ede, M. C., *Die Nonstop-Gesellschaft*; Gallagher, W., *The Power of Place. How Our Surroundings Shapes Our Thoughts, Emotions, and Actions*. New York. Poseidon, 1993; Kaplan, R., »The Role of Nature in the Context of the Workplace« *Landscape and Urban Planning*. 26, 1993. S. 193-201; und Becker, F., und Steele, F., *Workplace in Design*.

33 Aus: *Wake Up America. A National Sleep Alert.* Bericht der National Commission on Sleep Disorders Research. Vorgelegt am 5. Januar 1993, UCLA, Los Angeles.

34 Siehe zum Beispiel: Thayer, R. E, *The Origin of Everyday Moods*.

35 Siehe: Hauri, P., und Linde, S., *No More Sleepless Nights*. New York. Wiley, 1990.

36 Siehe zum Beispiel: Moore-Ede, M. C., *Die Nonstop-Gesellschaft*; und Rossi, E. L., *20 Minuten Pause. Wie Sie seelischen und körperlichen Zusammenbruch verhindern können*. Paderborn. Junfermann, 1993.

3. Emotionales Feedback

1 Siehe zum Beispiel: Wegner, D. M., *Die Spirale im Kopf. Von der Hartnäckigkeit unerwünschter Gedanken. Die Psychologie der mentalen Kontrolle*. Hamburg. Kabel, 1992.
2 Siehe zum Beispiel: Stenhouse, D., *The Evolution of Intelligence*. New York. Harper & Row, 1973.
3 Ich möchte mich bei Charlotte M. Roberts für ihre Anregung bedanken, dies bei meiner Arbeit mit Führungskräften stärker zu berücksichtigen.
4 Halberstam, J., *Everyday Ethics*. New York. Viking, 1993.
5 Siehe zum Beispiel: Brookhiser, R., *Founding Father. Rediscovering George Washington*. New York. The Free Press, 1996.
6 Coffin, W. S., *Alive Now!* Mai-Juni 1993. S. 37.
7 Siehe zum Beispiel: Hammond, J., und Morrison, J., *The Stuff Americans Are Made Of*. New York. Macmillan, 1996. S. 197-198.
8 Kirkpatrick, D., »This Tough Guy Wants to give You a Hug.« *Fortune*. 14. Oktober 1996. S. 170-178.
9 Siehe: Parks, L. A., Keen, C. H., Keen, J. P., und Parks, S. D., *Common Fire*. Boston. Beacon Press, 1996.
10 Aus: Branden, N., *Taking Responsibility*. New York. Simon & Schuster, 1996.

4. Praktische Intuition

1 Zuboff, S., Zitiert in: Farnham, A., »Are You Smart Enough to Keep Your Job?« *Fortune*. 15. Januar 1996. S. 48.
2 Institute of HeartMath (14700 W. Park Avenue, Boulder Creek, CA 95006, USA, 001-408-338-8700); Rein, G., Atkinson, M., und McCraty, R., »The Physiological and Psychological Effects of Compassion and Anger.« *Journal of Advancement in Medicine*. 8 (2) Sommer 1995. S. 87-105; McCraty, R., Atkinson, M., und Tiller, W. A., »New Electrophysiological Correlates Associated with Intentional Heart Focus.« *Subtle Energies*. 4 (3) 1995. S. 251-268.
3 McCraty, R., Atkinson, M., Tiller, W. A., Rein, G., und Watkins, A., »The Effects on Emotions on Short-Term Heart Rate Variability Using Power Spectrum Analysis.« *American Journal of Cardiology*. 76 (14) 1995. S. 1089-1093.

4 Siehe zum Beispiel: Parikh, J. D., u. a. *Intuition. The New Frontier of Management*. New York. Blackwell, 1994; Schultz, R., *Unconventional Wisdom*. HarperCollins, 1994; Agor, W., *Intuition in Organizations*. Sage Publications, 1989; Agor, W. H., *The Intuitive Manager*. New York. Prentice Hall, 1984; Rowan, R., *The Intuitive Manager*. Boston. Little, Brown, 1986; The Intuition Network (Jeffrey Mishlove, Director, 369-B Third St., #161, San Rafael, CA 94901, USA).

5 Mishlove, J., »Intuition. The ›X‹ Factor in Business.« *Journal of Creativity*. 1995 (weitere Informationen bei The Intuition Network, Jeffrey Mishlove, Director, 369-B Third St., #161, San Rafael, CA 94901, USA); siehe auch: Ray, M., »Not Business as Usual.« *Intuition*. 1995. S. 28-53.

6 Siehe zum Beispiel: Richardson, H. D., Jr., *Emerson: The Mind on Fire*. Berkeley/Kalifornien. University of California Press, 1995; Russel, P., und Evans, R., *The Creative Manager*. San Francisco. Jossey-Bass, 1992.

7 Siehe: Parikh, J., u. a. *Intuition. The New Frontier in Management*. New York. Blackwell, 1994. S. 30.

8 Morton, F., Fensham, P. J., und Chaiklin, S. D., »A Nobel's Eye View of Scientific Intuition: Discussions with the Nobel Prize Winners in Physics, Chemistry, and Medicine« (1970-1986). *International Journal of Science Education*. (16) Juli – August 1994, S. 457-473.

9 Siehe: Wetherbe, J. C., *The World on Time*. Santa Monica/Kalifornien. Knowledge Exchange, 1996.

10 Stewart, T. A., »3M Fights Back.« *Fortune*. 5. Februar 1996. S. 94-99.

11 Naito, H., In: Farkas, C. M., und DeBacker, P., *Spitzenmanager und ihre Führungsstrategien*.

12 Aus: Damasio, A. R., *Descartes' Irrtum*.

13 Thompson, T., »Feeling Smart. An Interview with Daniel Goleman.« *Intuition*. (9) Februar 1996. S. 28-31, 48-50.

14 Cramer, I., Geschichte in: Dosick, W., *Kinder brauchen Werte. 10 Lebensregeln, die Kindern Halt und Orientierung geben. Ein Ratgeber für den Erziehungsalltag*. Bern, München, Wien. Scherz, 1996.

15 Kouzes, J. M., und Posner, B. Z., *Credibility*. San Francisco. Jossey-Bass, 1993. S. 30.

16 Platt, L., Zitiert in: James G., *Business Wisdom of the Electronic Elite*. New York. Times Books, 1996. S. 65.

17 Peterson, R., Zitiert in: Peters, T. J., *Das Tom-Peters-Seminar*. Frankfurt/M., New York. Campus-Verlag, o. J.

18 Federman, I., Vortrag vor der Leavey School of Business and Administration, University of Santa Clara, 2. April 1991.

19 Schultz, W., *The Human Element*. San Francisco. Jossey-Bass, 1995.

20 McCall, M. W., Jr., und Lombardo, M. M., *Off the Track. Why and How Successful Executives Get Derailed*. Greensboro/North Carolina. Center for Creative Leadership, 1983.

21 »Chrysler.« *USA Today*. 17. Mai 1996. B1,2
22 »The Man in Chrysler's Driver Seat.« *Management Review*. Februar 1994. S. 30.
23 Castaing, F., »Small-Team Responsiveness.« *Executive Excellence*. August 1994. S. 10.
24 »Crunch at Chrysler.« *The Economist*. 12. November 1994. S. 81.
25 Siehe zum Beispiel: Damasio, A. R., *Descartes' Irrtum*.
26 Siehe zum Beispiel: Mishlove, J., »Not Business as usual. An Interview with Michael Ray.« *Intuition*. (8) 1995. S. 28-31; und Ray, M. L., und Myers, R., *Creativity in Business*. New York. Doubleday, 1986.
27 Nair, K., *A Higher Standard of Leadership. Lessons from the Life of Gandhi*. San Francisco. Berrett-Koehler, 1994. S. 80-81.
28 Ryan, K. D., und Oestreich, D. K., *Driving Fear Out of the Workplace*. San Francisco. Jossey-Bass, 1991. S. 8.
29 Siehe zum Beispiel: Ornstein, R. E., *Evolution des Bewußtseins. Ursprünge und Perspektiven*. Freiburg i. Br.. VAK (Verlag für Angewandte Kinesiologie), 1996; Ornstein, R., *The Psychology of Consciousness*. New York. Grosset/Putnam, 1997; Humphrey, N., *Die Naturgeschichte des Ich*. Hamburg. Hoffmann und Campe, 1995; und Sekuler, R., und Blake, R., *Perception*. (2. Aufl.) New York. McGraw-Hill, 1990.
30 Aus: Ryan und Oestreich, *Driving Fear Out of the Workplace*. S. 76-79.
31 Josselson, R., *Was uns zusammenhält. Zur Psychologie der zwischenmenschlichen Beziehungen*. Hamburg. Kabel, 1994.
32 Siehe zum Beispiel: Bandura, A., *Self-Efficacy in Changing Societies*. New York. Cambridge University Press, 1995.

Der Zweite Eckstein: Emotionale Fitneß

1 Siehe zum Beispiel: Whitney, J. O., *The Economics of Trust*. New York. McGraw-Hill, 1996; und Fukuyama, F., *Trust. The Social Virtues and the Creation of Prosperity*. New York. The Free Press, 1995.
2 Siehe zum Beispiel: Maddi, S. A., und Kobosa, S. C., *The Hardy Executive. Health Under Stress*. Homewood/Illinois. Dow Jones Irwin, 1984.
3 Siehe zum Beispiel: Loehr, J. E., *Toughness Training for Life*. New York. Plume, 1994; und Dienstbier, R. A., »Arousal and Physiological Toughness. Implications for Mental and Physical Health.« *Psychological Review*. 96 (1) 1989. S. 84-100.

5. Authentische Präsenz

1 Siehe zum Beispiel: Trungpa, C., *Shambhala. The Sacred Path of the Warrior*. Boston. Shambhala, 1985. S. 159-160.

2 Ryan, K. D., und Oestreich, D. K., *Driving Fear Out of the Workplace.* S. 8.
3 Siehe zum Beispiel: Schultz, W., *The Human Element.* San Francisco. Jossey-Bass, 1995; Whitney, J. C., *The Economics of Trust.* New York. McGraw-Hill, 1996; Kouzes, J. M., und Posner, B. Z., *The Leadership Challenge.* (verb. Aufl.) San Francisco. Jossey-Bass, 1995; Rosen, R. M., *Leading People.* New York. Viking, 1995; Hendricks, G., und Ludeman, K., *Visionäres Management. Das Führungskonzept der Zukunft. Wirtschaftlicher Erfolg durch Integrität, Intuition und Spiritualität.* München. Droemer Knaur, 1997; Block, P., *Der autonome Manager. Macht und Einfluß am Arbeitsplatz.* Frankfurt/M., New York. Campus-Verlag, 1992.
4 Conger, J. A. »The Brave New World of Leadership Training.« *Organizational Dynamics.* Januar-Februar, 1993. S. 46-58.
5 Ryan, K. und Oestreich, D., *Driving Fear Out of the Workplace.*
6 Noer, D. M., *Healing the Wounds.* San Francisco. Jossey-Bass, 1993. S. 103.
7 Deming, W. E., *Out of the Crisis.* Cambridge. MIT Press, 1982, 1986. S. 59.
8 Herber, H. Zitiert in: Hendricks, G., und Ludeman, K., *Visionäres Management.*
9 Siehe zum Beispiel: Hendrickson, P., *The Living and the Dead.* New York. Knopf, 1996.

6. Vertrauensradius

1 Diese Geschichte habe ich im Oktober 1996 von Ian Bartrum gehört, Fakultätsmitglied an der Hyde School, Woodstuck, Connecticut.
2 Siehe Makihara, M. Zitiert in: Kurtzman, J., »An Interview with Minoru Makihara.« *Strategy & Business* (2) Winter 1996. S. 86-93.
3 Hammer, M., *Beyond Reengineering.* New York. HarperBusiness, 1996. S. 171.
4 Handy, C., »Trust and the Virtual Organization.« *Harvard Business Review.* Mai-Juni, 1995.
5 Nachdruck mit freundlicher Genehmigung von Charlotte M. Roberts, P. O. Box 309, Sherrill's Ford/North Carolina, USA.
6 Siehe zum Beispiel: Williams, R., *Herzvertrauen. Der Infarkt. Ursachen und Vorbeugung.* München. Droemer Knaur, 1992; Williams, R., und Williams, V., *Anger Kills.* New York. Times Books, 1994; Eliot, R. S., *From Stress to Strength.* New York. Bantam, 1994; Siegman, A. W., und Smith, T. W. (Hrsg.), *Anger, Hostility and the Heart.* Hillsdale. Erlbaum Publishing, 1994.
7 Williams und Williams, *Anger Kills.* S. xiii.
8 Williams, R., *Herzvertrauen.*
9 Siehe zum Beispiel: »Trust Traps.« *Training & Development Journal.* 48

(7) 1994. S. 11-12; Bunard, V., und Kleiner, B. H., »Developing Trustful and Cooperative Relationships.« *Leadership & Organizational Development Journal.* 15 (2) 1994. S. 3-5.

10 Driscoll, J. W., »Trust and Participation in Organization Decision Making as Predictors of Satisfaction.« *Academy of Management Journal.* 21 (1) 1978. S. 44-56.

11 Decker, B., *You've Got to Be Believed to Be Heard.* New York. St. Martin's, 1992. S. 50-51.

12 Collins, J., und Porras, J. I., *Visionary Companies. Visionen im Management.* München. Artemis und Winkler, 1995.

13 Frieberg, K. und J., *Nuts! Southwest Airlines' Crazy Recipe for Business and Personal Success.* Bard, 1996.

14 Decker, B., *You've Got to be Believed to be Heard.*

15 Mitteilungen für die kognitiven, also die intellektuellen Bereiche des Gehirns müssen zuerst das limbische System einschließlich der vorderen Großhirnrinde und einem damit zusammenhängenden Netz passieren, zu dem die präfrontalen Cortizes und Bereiche gehören, die Signale aus dem ganzen Körper weiterleiten und integrieren. In ähnlicher Weise gelangen Gedanken vom höheren Bewußtsein durch das limbische System und die damit zusammenhängende Strukturen, während diese Mitteilungen und Entscheidungen in das Arbeitsgedächtnis geleitet und in Verhalten umgesetzt werden, also Körpersprache, Sprache oder Bewegung.

16 Machado, L., *The Brain of the Brain:* Cidade do Cerebro, Brasilien, 1990. S. 141.

17 Hainer, R., »Rationalism, Pragmatism, and Existentialism.« In: Glatt, E., und Shelly, M., *The Research Society.* New York. Gordon & Breech Science Publications, 1968.

18 Eine aufschlußreiche Einführung in diese Problematik findet sich in: Decker, B., *You've Got to Be Believed to be Heard.*

19 Mehrabian, A., *Silent Messages.* Belmont/Kalifornien. Wadsworth Publishing, 1981.

20 Frieberg, K. und J., *Nuts! Southwest Airlines' Crazy Recipe for Business and Personal Success.*

21 Siehe zum Beispiel: Armstrong, D. M., *Das Fünf-Dollar-Dankeschön. 72 ungewöhnliche Geschichten aus dem Management.* Freiburg i. Br. Haufe, 1993; Schank, R. C., *Tell Me a Story.* New York. Scribner's, 1990; Coles, R., *The Call of Stories. Teaching and the Moral Imagination.* Boston. Houghton Mifflin, 1989; Buckler, S. A., und Zien, K. A., *Journal of Production Innovation.* (13) 1996. S. 391-405; Beach, B. K., »Learning with Roger Schank.« *Training & Development.* Oktober 1993. S. 39-44.

22 Armstrong, D. M., *Das Fünf-Dollar-Dankeschön. 72 ungewöhnliche Geschichten aus dem Management.*

23 Aus: Peace, W., »Hard Work of Being a Soft Manager.« *Harvard Business Review.* November-Dezember 1991.
24 Aus: Semler, R., »Managing Without Managers.« *Harvard Business Review.* September-Oktober 1989; und Semler, R., »Why My Former Employees Still Work for Me.« *Harvard Business Review.* Januar-Februar 1994.
25 Siehe zum Beispiel: Wills, G., *Certain Trumpets. The Call of Leaders.* New York. Simon & Schuster, 1994; und Felder, D. G., *The 100 Most Influential Women of All Time.* New York. Citadel Press, 1996.
26 Fukuyama, F., *Trust.*
27 Lewis, C. S., *A Grief Observed.* New York. Bantam, 1976.
28 Ornstein, R. E., *Evolution des Bewußtseins.*
29 McCulloch, W., *Embodiments of Mind.* Cambridge. MIT Press, 1986.
30 Pinker, S., *Der Sprachinstinkt. Wie der Geist die Sprache bildet.* München. Kindler, 1996.
31 Elgin, S. H., *Success with the Gentle Art of Verbal Self-Defense.* New York. Prentice Hall, 1989.
32 Tannen, D., *Du kannst mich einfach nicht verstehen. Warum Männer und Frauen aneinander vorbeireden.* 6. Aufl. Hamburg. Kabel, 1992.

7. Konstruktive Unzufriedenheit

1 Senge, P. M in: Dumaine, B., »Mr. Learning Organization.« *Fortune.* 17. Oktober 1994. S. 147-157.
2 Hammer, M., *Beyond Reengineering.* New York. HarperBusiness, 1996. S. 164-165.
3 Sheff, D., »Levi's Changes Everything.« *Fast Company.* Juni-Juli 1996. S. 65-76.
4 Haas, R. in: *Business Week.* 1. August 1994. S. 46-47.
5 Dieses Modell wurde zum Teil beeinflußt durch Dean Tjosvold in: Tjosvold, D., *Learning to Manage Conflict.* New York. Lexington Books, 1993. S. 4-5.
6 Deutsch, M., »Sixty Years of Conflict.« *The International Journal of Conflict Management* (1) 1990. S. 237-263.
7 Moore-Ede, M. C. *Die Nonstop-Gesellschaft.*
8 Axelrod, R., *Die Evolution der Kooperation.* 2. Aufl. München. Oldenbourg, 1991.
9 Kalms, S. In: Farkas, C. M., und DeBacker, P., *Spitzenmanager und ihre Führungsstrategien. 160 Interviews mit internationalen Führungskräften.*
10 Siehe zum Beispiel: Tannen, D., *Du kannst mich einfach nicht verstehen.*

11 Timmer, J. In: Farkas C. M., und DeBacker, P., *Spitzenmanager und ihre Führungsstrategien.*

12 Pascale, R. T., *Managen auf Messers Schneide. Spannungen im Betrieb kreativ nutzen.* Freiburg i. Br. Haufe, 1991.

13 Ebenda

14 Kiernan, M. J., *The Eleven Commandments of 21st Century Management.* New York. Prentice-Hall, 1996. S. 45-48.

15 Kume, T., in: Kiernan, M. J., *The Eleven Commandments of 21st Century Management.* S. 46.

16 Siehe zum Beispiel: Lloyd, D., und Rossi, E. L. (Hrsg.), *High Frequency Biological Rhythms. Functions of the Ultradians.* New York. Springer-Verlag, 1994; Rossi, E. L., *20 Minuten Pause*; Rechtschaffen, S., *Time Shifting.* New York. Doubleday, 1996.

17 Erickson, F. In: Rechtschaffen, S., *Time Shifting*, S. 22-23.

18 Roberts, C., und Ross, R., in: Senge, P., Ross, R., Smith, B., Roberts, C., und Klein, A. (Hrsg.), *Die fünfte Disziplin: Kunst und Praxis der lernenden Organisation.* Stuttgart. Klett-Cotta, o. J.

19 Block, P., *Der autonome Manager. Macht und Einfluß am Arbeitsplatz.*

20 Siehe zum Beispiel: Eliot, R. S., *From Stress to Strength.* New York. Bantam, 1995; und Williams, R., und Williams, V., *Anger Kills.*

21 Siehe zum Beispiel: Podell, R. M., *Contagious Emotions.* New York. Pocket Books, 1994.

22 Arnold, W. W., und Plas, J. M., *The Human Touch. Today's Most Unusual Program for Productivity and Profit.* New York. Wiley, 1993.

23 Ebenda

24 Binney, G., und Williams, C., *Learning into the Future.* London. Nicholas Brealey Publishing, 1996. S. 105.

8. Widerstandsfähigkeit und Regeneration

1 Siehe zum Beispiel: Schank, R. C., *Tell Me A Story.*

2 Zwei meiner Lieblingsautorinnen solcher Geschichten sind Rachel Naomi Remen und Clarissa Pinkola Estes. Siehe: Estes, C. P., *The Gift of Story.* New York. Ballantine, 1993; Estes, C. P., *The Faithful Gardener.* New York. HarperCollins, 1995; und Remen, R. N., *Kitchen Table Wisdom. Stories That Heal.* New York. Riverhead Books, 1996.

3 Handy, C., *The Age of Unreason.* Boston. Harvard Business School Press, 1989. S. 11-12.

4 Kennedy, W. In: Cameron, J., *The Vein of Gold.* S. 192.

5 Ash, M. K., zitiert in: Pelton, W. J., Sackman, S., und Boguslaw, R., *Tough Choices. Decision-Making Styles of America's Top 50 CEOs.* Homewood, IL. Dow Jones Irwin, 1990. S. 8-9.

6 Aus: Felder, D. G., *The 100 Most Influential Women of All Time*. S. 88-91; siehe auch: Blackwell, E., *Pioneering Work in Opening the Medical Profession to Women. Autobiographical Sketches*. New York. Schocken Books, 1977.

7 Kornfield, J., Geschichte in: Bryner, A.. und Markova, D., *Die unbenutzte Intelligenz. Physisches Denken als neues Fenster der Kommunikation. Handbuch zur Implementierung der fünf Disziplinen in Lernenden Organisationen*. Paderborn. Junfermann, 1997.

8 Jordan, M., *I Can't Accept Not Trying*. New York. HarperCollins, 1994.

9 Seligman, M. E. P., *Pessimisten küsst man nicht. Optimismus kann man lernen*. München. Droemer Knaur, 1991; Miller, S. M., und Seligman, M. E. P., »The Reformulated Model of Helplessness and Depression. Evidence and Theory.« In: Neufeld, R. W. J. (Hrsg.), *Psychological Stress and Psychopathology*. New York. McGraw-Hill, 1982. S. 149-179; Peterson, P., und Seligman, M. E. P., »Causal Explanations as a Risk Factor for Depression. Theory and Evidence.« *Psychological Review*. 91 (3) 1984. S. 347-374.

10 Seligman, M. E. P., *Pessimisten küsst man nicht*.

11 Aus: Enkelis, L., und Olsen, K., mit Lewenstein, M., *On Our Own Terms. Portraits of Women Business Leaders*. San Francisco. Berrett-Koehler, 1995. S. 125-133.

12 Holland, G., »Company Owners Strike It Rich.« *USA Today*. 17. Dezember 1996. 1A.

13 Mapes, J. J., *Quantum Leap Thinking*. Beverly Hills. Dove Books, 1996. S. 105.

14 Bateson, M. C., *Peripheral Visions. Learning Along the Way*. New York. HarperCollins, 1994. i.

15 Hammonds, K. H., »Balancing Work and Family.« *Business Week*. 16. September 1996. S. 74-80.

16 Siehe zum Beispiel: Davidson, J., *Breathing Space. Living & Working at a Comfortable Pace in a Sped-Up Society*. New York. MasterMedia, 1991.

17 Umfrage von Gallup. Bericht in Peterson, K. S., *USA Today*. 21. Dezember 1992.

18 Myers, D. G., *The Pursuit of Happiness*. New York. Morrow, 1992; House, J. S., u.a., »Association of Social Relationships and Activities with Mortality. Prospective Evidence from the Tecumseh Community Health Study.« *American Journal of Epidemiology*. 116 (1) 1982. S. 123-140; Berkman, L. F., und Syme, L. O., »Social Networks, Host Resistance, and Mortality. A Nine-Year Follow-Up of Alameda County Residents.« *American Journal of Epidemiology*. 102 (2) 1979. S. 186-204. Eisenberg, L., »A Friend, Not an Apple, A Day Will Keep the Doctor Away.« *Journal of the American Medical Association*. (66) 1979. S. 551-

553. Cohen, S., und Wils, T., »Stress, Social Support, and Buffering Hypothesis.« *Psychological Bulletin:* (98) 1985. S. 210-257; Caplan, G., »Mastery of Stress. Psychological Aspects.« *American Journal of Psychiatry.* (138) 1981. S. 413-420; Lynch, J. J., *The Broken Heart. Medical Consequences of Loneliness.* New York. Basic Books, 1977; Jaffe, D. T., und Scott, C. D., *Take This Job and Love It.* New York. Simon and Schuster, 1988. S. 185.

19 Mackoff, B., *The Art of Self-Renewal.* Los Angeles. Lowell House, 1992.

20 Nagler, W., *The Dirty Half Dozen.* New York. Warner, 1991. S. 47-48.

21 Wurtman, J. J., *Managing Your Mind and Mood Through Food.* New York. HarperCollins, 1987; Wurtman, J. J., *The Serotonin Solution.* New York. Fawcett, 1996. Chafetz, M. D., *Smart for Life.* New York. Penguin, 1993; Chafetz, M. D. (Hrsg.), *Nutrition and Neurotransmitters.* New York. Prentice-Hall, 1992; Rossi, E. L., *20 Minuten Pause.* Grandjean, E., *Fitting the Task.*

22 Siehe zum Beispiel: Miller, E. E., *Software for the Mind.* Berkley. Celestial Arts, 1988; Sheikh, A. A. (Hrsg.), *Imagery. Current Theory, Research, and Application.* New York. Wiley Interscience, 1984; Marks, D. F. (Hrsg.), *Theories of Image Formation.* New York. Brandon House, 1986; Suinn, R. M., *Übungsbuch für Mentales Training. In 7 Schritten zur sportlichen Höchstleistung.* Bern. Huber, 1989.

23 Mackoff, B., *The Art of Self-Renewal.* Los Angeles. Lowell House, 1992.

24 Kaplan, R. E., *Beyond Ambition.* San Francisco. Jossey-Bass, 1991.

Der dritte Eckstein: Emotionale Tiefe

1 Shad, J. In: Cox, A., *Straight Talk for Monday Morning.* New York. Wiley, 1990. S. 82-83.

9. Einzigartiges Potential und wahre Bestimmung

1 Sun Tzu II aus: Cleary, T. (Übers.), *The Lost Art of War by Sun Tzu II.* New York. HarperCollins, 1996; Senger, Harro von, *Strategeme. Der erste Band der berühmten 36 Strategeme der Chinesen.* 9. Aufl. Bern, München, Wien. Scherz, 1994; und Lau, D. C., und Ames, R. T. (Übers.), *Sun Bin: The Art of Warfare.* New York. Ballantine, 1996.

2 Zitiert in: Cleary, T. (Übers.), *Sun Tzu: The Art of War.* Boston. Shambhala, 1988.

3 »The Master of Demon Valley.« Übers. in: Cleary, T. *Thunder in the Sky. On the Acquisition and Exercise of Power.* Boston. Shambhala, 1993.

4 Ji, L. in: Cleary, T. *Mastering the Art of War.* Boston. Shambhala, 1989. S. 96-98.

5 Ich möchte mich bei Joseph W. Gauld, Gründer der Hyde School, und Kenneth und Claire Grant und Paul und Laurie Hurd für mein tieferes Verständnis der Begriffe »einzigartiges Potential« und »Bestimmung« bedanken. Siehe auch: Gauld, J. W., *Character First.* San Francisco. Institute for Contemporary Studies, 1993.

6 Siehe: Clifton, D. O., und Nelson, P., *Stärken richtig fördern. Wie Sie persönlich und beruflich erfolgreicher werden.* Frankfurt/M., Berlin. Ullstein, 1994; und Sternberg, R. J., *Successful Intelligence.* New York. Simon & Schuster, 1996. S. 49.

7 Clifton, D. O., und Nelson, P., *Stärken richtig fördern.*

8 Maslow, A. H., *Psychologie des Seins. Ein Entwurf.* Frankfurt/M. Fischer, 1994.

9 Clifton, D. O., und Nelson, P., *Stärken richtig fördern.*

10 Amabile, T. M., *The Social Psychology of Creativity.* New York. Springer-Verlag, 1983.

11 Sternberg, R. J., *Successful Intelligence.* S. 219.

12 Bateson, M. C., *Composing a Life.* New York. HarperCollins, 1989.

13 Ohmae, K., *The Mind of the Strategist.* New York. McGraw-Hill, 1982.

14 Deming, W. E., *Out of Crisis.* Cambridge. MIT Press, 1983.

15 Die Geschichte über Michael Hoppe wird erzählt in: Cameron, J., *The Vein of Gold.* S. 75-76.

16 Buechner, F., *Wishful Thinking.* New York. HarperCollins, 1973.

17 Collins, J., und Porras, J. I., *Visionary Companies. Visionen im Management.*

18 Campbell, J., und Movers, B., *Die Kraft der Mythen. Bilder der Seele im Leben des Menschen.* Zürich, München. Artemis-Verlag, 1994.

19 Collins, J. C., und Porras, J. I., »Building Your Company's Vision.« *Harvard Business Review.* September-Oktober 1996. S. 65-77.

20 Für weitere Informationen siehe: Leider, R. J., und Shapiro, D. A., *Repacking Your Bags. Lighten Your Load for the Rest of Your Life.* San Francisco. Berret-Koehler, 1995; und Kouzes, J. M., und Posner, B. Z., *The Leadership Challenge.* (verb. Aufl.) San Francisco. Jossey-Bass, 1995.

10. Engagement, Verantwortlichkeit und Gewissen

1 Aus: Felder, D. G., *The 100 Most Influential Women of All Time.* S. 104-107; siehe auch: Brooks, P., *The House of Life. Rachel Carson at Work.* Boston. Houghton Mifflin, 1973.

2 Nu Shu aus Cheng, S., *Nu Shu.* Taiwan. Awakening Press, 1991; und

Metz, P. K., und Tobin, J. L., *The Tao of Women*. Atlanta. Humanics Ltd., 1995.

3 Sternberg, R. J., *Successful Intelligence*.

4 Peters, T., *Der Wow!-Effekt. 200 Ideen für herausragende Erfolge*. Frankfurt/M., New York. Campus-Verlag, 1995.

5 van Vlissingen, P. F., zitiert in: Farkas, C. M., und DeBacker, P., *Spitzenmanager und ihre Führungsstrategien*.

6 Kaku, R., Geschichte in: Farkas, C. M., und DeBacker, P., *Spitzenmanager und ihre Führungsstrategien*.

7 Hayek, N., zitiert in: Peters, T. J., *Das Tom-Peters-Seminar*.

8 Aus: Anderson, K., »The Purpose at the Heart of Management.« *Harvard Business Review*. Mai-Juni 1991. S. 52-62.

9 Smithart, D., in: Hammer, M., *Beyond Reengineering*. S. 166.

10 Siehe: Greenleaf, R. K., *Servant Leadership. A Journey into the Nature of Legitimate Power and Greatness*. Mahwah/New Jersey. Paulist Press, 1991; und Quinn, R. E., *Deep Change. Discovering the Leader Within:* San Francisco. Jossey-Bass, 1996.

11 Greenleaf, R. K., *Servant Leadership*.

12 Siehe zum Beispiel: Pennebaker, J. W., *Sag, was dich bedrückt. Die befreiende Kraft des Redens*; und Vaill, P. B., *Learning as a Way of Being*. San Francisco. Jossey-Bass, 1996.

13 Diese vierstufige Modell wurde durch einen Dialog mit Paul Hurd an der Hyde School in Connecticut deutlicher.

14 Nair, K., *A Higher Standard of Leadership. Lessons from the Life of Gandhi*. S. 77.

15 Schulze, H., »Keep It Simple.« *Executive Excellence*. 12 (3) März 1995. S. 12-13.

16 Siehe zum Beispiel: Gauld, J., *Character First*.

17 Siehe zum Beispiel: Schweitzer, A., *Aus meinem Leben und Denken*. Hamburg. Meiner, 1952.

18 Diese Übung, die wir seit einer Reihe von Jahren verwenden, ähnelt einer von Stephen Covey, Roger Merrill und Rebecca Merrill in *First Things First* empfohlenen Methode.

11. Angewandte Integrität

1 Kolb, D., in: Srivastva, S., and Associates (Hrsg.), *Executive Integrity*. San Francisco. Jossey-Bass, 1988. S. 12-13; 68-88.

2 Siehe: Solomon, R. C., *The Passions. Emotions and the Meaning of Life*. Indianapolis. Hackett Publishing, 1992; Rorty, A. O. (Hrsg.), *Explaining Emotions*. Berkeley. University of California Press, 1980; und Lazarus, R. S. und B. N., *Passion and Reason. Making Sense of Our Emotions*. New York. Oxford University Press, 1994.

3 Solomon, R. C., *The Passions*. xvii.
4 Srivastva, S., and Associates (Hrsg.), *Executive Integrity*, S. 7-8.
5 Carter, S. L., *(integrity)*. New York. Basic Books, 1996.
6 Ebenda, S. 52-53.
7 Hendricks, G., und Ludeman, K., *Visionäres Management.*
8 Hawley, J., »What is Integrity?« In Canfield, J., und Miller, J., *Geben wir der Arbeit Herz und Seele zurück. Betrachtungen zur Sinnfrage der Arbeit und zur Stärkung des Selbstwertgefühls.* Ueberreuter Wirtschaftsverlag, 1997.
9 Torbert, W. R., *Managing the Corporate Dream. Restructuring for Long-Term Success.*
10 Webster, R., persönliches Gespräch, Oktober 1996.
11 Waldrop, M. M., »The Trillion Dollar Vision of Dee Hock.« *Fast Company*. Oktober-November 1996. S. 75-86.
12 Diese Information stammt von Esther M. Orioli, President von Essi Systems, Inc., San Francisco; 4. Oktober 1996.
13 Dolan, K., Geschichte in Godin, S., *Wisdom, Inc.* New York. HarperBusiness, 1995. S. 42-43.
14 Für Informationen über die Pyramid-Building Technology™ wenden Sie sich bitte an die CPR Group, Tel. 001-408-871-0462.
15 Gardner, J. W., *On Leadership*. New York. The Free Press, 1990.
16 Hillman, J., »The Cure of the Shadow« In: Zweig, C., und Abrams, J. (Hrsg.), *Die Schattenseite der Seele. Wie man die dunklen Bereiche unserer Psyche ans Licht holt und in die Persönlichkeit integriert. Zum Begriff des Schattens in der modernen Psychologie.* Bern, München, Wien. Scherz, 1996.
17 Siehe zum Beispiel: Zweig, C., und Abrams, J. (Hrsg.)., *Die Schattenseite der Seele.*
18 Bly, R., *Die dunklen Seiten des menschlichen Wesens*. Hrsg. von William Booth. München. Droemer Knaur, 1993.
19 Ich möchte mich bei Esther M. Orioli für ihre Anregungen zu diesem Thema bedanken.
20 Metzger, D., in: Zweig, C., und Abrams, J. (Hrsg.), *Die Schattenseite der Seele.*

12. Einfluß ohne Autorität

1 Saul, J. R., *Voltaire's Bastards. The Dictatorship of Reason in the West.* New York. The Free Press, 1992. S. 16.
2 Moore, J. F., *The Death of Competition*. New York. HarperBusiness, 1996.
3 Land, G. T., *Grow or Die. The Unifying Principle of Transformation*. New York. Wiley, 1973 und 1986.

4 Brandenburger, A. M., und Nalebuff, B. J., *Coopetition – kooperativ konkurrieren. Mit der Spieltheorie zum Unternehmenserfolg.* Frankfurt/M., New York. Campus-Verlag, 1996.

5 Siehe zum Beispiel: Wheatley, M. J., *Quantensprung der Führungskunst. Die neuen Denkmodelle der Naturwissenschaften revolutionieren die Management-Praxis.* Reinbek bei Hamburg. Rowohlt, 1997; Wheatley, M. J., und Kellner-Rogers, M., *A Simpler Way.* San Francisco. Berrett-Koehler, 1996; Zukav, G., *The Seat of the Soul.* New York. Fireside, 1989; Harman, W., und Rheingold, H., *Higher Creativity.* New York. Tarcher/Putnam, 1984; Capra, F., *Lebensnetz. Ein neues Verständnis der lebendigen Welt.* Bern, München, Wien. Scherz, 1996.

6 Waldrop, M. M., »The Trillion Dollar Vision of Dee Hock.« *Fast Company.* Oktober-November 1996. S. 75-86.

7 Siehe zum Beispiel: Nair, K., *A Higher Standard of Leadership. Lessons from the Life of Gandhi.*

8 Ebenda, S. 59.

9 Siehe zum Beispiel: Lynch J. J., *The Language of the Heart.* New York. Basic Books, 1985; Pibram, K. H., *Brain and Perception. Holonomy and Structure in Figural Processing.* Hillsdale/New Jersey. Lawrence Erlbaum, 1991; Talbot, M., *Das holographische Universum. Die Welt in neuer Dimension.* München. Droemer Knaur, 1992; Pinker, S., *Der Sprachinstinkt*; Ornstein, R. E., *Evolution des Bewußtseins*; Diamond, M. C., *Enriching Heredity.* New York. Free Press, 1988; Dossey, L., *Heilende Worte. Die Kraft der Gebete und die Macht der Medizin:* Südergellersen. Martin, 1995.; Coles, R., *The Call of Stories.* Boston. Houghton Mifflin, 1989; Schank, R. C., *Tell Me a Story.* New York. Scribner's, 1990.

10 Siehe: Quinn, R. E., *Deep Change. Discovering the Leader Within:* San Francisco. Jossey-Bass, 1996. S. 101.

11 Institute of HeartMath (14700 W. Park Avenue, Boulder Creek, CA 95006, USA, 001-408-338-8700); Rein, G., Atkinson, M., und McCraty, R., »The Physiological and Psychological Effets of Compassion and Anger.« *Journal of Advancement in Medicine.* in press, 1996; McCraty, R., Atkinson, M., und Tiller, W. A., »New Electrophysiological Correlates Associated with Intentional Heart Focus.« *Subtle Energies.* 4 (3) 1995. S. 251-268; McCraty, R., Atikings, M., Tiller, W. A., Rein, C., und Watkins, A., »The Effects of Emotions on Short Term Heart Rate Variability Using Power Spectrum Analysis«. *American Journal of Cardiology* 76 (14) 1995. S. 1089-1093.

12 Siehe zum Beispiel: Lynch, *The Language of the Heart.*

13 Siehe zum Beispiel: Leonard, G., *The Silent Pulse.* New York. Bantam, 1981; Condon, W. S., »Multiple Response to Sound in Dysfunctional Children.« *Journal of Autism.* 5 (1) 1985. S. 43.

14 Siehe zum Beispiel: Damasio, A. R., *Descartes' Irrtum*; und Solomon, R. C., *The Passions. Emotions and the Meaning of Life.*

15 Aus: Enkelis, L., und Olsen, K., mit Lewenstein, M., *On Our Own Terms. Portraits of Women Business Leaders.* San Francisco. Berrett-Koehler, 1995. S. 93.

16 Feigon, L., *Demystifying Tibet.* Chicago. Ivan R. Dee, 1996.

17 McClelland, D., und Burnham, D., »Power is the Great Motivator.« *Harvard Business Review.* 1976; Nachdruck Januar-Februar 1995.

18 Siehe zum Beispiel: Lynch, *The Language of the Heart*; Pibram, *Brain and Perception*; Talbot, M., *Das holographische Universum. Die Welt in neuer Dimension.* München. Droemer Knaur, 1992; Pinker, S., *Der Sprachinstinkt*; Ornstein, R. E., *Evolution des Bewußtseins*; Diamond, M. C., *Enriching Heredity*; Dossey, L., *Heilende Worte. Die Kraft der Gebete und die Macht der Medizin*; Coles, *The Call of Stories*; Schank, *Tell Me a Story.*

19 Buckler, S. A., und Zien, K. A., »From Experience – The Spirituality of Innovation. Learning from Stories.« *Journal of Product Innovation.* (13) 1996. S. 391-405.

20 Coles, *The Call of Stories*, S. 7.

21 Ebenda, S. 30.

22 Gardner, Howard. *Die Zukunft der Vorbilder. Das Profil der innovativen Führungskraft.* Stuttgart. Klett-Cotta, 1997.

23 Siehe zum Beispiel: Kotter, J. P., *Überzeugen und Durchsetzen. Macht und Einfluß in Organisationen.* 2. Aufl. Frankfurt/M., New York. Campus, 1989.

24 Bennis, W., »The Leader as Storyteller.« *Harvard Business Review.* Januar-Februar 1996. S. 154-160.

25 Ulrich, H., *Management.* Hrsg. von Dyllick, Thomas und Probst, Gilbert. Bern. Haupt, 1984.

26 Deming, W. E., *Out of Crisis.* Cambridge. MIT Press, 1982. S. 66-67.

27 Siehe zum Beispiel: Podell, R. M., *Contagious Emotions.* New York. Pocket Books, 1992.

28 Siehe zum Beispiel: Thayer, R. E, *The Origin of Everyday Moods.*

29 McGee-Cooper, A., *You Don't Have to Come Home from Work Exhausted.* New York. Bantam, 1992. S. 245-262.

30 Paul, J. und M., *Do I Have to Give Up Me to Be Loved By You?* Minneapolis. CompCare, 1983.

31 Podell, *Contagious Emotions.* S. 15.

32 Hsee, C. K., u.a. »The Effect of Power on Susceptibility to Emotional Contagion.« *Cognition and Emotion* 4 (4) Dezember 1990. S. 327-340.

33 de Bono, E., *Die Entwicklung neuer Ideen durch die Kraft lateralen Denkens.* Stuttgart. Schäffer-Poeschel, 1996.

34 Siehe: Cohen, A., und Bradford, D. L., *Influence Without Authority.* New York. John Wiley & Sons, 1990.

35 Zeien, A., zitiert in: Farkas, C. M., und DeBacker, P., *Spitzenmanager und ihre Führungsstrategien.*

36 Aus: Solomon, R. C., *Ethics and Excellence.* Oxford. Oxford University Press, 1993. S. 242-245.

37 Novak, M., *Business as a Calling.* New York. The Free Press, 1996. S. 143-144.

38 Zitiert in: Starke, L., »The Five Stages of Corporate Moral Development.« In: Ray, M. X., und Rinzler, A. X., *The New Paradigm in Business.* New York. Tarcher/Putnam, 1993. S. 207-208.

39 Aus: Huseman, R. C., und Hatfield, J. D., *Managing the Equity Factor.* Boston. Houghton Mifflin, 1989.

40 Siehe: Huseman, R. C., Hatfield, J. D., und Miles, E. W., »Tests for Individual Perceptions of Job Equity.« *Perceptual and Motor Skills.* (61) 1985; Huseman, R. C., Hatfield, J. D., und Miles, E. W., »A New Perspective on Equity Theory. The Equity Sensitivity Construct.« *Academy of Management Review.* (2) 1987.

41 Huseman und Hatfield, *Managing the Equity Factor.*

42 Watson, C. E., *Managing with Integrity. Insights from America's CEOs.* New York. Praeger, 1991. S. 30.

43 Dell, M., zitiert in: James, G., *Business Wisdom of the Electronic Elite.* New York. Times Books, 1996. S. 67.

44 Brown, J., und Isaacs, D., »Merging the Best of Two Worlds.« In: Senge, P. M., Roberts, C., Ross, R. B., Smith, B. J., und Kleiner, A. (Hrsg.), *Die fünfte Disziplin: Kunst und Praxis der Lernenden Organisation.* Weitere Informationen bei: Juanita Brown und David Isaacs (Whole Systems Associates, 166 Homestead Blvd., Mill Valley, CA 94941, USA).

45 Read, J., Tagebucheintrag zitiert in: Aliesan, J., *Grief Sweat.* Seattle. Broken Moon Press, 1991. S. 77.

46 Calloway, W., zitiert in: Farkas, C. M., und DeBacker, P., *Spitzenmanager und ihre Führungsstrategien.*

47 Novicki, C., »Report from the Future. The Best Brains in the Business.« *Fast Company.* Oktober-November 1996. S. 27.

48 Capen, R. G., Jr., *Finish Strong.* New York. HarperCollins, 1996.

49 Vanourek, R., in: Spears, L. C., *Reflections on Leadership.* New York. Wiley, 1995. S. 300.

50 Aus: Peace, W., »Hard Work of Being a Soft Manager.« *Harvard Business Review.* November-Dezember 1991. S. 40-47.

51 MenTTium (8009 34th Ave. So., Suite 1350, Bloomington, MN 55425, USA; 001-612-814-2600)

Der Vierte Eckstein: Emotionale Alchimie

1 Solomon, R. C., »Sartre on Emotions.« In: Schilpp, P. A. (Hrsg.), *Sartre.* The Library of Living Philosophers (LaSalle, IL. Open Court, 1977.
2 Autry, J. A., *Love and Profit.* New York. William Morrow, 1991. S. 23.

13. Intuitives Fließen

1 Csikszentmihalyi, M., »XXX.« *Journal of Humanistic Psychology.* 15 (3) 1975.
2 Csikszentmihalyi, M., *Flow. Das Geheimnis des Glücks.* Stuttgart. Klett-Cotta, 1996.
3 Ebenda, S. 213
4 Ebenda
5 Planck, M., zitiert in: Heinberg, R., »The Hidden History of Creativity.« *Intuition* (8) 1995. S. 18-27.
6 Larsen, R., zitiert in: Spitzer, Q., und Evans, R., *Heads You Win:* New York. Simon & Schuster, 1997. S. 130.
7 Aus: Armstrong, D. M., *Das Fünf-Dollar-Dankeschön.*
8 Harmon, W. W., »The 20 Year Present.« *Public Management.* Januar-Februar 1980. S. 7
9 Ebenda
10 Agor, W. H., *The Intuitive Manager.* New York. Prentice Hall, 1984. S. 8.
11 Mishlove, J., »Intuition. The ›X‹ Factor in Business.« *Journal of Creativity.* 1995 (weitere Informationen bei Jeffrey Mishlove, Director, 369-B Third St., #161, San Rafael, CA 94901, USA); siehe auch: Ray, M., »Not Business as Usual.« *Intuition.* 1995. S. 28-53.
12 Timmer, J., in: Farkas, C. M., und DeBacker, P., *Spitzenmanager und ihre Führungsstrategien.*
13 Pelton, W. J., Sackman, S., und Boguslaw, R., *Tough Choices. The Decision-Making Styles of America's Top 50 CEOs.*
14 Ebenda
15 Siehe zum Beispiel: Vaill, P. B., *Learning as a Way of Being.* San Francisco. Jossey-Bass, 1996; Kao, J., *Jamming.* Hamel, G., und Prahald, C. K., *Wettlauf um die Zukunft. Wie Sie mit bahnbrechenden Strategien die Kontrolle über Ihre Branche gewinnen und die Märkte von morgen schaffen.* Wien. Ueberreuter, 1995; Conner, D. R., *Managing at the Speed of Change.* New York. Villard, 1994; und Sloywotzky, A. J., *Value Migration.* Boston. Harvard Business School Press, 1995.
16 Aus. Pelton, Sackman und Boguslaw, *Tough Choices.* S. 10.
17 Damasio, A. R., *Descartes' Irrtum.*

18 Mintzberg, H., »Planning on the Left Side and Managing on the Right.« *Harvard Business Review.* Juli/August 1976. S. 49-58; siehe auch Mintzberg, H., *Die strategische Planung. Aufstieg, Niedergang und Neubestimmung.* München, Wien. Hanser, 1995.

19 Mintzberg, H., »The Rise and Fall of Strategic Planning.« *Harvard Business Review.* Januar-Februar 1994. S. 107; Mintzberg, H., *Die strategische Planung.*

20 Quinn, J. B., Anderson, P., und Finkelstein, X., »Managing Professional Intellect. Making the Most of the Best.« *Harvard Business Review.* März-April, 1996. S. 71-80.

21 Beispiele aus: Schon, D. A., *The Reflective Practitioner.* New York. Basic Books, 1983. S. 93.

22 McCracken, E., in: Sherman, S., »Leaders Learn to Heed the Voice Within:« *Fortune.* 22. August 1994. S. 93.

23 Aus persönlichen Gesprächen des Autors mit Führungskräften von 3M zwischen 1990 und 1996; und aus Schon, D., *The Reflective Practitioner.*

24 Palevsky, M., zitiert in: Pelton, Sackman und Boguslaw. *Tough Choices.* S. 32-33.

25 Ludeman, K. Auszug mit freundlicher Genehmigung von Hendricks, G. und Ludeman, K. (Hendricks, G., und Ludeman, K., *Visionäres Management. Das Führungskonzept der Zukunft. Wirtschaftlicher Erfolg durch Integrität, Intuition und Spiritualität)*

26 Zajonc, R. B., »Styles of Explanation in Social Psychology.« *The European Journal of Social Psychology.* September-Oktober 1989.

27 Mintzberg, H., »Planning on the Left Side and Managing on the Right.«; Hendricks und Ludeman *Visionäres Management;* Kao, *Jamming;* Ray, M., und Myers, R., *Creativity in Business.* New York. Doubleday, 1986; Rowan, R. *The Intuitive Manager;* Goleman, D., Kaufman, P., und Ray, M. *The Creative Spirit.* New York. Dutton, 1992; Mintzberg, H., *Die strategische Planung;* Quinn, Anderson und Finkelstein, »Managing Professional Intellect. Making the Most of the Best.«; Cameron, J., *The Vein of Gold;* Csikszentmihalyi, M., *Creativity.*

28 Ray, M., und Myers, R., *Creativity at Work.*

29 Siehe: Parikh, J., u. a. *Intuition. The New Frontier in Management.* New York. Blackwell, 1994. S. 28-29.

30 Hendricks und Ludeman, *Visionäres Management.*

31 Siehe zum Beispiel: Pennebaker, J. W., *Sag, was dich bedrückt.*

32 Russo, J. E., und Schoemaker, P. J. H., *Decision Traps.* New York. Doubleday Currency, 1989. S. 96.

14. Gedankliche Zeitverschiebung

1 Siehe zum Beispiel: Jacobs, R. W., *Real Time Strategic Change.* San Francisco. Berrett-Koehler, 1994.

2 Wir verwenden den Begriff *Zeitverschiebung,* engl. *time shifting,* schon seit einigen Jahren in unseren Seminaren für Führungskräfte, haben aber erst vor kurzem festgestellt, daß es ein ausgezeichnetes Buch gleichen Namens dazu gibt: Rechtschaffen, S., *Timeshifting. Creating More Time to Enjoy Your Life.*

3 Bericht von Banesh Hoffmann in: Whithrow, G. J., *Einstein, the Man and His Achievement.* New York. Dover, 1967. S. 75.

4 Erhältlich u. a. bei MRI in St. Paul, Minnesota; 001-612-738-6463.

5 McDaniel, T., Hughes Technical Management Systems. Zitiert in: Wycoff, J., *Transformation Thinking.* New York. Berkley, 1995. S. 103.

6 Morgan, M., Grumman Technical Services. Zitiert in: Wycoff, J., *Transformation Thinking.* New York. Berkley, 1995. S. 167-168.

7 Siehe zum Beispiel: Jaques, E., *The Form of Time* und *Time-Span Handbook.* New York. Crane Russak, 1982; Lynch, Dudley und Kordis, P., *Delphin-Strategien. Management-Strategien in chaotischen Systemen.* Fulda. Paidia-Verlag, 1992; Madridakis, S. G., *Forecasting, Planning, and Strategy for the 21st Century.* New York. The Free Press, 1990; Maynard, H. B., Jr., und Mehrtens, S. E., *The Fourth Wave. Business in the 21st Century.* San Francisco. Berrett-Koehler, 1993; Siler, T., *Breaking the Mind Barrier.* New York. Simon & Schuster, 1990.

8 Luria, A. R., *The Human Brain and Psychological Processes.* New York. Harper and Row, 1966. S. 531.

9 Jaques, E., »The Developmental of Intellectual Capacity. A Discussion of Stratified Systems Theory.« *The Journal of Applied Behavioral Science.* 22 (4) 1996. S. 364.

10 Matsushita-Plan zitiert in: Kao, J., *Jamming.*

11 Hamel, G., »Strategy as Revolution.« *Harvard Business Review.* Juli-August 1996. S. 69-82.

12 Diese Übung zur gedanklichen Zeitverschiebung wurde zum Teil durch folgende Werke angeregt: Jaques, E., *The Form of Time* und *Executive Leadership.* Arlington, VA. Cason & Hall, 1991; Hamel, G., und Prahalad, C. K., in: Hamel, G., und Prahalad, C. K., *Wettlauf um die Zukunft;* und »Strategy as Revolution« in: *Harvard Business Review.* Juli-August 1996. S. 69-82; und durch Adrian J. Slywotzkys *Values Migration,* Boston. Harvard Business School Press, 1996.

13 Siehe zum Beispiel: Hamel, G., und Prahalad, C. K., *Wettlauf um die Zukunft;* und Slywotzky, A. J., *Value Migration.*

14 Hamel, G., und Prahalad, C. K., *Wettlauf um die Zukunft.*

15 Cray, S., in: Maney, K., »Quest for Speed Drove Supercomputer Inventor.« *USA Today*. 25. September 1996. 4B.
16 Rechtschaffen, S., *Time Shifting*, S. 84 und 138-139.
17 Ebenda, S. 138-139.
18 Ebenda

15. Gelegenheiten wahrnehmen

1 Siehe zum Beispiel: Nadler, G., und Hibino, S., mit Farrell, J., *Creative Solution Finding*. Rocklin. Prima Publishing, 1995.
2 Tetzeli, R., »What's It really Like to Be Marc Andreessen?« *Fortune*. 6. Dezember 1996. S. 159-167; und *U.S. News & World Report*. 27. Mai 1996. S. 65-66.
3 Tetzeli, R., »What's It really Like to Be Marc Andreessen?« S. 159-167.
4 Siehe zum Beispiel: McCarthy, M. J., *Mastering the Information Age*. New York. Tarcher/Putnam, 1991.
5 Die besten praktischen Anleitungen für beschleunigtes Lernen sind meiner Meinung nach: McCarthy, M. J., *Mastering the Information Age*; Gross, R., *Peak Learning*. New York Tarcher/Putnam, 1991; und The Princeton Language Institute (Hrsg.), *21st Century Guide to Increasing your Reading Speed*. New York. Dell, 1995.
6 Drucker, P. F., »Drucker on Management. The Five Deadly Business Sins.« *Wall Street Journal*. 21. Oktober 1993. A25.
7 Platt, L., Vorwort zu Hammond, J., und Morrison, J., *The Stuff Americans Are Made Of*. New York. Macmillan, 1996.
8 Einstein, A., zitiert in: Mitchell, E., mit Williams, D., *The Way of the Explorer*. New York. Putnam, 1996. S. 119.
9 Carlyle, T., »Signs of the Times, 1829.« In: *Thomas Carlyle Selected Writings*. Harmondsworth, England. Penguin, 1971.
10 Wheatley, M. J., *Quantensprung der Führungskunst. Die neuen Denkmodelle der Naturwissenschaften revolutionieren die Management-Praxis*. Reinbek bei Hamburg. Rowohlt, 1997.
11 Siehe auch: Csikszentmihalyi, M., *Creativity*. S. 108
12 Siehe: Fleming, T., *The Man Who Dared the Lightning. A New Look at Benjamin Franklin:* New York. Morrow, 1971; und Flatow, I., *They All Laughed*... New York. HarperCollins, 1992.
13 Pais, A., *Raffiniert ist der Herrgott... Albert Einstein: Eine wissenschaftliche Biographie*.
14 Dilts, R. B., *Strategies of Genius*. Bd. II Capitola/Kalifornien. Meta Publishing, 1994. S. 85-86.
15 Pais, A., *Raffiniert ist der Herrgott... Albert Einstein: Eine wissenschaftliche Biographie*; siehe auch: Dilts, R. B., *Strategies of Genius*; und

Wenger, W., und Poe, R., *The Einstein Factor.* Rocklin, Kalifornien. Prima Publications, 1996. S. 12-13.

16 Siehe zum Beispiel: Averill, J. P., und Nunley, E. P., *Voyages of the Heart. Living an Emotionally Creative Life.* New York. Free Press, 1992; Kao, J., *Jamming;* Hendricks, G., und Ludeman, K., *Visionäres Management.*

17 Weitere Informationen in: Moore, J. F., *The Death of Competition.* New York. HarperBusiness, 1996; Brandenburger, A. M., und Nalebuff, B. J., *Coopetition – kooperativ konkurrieren. Mit der Spieltheorie zum Unternehmenserfolg.*

18 Roddick, A., zitiert in: Hamel, G., »Strategy as Revolution.« *Harvard Business Review.* Juli-August 1996. S. 71.

19 Moody, F., »Mr. Software.« *The New York Times Magazine.* 25. August 1991. S. 56.

20 Informationen zu ABB in: Moore, J. F., *The Death of Competition.* New York. HarperBusiness, 1996. S. 6-7.

21 Siehe zum Beispiel: Ornstein, R. E., *Evolution des Bewußtseins. Ursprünge und Perspektiven.*

22 Siehe zum Beispiel: Thayer, R. E., *The Biopsychology of Mood and Arousal.*

23 Mitchell, L., »Be Nice to Employees? It's So Crazy, It Just Might Work.« *Fast Forward.* 11 (3) März 1996. S. 1-3. Auszug mit freundlicher Genehmigung.

24 Aus: Godin, S., *Wisdom, Inc.* S. 27.

25 Informationen über First Direct in: Hamel, G., »Strategy as Revolution.« *Harvard Business Review.* Juli-August 1996. S. 73.

26 Brown, J., »That's Rich.« *Esquire.* (Ausgabe UK) Mai 1994. S. 52.

27 Siehe zum Beispiel: Kotter, J., *Leading Change.* Boston. Harvard Business School Press, 1996.

28 Schanke, R. C., *The Creative Attitude.* S. 315-316.

29 Von Oech, R., *Public Management.* Januar 1982. S. 7-9.

30 Backer, T. E., »How Health Promotion Programs Can Enhance Workplace Creativity.« In: Klarreich, S. H. (Hrsg.), *Health and Fitness in the Workplace.* S. 325-337.

31 Sheikh, A. A. (Hrsg.), *Imagery. Current Theory, Research and Application.* New York. Wiley Interscience, 1984. S. 516.

16. Die Zukunft gestalten

1 Quinn, R. E., *Deep Change.* San Francisco. Jossey-Bass, 1996.

2 Siehe George Lands Klassiker *Grow or Die*

3 Eisner, M., »Growing Strong.« *Executive Excellence.* August 1996. S. 11-12.

4 Mishlove, J., »Not Business as Usual. An Interview with Michael Ray.« *Intuition.* (8) 1995. S. 28-31, S. 49-51.

5 Siehe zum Beispiel: Teal, T., »The Human Side of Management.« *Harvard Business Review.* November-Dezember 1996. S. 37.

6 Siehe zum Beispiel: Flach, F. F., *Resilience.* New York. Fawcett, 1988.

7 Amabile, T. M., *The Social Psychology of Creativitiy.*

8 Grove, A. S. *Only the Paranoid Survive.* New York. Doubleday Currency, 1996.

9 Huck, V., *Brand of Tartan – The 3M Story.* New York. Appleton-Century-Crofts, 1955; Comfort, M. H., *William L. McKnight, Industrialist.* Minneapolis. T. S. Denison, 1962; *Our Story So Far.* St. Paul/Minnesota. 3M Company, 1977; siehe auch: Collins, J. C., und Porras, J. I., *Visionary Companies. Visionen im Management.*

10 Kirkpatrick, D., »This Tough Guy Wants to Give You a Hug.« *Fortune.* 14. Oktober 1996. S. 170-178.

11 Ebenda

12 Siehe auch: Warren Bennis in *Harvard Business Review* Januar-Februar 1996, der sagt: »Wie meine eigenen Untersuchungen zu Dutzenden zeitgenössischer Führungspersönlichkeiten zeigen, sind diese fast immer auch risikofreudig. Dabei spielt es keine Rolle, ob sie aus dem politischen oder unternehmerischen Bereich kommen. Darüber hinaus sind sie neugierig, aktiv und haben sehr viel Humor.«

13 de Bono, E., *I am Right, You Are Wrong.* S. 1

14 Siehe zum Beispiel: Towler, J., »Laughter is Profitable.« *Canadian Banker* 97 (3) 1990. S. 32-33; Isen, A. M., »Toward Understanding the Influence of Positive Affect on Social Behavior, Decision Making, and Problem Solving. The Role of Cognitive Organization.« Vortrag bei der Jahrestagung der American Association for the Advancement of Science in Boston, 11.-15. Februar 1988; Isen, A. M., u. a., »The Influence of Positive Affect on the Unusualness of Word Associations.« *Journal of Personality and Social Psychology.* (48) 1985. S. 1413-1426; Isen, A. M, u. a., »Positive Affect Facilitates Creative Problem Solving.« *Journal of Personality and Social Psychology.* (52) 1987. S. 1122-1131; und Isen, A. M., »Positive Affect, Cognitive Processes, and Social Behavior.« *Advances in Experimental Social Psychology.* (20) 1987. S. 203-253.

15 Morreall, J., *Taking Laughter Seriously.* Albany. State University of New York, 1983. S. 108.

16 Kets de Vries, M. F., *Leben und Sterben im Business.* Düsseldorf. ECON, 1996.

17 Frieberg, K. und J., *Nuts! Southwest Airlines' Crazy Recipe for Business and Personal Success*; und Kelleher, H., in: Farkas, C. M., und DeBacker, P., *Spitzenmanager und ihre Führungsstrategien.*

18 Hamel, G., »Strategy as Revolution.« *Harvard Business Review.* Juli-August 1996. S. 72.

19 Lefcourt, H. M., und Martin, R. A., *Humor and Life Stress.* New York. Springer-Verlag, 1986; Nezu, A. M., u. a., »Sense of Humor as a Moderator of the Relation Between Stressful Events and Psychological Distress. A Prospective Analysis.« *Journal of Personality and Social Psychology.* (54) 1988. S. 520-525.

20 McCracken, E., zitiert in: Peters, T. J., *Das Tom-Peters-Seminar.* Frankfurt/M., New York. Campus-Verlag.

21 Chapman, A., und Foot, H., *Handbook of Humor and Laughter. Theory, Research and Applications.* New York. John Wiley and Sons, 1982; Dillon, K. M., u. a., »Positive Emotional States and Enhancement of the Immune System.« *International Journal of Psychiatry in Medicine.* 15 (1) 1985-1986. S. 13-18; »Laughing Toward Longevity.« *University of California, Berkeley, Wellness Letter.* Juni 1985. S. 1.

22 *Car and Driver.* Dezember 1993.

23 Das Thema Gruppenintelligenz wird von Robert Sternberg und Wendy Williams erläutert in: »Group Intelligence. Why Some Groups Are Better Than Others.« *Intelligence.* 1988.

24 Ich möchte mich bei George Land für dieses Konzept bedanken. Siehe: Land, G. *Grow or Die*; oder kontaktieren Sie: Leadership 2000 (3333 N. 44th St., Phoenix, AZ 85018; USA, 001-602-852-0223).

25 Gardner, J. W., »Self Renewal.« *The Futurist.* November-Dezember 1996. S. 7-12.

26 Siehe: Richardson, R. D., Jr., *Emerson. The Mind on Fire.* Berkeley. University of California Press, 1995. S. 572.

27 Wolpe, D. J., *Teaching Your Children About God.* New York. Henry Holt, 1993.

28 Brown, J. S., und Gray, E. S., »The People Are the Company.« *Fast Company. The New Rules of Business.* 1 (1) November-Dezember 1995. S. 78-82.

Die Autoren

Dr. phil. Robert K. Cooper

Robert K. Cooper ist als Unternehmensberater und unabhängiger Wissenschaftler tätig und beschäftigt sich seit mehr als 20 Jahren mit der Erforschung von Führungsqualitäten, sozialen Gemeinschaften, kreativer Umgestaltung und persönlicher und sozialer Leistungsfähigkeit in Streßsituationen. Er ist CEO von Q-Metrics, einer der führenden Unternehmensberatungen im amerikanischen Raum mit Sitz in San Francisco, die mehr als 1000 Unternehmen in den Vereinigten Staaten und Kanada zu ihren Kunden zählt. Er hat im Rahmen des Masters Forum: Advanced Intelligence and Foundations for Leadership sowie an einigen Business Schools in den USA und Europa Vorlesungen gehalten, ist Partner von The Learning Circle und außerordentliches Fakultätsmitglied für das Doktorandenprogramm der Union Institute Graduate School in Cincinnati, wo er auch seinen Doktortitel erworben hat.

Außerdem ist Cooper Mitbegründer und CEO von Advanced Intelligence Technologies (AIT), einem Unternehmen, das in der Wirtschaftsberatung und als Anbieter von Firmenkursen tätig ist. Zusammen mit seinen Partnern bei Q-Metrics und AIT hat Cooper die EQ Map, das erste landesweit standardisierte und statistisch zuverlässige Hilfsmittel zur Bewertung der emotionalen Intelligenz, und die Organizational EQ Profiles für Gruppen und Unternehmen entwickelt.

In der amerikanischen Wirtschaft ist Cooper ein gefragter Redner. Er berät Unternehmen wie 3M und Arthur Andersen und hat für bekannte Unternehmen in den Vereinigten Staaten und anderen Ländern Programme zur Weiterbildung von Führungskräften entwickelt, darunter 3M, Arthur Andersen, Andersen Worldwide, AT&T, Motorola, Cargill, Pepsico, SmithKline Beecham, North Memorial Health Care und Hyatt Corporation.

Cooper ist Autor mehrerer Werke, darunter *The Performance Edge: New Strategies to Maximize Work Effectiveness and Competitive Advantage.* Er lebt mit seiner Frau und seinen Kindern in Ann Arbor, Michigan.

Ayman Sawaf

Der visionäre Unternehmer Ayman Sawaf ist Gründer und Chairman der Foundation for Education in Emotional Literacy (F. E. E. L.), einer gemeinnützigen Organisation, die sich der Entwicklung der emotionalen Intelligenz in den Bereichen Wirtschaft, Bildung und Gesellschaft widmet. Zur Zeit ist er Chairman und CEO von Enchanté InnerTainment, einem Unternehmen der Unterhaltungsindustrie, das in Zusammenarbeit mit Warner Brothers und Norman Lear's Act III Productions emotional intelligente Programme entwickelt und dafür bereits mit einem Emmy Award ausgezeichnet wurde. Sawaf ist einer der Gründer von Advanced Intelligence Technologies.

Sawaf hat eine Reihe erfolgreicher Unternehmen in den Vereinigten Staaten, Europa und dem Mittleren Osten aufgebaut. Er verfügt über umfangreiche Erfahrung in der Unterhaltungsindustrie, dem Einzelhandel und der Fertigungswirtschaft. Sawaf ist britischer Staatsbürger und hat an der Ohio State University studiert, wo er in seinem Hauptfach Großanlagenbau abschloß. Danach absolvierte er ein betriebswirtschaftliches Studium am International Institute of Management Development (IMD) in der Schweiz.

Seit 1989 setzt sich Sawaf mit großem Engagement für emotionale Bildung und emotionale Intelligenz ein. Er arbeitet aktiv an pädagogischen Programmen in diesem Bereich mit und hat den ersten Informationsbrief zu diesem Fachgebiet gegründet. 1992 begann er damit, für Kinder, Schulen und Familien eine Buchserie über emotionale Intelligenz herauszugeben, die inzwischen 21 Bände umfaßt. Darüber hinaus hat Ayman Sawaf fünf Schallplatten komponiert und produziert und die Musik zu zwei Filmen geschrieben, was ihm eine Nominierung für den Grammy Award eingebracht hat. Er lebt mit seiner Frau und seinen beiden Kindern in der Umgebung von San Francisco.

Kontaktadressen

Wenn Sie die neueste Version der mit Computer ausgewerteten EQ Map (zu der auch ein Farbausdruck Ihrer Ergebnisse und eine persönliche Auswertung gehören) bestellen möchten oder an Informationen über die Organizational EQ Profiles für Gruppen und Organisationen sowie Trainings- und Entwicklungsprogrammen zu emotionaler Intelligenz in Ihrer Berufsgruppe oder Ihrem Unternehmen interessiert sind, wenden Sie sich bitte an:

Q-Metrics
70 Otis Street
San Francisco, CA 94103, USA.
Tel.: 001-415-252-7557
Fax: 001-415-252-5732
Web-Adresse im Internet: http://www.cq.org

Für Informationen zu Lernsystemen für emotionale Intelligenz in Unternehmen und Anfragen bezüglich der Verfügbarkeit von Robert K. Cooper und seinen Partnern, die verschiedene Programme für den privaten und gewerblichen Bereich anbieten, darunter programmatische Reden, Seminare, Tagungen, Workshops, Entwicklungsprogramme für Führungskräfte und Satellitenübertragungen, wenden Sie sich bitte an:

The Learning Circle
142 North Road
Sudbury, MA 01776, USA.
Tel.: 001-508-371-8818
Fax: 001-508-371-5903
Web-Adresse im Internet: http://www.learningcircle.com

To order your own copy of the latest version of the computerscored *EQ Map* (which includes a color printout of your results and a personal report), or to learn more about *Organizational EQ-Profiles* for teams and companies, along with measurement-based training and development programs on emotional intelligence in your profession or business, contact:

Q-Metrics
700 Otis Street
San Francisco, CA 94103 U.S.A.
Toll-free in the U.S.A. and Canada: 1-888-252-MAPS (6227)
415-252-7557
Fax: 415-252-5732
Web Site on the Internet: http://www.eq.org.

For information on core learning systems for emotional intelligence in business and organizations and to inquire as to the availability of Robert K. Cooper and his associates for a wide range of private, public, and community programs including keynote speeches, seminars, conferences, workshops, leadership and executive development initiatives, and satellite broadcasts, contact:

The Learning Circle
142 North Road
Sudbury, MA 01776 U.S.A.
508-371-8818
Fax: 508-371-5903
Web Site on the Internet: http://www.learningcircle.com